Stichwort: Zeitschrift für Erziehungswissenschaft

Ingrid Gogolin • Harm Kuper
Heinz-Hermann Krüger • Jürgen Baumert
(Hrsg.)

Stichwort: Zeitschrift für Erziehungswissenschaft

 Springer VS

Herausgeber
Prof. Dr. Ingrid Gogolin
Universität Hamburg
Deutschland

Prof. Dr. Harm Kuper
Freie Universität Berlin
Deutschland

Prof. Dr. Heinz-Hermann Krüger
Martin-Luther-Universität Halle-Wittenberg
Deutschland

Prof. Dr. dres. hc. Jürgen Baumert
Max-Planck-Institut für Bildungsforschung
Berlin, Deutschland

ISBN 978-3-658-00907-6   ISBN 978-3-658-00908-3 (eBook)
DOI 10.1007/978-3-658-00908-3

Die Deutsche Nationalbibliothek verzeichnet diese Publikation in der Deutschen Nationalbibliografie; detaillierte bibliografische Daten sind im Internet über http://dnb.d-nb.de abrufbar.

Springer VS
© Springer Fachmedien Wiesbaden 2013

Springer VS ist eine Marke von Springer DE. Springer DE ist Teil der Fachverlagsgruppe Springer Science+Business Media.
www.springer-vs.de

Inhalt

Anhang

Editorial

Ingrid Gogolin, Harm Kuper,
Heinz-Hermann Krüger und Jürgen Baumert

„Eine neue erziehungswissenschaftliche Zeitschrift!" – so war das Editorial überschrieben, das Dieter Lenzen für die erste Ausgabe der Zeitschrift für Erziehungswissenschaft (ZfE) verfasst hat; sie erschien im März 1998. Inzwischen gehört die ZfE zu den erfolgreichsten und angesehenen europäischen Fachzeitschriften in der Erziehungswissenschaft. Sie erreicht über moderne Publikationsmedien eine sehr große Anzahl von Leserinnen und Lesern, besitzt Ausstrahlung über den deutschen Sprachraum hinaus, wurde in den *Social Sciences Citation Index* aufgenommen und ihr *Impact Factor* steigt. Das mit der Gründung der ZfE auf eine erfolgreiche Entwicklung gegebene Versprechen wurde eingelöst.

Auf Dieter Lenzen, seinerzeit Professor für Philosophie der Erziehung an der Freien Universität Berlin, geht die Idee für diese Erfolgsgeschichte zurück. Der hier vorgelegte Sammelband ist ihm gewidmet – als Zeichen des Dankes, der Anerkennung und Verbundenheit zu seinem 65. Geburtstag, den er im November 2012 begeht. Dieter Lenzens Werdegang und Wirken als Erziehungswissenschaftler sind geprägt von mutigen und weitsichtigen Unternehmungen. Wie ein roter Faden durchzieht diese Unternehmungen – und dies gilt insbesondere für die ZfE – der Impetus, an der Schaffung einer „unverkennbare[n] Identität" (Lenzen 1983, S. 11) der Disziplin mitzuwirken. Diese Aufgabe stellte sich seit dem Ende der 1960er-Jahre unter dem Eindruck der Öffnung der Pädagogik für sozialwissenschaftliche Zugriffsweisen auf ihr Gegenstandsfeld. Die zuvor dominanten geisteswissenschaftlich orientierten Ansätze pädagogischer Theoriebildung und Forschung wurden zunehmend durch solche ergänzt, die empirische Methoden und Resultate anderer sozialwissenschaftlicher Disziplinen integrierten. Diese Entwicklung hatte die Bezeichnung der Disziplin als *Erziehungswissenschaft* begünstigt. Sie leitet von nun an die Diskussion um die Identität des Faches. Die gleichzeitig sich vollziehende Expansion der Erziehungswissenschaft, der Ausbau ihrer Studiengänge und der universitären Standorte trugen zu einer zunehmenden Differenzierung bei. In der fachlichen Selbstverständigung waren divergente Strategien zu beobachten: Bisweilen dominierte die Betonung der Differenz, wenn nicht Konkurrenz der speziellen Arbeitsfelder sowie die Sicherung und Stabilisierung subdisziplinärer Strukturen. Dagegen steht der Anspruch, jenseits der Differenzierung die Einheit des Faches nach innen und außen kenntlich zu machen. Für ihn stehen die ZfE und ihr Gründer. Bereits in den 1980er-Jahren, als Dieter Lenzen als Gesamtherausgeber der „Enzyklopädie Erziehungswissenschaft" fungierte, hat er vorgeschlagen, in der problemorientierten Befassung mit den Gegenständen des Faches die Einheit stiftende Rolle für die Erziehungswissenschaft zu sehen. Nicht die Addition ihrer Sub-Disziplinen mache die Disziplin aus, sondern die Identifizierung und Bearbeitung von Problemstellungen, wozu die Subdisziplinen je Spezifisches beitragen könnten. Die Bestimmung relevanter Problemstellungen könne durch die Orientierung am Prozess der Erziehung und an den Phasen im Entwicklungsstand der zu Erziehenden geschehen. Die Aufsplitterung in eine zunehmende Zahl von Spezialisierungen und deren Zementierung in Strukturen sei nicht der geeignete Weg zur Stärkung der Disziplin, sondern berge vielmehr die Gefahr der „fragwürdigen Atomisierung" (Lenzen 1983, S. 12).

Dass Lenzen die Initiative zur Gründung der Zeitschrift für Erziehungswissenschaft ergriff, kann als eine Konsequenz dieser Beobachtung der Disziplin gesehen werden. Es bewegte ihn ebenso wie die Mitstreiterinnen und Mitstreiter, die er dafür gewann, zunächst die Notwendigkeit einer beständigen Vergewisserung des Gegenstandsfelds der Erziehungswissenschaft. Hinzu trat die Auseinandersetzung mit generellen Entwicklungen, die nicht nur die Erziehungswissenschaft, sondern die Geistes- und Sozialwissenschaften insgesamt in ihrem Selbstverständnis tangieren. Sie sind vor allem gebündelt in den Schlagworten „Qualität" und „Internationalität" der Forschung, wobei zuweilen beides ineinander greift. Zuvor bewegten sich die Pädagogik und später die Erziehungswissenschaft aufgrund ihrer historischen Verwobenheit mit den nationalen Bildungssystemen traditionell in nationalen Diskursräumen – das gilt nicht nur für die deutsche Entwicklung. In der Entfaltung der Disziplin hatte sich mit der Vergleichenden Erziehungswissenschaft eine Sub-Disziplin für die Bearbeitung „des Internationalen" herausgebildet. In weiten Teilen des Faches war weder die Berücksichtigung internationaler Entwicklungen noch die Einspeisung von deutschsprachig geführten Debatten und formulierten Forschungsergebnissen in einen internationalen Diskurs gebräuchlich. Dies wurde nicht nur in der fachinternen Selbstverständigung zunehmend als Manko gesehen, sondern der Erziehungswissenschaft auch von außen als Beschränkung ihrer Erkenntnismöglichkeiten und ihrer Qualität vorgehalten. Kenntlich wurde dies beispielsweise an den wiederkehrend publizierten Analysen der Teilhabe des Faches an der Forschungsförderung, insbesondere durch die Deutsche Forschungsgemeinschaft.

Die Erziehungswissenschaft war gegen Ende des 20. Jahrhunderts zwar das zweitgrößte Universitätsfach in Deutschland, aber keineswegs ein entsprechend starkes und in seinen Forschungsleistungen angesehenes Fach im akademischen Konzert. Ungeklärte Mechanismen der fachinternen Qualitätskontrolle wurden ebenso als Ursache dafür identifiziert wie die Praxis der Verstreuung von Forschungsergebnissen in einer unübersehbaren Zahl von Publikationsorganen mit jeweils kleiner Leserschaft. Ein Beispiel hierfür ist der externen Evaluation des Faches Erziehungswissenschaft in einem der deutschen Flächenländer zu entnehmen, die Ende der 1990er-Jahre stattfand. Es wurde ermittelt, dass die Vertreterinnen und Vertreter des Faches in mehr als 600 verschiedenen, überwiegend deutschsprachigen Zeitschriften und zeitschriftenähnlichen Organen publiziert hatten. Es ist wahrscheinlich, dass die Zahl der Rezipienten von Arbeitsergebnissen zuweilen in etwa in der Zahl ihrer Produzenten aufging.

Die fachlich selbstbestimmte Qualitätskontrolle wissenschaftlicher Publikationen war ein weiteres beherrschendes Thema. In der internationalen Entwicklung und in den sozialwissenschaftlichen Disziplinen hatten sich hierfür Mechanismen zu etablieren begonnen, die am Vorgehen in den Naturwissenschaften orientiert waren. Neben standardisierten Instrumenten wie automatisierten Zitationszählungen hat sich die Begutachtung durch Experten – *peer review* im Doppelblindverfahren – als Vorgehensweise durchgesetzt. Zwar gab und gibt es erhebliche Kritik an der Güte der angewandten Verfahren und Bemühungen zu ihrer Optimierung (wie z. B. vorgestellt in: Bornmann et al. 2012). Aus geisteswissenschaftlicher Perspektive wird auch Fundamentalkritik geübt: eine Qualitätskontrolle in quasi-messender Weise, wie sie durch die Operationalisierung von Ansprüchen an einen Text in *Peer Review*-Verfahren erfolge, sei der praktizierten Kultur geisteswissenschaftlicher Verständigung nicht angemessen (vgl. Gleixner et al. 2008, S. 1). Dennoch gilt die (Doppelblind-)Begutachtung durch Gleichgestellte nach wie vor weithin als der Königsweg der Qualitätskontrolle, nicht nur bei Publikationen, sondern auch bei anderen Entscheidung über die Güte wissenschaftlicher Arbeit. Zu diesem Standard, so die einmütige Auffassung der Mitstreiterinnen und Mitstreiter Dieter Lenzens bei der Vorbereitung der neuen Zeitschrift, müsse sich auch die Erziehungswissenschaft bekennen, wenn sie intern verständigungsfähig und von außen anerkannt sein wolle.

Das Unternehmen „Zeitschrift für Erziehungswissenschaft" verdankt sich mithin der kontinuierlichen kritischen Bestandsaufnahme, dem Interesse an einer verbindenden inneren Konstitution und an einer starken wissenschaftlichen Außenwirkung der Disziplin. Die Ausdifferenzierung der Erziehungswissenschaft war in den eineinhalb Jahrzehnten seit der Herausgabe der „Enzyklopädie Erziehungswissenschaft" vorangeschritten, ebenso wie die Expansion des Faches. Die Öffnung war weiter gediehen und umfasste nun nicht nur sozialwissenschaftliche, sondern auch naturwissenschaftliche Ansätze. Am Ende der 1990er-Jahre war die Erziehungswissenschaft zu einer interdisziplinären Wissenschaft geworden. Allein, so das Fazit der Bestandsaufnahme: Es fehlte dem Fach ein repräsentatives wissenschaftliches Organ, in dem Raum für die Präsentierung der gesamten Bandbreite der interdisziplinären erziehungswissenschaftlichen Forschung in einer internationalen Orientierung sei. Die Gründung einer neuen Zeitschrift war daher nur folgerichtig; die ZfE stand von Beginn an für dieses Selbstverständnis einer „beispielhaft interdisziplinären Wissenschaft".

Seit ihrem ersten Erscheinen im Jahr 1998 folgt die Zeitschrift für Erziehungswissenschaft ihren Leitlinien

- der Öffnung von qualitativ hochstehender Forschung für breite Rezipientenkreise,
- des Bekenntnisses zur Interdisziplinarität und des Verzichts auf Sonderwege,

- der konsequenten Berücksichtigung internationaler Entwicklungen und
- der Stiftung eines Kohärenzpunktes für divergente wissenschaftliche Beschäftigungen mit Erziehungs-, Bildungs- und Sozialisationsvorgängen im gesamten Lebenslauf des modernen Menschen.

Dem Editorial des Heftes 1-98 (Lenzen 1998) gemäß geben diese Leitlinien Entwicklungsaufgaben vor, an denen die ZfE sich selbst ihre Maßstäbe setzte. Ihr Anspruch konnte gewiss nicht leicht und vermutlich nicht gleich in jedem Falle verwirklicht werden, aber die Zeitschrift warb um die besten Autorinnen und Autoren und gewährleistete die Optimierung aller Beiträge. Ihren Prinzipien ist die Zeitschrift bis heute treu. Das gilt ebenso für das Bemühen, Beiträge von hoher Qualität öffentlich zu machen, die den „*interdisziplinären* Charakter einer Wissenschaft von Erziehung und Bildung" und „die vorurteilslose Kenntnisgabe *internationaler* Forschungsergebnisse möglichst bald nach ihrem Erscheinen" repräsentieren (Lenzen 1998, S. 3, S. 4).

In diesem Band ist eine Auswahl von Stichwortartikeln versammelt. Diese Textsorte markiert eine Facette des oben skizzierten Anspruchs der ZfE. Ein Stichwort-Beitrag leitet den Thementeil jedes Heftes ein. Es handelt sich um einen enzyklopädischen Artikel, der über Geschichte, theoretische Ansätze sowie den Forschungsstand zum Thema unterrichtet und interdisziplinäre Bezüge aufklärt. Ziel ist es nicht nur, den Leserinnen und Lesern einen Einstieg zu ermöglichen, die im jeweils behandelten Themenschwerpunkt weniger kundig sind. In erster Linie geben Stichwortartikel Autorinnen und Autoren ebenso wie den Lesenden Anlass, sich in nüchterner Analyse und in der auf Expertise basierenden Bewertung von Forschungsbefunden zu üben und diese zu erziehungswissenschaftlichen Bezugsproblemen in Verbindung zu setzen. Sie sind die Kristallisationspunkte eines disziplinären Diskurses, dessen Themenentwicklung im Kraftfeld praktischer, intra- und interdisziplinärer Referenzen immer wieder zu Bilanzierungen und Standortbestimmungen auffordert. Die in diesem Band nochmals veröffentlichten Beiträge sind ausgewählt worden, weil sie entweder das disziplinäre Selbstverständnis der Erziehungswissenschaft oder aktuelle Entwicklungen des Bildungssystems in besonderer Weise adressieren. Das Erstere geschieht in der Diskussion über Theorieansätze der Erziehungswissenschaft und die Begründung ihrer Forschungsmethoden; Letzteres über die wissenschaftliche Aufklärung der historischen, sozialen und psychischen Voraussetzungen des Wandels von Lernkulturen, Institutionen und Professionen im Bildungssystem.

Stellvertretend für das gesamte Team der ZfE-Herausgeberinnen und -Herausgeber dankt die derzeitige Schriftleitung der Zeitschrift für Erziehungswissenschaft Dieter Lenzen für die weitsichtigen Impulse und das hartnäckige Festhalten an den gemeinsam geteilten Ansprüchen – es sei ihm auch weiterhin das Glück der Tüchtigen und die Freude am Machen vergönnt.

Literatur

Bornmann, L., Wolf, M., & Daniel, H.-D. (2012). Closed versus open reviewing of journal manuscripts: How far do comments differ in language use? *Scientometrics, 91*(3), 843–856.

Gleixner, U., Hüchtker, D., & Oertzen, C. von (2008). HT 2008: Wie gut sind unsere Fachzeitschriften? Qualitätssicherung in der Geschichtswissenschaft. Tagungsbericht. http://hsozkult.geschichte.hu-berlin.de/index.asp?id=2317&view=pdf&pn=tagungsberichte Zugegriffen: 7. Nov. 2012.

Lenzen, D. (1983). Einleitende Worte des Herausgebers zur Enzyklopädie Erziehungswissenschaft. In D. Lenzen & K. Mollenhauer (Hrsg.), *Theorien und Grundbegriffe der Erziehung und Bildung* (Enzyklopädie Erziehungswissenschaft, Bd. 1, S. 11–15). Stuttgart: Klett-Cotta.

Lenzen, D. (1998). Eine neue erziehungswissenschaftliche Zeitschrift! Editorial. *Zeitschrift für Erziehungswissenschaft, 1*(1), 3–5.

Stichwort: Zeitschrift für Erziehungswissenschaft (ZfE)

Friedrich Rost

Programmatik

Im März 1998 erschien das erste Heft der „Zeitschrift für Erziehungswissenschaft (ZfE)" zum 16. Kongress der Deutschen Gesellschaft für Erziehungswissenschaft (DGfE) in Hamburg. Zentrales Anliegen – so liest man im Editorial des ersten Heftes (Lenzen 1998, S. 3) – ist es, „ein repräsentatives wissenschaftliches Fachorgan für die gesamte Erziehungswissenschaft" zu sein, indem die ZfE begutachtete Beiträge über aktuelle Forschungsergebnisse aus der Erziehungswissenschaft und benachbarter Disziplinen veröffentlicht und so zur Verbreitung von professionellem erziehungswissenschaftlichem Wissen beiträgt. Die ZfE bekennt sich durch die Auswahl der Herausgeberinnen und Herausgeber, des Beirats und besonders durch die Themenwahl bei den Schwerpunktteilen „zum *interdisziplinären* Charakter einer Wissenschaft von Erziehung und Bildung" (ebd.), deren Gegenstand „der *gesamte Lebenslauf* des Menschen" (ebd.) ist. Dies geschieht insbesondere, indem auch Beiträge aus dem Ausland in deutscher oder englischer Sprache publiziert werden. Am Ende des 20. Jahrhunderts, das auch ein Jahrhundert der Erziehung gewesen ist, sei die Zeit reif für eine *neue* erziehungswissenschaftliche Zeitschrift, denn das Fach habe sich seit den späten 1960er-Jahren nicht nur erfolgreich etabliert und in 25 Subdisziplinen und Fachrichtungen ausdifferenziert, sondern auch – durch das altersbedingte Ausscheiden von 60 % des wissenschaftlichen Personals und darauf folgende Neueinstellungen – konsolidiert und professionalisiert. Das Profil der ZfE (ausführlich: Lenzen 1998) ist gekennzeichnet durch

- Präsentation qualitativ hochwertiger Forschungsergebnisse
- Bekenntnis zur Interdisziplinarität der Erziehungswissenschaft und Verzicht auf pädagogische Sonderwege
- Konsequente Öffnung für die internationale Entwicklung von „educational research"
- Stiftung eines Kohärenzpunktes für divergente wissenschaftliche Beschäftigungen mit Erziehung-, Bildungs- und Sozialisationsvorgängen im gesamten Lebenslauf des modernen Menschen

Die ZfE erscheint seit 1998 vierteljährlich zum Ende eines Quartals, in den ersten Jahren im Umfang von 120 bis 150 Seiten pro Heft, ab 2008 im Jahresumfang zwischen 688 und 882 Seiten.

Binnenstruktur der Hefte

Jede Ausgabe beinhaltet ein *Schwerpunktthema*, in der Regel bestehend aus dem sog. Stichwortartikel – einem enzyklopädischen Überblicksbeitrag zur Einführung in den Themenbereich – sowie zwei bis sechs aktuellen Forschungsbeiträgen aus dem jeweiligen Themenfeld, wovon nach Möglichkeit ein Beitrag Forschungsergebnisse in englischer Sprache präsentiert. Die Schwerpunktthemen werden von jeweils zwei bis drei ZfE-Herausgeberinnen und -Herausgebern langfristig vorbereitet, indem sie Expertinnen und Experten zu diesem Thema einladen, ihren Beitrag fristgerecht einzureichen (s. a. die bisherigen Schwerpunkthemen weiter unten in Tab. 5).

Der *Allgemeine Teil* umfasst ein bis fünf Beiträge, die bei der ZfE-Redaktion eingereicht und vorab von der ZfE-Schriftleitung daraufhin gesichtet werden, ob sie dem Profil und den Qualitätsstandards der ZfE entsprechen. Ist dies der Fall, so durchlaufen diese Beiträge ebenso wie die für den oben beschriebenen Schwerpunktteil akquirierten ein anonymes Double-blind-peer-review-Verfahren (s. weiter unten). – Gelegentlich erscheinen unter der Rubrik „Standpunkt" exzellente Vorträge bzw. unter der Rubrik „Kontroverse" Auseinandersetzungen um Texte, die bereits in der ZfE publiziert wurden (s. weiter unten Tab. 6).

In jedem Heft werden zudem in der Regel zwei (Sammel-)Rezensionen (s. a. weiter unten Tab. 6) sowie ab dem Jahr 2000 eine „Auswahlbibliografie Neuerscheinungen" veröffentlicht. Während sich eine der Sammelrezensionen meist auf Bücher zum Thema des jeweiligen Schwerpunktteils bezieht, widmet sich die zweite Rezension Büchern zu einem weiteren Thema. Um Gefälligkeitsrezensionen zu vermeiden, werden die Rezensenten und Rezensentinnen von den ZfE-Herausgeberinnen und -Herausgebern ausgewählt und beauftragt. Die Auswahlbibliografie wird von dem für die Rezensionen Verantwortlichen nach Sichtung der eingesandten und angeforderten Bücher zusammengestellt.

Entstehung der ZfE, beteiligter Personenkreis und Weiterentwicklungen der Zeitschrift

1996 begannen Vorgespräche zur Gründung dieser neuen erziehungswissenschaftlichen Zeitschrift zwischen Dieter Lenzen, Professor an der Freien Universität Berlin, und Edmund Budrich, dem Verleger von Leske + Budrich, einem mittelständischen sozialwissenschaftlichen Verlag aus Opladen. Beide suchten Wissenschaftlerinnen und Wissenschaftler für das Herausgeberteam und den Beirat, um eine hohe Pluralität hinsichtlich der wissenschaftstheoretischen Orientierungen und bezüglich der Repräsentanz der Sub- und Nachbardisziplinen zu sichern. Die Argumente für die neue Zeitschrift, die Binnenkonzeption mit dem Alleinstellungsmerkmal „Stichwortartikel" und die konsequente Qualitätssicherung durch peer-review wurden vom Initiator Dieter Lenzen im

Tabelle 1   Die Herausgeberinnen und -Herausgeber der Zeitschrift für Erziehungswissenschaft (ZfE) 1998–2012

Name, Institution	Zeitraum
Jürgen *Baumert,* Max-Planck-Institut für Bildungsforschung, Berlin*	ab 1998–
Hans-Peter *Blossfeld,* Universität Bamberg*	ab 1998–
Yvonne *Ehrenspeck,* Universität Oldenburg	ab 2007–
Ingrid *Gogolin,* Universität Hamburg*	ab 1998–
Bettina *Hannover,* Freie Universität Berlin	ab 2010–
Stephanie *Hellekamps,* Universität Münster*	ab 1998–
Frieda *Heyting,* Universität Amsterdam (Niederlande)*	1998–2003
Olaf *Köller,* Institut für die Pädagogik der Naturwissenschaften (IPN) an der Universität Kiel	2005–2006
Harm *Kuper,* Freie Universität Berlin	ab 2010–
Heinz-Hermann *Krüger,* Universität Halle (Saale)*	ab 1998–
Erno *Lehtinen,* Universität Turku (Finnland)	2003–2004
Dieter *Lenzen,* Freie Universität Berlin*	ab 1998–
Meinert A. *Meyer,* Universität Hamburg*	ab 1998–
Manfred *Prenzel,* Technische Universität München	ab 2006–
Hans-Günther *Roßbach,* Universität Bamberg	ab 2006–
Thomas *Rauschenbach,* Deutsches Jugendinstitut München*	ab 1998–
Uwe *Sander,* Universität Bielefeld	ab 2003–
Annette *Scheunpflug,* Universität Erlangen-Nürnberg	ab 2002–
Christoph *Wulf,* Freie Universität Berlin*	ab 1998–

* Gründungsmitglied der ZfE

Konzept „Exposé für eine Zeitschrift für Erziehungs- und Bildungswissenschaften" entwickelt und von Edmund Budrich als grundlegender Bestandteil im Verlagsvertrag verankert. Diesem Vertrag von 2. November 1996 sind die übrigen Gründungsherausgebe-
rinnen und -Herausgeber beigetreten (s. Tab. 1).

Die ZfE-Herausgeberinnen und -Herausgeber haben sich am 8. Dezember 1996 in
Hannover erstmals getroffen und treffen sich in der Regel einmal im Jahr, um die Planungen für die Hefte der kommenden zwei Jahre voranzutreiben sowie den Bericht des

Tabelle 2 Die ZfE-Schriftleitung 1998–2012

Name, Institution	Zeitraum
Jürgen *Baumert*, Max-Planck-Institut für Bildungsforschung, Berlin	ab 1998–
Ingrid *Gogolin*, Universität Hamburg	ab 2003–
Frieda *Heyting*, Universität Amsterdam (Niederlande)	1998–2002
Heinz-Hermann *Krüger*, Universität Halle (Saale)	ab 2004–
Harm *Kuper*, Freie Universität Berlin (geschäftsführend)	ab 2010–
Erno *Lehtinen*, Universität Turku (Finnland)	2004
Dieter *Lenzen*, Freie Universität Berlin (geschäftsführend)	1998–2009

geschäftsführenden Schriftleiters sowie des Verlags entgegenzunehmen und zu diskutieren. Gelegentlich standen auch Wechsel oder Ergänzungen in der Schriftleitung, in der Herausgeberschaft, im Beirat oder der Redaktion an (s. Tab. 1, 2, 3 und 4). Während es den ZfE-Herausgeberinnen und -Herausgebern obliegt, die Autoren und Autorinnen für die beschlossenen Schwerpunktteile zu akquirieren und zu betreuen sowie Gutachten zu Beiträgen anzufertigen, besteht die Aufgabe der Schriftleitung neben der Leitungsfunktion vor allem darin, sämtliche Begutachtungsvorgänge zu supervidieren und letztlich zu entscheiden, was den Autorinnen und Autoren im Ergebnis rückgemeldet wird (dazu weiter unten mehr).

Die Aufgabe des internationalen ZfE-Beirates (s. Tab. 3) besteht insbesondere in der Beratung der Herausgeberinnen und Herausgeber und in der Begutachtung von Beiträgen zu ihrem Spezialgebiet. Zum Teil haben auch Beiräte ZfE-Schwerpunktthemen für Normalhefte übernommen oder gar Sonderhefte (mit-)herausgegeben.

Hinsichtlich der Planungen für die inhaltlichen Schwerpunkte werden von den ZfE-Herausgeberinnen und -Herausgebern aufgrund der Auswertung von Forschungsdatenbanken sowie der in- und ausländischen Fachpresse Themen generiert, deren interessanteste dann weiterverfolgt werden. Aufgrund der sozialen Kontakte in den Netzwerken werden Expertinnen und Experten zu den ins Auge gefassten Schwerpunkten eingeladen, es werden Exposés angefordert, erstellt und diskutiert, wobei ein ZfE-Herausgeberteam die weiteren Planungen und Koordinationen übernimmt. Bisher sind folgende 60 Schwerpunktthemen veröffentlicht worden (s. Tab. 5).

Das Erscheinen eines Schwerpunktteils hat nicht zur Folge, dass das Thema damit für längere Zeit erschöpfend abgehandelt ist; im Gegenteil: Die Auswertung der bisher erschienenen Hefte zeigt, dass gerade die Behandlung bestimmter Themen Autorinnen und Autoren ermutigt hat, ihre Manuskripte zu diesen Themen bei der ZfE einzureichen.

Tabelle 3   Der ZfE-Beirat 1998–2012

Name, Stadt	Zeitraum	Name, Stadt	Zeitraum
Neville *Alexander* (Kapstadt) †	ab 1998–2012	Sverker *Lindblad* (Göteborg)	ab 2001–
Jean-Marie *Barbier* (Paris)	ab 1999–	Christian *Lüders* (München)	ab 2001–
Jacky *Beillerot* (Antony) †	1998–2006	Niklas *Luhmann* (Bielefeld) †	1998
Wilfried *Bos* (Dortmund)	ab 2003–	Joan-Carles *Mèlich* (Barcelona)	ab 1998–
Elliot W. *Eisner* (Stanford/USA)	ab 1998–	Hans *Merkens* (Berlin)	ab 2002–
Frieda *Heyting* (Amsterdam)	ab 2004–	Klaus *Mollenhauer* (Göttingen) †	1998
Axel *Honneth* (Frankfurt am Main)	ab 1998–	Christiane *Schiersmann* (Heidelberg)	ab 2003–
Marianne *Horstkemper* (Potsdam)	ab 1998–	Wolfgang *Seitter* (Marburg)	ab 2005–
Ludwig *Huber* (Bielefeld)	ab 1998–	Rudolf *Tippelt* (München)	ab 1998–
Yasuo *Imai* (Tokyo)	ab 1998–	Giesela *Trommsdorff* (Konstanz)	ab 1998–
Jochen *Kade* (Frankfurt/Main)	ab 1998–	Philip *Wexler* (Jerusalem)	ab 1998–
Anastassios *Kodakos* (Rhodos)	ab 2001–	John *White* (London)	ab 2001–
Gunther *Kress* (London)	ab 1998–	Christopher *Winch* (Northampton)	ab 2004–

Tabelle 4   Die ZfE-Redaktion 1998–2012

Yvonne *Ehrenspeck*	1998, außerdem Rezensionswesen 1998–2006
Silvia *Hedenigg*	1999–2000
Thorsten *Junge*	2007–2008
Friedrich *Rost*	1998–Anfang 2013, außerdem Rezensionswesen 2007–2012
Eva *Wunderlich*	2001–2002, 2005–2006, Anfang bis Mitte 2009

Tabelle 5   Themenübersicht zu den Schwerpunktthemen 1998–2012

1-98: Medien
2-98: Allgemeine Erziehungswissenschaft und
    andere Teildisziplinen
3-98: Gerechtigkeit
4-98: Arbeitsgesellschaft und Bildung im Wandel
	1-06: Ganztagsschule
	2-06: Säkularisierung und Bildung
	3-06: Übergänge im Bildungssystem
	4-06: Professionelle Kompetenz von Lehr-
	    kräften

1-99: Erziehungswissenschaft – Medizin –
    Biologie
2-99: Kulturelle Differenz
3-99: Lebenslauf, Biographie und Bildung
4-99: Konstruktivismus in der Erziehungswissen-
    schaft
	1-07: Kulturelle Diversität
	2-07: Umgang mit Wissen
	3-07: Familienbildung
	4-07: Medienforschung in der Erziehungs-
	    wissenschaft

1-00: Wandel pädagogischer Institutionen
2-00: Familienstruktur und Bildung
3-00: Standards qualitativer Forschung
4-00: Internationaler Vergleich
	1-08: Grundschulforschung
	2-08: Bildungsökonomie - Rendite, Finanzie-
	    rung und Qualität
	3-08: Bildungseffizienz - Klassenwiederholung,
	    Drop-out, Abbruch
	4-08: Hochschulbildung

1-01: Ästhetik und Bildung
2-01: Integration
3-01: Fachliches Lernen in der Schule
4-01: Alter
	1-09: Lernen im Museum
	2-09: Bildungsgerechtigkeit und sozio-
	    ökonomischer Status
	3-09: Bildung und Aging
	4-09: Der Mythos der nordischen Bildungs-
	    systeme

1-02: Internationaler Leistungsvergleich - PISA
2-02: Ökonomisierung der Bildung
3-02: Professionalisierung und Ausbildung in der
    Erziehungswissenschaft
4-02: Qualitätsmanagement im Bildungswesen
	1-10: Transfer und Transferforschung in der
	    Erziehungswissenschaft
	2-10: Zivilgesellschaft und freiwilliges
	    Engagement
	3-10: Gestaltungsspielräume des Lernens
	    Erwachsener
	4-10: Mehrsprachigkeit

1-03: Soziale Ungleichheit 2-03: Globalisierung und Erziehungswissenschaft 3-03: Literalität 4-03: Hermeneutik und Bildung	1-11: Start in den Lehrerberuf 2-11: Emotionen 3-11: Bildungsungleichheit in Schule und Ausbildung 4-11: Aspekte der Jugendforschung

1-04: Transnationale Bildungsräume
2-04: Allgemeinbildung oder Grundbildung
3-04: Interferenz von Religion und Bildung
4-04: Soziale Benachteiligung und deren
    Bewältigung
	1-12: Naturwissenschaftlicher Unterricht
	2-12: Neue Wege zur Qualitätssicherung der
	    Hochschullehre
	3-12: Didactics in Europe
	4-12: Außen- und Innenreferenzen der Schule

1-05: Neue Lernkultur 2-05: Entscheidung unter Unsicherheit 3-05: Informelles Lernen 4-05: PISA-E	

Tabelle 6   Zahl der Beiträge in den einzelnen Sparten der ZfE-Binnenstruktur 1998–2012

Jahrgang	Edito-rial	Artikel im Schwerpunkt-teil, davon in Englisch (E), Französ. (F)	Artikel im All-gemeinen Teil, davon in Eng-lisch (E)	Rezensionen SR = Sammel-ER = Einzel-	Sonstige Textsor-ten (Kontroverse, Replik, Interview, Standpunkt)	Jahrgangs-umfang
1. Jg. 1998	4	23 (4 E)	7	8 SR, 2 ER	1 Dialog, 2 Nachrufe	628 S.
2. Jg. 1999	4	17 (1 E)	11	8 SR, 1 ER	1 Kontroverse	585 S.
3. Jg. 2000	4	18 (4 E, 1 F)	12 (1 E)	7 SR, 1 ER		648 S.
4. Jg. 2001	4	18 (1 E)	13	6 SR		669 S.
5. Jg. 2002	4	20 (3 E)	11	6 SR, 2 ER		704 S.
6. Jg. 2003	4	17 (1 E)	14 (2 E)	8 SR		655 S.
7. Jg. 2004	4	17 (2 E)	15	7 SR, 1 ER		597 S.
8. Jg. 2005	4	18 (1 E)	12	7 SR		621 S.
9. Jg. 2006	4	18	12	6 SR, 1 ER		672 S.
10. Jg. 2007	5	16 (3 E)	12	7 SR, 2 ER	1 Replik	603 S.
11. Jg. 2008	5	18 (3 E)	11	6 SR, 2 ER		688 S.
12. Jg. 2009	5	19 (2 E)	12	7 SR (1 E)		760 S.
13. Jg. 2010	5	18 (1 E)	15	9 SR		731 S.
14. Jg. 2011	4	16 (1 E)	8 (1 E)	10 SR	1 Jahresrückblick 1 Standpunkt	709 S.
15 Jg. 2012	4	22 (7 E)	9 (1 E)	5 SR, 4 ER	1 Jahresrückblick 2 Kontroversen 1 Standpunkt	882 S.

Hatte die ZfE in den ersten Jahren wenige frei eingereichte Manuskriptangebote, so konnte der Anteil von Beiträgen, die im „Allgemeinen Teil" veröffentlicht werden, kontinuierlich gesteigert werden: Wurden in den ersten Jahren knapp 65 Manuskripte eingereicht, von denen knapp die Hälfte gedruckt wurde, so sind es in den Jahren 2011 und 2012 jeweils über 90.

ZfE-Foren und *Sonderhefte*

Einer weiteren Initiative von Dieter Lenzen, dem Begründer der ZfE, sind die ZfE-Foren zu verdanken: Zu einem wichtigen und aktuellen Thema werden Expertinnen und Experten eingeladen, die ihre vorbereiteten Texte bzw. Präsentationen untereinander intensiv diskutieren und danach zu den in ZfE-Sonderheften publizierten Beiträgen überarbeiten. So sind bisher ZfE-Foren zu folgenden Themen durchgeführt und veröffentlicht worden:

• PISA und die Konsequenzen für die erziehungswissenschaftliche Forschung (2002)
• Standards und Standardisierungen in der Erziehungswissenschaft (2003)
• Biowissenschaft und Erziehungswissenschaft (2004)
• Bildungs- und Sozialberichterstattung (2005)
• Kompetenzdiagnostik (2006)
• Frühe Kindheit (2007)
• Transforming Education. Umbau des Bildungswesens (2008)
• Ästhetische Bildung (2011)
• Qualität und Qualitätsmessung für das Bildungswesen (2012)

Darüber hinaus sind seit 2002 weitere Sonderhefte zu forschungsrelevanten Themen erschienen, die die Abonnenten der ZfE zu einem Sonderpreis, andere zum Normalpreis erwerben können. Mittlerweile sind (bis 2011) 15 Sonderhefte erschienen, weitere vier befinden sich zz. (Oktober 2012) in der Produktion. Die Sonderhefte erreichen teilweise höhere Auflagen als die Normalausgaben.

Verlagsfusion und Digitalisierung

Seit 2004 erscheint die „Zeitschrift für Erziehungswissenschaft" (ZfE) im VS Verlag für Sozialwissenschaften, Wiesbaden, der aus der Fusion des Westdeutschen Verlags mit dem Verlag Leske + Budrich hervorgegangen ist. Edmund Budrich hatte weitsichtig seinen Verlag in diesen neuen Fachverlag (der wiederum Teil der Fachverlagsgruppe Springer Science+Business Media ist) eingebracht, um den sich abzeichnenden Veränderungen und Anpassungsprozessen im Verlagswesen (internationale Vernetzung, elektronisches Publizieren, Open Access) zukunftsichernd zu begegnen.

Der VS-Verlag hat seit seiner Gründung in professioneller Weise die Internationalisierung der Fachinformation tatkräftig unterstützt, so z. B., indem alle ZfE-Beiträge ab dem Jahr 2000 digitalisiert wurden und nun über die Internet-Plattform Springerlink online verfügbar sind. Darüber hinaus hat sich der VS-Verlag nicht der Bitte des Deutschen Instituts für Internationale Pädagogische Forschung (DIPF) verschlossen und erlaubt, dass – mit Zustimmung der Autorinnen und Autoren – die ersten zwei Jahrgänge der ZfE (1998–1999) über das Online-Portal des DIPF, „pedocs", kostenlos verfügbar sind. Somit sind sämtliche in Normalausgaben der ZfE erschienenen Beiträge downloadbar, was die internationale Visibilität der ZfE nachhaltig unterstützt. Wünschenswert wäre es, wenn auch die Beiträge aus den Sonderheften komplett digital downloadbar wären, zumal einige Sonderhefte vergriffen sind.

Qualitätssicherung

Die Zeitschrift für Erziehungswissenschaft hat von Anfang an das anonyme peer-review im Doppelblindverfahren praktiziert, d. h., dass die gutachterlich tätigen Fachleute ebenso wenig den bzw. die Namen des Autors/der Autorin/der Autorengruppe erfahren wie letztere nicht die Namen der Gutachtenden. Die Redaktion unterbreitet nach Kenntnisnahme des Aufsatzinhaltes und Recherche in „FIS Bildung" bzw. der ZfE-eigenen Gutachterdatei fünf bis sechs Namens-Vorschläge, dies vor allem, um eine übergebührliche Belastung einzelner Expertinnen und Experten zu vermeiden. Die tatsächliche Auswahl der ehrenamtlich gutachterlich tätigen Personen wurde und wird vom geschäftsführenden Schriftleiter vorgenommen. Diese Expertinnen und Experten werden angeschrieben und erhalten mit dem anonymisierten Manuskript den Gutachtenbogen. Die Begutachtungsfristen sind mit durchschnittlich drei Wochen recht kurz gehalten. Fallen die zwei Gutachten (in seltenen Fällen) extrem unterschiedlich aus, wird ein drittes Gutachten in Auftrag gegeben. Die Gutachten und der eingereichte Beitrag werden an die (derzeit vierköpfige) ZfE-Schriftleitung und bei den Schwerpunktteilen zusätzlich an die Thementeilherausgeber/-innen weitergeleitet, die ihrerseits innerhalb einer kurzen Frist Rückmeldungen zu dem Manuskript und den Gutachten abgeben. Dabei wird sowohl für die Gutachten als auch für die Herausgeberentscheidung eine fünfstufige Skala verwendet:

- Ohne Überarbeitung akzeptieren
- Akzeptieren mit kleineren Modifikationen
- Akzeptieren nach größerer Überarbeitung nebst Schreiben zu den vorgenommenen Änderungen; Prüfung durch die ZfE-Redaktion/ZfE-Schriftleitung

- Ablehnen mit der Möglichkeit der Wiederbegutachtung nach umfassender Überarbeitung nebst Schreiben zu den vorgenommenen Änderungen
- Ablehnen

Der derzeitige Gutachtenbogen besteht aus einem vertraulichen Teil, bestehend aus einer Seite mit 22 Items, die mithilfe der Schulnoten 1 bis 5 eine Bewertung erlauben, darüber hinaus gibt es das ankreuzbare Feld „trifft nicht zu". „Allgemeine Beurteilung" (6 Items), „Theoretischer Hintergrund" (5 Items), „Methode" (4 Items), „Ergebnisse" (3 Items) sowie „Diskussion" (4 Items) lauten die Überschriften, unter denen die jeweilig zu bewertenden Items zu finden sind. Auf der Seite 2 des Gutachtenbogens erfolgt der Gutachtendenvorschlag mittels der eben genannten Entscheidungskategorien. Ausdrücklich werden die gutachterlich tätigen Personen um eine frei formulierte Expertise gebeten, die manchmal mehrere Seiten umfasst und in der Regel den Autorinnen und Autoren später komplett zur Verfügung gestellt wird.

Die Gutachten und die Stellungnahmen der Schriftleitung werden in einer Entscheidungsmatrix eingetragen und der geschäftsführende Schriftleiter gibt kurze Anweisungen, was der Autorin/dem Autor/der Autorengruppe als Entscheidung mitgeteilt werden soll. Die Rückmeldung der Begutachtungsergebnisse sowie der Schriftleitungsentscheidung erfolgt seit Mitte 2009 ausschließlich über E-Mail an den Erstautor/die Erstautorin des eingereichten Beitrags durch die ZfE-Redaktion.

Es gibt zahlreiche kritische Einwände gegen das Peer-review-Verfahren und wesentlich weniger valide empirische Untersuchungen (vgl. Krug 2002; Fröhlich 2003; Bornmann 2004; Neidhardt 2006; Hirschauer 2007; Wager et al. 2007), dennoch sind einige Argumente immer wieder in der Praxis reflexiv zu bedenken: Friedhelm Neidhardt (2006, S. 7ff.) sieht vor allem folgende Fehlerquellen in Begutachtungsprozessen:

- *Fachliche Inkompetenz der Gutachtenden.* Falsche Auswahl der gutachtenden Personen.
- *Befangenheit der Gutachtenden.* Zu große Nähe zu den Forschungsthemen und zu den Akteuren „bringt mit großer Wahrscheinlichkeit Interessen und Affekte ins Spiel, die einen Bewertungsbias auslösen." (S. 8)
- *Mangelnde Sorgfalt der Gutachten.* „Mit der zunehmenden Belastung der Gutachterinnen und Gutachter wächst die Wahrscheinlichkeit, dass die Qualität ihrer Gutachten sinkt." (S. 9)

Stefan Hirschauer (2007), der selbst jahrelang Schriftleiter der „Zeitschrift für Soziologie" war, hat eine andere Sicht als die der Enttäuschung über Effekte der Sym- bzw. Antipathie, der Netzwerke oder Reputationseffekte. „Persönliche Vorurteile, Parteilichkeiten, Allianzbeziehungen usw. bestimmen die Entscheidungen zweifellos." (Hirschauer 2007, S. 328) Er plädiert dennoch klar für das peer-review, indem die *Erwartungen an das Verfahren gesteigert werden:* Herstellung weitestgehender Anonymität, großer Gutachterstab, „Personalwechsel, eine Staffelung von Urteilen und eine verdichtete wechselseitige Beobachtung der Kompetenz und Parteilichkeit aller in ihnen abgegebenen Urteile." (ebd.)

Die ZfE hat von Beginn an einen großen Gutachterkreis aufgebaut und immer wieder erneuert. Neben den Persönlichkeiten aus dem Herausgeberkreis und dem Beirat (s. Tab. 1 und 3) wird zu Beginn eines neuen Jahrgangs denjenigen Expertinnen und Experten öffentlich durch Namensnennung in der ZfE gedankt, die im vorangegangenen Jahr gutachterlich für sie tätig waren. Waren es in den Anfängen – auch weil längst nicht so viele Manuskripte eingereicht wurden – zwischen 34 und 59 Personen (im arithmetischen Mittel 51), so sind es nun zwischen 51 und 105 (im Durchschnitt 76) *zusätzliche* Personen (*ohne* ZfE-Beteiligte) gewesen, die die Qualität der eingereichten Beiträge evaluiert haben, davon ein erheblicher Anteil an Gutachterinnen.

Während der Laufzeit des Projektes „European Educational Research Quality Indicators" (EERQI) hat sich die ZfE an einem Projektmodul beteiligt, indem sie – bei vorliegender Genehmigung durch die Gutachtenden – deren Expertisen anonym an EERQI zur Sekundärauswertung weitergegeben hat (vgl. Gogolin und Hansen 2011). Die Qualität der Gutachten hat sich dadurch und auch durch „Hinweise für Gutachterinnen und Gutachter der ZfE", die Jürgen Baumert zusammengestellt hat, noch einmal erheblich gesteigert.

Die ZfE beabsichtigt die Umstellung des gesamten Einreichungs- und Begutachtungsverfahrens mithilfe des Editorial Managers (TM Aries). Das ermöglicht allen ZfE-Herausgeberinnen und -Herausgebern sich jederzeit über alle Begutachtungsprozesse zu informieren. Ab diesem Zeitpunkt (1. Quartal 2013) sollen auch anonyme Rückmeldungen an die gutachterlich tätigen Personen verschickt werden, wie das andere Gutachten und die Entscheidung der ZfE-Schriftleitung ausgefallen sind. Darüber hinaus wird man sich beim Einsatz des Editorial Managers (EM) als Experte für bestimmte Fachgebiete bewerben können. Mit diesen Maßnahmen sollen Fairness, Vertraulichkeit und Transparenz weiter gesichert und gesteigert werden durch „eine verdichtete wechselseitige Beobachtung der Kompetenz" (Hirschauer 2007, S. 328).

Darüber hinaus hat die ZfE 2004 im Vorfeld der Beantragung zur Aufnahme in den „Social Sciences Citation Index" (SSCI) die Qualität der Zeitschrift in vier externen Gutachten evaluieren lassen. Die Beauftragung war gleichlautend folgendermaßen skizziert:

„Qualität des Stichwortartikels, Gewichtung von Thementeil/-beiträgen und freien Beiträgen, Rezensionen ausreichend? Nur Sammelrezension? Berücksichtigung der unterschiedlichen Teildisziplinen, Internationalität der Beiträge (Anteil der internationalen Beiträge ausreichend?), Aktualität der Forschung, ist der aktuelle Stand der Forschung berücksichtigt, Aktualität und Interessantheitsgrad der Thementeile, Vergleichbarkeit der Zeitschrift mit renommierten Zeitschriften der eigenen, aber auch anderer Disziplinen z. B. Psychologie oder Soziologie. Notwendigkeit und Anteil aus Beiträgen anderer Disziplinen, wie der Soziologie, Ökonomie etc., Beurteilung des Profils der Zeitschrift, Präsentation der Zeitschrift in der Öf-

fentlichkeit, Werbung (ist Ihnen die Zeitschrift auch durch Werbung bekannt, gibt es ausreichend Werbung für die Zeitschrift), wie wird das Renommee der Zeitschrift in der scientific
community eingeschätzt? Verbesserungsvorschläge jeglicher Art sind sehr erwünscht, schön
wäre eine Schwächen-/Stärken-Analyse der Zeitschrift" (Ehrenspeck 2004)

Die Gutachten, unabhängig voneinander erstellt von Gabriele Bellenberg, Edwin Keiner,
Volker Kraft und Norbert Ricken, waren äußerst ermutigend im Hinblick auf die Beantragung der Aufnahme in den SSCI und zeigten auf, dass Vieles aus der Programmatik
der ZfE (s. o.) offenbar auch von diesen Beobachtern der ZfE als erreicht gesehen wurde.
Hierzu heißt es zusammenfassend im „Protokoll der Herausgebersitzung vom Dezember 2004" (Ehrenspeck 2005):

> „Die Gutachten fallen alle sehr positiv aus. Es wird betont, dass die ZfE insgesamt ein großer
> Erfolg und neben der ZfPäd *die* renommierte, fachwissenschaftlich zentrale und insgesamt
> allgemein konzipierte Zeitschrift ist. Die ZfE leistet konzeptionell und qualitativ überaus
> überzeugende Arbeit und hat ein hohes Renommee in der scientific community. Aktualität,
> thematische Breite, Interdisziplinarität und Internationalität der Hefte überzeugen. Als be-
> sonderes Merkmal der ZfE wird ihre offene, gegenstands-, themen- und ausgewogen partial-
> disziplinbezogene Systematisierung hervorgehoben.
>
> Für die besondere Qualität spricht das peer-review-Verfahren, welches in hohem Maße
> sicherstellt, dass die hohe Qualität der Beiträge gewährleistet ist. Positiv hervorgehoben
> wird auch der Stichwortartikel. Die Stichwortartikel bilden eine vorzügliche Einführung in
> das Thema, umreißen die Problemstellung und bieten mögliche Ordnungsgesichtspunkte
> vor dem Hintergrund des aktuellen Forschungsstandes. […] Hinsichtlich der Rezeption in-
> ternationalen disziplinären und kulturellen Wissens wird der ZfE ein sehr gutes Standing
> bescheinigt. […] Die ZfE trägt, so das einhellige Urteil aller Gutachten, zu einer nationen-
> übergreifenden Verständigungskultur, sowie zu Wissens-Import und -Export deutlich bei.
>
> Moniert wird, dass thematisch gebundene historische Artikel sowie Themen aus dem Be-
> reich Heilpädagogik und Erwachsenenbildung/Weiterbildung weitgehend fehlen und es wird
> angeregt, den Rezensionsteil insgesamt zu erweitern, auch Einzelrezensionen zu publizieren
> und insgesamt die Rezensionskultur zu stärken, etwa durch review articles und book reviews.
> Das Gutachten von Herrn Keiner empfiehlt hingegen die ausgesprochen informativen und
> nützlichen Sammelrezensionen beizubehalten, unterstützen diese doch die Struktur themati-
> scher Einheiten. Zu überlegen wäre allerdings, ob nicht auch Rezensionen fremd- bzw. eng-
> lischsprachiger Publikationen in der ZfE Platz finden und auch Themen- bzw. Beihefte einer
> ausländischen Zeitschrift rezensiert werden sollten."

Für die Beantragung der Aufnahme in den SSCI musste u. a. nachgewiesen werden,
dass die ZfE-Beiträge in anerkannten anderen Fachzeitschriften zitiert werden. Solches wurde anhand der anderen erziehungswissenschaftlichen Kernzeitschriften („Zeitschrift für Pädagogik", „Vierteljahrsschrift für wissenschaftliche Pädagogik", „Pädagogi-

sche Rundschau", „Bildung und Erziehung" sowie „Die Deutsche Schule") erhoben und ausgewertet (s. Tab. 7, 8 und 9).

Tabelle 7 Zitationen von ZfE-Artikeln in deutschsprachigen erziehungswissenschaftlichen Kernzeitschriften

Zs.	1999	2000	2001	2002	2003	2004
Z.f.Päd.	1	6	9	6	9	21
Vjs.f.wiss.Päd.	4	2	5	9	3	4
Päd. Rundsch.	1	0	2	5	2	10
Bi. & Erz.	2	3	1	1	0	2
Dt. Schule	0	2	2	0	2	3
gesamt	8	13	19	21	16	40

Quelle: ZfE-Zitationen Dez. 2004, Urliste erstellt von C. Miksch

Tabelle 8 Welches sind die meistzitierten ZfE-Hefte? (1998–2004)

Platz	Zitat-zahl	Jahr, Heft	Heftthema	Bemerkungen
1	25	1998, 2	Allgemeine Pädagogik & Teildisziplinen	alle Schwerpunktaufsätze: 15x Vogel! 5x Krüger/Lenzen, 2x Ehrenspeck, …
2	14	1999, 3	Lebenslauf, Biographie, Bildung	10x Köller im „Allg. Teil"
3	9	1999, 2	Kulturelle Differenz	5x Krüger-Potratz (Stichw.)
4	6	2000, 1	Wandel pädagogischer Institutionen	1x Schwerpunkt, 5x „Allg. Teil"!
5	6	1998, 3	Gerechtigkeit	5x Schwerpunkt, 1x „Allg. Teil"
6	6	1998, 1	Medien	4x Schwerpunkt, Hefthinweis, Shell-Studie
7	5	2003, 1	Soziale Ungleichheit	3x Schwerpunkt, 2x „Allg. Teil"
8	5	1999, 4	Konstruktivismus	4x Schwerpunkt, 1x „Allg. Teil"
9	5	1998, 4	Arbeitsgesellschaft & Bildung im Wandel	4x Schwerpunkt, 1x „Allg. Teil"

Quelle: ZfE-Zitationen Dez. 2004, Auswertung F. Rost

Tabelle 9   Welche ZfE-Aufsätze sind die meistzitierten Beiträge? (1998–2004)

Platz	Aufsatz	ZfE-Heft	Zitationen
1.	Vogel: Stichwort: Allgemeine Pädagogik	2-98	15
2.	Köller/Baumert/Schnabel: Wege zur Hochschulreife	3-99	10
3.	Krüger-Potratz: Stichwort: Erziehungswissenschaft und kulturelle Differenz	2-99	5
4.	Krüger/Lenzen: Editorial Allgemeine Erziehungswissenschaft und andere Teildisziplinen	2-98	5
5.	Titze: Wie lernen die Generationen?	1-00	3
6.	Rustemeyer: Stichwort: Konstruktivismus	4-99	3

Quelle: ZfE-Zitationen Dez. 2004, Auswertung: F. Rost

Es gab aber auch ZfE-Hefte, deren Beiträge bis Ende 2004 noch auf keine Resonanz in den untersuchten Fachzeitschriften stießen, wie das ZfE-Heft „Alter" (4-01), „Ökonomisierung der Bildung" (2-02) oder „Globalisierung und Erziehungswissenschaft" (2-03).

Für die Beantragung der Aufnahme in den Social Sciences Citation Index (SSCI) waren weitere arbeitsintensive Recherchen durchzuführen sowie Fakten und Argumente zusammenzutragen. Die ZfE ist in dieser Angelegenheit von Frau Ursula Flitner, der Leiterin der Bibliothek des Max-Planck-Instituts für Bildungsforschung (Berlin), hervorragend unterstützt worden und ihr daher zu großem Dank verpflichtet. Im Februar 2007 wurde der Antrag gestellt und mit Schreiben von 1. Juni 2007 teilte Thomson Reuters dem VS Verlag für Sozialwissenschaften die rückwirkende Indexierung der ZfE ab Heft 1-2006 mit.

Wenngleich Fachzeitschriften in nicht-englischer Sprache im SSCI unterrepräsentiert sind und aufgrund der Sprachbarriere nicht die Zitationsraten der englischsprachigen Zeitschriften erreichen, hat sich die ZfE rasch etabliert. Der Journal Impact Factor (JIF) der „Zeitschrift für Erziehungswissenschaft" lag im Juli 2009 bei 0.545, der der „Zeitschrift für Pädagogik (Z.f.Päd.)" zum gleichen Zeitpunkt bei 0.277 (der 5-Jahres-Impact-Faktor der Z.f.Päd. bei 0.302; ein solcher war für die ZfE noch nicht berechenbar, weil sie erst 2006 in den SSCI aufgenommen wurde). Am 22. Juni 2011 hatten ZfE-Beiträge ab Heft 1-2006 184 Zitationen erhalten und der JIF lag bei 0.339. Bei einer Recherche am 18. Juli 2012 im „Web of Science" lag der JIF der ZfE bei 0.987, das Mittel aus 5 Jahren bei 0.854. (Der JIF für die Z.f.Päd. lag zu demselben Zeitpunkt bei 0.345, im Mittel von 5 Jahren bei 0.348.) Die ZfE erreichte 2012 Platz 61 von 203 Zeitschriften in der internationalen subject area „Education & Educational Research". Von den 116 Fachzeitschriften aus Deutschland, die im SSCI gelistet sind, belegte die ZfE am 2. 8. 2012 Platz 29. Die meistzitierten ZfE-Aufsätze entnehmen Sie bitte der Tab. 10. Der Grund für

Tabelle 10   Die meistzitierten Aufsätze aus der ZfE (2006 bis Mitte 2012)

Zitate	Autoren, Artikeltitel	ZfE-Heft, Seiten
65	Baumert & Kunter: Stichwort: Professionelle Kompetenz von Lehrkräften	4-06, 469–520
26	Maaz et al.: Stichwort: Übergänge im Bildungssystem	3-06, 299–327
24	Ditton & Krüsken: Der Übergang von der Grundschule in die Sekundarschule	3-06, 348–372
14	Neumann et al.: Schulformen als differenzielle Lernmilieus. Institutionelle und kompositionelle Effekte auf die Leistungsentwicklung im Fach Französisch	3-07, 399–420
12	Brunner et al.: Welche Zusammenhänge bestehen zwischen dem fachspezifischen Professionswissen von Mathematiklehrkräften und ihrer Ausbildung sowie beruflichen Fortbildung?	4-06, 521–544
11	Tiedemann & Billmann-Mahecha: Zum Einfluss von Migration und Schulklassenzugehörigkeit auf die Übergangsempfehlung für die Sekundarstufe I	1-07, 108–120
10	Baumert et al.: Frühübergang in ein grundständiges Gymnasium – Übergang in ein privilegiertes Entwicklungsmilieu?	2-09, 189–215
9	Baeriswyl et al.: Leistungstest, Offenheit von Bildungsgängen und obligatorische Beratung der Eltern	3-06, 373–392
8	Tenorth: Professionalität im Lehrerberuf. Ratlosigkeit der Theorie, gelingende Praxis	4-06, 580–597
8	Trautwein et al.: Die Öffnung des Schulsystems: Fakt oder Fiktion? Empirische Befunde zum Zusammenhang von Grundschulübertritt und Übergang in die gymnasiale Oberstufe	4-08, 648–665
8	Lohmann et al.: Analysepotenziale des Sozio-oekonomischen Panels (SOEP) für die empirische Bildungsforschung	2-09, 252–280
8	Schuchart: Schulabschluss und Ausbildungsberuf. Zur Bedeutung der schulartbezogenen Bildungsbiografie	3-07, 381–398

Quelle: Web of Science, Recherche Rost am 18. 7. 2012

diese beachtliche Steigerung der Visibilität und Resonanz ist sicher damit zu erklären, dass die weltweite Online-Verfügbarkeit von ZfE-Beiträgen einen bequemen Zugang darstellt, was die Downloadzahlen von ZfE-Beiträgen eindrucksvoll belegen (mittlerweile über 100 000 Downloads von ZfE-Beiträgen pro Jahr).

Als weiterer Qualitätsindikator kann die eindrucksvolle Bilanz der Auszeichnungen von ZfE-Beiträgen durch Fachgesellschaften gesehen werden. Hinsichtlich der Nachwuchsförderung freut sich die ZfE, dass auf jedem der DGfE-Kongresse seit dem Jahr 2000 Aufsätze der ZfE ausgezeichnet wurden. Darüber hinaus wurde ein Aufsatz mit dem schweizerischen CORECHED-Preis ausgezeichnet (s. Tab. 11). Wenngleich das Profil der ZfE der quantitativen empirischen Bildungsforschung verpflichtet scheint, ist

Tabelle 11   Auszeichnungen für Aufsätze, die in der ZfE erschienen sind

Jahr, Ort	Autor, Artikeltitel	ZfE-Heft, Seiten	Preis, Platz
2000 Göttingen	Helga Kelle, Geschlechterterritorien. Eine ethnographische Studie über Spiele neun- bis zwölfjähriger Schulkinder	2-99, 211–228	2. Preis, DGfE-Nachwuchsförderpreis
2002 München	Eveline Wuttke, Lernstrategien im Lernprozess. Analysemethode, Strategieeinsatz und Auswirkungen auf den Lernerfolg	1-00, 97–110	1. Preis, DGfE-Nachwuchsförderpreis
2002 München	Ralf Bohrhardt, Familienstruktur und Bildungserfolg. Stimmen die alten Bilder?	2-00, 169–188	2. Preis (von zwei gleichberechtigten zweiten Preisen), DGfE-Nachwuchsförderpreis
2002 München	Heinz Reinders, Politische Sozialisation Jugendlicher in der Nachwendezeit. Eine psychische Rekontextualisierung	2-01, 239–262	2. Preis (von zwei gleichberechtigten zweiten Preisen), DGfE-Nachwuchsförderpreis
2004 Zürich	Winfried Kronig, Das Konstrukt des leistungsschwachen Immigrantenkindes	1-03, 126–141	1. Preis, DGfE-Nachwuchsförderpreis
2006 Frankfurt am Main	Sara Fürstenau, Transnationale (Aus-)Bildungs- und Zukunftsorientierungen. Ergebnisse einer Untersuchung unter zugewanderten Jugendlichen portugiesischer Herkunft	1-04, 33–57	2. Preis (von zwei gleichberechtigten zweiten Preisen), DGfE-Nachwuchsförderpreis
2006 Frankfurt am Main	Birte Egloff, Möglichkeitsraum Praktikum. Zur studentischen Aneignung einer Phase im Pädagogik- und Medizinstudium	2-04, 263–276	2. Preis (von zwei gleichberechtigten zweiten Preisen), DGfE-Nachwuchsförderpreis
2008 Dresden	Stefanie Hartz, Aneignung im Kontext von (Re-)Organisation. Eine erziehungswissenschaftliche Analyse von Modernisierungsprozessen	1-07 90–107	1. Preis, DGfE-Nachwuchsförderpreis
2008 Dresden	Claudia Schuchart, Schulabschluss und Ausbildungsberuf. Zur Bedeutung der schulartbezogenen Bildungsbiografie	3-07, 381–398	3. Preis (von zwei gleichberechtigten dritten Preisen), DGfE-Nachwuchsförderpreis
2009	Franz Baeriswyl, Ulrich Trautwein, Christian Wandeler und Katrin Oswald, Leistungstest, Offenheit von Bildungsgängen und obligatorische Beratung der Eltern. Reduziert das Deutschfreiburger Übergangsmodell die Effekte des sozialen Hintergrunds bei Übergangsentscheidungen?	3-06, 373–392	Auszeichnung mit dem schweizerischen CORECHED-Preis
2010 Mainz	Uwe Maier, Vergleichsarbeiten im Vergleich – Akzeptanz und wahrgenommener Nutzen standardbasierter Leistungsmessungen in Baden-Württemberg und Thüringen	3-08, 453–474	1. Preis, DGfE-Nachwuchsförderpreis
2012 Osnabrück	Ines Himmelsbach, Bildung im Alter in sozialen Welten – diesseits und jenseits von Dichotomien	3-09, 457–473	1. Preis (von zwei gleichberechtigten ersten Preisen), DGfE-Nachwuchsförderpreis

schon an den Titeln der ausgezeichneten Beiträge aus Tab. 11 ersichtlich, dass in der ZfE auch zahlreiche hervorragende qualitative Beiträge erschienen sind.

Ausblick und Einladung

Die durchschnittliche Lebensdauer einer pädagogischen Zeitschrift von sieben Jahren hat die ZfE mittlerweile doppelt überschritten. Dieses ist aber kein Grund, eine Zeitschrift als Selbstläufer zu betrachten, denn deren Attraktivität als Fachorgan hängt entscheidend von den Beiträgen ab, die akquiriert bzw. angeboten werden. Renommee und peer-review schrecken noch viele Autorinnen und Autoren vor einer Einreichung bei einer hochwertigen Zeitschrift ab und so bleibt die Veröffentlichung von Aufsätzen in Readern die beliebteste Publikationsform in der Erziehungswissenschaft (vgl. Botte 2008, Folie 12) mit den bekannten Nachteilen, dass die Zugänglichkeit und damit auch die Visibilität stark eingeschränkt sind. Selbstverständlich ist nicht jeder Text für jede Fachzeitschrift gleichermaßen geeignet. Welche Überlegungen mit der Wahl des richtigen Publikationsorgans verbunden sein sollten, erörtert Rost (2010). Obwohl ca. 66 % der Aufsätze im ersten Anlauf beim peer-review der ZfE scheitern, wird vielen aufgrund der Gutachtenhinweise eine Wiedereinreichung zur erneuten Begutachtung gestattet. Die Wiedereinreichung ist dann oftmals erfolgreich. Somit trägt die Qualität der Begutachtung erheblich zu der Verbesserung der Qualität der Texte bei. Als langjähriger Redakteur der ZfE kann ich versichern, dass die o. g. Forderungen Hirschauers bezüglich der Erwartungen an das Qualitätssicherungsverfahren bei der ZfE sehr ernst genommen wurden und werden.

Danksagung

Ich danke Ingrid Gogolin und Eva Wunderlich für Anregungen und Kritik.

Literatur

Bornmann, L. (2004). *Stiftungspropheten in der Wissenschaft. Zuverlässigkeit, Fairness und Erfolg des Peer-Review.* Münster: Waxmann.
Botte, Alexander (2008). Innovative bibliometrische Verfahren zur kontinuierlichen Beobachtung der sozialwissenschaftlichen Forschungsproduktion. Eine anwendungsorientierte Studie zur Verbesserung der Transparenz und Evaluierbarkeit des erziehungswissenschaftlichen Publikationsaufkommens. Unveröffentlichte Powerpoint-Folien des Vortrags vom 19. 03. 2008 auf dem DGfE-Kongress in Dresden. Frankfurt a. M.: DIPF.
Ehrenspeck, Y. (2005). Protokoll der Herausgebersitzung der Zeitschrift für Erziehungswissenschaft am 10. Dezember 2004 in Berlin. Mimeo 10. 1. 2005. Berlin: ZfE.

Fröhlich, G. (2003). Anonyme Kritik. Peer Review auf dem Prüfstand der Wissenschaftsforschung. *medizin – bibliothek – information, 3*(2), 33–39. Online verfügbar unter: http://www.agmb.de/mbi/2003_2/froehlich33-39.pdf Zugegriffen: 6. 9. 2012.

Gogolin, I., & Hansen, A. (2001). The European Educational Research Quality Indicators (EERQI) Project. *Ejournal of all India Association for Educational Research, 23,* http://www.ejournal.aiaer.net/vol231212/1.%20Gogolin%20&%20Hansen.pdf Zugegriffen: 6. 9. 2012.

Hirschauer, S. (2007). Wissen und Macht. Warum Sachkonflikte und Lernprozesse weh tun müssen. *Forschung & Lehre, 14*(6), 328–329.

Krug, J. (2002). Peer Review bei wissenschaftlichen Zeitschriften. Das Gutachterverfahren vor dem Ende? *dvs-Informationen, 17*(1), 11–14.

Lenzen, D. (1998). Eine neue erziehungswissenschaftliche Zeitschrift! *Zeitschrift für Erziehungswissenschaft, 1*(1), 3–5.

Neidhardt, F. (2006). Fehlerquellen und Fehlerkontrollen in den Begutachtungssystemen der Wissenschaft. In: S. Hornbostel & D. Simon (Hrsg.), *Wie viel (In-)Transparenz ist notwendig? Peer Review Revisted* (iFQ-Working paper, 1, S. 7–13). Bonn: Inst. für Forschungsinformation u. Qualitätssicherung.

Rost, F. (2010). Wer schreibt, der bleibt. Artikel in den Erziehungswissenschaften. In K. Ruhl, N. Mahrt & J. Töbel (Hrsg.), *Publizieren während der Promotion* (S. 105–115). Wiesbaden: VS Verlag für Sozialwissenschaften.

Wager, E., Godlee, F., Jefferson, T., & Erckenbrecht, I. (2007). *Erfolg im Peer Review. Wissenschaftliche Begutachtungen durchführen und überstehen.* Bern: Huber.

Theoretische und methodologische
erziehungswissenschaftliche Diskurse

Gerechtigkeit und Erziehung

Dieter Lenzen

1 Begriff

Das Wort Gerechtigkeit beschreibt in der deutschen Sprache einen Zustand, der – in der älteren Sprachstufe des Mittelhochdeutschen – auf das Verb „gerechen" bzw. „gerechnen" zurückgeht. Es bedeutet: „zusammenscharren"; „fertig machen, bereiten, rüsten" und: „berechnen" (vgl. Grimm/Grimm 1984, Sp. 3593). Das abgeleitete Adjektiv bzw. Adverb „gerecht" existiert in den Bedeutungen: „gerade" (rectus), „recht" (wie etwas sein muß), „passend", „bereit, fertig", „dem recht, dem gesetz oder der billigkeit entsprechend", „den anforderungen eines lebenskreises, faches u. s. w. entsprechend", „der im recht ist", „nach recht und gesetz richtend", „den pflichten des menschlichen und göttlichen rechts gemäss lebend, denkend und handelnd" sowie (neutestamentlich) „vor gottes richterstuhl als gut und rechtschaffen erfunden und von schuld und strafe der sünden freigesprochen werden" (Grimm/Grimm 1984, Sp. 3593–3605). Das ursprüngliche semantische Feld kommt also aus einer Vorstellung des Ordnens, des Berechenbarmachens, die erst mit dem Mittelhochdeutschen auf Abstracta in der Bedeutung von „gerechtes Urteil, gerechte Verteilung, Strafe, Entrüstung, gerechter Vorwurf" (Paul o. J., o. S.) übertragen wird. Mithin werden in der deutschen Sprache zwei semantische Räume konfundiert, die im Lateinischen differenziert sind, wie es sich in der klaren Trennung von „rectus" (gerade) und „iustus" (rechtmäßig) ausdrückt.

In der historischen Sonderform des DDR-Deutschen ging die Entwicklung insofern noch weiter, als die Bedeutung von „gerecht" im Sinne von „rectus" getilgt und auf die soziale Dimension reduziert wurde. So enthält das achtzehnbändige „Meyers Neues Lexikon" (DDR) kein Stichwort „gerecht" und führt unter „Gerechtigkeit" lediglich aus, daß es sich dabei um ein „moralisches und juristisches Prinzip (handele), das die Forderung der Volksmassen nach grundsätzlich gleichen sozialen Bedingungen und Möglichkeiten für die Entwicklung der Persönlichkeit und für die schöpferische Betätigung in einer Gemeinschaft von Gleichberechtigten und Gleichverpflichteten zum Ausdruck bringt" (Meyers Neues Lexikon 1973, Bd. 5, S. 378).

Andere europäische Sprachen unterliegen z. T. einem ähnlichen Mechanismus. Im Englischen kann dieses an der Doppelbedeutung von „right", im Französischen an derjenigen von „droit", im Niederländischen an derselben von „juist" oder im Italienischen an der zwar weniger gebräuchlichen, aber doch vorhandenen semantischen Doppelbelegung von „retto" abgelesen werden – in jedem der angeführten Sprachfälle jeweils im

Sinne von „gerade" und „rechtmäßig". Diese im europäischen Sprachraum sehr verbreitete semantische Konjektur überträgt eine instrumentelle Begrifflichkeit der ruralen Handarbeit (etwa des Zusammenrechens von Heu) auf soziale Zusammenhänge. Damit wird ihnen eine semantische Konnotation verliehen, die deswegen hochgradig positiv besetzt ist, weil die mit dem Einbringen der Ernte sowie der Ordnung und Verteilung des Geernteten verbundenen Vorstellungen elementar existenzsichernd sind.

Die sprachgeschichtliche Verbindung von grundsätzlich positiv bewerteten handwerklichen und sozialen Akten geht selbst auf eine Geschichte des Gerechtigkeitsdiskurses zurück. Dieser hat seine Quellen zunächst in der Philosophie bzw. der Theologie und diffundiert später in die nachaufklärerischen Humanwissenschaften.

2   Zur Geschichte des Gerechtigkeitsdiskurses

Die altorientalische Gerechtigkeitssemantik stiftet vom Ägyptischen über das Akkadische, das Hebräische bis hin zum Griechischen (etwa in *dikaiosyne* und *themis*) einen doppelten Zusammenhang: Zum einen enthalten die semantischen Äquivalente des Gerechtigkeitsbegriffs häufig eine Verbindung zwischen der sozialen und der kosmischen Ordnung. Ihr liegt die Vorstellung zugrunde, daß das Ganze des Kosmos einem inhärenten göttlichen Sinn folge. Deshalb seien die Akte des einzelnen in Übereinstimmung mit der kosmischen Ordnung zu vollziehen und haben in diesem Sinne „gerecht" (passend) zu sein. Eine *iustitia connectiva* bindet jede Tat an Folgen und macht deshalb eine Unterscheidung von guten und bösen Handlungen möglich und erforderlich, insofern die ersten mit der Weltordnung in Übereinstimung stehen und gerecht sind, während dieses für die zweiten nicht gilt. Daraus folgt ein weiterer Zusammenhang: Weil die kosmische Ordnung gefährdet wäre, ließe man ungerechte Akte ungesühnt (Naturkatastrophen werden nicht selten auf menschliches Fehlverhalten zurückgeführt), ist eine richtende Tätigkeit vonnöten, die in der Bewahrung der kosmischen Ordnung deshalb als eine rettende Aktivität wahrgenommen werden kann. Richten und Retten sind synonym (vgl. Assmann/Janowski/Welker 1998, S. 9 f.).

Für das Gerechtigkeitsdenken der griechischen Antike steht zunächst Platons Politeia, deren Entstehen zwischen 387 und 367 v. Chr. anzusetzen ist. Platon entfaltet darin die Gerechtigkeit als eine von vier Kardinaltugenden und sieht sie darin, „das Seinige zu tun" (Platon 1988, S. 153). Darin findet sich ein Element der älteren kosmischen Ordnungsvorstellung, welches aber jetzt auf eine bestimmte soziale Stratifikation zu deren impliziter Legitimation übertragen wird. Für die unterste Schicht dieses aus Arbeitern, Wächtern und Herrschern bestehenden Dreiständestaates ist die Gerechtigkeitsfrage als Idee eines Anspruchs auf Gerechtigkeit irrelevant, da bei Platon der Gerechtigkeitsgedanke die moderne Implikation einer sozialen Gerechtigkeit noch nicht kennt. Für die Arbeiter findet sich Gerechtigkeit indessen in einer Pflicht zu besonnenem Maßhalten und der Anerkennung der Herrschaft der Besten. Für die Wächter liegt sie in der Tapferkeit und für die Herrscher in der Weisheit. Wenn in diesem Sinne jeder das Seine tut, herrscht Gerechtigkeit. Zu ihrer Verwirklichung ist eine Erziehung erforderlich, wie sie in der Paideia formuliert wird, die die Schau der reinen Gestalt des Guten (idea tu agathu) ermöglicht. Insofern besteht die Gerechtigkeit der Paideia folgend darin, die Lebenspraxis durch Erkenntnis zu bestimmen. Ein Gleichheitsgedanke ist nicht Bestandteil der Platonischen Gerechtigkeitsvorstellung, sondern im Gegenteil die Idee einer differenzierten, also ungleichen Angemessenheit der eigenen Pflichtwahrnehmung an die soziale Standeszugehörigkeit.

Platons Schüler Aristoteles nimmt in seiner Nikomachischen Ethik die Lehre Platons emphatisch auf, wenn er befindet, daß „weder Abend- noch Morgenstern so wundervoll" seien. Sie ist eine „Grundhaltung, von der her die Menschen die Fähigkeit haben, gerechte Handlungen zu vollziehen, von der aus sie (de facto) gerecht handeln und ein festes Verlangen nach dem Gerechten haben" (Aristoteles 1990, S. 119). Ausgehend indessen von seiner Idee der Mitte (mesotes) führt Aristoteles dann aber eine Differenzierung ein, die wesentliche Teile des abendländischen rechtsphilosophischen Denkens dominiert, die Differenzierung zwischen einer „mittelnden", austeilenden Verteilungsgerechtigkeit (iustitia distributiva) und einer „regelnden", ausgleichenden Vertragsgerechtigkeit (iustitia commutativa). In dieser Differenzierung, die ein arithmetisches Prinzip auf soziale Sachverhalte überträgt, steckt die Quelle für die nicht nur in der deutschen Sprache enthaltene Dimension des Rechenbarmachens sozialer Verhältnisse, die sich keineswegs einer humanistischen Grundeinstellung verdankt. Vielmehr ist sie auf das Bestreben zurückzuführen, soziale Risiken, die die gegebene Herrschaftsordnung gefährden könnten, berechenbar und damit handhabbar zu machen. Diese Tatsache zeigt sich auch darin, daß die Art des Austeilens und Ausgleichens bei Aristoteles substanzlos bleibt; denn ausgleichen bedeutet nicht gleichmachen, wie es sich in der von Platon übernommenen, aber dann neu interpretierten Formel spiegelt: „Es ist Gerechtigkeit eine Tugend, durch die jeglicher das Seinige erhält und wie es das Gesetz angibt, Ungerechtigkeit dagegen ist es, wodurch einer fremdes Gut erhält und nicht nach dem Gesetz" (Rhet. 1,9,1366 b 9 ff.). Aber auch wenn bei Aristoteles die Idee der Gleichheit als Forderung noch nicht formuliert wird, so ist mit dem Gedanken an die Mittel- und damit Rechenbarkeit des richtigen Handelns dieses bereits im Kern verdinglicht. Gerechtigkeit beginnt hier, von einer Frage der Qualität zu einer solchen der Quantität zu werden, ein „sprachlicher Kategorienfehler" (Rentsch 1995, S. 129), den das abendländische Gerechtigkeitsdenken nie wieder überwinden konnte.

Das zeigt sich exemplarisch bei einem der prominentesten Kirchenväter, in der Hipponiensis Episcopi epistulae des Augustinus (vgl. Augustini 1904). Dieser übernimmt sowohl die Differenzierung zwischen einer austeilenden und einer ausgleichenden Gerechtigkeit als auch den damit verknüpften Gedanken der Rechenbarkeit, wenngleich in einer anderen Zuordnung: Hinsichtlich der iustitia distributiva kann nicht auf eine Gleichheit irdischer Güter gepocht werden, wohl aber hinsichtlich der iustitia commutativa, die bei Augustinus als Gleichheit vor dem Gericht Gottes verstanden wird. Inso-

fern bleibt auch die Platonische Vorstellung davon erhalten, daß „jedem das Seine" zu-
komme. Dieses „Seine" folgt der gerechten Ordnung der Natur im Menschen und stützt
sie zugleich. Insoweit Gerechtigkeit nicht statische Ordnung Gottes, sondern zu deren
Erhaltung immer auch Movens des Handelns sein soll, ist sie eine der Kardinaltugenden,
deren Aktivierung aber nicht allein eine Frage des richtigen Wollens, sondern immer
auch der Gnade Gottes ist. Wenngleich die späteren modernen Gerechtigkeitskonzeptionen die theologischen Elemente der Gnade und die eine Gerichtsbarkeit Gottes allererst erforderlich machende Erbsündelehre des Augustinus abschütteln können, so sorgt
die Durcharbeitung der platonisch-aristotelischen Fundamentierung von Gerechtigkeit
durch Augustinus doch dafür, daß die Idee der Rechenbarkeit der *iustitia* erhalten und
für wechselnde soziale Herrschaftsformen als Kontingenzformel anschlußfähig bleibt.

Auch bei Thomas von Aquin (vgl. Thomas von Aquino 1935) bedeutet Rechenbarkeit
nicht quantitative Gleichheit irdischer Güter – ein solcher Gedanke wäre blasphemisch,
insofern er die Negation der göttlichen Ordnung implizierte. Diese ist das *„summum
bonum"* als ewiges Gesetz göttlicher Vernunft. Ihr entstammt eine je anzutreffende Verteilung relational zu Natur und Stand: „Und auch so wirkt Gott Gerechtigkeit, wenn er
jedem gibt, was ihm dem Wesensanspruch seiner Natur und seines Standes (conditio-
nis) nach geschuldet wird" (Thomas von Aquino 1954, S. 171 f.). Gerechtigkeit zu üben
heißt deshalb: Beobachtung des ewigen Gesetzes und Verpflichtung gegen Gott; im
menschlichen Handeln zu erfüllen, was seiner Weisheit und seinem Willen entspricht.
Diese Gerechtigkeit ist eine von vier Kardinaltugenden, eine „Angeltugend", die dem
Menschen von Natur aus innewohnt, wenngleich in unvollkommener Form. Insofern
hat der Mensch Teil an der göttlichen Natur, seine Tugend ist eine „Verhabung", eine
Art Habitus, der sich als „Vermöglichkeit" des guten Tuns und als guter Gebrauch (der
Tugend) erweist. Der rechte Gebrauch – hier folgt Thomas ganz Augustinus – erfordert,
weil Tugend Sündenvermeidung ist, die Gnade Gottes und den Willen in wechselsei-
tigem Aufeinanderangewiesensein. Thomas verengt schließlich eine charakteristische
Spur, die schon bei Augustinus im Verhältnis zu den anderen Kardinaltugenden angelegt ist, wenn er darauf hinweist, daß „ohne die Klugheit … nämlich eine sittliche Tugend nicht da sein" könne (Thomas von Aquino 1935, S. 349). Er dichotomisiert damit in
einer folgenreichen Weise zwei menschliche Antriebe, den „Verstand" und die „Begehr"
(a. a. O., S. 348), die er mit einer „verstandhaften" und einer „sittlichen" Tugend analogi-
siert. Da der Mensch auf Vervollkommnung angelegt sei, haben beide Tugenden aufeinander verwiesen zu sein. An dieser Ergänzung zeigt sich deutlich eine indirekte Folge
der Rationalisierung des Gerechtigkeitsdenkens, wie es bei Aristoteles angelegt ist. Der
Rechenbarkeit des Gerechten wird nunmehr noch eine Dimension hinzugefügt, indem
Thomas die Begehr unter die Kuratel der Vernunft stellt.

Wenn bis zur Scholastik die Unterscheidung zwischen *iustitia commutativa* und *iustitia distributiva* nicht den Gedanken einer Aufforderung zur Gleichheit enthält, sondern
im Gegenteil die Ungleichheit gerecht ist, wenn und weil sie Gottes Ordnung entspricht
und darum von Ungerechtigkeit nur geredet werden könnte, wenn die natürliche Ord-

nung gestört wäre, dann wird dieses Kontinuum der Gerechtigkeitsauslegung mit der Reformation von Grund auf unterbrochen. Der Qualitätssprung von der Idee der Gerechtigkeit als relationaler Angemessenheit zu der späteren Vorstellung einer auch sozialen Gleichheit wird bei Luther in seiner Auslegung von Röm. 1,17 und 3,21 in einer hermeneutischen Anstrengung besonderer Form vollzogen. Luther sucht nach der sprachlichen Urform des Begriffs „iustitia dei" in der hebräischen Sprache. Er entdeckt, daß dort zwei Nomina (Gott und Gerechtigkeit) in einer für das Hebräische spezifischen Form aufeinander bezogen sein können, weil der hebräische Genetiv in beide Richtungen gilt. Insofern ist für Luther iustitia die Gerechtigkeit Gottes als Eigenschaft Gottes, aber umgekehrt Göttlichkeit auch Eigenschaft der Gerechtigkeit. Aus diesem philologischen Element leitet Luther seine Rechtfertigungslehre ab. Derzufolge ist der Mensch verpflichtet, sich selbst anzuklagen, um die Gerechtigkeit als eine göttliche aufscheinen zu lassen, die mehr ist als die Gerechtigkeitsvorstellung des allgemeinen Rechtssystems. Die iustitia dei (die der irdischen Gerechtigkeit gegenübergestellt ist) wird für Luther „zum Inbegriff der von Gott gemeinten und darum in das Gewissen der Menschen eingepflanzten Ordnung der Welt und zugleich zum Inbegriff der durch die Gnade wiederhergestellten Ordnung der neuen Schöpfung" (Bornkamm 1942, S. 41). Das darin zum Ausdruck kommende göttliche Rechtsverständnis rückt die Verpflichtung des Menschen zur Nächstenliebe in das Bewußtsein. An die Stelle der „Verhabung", also eines erworbenen Habitus, beruhend auf gerechter Ordnung und Gnade, die zwar einen Willen zur Gerechtigkeit voraussetzt, aber keine Notwendigkeit von Gleichheit, tritt bei Luther die Pflicht, die Notwendigkeit, sich in der Selbstanklage zu rechtfertigen. Gerechtigkeit verläßt deshalb die Sphäre der Tugenden (eine für den späteren klassischen Bildungsbegriff wichtige Tatsache, weil er ohne Ethik auskommen kann), indem sie zu einer Existenzform erhoben wird, die sich in Demut ausdrückt. An dieser Stelle wird der neuzeitliche Gerechtigkeitsbegriff konstituiert. Dieser geht nicht, wie vielleicht zu erwarten gewesen wäre, auf eine simple Veränderung der Quantitätsvorstellungen in der iustitita distributiva zurück, sondern begründet auf dem Umweg über eine Problematisierung der weltlichen Rechtsordnung, eine göttliche Ordnungsvorstellung, die nicht länger statisch ist, sondern darin besteht, daß der Mensch sein Handeln – unter der Frage nach dem Maß seiner Nächstenliebe – vor sich selbst rechtfertigen muß. Er muß sich so zwangsläufig fragen, ob ein etwa ausbleibendes gleichmachendes Tun vor dem Auftrag der Neuen Schöpfung als Pflicht des Menschen gerechtfertigt werden kann. Implizit werden iustitia distributiva und iustitia commutativa hier bereits konfundiert, weil die Frage nach der ausgleichenden Gerechtigkeit von der Ebene der weltlichen Justiz in die Sphäre des persönlichen Gewissens verlagert wird. Dies kann zu seiner Stabilisierung auf die Frage nach der austeilenden Gerechtigkeit nur mit einem Ausgleich irdischer Ungleichheiten antworten, welcher dem Gebot der Nächstenliebe folgt.

Die Luthersche Wendung löst in den folgenden Jahrhunderten eine Vielzahl von Kontroversen aus. Deren Protagonisten versuchen nicht selten, die alte Dichotomie wiederherzustellen und sich, je unterschiedlich, auf dem Kontinuum zwischen Ungleichheit als prästabilierter kosmischer Ordnung oder Gleichheit als Handlungsverpflichtung anzusiedeln. Dabei ergeben sich durch die Säkularisierung des Gerechtigkeitsdenkens und aus der Empirie des Alltags neue Überlegungen, die die reformatorische Wendung teilweise stützen, teilweise aber auch dementieren.

Unter dem Eindruck der Jakobistischen Erhebung kommt es 1745 in England zu einem Sturm auf die Banken, der das Eigentumsverständnis massiv tangiert. David Hume gehört mit seinem 1751 veröffentlichten „Enquiry concerning the principles of morals" (vgl. Hume 1929) deshalb zu den philosophischen Verteidigern der Ungleichheit, indem er einen Gerechtigkeitsbegriff entfaltet, der dem Erfahrungsprinzip verpflichtet ist: Hume bestreitet, daß die Vernunft Moralregeln begründen könne; sie sei vielmehr begrenzt auf die Möglichkeit, die empirische Passung eines Sachverhalts mit einer Moralregel zu untersuchen. Einen eingeborenen moralischen Sinn gebe es nicht, folglich seien Grundtugenden und Werte nur durch soziale Konvention begründbar, soweit sie, als Pflichten, wie im Falle der Elternliebe, nicht ohnedies auf natürlichen Trieben beruhen. Gerechtigkeit gehöre dazu nicht. Sie sei eine künstliche Tugend zur Aufrechterhaltung der Gesellschaft durch eine Sicherung der Eigentumsverhältnisse. Nur so seien Glück und Sicherheit zu gewinnen. Ein Versuch, soziale Gleichheit herzustellen, verbiete sich schon aus Erfahrung, weil er nicht realisierbar sei. Ungleichheit müsse sein, wie sie beispielsweise durch unterschiedliche Stärke, durch Ancienität oder durch Erbe verursacht sei. Der Erziehung komme bei der Vermittlung einer Sympathie für das so definierte Staatswohl neben den bürgerlichen Gesetzen und der Jurisdiktion eine besondere Rolle zu.

Auf der im Grundsatz gleichen Seite der Kontraktualität von Gerechtigkeit argumentiert Jean-Jacques Rousseau, wenngleich ungleich differenzierter und unter Aufnahme sowohl des scholastischen Gerechtigkeitsdiskurses wie auch der protestantischen Provokation. Gerechtigkeit, so argumentiert Rousseau in seinem 1754 verfaßten, aber erst 1762 veröffentlichten „Contrat Social" (vgl. Rousseau 1977) wird durch den Gesellschaftsvertrag gestiftet,

- der alle gleich behandelt,
- zweckmäßig ist, weil er das Wohl der Allgemeinheit verfolgt und
- dauerhaft, weil die Öffentlichkeit ihn garantiert.

Der Vertrag transformiert bloßen Besitz in Eigentum durch den bürgerlichen Rechtsakt und nicht durch das Recht des Stärkeren. Die so zu schaffenden Verhältnisse, daran läßt Rousseau keinen Zweifel, sind aber nicht durch gleiche Eigentumsverteilung, sondern durch die Gleichheit vor dem Gesetz gegeben. Dieses darf dann selbst aber durchaus ungleich austeilen, weil jedem Menschen – hier argumentiert Rousseau wiederum platonisch – das zu geben sei, was ihm zukommt. Gott, nicht der Mensch ist es, der Rechenschaft verlangen kann über das, was er den Menschen gegeben hat. Das setzt indessen etwas voraus, was Luther bereits sehr existentiell auch für seine Person aus der Exegese der Römerbriefe erfahren hatte: Freiheit, und zwar eine bürgerliche Freiheit, welche die durch den Gesellschaftsvertrag zum Verschwinden gebrachte natürliche Freiheit ersetzt. Sie ist die Grundlage für die Entfaltung des im Menschen angelegten, universalen Strebens nach Gerechtigkeit, welches dem Menschen aufgrund der Güte Gottes angeboren und nicht wie bei Thomas erworben ist. Wegen der dem Menschen gegebenen Freiheit gibt es keine Entschuldigung für Ungerechtigkeit. Es wird ganz deutlich, daß es Rousseau gelingt, die auseinanderdriftenden theoretischen Tendenzen der antik-katholischen und der neutestamentarisch-evangelischen Tradition noch einmal zusammenzuführen, indem Kernstücke aus beiden aufgenommen werden: die Möglichkeit der relationalen Angemessenheit von Verteilung, Ausgleich, aber auch die Möglichkeit einer Nivellierung, wenn die Bürger dieses im Vertrag verabreden, den zu schließen sie frei sind. Rousseau konnte deswegen auch zur Legitimationsinstanz für beide Strömungen des Gerechtigkeitsdenkens in der Folgezeit werden.

Dieses gilt für Kant in ähnlicher Weise. Dem empirischen Argument Humes gegen die Möglichkeit der Gleichheit versucht Kant sich in seiner „Grundlegung zur Metaphysik der Sitten" (vgl. Kant 1975) ebenso zu entziehen wie irgendeiner Form des Kompromisses von der Art des Rousseau. Er ist sehr wohl der Auffassung und entwickelt diese in der Metaphysik der Sitten, daß die Ermittlung eines obersten apriorischen Prinzips der Moral und die Begründung einer ihr zugeordneten ‚reinen' Philosophie, unabhängig von Empirie, Theologie und Anthropologie möglich sei. So schildert er den Übergang von der gemeinen sittlichen Vernunfterkenntnis zur philosophischen, der sich im guten Willen (Handlungen sind nach dem Wollen zu beurteilen), in der Pflicht und im moralischen Gesetz (Notwendigkeit einer Handlung aus Achtung vor dem Gesetz) äußert. In der Bearbeitung des Übergangs von der sittlichen Weltweisheit zur Metaphysik der Sitten wird der Mensch als ein solcher gezeigt, der die Fähigkeit besitzt, nach Gesetzen und Prinzipien zu handeln, was in der Formulierung des bekannten Kategorischen Imperativs mündet. Die „Kritik der praktischen Vernunft" stellt dann gewissermaßen das Schlußstück zu dieser Frage dar, wenn darin, nicht unähnlich zu Rousseau, die Idee der Freiheit dargelegt wird, die für ein System der autonomen Ethik unentbehrlich ist. Gerechtigkeit ist in dieser Konstruktion keine menschliche Tugend, weder eine erworbene noch eine universale, sondern Kant leitet sie aus einer Strafgerechtigkeit ab. Diese kann nur eine göttliche sein, zu der es auch kein belohnendes Pendant gibt, weil Belohnung für Wesen (Menschen) undenkbar ist, die keine Rechte, sondern nur Pflichten gegenüber Gott haben. Insofern sei eine belohnende Gerechtigkeit im Verhältnis Gottes gegen Menschen ein Widerspruch (vgl. Kant 1975, S. 630; A 184, 185). Gerechtigkeit wird also nicht als eine menschliche Eigenschaft oder als Beschreibungsmerkmal für menschliche Akte konzipiert, sondern als eine Art „Substanz", dem „Fatum", „Verhängnis" ähnlich, eine Notwendigkeit, „als überschwengliches, einem übersinnlichen Subjekt angedachtes Prinzip" (a. a. O., S. 632; A 188). Kant siedelt seine Gerechtigkeitsvorstellung durch deren Konzeptionierung als eines Prinzips also jenseits der Dichtomie von *iustitia commutativa* und *iustitia distributiva* an und kann deshalb, auch wenn dieses anders geschieht, für die Durchsetzung konkreter ausgleichender oder austeilender Gerechtigkeitsvorstellungen nicht in Anschlag gebracht werden. Indessen dürfte es gerade die unbestimmte Bestimmtheit des „fatalistischen" Gerechtigkeitsbegriffs gewesen sein, die ihn faktisch für sehr divergente Herrschaftsansinnen instrumentalisierbar machte.

Hegel holt die Gerechtigkeit vom Himmel zurück auf die staatliche Erde und gerät damit ebenso zurück in die Notwendigkeit, eine Auskunft zu der Frage erteilen zu müssen, welcher Ausgleich und welches Austeilen denn das gerechte sei. In den „Grundlinien der Philosophie des Rechts" von 1821 zieht Hegel die Kategorie der Freiheit zur Lösung des Problems bei (vgl. Hegel 1989). Sie verwirklicht sich gemeinsam mit der sittlichen Idee und dem substantiellen Willen im Staat. Der Staat ist der Garant der Gerechtigkeit. Dieses kann er nur sein, wenn er Eigentum schützt, weil dieses wiederum in der Form der Disposition Voraussetzung der Freiheit ist. Gerechtigkeit kann deshalb nicht soziale Gleichheit bedeuten, sondern nur Rechtsgleichheit, damit alle Bürger sich der Anerkennung der Freiheit durch Eigentum verpflichten. Damit sie dieses tun, garantiert der Staat Rechtsgleichheit und Freiheit durch sie.

Bei oberflächlicher Betrachtung böte es sich an, Marx und Engels als die beiden Gewährsleute für eine Gerechtigkeitskonzeption heranzuziehen, die von den alteuropäischen Anfängen bis zum deutschen Idealismus zu zeigende Unentschiedenheit in der Frage der Austeilungsgleichheit als Ausdruck einer *iustitia distributiva* hinter sich läßt, weil vor dem Hintergrund ihrer radikalen Abkehr vom bürgerlichen Besitzindividualismus nichts anderes zu erwarten wäre. Dieses ist aber mitnichten der Fall. Marx und Engels beziehen den Gerechtigkeitsbegriff gar nicht auf ihr Hauptthema, sondern verfahren reduktionistisch mit ihm (vgl. Rottleuthner 1994, S. 209 ff.). Gerechtigkeit wird von ihnen entweder ideologiekritisch auf ihre Klassenherkunft untersucht oder ist Gegenstand der Ablehnung in ihrer Auseinandersetzung mit den Gerechtigkeitsforderungen Proudhons. Diesem schwebte in seiner anarchistischen Theorie Gerechtigkeit durchaus als Realisierung eines gleichen Anteils an den Gutem vor, allerdings unter der Voraussetzung gleicher Arbeit (vgl. Proudhon 1896). Insofern er, wie Hegel, im Eigentum aber sehr wohl die Möglichkeit der Freiheit sah, kam eine kommunistische Position der Eigentumslosigkeit für ihn nicht in Betracht. Besitz sei durchaus zulässig, allerdings als ein durch gleiche Arbeit erworbener. In dieser Gleichheit realisiere sich Gerechtigkeit, die, und das ist durch Proudhon neu in den Gerechtigkeitsdiskurs eingeführt worden, nicht auf Glaube, Vernunft oder Pflicht fußt, sondern auf Solidarität. Diese lenkt den Blick der Gerechtigkeit weg von Gott oder den Prinzipien auf den anderen. Liberalistische wie kommunitaristische, aber auch dekonstruktivistische Gerechtigkeitskonzeptionen des ausgehenden 20. Jh. schließen u. a. hier an (vgl. Biesta 1998, Heyting 1998, Priester 1998).

Ein wichtiges Kennzeichen der Diskursentwicklung im 20. Jh. ist aber dieses, daß der Gerechtigkeitsdiskurs sich aus dem religiösen System und der Philosophie in verschiedene andere Systeme diversifiziert, wo er dementsprechend aufzusuchen ist (vgl.

Abschn. 3 und 4). Betrachtet man die Entwicklung des Gerechtigkeitsdiskurses bis hierhin, so lassen sich folgende Hauptlinien herausarbeiten:

- Die Entwicklung des Gerechtigkeits*begriffs* zeigt eine kurzfristige Verschiebung von unbestimmten Kontingenzformeln in Richtung auf Verbindlichkeit; dieses allerdings erst ganz am Ende, im 19. Jh., was die *iustitia distributiva* betrifft. Der philosophische Diskurs des 20. Jh. nimmt diese Verbindlichkeit allerdings wieder zurück, wenngleich nicht bis auf die Stufe, auf der er etwa bei Platon vorzufinden ist.
- Der *ethische Charakter* der Gerechtigkeit verschiebt sich von einer partikularen Tugend über ein verallgemeinertes Prinzip bis zur Konkretion durch staatliche Iudifizierbarkeit bei gleichzeitigem Verlust persönlicher Verantwortung.
- Ist am antiken Beginn des Gerechtigkeitsdenkens das erzieherische Moment in der Gestalt der *Paideia* noch *Voraussetzung für die Verwirklichung von Gerechtigkeit,* so ersetzt zunehmend das positive Recht die Rolle des pädagogischen Gerechtigkeitsgaranten, was sich am Ende des 20. Jh. dann wieder ändern wird.
- Dementsprechend tritt der Zwang zunehmend an die Stelle von Freiheit und Wille bei der *Herstellung von Gerechtigkeit.*
- Im *Verhältnis zur Gleichheit* zeigt sich der Gerechtigkeitsbegriff zunächst sehr stabil, was die Abwehr einer Gleichheitsvorstellung bei der *iustitita distributiva* betrifft, während die *iustitia commutativa* gewissermaßen als operatives Medium zur Erhaltung und Legitimation materieller Ungleichheit eingesetzt wird.
- Das *Verhältnis zur Freiheit* ließe sich in Form einer Glockenkurve zeichnen: Nachdem Freiheitsvorstellungen bei der Realisierung von Gerechtigkeit zunächst überhaupt keine Rolle spielen, weil die Gerechtigkeit einer letztlich kosmischen Ordnung folgt, bricht mit der Reformation der Freiheitsgedanke hinsichtlich der persönlichen Entscheidung für Gerechtigkeit herein. Dieser wird dann in der jüngsten Zeit wieder zurückgedrängt, weil eine wachsende Gleichheitsforderung nur zu Lasten von Freiheitsmaßen umgesetzt werden kann.

Versuchte man diese Tendenzen auf eine kurze Formel zu bringen, so ließe sich sagen, daß die alteuropäische Differenzierung zwischen *iustitia commutativa* und *iustitia distributiva* in der Neuzeit auf verschiedene Weisen konfundiert wird, unter unterschiedlichen Voraussetzungen und mit unterschiedlichen Folgen. Eine davon ist im Rahmen der Entpersönlichung von Gerechtigkeit die Entstehung einer *iustitia legalis* (ein Terminus von Thomas von Aquin). Dies bezeichnet gewissermaßen die sehr spät justiabel gewordenen Verpflichtungen der Gesellschaftsteilnehmer gegenüber dem Gesetz bzw. Staat. Der durch Aristoteles in die Welt gesetzte Gedanke einer Berechenbarkeit der Gerechtigkeit hält sich durch – von den Ausnahmen weniger philosophischer Höhepunkte wie bei Kant abgesehen.

3   Auswirkungen des Gerechtigkeitsdiskurses im 20. Jahrhundert: Rechtssystem, religiöses System, Bewußtseinssystem

Obgleich Berechenbarkeit der Gerechtigkeit Standard des Gerechtigkeitsdenkens bleibt, und obwohl im 19. Jh. mit dem aufkommenden Marxismus bis heute Materialisierungen von Gerechtigkeit erwartbar wurden und ja auch in verschiedenen dieser radikalen Lösungsversuche Ausdruck fanden, ist dieses nicht das Signet des 20. Jh., was das Rechtssystem betrifft. In diesem beginnt sich eine Vorstellung von Teilhabegerechtigkeit zu verbreiten, welche geeignet sein soll, das Gemeinwohl zu realisieren (vgl. Schwintowski 1996, S. 129). Sie steht, wie es sich schon in frühen Formen des neuzeitlichen Diskurses zeigte, in Konkurrenz zum Freiheitsgebot. Da aber Freiheit prinzipiell nicht konkretisierbar ist, kann es die von ihr abhängige Gerechtigkeit auch nicht sein. Versuche, Gerechtigkeit ersatzweise utilitaristisch zu definieren, enden in ähnlichen Sackgassen, wenn etwa gefragt werden muß, welche Freiheitsbeschränkung der Gesellschaft am meisten nützt und deshalb als gerecht einzustufen sei. Diese zu benennen, setzte eine nicht vorhandene prognostische Kompetenz voraus, die aber nicht gegeben ist. Es ist deshalb vorgeschlagen worden, von einer materialen Bestimmung von Gerechtigkeit im Rechtssystem grundsätzlich abzusehen und die Frage umzukehren: „Die entscheidende Frage ist also nicht, was ist gerecht und was müssen wir deshalb tun, sondern umgekehrt, was müssen wir tun, um es gerecht nennen zu dürfen" (a. a. O., S. 132). Dieses bedeutet zu akzeptieren, daß Begriffe nicht als Handlungsursachen verstanden werden, sondern als Folgen.

Eine solche Position trifft aber auf die Opposition der derzeit vorherrschenden Wertjurisprudenz. Diese sieht in der Verwirklichung materialer Gleichheit die wichtigste Aufgabe des Rechts, ohne aber selbst in der Lage zu sein, Prinzipien der materialen Gleichheit formulieren zu können, die nicht angreifbar bleiben. Es ist deshalb wahrscheinlich, daß die juristische Realisierung von Gerechtigkeit sich auch künftig im Sinne einer „formalen Gerechtigkeit" (vgl. Schroth 1997) auf Verfahren und Konsens bescheiden wird, deren Einsatz an dem Ort erfolgt, an welchem juristische Gerechtigkeit zum Tragen kommt: nicht in der Formulierung von Prinzipien, sondern in der konkreten Lösung von Konflikten aus Anlaß von Klagen über eine Ungerechtigkeit, bei deren Klärung im Verfahren Gerechtigkeit hergestellt wird, unabhängig von der Frage, ob diese von den Betroffenen auch so empfunden wird. Das Grundgesetz der Bundesrepublik Deutschland sieht in seinem Gleichheitsgrundsatz dementsprechend auch keinen Anspruch auf materiale Gleichheit vor, sondern auf Gleichheit vor dem Gesetz (vgl. Randelzhofer 1997, S. 149 ff.).

Die Unbestimmtheitsrelation des Gerechtigkeitsbegriffs, insbesondere im Hinblick auf eine *iustitia distributiva*, bewährt sich im übrigen auch im Hinblick auf eine seit den 80er Jahren neue Problematik. Mit der Rede von der Risikogesellschaft wie der Globalisierung ist deutlich geworden, daß künftig nicht nur Güter, sondern auch Lasten gerecht verteilt werden müssen, die selbst das Produkt arbeitenden und herstellenden Handelns sind, z. B. im Rohstoffverbrauch bzw. in der Umweltbelastung (vgl. Caspar 1997, Steinvorth 1994). Das diesbezügliche Begehren findet seinen inzwischen normalisierten Ausdruck in genau jenem Verfahren, in welchem auf dem Wege etwa einer Klage durch eine Bürgerinitiative Gerechtigkeit gesucht wird, wenn Menschen beispielsweise nicht bereit sind, die Folgen politisch-technischer Entscheidungen einseitig zu tragen, wie z. B. im Fall von Fluglärm. Nur die als Kontingenzformel unbestimmt bleibende Gerechtigkeit (vgl. Luhmann 1995, S. 214 ff.) bietet eine ähnliche Anschlußfähigkeit von Rechtsakten im Rechtssystem wie es der Bildungsbegriff für das Erziehungssystem leistet.

Im Gegensatz zum Rechtssystem hat das religiöse System nicht das Problem, Gerechtigkeit rechtsfähig zu machen, ohne unverbindlich zu bleiben. Seine Teilnehmer haben die Möglichkeit, konkrete Regeln für die *iustitia distributiva* zu entwickeln und zu fordern, ohne in Legitimationsnöte zu geraten, weil sie für die Umsetzung solcher Vorschläge innerhalb des Rechtsstaates ohnehin nicht zuständig sind. Trotz dieser vergleichsweise unbeschwerten Ausgangslage wird auch im religiösen System Gerechtigkeit als Kontingenzformel bevorzugt. Die prominenteste Quelle jüngster Zeit, das „Wort des Rates der Evangelischen Kirche in Deutschland und der Deutschen Bischofskonferenz zur wirtschaftlichen und sozialen Lage in Deutschland" mit dem Titel „Für eine Zukunft in Solidarität und Gerechtigkeit" (vgl. Für eine Zukunft … 1997, S. 138 ff.), knüpft zwar an den Proudhonschen Solidaritätsbegriff an und besteht auch darauf, daß jenseits von *iustitia legalis, distributiva* und *commutativa* zusätzlich eine „soziale Gerechtigkeit" (a. a. O., S. 140) zu fordern sei. Diese wird aber nur abstrakt definiert und nicht materialisiert, wenn verlangt wird: „Es müssen also Strukturen geschaffen werden, welche dem einzelnen die verantwortliche Teilnahme am gesellschaftlichen und wirtschaftlichen Leben erlauben" (a. a. O., S. 141). Soziale Gerechtigkeit wird also wie im jüngeren Rechtsdiskurs als Teilhabegerechtigkeit dergestalt begriffen, daß nicht alle eine gleiche Teilhabe an Gütern erfahren sollen, sondern daß sie „in der Lage sind, ihren eigenen Gemeinwohlbeitrag zu leisten" (ebd.). Die erwartete Position zur Frage der Ressourcenverteilung wird aus dem Gerechtigkeitsdiskurs eskamotiert und unter jene Formeln gebracht, über die das religiöse System im Gegensatz zum Rechtssystem verfügt: „Das der menschlichen Person Zukommende und Gebührende ist mehr als Gerechtigkeit, nämlich persönliche Zuwendung, Liebe und Barmherzigkeit" (a. a. O., S. 142). In der Tradition des religiösen Diskurses ist diese Position konsequent, allerdings eher aus der des evangelischen Diskurses, insoweit der Pflichtgedanke Luthers und seiner späteren philosophischen Epigonen in der Fassung von Gerechtigkeit als Befähigung zur Leistung eines Gemeinwohlbeitrags in den Vordergrund gerückt wird.

Wenn Rechtssystem und religiöses System Gerechtigkeit kontingent halten, um den Begriff an wechselnde Systemlagen anzupassen, dann stellt sich die Frage, ob Bewußtseinssysteme, d. h. die Psyche von Individuen, eine konkrete Gerechtigkeitsvorstellung entfalten. Im Gegensatz zur Soziologie wird in der Psychologie dem Phänomen Gerechtigkeit seit den ersten Studien Piagets in den 30er Jahren empirisch-analytisch nachgegangen. Die Entwicklungspsychologie hat ihre Aufmerksamkeit inzwischen auf den

gesamten Lebenslauf und nicht nur auf die Gerechtigkeitsvorstellungen von Kindern
ausgedehnt; in der Sozialpsychologie sind etliche Untersuchungen zu der Frage durchgeführt worden, in welcher Form ein Gerechtigkeitsempfinden von Menschen, deren
Verhalten bei der Aufteilung von Gütern oder bei Konflikten beeinflußt; in der Persön-
lichkeitspsychologie sind Gerechtigkeitspräferenzen erfaßt worden und in verschiedenen Feldern der Angewandten Psychologie geht es u. a. um Fragen gerechter Bezahlung
oder Leistungsbewertung. Gerechtigkeit als psychische Disposition wird psychologisch
weitgehend übereinstimmend definiert als „Summe individueller Kenntnisse und Erwartungen darüber, wie Personen oder Gruppen bei auftretenden Teilungs-, Verpflich-
tungs- und Haftungsproblemen verfahren sollten" (Müller 1984, S. 1080). In diesem
Zusammenhang ist danach gesucht worden, welchen Veränderangen, welcher Entwicklungslogik eine so psychologisch definierte Gerechtigkeit unterliegt (vgl. Piaget 1954).
Seine Resultate sind dahingehend gedeutet worden, daß ein Zusammenhang zwischen
der kognitiven und der moralischen Entwicklung anzunehmen ist. Bei einer Differenzierung der Untersuchungen nach solchen, die auf *iustitia distributiva* und *iustitia commutativa* abheben, mußte man jedoch feststellen, daß Kinder, Jugendliche und Erwachsene ganz unabhängig von ihrem Alter distributive Präferenzen kontext- und nicht
prinzipienorientiert vollzogen (vgl. Mikula 1980), während die Ausübung einer *iustitia commutativa* in der Form von Verantwortlichkeitszuschreibungen (vgl. Harris 1977)
oder der Lösung moralischer Dilemmata (vgl. Kohlberg 1964) sich eher Prinzipien zu-
ordnen ließ. Das entspricht völlig den Verhältnissen im philosophisch-theoretischen
Diskurs des (alt-)europäischen Gerechtigkeitsdenkens wie auch der Lage im religiösen
und im Rechtssystem des ausgehenden 20. Jh. Die Definition austeilender Gerechtigkeit
wird kontingent gehalten, während die ausgleichende Gerechtigkeit formulierbaren abstrakten Regeln folgt. Dafür, daß diese Differenz sich empirisch bestätigt, kann es zwei
Gründe geben: Entweder spiegelt der philosphische Diskurs der Geschichte eine auch in
psychologischen Experimenten zutage tretende anthropologische Faktizität, oder, was
wahrscheinlicher ist, die psychologischen Resultate sind selbst das Produkt einer in-
terpretierenden Tätigkeit, die dem philosophischen Diskurs verpflichtet ist. Diese Annahme bedeutet nicht, daß es sich bei der Unbestimmtheit des Gerechtigkeitsbegriffs
nicht auch um eine Art anthropologisches Bedürfnis handeln kann. Triftiger dürfte indessen eine systemtheoretische Deutung sein (vgl. 5), die die Dynamik sozialer Systeme
für diese Unbestimmtheitsrelation in Rechnung stellt.

Vor diesem Hintergrund lassen sich dann auch Untersuchungsergebnisse verstehen,
denen zufolge eine geschlechtsspezifische Differenz im Urteilsstil von „care" bei Frauen
und „justice" bei Männern in beruflichen Settings verschwindet, was nichts mit „emanzipatorischen Prozessen in der Frauenrolle" (Lugt-Tappeser/Jünger 1994, S. 259) zu tun
hat. Es reflektiert vielmehr, daß in rechtlich kodifizierten gesellschaftlichen Subsys-
temen wie dem Beruf anders als in informell definierten wie der Familie Gerechtigkeit als Kontingenzformel zur Systemstabilisierung benötigt wird. Wer in einem solchen System, egal welchen Geschlechts, anders kommunizieren wollte, würde seine

Beiträge außerhalb dieses System plazieren und genötigt werden, seine/ihre Programmatik zu ändern.

4   Gerechtigkeit und Erziehungssystem

Wenn die drei im Hinblick auf Gerechtigkeit tragenden Systemtypen, das des Rechts, der Religion sowie die Bewußtseinssysteme Gerechtigkeit zumindest hinsichtlich ihres Verständnisses als *iustitia distributiva* kontingent halten, so stellt sich die Frage, wie das Erziehungssystem damit umgeht. Dieses verlor seinen in der antiken *Paideia* enthaltenen Einfluß im christlichen Gerechtigkeitsdiskurs, weil Gerechtigkeit entweder prästabiliert schien oder unter dem Gnadenvorbehalt stand. Nach dem Kollaps der gemeinsamen christlichen Weltanschauung entstand ein Vakuum, welches zumindest teilweise durch das Rechtssystem ausgefüllt wurde. Blieb für das Erziehungssystem noch ein Platz bei der Wahrnehmung, Vermittlung und Verwirklichung von Gerechtigkeit?

Grundsätzlich ist das Erziehungssystem von allen vier Formen aktueller Gerechtigkeitsbegriffe tangiert: von der *iustitia distributiva, legalis, commutativa* sowie von der sozialen Gerechtigkeit.

Iustitia distributiva kann für das Erziehungssystem bedeuten, sich mit der Frage der Verteilung des Gutes Bildungschancen auseinandersetzen zu müssen. Dieses war ein dominierendes Thema des Gerechtigkeitsdiskurses im Erziehungssystem der 70er Jahre. Die Annahme, daß bestimmte wesentliche Voraussetzungen für einen Schulerfolg wie Sprachkompetenz sozial ungleich verteilt seien, hatte zu erheblichen Anstrengungen hinsichtlich einer Kompensation solcher Defizite geführt. In die gleiche Richtung sollten bildungsadministratorische Maßnahmen wirken, die auf die Erhöhung der Durchlässigkeit im Bildungssystem, auf die Vermehrung von Erfolgswegen oder auf die Öffnung bislang für eine Elite reservierter Einrichtungen wie der Hochschulen zielten. In den 80er Jahren mußte jedoch nüchtern konstatiert werden: „Betrachten wir den Effekt der Bildungsreform über die gesamte Hierarchie der Bildungsabschlüsse, so ist zu konstatieren, daß es … zu keiner allgemeinen Angleichung der schichtspezifisch unterschiedlichen Bildungschancen gekommen ist" (Handl 1985, S. 719). Andreas Flitner hat diese Feststellung zum Anlaß genommen, die Erwartung absoluter Gleichheit zu relativieren und an die antike Tradition erinnert: „Erst die unterscheidende Gerechtigkeit gibt allen im höheren Sinne das gleiche, nämlich etwas gleich Wichtiges, Hilfreiches" (Flitner 1988, S. 41). Er hat vorgeschlagen, die Gleichheitserwartungen gewissermaßen nach unten zu korrigieren: „Gerechtigkeit in diesem Sinne heißt weiter, daß ein gewisses Basisniveau, eine grundlegende Bildung oder ein ‚Sockel', der durch eindeutige Anforderangen des Lebens in diesem Zeitalter und in dieser Gesellschaft bestimmt wird, von allen Kindern erreicht werden kann und daß die Schule ihre Methoden und ihre Aufmerksamkeit darauf richtet, diese Grundlage allen zuteil werden zu lassen" (a. a. O., S. 57). Was hier wie ein Rückzug aussehen mag, ist doch tatsächlich nur der Ausdrack einer systemnotwendigen Flexibilisierung des Gerechtigkeitsbegriffs gewissermaßen aus empirischen Gründen, auf die schon Hume hingewiesen hat. Auch im Erziehungssystem kann mit Aussicht auf Erfolg keine andere als eine kontingente Semantik für die *iustitia distributiva* gefunden werden.

In Gerechtigkeitsüberlegungen innerhalb des Erziehungssystems war es vor der Bildungsreform deshalb bevorzugt worden, auf *iustitia legalis* abzuheben. Dieses war als Reaktion auf das nationalsozialistische Unrechtsregime konsequent. Da es die Rechtsordnung sei, die der Gerechtigkeit diene, müsse Gerechtigkeitserziehung folglich Rechtserziehung sein (vgl. Ellwein 1971, S. 313). Diese sei auch besonders darum notwendig, weil die Furcht zu konstatieren sei, das Recht werde für beliebig gehalten (a. a. O., S. 346). Insoweit Gerechtigkeitserziehung also in der Rekonstruktionsphase der Bundesrepublik als Erziehung zu Recht und Gesetz begriffen wurde, konzentrierte sich die Diskussion letztlich auf eine Art fachdidaktischen Diskurs: Die schulische wie die außerschulische, mit erheblichem Mitteleinsatz geförderte politische Bildung war Ort und Instrument einer so verstandenen Gerechtigkeitserziehung. Da diese Erziehung auf die Erzeugung einer positiven Einstellung zum je geltenden Recht, natürlich im Rahmen eines Rechtsstaates bemüht war, richtete sich die Anstrengung auf eine Belehrung über die Institutionen und Prozesse, die zur Erzeugung positiven Rechts beitragen und weniger auf die Rechtsinhalte selbst. Der Gerechtigkeitsbegriff war also auch in dieser Variante einer *iustitia legalis* mit dem Charakter einer Kontingenzformel versehen.

Das zweite Zentrum neben dem Diskurs über Chancengerechtigkeit im Erziehungssystem war seit den 70er Jahren (und seit den 60er Jahren in den USA) der Diskurs über moralische Erziehung im Anschluß an die Moralstufentheorie Lawrence Kohlbergs. Das empirische Kernstück dieses zunächst psychologischen Ansatzes stellten die Untersuchungen zu den unterschiedlichen moralischen Reflexionsniveaus auf der Grundlage von moralischen Dilemmata dar, die den Probanden zur Beurteilung vorgelegt wurden. Die Versuche bezogen sich also nicht auf die Lösung faktischer, sondern simulierter Probleme der Gerechtigkeit, und zwar nicht solcher der Verteilung von Gutem, sondern der Beurteilung moralisch problematischer Handlungen, wie sie die ludikative üblicherweise in tribunalisierter Form vollzieht. Damit gehört der sowohl in den Kohlbergschen Untersuchungen als auch in den sich daran anschließenden pädagogischen Konzepten unterlegte Gerechtigkeitsbegriff zum Feld der *iustitia commutativa*. Das gilt auch dann, wenn in Experimenten Eigentumskonflikte thematisiert werden oder Aufteilungsexperimente gemacht werden, weil das Setting eine Beurteilungssituation im Sinne ausgleichender Gerechtigkeit grandsätzlich nicht verlassen kann. Das zeigt sich auch in der Selbsteinschätzung prominenter Vertreter des in diesem Zusammenhang entstandenen „diskurspädagogischen" Ansatzes: „Der Pädagoge, der sich am Diskursprinzip orientiert, unterstellt gleichsam die Autonomie möglicher Verantwortungsübernahme in verschiedensten Situationen und zugleich damit die Autonomie kindlicher praktischer Vernunft; dies muß in dem Alter gelten. Er tut so, als ob schon volle Partizipation möglich wäre; er tut so, als ob das Kind wirklich an einer gerechten, objektiven, für alle geltenden Lösung voll beteiligt sein könnte; er tut so, als ob die ideale Form des methodisch-moralischen Lösungsprozesses im Sinne des Gebrauchs von Prinzipien schon vorhanden sei" (Oser/ Althof 1997, S. 119). Und noch klarer stellt Wolfgang Edelstein fest: „Es geht also um den Erwerb und die kognitive Entwicklung des gerechtigkeitsbezogenen Urteils, nicht um den Erwerb ‚der Moral'" (Edelstein 1997, S. 21). Damit ist deutlich, daß auch die auf *iustitia commutativa* zielende Kommunikation innerhalb des Erziehungssystems, wie die beiden anderen Gerechtigkeitstypen auf Gerechtigkeit als Kontingenzformel angewiesen ist. Was im Einzelfall in Schülerdiskursen als „gerecht" bezeichnet werden wird, ist eine Funktion der Diskurse, nicht einer materialen Wertethik (a. a. O., S. 20). Es ist allerdings darauf hingewiesen worden, daß dieser moralpädagogische Ansatz nicht normativ neutral sei (vgl. Berghaus 1983, S. 130), weswegen sich die Frage stellt, ob die Kontingenz nicht doch durch die der Kohlbergschen Moralstufenhierarchie unterlegte Ethik tatsächlich zu unterlaufen versucht wird. Denn es ist ja nur innerhalb eines bestimmten, vorab entschiedenen Gesellschafts- und Staatsverständnisses plausibel, daß Gruppenkonsens und Partizipation die einzigen akzeptablen Formen der Handlungslegitimation darstellen (– ganz abgesehen von der empirisch noch ungeklärten Frage, ob Handlungen überhaupt durch Intentionen gesteuert werden können –), und es muß gerade im Sinne einer Diskursethik offengehalten werden, daß die den Moralstufen zugrundeliegende Gemeinschaftsorientierang Gegenstand einer Entscheidung ist.

Der Hinweis Kohlbergs auf die vermeintliche Universalität und damit Indisponibilität seiner Moralstufen ist insofern hinfällig, als daß eine Universalitätsbehauptung empirisch leer ist, weil sie sich immer nur auf einen historischen Ausschnitt beziehen kann, damit ahistorisch bleibt und die auch moralische Evolution des Menschen stillstellen würde. Daß eine solche Verabsolutierung durchaus nicht unerwünscht ist, zeigt der Kohlbergsche Ansatz einer Transformation seiner Theorie in die schulische Praxis einer „just community". Dieser geht über die diskurspädagogische *captatio* des bloßen „als ob" hinaus, weil in der gerechten Schule Lebensverhältnisse tatsächlich nach fälschlich für universal gehaltenen Normen geregelt werden sollen (vgl. Oser 1988, S. 60), die an die normative Welt des Kommunitarismus bruchlos anknüpfen. Das kann auch gar nicht anders sein, wenn man nach dem Muster des logisch nicht zulässigen naturalistischen Fehlschlusses vorgeht, aus den Resultaten empirischer Analysen normative pädagogische Handlungskonsequenzen zu ziehen; eine Praxis, die vor entsprechenden wissenschaftslogischen Überlegungen schon die geisteswissenschaftliche Pädagogik am Anfang dieses Jahrhunderts als unzulässig abgewiesen hatte. Denn es war ihr aufgegangen, daß die höchst unterschiedlichen empirischen Nebenbedingungen es nicht erwartbar sein ließen, daß aus einer bestimmten Norm folgende pädagogische Akte auch die beabsichtigten Erziehungsresultate erbringen würden.

Friedrich Paulsen war deshalb dem Fehler nicht verfallen, der Gerechtigkeit die gesamte Last einer angemessenen Regelung sozialer Verhältnisse aufbürden zu wollen. Er konzipierte in impliziter Erinnerung an die christliche Dimension der Nächstenliebe in ihrer Ausformung bei Luther Gerechtigkeit nicht als das Kardinalprinzip, sondern

als eines von zwei Elementen eines „Wohlwollens", dessen eine Dimension Nächstenliebe und dessen andere Gerechtigkeit ist. Die in der Debatte um „care" und „justice"
als zwei geschlechtsspezifische Orientierungen getrennte Dimensionen (vgl. Noddings
1984, Nunner-Winkler 1991) sind hier also noch als Einheit gedacht: „Gerechtigkeit die
beharrliche Willensrichtung, die das Handeln im eigenen Interesse durch die Rücksicht
auf die Interessen der Umgebung einschränkt, Nächstenliebe die Richtung des Willens
auf die positive Förderung der Wohlfahrt der Umgebung, der einzelnen wie der Gemeinschaften" (Paulsen 1921, S. 114). Im Blick auf Gerechtigkeit kann Paulsen deshalb
etwas Ähnliches vorschlagen wie Kohlberg in den 60er Jahren: die Erörterung moralischer Dilemmata (a. a. O., S. 188). Die auf diese Weise ausgeblendete materiale Wertethik, die ganz konkrete Erziehung zu sozialem Verhalten, realisierte sich dann bei
Paulsen unter dem Begriff der Nächstenliebe. Dafür gibt es in den Konzeptionen moralischer Erziehung des ausgehenden 20. Jh. entweder gar keine oder noch schwächere
funktionale Äquivalente wie „Fairneß", weil die Bindeklammer einer gemeinsamen
Weltanschauung verlorengegangen ist. Bei Paulsen sind beide Dimensionen komple-
mentär aufeinander bezogen, insofern Gerechtigkeit im Sinne des *neminem laedere* negativ als Selbstbeschränkung und Nächstenliebe positiv als Pflicht gefaßt ist: als Pflicht
zur Selbsterziehung, zur Erfüllung gestellter Anforderungen, zur Gemeinschaftsorien-
tierung und zur Freundlichkeit, Willfährigkeit, Dienstfertigkeit und Hilfsbereitschaft
gegenüber jedermann, unabhängig vom eigenen und anderem sozialen Stand (vgl.
a. a. O., S. 181). Mit dem Kunstgriff der komplementären Doppelung erreicht Paulsen,
daß die Dimension Gerechtigkeit kontingent bleibt, die kontingent sein muß und deshalb nur formal-negativ, hier liberalistisch definiert werden kann, während Verbindlichkeit über relativ zeitlose, aber doch konkrete Beschreibungen wie Hilfsbereitschaft
eingebracht wird. Solche Elemente sind im ausgehenden 20. Jh. zwar nicht völlig aus
dem Erziehung- und Bildungskonzept der Schule verschwunden, wurden aber insbesondere in den 70er Jahren aus dem Zusammenhang von Moralität gelöst, einer gesellschaftstheoretischen Orientierung untergeordnet und auf „soziales Lernen" reduziert.
Dessen Konzeptionierungen sind dann dadurch gekennzeichnet, daß sie die für Paulsen selbstverständlichen Elemente der Verpflichtung des Individuums gegenüber sich
selbst, also zur Selbsterziehung und zur Erfüllung von äußeren Anforderungen nicht
mehr enthalten und sich statt dessen nur auf die Leistungen des einzelnen gegenüber
der Sozialität konzentrieren.

In jüngster Zeit haben sich einzelne Autoren an den Verlust der Wohlwollens-Kate-
gorie erinnert (vgl. z. B. Mertens 1988, Herzog 1991), dabei aber Wohlwollen nicht mehr
als übergreifende Kategorie, sondern als Dimension neben der Gerechtigkeit formuliert.
Eine solche bloße Beistellung verfehlt aber ihr Ziel. Denn Gerechtigkeitsvorstellungen
setzen auf Regelung – auch wenn sie kontingent formuliert sind und sich unabhängig
von ihrem Typus inzwischen gewandelt haben sowie anstreben, im Zuge des zwar bei
Aristoteles schon angelegten, aber doch erst in diesem Jahrhundert akkumulierten Be-
dürfnisses, auch die soziale Welt berechenbar zu machen: sei es unter den Gesetzen der

iustitia legalis des Rechtsstaates, sei es im diskursethischen Katalog der Kommunikationsregeln.

5 Kontingenzformel „Gerechtigkeit im Erziehungssystem"

Für diese Paradoxie der bestimmten Unbestimmtheit des Gerechtigkeitsbegriffs gibt es eine Erklärung. Genaugenommen ist der Gerechtigkeitsbegriff nicht bestimmt/unbestimmt, sondern bestimmbar/unbestimmbar. Das bedeutet, daß die so charakterisierte Kontingenzformel Gerechtigkeit (vgl. Luhmann 1995, S. 214 ff.) nicht formuliert, was im einzelnen Fall gerecht ist, so wie dieses etwa bei naturrechtlichen Argumentationen versucht wird, wenn – wie bei Kohlberg – Universalienannahmen ins Feld geführt werden. Das moderne Rechtssystem benutzt die Gerechtigkeit vielmehr deshalb als Kontingenzformel, um den Übergang von unbestimmbar zu bestimmbar unbemerkt vollziehen zu können (vgl. a. a. O., S. 221). Täte es dieses nicht, dann geriete es in ein schwerwiegendes Legitimationsproblem, welches darin besteht, daß das moderne Rechtssystem die Konsistenz seiner Entscheidungen deshalb nicht mehr gewähren kann, weil es der Legislative gestatten muß, neue Gesetze zu formulieren und damit gleiche Fälle (früher – später) ungleich zu behandeln. Gerechtigkeit bedarf zu ihrer Bekräftigung angesichts der zeitlichen Akkumulation von Gesetzesänderungen deshalb der zusätzlichen Legitimation dadurch, daß ihr der Charakter einer Norm eingeräumt wird, so als könne man sie als Selektionskriterium für gerechte bzw. ungerechte Entscheidungen verwenden. Das ist aber nicht der Fall, weil, wie gesagt, das was recht oder unrecht ist, ständigen Veränderungen ausgesetzt ist. Luhmann begründet diese Annahme damit, daß Gerechtigkeit sehr häufig als Gleichheit ausgewiesen wird, weil diese Norm als zeitunabhängig angeboten werden kann. Damit wird aber Gerechtigkeit zu einem Wert unter anderen und ist der Abwägung im Einzelfall überlassen (vgl. a. a. O., S. 229). Aus diesem Grunde sucht die moderne Gesellschaft offenkundig nach Wegen, „Formulierungen für die Idee der Gerechtigkeit zu finden, die das Rechtssystem und das politische System übergreifen" (ebd.). Das gilt, wie Luhmann zeigt, für das politische System, weil es die per Gesetzgebung veränderten Gerechtigkeitsvorstellungen jeweils „verkaufen" muß. Die vorliegende Analyse des Gerechtigkeitsdenkens im Kontext des Erziehungssystems zeigt aber, daß die Diffusion der Gerechtigkeit, insbesondere in die Richtung der Erziehung, stattgefunden hat.

Welche Funktion nimmt das Erziehungssystem wahr, wenn es Gerechtigkeit als Kommunikationsthema zuläßt? – Zunächst einmal dieselbe, die auch das politische System erfüllt: durch die Formulierung von Gerechtigkeit als Prinzip oder Wert zu verschleiern, daß sie kontingent ist. „Die Grundlage des Rechts ist nicht eine als Prinzip fungierende Idee, sondern eine Paradoxie" (a. a. O., S. 235). Indem aber ausgerechnet das Erziehungssystem Gerechtigkeit thematisiert, liefert es eine weitere wichtige Funktion: Es verspricht, die Generationen daran zu gewöhnen, daß Gerechtigkeit kontingent ist,

indem es sich entweder auf die Thematisierung des moralischen Urteils statt der folgenreichen Entscheidung beschränkt oder auf die Vermittlung einer positiven Einstellung
zum Verfahrensrecht oder im Falle der heiklen *iustitita distributiva* auf eine Simulation
von Austeilungsentscheidungen.

Auf die aktuelle Krise der Gerechtigkeit reagiert es in allen Fällen zudem so, daß
es eine Vermittlung von Einsichten in die angebliche Prinzipienorientierung des Gerechtigkeitsdenkens anbietet, etwa in der Gestalt von Ethikunterricht. Dieses ist auch
der – paradoxe – Grund dafür, daß inkontingente materiale Wertethik im Erziehungssystem verpönt ist, wie sie sich in der moralischen Erziehung zum Wohlwollen ausdrücken könnte. So erzogene Kinder wären nämlich – wiederum paradoxerweise, weil materiale Ethik als konservativ konnotiert wird – ein massiver Destabilisierungsfaktor für
ein Rechtssystem, welches auf Ungleichheit in der Behandlung gleicher Fälle wegen lau-
fender Gesetzesveränderungen und auf die Verschleierung dieser Kontingenz angewiesen ist. Andererseits wird in jüngster Zeit deutlich, daß der jahrzehntelange Verzicht auf
eine Erziehung zum Wohlwollen teuer erkauft sein könnte. Der dadurch zwar erzeugten Zustimmung zum Rechtssystem steht nämlich sein gleichzeitiger Legitimationsver-
lust insbesondere unter dem Eindruck der Transformation der sozialistischen Gesellschaften gegenüber. In deren Systemsteuerung hatte Gerechtigkeit keine Funktion, sehr
wohl aber Orientierungen, die einer materialen Wertethik nahestanden. Oder anders
formuliert: Im Erziehungssystem werden gegenwärtig „kalte", „rationalistische" Gerech-
tigkeitskalkulation und „warme" „kurative" Semantik des Wohlwollens gegeneinander
in Stellung gebracht. Das Erziehungssystem steht ebenso wie das politische System vor
der schwierigen Aufgabe, in dieser Lage eine Strategie zu finden, die es und seine gesellschaftlichen Co-Systeme stabilisiert.

Literatur

Aristoteles (1990): Nikomachische Ethik. – Stuttgart.
Assmann, J./Janowski, B./Welker, M. (Hrsg.) (1998): Gerechtigkeit. Richten und Retten in der
    abendländischen Tradition und ihren altorientalischen Ursprüngen. – München.
Augustini, A. (1904): Hipponiensis Episcopi epistulae, hrsg. v. A. Goldbacher, Teil III. – Vindo-
    boriae.
Berghaus, M. (1983): Moral, Erziehung, gerechte Gesellschaft. Soziologische Anmerkungen zu
    Piaget, Kohlberg und der „Moral-Education"-Bewegung. In: Kölner Zeitschrift für So-
    ziologie und Sozialpsychologie, 35. Jg., S. 108–120.
Biesta, G. J. J. (1998): Deconstruction, justice and the question of education. In: Zeitschrift für
    Erziehungswissenschaft, 1. Jg., S. 395–411.
Bornkamm, H. (1942): Iustitia dei in der Scholastik und bei Luther. In: Archiv für Reforma-
    tionsgeschichte, 39. Jg., S. 1–46. (Nachdruck Vaduz 1964).
Caspar, J. (1997): Ökologische Verteilungsgerechtigkeit und moderner Rechtsstaat am Beispiel
    des Klimaschutzes. In: Archiv für Rechts- und Sozialphilosophie, 83. Jg., H. 3, S. 338–360.

Edelstein, W. (1997): Gesellschaftliche Anomie und moralpädagogische Intervention. Moral im Zeitalter individueller Wirksamkeitserwartungen. Unveröffentl. Ms. Berlin 1997.

Ellwein, T. (1971): Rechtswissenschaft und Erziehung. In: Ellwein, T. u. a. (Hrsg.): Erziehungswissenschaftliches Handbuch. Bd. 3.1. – Berlin 1971, S. 279–358.

Flitner, A. (1988): Gerechtigkeit als Problem der Schule und als Thema der Bildungsreform. In: Zeitschrift für Pädagogik, 34. Jg., S. 40–58.

Für eine Zukunft … 1997 = Für eine Zukunft in Solidarität und Gerechtigkeit. Wort des Rates der Evangelischen Kirche in Deutschland und der Deutschen Bischofskonferenz zur wirtschaftlichen und sozialen Lage in Deutschland. – München 1997.

Grimm, J./Grimm, W. (1984): Deutsches Wörterbuch. Bd. 5. – München.

Handl, J. (1985): Mehr Chancengleichheit im BUdungssystem. Erfolg der Bildungsreform oder statistisches Artefakt? In: Kölner Zeitschrift für Soziologie und Sozialpsychologie, 37. Jg., S. 698–722.

Harris, B. (1977): Developmental differences in the attribution of responsibilty. In: Developmental Psychology, Vol. 13, p. 257–265.

Hegel, G. W. F. (1989): Grundlinien der Philosophie des Rechts. – Frankfurt/M.

Herzog, W. (1991): Die Banalität des Guten. Zur Begründung der moralischen Erziehung. In: Zeitschrift für Pädagogik, 37. Jg., S. 41–64.

Heyting, F. (1998): Kontingenz und Common sense. Zwischen Liberalismus und Kommunitarismus. Die Resonanz politisch-philosophischer Gerechtigkeitsdebatten in der internationalen Erziehungsiwwsenschaft. In: Zeitschrift für Erziehungswissenschaft, 1. Jg., S. 341–357.

Hume, D. (1929): Untersuchung über die Prinzipien der Moral. – Leipzig.

Kant, I. (1975): Metaphysik der Sitten In Werke, hrsg von W. Weischedel, Bd. 4. – Darmstadt.

Kohlberg, L. (1964): The development of moral character and ideology In: Hoffmann, M L (ed.) Review of Child Development Research. – New York, pp. 383–431.

Lugt-Tappeser, H./Junger, I. (1994): Moralisches Urteil und Geschlecht oder Gibt es eine weibliche Moral? In: Kölner Zeitschrift für Soziologie und Sozialpsychologie, 46 Jg., S. 259–277.

Luhmann, N. (1995): Das Recht der Gesellschaft. – Frankfurt/M.

Mertens, G. (1988): Gerechtigkeit, das Prinzip moralischen Handelns? In: Vierteljahrsschrift für wissenschaftliche Pädagogik, 64. Jg., S. 40–58.

Meyers Neues Lexikon. (1973): Bd 5. – 2 , völlig neu erarb. Aufl. – Leipzig.

Mikula, G. (1980): Zur Rolle der Gerechtigkeit in Aufteilungsentscheidungen. In: Mikula, G. (Hrsg.): Gerechtigkeit und soziale Interaktion. – Bern, S. 141–183.

Müller, G. F. (1984): Gerechtigkeit und ihre Veränderung aus entwicklungspsychologischer Sicht. In: Universitas, 39. Jg., S. 1079–1089.

Noddings, N. (1984): Caring. A Feminine Approach to Ethics and Moral Education. – Berkeley.

Nunner-Winkler, G. (Hrsg.) (1991): Weibliche Moral. Die Kontroverse um eine geschlechtsspezifische Ethik. – Frankfurt/M.

Oser, F. (1988): Die gerechte Gemeinschaft und die Demokratisierung der Schulwelt. Der Kohlbergansatz, eine Herausforderung für die Erziehung. In: Vierteljahrsschrift für wissenschaftliche Pädagogik, 64. Jg., H. 1,S. 59–79.

Oser, F./Althof, W. (1997): Moralische Selbstbestimmung. Modelle der Entwicklung und Erziehung im Wertebereich. – 3. Aufl. – Stuttgart.

Paul, H. (o. J.): Deutsches Wörterbuch. – 9. Aufl. (CD ROM) – München.

Paulsen, F. (1921): Pädagogik. – Stuttgart.

Piaget, J. (1954): Das moralische Urteil beim Kinde. – Zürich.

Platon (1988): Der Staat (Sämtliche Dialoge, Bd. V) – Hamburg.

Priester, K. (1998): Die Geburt des Kommunitarismus aus dem Geist der Romantik. In: Zeitschrift für Erziehungswissenschaft, 1. Jg., S. 359–377.

Proudhon, P. J. (1896): Was ist das Eigentum? – Berlin.

Randelzhofer, A. (1997): Der Mann vor dem Gesetz – gleichberechtigt? In: Lenzen, D./Mattenklott, G. (Hrsg.): Der Mann (= Paragrana. Internationale Zeitschrift für Historische Anthropologie, 6. Bd., H. 2), S. 145–160.

Rentsch, T. (1995): Aristoteles. Über Gerechtigkeit. In: Philosophie – Ethik, H 2, S. 127–129.

Rottleuthner, H. (1994): Gerechtigkeit bei und nach Marx. In: Archiv für Rechts-und Sozialphilosophie, Beiheft 56, S. 208–222.

Rousseau, J.-J. (1977): Vom Gesellschaftsvertrag oder Grundsätze des Staatsrechts, hrsg. v. H. Brockard. – Stuttgart.

Schroth, J. (1997): Über formale Gerechtigkeit. In: Archiv für Rechts-und Sozialphilosophie, 83. Jg., S. 483–506.

Schwintowski, H.-P. (1996): Recht und Gerechtigkeit. Eine Einführung in Grundfragen des Rechts. – Berlin.

Steinvorth, U. (1994): Gerechtigkeit in einer Weltgesellschaft. In: Archiv für Rechts-und Sozialphilosophie, Beiheft 56, S. 123–131.

Thomas von Aquino (1935): Summe der Theologie, Bd 2: Die sittliche Weltordnung. – Leipzig.

Thomas von Aquino (1954): Summe der Theologie, Bd 1: Gott und Schöpfung. – 3. durchges. und verb. Aufl. – Stuttgart.

Qualitative Forschung in der Erziehungswissenschaft

Heinz-Hermann Krüger

In diesem Beitrag werden nach einer Bestimmung des Begriffs und der Merkmale der qualitativen Forschung zunächst die historischen Entwicklungslinien dieses Forschungsansatzes seit dem 18. Jh. skizziert. Anschließend werden vier differente theoretische Positionen in der qualitativen Forschung unterschieden und die Schritte sowie die zentralen Erhebungs- und Auswertungsmethoden der qualitativen Sozialforschung dargestellt. Abschließend wird ein exemplarischer Einblick in die Themenfelder und Typen qualitativer erziehungswissenschaftlicher Forschung gegeben, es werden einige Problemlagen der aktuellen Forschungssituation diskutiert sowie Perspektiven für die Weiterentwicklung und Verbesserung der Qualitätsstandards qualitativer Forschung in der Erziehungswissenschaft skizziert.

1 Begriff und Merkmale qualitativer Forschung

Seit etwa zwei Jahrzehnten lässt sich eine Renaissance der qualitativen Forschungstraditionen in den Sozialwissenschaften beobachten. Im Verlaufe dieser Zeit hat der qualitative Forschungsansatz einen Großteil seines ehedem alternativen und exotischen Charakters verloren. Inzwischen sind qualitative Forschungsmethoden zu einem wichtigen und ganz ‚normalen' Segment im Spektrum der Forschungsmethoden der Erziehungswissenschaft, aber auch der Nachbardisziplinen, wie der Soziologie, der Psychologie, der Geschichtswissenschaft oder der Ethnologie geworden (vgl. Flick u. a. 1991). Für die Erziehungswissenschaft bot die Orientierung an qualitativen Methoden zum einen die Möglichkeit, an eigene hermeneutische Traditionen anzuknüpfen, zum anderen durch die Rezeption entsprechender Theorien und Forschungsansätze aus den Sozialwissenschaften Modernität und Internationalität zu dokumentieren.

Der Begriff „qualitative Forschung" ist ein Sammelbegriff für sehr unterschiedliche theoretische, methodologische und methodische Zugänge zur sozialen Wirklichkeit. Sieht man einmal von diesen differenten wissenschaftstheoretischen oder auch disziplinären Perspektiven ab, so lassen sich als eine Art Schnittmenge folgende gemeinsame Merkmale festhalten. Zunächst einmal hat die Bezeichnung „qualitativ" selbstverständlich nichts mit der Qualität von Forschungsprojekten oder der Qualifikation des Personals zu tun. Kennzeichen der qualitativ-empirischen Forschung ist vielmehr, dass sie die ganzheitlichen Eigenschaften (qualia) eines sozialen Feldes möglichst gegenstandsnah zu erfassen sucht (vgl. Terhart 1997, S. 27). Da qualitative Forschung auf eine möglichst komplexe Analyse des Gegenstandsfeldes abzielt, ist zweitens die Offenheit des Feldzuganges dafür eine wichtige Voraussetzung. Qualitative Forschungsstrategien wollen dem jeweiligen Gegenstandsbereich keine vorab formulierten Theoriekonzepte überstülpen oder wie quantitative Forschung im Vorhinein formulierte Hypothesen an der Wirklichkeit überprüfen, sondern Verallgemeinerungen und Modelle aus der möglichst unverstellten Erfahrung des Forschers im Untersuchungsfeld selbst gewinnen. Der Forschungsprozess wird zwar durch Fragestellungen und theoretische Überlegungen angeleitet, diese werden jedoch im Untersuchungsprozess ständig modifiziert und erweitert (vgl. Lamnek 1988, S. 22; Strauss/Corbin 1996, S. 8).

Die bewusste Wahrnehmung und Einbeziehung des Forschers und der Kommunikation mit dem Erforschten als konstitutives Element des Erkenntnisprozesses ist eine dritte, allen qualitativen Ansätzen gemeinsame Eigenschaft. Die Interaktion des Forschers mit seinen Gegenständen wird systematisch als Moment der Herstellung des Gegenstandes selbst mit reflektiert. Welche Instanzen als zentral für diese Konstruktion angesehen werden, hängt jedoch wesentlich von der theoretischen Position ab, mit der dieser Konstruktionsprozess untersucht wird (vgl. Flick 1995, S. 41). Ein viertes gemeinsames Merkmal qualitativer Forschungsansätze ist die Orientierung am Verstehen als Erkenntnisprinzip. Verstanden werden soll die Sicht eines Subjektes oder mehrerer Subjekte, der Ablauf sozialer Situationen oder die auf eine Situation zutreffenden kulturellen bzw. sozialen Regeln. Manche Formen der qualitativen Forschung beschränken sich darauf, die soziale Welt aus der Perspektive der Handelnden selbst nachzuzeichnen. Andere Ansätze wiederum untersuchen, wie Menschen in interaktiven Prozessen soziale Wirklichkeit herstellen oder sie versuchen Tiefenstrukturen des Handelns zu analysieren, die den Subjekten nicht bewusst sind, aber folgenreiche Bedeutungen für ihr Handeln haben (vgl. Krüger 1999, S. 204).

Nicht nur das Erkenntnisprinzip des Verstehens wird in den verschiedenen Theorietraditionen der qualitativen Forschung somit unterschiedlich gefasst, auch bei der Frage der praktischen Bedeutung der qualitativen Forschung gehen die Meinungen weit auseinander. Da gibt es zum einen Ansätze bewusster ethnographischer „Indifferenz", die nur verstehen und beschreiben wollen, wie die Welt da draußen ist oder rekonstruktive Verfahren, die latente Sinnstrukturen zu dechiffrieren suchen. Dem stehen kommunikativ-dialogische Verfahren diametral gegenüber, die im Sinne aktivierender Sozialforschung Lernprozesse bei Forschern und Erforschten auszulösen suchen (vgl. Altrichter/ Lobenwein/Welte 1997, S. 655) und die im Sinne einer kommunikativen Validierung die beforschten Subjekte in die Interpretation der Daten miteinbeziehen wollen (vgl. Heinze 1995).

Damit ist ein letztes Merkmal qualitativer Forschung bereits angedeutet, die sich in den vergangenen Jahrzehnten intensiv mit der Frage der Geltungsbegründung ihrer Ergebnisse und der Bestimmung eigener Gütekriterien beschäftigt hat. Neben Versuchen die klassischen Gütekriterien der empirisch-quantitativen Forschung, vor allem die Kriterien der Gültigkeit (Validität) und der Zuverlässigkeit (Reliabilität), im Kontext der qualitativen Forschung angemessen zu reformulieren, wurden in den letzten Jahren in einigen Ansätzen methodenangemessene Gütekriterien für die qualitative Forschung entwickelt, die die klassischen Gütekriterien ersetzen sollen. Die bekanntesten sind das Konzept der analytischen Induktion, bei der nach der Entwicklung einer vorläufigen Theorie auf der Basis von Fallanalysen solange nach von den bis dahin gewonnenen Ergebnissen abweichenden Fällen gesucht wird, bis eine universelle Annahme etabliert ist (vgl. Bühler-Niederberger 1991). Ein anderer Ansatz ist das Verfahren der Triangulation. Unter diesem Stichwort wird die Kombination verschiedener Datenmaterialien, verschiedener Forscher bzw. Untersuchungsgruppen, die Verknüpfung verschiedener Theorieansätze oder die Kombination verschiedener Methoden bei der Analyse des gleichen Phänomens verstanden (vgl. Denzin 1989, S. 237). Strittig ist in der aktuellen methodologischen Diskussion jedoch die Frage, ob es sich bei der Triangulation um eine Validierungsstrategie handelt, die, wie Denzin unterstellt, die ‚epistemische Kraft‘ der qualitativen Forschung erhöht. Andere Ansätze, die aus konstruktivistischer Sicht die Annahme von der Konstruktivität der Methoden betonen, weisen hingegen darauf hin, dass durch den Einsatz verschiedener Methoden nicht ein valideres und wahreres, sondern lediglich ein facettenreicheres Bild von komplexen Untersuchungsgegenständen gezeichnet werden kann (vgl. Kelle 1997, S. 197; Marotzki 1999a, S. 126).

2   Zur Geschichte qualitativer Forschung

Obwohl die neuere Geschichte der qualitativen Forschung in Westdeutschland und anderen europäischen Ländern erst in den 70er Jahren des 20. Jh. beginnt, haben qualitative Forschungsansätze, etwa in Gestalt der Biographieforschung oder der Ethnographie, eine Vorgeschichte, die bis ins 18. Jh. zurückgeht. In der Pädagogik versuchten Ernst Christian Trapp und August Hermann Niemeyer eine moderne wissenschaftliche Pädagogik zu begründen, die die grundlegende Bedeutung biographischer und ethnographischer Ansätze für eine Theorie und Praxis der Erziehung berücksichtigt. Lebensläufe und Autobiographien bilden daher ebenso wie die Beobachtung von Kindern die empirischen Grundlagen pädagogischen Denkens, die im 18. Jh. formuliert wurden (vgl. Krüger 1995, S. 32). Auch in der Historiographie, der Literaturwissenschaft, der Philosophie oder der Psychologie setzte im 18. Jh. die wissenschaftliche Beschäftigung mit dem Gegenstand Biographie ein. So berief sich z. B. der Philosoph und Theologe Herder in seiner Auseinandersetzung mit der zeitgenössischen Vermögenspsychologie auf die Zeugnisse von Lebensbeschreibungen, Bemerkungen der Ärzte und Freunde und die Weissagungen der Dichter. Oder K. Ph. Moritz sammelte in einem „Magazin für Erfahrungsseelenkunde“ Dokumente über außerordentliche Erlebnisse im Leben von Menschen, die als früher Beitrag zur Entwicklung der Psychopathologie gewertet werden können (vgl. Thomae 1991, S. 249).

Fortgeführt wurden diese Entwicklungslinien der qualitativen Forschung in der Pädagogik und in einigen Teilgebieten der Psychologie jedoch erst in den ersten Jahrzehnten des 20. Jh. In der Pädagogik waren es jedoch nicht die Vertreter der Geisteswissenschaftlichen Pädagogik, die zu einer Renaissance der qualitativen Forschung, etwa in Form der Biographieforschung, beitrugen. Dies ist umso erstaunlicher, als das Erleben und die Selbstbiographie für Dilthey geradezu den Angelpunkt zum „Aufbau der geschichtlichen Welt in den Geisteswissenschaften" (1910) bilden und einer seiner Schüler, Georg Misch, die erste umfassende Darstellung einer „Geschichte der Autobiographie" (1900) vorgelegt hat. Vielmehr waren es die Vertreter und Vertreterinnen der Pädagogischen Psychologie und der Entwicklungspsychologie, wie Clara und William Stern sowie Charlotte und Karl Bühler, denen es gelang, ethnographische und biographische Methoden für die Psychologie und die Pädagogik fruchtbar zu machen. Im Kontext des von William Stern geleiteten Hamburger Institutes für Jugendkunde wurde von Martha Muchow eine Studie zum „Lebensraum des Großstadtkindes" durchgeführt, deren Manuskript-Vorarbeiten nach ihrem Freitod durch ihren Bruder Hans Heinrich Muchow 1935 zu einem Buch verdichtet wurden (vgl. Muchow/Muchow 1978), welches als einer der ersten fundierten Beiträge für eine ökologisch orientierte Lebensweltforschung zur Straßensozialisation von Kindern und Jugendlichen angesehen werden kann. Wichtige Impulse für eine qualitativ orientierte Jugendforschung gingen auch von dem österreichischen Pädagogen und Psychoanalytiker Siegfried Bernfeld aus, der Tagebücher als Quelle kultureller Selbstdarstellungen von Jugendlichen interpretierte. Im Bereich der Schul- und Unterrichtsforschung entwickelten zudem Peter und Else Petersen seit den 20er Jahren mit dem phänomenologisch inspirierten Konzept der pädagogischen Tatsachenforschung erste Ansätze für eine pädagogische Ethnographie, die sich vor allem auf die Beobachtung von pädagogischen Situationen in der Jena-Plan-Schule stützte (vgl. Friebertshäuser 1997, S. 523).

Während qualitative Materialien und Forschungsansätze in der Pädagogik und einigen Teildisziplinen der Psychologie in den 20er Jahren eine erste Blüte erlebten, spielten sie in der deutschsprachigen Soziologie keine große Rolle, sieht man einmal von einigen wichtigen Untersuchungen wie etwa der 1933 von Jahoda, Lazarsfeld und Zeisel durchgeführten Studie über die „Arbeitslosen von Marienthal" (1980) ab, die durch eine gelungene Kombination von qualitativen und quantitativen methodischen Zugängen besticht. Ganz anders stellte sich zu dieser Zeit die Situation in der amerikanischen Soziologie dar, wo im Umkreis der Chicago-Schule der Soziologie in den 20er und 30er Jahren eine Vielzahl von Fallstudien zur Lebensweise von devianten Gruppen, zur kulturellen Problematik von Immigrantengruppen oder zur Lebensgeschichte von jugendlichen Straftätern entstehen. Wichtige Arbeiten aus diesem Kontext sind etwa die Untersuchung von Thomas und Znaniecki zur Lebenswelt polnischer Bauern in Europa und den USA oder die durch die Arbeiten von Park zur Feldforschung angeregten Studien von Trasher und Whyte zu jugendlichen Gangs bzw. zur Streetcorner society (vgl. Fischer-Rosenthal 1991, S. 117). Spätestens Ende der 30er Jahre verloren die Forschungsarbeiten der Chicago School im Gesamtbild der amerikanischen Soziologie jedoch an Bedeutung und wurden in der Folgezeit von der sich durchsetzenden statistisch operierenden Sozialforschung verdrängt.

Auch in Westdeutschland orientierten sich in der Nachkriegszeit die Soziologie und die Psychologie an quantitativ ausgerichteten amerikanischen Vorbildern. Allerdings gab es auch Ausnahmen. In der Soziologie bezogen einige wenige Studien aus dem Umfeld der Familien- und Jugendsoziologie (vgl. Thurnwald 1948; Jaide 1969) ausführliche Auszüge aus qualitativen Interviews in die Darstellung mit ein. In der Psychologie waren es neben Arbeiten aus dem Kontext der Gestaltpsychologie vor allem die Untersuchungen von Hans Thomae zur psychologischen Biographik, die sich auf die Sammlung und Interpretation von biographischen Daten stützten (vgl. Thomae 1991, S. 250). Auch in der Erziehungswissenschaft, in der in den ersten beiden Nachkriegsjahrzehnten noch geisteswissenschaftliche Theorieansätze dominierten, waren qualitative Forschungsarbeiten eher selten. Neben den Untersuchungen von Bertlein (vgl. 1960) und Roeßler (vgl. 1957), die an die Tradition der qualitativen Forschung der 20er Jahre anknüpften, indem sie auf der Basis von Schüleraufsätzen das Selbstverständnis und die Mentalität der westdeutschen Nachkriegsjugend herauszuarbeiten suchten, ist in diesem Zusammenhang die Studie von Stückrath/Wetzel „Vom Ausdruck des Kindes" (1962) zu nennen, bei der es sich um das seltene Beispiel einer in Fotos dokumentierten Ethnographie von Kindern im Unterricht handelt (vgl. Zinnecker 1995, S. 4).

Nach der von Roth (1962) proklamierten „realistischen Wendung" kam es in der Erziehungswissenschaft im Verlauf der 60er Jahre zunächst zu einer stärkeren Hinwendung zu quantitativ-empirischen Methoden einschließlich des dazugehörigen wissenschaftstheoretischen Denkens. Empirische Erkenntnisse über Erziehung, Bildung und Sozialisation in Schule, Aus- und Weiterbildung wurden in der Ära der Bildungsreform (1965–1975) von den politischen Instanzen nachgefragt (vgl. Terhart 1997, S. 31). Daneben erlebte auch das Konzept der Handlungsforschung in dieser Zeit eine kurze Blüte, da es die Erforschung der pädagogischen Praxis und deren Verbesserung gleichzeitig versprach (vgl. Krüger 1999, S. 191). Das Ende des Bildungsoptimismus bedeutete zugleich das Umschlagen in eine skeptische Haltung sowohl hinsichtlich der Leistungsfähigkeit empirisch-quantifizierender Bildungsforschung wie auch gegenüber den überzogenen Hoffnungen der Aktionsforschung, über Forschung die pädagogische Praxis grundsätzlich verändern zu können.

In den späten 70er Jahren kam es in der Erziehungswissenschaft ebenso wie in den Nachbardisziplinen und zeitgleich auch in mehreren europäischen Ländern zu einer Renaissance der qualitativen Forschung. Wichtige Impulse für dieses Revival der qualitativen Forschung gingen von dem neu erwachten Interesse an den Traditionen der Phänomenologie (Husserl) und der verstehenden Soziologie (Weber, Schütz) aus. Vor allem aber die breite Rezeption der amerikanischen Theorietraditionen des Symbolischen Interaktionismus (Mead, Goffman, Blumer), der Ethnomethodologie (Garfinkel, Cicourel) und der naturalistischen Sozialwissenschaft (Schatzmann, Strauss) zunächst

in der westdeutschen Soziologie (vgl. Habermas 1967; Arbeitsgruppe Bielefelder Soziologen 1973; Hopf/Weingarten 1979), dann in der Erziehungswissenschaft (vgl. Mollenhauer 1972; Brumlik 1973; Parmentier 1989) und mit einiger Verzögerung in der Psychologie (vgl. Jüttemann 1985) beeinflusste die methodologischen Begründungsversuche
für das Konzept eines qualitativen Forschungsansatzes. War die erste Phase der Rezeption qualitativer Forschungsansätze in der Erziehungswissenschaft und den anderen Sozialwissenschaften noch durch forschungsprogrammatische Begründungen und methodologische Abgrenzungsversuche zur quantitativen Forschung bestimmt, so setzte im
Verlauf der 8oer Jahre eine breite Forschungspraxis ein. In dieser Phase zeigte sich auch,
dass die Differenzen innerhalb des qualitativen Forschungsansatzes größer sind als zunächst angenommen – Differenzen, die aufgrund der zunächst dominierenden pauscha-
len Frontstellung zur quantitativen Forschung verdeckt waren. Nach der ersten Phase
der Rezeption qualitativer Konzepte und der zweiten Phase der empirischen Umsetzung und methodologischen Ausdifferenzierung ist die in den 9oer Jahren sich vollziehende dritte Phase nunmehr durch einen Prozess der Normalisierung gekennzeichnet
(vgl. Terhart 1997, S. 33). Qualitative Forschung ist sowohl in der Erziehungswissenschaft
wie auch innerhalb der anderen Sozialwissenschaften national und international akzeptiert. Diese Forschungsströmung ist durch entsprechende Lehr- und Handbücher (vgl.
Friebertshäuser/Prengel 1997; Krüger/Marotzki 1999; Flick u. a. 1991), durch Fachzeitschriften, durch entsprechende Sektionen in Fachgesellschaften, institutionalisierte Forschergruppen usw. inzwischen sozial etabliert, auch wenn die finanzielle Forschungsförderung noch nicht das Volumen erreicht hat, das die quantitative Forschung für sich
verbuchen kann.

Vergleicht man nun die dargestellten Entwicklungslinien der qualitativen Forschung
im deutschsprachigen Bereich mit dem von Denzin und Lincoln (vgl. 1994, S. 7) beschriebenen Verlauf im angloamerikanischen Raum, so scheint es, dass die gegenwärtig
konstatierbaren Prozesse der Konsolidierung und Ausdifferenzierung der qualitativen
Forschung in Deutschland Parallelen haben zu ähnlichen Entwicklungen in den USA
in den 7oer und 8oer Jahren. Die aktuelleren Diskussionen in den USA werden hingegen nach der Einschätzung von Denzin und Lincoln (vgl. 1994, S. 10) durch Debatten um eine Krise der Repräsentation, also durch den Verlust an Zutrauen in die bisher
bekannten Formen der Darstellung ethnographischer Erfahrung und des Schreibens
ethnographischer Berichte, und durch die Wiederbelebung handlungsorientierter Methoden in der Sozialforschung charakterisiert. Es geht derzeit weniger um die richtige
Anwendung von Interview- oder Interpretationsverfahren als um die Kunst und Politik
der Interpretation (vgl. Denzin 1994, S. 501). In der deutschsprachigen Diskussion um
die Weiterentwicklung der qualitativen Forschung werden repräsentationskritische und
konstruktivistische Vorbehalte gegenüber der Möglichkeit, Eigenerfahrung darzustellen und im Blick auf andere kommunizierbar zu machen, erst punktuell im Kontext der
ethnologischen, soziologischen und erziehungswissenschaftlichen Ethnographie und
der Geschlechterforschung vorgetragen (vgl. Berg/Fuchs 1993; Hirschauer/Amann 1997;

Kelle 1997). Auch Ansätze einer aktivierenden Sozialforschung erleben gegenwärtig allenfalls in den Begründungsversuchen von Konzepten der Praxisforschung eine gewisse Renaissance, die in den letzten Jahren im Bereich der Evaluationsforschung und der Organisationsentwicklung einen stärkeren Stellenwert bekommen hat (vgl. Moser 1995, S. 73; vgl. Prengel 1997, S. 599).

3 Theoretische Positionen in der aktuellen qualitativen Forschung

Mit dem Begriff der qualitativen Forschung werden verschiedene Ansätze zusammengefasst, die sich in ihren theoretischen Annahmen, in ihrem Gegenstandsverständnis und ihrem methodischen Fokus deutlich unterscheiden. In den letzten Jahren sind mehrfach Versuche unternommen worden, diese differenten Theorieansätze und Forschungszugänge zu klassifizieren. Stimmen die meisten Autoren noch in der Einschätzung überein, dass die qualitative Forschung theoriegeschichtlich an die Traditionen der geisteswissenschaftlichen Hermeneutik in der Dilthey-Linie und der Phänomenologie in der Husserl-Linie anknüpft (vgl. Lamnek 1988, S. 49; Marotzki 1999b, S. 325), so gibt es große Differenzen bei den Versuchen, die aktuelle qualitative Forschungslandschaft zu systematisieren. In dem amerikanischen Handbuch „The Landscape of Qualitative Research" werden etwa von Guba und Lincoln (vgl. 1998, S. 203) vier wissenschaftstheoretische Konzepte – Positivismus, Postpositivismus (Kritischer Rationalismus), Kritische Theorie, Konstruktivismus – unterschieden, mit deren Hilfe sie die verschiedenen Ansätze qualitativer Sozialforschung im englischsprachigen Raum systematisch bündeln wollen. Derartige Sortierungen und Zuordnungen sind jedoch für die Analyse der deutschsprachigen qualitativen Forschung wenig geeignet, da hier kaum Wechselbezüge zwischen dem wissenschaftstheoretischen Programm des Kritischen Rationalismus und der qualitativen Sozialforschung bestehen (vgl. als Ausnahme dennoch etwa Merkens 1997) und sich auch im Umfeld der Kritischen Theorie allenfalls das von Oevermann entwickelte Konzept der Objektiven Hermeneutik als elaboriertes methodologisches Konzept herausgebildet hat. Plausiblere Vorschläge zur Klassifikation qualitativer Forschungsansätze haben zunächst Lüders/Reichertz (vgl. 1986) sowie in jüngerer Zeit Flick (vgl. 1995) und Marotzki (vgl. 1999b) vorgelegt. In Weiterentwicklung dieser Überlegungen wird im Folgenden zwischen deskriptiven, ethnomethodologischen, strukturalistischen und postmodernen Ansätzen in der qualitativen Sozialforschung unterschieden, für die jeweils differente Erkenntnisinteressen, theoretische Annahmen und Forschungshaltungen kennzeichnend sind.

(a) Deskriptive Konzepte

Ziel qualitativer Forschungsansätze, die dieser Position zuzurechnen sind, ist es, die soziale Realität und die Weltsichten der in ihr Handelnden so zu verstehen, wie sie sind. Innerhalb dieser qualitativen Forschungsrichtung kann man mehrere Varianten unterscheiden. Zum einen sind es die Ansätze und Studien, die in Fortführung der Traditionslinien der Kulturanthropologie und der Ethnographie in eine fremde Lebenswelt, Kultur oder Subkultur eintauchen, um auf der Grundlage der Resultate von Beobachtungen und Befragungen Aussagen über die Struktur und Interaktionsdynamik eines sozialen Feldes machen zu können. Ein im Prinzip Fremder, nämlich der Forscher, berichtet über eine andere Kultur mit der Intention, die beobachtete soziale Welt so getreu wie möglich abzubilden (vgl. Gubrium/Holstein 1997, S. 28). Anknüpfend an die klassischen ethnographischen Feldstudien der Chicago-Schule aus den 20er und 30er Jahren zur Lebenswelt von Migranten oder von jugendlichen Kriminellen erlebte die Feldforschung in der Soziologie und der Erziehungswissenschaft seit den 70er Jahren eine neue Blüte (vgl. Hitzler/Honer 1991; Friebertshäuser 1997). Im erziehungswissenschaftlichen Kontext wurden u. a. der Alltag von Grundschulkindern (vgl. Krappmann/Oswald 1995), die Lebenswelt von Hauptschülern (vgl. Projektgruppe Jugendbüro 1975) oder medienvermittelte Jugendwelten (vgl. Vogelgesang 1994) untersucht.

Eine zweite Richtung qualitativer Forschung, die ebenfalls einen eher deskriptiven Anspruch verfolgt, wird durch jene Ansätze und Studien repräsentiert, die in Anlehnung an eine spezifische Lesart der Theorie des Symbolischen Interaktionismus den subjektiven Sinn, den Individuen mit ihren Handlungen und ihrer Umgebung verbinden, herauszuarbeiten suchen. Analysiert werden die unterschiedlichen Weisen, mit denen Subjekte Gegenstände, Ereignisse und Erfahrungen mit Bedeutung versehen. Die Rekonstruktion solcher subjektiven Perspektiven wird zum Instrument der Analyse sozialer Welten (vgl. Flick 1995, S. 30). Empirisch konkretisiert wurde dieses Forschungskonzept etwa in einigen Studien im Kontext der erziehungswissenschaftlichen Biographieforschung, in denen gestützt auf das Auswertungskonzept der sozialwissenschaftlichen Paraphrasierung die subjektiven Weltsichten von Fernstudentinnen (vgl. Heinze/Klusemann 1979) oder von weiblichen Heimjugendlichen (vgl. Kieper 1980) nachgezeichnet wurden. Auch das in der Psychologie im letzten Jahrzehnt formulierte Forschungsprogramm zur Analyse subjektiver Theorien zielt auf die Herausarbeitung subjektiver Sichtweisen, z. B. von Schülern (vgl. Fromm 1987) oder von Beratern (vgl. Flick 1989), und kann somit der eher deskriptiv orientierten Richtung der qualitativen Forschung zugeordnet werden.

(b) Ethnomethodologische Konzepte

Das von Garfinkel (vgl. 1967) und Cicourel (vgl. 1975) entwickelte qualitative Forschungskonzept der Ethnomethodologie untersucht, wie Menschen in sozialen Situationen Sinn
herstellen, aufrechterhalten und verändern. Theoriegeschichtlich steht die Ethnomethodologie in der von Schütz begründeten Tradition des Sozialen Konstruktivismus, die
den Erkenntnisvorgang als eine konstruktive, sinnstiftende Tätigkeit begreift. Der ethnomethodologische Forscher interessiert sich nun besonders für die Methoden, die die
Gesellschaftsmitglieder bei der Konstruktion von Realität anwenden. Ihm geht es nicht
primär um eine Beschreibung, sondern um eine Rekonstruktion der Regeln des sozialen
Handelns. Das ethnomethodologische Forschungsprogramm ist methodisch vor allem
im Rahmen der Konversationsanalyse umgesetzt worden, die sich auf die Rekonstruktion von Gesprächsregeln konzentriert. In neueren Studien, den so genannten „Studies
of Work", werden jedoch nicht nur die formalen Regeln von Gesprächen, sondern auch
die interaktiven Praktiken im Rahmen von Arbeitsprozessen und das diesen Praktiken
zugrunde liegende Wissen untersucht (vgl. Bergmann 1991).

Das Verfahren der Konversationsanalyse hat Schütze (vgl. 1983) um den narrations-
strukturellen Ansatz ergänzt, der im Unterschied zu sozialkonstruktivistischen Annahmen von der Prämisse ausgeht, über die Rekonstruktion narrativer Strukturen von
autobiographischen Interviews die faktisch abgelaufenen Prozessstrukturen des Lebens-
laufes erschließen zu können. Während im Anschluss an das Forschungsprogramm
der Ethnomethodologie sich in der Soziologie in den letzten Jahrzehnten eine breite
Forschungspraxis etwa im Bereich der Familien-, Arbeits- oder Wissenschaftssoziologie entfaltet hat (vgl. Amann/Knorr-Cetina 1991; Eberle 1997), ist der ethnomethodologische Ansatz in der Erziehungswissenschaft bislang eher punktuell im Rahmen der
Schulforschung, der Jugendhilfeforschung und neuerdings der Erwachsenenbildungs-
forschung aufgegriffen worden (vgl. Parmentier 1989, S. 559; Nolda 1997, S. 704).

(c) Strukturalistische Konzepte

Gemeinsames Merkmal dieses dritten Typus theoretischer Ansätze, auf die sich qualitative Forschung stützt, ist, dass von kulturellen Sinnsystemen ausgegangen wird, die
die Wahrnehmung und Herstellung subjektiver und objektiver Wirklichkeit gleichsam
rahmen (vgl. Flick 1995, S. 36). Unterschieden wird dabei zwischen der Oberfläche des
Erlebens und Handelns, die den beteiligten Subjekten zugänglich ist, und den Tiefenstrukturen, die von individueller Reflexion nicht mehr unmittelbar erreicht und die als
handlungsgenerierend verstanden werden. Dabei werden die Tiefenstrukturen in den
verschiedenen qualitativen Forschungsansätzen, die dieser Position zugeordnet werden
können, jedoch unterschiedlich gefasst.

Das Konzept der psychoanalytischen Tiefenhermeneutik, das von Lorenzer (vgl. 1972) theoretisch begründet, von Leithäuser/Volmerg (vgl. 1988) in verschiedenen arbeits- und sozialpsychologischen Projektzusammenhängen methodisch konkretisiert und inzwischen auch in der erziehungswissenschaftlichen Kindheits- und Schulforschung erprobt worden ist (vgl. Leuzinger-Bohleber/Garlichs 1997), zielt darauf ab, das latent Unbewusste in sozialen Interaktionsformen und Lebensgeschichten herauszuarbeiten. Dabei handelt es sich nicht nur um individuell unbewusste Gehalte, sondern auch um die unbewusste Struktur der in einer Erzählung verwendeten Sprachspiele. Aus der gleichen Theorietradition stammt auch der von Devereux (vgl. 1967) entwickelte und von Erdheim, Nadig u. a. weitergeführte ethnopsychoanalytische Ansatz, der die Beziehung zwischen dem Forscher und den Erforschten aus einer psychoanalytischen Perspektive beleuchtet und damit auch das Unbewusste einer Kultur in den Blick bekommt.

Ein weiteres qualitatives Forschungskonzept, das auf die Rekonstruktion von Tiefenstrukturen abzielt, ist das von Oevermann (vgl. 1988) entwickelte Konzept der Objektiven Hermeneutik. Theoretischer Hintergrund für dieses Konzept sind strukturalistische Modelle, wie sie von Chomsky und Piaget entwickelt worden sind. Im Gegensatz zur psychoanalytischen Tiefenhermeneutik steht im Zentrum dieses Ansatzes nicht die Rekonstruktion der psychisch unbewussten Strukturen eines Falles. Vielmehr sollen objektive, d. h. unabhängig von den subjektiven Intentionen der Beteiligten sich durchsetzende gesellschaftliche Strukturen herausgearbeitet werden. Anknüpfend an dieses Forschungsprogramm hat sich in der Soziologie und der Erziehungswissenschaft im letzten Jahrzehnt eine breite Forschungspraxis entwickelt, die von der Kultursoziologie bis hin zur Schul- und Jugendforschung reicht (vgl. Garz 1994).

Andere qualitative Forschungsansätze, die ebenfalls die Rekonstruktion der gesellschaftlichen und kulturellen Tiefenstrukturen sozialen Handelns ins Zentrum rücken, sind in der strukturalistisch orientierten Ethnologie (Lévi-Strauss, Barthes) oder in neueren Ansätzen zur Diskursanalyse in der Textlinguistik, der Wissenssoziologie oder der sozialgeschichtlich orientierten Erziehungswissenschaft entwickelt worden (vgl. Keller 1997, S. 319). Entscheidende Anregungen dafür sind von den Studien von Foucault (vgl. 1974) ausgegangen, der im Rahmen seiner Diskursanalyse die Wissenschaftsentwicklung vor dem Hintergrund der Genese gesellschaftlicher Machttechniken rekonstruiert hat.

(d) Postmoderne Konzepte

Qualitative Forschung, die einer postmodernen Position zugerechnet werden kann, zielt darauf ab, den Aspekten der Konstruiertheit, der Perspektivität und Mehrdeutigkeit sowie der Komplexität sozialer Wirklichkeit Rechnung zu tragen. Zu dieser Richtung gehören zum einen neue Ansätze einer reflexiven Ethnographie, wie sie zunächst in der amerikanischen Diskussion entwickelt und in dem Band von Berg/Fuchs (vgl. 1993) der deutschsprachigen Fachöffentlichkeit zugänglich gemacht worden sind. Diese neuen Ansätze der Ethnographie wollen nicht mehr ein abbildgetreues und einheitliches Bild einer fremden Lebenswelt präsentieren. Stattdessen betonen sie die soziale Produktion von ethnographischen Texten und weisen darauf hin, dass der Forschungsprozess ein permanenter Aushandlungsprozess über die Wahrnehmung von Lebenswelten ist. Entsprechend soll dieser Dialog zwischen Forscher und Erforschtem auch in ethnographischen Berichten dokumentiert werden. Ziel einer polyphonen Dezentrierung der Ethnographie ist, den Monolog und die Autorität der Darstellung der Wissenschaftler zu brechen (vgl. Berg/Fuchs 1993, S. 87). Der traditionelle Repräsentationsbegriff wird in dieser neuen Variante einer reflexiven Ethnographie durch eine strikte Perspektivität ersetzt (vgl. Marotzki 1999b, S. 335). Eine zu dieser Argumentation analoge Position wird auch in der deutschen ethnographischen Diskussion von Knorr-Cetina (vgl. 1989) vertreten, die das Forschungskonzept eines empirischen Konstruktivismus entwickelt hat. Sie verlangt eine Reflexion auf den konstruktiven Charakter ethnographischer Forschungsmethoden und eine Berücksichtigung der Tatsache, dass soziale Wirklichkeiten im Forschungsprozess interaktiv hergestellt werden (vgl. ähnlich Kelle 1997, S. 197).

Eine andere methodologische Position, die explizit an die philosophischen Argumentationslinien der Postmoderne-Diskussion anknüpft, ist im erziehungswissenschaftlichen Kontext von Koller (vgl. 1999) formuliert worden. In Anlehnung an Lyotards Philosophie des Widerstreites plädiert er dafür, bei der Interpretation von Texten aus der interkulturellen Forschung divergierende Lesarten zu akzeptieren und sie als möglichen Fall von Widerstreit zu behandeln, um der Differenz bzw. dem Widerstreit gerecht zu werden, der im empirischen Material zum Ausdruck kommt.

4   Schritte und Methoden der qualitativen Forschung

Wie stellen sich nun unterhalb dieser Ebene der unterschiedlichen theoretischen Ansätze und methodologischen Positionen, die konkreten Forschungsschritte sowie die zentralen Erhebungs- und Auswertungsverfahren der qualitativen Forschung dar? Die Auswahl von Forschungsdesigns und -methoden steht sicherlich in einem engen Zusammenhang zu den theoretischen und methodologischen Grundannahmen. Dennoch lassen sich einige gemeinsame Merkmale vor allem im Hinblick auf die Konzipierung und Gestaltung des Forschungsprozesses sowie bei den Erhebungsmethoden festhalten, während insbesondere die Auswertungsverfahren in Abhängigkeit von der jeweils gewählten methodologischen Position doch erheblich variieren.

Im Gegensatz zur quantitativen Forschung orientiert sich qualitative Forschung nicht an einem linearen Modell der Forschung, das ausgehend von theoretischen Modellüberlegungen und operationalisierten Hypothesen, deren Geltung in der Wirklichkeit überprüft. Qualitative Forschung als entdeckende Form der Theoriebildung folgt vielmehr einem Modell des Forschungsprozesses, bei dem Datenerhebung, Interpretation und die daraus resultierende Erkenntnisfindung eng miteinander verzahnt sind und die Suche nach weiteren Daten erst dann als abgeschlossen angesehen wird, wenn eine theoretische Sättigung der Erkenntnisse über das jeweilige Forschungsfeld erreicht ist (vgl. Strauss/Corbin 1996, S. 159). Obwohl qualitative Forschung somit auf die Formulierung von Vorab-Hypothesen verzichtet, bedeutet dies keineswegs, dass zu Beginn des Forschungsprozesses nicht eindeutige Fragestellungen festgelegt werden sollen. Je weniger klar die Fragestellung formuliert ist, umso größer ist die Gefahr, dass hinterher Berge von Texten entstehen, vor denen der Forscher bei der Interpretation hilflos steht. Die Entscheidung für eine genau gefasste Fragestellung im Rahmen qualitativer Forschungsprojekte ist auch deshalb wichtig, weil die Auswahl und Zusammensetzung des empirischen Materials sowie die Entscheidung für die Instrumente der Datenerhebung und -auswertung davon abhängen.

Verglichen mit der Mehrzahl der quantitativen Untersuchungen spielt das Kriterium der statistischen Repräsentativität in qualitativen Untersuchungen bei der Auswahl der Fälle und Fallgruppen meist keine Rolle (vgl. Merkens 1997, S. 100). Aussagen über quantitative Relationen können ohnehin nicht das Ziel von qualitativer Forschung sein, die sich in der Regel auf geringe Fallzahlen stützt (vgl. Fuchs-Heinritz/Krüger 1991, S. 23). Eine im Rahmen der qualitativen Forschung weit verbreitete Auswahlstrategie ist das von Glaser/Strauss (vgl. 1967) entwickelte „theoretische Sampling". Dabei werden Entscheidungen über die Auswahl und Zusammensetzung des empirischen Materials (Fälle, Untersuchungsgruppen, Institutionen) erst im Prozess der Datenerhebung und -auswertung gefällt. Die Auswahl der konkreten Personen, Gruppen oder Felder orientiert sich am Leitkriterium der aus den empirischen Analysen zu entwickelnden Theorie. Nach der Interpretation der ersten Fälle werden für die weitere Theoriebildung interessante hypothetische Kontrastfälle gesucht. Die Auswertung und Einbeziehung weiteren Materials wird abgeschlossen, wenn die „theoretische Sättigung" einer Untersuchungsgruppe erreicht ist, d.h. sich nichts Neues mehr ergibt (vgl. Krüger/Wensierski 1995, S. 196). Während theoretisches Sampling vor allem auf eine Anreicherung der sich entwickelnden Theorie abzielt, versucht das Auswahlkonzept der „analytischen Induktion" eine vorläufig entwickelte Theorie durch die Hinziehung und Analyse abweichender Fälle abzusichern (vgl. Bühler-Niederberger 1991).

Das kaum noch überschaubare Spektrum an qualitativen Methoden der Datensammlung und -erhebung lässt sich hinsichtlich der jeweils unterschiedlichen Aktivitäten in drei methodische Formen unterscheiden. Zur ersten Gruppe gehören sog. nichtreaktive Verfahren, bei denen der Forscher nicht Teilhaber oder Akteur in sozialen Situationen zum Zwecke der Materialerhebung ist, sondern mit dem Material arbeitet, das er vorfindet. In der Erziehungswissenschaft hat beispielsweise die Sammlung und Auswertung von Tagebüchern, Autobiographien oder Schüleraufsätzen eine lange Tradition, die bis ins 18. Jahrhundert zurückgeht. Zur zweiten Gruppe von Erhebungstechniken sind die verschiedenen Beobachtungsverfahren zu rechnen, die vom Forscher eine materialerzeugende Aktivität verlangen. D. h. der Forscher muss sich Zugänge zum Feld erarbeiten, muss eine bestimmte Rolle im Feld einnehmen, muss Feldnotizen erstellen und diese im weiteren Gang kontinuierlich auswerten (vgl. Terhart 1997, S. 14). Die verschiedenen Beobachtungsverfahren unterscheiden sich hinsichtlich des Ausmaßes an Nähe und Distanz zum Beobachtungsfeld sowie hinsichtlich des Grades an Vorstrukturierung des Beobachtungsprozesses, wobei im Rahmen der qualitativen Forschung eher offene und flexible Formen der Beobachtung bevorzugt werden.

Zur dritten Gruppe von Erhebungsverfahren gehören verschiedene Befragungstechniken, bei denen der Forscher auf eine intensive Kooperation mit einer oder mehreren erforschten Personen angewiesen ist. Dies sind zum einen Gruppendiskussionsverfahren, mit deren Hilfe man kollektive Erfahrungsräume von Gruppen erschließen kann (vgl. etwa Bohnsack 1991). Zum anderen sind dies verschiedene qualitative Interviewverfahren, die sich hinsichtlich des Grades an Vorstrukturiertheit seitens des Forschers unterscheiden lassen. Die gegenwärtig in der qualitativen erziehungswissenschaftlichen Forschung am meisten verwendete Form des offenen Interviews ist das narrative Interview, das von Schütze (vgl. 1976) entwickelt wurde und das auf die Hervorlockung einer gesamten Lebensgeschichte oder eines bestimmten zeitlichen oder thematischen Ausschnittes einer Biographie abzielt. Ein Beispiel für halbstrukturierte Formen der mündlichen Befragung ist das problemzentrierte Interview, bei dem der Interviewer nach einer offenen Erzählaufforderung mit Hilfe eines Leitfadens sein problemzentriertes Interesse in Form von exmanenten Fragen einbringen kann. Relativ geschlossene Varianten des Interviews sind stark strukturierte Leitfadeninterviews, wie sie etwa im Rahmen von Experteninterviews verwendet werden, um Inhalte des Expertenwissens herauszuarbeiten (vgl. Krüger 1999, S. 209).

Angesichts der enormen Expansion und Ausdifferenzierung der Auswertungsstrategien qualitativer erziehungs- und sozialwissenschaftlicher Forschung in den letzten beiden Jahrzehnten ist eine Bündelung und Systematisierung von unterschiedlichen Typen interpretativer Datenauswertung nicht gerade einfach. Dennoch lassen sich unter Rekurs auf die bereits vorgestellten unterschiedlichen theoretischen bzw. methodologischen Positionen in der qualitativen Forschung grob drei Richtungen der qualitativen Datenauswertung differenzieren. Eine erste Gruppe von Interpretationsverfahren richtet das Interesse bei der Datenauswertung auf die beschreibende Erschließung von Lebenswelten und auf den Nachvollzug subjektiven Sinns. Zu solchen deskriptiven Varianten der Datenauswertung kann etwa das von Mayring (vgl. 1991) entwickelte Konzept der qualitativen Inhaltsanalyse gerechnet werden, das insbesondere für die Auswertung großer Textmengen geeignet ist (vgl. dazu auch Kuckartz 1992). Bei der inhaltsanalytischen Auswertung von Interviews wird in einer ersten explorativen Phase zunächst das vorliegende Material gesichtet und ein System von zentralen Kategorien festgelegt, auf die hin das weitere Material untersucht wird. Der Nachteil dieses Verfahrens ist jedoch, dass die Ebene der Einzelfallinterpretation relativ rasch zugunsten einer kategoriengeleiteten Querschnittauswertung verlassen wird. Stärker an einer detaillierten Auswertung des Einzelfalls interessiert ist hingegen ein anderes eher deskriptives Verfahren der Text-

interpretation, das von Heinze (vgl. 1995) entwickelte Konzept der sozialwissenschaftlichen Paraphrasierung. Es versucht in einem mehrstufigen Interpretationsverfahren auf
der Basis narrativer Interviewprotokolle die handlungsleitenden Alltagstheorien der Befragten angemessen zu erfassen.

Eine zweite Gruppe von Auswertungsstrategien zielt darauf ab, die formalen Regeln
oder die Prozessstrukturen sozialen Handelns herauszuarbeiten. Im Zentrum der Konversationsanalyse, die als Hauptstrom der ethnomethodologischen Forschung anzusehen ist, steht die Analyse der formalen Mechanismen und Prinzipien, mit denen Ge-
sprächsabläufe im Alltag strukturiert und bestimmte Situationen hergestellt werden.
Materialbasis sind dabei Transkriptionen von Tonband- oder Videoaufzeichnungen von
Alltagsgesprächen, aber auch von Beratungsgesprächen oder Gerichtsverhandlungen
(vgl. Bergmann 1991, S. 218). Das von Schütze (vgl. 1983) entwickelte narrationsstruk-
turelle Verfahren stützt sich bei der Auswertung von autobiographischen Stegreiferzäh-
lungen zwar einerseits auch auf Verfahren einer formalen Textanalyse. In weiteren Aus-
wertungsschritten werden jedoch die einzelnen Erzählsegmente strukturell inhaltlich
beschrieben und in einer biographischen Gesamtformung verdichtet. Ziel ist es dabei,
nicht primär die subjektiven Deutungen des Erzählers, sondern den Zusammenhang
faktischer biographischer Prozessstrukturen zu rekonstruieren.

Eine dritte Gruppe von Auswertungsverfahren versucht solche Strukturen zu dechiffrieren, die sich unabhängig vom Wissen und Wollen der Handelnden als generative Muster durchsetzen. Neben dem Konzept der psychoanalytischen Textinterpreta-
tion, dessen Interesse auf die Entdeckung des latent Unbewussten in Lebensgeschichten
oder sozialen Interaktionen gerichtet ist, ist in diesem Zusammenhang vor allem das
von Oevermann begründete Konzept der Objektiven Hermeneutik zu nennen, das die
objektive Bedeutung, die latente Sinnstruktur, von Äußerungen oder sozialen Handlungen herausarbeiten will. Empirisch hat Oevermann dieses Verfahren erstmals im Rahmen einer familiensoziologischen Studie erprobt. Mittlerweile werden damit auch alle
möglichen anderen Materialien von Interviews, über Fotos bis hin zu Kunstwerken analysiert (vgl. Garz 1994). Im Zentrum des methodischen Vorgehens der Objektiven Hermeneutik steht die Sequenzanalyse. D.h., dass zunächst die erste Sequenz eines Textes im Rahmen einer Interpretationsgruppe möglichst extensiv gedeutet wird. Die an
der ersten Sequenz aufgestellten Lesarten werden nun an die zweite Sequenz heran-
getragen und auf ihre Verträglichkeit überprüft. Auf diese Weise werden die Lesarten
von Sequenz zu Sequenz immer weiter eingeschränkt, differenziert, neue Lesarten werden aufgenommen bis eine Fallstruktur sichtbar wird. Die rekonstruierte latente Sinnstruktur des Falles wird dann in weiteren Sequenzen überprüft und es wird versucht,
sie zu falsifizieren. Von der singulären Einzelfallrekonstruktion zur Strukturgeneralisie-
rung gelangt die Objektive Hermeneutik somit mit Hilfe des Falsifikationsprinzips (vgl.
Reichertz 1991, S. 226).

5   Themenfelder und Typen qualitativer Forschung

Welche Gegenstandsbereiche werden nun mit Hilfe der dargestellten forschungsmethodischen Instrumentarien im Rahmen der qualitativen Forschung untersucht? Schon ein oberflächlicher Blick in die aktuellen Forschungsberichte, einschlägigen Handbücher und Standardwerke macht deutlich, dass inzwischen fast alle Aspekte des Alltagslebens zum Gegenstand qualitativer Forschungsprojekte geworden sind. Das Spektrum der Themen reicht von neuen Jugendbiographien, über Interaktionen vor Gericht oder die Kommunikation in Feuerwehrnotrufen, die Lebenswelten von Heimwerkern oder Bodybuildern bis hin zur Analyse von Szenezeitschriften oder Talk-Shows. Da hier schon allein aus Umfangsgründen kein vollständiger Überblick über alle Themenfelder der qualitativen Forschung gegeben werden kann, will ich mich im Weiteren vorrangig auf die exemplarische Skizzierung der Gegenstandsbereiche qualitativer Forschung in der Erziehungswissenschaft beschränken. Für eine thematische Sortierung ist zudem eine Orientierung an zentralen Forschungstypen der qualitativen Forschung hilfreich. Dabei wird zwischen Biographieforschung, Interaktionsstudien, Lebensweltanalysen und qualitativen Inhaltsanalysen von sinnhaltigen kulturellen Dokumenten unterschieden, die sich mit verschiedenen Dimensionen und Aspekten der sozialen Wirklichkeit beschäftigen.

Der qualitative Forschungstypus, der gegenwärtig in der Erziehungswissenschaft den zentralen Platz einnimmt, ist der Bereich der *Biographieforschung*. Die Biographieforschung konzentriert sich auf die Erhebung und Auswertung von erzählten bzw. berichteten *Darstellungen der Lebensführung*. Ausgangsmaterialien sind entweder biographische Texte, die durch die Forschungsinstrumente des Wissenschaftlers produziert werden (z. B. durch narrative Interviews) oder Quellen (z. B. Tagebücher, Autobiographien), die in der sozialen Realität bereits vorgefunden werden. Wichtige Untersuchungsfelder der erziehungswissenschaftlichen Biographieforschung sind zum einen generelle Statuspassagen im Lebenslauf, aber auch Bildungsbiographien von Schülern, Studenten, Erwachsenen in verschiedenen pädagogischen Institutionen. Zum anderen werden in den differenten erziehungswissenschaftlichen Teildisziplinen inzwischen auch die Lebensgeschichten von professionellen Pädagogen, aber auch von ehrenamtlich Tätigen untersucht (vgl. Krüger/Marotzki 1999). Ein weiteres Untersuchungsfeld der erziehungswissenschaftlichen Biographieforschung sind *historische Analysen* zu vergangenen Sozialisationsbedingungen, Erziehungspraktiken, Bildungseinrichtungen oder Verlaufsformen des Erwachsenwerdens, bei denen auch vielfältige Berührungspunkte zur sozialgeschichtlichen und zur Oral-history-Forschung bestehen (vgl. Krüger 1997, S. 43).

Ein zweiter Forschungsschwerpunkt qualitativer Forschung umfasst mikroskopisch orientierte *Interaktionsstudien,* die gegenwärtig allerdings in der Soziologie einen größeren Raum einnehmen als in der Erziehungswissenschaft. Dennoch wurden auch in der erziehungswissenschaftlichen qualitativen Forschung in den vergangenen zwei Jahrzehnten anknüpfend an ethnomethodologische Betrachtungsweisen und das Verfahren der Konversationsanalyse, das Konzept des „labeling approach" oder neuerdings auch an Auswertungsstrategien der Objektiven Hermeneutik eine Reihe von Untersuchungen durchgeführt, die sich mit Stigmatisierungsprozessen in der Schule oder in sozialpädagogischen Institutionen, Schülertaktiken im Unterricht, Interaktionskonflikten zwischen Kindern und Jugendlichen in der Schulklasse und auf dem Schulhof, mit Gesprächsabläufen in ökologischen Arbeitskreisen der Erwachsenenbildung oder mit Beratungsgesprächen in unterschiedlichen Bereichen der sozialen Arbeit beschäftigen (vgl. Combe/Helsper 1994; Lüders 1997).

Ein dritter qualitativer Forschungstypus, der in der Erziehungswissenschaft einen festen Platz einnimmt, sind *Lebensweltstudien.* In Anlehnung an sozialphänomenologische und interaktionistische Theorietraditionen sowie Ansätze der ethnographischen Feldforschung hat sich diese Forschungsrichtung in den vergangenen Jahrzehnten stark entwickelt. Untersucht wurden etwa der Alltag in der Grundschule, dem Internet, dem Heim oder der Jugendgerichtsbarkeit ebenso wie die außerschulische Lebenswelt von Hauptschülern, Studenten, Heimbewohnern, Star-Trek-Fans oder die Milieus von Hooligans oder Musikgruppen (vgl. etwa Bohnsack/Marotzki 1998; Bohnsack u. a. 1995; Jakob/Wensierski 1997).

Ein vierter Schwerpunkt der erziehungswissenschaftlichen Forschung bezieht sich auf die *qualitative Inhaltsanalyse von sinnhaltigen Dokumenten.* Dabei gibt es Materialbereiche, wie z. B. Schüleraufsätze, die bereits seit Jahrzehnten im Kontext der qualitativen erziehungswissenschaftlichen Forschung gesammelt und ausgewertet werden. Andere kulturelle Dokumente, wie etwa das Bild oder das Foto, die in der kunstgeschichtlichen bzw. ethnographischen Forschung seit langem Gegenstände wissenschaftlicher Analysen sind, wurden im Rahmen der erziehungswissenschaftlichen Forschung erst in jüngerer Zeit als Quellenbereiche neu entdeckt (vgl. Lenzen 1993; Mollenhauer 1997; Fuhs 1997). Ebenfalls erst im vergangenen Jahrzehnt haben Analysen von Filmen oder Fernsehsendungen in der qualitativen erziehungswissenschaftlichen Forschung einen größeren Stellenwert bekommen, wobei hier vor allem Impulse von solchen Forschern ausgegangen sind, die diese visuellen Dokumente unter Bezug auf das Interpretationsverfahren der Objektiven Hermeneutik untersuchen (vgl. Garz/Kraimer 1991; Kade 1997).

6   Aktuelle Problemlagen qualitativer Forschung

Der skizzenhafte Überblick über die Gegenstandsbereiche und Untersuchungsfelder der qualitativen erziehungswissenschaftlichen Forschung hat gezeigt, dass sich inzwischen in der Erziehungswissenschaft ähnlich wie in den sozialwissenschaftlichen Nachbardisziplinen eine breite Forschungspraxis etabliert hat und in den vergangenen Jahrzehnten eine Vielzahl von qualitativ orientierten Projekten durchgeführt worden sind, die zumeist den Kriterien und Standards der qualitativen Forschungslogik gerecht zu werden suchen. Trotz dieser scheinbaren Erfolgsbilanz lassen sich zumindest drei Problembereiche ausmachen, die für die aktuelle qualitative Forschungslandschaft vermutlich kennzeichnend sind.

Erstens gibt es zu wenig inhaltlich und zeitlich kontinuierende Forschungslinien im Bereich der qualitativen erziehungswissenschaftlichen Forschung. Die ständige Neukonzipierung von Ansätzen und Forschungsprogrammen verhindert eher die Kumulation von Erfahrungen und Resultaten (vgl. Helsper/Herwartz-Emden/Terhart 1998, S. 6). Zwar gibt es durchaus vereinzelt Ansätze für systematisch aufeinander bezugnehmende Forschungslinien, etwa im Bereich der Schülerbiographieforschung (vgl. Helsper/Bertram 1999, S. 267). Dies sind bislang jedoch eher Ausnahmen. Auch fehlen im Bereich der qualitativen erziehungswissenschaftlichen Forschung bisher weitgehend Sekundäranalysen von Material, das andere Forscher bereits erhoben haben. In vielen qualitativen Projekten wird mit hohem Aufwand in der Regel neues Material erhoben, das unter einer eng definierten Frageperspektive bearbeitet wird und anschließend anderen Forschern nicht zugänglich ist. Eine zentrale Ursache dafür ist auch in dem Tatbestand zu sehen, dass es in der qualitativen erziehungswissenschaftlichen Forschung bislang keine umfassenden Archivierungs- und Dokumentationssysteme gibt, durch die erst die infrastrukturellen und technischen Voraussetzungen für systematisch aufeinander aufbauende Forschung hergestellt werden könnten.

Ein zweites eher methodologisches Problem, das immer noch eine Reihe von Studien charakterisiert, lässt sich mit dem Stichwort Verwechslung qualitativer und quantitativer Forschungslogiken kennzeichnen. So versuchen einige Studien durch eine Samplebildung, die sich an äußeren sozialstrukturellen Merkmalen orientiert, gleich zwei Fragen auf einmal zu lösen: Zum einen will man an der methodischen Option für qualitatives Vorgehen festhalten, gleichzeitig jedoch durch die Auswahl der Untersuchungsgruppe typische Erfahrungskonstellationen abbilden und quantitative Verteilungsaussagen machen. Repräsentative Ergebnisse im Sinne von Verteilungsaussagen können jedoch nicht das Ergebnis von qualitativen Studien sein, die nicht auf das Gesetz der großen Zahl setzen. Ein drittes zentrales Problem der aktuellen qualitativen Forschung ist das, was etwa Terhart (vgl. 1997, S. 38) als Frage der Darstellbarkeit der Ergebnisse gekennzeichnet hat. Denn so berechtigt die Kritik aus dem Kontext der neuen reflexiven Ethnographie oder des empirischen Konstruktivismus an abbildtheoretischen Wahrheitsauffassungen sowie die Hinweise auf den konstruktiven Charakter von Forschungsmethoden und den dialogischen Charakter ethnographischer Wirklichkeitswahrnehmung auch sind, so handelt man sich mit einer Verabsolutierung dieser Position gegebenenfalls auch neue Folgeprobleme ein. Denn dies kann dazu führen, dass aufgrund repräsentationskritischer Vorbehalte am Ende die Eigenprobleme des Forschers beim Umgang mit Repräsentationsfragen zum eigentlichen Gegenstand des Forschungsberichtes werden (vgl. Terhart 1997, S. 39).

7   Perspektiven qualitativer Forschung

Welche Herausforderungen ergeben sich nun aus der derzeitigen Forschungssituation für die Weiterentwicklung und Verbesserung der Qualitätsstandards qualitativer erziehungswissenschaftlicher Forschung? Dringend notwendig erscheint zunächst einmal die Einrichtung eines umfassenden Dokumentationssystems zur Sicherung und zum Austausch von qualitativen Daten in der Erziehungswissenschaft zu sein. Wildt und Beck (1998, S. 5) haben gerade in jüngster Zeit interessante Vorschläge entwickelt, wie mithilfe des Internets oder mithilfe von CD-ROMs und unter Berücksichtigung rechtlicher Bestimmungen des Datenschutzes die Fragestellungen, die Settings der Datenerhebung, die Kodiersysteme sowie vor allem das Datenmaterial qualitativer Forschungsprojekte umfassend dokumentiert und öffentlich zugänglich gemacht werden können. Durch die Schaffung derartiger forschungstechnischer und infrastruktureller Rahmenbedingungen würden zugleich bessere Voraussetzungen für die kontinuierliche Weiterentwicklung von Forschungsprogrammen und für zwei Typen von Anschlussforschung geschaffen werden: zum einen für die Durchführung von qualitativen Replikationsstudien, die die Fragestellungen und Erhebungsinstrumente älterer Studien erneut aufgreifen und unter veränderten gesellschaftlichen Rahmenbedingungen wiederholen; zum anderen für die Realisierung von Sekundäranalysen, die bereits vorhandene qualitative Daten unter einer anderen Fragestellung neu auswerten.

Weitere empirische Forschungsaufgaben, die sich für die qualitative erziehungswissenschaftliche Forschung zukünftig stellen, sind erstens eine stärkere Verknüpfung von qualitativen und quantitativen forschungsmethodischen Zugängen, um etwa eine auf der Basis einer ausführlichen Einzelfallinterpretation und über fallvergleichende Kontrastierung qualitativ gewonnene Typologie von Lebensentwürfen oder Interaktionskonstellationen in einem zweiten Schritt untersuchen zu können mithilfe einer quantitativen Studie auf ihre Verteilung nach Häufigkeiten. Zweitens ist eine stärkere Kombination der in der Erziehungswissenschaft bislang sehr deutlich dominierenden biographieanalytischen Verfahren notwendig mit anderen qualitativen Forschungsmethoden, etwa interaktionsanalytischen oder ethnographischen Verfahren, um komplexere Zusammenhänge zwischen Biographieentwicklung und den interaktiven und institutionellen Bedingungen von pädagogischen Handlungsfeldern untersuchen zu können (vgl. erste Ansätze in Bohnsack/Marotzki 1998; Helsper u. a. 1998). Durch die Triangulation unterschiedlicher qualitativer Forschungsdesigns und -methoden wird zwar nicht ein objektiveres, aber ein facettenreicheres und vollständigeres Bild vom gewählten Untersuchungsgegenstand gezeichnet (vgl. Flick 1995, S. 251). Drittens scheint es sinnvoll und wünschenswert zu sein, die erst in den letzten Jahren in der qualitativen erziehungswissenschaftlichen Forschung einsetzenden Versuche zur Konzipierung einer Bildhermeneutik fortzuführen und dabei vor allem jene Auswertungsverfahren weiterzuentwickeln, die visuelle Dokumente nicht als Texte behandeln, sondern die dem spezifischen Charakter von Bildmaterial gerecht zu werden suchen. Gerade angesichts der rasanten Transformationsprozesse in Richtung einer Informationsgesellschaft eröffnet sich auch für die erziehungswissenschaftliche Forschung ein neues Gebiet, nämlich der digitale Sozialisationsraum, der als neue Lernumgebung neben die tradierten pädagogischen Institutionen tritt.

Viertens ist vor dem Hintergrund der Internationalisierung von Lebenslagen und Lernprozessen unbedingt eine stärkere internationale Vernetzung der qualitativen erziehungswissenschaftlichen Forschung und die Ingangsetzung einer kulturvergleichenden Forschung erforderlich, die in der Erziehungswissenschaft noch in den Kinderschuhen steckt. Finanzierungsprobleme und sprachlich-kulturelle Verständigungsprobleme erweisen sich oft als Hemmnisse. Hinzu kommt die Tatsache, dass die Methodik einer kulturvergleichenden Forschung bislang noch kaum erarbeitet ist, so dass jedes Projekt, das sich mit komparativen Methoden beschäftigt, Neuland betritt. Dennoch gibt es inzwischen erste Ansätze etwa in der Biographieforschung oder der Jugendforschung (vgl. etwa Renner 1999; Du Bois-Reymond u. a. 1994) und es bleibt zu hoffen, dass perspektivisch auch in anderen Arbeitsfeldern der qualitativen erziehungswissenschaftlichen Forschung kulturvergleichende Fragestellungen an Bedeutung gewinnen.

Notwendig ist es zukünftig darüber hinaus, qualitative Forschungsdesigns und -strategien sowie grundlagentheoretische Diskurse in der Erziehungswissenschaft noch stärker aufeinander zu beziehen. So haben etwa neuerdings Marotzki (vgl. 1999b) oder Lenzen (vgl. 1998) mit ihren Vorschlägen, die Kategorie der Biographie bzw. des Lebenslaufs zu systematischen Schlüsselbegriffen der erziehungswissenschaftlichen Theoriebildung zu machen, interessante Überlegungen vorgelegt, die auch wichtige theoretische Anregungspotentiale für die qualitative erziehungswissenschaftliche Forschung bieten können. Umgekehrt können aber auch von der qualitativen Forschung wesentliche Impulse für die Weiterentwicklung der Grundlagentheorie in der Erziehungswissenschaft ausgehen, da qualitative Forschung eben nicht nur auf die empirische Konkretisierung grundlagentheoretischer Überlegungen, sondern auch und vor allem auf die Entdeckung des Neuen abzielt.

Literatur

Altrichter, H./Lobenwein, W./Welte, H. (1997): PraktikerInnen als ForscherInnen. In: Friebertshäuser, B./Prengel, A. (Hrsg.): Handbuch Qualitative Forschungsmethoden in der Erziehungswissenschaft. – Weinheim, S. 640–661.

Amann, K./Knorr-Cetina, K. (1991): Qualitative Wissenschaftssoziologie. In: Flick, U. u. a. (Hrsg.): Handbuch qualitative Sozialforschung. – München, S. 419–426.

Arbeitsgruppe Bielefelder Soziologen (Hrsg.) (1973): Alltagswissen, Interaktion und gesellschaftliche Realität. 2 Bde. – Reinbek.

Berg, E./Fuchs, M. (Hrsg.) (1993): Kultur, Soziale Praxis, Text. Die Krise der ethnographischen Repräsentation. – Frankfurt a. M.

Bergmann, J. (1991): „Studies of work"/Ethnomethodologie. In: Flick, U./Kardorff, E. von/ Keupp, H. u. a. (Hrsg.): Handbuch qualitative Sozialforschung. – München, S. 269–272.

Bertlein, H. (1960): Das Selbstverständnis der Jugend heute. – Hannover.

Bohnsack, H. (1991): Rekonstruktive Sozialforschung. – Opladen.

Bohnsack, R./Marotzki, W. (Hrsg.) (1998): Biographieforschung und Kulturanalyse. – Opladen.

Bohnsack, R. u. a. 1995 = Bohnsack, R./Loos, P./Städtler, K./Schäffer, B./Wild, B. (1995): Die Suche nach Gemeinsamkeit und die Gewalt der Gruppe. – Opladen.

Brumlik, M. (1973): Der symbolische Interaktionismus und seine pädagogische Bedeutung. – Frankfurt a. M.

Bühler-Niederberger, D. (1991): Analytische Induktion. In: Flick, U. u. a. (Hrsg.): Handbuch qualitative Sozialforschung. – München, S. 446–450.

Cicourel, A. (1975): Sprache in der sozialen Interaktion. – München.

Combe, A./Helsper, W. (1994): Was geschieht im Klassenzimmer? – Weinheim.

Denzin, N. K. (1989): Interpretive Biography. – London.

Denzin, N. K. (1994): The art and politics of interpretation. In: Denzin, N. K./Lincoln, Y. S. (Eds.): Handbook of Qualitative Research. – London, pp. 500–514.

Denzin, N. K./Lincoln, Y. S. (1994): Introduction: entering the field of qualitative research. In: Denzin, N. K./Lincoln, Y. S. (Eds.): Handbook of Qualitative Research. – London, pp. 1–18.

Devereux, G. (1967): Angst und Methode in den Verhaltenswissenschaften. – München.

Dilthey, W. (1910): Der Aufbau der geschichtlichen Welt in den Geisteswissenschaften. In: Dilthey, W.: Gesammelte Schriften, Bd. 7 – Stuttgart 1961, S. 79–291.

Du Bois-Reymond u. a. 1994 = Du Bois-Reymond, M./Büchner, P./Krüger, H.-H./Fuhs, B./Ecarius, J. (1994): Kinderwelten. – Opladen.

Eberle, T. S. (1997): Ethnomethodologische Konversationsanalyse. In: Hitzler, R./Honer, A. (Hrsg.): Sozialwissenschaftliche Hermeneutik. – Opladen, S. 245–279.

Fischer-Rosenthal, W. (1991): William I. Thomas and Florian Znaniecki: The polish peasant in Europe and America. In: Flick, U. u. a. (Hrsg.): Handbuch Qualitative Sozialforschung. – München, S. 115–118.

Flick, U. (1989): Vertrauen, Verwalten, Einweisen. Subjektive Vertrauenstheorien in sozialpsychiatrischer Beratung. – Opladen.

Flick, U. (1995): Qualitative Forschung. – Reinbek.

Flick u. a. 1991 = Flick, U./Kardorff, E. von/Keupp, H./Rosenstiel, L. von/Wolff, S. (Hrsg.) (1991): Handbuch Qualitative Sozialforschung. – München.

Foucault, M. (1974): Die Ordnung des Diskurses. – München.

Friebertshäuser, B. (1997): Feldforschung und teilnehmende Beobachtung. In: Friebertshäuser, B./Prengel, A. (Hrsg.): Handbuch Qualitative Forschungsmethoden in der Erziehungswissenschaft. – Weinheim, S. 503–534.

Friebertshäuser, B./Prengel, A. (Hrsg.) (1997): Handbuch Qualitative Forschungsmethoden in der Erziehungswissenschaft. – Weinheim.

Fromm, M. (1987): Die Sicht der Schüler in der Pädagogik. – Weinheim.

Fuchs-Heinritz, W./Krüger, H.-H. (1991): Feste Fahrpläne durch die Jugendphase. – Opladen.

Fuhs, B. (1997): Fotografie und qualitative Forschung. In: Friebertshäuser, B./Prengel, A. (Hrsg.): Handbuch Qualitative Forschungsmethoden in der Erziehungswissenschaft. – Weinheim, S. 265–285.

Garfinkel, H. (1967): Studies in Ethnomethodology. – Englewood Cliffs.

Garz, D. (Hrsg.) (1994): Die Welt als Text. – Frankfurt a. M.

Garz, D./Kraimer, K. (Hrsg.) (1991): Qualitativ-empirische Sozialforschung. – Opladen.

Glaser, B. G./Strauss, A. L. (1967): The Discovery of Grounded Theory. – Chicago.

Guba, E. G./Lincoln, Y. S. (1998): Competing paradigms in qualitative research. In: Denzin, N. K./Lincoln, Y. S. (Eds.): The Landscape of Qualitative Research. – Thousand Oaks, S. 195–220.

Gubrium, J. F./Holstein, J. A. (1997): The New Language of Qualitative Method. – Oxford.

Habermas, J. (1967): Zur Logik der Sozialwissenschaften. – Frankfurt a. M.

Heinze, T. (1995): Qualitative Sozialforschung. – Opladen.

Heinze, T./Klusemann, H. W. (1979): Ein biographisches Interview als Zugang zu einer Bildungsgeschichte. In: Baacke, D./Schulze, T. (Hrsg.): Aus Geschichten lernen. – München, S. 182–224.

Helsper, W./Bertram, M. (1999): Biographieforschung und SchülerInnenforschung. In: Krüger, H.-H./Marotzki, W. (Hrsg.): Handbuch erziehungswissenschaftliche Biographieforschung. – Opladen, S. 259–278.

Helsper, W./Herwartz-Emden, L./Terhart, E. (1998): Qualität qualitativer Forschung in der Erziehungswissenschaft. Konzept für ein DFG-Rundgespräch. Bisher unveröffentl. Ms. – Osnabrück.

Helsper u. a. 1998 = Helsper, W./Böhme, J./Kramer, R./Lingkost, A. (1998): Entwürfe zu einer Theorie der Schulkultur und des Schulmythos. In: Keuffer, J./Krüger, H.-H./Reinhardt, S./Weise, E./Wenzel, H. (Hrsg.): Schulkultur als Gestaltungsaufgabe. – Weinheim, S. 29–75.

Hirschauer, S./Amann, K. (Hrsg.) (1997): Die Befremdung der eigenen Kultur. – Frankfurt a. M.

Hitzler, R./Honer, A. (1991): Qualitative Verfahren zur Lebensweltanalyse. In: Flick, U. u. a. (Hrsg.): Handbuch Qualitative Sozialforschung. – München, S. 382–385.

Hopf, C./Weingarten, E. (Hrsg.) (1979): Qualitative Sozialforschung. – Stuttgart.

Jahoda, M./Lazarsfeld, P. F./Zeisel, H. (1980): Die Arbeitslosen von Marienthal [1933]. – Frankfurt a. M.

Jakob, G./Wensierski, H.-J. von (Hrsg.) (1997): Rekonstruktive Sozialpädagogik. – Weinheim.

Jaide, W. (1969): Junge Arbeiterinnen. – München.

Jüttemann, G. (Hrsg.) (1985): Qualitative Forschung in der Psychologie. – Weinheim.

Kade, J. (1997): „Tatort" und „Polizeiruf 110". In: Behnken, I./Schulze, T. (Hrsg.): Tatort: Biographie. – Opladen, S. 117–135.

Kelle, H. (1997): Die Komplexität sozialer und kultureller Wirklichkeit als Problem qualitativer Forschung. In: Friebertshäuser, B./Prengel, A. (Hrsg.): Handbuch Qualitative Forschungsmethoden in der Erziehungswissenschaft. – Weinheim, S. 192–208.

Keller, R. (1997): Diskursanalyse. In: Hitzler, R./Honer, A. (Hrsg.): Sozialwissenschaftliche Hermeneutik. – Opladen 1997, S. 309–334.

Kieper, M. (1980): Lebenswelten verwahrloster Mädchen. – München.

Knorr-Cetina, K. (1989): Spielarten des Konstruktivismus. In: Soziale Welt, 40 Jg., S. 86–96.

Koller, C. (1999): Lesarten. Über das Geltendmachen von Differenzen im Forschungsprozeß. In: Zeitschrift für Erziehungswissenschaft, 2. Jg., S. 195–209.

Krappmann, L./Oswald, H. (1995): Alltag der Schulkinder. – Weinheim.

Krüger, H.-H. (1995): Bilanz und Zukunft der erziehungswissenschaftlichen Biographieforschung. In: Krüger, H.-H./Marotzki, W. (Hrsg.): Erziehungswissenschaftliche Biographieforschung. – Opladen, S. 32–54.

Krüger, H.-H. (1997): Erziehungswissenschaftliche Biographieforschung. In: Friebertshäuser, B./Prengel, A. (Hrsg.): Handbuch Qualitative Forschungsmethoden der Erziehungswissenschaft. – Weinheim, S. 43–55.

Krüger, H.-H. (1999): Einführung in Theorien und Methoden der Erziehungswissenschaft. – 2. durchges. Aufl. – Opladen.

Krüger, H.-H./Marotzki, W. (Hrsg.) (1999): Handbuch erziehungswissenschaftliche Biographie-
     forschung. - Opladen.
Krüger, H.-H./Wensierski, H.-J. von (1995): Biographieforschung. In: König, E./Zedler, P.
     (Hrsg.): Bilanz der qualitativen Forschung, Bd. II. - Weinheim, S. 183-224.
Kuckartz, U. (1992): Textanalysesysteme für die Sozialwissenschaften. - Stuttgart.
Lamnek, S. (1988): Qualitative Sozialforschung, Bd. 1. - München.
Leithäuser, T./Volmerg, B. (1988): Psychoanalyse in der Sozialforschung. - Opladen.
Lenzen, D. (1993): Heiliges Kind oder Kreatur. Anmerkungen zum Kinderbild von Otto Dix. In:
     Herrlitz, H. G./Rittelmeyer, C. (Hrsg.): Exakte Phantasie. - Weinheim, S. 55-67.
Lenzen, D. (1998): Allgemeine Pädagogik - Teil- oder Leitdisziplin der Erziehungswissenschaft.
     In: Brinkmann, W./Petersen, J. (Hrsg.): Theorien und Modelle der Allgemeinen Pädago-
     gik. - Donauwörth, S. 32-54.
Leuzinger-Bohleber, M./Garlichs, A. (1997): Theoriegeleitete Fallstudien im Dialog zwischen
     Erziehungswissenschaft und Psychoanalyse. In: Friebertshäuser, B./Prengel, A. (Hrsg.):
     Handbuch Qualitative Forschungsmethoden in der Erziehungswissenschaft. - Weinheim
     1997, S. 157-176.
Lorenzer, A. (1972): Zur Begründung einer materialistischen Sozialisationstheorie. - Frank-
     furt a. M.
Lüders, C. (1997): Qualitative Kinder- und Jugendforschung. In: Friebertshäuser, B./Prengel, A.
     (Hrsg.): Handbuch Qualitative Forschungsmethoden in der Erziehungswissenschaft. -
     Weinheim, S. 795-810.
Lüders, C./Reichertz, J. (1986): Wissenschaftliche Praxis ist, wenn alles funktioniert und keiner
     weiß, warum. In: Sozialwissenschaftliche Literaturrundschau, Heft 12, S. 90-112.
Marotzki, W. (1999a): Forschungsmethoden und -methodologie der Erziehungswissenschaft-
     lichen Biographieforschung. In: Krüger, H.-H./Marotzki, W. (Hrsg.): Handbuch erzie-
     hungswissenschaftliche Biographieforschung. - Opladen, S. 109-134.
Marotzki, W. (1999b): Erziehungswissenschaftliche Biographieforschung. In: Zeitschrift für Er-
     ziehungswissenschaft, 2. Jg, S. 325-342.
Mayring, P. (1991): Qualitative Inhaltsanalyse. - Weinheim.
Merkens, H. (1997): Stichproben bei qualitativen Untersuchungen. In: Friebertshäuser, B./
     Prengel, A. (Hrsg.): Handbuch Qualitative Forschungsmethoden in der Erziehungswis-
     senschaft. - Weinheim, S. 97-106.
Misch, G. (1900): Geschichte der Autobiographie. - 4 Bde. - Reprint: Frankfurt a. M. 1949.
Mollenhauer, K. (1972): Theorien zum Erziehungsprozeß. - München.
Mollenhauer, K. (1997): Methoden der erziehungswissenschaftlichen Bildinterpretation. In:
     Friebertshäuser, B./Prengel, A. (Hrsg.): Handbuch Qualitative Forschungsmethoden in
     der Erziehungswissenschaft. - Weinheim, S. 247-264.
Moser, H. (1995): Grundlagen der Praxisforschung. - Freiburg.
Muchow, M./Muchow, H.-H. (1978): Der Lebensraum des Großstadtkindes [1935]. - Bensheim.
Nolda, S. (1997): Interaktionsanalysen in der Erwachsenenbildung. In: Friebertshäuser, B./
     Prengel, A. (Hrsg.): Handbuch Qualitative Forschungsmethoden in der Erziehungswis-
     senschaft. - Weinheim, S. 758-768.
Oevermann, U. (1988): Eine exemplarische Fallrekonstruktion zum Typus versozialwissen-
     schaftlichter Identitätstransformationen. In: Brose, H.-J./Hildenbrand, B. (Hrsg.): Vom
     Ende des Individuums zur Individualität ohne Ende. - Opladen, S. 234-286.
Parmentier, M. (1989): Ethnomethodologie: In: Lenzen, D. (Hrsg.) unt. Mitarb. v. F. Rost: Päd-
     agogische Grundbegriffe. - Bd. 1. - Reinbek, S. 550-568.

Prengel, A. (1997): Perspektivität anerkennen – zur Bedeutung von Praxisforschung in Erziehung und Erziehungswissenschaft. In: Friebertshäuser, B./Prengel, A. (Hrsg.): Handbuch Qualitative Forschungsmethoden in der Erziehungswissenschaft. – Weinheim, S. 599–627.

Projektgruppe Jugendbüro (1975): Die Lebenswelt von Hauptschülern. – München.

Reichertz, J. (1991): Objektive Hermeneutik. In: Flick, U. u. a. (Hrsg.): Handbuch Qualitative Sozialforschung. – München, S. 223–227.

Renner, E. (1999): Ethnographie und interkulturelle Forschung. In: Krüger, H.-H./Marotzki, W. (Hrsg.): Handbuch erziehungswissenschaftliche Biographieforschung. – Opladen, S. 147–164.

Roeßler, W. (1957): Jugend im Erziehungsfeld. – Düsseldorf.

Roth, H. (1962): Die realistische Wendung in der pädagogischen Forschung. In: Neue Sammlung, 2. Jg., S. 481–496.

Schütze, F. (1976): Zur Hervorlockung und Analyse thematisch relevanter Geschichten im Rahmen soziologischer Feldforschung. In: Arbeitsgruppe Bielefelder Soziologen (Hrsg.): Kommmunikative Sozialforschung. – München, S. 159–260.

Schütze, F. (1983): Biographieforschung und narratives Interview. In: Neue Praxis, 13. Jg., S. 284–293.

Schütze, F. (1999): Verlaufskurven des Erleidens als Forschungsgegenstand der interpretativen Soziologie. In: Krüger, H.-H./Marotzki, W. (Hrsg.): Handbuch erziehungswissenschaftliche Biographieforschung. – Opladen, S. 191–224.

Strauss, A./Corbin, J. (1996): Grounded Theory. Grundlagen der qualitativen Sozialforschung. – München.

Stückrath, F./Wetzel, E. (1962): Vom Ausdruck des Kindes. – Lübeck.

Terhart, E. (1997): Entwicklung und Situation des qualitativen Forschungsansatzes der Erziehungswissenschaft. In: Friebertshäuser, B./Prengel, A. (Hrsg.): Handbuch Qualitative Forschungsmethoden in der Erziehungswissenschaft. – Weinheim, S. 27–42.

Thomae, H. (1991): Biographische Methoden in der Psychologie. In: Flick, U. u. a. (Hrsg.): Handbuch Qualitative Sozialforschung. – München, S. 249–253.

Thurnwald, H. (1948): Gegenwartsprobleme Berliner Familien. – Berlin.

Vogelgesang, W. (1994): Jugend- und Medienkulturen. In: Kölner Zeitschrift für Soziologie und Sozialpsychologie, 46. Jg., S. 464–491.

Wildt, K. P./Beck, K. (1998): Wege zu einer umfassenden Dokumentation und Zugänglichkeit qualitativer Forschungsdaten. In: Erziehungswissenschaft, 9. Jg., H. 17, S. 5–15.

Zinnecker, J. (1995): Pädagogische Ethnographie. In: Behnken, I./Jaumann, O. (Hrsg.): Kindheit und Schule. – Weinheim, S. 21–38.

Ästhetik und Bildung

Yvonne Ehrenspeck

1 Begriff

Der Begriff Ästhetik (vgl. Ritter 1971) wird Mitte des 18. Jahrhunderts durch Baumgarten als neue Diskursposition in die Philosophie eingeführt (vgl. Baumgarten 1961). Die Entstehung der Ästhetik als eines philosophischen Spezialdiskurses über die Sinne, das Schöne und die Kunst ist eine historische Folge der sich im 18. Jahrhundert etablierenden Kritik an älteren Vernunftkonzepten der Metaphysik und der Umstellung auf Bewusstseinsphilosophie. Die Entstehung des Begriffs Ästhetik verweist insofern auf einen Figurationswandel zentraler begrifflicher Positionen und ist immer relational zu den jeweils historisch situierten Diskursen über Wissen und Vernunft zu bestimmen. Deshalb darf der Begriff Ästhetik nicht unhistorisch verwendet werden, auch wenn es philosophische Betrachtungen über das Schöne und die Künste seit der Antike gegeben hat.

Sozialgeschichtlich ist die Disziplin Ästhetik im Zusammenhang der Ausdifferenzierung der Kunst als autonomes gesellschaftliches Teilsystem zu sehen. Mit der Autonomisierung der Kunst etabliert sich Ästhetik als Disziplin, die das autonome Kunstsystem aus der Perspektive der Philosophie beobachtet und spezifische Unterscheidungen einführt, die auf die Eigenlogik der Sinnformen der Kunst sowie darauf bezogener Urteils- und Erfahrungsmodi verweisen. Die spezifische Leistung der sich im 18. Jahrhundert etablierenden Ästhetik als philosophischer Teildisziplin ist dabei die Anfertigung von Beschreibungsmodellen, die das Schöne, das Erhabene und die Kunst in Differenz oder Relation zu anderen Werten wie das Wahre und das Gute setzen und die die autonome Eigenlogik ästhetischer Sinnformen herausarbeiten. Bewertungsmaßstäbe, die ästhetikfernen Codes folgen, wie etwa die Unterscheidung wahr/falsch der Wissenschaft oder moralisch/unmoralisch der moralischen Kommunikation können in der modernen Autonomieästhetik insofern abgewiesen bzw. relational beurteilt werden (vgl. Luhmann 1995).

2 Das Verhältnis von Ästhetik, Bildung und Pädagogik

Für die Pädagogik/Erziehungswissenschaft stellt sich im Hinblick auf Kunst und Ästhetik die Frage, welche Bedeutung die spezifischen Sinnformen des autonom prozessierenden Kommunikationssystems Kunst für Erziehungs- bzw. Bildungsprozesse haben können und wie Ästhetik als Reflexionstheorie des Kunstsystems in Bildungs- und Erziehungstheorien rezipiert wird.

Zur Beantwortung dieser Fragen hat sich die Pädagogik der Ästhetik als philosophischer Disziplin selektiv bedient, wobei sie aus Gründen der Anschlussfähigkeit für den pädagogischen Diskurs zudem auch spezifische begriffliche Transformationen ästhetischer Theoriebildung vollzogen hat. In systematischer Hinsicht kann man unterschiedliche Anschlussmöglichkeiten von Pädagogik und Ästhetik beobachten (vgl. Ehrenspeck 1998; Langewand 1998):

Zunächst gibt es in der Pädagogik eine lange Tradition über die möglichen Implikationen, die die Begegnung mit Sinnformen der Kunst für den Bildungsprozess eines Individuums haben, zu reflektieren (vgl. Hellekamps 1998). Hierbei wird davon ausgegangen, dass die von Formen des Wissens und den Forderungen der Moral und Ethik zu unterscheidende Kunst durch ihre Autonomie und Eigenlogik bildend ist und dass das Individuum durch die so gewonnene „ästhetische Erfahrung" (Bubner 1989, S. 52) und deren Reflexion spezifische Formen von Bildung erfährt, die sich von anderen Zugängen zur Welt, wie sie durch Vernunft, Wissen oder moralisches Urteilen möglich werden, kategorial unterscheiden lassen. Der Autonomie der Kunst sowie der Eigenlogik der ästhetischen Erfahrung wird in der modernen Pädagogik insofern Rechnung getragen.

Allerdings sind die Implikationen zu beachten, die ein bildungstheoretischer Diskurs qua Bildungsbegriff und -semantik (vgl. Ehrenspeck, im Druck) für Beschreibungen des Ästhetischen sowie die Fassung des Verhältnisses von Pädagogik und Ästhetik haben kann. So wird unter dem Aspekt der Autonomie der Kunst „zugleich die Identität mit Bildung" behauptet (Langewand 1998, S. 224), was zu spezifischen begrifflichen Modifikationen des Ästhetikdiskurses der Moderne in der Pädagogik geführt und Ästhetik zu einem modernen Bildungsprojekt hat werden lassen.

Neben der bildungstheoretischen Beschreibung des Verhältnisses von Ästhetik und Pädagogik existiert als weitere wichtige Verbindung von Pädagogik und Ästhetik das Konzept der Ästhetischen Erziehung (vgl. Maset 2000). Im Allgemeinen wird im Hinblick auf den Aspekt Erziehung davon ausgegangen, dass Ästhetik oder Kunst bzw. entsprechende Erfahrungen pädagogisch wünschenswert und vermittelbar sind und einen wichtigen Bestandteil der Allgemeinbildung darstellen.

Ausgehend von diesem Interesse hat sich der Diskurs über Kunst und Ästhetik im Erziehungssystem auch als Thema oder Fach etablieren können und wird in speziellen Institutionen des Erziehungssystems wie beispielsweise der Schule unterrichtet bzw. vermittelt. Als entsprechende Reflexionsinstanz und pädagogisches Handlungsfeld hat sich dabei auch die Kunstpädagogik ausdifferenziert. Als Aufgabe des Kunstunterrichts und der Kunstpädagogik wird dabei oftmals die Einführung und Einübung in den Gebrauch und das Verständnis der „kulturell geteilten ästhetischen Zeichen, Symbole und Muster" (Langewand 1998, S. 220) verstanden.

Wirft man einen Blick in die Geschichte der Kunstpädagogik bzw. der Ästhetischen Erziehung (vgl. Richter 1981; Selle 1981; Schütz 1982) wird allerdings deutlich dass Ästhetische Erziehung dabei keineswegs immer den Primat der Autonomie und der „Zweckfreiheit" des Ästhetischen berücksichtigt hat, sondern dass die Vermittlung von Kunst und Ästhetik oftmals für andere Zwecke, wie etwa Sozialdisziplinierung genutzt, bzw. mit außerästhetischen Ansprüchen wie der Notwendigkeit der Ausbildung gesellschaftlich erwünschter Charakterzüge und Tugenden belastet wurde (vgl. Richter 1981). Kunst und Kunsterfahrung werden aber auch im Hinblick auf ihre mögliche kompensatorische Funktion in Bezug auf gesellschaftliche Prozesse der „Entfremdung" oder Sozialdisziplinierung zum Thema von Pädagogik (vgl. Langewand 1998; Ehrenspeck 1998).

Gegen solche Formen der „Verzweckung" der Kunst im Erziehungssystem wird aber im allgemeinpädagogischen Diskurs oftmals auch Position bezogen und es wird insbesondere über die Einfädelung einer bildungstheoretischen Semantik versucht, sich dieser heteronomen Inanspruchnahme des Ästhetischen zu entledigen respektive diese zu kritisieren. So wandte sich bereits Humboldt gegen den Missbrauch der Kunst im Museum und ihrer Indienstnahme zu berufsbezogenen Studien- und Ausbildungszwecken. „Zeichnen und Kopieren" durch „Künstler und Dilettanten" sollte deshalb nur zu bestimmten Zeiten und nach vorheriger Genehmigung gestattet werden, damit dem Missbrauch der Kunst zum „kleinlichen merkantilistischen Gewerbe" (Humboldt 1863, S. 321) Einhalt geboten werde, da dieser weder für die Kunst noch für die allgemeine Bildung förderlich sei (vgl. Brüggen, im Druck). Hier wendet sich Humboldt in bildungstheoretischer Absicht insbesondere gegen problematische Tendenzen des damaligen Zeichen- und Kunstunterrichts und macht die Verbindung von Ästhetik und Bildung stark. Bildungstheoretische Argumentationen werden, neben den üblichen Bezugnahmen auf den Begriff Erziehung, allerdings später auch im speziellen Diskurs der Kunstpädagogik geführt (vgl. Maset 1995).

Neben den genannten Anschlussmöglichkeiten von Ästhetik, Pädagogik und Bildung kann man in der Pädagogik Bezugnahmen identifizieren, die auf einen erweiterten Begriff von Ästhetik abzielen und die sich nicht nur auf die bildenden oder erzieherischen Implikationen von Kunst bzw. dem Schönen und Erhabenen, sondern auch auf Wahrnehmungsprozesse im Allgemeinen beziehen. Hier wird Ästhetik als Aisthesis verstanden und insofern begrifflich entgrenzt (vgl. Ehrenspeck 1996a).

In diesem Zusammenhang werden in der Erziehungswissenschaft die Aisthetik bzw. „Ästhesiologie" von Bildungsprozessen (vgl. Müller 1994) bzw. die bildungstheoretischen und sozialisatorischen Implikationen diskutiert, die eine spezifisch ästhetisch strukturierte Umwelt für Wahrnehmungsprozesse von Individuen haben kann (vgl. Schumacher-Chilla 1995; Rittelmeyer 1996). Oder es wird darauf hingewiesen, inwiefern Sozialdisziplinierung durch Wahrnehmungssozialisation und eine bestimmte pädagogische Strukturierung von Umwelt in Gang gesetzt werden kann (vgl. Wünsche 1989; Schumacher-Chilla 1995; Ehrenspeck 1998, S. 196 ff.). Darüber hinaus wird auch auf die Folgen einer „Ästhetisierung der Lebenswelt" für Erziehung und Bildung reflektiert (vgl. Becker 1993; Lissmann 1994). Die Anschlussmöglichkeiten von Ästhetik und Pädagogik sind insofern sehr vielfältig.

Um den „systematischen" Zusammenhang von Ästhetik und Pädagogik zu fassen, muss deshalb immer die Relation der Begriffe Ästhetik, Aisthesis und Erziehung, Bildung oder Sozialisation beachtet werden. Eine solche Beschreibung des Verhältnisses von Ästhetik und Pädagogik ist allerdings immer mit der (Begriffs-)Geschichte des Nexus von Ästhetik und Pädagogik in Beziehung zu setzen.

3   Geschichte des Verhältnisses von Ästhetik, Bildung und Pädagogik

Die Geschichte des Zusammenhangs von Ästhetik und Pädagogik in der Moderne beginnt gegen Ende des 18. Jahrhunderts mit der Philosophie und Pädagogik der Aufklärung. Die theoretischen Voraussetzungen zu dem modernen ästhetischen Erziehungs- und Bildungsprojekt wurden von Kant in seiner 1790 erschienenen „Kritik der Urteilskraft" (Kant 1974) grundgelegt. Zwar spricht Kant in expliziter Terminologie weder von „ästhetischer Bildung" noch von „ästhetischer Erziehung", dennoch wird ihm seitens der Pädagogik ein solcher Begriff oftmals unterstellt (vgl. Menze 1980; Werschkull 1994). Ist diese Unterstellung begriffs- und theoriegeschichtlich höchst problematisch, so ist dennoch zu konstatieren, dass Kant durch seine dritte und letzte transzendentalphilosophische Untersuchung eine Bestimmung des Ästhetischen zugrundegelegt hat, die das moderne Konzept einer ästhetischen Bildung und Erziehung in systematischer Hinsicht erst ermöglicht hat: die Autonomie des Ästhetischen.

Kant entwirft seine „Ästhetik" jedoch nicht als Objekttheorie des Schönen, sondern als Theorie einer ästhetischen Einstellung, die als Geschmacksurteil bzw. als reines ästhetisches Reflexionsurteil bezeichnet wird. Zu beachten ist bei der Beurteilung der Bestimmungen dieser Autonomieästhetik, dass die Begründung der Autonomie des Ästhetischen das „Nebenprodukt" des Kant'schen Versuchs ist, die Fragestellungen seiner beiden vorhergehenden Kritiken zu verbinden. Die Bestimmungen des Ästhetischen bzw. des ästhetischen Reflexionsurteils bei Kant müssen deshalb immer vor dem Hintergrund seiner transzendentalphilosophischen Fragestellung beurteilt werden, die nach einer möglichen Verbindung bzw. nach einem „Übergang" (Kant 1974, S. 108, B LVI) von dem Bereich der Natur zu dem der Freiheit sucht, der die Einheit der Vernunft garantieren soll.

Das vermittelnde Vermögen, welches jene transzendentale Vermittlung möglich macht, sieht Kant mit der zwecksetzenden reflektierenden Urteilskraft (Kant 1974, S. 90, B XXIX) als gegeben an. Der von Kant angenommene transzendentalapriorische Status dieses Reflexionsurteils begründet dabei die Allgemeingültigkeit der in zwei voneinander unterschiedenen Teilen der „Kritik der Urteilskraft" verhandelten teleologischen Urteile und der reinen ästhetischen Geschmacksurteile. Außer der Verbindung von theoretischer und praktischer Vernunft leistet die „Kritik der Urteilskraft" über die transzendentale Fundierung eines eigenen Prinzips a priori (der Zweckmäßigkeit) die Autonomisierung der Welt des Schönen und des Erhabenen auf der einen Seite und die Fundierung der Welt des Organischen und der systematischen Einheit der Natur auf der anderen Seite.

Der in der „Kritik der Urteilskraft" begründete „Übergang" von Natur in Freiheit bedeutet in der Kant'schen Theoriekonstruktion jedoch keine tatsächliche Verwirklichung, sondern nur ein „als-ob" in der Reflexion. Denn das Schöne und das ästhetische Reflexionsurteil symbolisieren die Sittlichkeit, also die Vernunftwirklichkeit nur, sie realisieren sie nicht, bzw. das „Schöne als Symbol des Sittlich-guten" (Kant 1974, S. 297, B 258) ist lediglich das Ergebnis einer spezifischen Reflexionsform bzw. einer Darstellung, der „Hypotypose" (Kant 1974, S. 295, B 255).

Insbesondere diese Vorstellung des „Schönen als Symbol des Sittlich-guten" im Sinne eines (in der Rezeption jedoch falsch verstandenen realen) „Übergangs" hat die Bildungstheorie und Pädagogik in der Folge Kants zu der Idee einer ästhetischen Bildung und Erziehung inspiriert. Neben dieser Vorstellung wurden aber auch weitere Diskursfiguren der „Kritik der Urteilskraft" im Anschluss an Kant und in kritischer Auseinandersetzung mit der „Kritik der Urteilskraft" sowie durch Modifikationen der Kant'schen Transzendentalphilosophie zu Ansatzpunkten für einen bildungs- und erziehungstheoretischen Diskurs um Pädagogik und Ästhetik:

- So wird die Idee einer Freiheit im Spiel der Erkenntnisvermögen im ästhetischen Urteil für die Bildungsvorstellung des Neuhumanismus aber auch für nachfolgende Konzeptionen ästhetischer Bildung zur prägenden Formel.
- Das Kant'sche Diktum vom Schönen als „Symbol des Sittlich-guten" legitimiert in der Folge der Rezeption der „Kritik der Urteilskraft" die bildungstheoretische Annahme einer Beförderung des sittlichen Verhaltens durch Kunst und ästhetische Erfahrung.
- Durch die strukturelle Analogie (z. B. in Bezug auf die Form des Urteils) von sittlichem Urteil und ästhetischem Reflexionsurteil und des mit der rhetorischen Figur der Hypotypose nahe gelegten „Übergangs" von Natur und Freiheit durch das „apriorische Prinzip" der Urteilskraft und der damit begründeten Einheit der Vernunft wird in der Folge der Rezeption der „Kritik der Urteilskraft" (z. B. bei Schiller) die Möglichkeit nahe gelegt, den Menschen als in sich vollendete Totalität oder versöhnte Ganzheit zu imaginieren, der die Zerrissenheit in Sinnlichkeit und Vernunft überwinden kann.
- Weiterhin bietet die „Kritik der Urteilskraft" als Ansatzpunkt die Vorstellung eines spezifischen sensus communis (aestheticus) an, der, gleichwohl bei Kant monologisch konzipiert und gerade nicht über Kommunikation oder Perspektivenübernahme legitimiert, eine im Gefühl oder in der Kommunikation begründete „Intersubjektivität" anzunehmen nahegelegt hat. Diese wiederum hat zu allerlei Hoffnungen auf eine „gesellige" versöhnte Gesellschaft Anlass gegeben.
- Zudem wurde im Anschluss an die Kant'sche Bestimmung eines neuen „Naturbegriffs" als Reflexionsbegriff eine Idee des Naturschönen entwickelt, die ein positives

und bildendes Verhältnis von Mensch und Natur qua Erfahrung des Naturschönen in Aussicht stellt.

- Und die Bildungsrelevanz des Ästhetischen und der Kunst wurde mit ihrem Autonomiestatus und der Idee einer inkommensurablen, nicht auf Begriffe zu bringenden ästhetischen Erfahrung, die sich qualitativ von allen anderen Erfahrungen von Welt unterscheidet, begründbar gemacht (vgl. Ehrenspeck 1998, S. 106 f.).

Die Kant'sche Grundlegung der Autonomieästhetik der Moderne in der „Kritik der Urteilskraft" ist insofern der theoretisch-begriffliche Ansatzpunkt für nachfolgende Verbindungen von Bildungstheorie, Pädagogik und Ästhetik, wie sie aus bildungs- und praxisphilosophisch sowie moralphilosophisch und pädagogisch motivierten Kritiken an der Kant'schen Philosophie hervorgegangen sind.

Den entscheidenden Übergang von der Kant'schen transzendentalphilosophischen Grundlegung der Ästhetik zu einer Bildungstheorie des Ästhetischen hat Schiller vollzogen. Ging es bei Kants transzendentalphilosophischer Grundlegung des reinen Geschmacksurteils nie um die Frage, inwieweit dieses ästhetische Reflexionsurteil oder das Schöne empirisch in der Zeit die Kultivierung, Individualisierung oder Versittlichung des Individuums oder der Gattung bewirken könne, stellt Schiller die Frage nach der empirischen Anschlussmöglichkeit und bildungsrelevanten Funktion des Ästhetischen.

Zwar reflektiert Schiller immer wieder explizit auf den Autonomiestatus der Kunst, doch diese wird in seinen Schriften insbesondere auch als „Werkzeug" verstanden (Schiller 1984, S. 160), mit welchem die Veredelung des Charakters, die Bildung des Menschen und der Menschheit bewirkt werden sollen. Das Schöne soll die Sittlichkeit insofern nicht wie bei Kant nur symbolisch darstellen, sondern sie soll diese herbeiführen und bewirken. Dieses Bildungsprojekt entwickelt Schiller in kritischer Auseinandersetzung mit der Kant'schen Philosophie und durch die Modifikation deren theoretischer und begrifflicher Unterscheidungen. So nimmt Schiller in kritischer Auseinandersetzung mit Kant eine Umdeutung des Kant'schen Begriffs „Übergang" vor (vgl. Ehrenspeck 1998, S. 114 ff.).

Im Gegensatz zu Kant, der eine Verbindung von Natur und Freiheit nur in dem transzendentalen Prinzip a priori der Urteilskraft sowie im Darstellungsmodus der Hypotypose gegeben sah, konzipiert Schiller den „Übergang" von Natur zu Freiheit als einen Übergang in der Zeit. Schiller deutet damit die bei Kant lediglich begrifflich gefasste Differenz von Natur und Freiheit als genetisches Problem ihres realen Übergangs um. Um diesen Übergang in der Zeit plausibel zu machen, geht Schiller von der Idee einer der Natur selbst eigenen Freiheit und damit von einer Entwicklungsmöglichkeit aus, die vermittelt über Ästhetik als ontogenetischer empirischer Übergang von einer unbestimmten Natur hin zur Freiheit der Selbstbestimmung führt und damit als Bildungsprozess beschrieben werden kann.

Damit wird Ästhetik bei Schiller an Bildungsphilosophie angeschlossen und – bildungstheoretisch akzentuiert – in unterschiedlicher Bedeutung als „Ästhetische Erziehung" konzipiert. Grundsätzlich geht Schiller damit von einer realen Wirkmacht des Ästhetischen auf die Gründung des moralischen Charakters bzw. von der Möglichkeit einer sittlichen Bildung durch Ästhetik aus. Allerdings kommt die erziehende und bildende Funktion bei Schiller, in Anerkennung des Autonomiestatus des Ästhetischen, der Kunst selbst zu. Sie muss also nicht eigens pädagogisch vermittelt oder angeleitet werden. Insofern wurde, insbesondere in den Briefen „Über die ästhetische Erziehung des Menschen" der Gedanke, dass Kunst und Ästhetik die wahren Erzieher des Menschen seien, von Schiller als Bildungstheorie des Ästhetischen konkretisiert.

An diese bildungstheoretischen Überlegungen Schillers über den Zusammenhang von Ästhetik und Bildung schließt auch die neuhumanistische Bildungstheorie von Humboldt (vgl. 1956) an, der in der Verbindung von Ästhetik und Bildung, insbesondere über das Medium der Sprache und der griechischen Kunst der Antike, die Möglichkeit zu einer allseitigen und harmonischen Bildung des Menschen sieht (vgl. Kemp 1976; Menze 1980; Schütze 1987). In der neuhumanistischen Klassik Schillers und Humboldts wird dabei das Bildungsprojekt Ästhetik nicht nur grundgelegt, sondern Bildung und Ästhetik werden geradezu synonym gesetzt.

Diese Gleichsetzung wird in den unzähligen Bezugnahmen auf die neuhumanistischen Bildungstheorien Schillers und Humboldts, die in der Geschichte der Pädagogik bis ins 20. Jahrhundert zu finden sind, immer wieder aufgenommen (vgl. Herbart 1964; Sallwürk 1918; Dilthey 1957; Nohl 1954; Menze 1980; Schütze 1993).

Der Gedanke der Bildung des Menschen durch Ästhetik ist in der Folge auch in der Philosophie (vgl. Korte 1993; Ehrenspeck 1998) und in der Pädagogik der Romantik, etwa bei Fröbel, zu finden. So geht Fröbel davon aus, dass beispielsweise das künstlerische Zeichnen „in dem Menschen als vollendete Darlegung seiner Schöpferkraft" die Möglichkeit anbahne, „durch die Ausprägung reiner Menschheit in sich und an sich, zweiter Schöpfer seiner selbst" werden zu können und sich durch „Sinnigkeit, Sittigkeit und Sittlichkeit zu wahrer Selbsteinigung […] zu erheben" (Fröbel 1976, S. 156).

Neben dieser bildungstheoretischen Fassung des Ästhetischen prägt Fröbel aber auch ein kunsterzieherisches Denken aus, indem auf die richtige pädagogische Anleitung zum Zeichnen reflektiert wird (vgl. Kemp 1976). Die Relevanz der Bildungstheorien der Romantik zeigt sich, mit wenigen Ausnahmen, allerdings nicht so sehr im pädagogischen Diskurs des 19. Jahrhunderts wie gegen Ende des 20. Jahrhunderts im Zuge der Postmodernedebatte in der Pädagogik. In diesem Kontext werden insbesondere die Form der romantischen Fassung der „ästhetischen Subjektivität" sowie deren Implikationen für die Bildungstheorie diskutiert (vgl. Mollenhauer 1990a, b; Parmentier 1993).

Im führenden pädagogischen Diskurs des 19. Jahrhunderts wurde die Einschätzung des Verhältnisses von Ästhetik, Bildung und Erziehung dagegen maßgeblich von der (Bildungs-)Philosophie und Pädagogik Herbarts und in dessen Folge des Herbartianismus beeinflusst. Herbarts Kritik an der Transzendentalphilosophie Kants und an der idealistischen Philosophie der Romantik ist darüber hinaus die systematische Stelle, an der Ästhetik in die wissenschaftliche Pädagogik, bzw. die Allgemeine Pädagogik implementiert wird (vgl. Ehrenspeck 1998, S. 230).

Bei Herbart ist Ästhetik zugleich Grundlage und Bestandteil seiner praktischen Philosophie wie seiner Pädagogik (vgl. Stuckert 1999). Die Ästhetikorientierung der Philosophie und Pädagogik Herbarts ergibt sich vor dem Hintergrund des „ethischedukativen Dilemmas" (Langewand 1991, S. 289) der Transzendental- und Freiheitsphilosophie des Deutschen Idealismus. Im Gegensatz zu Kant zeigt Herbart, dass der Begriff der Moralität, um den Nachweis seiner notwendigen Voraussetzungen als Bedingungen seiner realen Möglichkeit erweitert werden muss. Herbart geht dabei von der „Bildsamkeit" (vgl. Langewand 1989) des Zöglings aus.

Herbart ersetzt deshalb die transzendentalphilosophische Fassung durch eine „Freyheit der Wahl" (Herbart 1962, S. 61). Diese „Freyheit der Wahl" soll durch die „ästhetische Nöthigung" (Herbart 1962, S. 68) und die „ästhetische Darstellung der Welt" (Herbart 1962) ermöglicht oder gebildet werden. Beeinflusst von Schillers Ästhetik geht Herbart ebenfalls von einem mittleren oder vermittelnden ästhetischen Zustand aus, der für die Erreichung der Freiheit und Sittlichkeit förderlich sein soll. Über das begriffliche Konstrukt einer ästhetischen Nötigung versucht Herbart die Genese der Moralität aufzuzeigen und den Weg von den ästhetischen Urteilen zur positiven sittlichen Qualität des freien Willens zu zeigen.

Somit entwickelt Herbart seine Pädagogik auf der Grundlage einer ästhetisch fundierten Ethik. Entsprechend ist es nach Herbart die Aufgabe der Erziehung, den Zögling möglichst vielseitig zu solchen die Moralität vorbereitenden ästhetischen Urteilen anzuregen, um eine Habitualisierung ästhetisch-ethischer Bewertung beim Educandus zu erreichen. Diesbezüglich wird die Auseinandersetzung mit Kunst und Literatur als bildend beurteilt. Deshalb steht im Vordergrund der Pädagogik Herbarts ein „erziehender Unterricht", der auf die Ausbildung ästhetisch-ethischen Urteilens zielt, die sich aus der pädagogisch angeleiteten Konfrontation mit Geschichte und Geschichten, Religion sowie Literatur, Poesie oder Musik ergibt.

Dieser Herbart'schen Grundkonzeption der Verbindung von Pädagogik und Ästhetik schließt sich der im 19. Jahrhundert schulbildende Herbartianismus weitgehend an. Weitere Verknüpfungen von Pädagogik und Ästhetik sind erst wieder in der Reformpädagogik des 20. Jahrhunderts zu beobachten, wobei es in der Reformpädagogik durchaus auch Bezugnahmen auf klassische Konzeptionen des Verhältnisses von Pädagogik und Ästhetik, wie den Neuhumanismus und die Romantik gibt (vgl. Ehrenspeck 1998, S. 196 ff.).

So werden in der Reformpädagogik wie in der Bildungstheorie Schillers oder in der Romantik und der Pädagogik der Romantik Kunst und Ästhetik als wichtige Medien zur Erneuerung der Gesellschaft und zur Schaffung eines „neuen Menschen" (Wilhelm 1994, S. 59 ff.) angesehen. Insbesondere die sich Ende des 19. Jahrhunderts konstituierende „Kunsterzieherbewegung" (Lorenzen 1966), die sich nicht nur als eine pädagogische, sondern auch als eine politisch-gesellschaftliche Erneuerungsbewegung verstand, legitimierte ihre Programme mit Motiven aus der romantischen Ästhetik und Literatur, wie etwa über das Lob der „Romantiknatur" (Marquard 1987, S. 216).

Ästhetik wird darüber hinaus aber auch als Gegenpol zur Intellektualisierung von Bildungs- und Erziehungsprozessen gesetzt, wie sie den Formalstufenunterricht des Herbartianismus kennzeichnete. In den Theorien der Kunsterziehungsbewegung soll Schule, Unterricht und Volksbildung deshalb durch umfassende Kunsterziehung erneuert werden und es wird die Bedeutung der künstlerischen Bildung und Erziehung für die Erziehung im Ganzen betont. Weiterhin wurde auf die Potentiale der kindlichen Kreativität hingewiesen, wie sie sich in den nunmehr in der Kunsterziehung zugelassenen „freien Kinderzeichnungen" (vgl. Richter 1981, S. 38 ff.) zeigte. Mit der Begeisterung für die schöpferische Kraft im Kinde werden weitgehende Reformen im Deutsch-, Musik und Zeichen- bzw. Werkunterricht legitimiert und es wird auf die bildende Wirkung des Zeichenunterrichts verwiesen, der zu einem Hauptfach in der Schule avancieren soll (vgl. Lorenzen 1966).

Anfang des 20. Jahrhunderts orientieren sich aber nicht nur Pädagogen an der Kunst bzw. an den künstlerischen Versuchen von Kindern und Jugendlichen, sondern die Vertreter der damaligen Kunstavantgarde zeigen auch ein großes Interesse an der Pädagogik. So kann man beispielsweise in den Konzeptionen des Bauhauses eine sehr spezielle Verbindung und Verschränkung von Pädagogik und Ästhetik beobachten (vgl. Wünsche 1989). Hier wird insbesondere der Architektur ein besonderer Stellenwert eingeräumt. So fungiert etwa bei Wichert (1928) die „neue Baukunst als Erzieher" und es wird auf die bildende aber auch sozialdisziplinierende Wirkung von Architektur bzw. anderer Künste hingewiesen (vgl. Wünsche 1989; Makropoulos 1991, 1995, 1997).

Dieses Wissen um die sozialdisziplinierende und formierende Macht des Ästhetischen wurde allerdings auch im Faschismus genutzt (vgl. Dröge/Müller 1995). Die formativen Aspekte von Ästhetik aufnehmend spielte Kunsterziehung und ästhetische Bildung auch in der Pädagogik des Faschismus eine herausragende Rolle (vgl. Kupffer 1982; Schultheis 1994, S. 134 ff.). So konnte für Krieck die nationalsozialistische Erziehung nur eine musische sein (vgl. Schütz 1982, S. 24). Ziel dieser faschistischen musischen Erziehung ist die Initiation und das Aufgehen in der Gemeinschaft. Als Weg zu diesem Ziel dienen ästhetische Übungen „in deren vielfältigen Ausprägungen eine seelische Erregung durch Rhythmus bis zum Orgiastischen hin die Bereitschaft zur Selbstaufgabe und zur Veränderung herbeiführt" (Schütz 1982, S. 24). Im Vordergrund stehen dabei die rhythmischen Künste wie Musik, Tanz und Dichtung. Die bildende Kunst wird dagegen von Krieck ausgeschlossen da sie zur Kontemplation und zum ruhigen und gemäßigten Schauen bildet (vgl. Krieck 1933, S. 15).

Nach dem zweiten Weltkrieg wird der Zusammenhang von Pädagogik und Ästhetik zunächst kaum noch in Positionen der Allgemeinen Pädagogik reflektiert, sondern fast ausschließlich im Kontext der Fachdidaktik Kunst bzw. der Kunstpädagogik diskutiert und unter Stichworten wie „musische Bildung" in den 1950er- und 1960er-Jahren sowie als „Ästhetische Erziehung" oder „Visuelle Kommunikation" in den 1970er-Jahren verhandelt (vgl. Kossolapow 1976; Ehmer 1971; Richter 1981).

Erst seit Mitte der 1980er-Jahre erlebt das Thema Ästhetik und Pädagogik wieder eine Konjunktur in der gesamten Pädagogik/Erziehungswissenschaft (vgl. Langewand 1998; Ehrenspeck 1998). So wird neben dem angestammten Bereich der Verbindung von Pädagogik und Ästhetik, der Kunstpädagogik, der Ästhetischen Erziehung bzw. der Kunstdidaktik (vgl. Otto 1993, 1994) nun auch verstärkt wieder in der Allgemeinen Pädagogik (vgl. Biewer/Reinhartz 1997), der Sozialpädagogik (vgl. Treptow 1991), der Gesundheitserziehung (vgl. Homfeldt 1991) sowie der Sportpädagogik (vgl. Beckers 1985) und der Freizeit- (vgl. Noetzel 1992), Umwelt- (vgl. Schneider 1991), Medien- (vgl. Baacke/Röll 1995) bzw. Interkulturellen Pädagogik (vgl. Böhle 1993) auf Ästhetik gesetzt. Auch allgemeine Reflexionen über Didaktik weisen in den späten 1980er-Jahren eine deutliche Ästhetikorientierung auf (vgl. Wiater 1994), wie beispielsweise im Hinblick auf den Vorschlag eines fächerübergreifenden Prinzips Ästhetik (vgl. Schneider 1988).

Grundsätzlich geht es in der Erziehungswissenschaft/Pädagogik der 1980er- und 1990er-Jahre darum, den Aspekt Ästhetik in alle Bereiche erziehungswissenschaftlicher Reflexion zu integrieren. Das Themenspektrum, das sich im Kontext dieser Ästhetikorientierung der Pädagogik herauskristallisiert hat, reicht dabei von der Frage nach der ästhetischen Dimension von neuen Jugendkulturen bis zur Forderung nach einer verstärkten Berücksichtigung einer weiblichen Ästhetik im Rahmen der Koedukationsdebatte (vgl. Ferchhoff/Dewe 1991; Wichelhaus 1991).

Einer der wichtigsten Ausgangspunkte für dieses seit den 1980er-Jahren verbreitete Interesse der Pädagogik und Erziehungswissenschaft an Kunst und Ästhetik (vgl. Lenzen 1990a) sowie für die konzeptionelle und disziplinäre Diversifikation des Themas Ästhetik war die Debatte um die so genannte „Postmoderne" (vgl. Beck 1993; Fromme 1997). Im Kontext der Mitte der 1980er-Jahre einsetzenden Postmodernediskussion avancierte Ästhetik zum bevorzugten Thema, und es begann eine nachhaltige Diskussion über Phänomene, wie ästhetische Erfahrung, Ästhetik, Leib oder Aisthesis und Kunst (vgl. Ehrenspeck 1996b; Langewand 1998).

Auch die Rehabilitierung des Bildungsbegriffs in der Pädagogik der 1980er-Jahre gab Anlass über das Konzept ästhetische Bildung nachzudenken und nach der bildenden Wirkung von Kunst und Ästhetik zu fragen (vgl. Mollenhauer 1988; 1990a, b; 1993, 1996). Dieses Interesse an ästhetischer Bildung implizierte eine Renaissance der klassischen Konzeptionen des Ästhetischen, ästhetischer Bildung und Erziehung, wie sie in den Theorien Kants, Schillers, Humboldts oder Herbarts grundgelegt wurden und auch auf reformpädagogische Konzepte des Ästhetischen wurde wieder verstärkt Bezug genommen. Mollenhauer empfahl deshalb 1988, sich im Zusammenhang der Frage nach den Möglichkeitsbedingungen ästhetischer Bildung der „Ursprungssituation der ästhesiologischen und ästhetik-theoretischen Problemstellungen" wieder zu vergewissern und die in der Pädagogik „längst ausstehende bildungshistorische Rekonstruktion jener

Entdeckung der ästhetischen Dimension des Bildungsprozesses vorzunehmen (Mollenhauer 1988, S. 459). Dieser Vorschlag wurde in der Erziehungswissenschaft der 1990er-Jahre aufgenommen und hatte einige Rekonstruktionen des Verhältnisses von Ästhetik, Bildung und Pädagogik in klassischen Bildungs- und Erziehungstheorien zur Folge (vgl. Werschkull 1994; Schütze 1993; Ehrenspeck 1998; Stuckert 1999).

Neben der Diskussion der Klassiker der ästhetischen Bildung und Erziehung wurde aber auch versucht, bislang vernachlässigte ästhetiktheoretische Ansätze für bildungs- und erziehungstheoretische Fragestellungen fruchtbar zu machen, wie beispielsweise die Theorien von Nietzsche, Adorno, Merleau-Ponty, Foucault, Lyotard, Rorty und Derrida (vgl. Lenzen 1992; Koch 1993; Schumacher-Chilla 1995; Koller 1999).

Im Zusammenhang der Rezeption dieser neueren oder in der Pädagogik/Erziehungswissenschaft bis in die 1980er-Jahre hinein eher vernachlässigten Theorien wird in der Pädagogik über die „vergessene Dimension" (Mollenhauer 1990b) des Aisthetischen diskutiert und es wird auf die Eingebundenheit der Vernunft und Ratio in leibliche und praktische Vollzüge hingewiesen bzw. es wird an der Rehabilitation vergessener Sinnfundamente gearbeitet (vgl. Meyer-Drawe 1994; Ehrenspeck 1996a, b). Es wird die Frage gestellt, inwieweit Ästhetik als Medium zur Sensibilisierung der Perzeptionsfähigkeit von Grausamkeit und Gewalt dienen kann (vgl. Lenzen 1992) oder es wird auf Zusammenhänge und Differenzen von Ästhetik und Ethik hingewiesen (vgl. Hellekamps 1994). Weiterhin wird in Aussicht gestellt, das Kunst Einübungsort für ein Pluralität und Differenz anerkennendes Verhalten sein kann (vgl. Maset 1995) oder es wird auf das Potential der ästhetischen Naturerfahrung für ein adäquates Umweltverhalten hingewiesen (vgl. Schneider 1991).

Bei aller theoretischen, thematischen, disziplinären wie auch interkulturellen Differenz im aktuellen wie historischen Diskurs über Ästhetik, Bildung und Pädagogik lässt sich jedoch ein Diskursphänomen ausmachen, das eine auffällige Kontinuität aufweist. Bei diesem Phänomen handelt es sich um die Neigung (nicht nur) des pädagogischen Diskurses, von „Versprechungen des Ästhetischen" (Ehrenspeck 1998) auszugehen bzw. diese zu perpetuieren.

4   Das Promittive des Ästhetischen in Bildungstheorie und Pädagogik

In den Bildungs- und Erziehungstheorien der Moderne sind bezogen auf das Ästhetische seit Mitte des 18. Jahrhunderts vielerlei Erwartungen formuliert worden. So wird der Ästhetik oder der Kunst eine positive Wirkmacht für gesellschaftliche, pädagogische, politische oder individuelle Belange attestiert und es wird davon ausgegangen, dass Ästhetik oder ästhetische Bildung den Menschen individualisiere, moralisch bilde oder sensibilisiere. Insofern wird Ästhetik als probates Mittel zur Verbesserung der Verhältnisse und des Individuums propagiert, sei dies im Zusammenhang der um 1800 angestellten Überlegungen Schillers im Hinblick auf die Grausamkeiten in der Folge der

Französischen Revolution oder bezogen auf den sozial- und allgemeinpädagogischen Diskurs der 1980er- und 1990er-Jahre über Jugendgewalt.

So sind Erwartungen an das Ästhetische in der modernen Pädagogik zu jeder Zeit und in fast jeder theoretischen Richtung zu identifizieren. Insofern lässt sich im Zusammenhang von Bildungstheorie und Pädagogik der Moderne von einer Wiederkehr der „Versprechungen des Ästhetischen" (Ehrenspeck 1998) sprechen. Seit dem Einsatz einer Bildungsphilosophie des Ästhetischen um 1800 ist der Glaube an die positive Wirkmacht von Ästhetik, ästhetischer Bildung und Erziehung trotz Diskontinuität und Diversifikation im jeweiligen diskursiven Verständnis von „Ästhetik", ästhetischer Bildung oder Erziehung weitgehend ungebrochen. Diese „Aspiration" (Oelkers 1989) findet man gleichermaßen bei Schiller, bei Herbart, im Herbartianismus (vgl. Rein 1899), in der Reformpädagogik (vgl. Lichtwark 1966), der geisteswissenschaftlichen Pädagogik (vgl. Flitner 1932) oder der Emanzipationspädagogik der 1970er-Jahre (vgl. Mayrhofer/ Zacharias 1976) vor sowie in den Ausführungen über musische Erziehung (vgl. Seidenfaden 1958), Kunstpädagogik und Kunstdidaktik und in der Pädagogik der 1980er und 1990er-Jahre.

Diese Positionen differieren zwar in ihren Auffassungen darüber, was Ästhetik jeweils ist bzw. für was Ästhetik, ästhetische Bildung und Erziehung förderlich sein sollen. Dennoch sind sich diese Positionen alle einig in ihrem Glauben an die positive Wirkmacht des Ästhetischen. So soll über Ästhetik die Moralität gefördert (vgl. Weber 1926) oder die Kreativität des Kindes angeregt werden (vgl. Hartlaub 1922). Es soll ein einheitlicher Stil ausgeprägt werden, bzw. die Geschmacksbildung soll positiv verändert werden (vgl. Lichtwark 1887). Ästhetik soll weiterhin die Emanzipation des Menschen vorantreiben (vgl. Hartwig 1976), „Ich-Identität" ausbilden helfen (vgl. Blohm 1984) oder das Alltagsverhalten bewusst machen und verändern (vgl. Ehmer 1979). Ästhetik soll darüber hinaus Erfahrungsgrenzen transzendieren (vgl. Selle 1990), den Pluralitätssinn befördern oder Nichtidentität und Differenz zulassen (vgl. Schumacher-Chilla 1995).

Trotz dieser unterschiedlichen Erwartungen gibt es bezüglich der „Versprechungen des Ästhetischen" aber auch Kontinuitäten. So wird seit der Entstehung des Bildungsprojekts Ästhetik davon ausgegangen, dass Ästhetik zu einer ganzheitlichen Bildung führe, den Menschen individualisiere oder sittlicher bzw. dem Naturschönen zugeneigter mache. Diese Versprechungen wurden in den klassischen Theorien zur ästhetischen Bildung und Erziehung grundgelegt und systematisch begründet. Herausgelöst aus diesen Theoriekontexten wurden sie allerdings zu Topoi im Diskurs der Moderne und haben oftmals nur noch proklamatorischen Charakter. Der topische Charakter dieser Versprechungen wie auch das in dieser Topik implizierte argumentative Differenzmodell von Versprechungen und deren tatsächlicher Umsetzungswirklichkeit garantiert jedoch die Kontinuität der „Versprechungen des Ästhetischen" in der Pädagogik. Die Persistenz der „Versprechungen des Ästhetischen" in der Pädagogik beruht deshalb nicht zuletzt darauf, dass sich ästhetische Bildung und Erziehung und deren Versprechungen offensichtlich nicht in deren Umsetzungen oder Manifestationen erschöpfen, sondern sich über das Differenzmodell von defizienter Gegenwart und erfüllter Zukunft in ständig wechselnden Gestalten und durch das topische Inventar an Versprechungen perpetuieren und sich dadurch in immer neuen Versprechungen und Leitmotiven reproduzieren können.

Vor diesem Hintergrund stellt sich allerdings die in der Pädagogik und Erziehungswissenschaft bislang weitgehend vernachlässigte und ungeklärte Frage nach der tatsächlichen, d. h. empirisch nachweisbaren, positiven Auswirkung auf Bildungs- und Erziehungsprozesse. Die Aufklärung über die empirische Basis solcher Prozesse ist deshalb nach der in den 1980er- und 1990er-Jahren notwenigen „Wiederentdeckung" des „vergessenen" Ästhetischen (vgl. Mollenhauer 1990b) und dessen theoretischer Reflexion das Desiderat einer aktuellen Verbindung von Erziehungswissenschaft und Ästhetikorientierung.

5   Ästhetik und Erziehungswissenschaft – Ansätze und Desiderate empirischer und theoretischer Grundlagenforschung

In den 1990er-Jahren wächst im Diskurs um das Verhältnis von Pädagogik und Ästhetik und im Hinblick auf die Frage nach der bildenden Wirkung von Kunst und Ästhetik das Interesse an empirischer wie theoretischer Grundlagenforschung (vgl. Mollenhauer 1996; Rittelmeyer 1996). Dennoch sind empirische Untersuchungen über diese Zusammenhänge nach wie vor rar. Dies liegt unter anderem an dem Umstand, dass es sich bei Kunstwahrnehmung und ästhetischer Erfahrung um äußerst komplexe Phänomene handelt, bei denen es fraglich ist, ob und inwieweit sie überhaupt empirischer Forschung zugänglich zu machen sind. So gibt Mollenhauer (vgl. 1996, S. 14) zu bedenken, dass es als strittig gelten dürfe, ob ästhetische Erfahrungen im Sinne strenger empirischer Prozeduren evaluiert werden können. Mollenhauer (ebd.) konstatiert, dass eine solche Empirie der ästhetischen Erfahrung respektive Bildung zuallererst einen adäquaten bzw. mit empirischer Forschung zu vereinbarenden Begriff von ästhetischer Erfahrung haben bzw. suchen müsse. Mollenhauer verweist damit explizit auf ein grundsätzliches Problem der empirischen Erforschung ästhetischer Erfahrungen. Bereits von der je spezifischen Konstruktion der Begriffe ästhetische Erfahrung, ästhetisches Urteil oder Kunst und Ästhetik hängt wesentlich ab, was im Hinblick auf Prozesse ästhetischer Erfahrung und ästhetischer Bildung in der empirischen Forschung als beobachtbar oder interpretierbar überhaupt angesehen werden kann. Es ist deshalb genau zu prüfen, von welchen theoretischen Unterscheidungen bzw. von welchem Begriff „ästhetischer Erfahrung" in empirischer Forschung ausgegangen werden soll. So macht es eine wesentliche begriffliche Differenz aus, ob beispielsweise mit Kant und unter bewusstseinsphilosophischer Perspektive von einer von anderen Urteilsformen kategorial und qualitativ klar unterscheidbaren und insofern autonomen Form des ästhetischen Urteilens ausgegangen wird oder ob die Spezifik der ästhetischen Erfahrung mit Merleau-Ponty in einer grundlegenden erkenntniskritischen Revision der Kant'schen Fakultäten des Bewusstseins leibphänomenologisch durch einen allgemeinen Wahrnehmungs- und Erfahrungsbezug entdifferenziert und ästhetische Erfahrung in einer allgemeinen Theorie des Aisthetischen diffundiert wird, was sie damit als autonome Erfahrungsform obsolet werden lässt (vgl. Ehrenspeck 1998, S. 84 ff.).

In der Erziehungswissenschaft ist in den 1990er-Jahren auf solche begrifflichen und theoretischen Implikationen unterschiedlicher Argumentationslogiken im Bezug auf Ästhetik reflektiert worden (vgl. Ehrenspeck 1996b, 1998; Mollenhauer 1996) und entsprechend lassen sich auch in den wenigen empirischen Projekten zur Erforschung des Phänomens „ästhetische Bildung" unterschiedliche Begriffe wie ästhetisches Urteil, ästhetische Erfahrung oder Aisthesis beobachten (vgl. Mollenhauer 1996; Rittelmeyer 1996). Ästhetische Erfahrungen mit „legitimen" (vgl. Bourdieu 1989) Produkten autonomer Kunst werden dabei gleichermaßen zum Gegenstand empirischer Forschung (vgl. Mollenhauer 1996) gemacht, wie aisthetische Bildungsprozesse, denen in einer „empirischen Phänomenologie der Sinneswahrnehmung" nachgegangen wird (vgl. Rittelmeyer 1996).

Grundsätzlich muss jedoch konstatiert werden, dass im Hinblick auf die Empirie der ästhetischen Bildung noch viele Fragen offen sind und auch die Forschungsmethodik ist kaum ausgereift. Die Schwierigkeiten der Erstellung eines solchen, dem Phänomen „ästhetische Bildung" „adäquaten" Forschungsdesigns liegen nicht zuletzt in der dem „Forschungsgegenstand" konstitutiven „Logik". So verweisen philosophische Theorien des Ästhetischen auf die unhintergehbare ästhetikkonstitutive Differenz von Anschauung, Ausdruck, Darstellung und Begriff (vgl. Adorno 1973; Merleau-Ponty 1984). In dieser Perspektive erweisen sich Ästhetik, Kunst und ästhetische Erfahrung als begrifflich nicht einholbare Modi von Sinn. Die vielfältigen Dimensionen von Kunst und ästhetischer Erfahrung sind vielmehr ein „Thema mit Variationen", welches jede geschlossene Darstellung verbietet, „die über die offene Seite jenes lebendigen Kontakts, mit dem allein wir Kunst tatsächlich begegnen, souverän hinweggeht und aus theoretischen Erwägungen verfügt, was Kunst sei" (Bubner 1989, S. 7). Dies stellt empirische Forschung über Phänomene ästhetischer Erfahrung vor schwierige forschungslogische und -praktische Probleme. Mollenhauer gibt diesbezüglich zu bedenken, dass ästhetische Erfahrungen zwar Gewissheitserlebnisse darstellen, die aber der Sagbarkeit weitgehend entzogen seien. Deshalb wäre die Suche nach einer adäquaten Sprache, in der darüber geredet werden kann, eine wichtige Frage im Feld der ästhetischen Hermeneutik (vgl. Mollenhauer 1996, S. 203). Hier sind allerdings die Aporien in der Bestimmung des Verhältnisses von Darstellung, Anschauung, Ausdruck und Begriff zu beachten, auf die in der philosophischen Ästhetik der Moderne in vielfältiger Weise hingewiesen wurde (vgl. Adorno 1973; Menke 1991). Im Hinblick auf empirische Forschung stellt sich darüber hinaus grundsätzlich die Frage nach der Möglichkeit, bezogen auf ästhetische Erfahrung, „empirisch zuverlässige und den plausiblen Einzelfall übersteigende verallgemeinerungsfähige Behauptungen" machen zu können (Mollenhauer 1996, S. 33).

Da eine solche empirische Forschung immer auch theoriegeleitet sein muss, darf bei der Analyse der als ästhetische Erfahrung gekennzeichneten Phänomene darüber hinaus nicht unberücksichtigt bleiben, dass es neben der philosophischen Ästhetiktheorie als theoretischem Bezugspunkt für Empirie auch entsprechende Theorien in Disziplinen, wie der Psychologie oder der Soziologie gibt, die auf andere Aspekte, Voraussetzungen oder Implikationen ästhetischer Urteils- oder Erfahrungsvollzüge hinweisen. In einem ausschließlich an philosophischer Ästhetiktheorie orientierten Verständnis von ästhetischer Erfahrung können deshalb viele unbefragte Voraussetzungen dieses Erfahrungsmodus aus dem Blick geraten. So zeigt sich beispielsweise unter einer soziologischen Perspektive, dass ästhetisches Urteilen als eine „im sozialen Raum habitualisierte Fähigkeit zu formorientierter Wahrnehmung" beschrieben werden kann, „die sich auf beliebige Objekte zu richten und diese zu ästhetisieren vermag" (vgl. Bourdieu 1989; Rustemeyer 1997, S. 89). Insofern muss empirische Forschung über ästhetische Bildung nicht nur pädagogisch und (kunst-)philosophisch, sondern auch sozialwissenschaftlich informiert sein und entsprechende soziologische sowie psychologische Theorien und Methoden hinzuziehen.

Darüber hinaus ist es im Hinblick auf Empirie problematisch, allgemein über ästhetische Erfahrung und Bildung zu forschen. So stellen unterschiedliche Künste wie Literatur, Malerei, Plastik, Film, Architektur, Theater oder Tanz sowie spezifische Ausdrucksund Darstellungsmodi, wie Bilder, Sprache, Gesten, Töne, Schrift, Körperbewegung oder gestalteter Raum differente ästhetische Sinnformen dar, deren Eigenlogik sich in ästhetischer Erfahrung reflektiert. Gerade in der Erziehungswissenschaft ist die notwendige Differenzierung solch unterschiedlicher ästhetischer Sinnformen bezogen auf Prozesse ästhetischer Bildung immer noch ein Desiderat.

Literatur

Adorno, T. W. (1973): Ästhetische Theorie. – Frankfurt a. M.

Baacke, D./Röll, F. J. (Hrsg.) (1995): Weltbilder, Wahrnehmung, Wirklichkeit. Der ästhetisch organisierte Lernprozeß. – Opladen.

Baumgarten, A. G. (1961): Aesthica. 2 Bde. – Hildesheim.

Beck, C. (1993): Ästhetisierung des Denkens. Zur Postmoderne-Rezeption der Pädagogik. Amerikanische, deutsche, französische Aspekte. – Bad Heilbrunn.

Becker, H. (1993): Ästhetik und Bildung. Kritische Analysen zur Debatte um Pädagogik und Postmoderne. – Münster.

Beckers, E. (1985): Ästhetische Erziehung. Ein Erziehungsprinzip zwischen Tradition und Zukunft. – Sankt Augustin (Schriften der Deutschen Sporthochschule Köln, Bd. 16).

Biewer, G./Reinhartz, P (Hrsg.) (1997): Pädagogik des Ästhetischen. – Bad Heilbrunn.

Blohm, W. (1984): Identitätsfördernde ästhetische Praxis. Eine Untersuchung aktueller kunstpädagogischer Konzepte unter Kriterien eines sozialisationstheoretisch begründeten Identitätsbegriffs. – Frankfurt a. M.

Böhle, R. C. (1993): Möglichkeiten der interkulturellen ästhetischen Erziehung in Theorie und Praxis. – Frankfurt a. M.

Bourdieu, P. (1989): Die feinen Unterschiede. – Frankfurt a. M.

Brüggen, F. (im Druck): Wilhelm von Humboldts bildungstheoretische Rechtfertigung des Alten Museums zu Berlin. Eine historische Erinnerung. In: Hellekamps, S./Kos, O./Sladek, H. (Hrsg.): Bildung, Wissenschaft, Kritik. Festschrift für Dietrich Benner zum 60. Geburtstag. – erscheint in Weinheim.

Bubner, R. (1989): Ästhetische Erfahrung. – Frankfurt a. M.

Dilthey, W. (1957): Schiller. – Stuttgart.

Dröge, F./Müller, M. (1995): „Die Macht der Schönheit". Avantgarde und Faschismus oder: Die Geburt der Massenkultur. – Hamburg.

Ehmer, H. K. (1971): Visuelle Kommunikation. Beiträge zur Kritik der Bewußtseinsindustrie. – Köln.

Ehmer, H. K. (1979): Einleitung. In: Ehmer, H. K. (Hrsg.): Ästhetische Erziehung und Alltag. – Lahn, S. 7–16.

Ehrenspeck, Y. (1996a): Aisthesis und Ästhetik. Überlegungen zu einer problematischen Entdifferenzierung. In: Mollenhauer, K./Wulf, C. (Hrsg.): Aisthesis/Ästhetik. Zwischen Wahrnehmung und Bewußtsein. – Weinheim, S. 201–231.

Ehrenspeck, Y. (1996b): Der „Ästhetik"-Diskurs und die Pädagogik. In: Pädagogische Rundschau, 50. Jg., S. 247–264.

Ehrenspeck, Y. (1998): Versprechungen des Ästhetischen. Die Entstehung eines modernen Bildungsprojekts. – Opladen.

Ehrenspeck, Y. (im Druck): Philosophische Bildungsforschung/Bildungstheorie. In: Tippelt, R. (Hrsg.): Handbuch der Bildungsforschung. – erscheint in Opladen.

Ferchhoff, W./Dewe, B. (1991): Postmoderne Stile in den Jugendkulturen. In: Helsper, W. (Hrsg.): Jugend zwischen Moderne und Postmoderne. – Opladen, S. 183–201.

Flitner, W. (1932): Die musische Bildung und die Zeitlage. In: Die Musikpflege, 2. Jg., S. 491–500.

Fröbel, F. (1976): Fröbels Theorie des Spiels III. Aufsätze zur dritten Gabe, dem einmal in jeder Raumrichtung geteilten Würfel, hrsg. von E. Hoffmann. – Weinheim.

Fromme, J. (1997): Pädagogik als Sprachspiel. Zur Pluralisierung der Wissensformen im Zeichen der Postmoderne. – Neuwied.

Hartlaub, G. F. (1922): Der Genius im Kinde. – Breslau.

Hartwig, H. (Hrsg.) (1976): Sehen lernen. Kritik und Weiterarbeit am Konzept Visuelle Kommunikation. – Köln.

Hellekamps, S. (1993): Ästhetisches und praktisches Subjekt. Zum Problem intersubjektiver Differenzerfahrung. In: Meyer-Drawe, K./Peukert, H./Ruhloff, J. (Hrsg.): Pädagogik und Ethik. Beiträge zu einer zweiten Reflexion. – Weinheim, S. 137–151.

Hellekamps, S. (1994): Ästhetische Rezeption und moralische Sensibilisierung. In: Koch, L./Marotzki, W./Peukert, H. (Hrsg.): Pädagogik und Ästhetik. – Weinheim, S. 105–125.

Hellekamps, S. (Hrsg.) (1998): Ästhetik und Bildung. Das Selbst im Medium von Musik, Bildender Kunst, Literatur und Fotografie. – Weinheim.

Herbart, J. F. (1962): Über die ästhetische Darstellung der Welt als Hauptgeschäft der Erziehung. – Weinheim (Kleine Pädagogische Texte 22, Aus Herbarts Jugendschriften).

Homfeldt, H. G. (Hrsg.) (1991): Sinnliche Wahrnehmung – Körperbewußtsein – Gesundheitsbildung. Praktische Anregungen und Reflexionen. – Weinheim.

Humboldt, W. v. (1863): Bericht des Ministers Wilhelm Freiherrn von Humboldt an den König vom 21. August 1830. In: Aus Schinkel's Nachlass. Mitgetheilt von A. Freiherrn von Wolzogen, Bd. 3. – Berlin, S. 298–327.

Humboldt, W. v. (1956): Über das Studium des Altertums und des griechischen insbesondere. In: Flitner, W. (Hrsg.): Humboldt. Anthropologie und Bildungslehre. – Düsseldorf, S. 12–27.

Kant, I. (1974): Kritik der Urteilskraft, Werkausgabe Bd. X, hrsg. v. W. Weischedel. – Frankfurt a. M.

Kemp, W. (1976): Die Geschichte des Zeichenunterrichts vor 1870 als Geschichte seiner Methoden. In: Kind und Kunst. – Berlin, S. 12–30.

Kerbs, D. (1976): Historische Kunstpädagogik. Quellenlage Forschungsstand Dokumentation. – Köln.

Koch, M. (1993): Die Konstellation der Rationalitäten im interrationalen Bildungsprozeß. J. Habermas, D. Kamper und M. Seel im fiktiven Gespräch über eine Bildinterpretation von K. Mollenhauer. – Weinheim.

Koller, H. C. (1999): Bildung und Widerstreit. – München.

Korte, P. (1993): Projekt Mensch – „Ein Fragment aus der Zukunft". Friedrich Schlegels Bildungstheorie. – Münster.

Kossolapow, L. (1976): Musische Erziehung zwischen Kunst und Kreativität. Ideologiegeschichte künstlerischer Selbstaktualisierungstendenzen im Industriezeitalter. – Frankfurt a. M.

Krieck, E. (1933): Musische Erziehung. – Leipzig.

Kupffer, H. (1982): Zur gesellschaftlichen Bedeutung und Kritik ästhetisch-orientierter Pädagogiken. In: Bildung und Erziehung, 35. Jg., H. 2, S. 194–207.

Langewand, A. (1989): Bildsamkeit. In: Lenzen, D. (Hrsg.) unt. Mitarb. von F. Rost: Pädagogische Grundbegriffe. Bd. 1. – Reinbek bei Hamburg 1989, S. 204–208.

Langewand, A. (1991): Moralische Verbindlichkeit oder Erziehung. Herbarts frühe Subjektivitätskritik und die Entstehung des ethisch-edukativen Dilemmas. – Freiburg.

Langewand, A. (1998): Pädagogik und Ästhetik. Auf dem Weg zu einer Bildungstheorie? In: Stroß, A./Thiel, F. (Hrsg.): Erziehungswissenschaft, Öffentlichkeit und Nachbardisziplinen. – Weinheim, S. 213–252.

Lenzen, D. (Hrsg.) (1990a): Kunst und Pädagogik. Erziehungswissenschaft auf dem Weg zur Ästhetik? – Darmstadt.

Lenzen, D. (1990b): Von der Erziehungswissenschaft zur Erziehungsästhetik? In: Lenzen, D. (Hrsg.): Kunst und Pädagogik. Erziehungswissenschaft auf dem Weg zur Ästhetik? – Darmstadt, S. 171–189.

Lenzen, D. (1992): Reflexive Erziehungswissenschaft am Ausgang des postmodernen Jahrzehnts oder Why should anybody be afraid of red, yellow and blue? In: Zeitschrift für Pädagogik, 29. Beiheft. – Weinheim, S. 75–91.

Lenzen, D. (1994): Die erziehungswissenschaftliche Aktualität des Ästhetischen. In: Selle, G./Zacharias, W./Burmeister, H.-P. (Hrsg.): Anstöße zum Ästhetischen Projekt. Eine neue Aktionsform kunst- und kulturpädagogischer Praxis? – Hagen, S. 17–30.

Lichtwark, A. (1887): Die Kunst in der Schule. – Hamburg.

Lichtwark, A. (1902): Der Deutsche der Zukunft. In: Voigtländer, R. (Hrsg.): Kunsterziehung. Ergebnisse und Anregungen des Kunsterziehertages in Dresden am 28. und 29. September 1901. – Leipzig.

Liebau, E. (1992): Die Kultivierung des Alltags. Das pädagogische Interesse an Bildung, Kunst und Kultur. – Weinheim.

Lissmann, K. P. (1994): Ästhetische Erziehung in einer ästhetisierten Welt. In: Koch, L./Marotzki, W./Peukert, H. (Hrsg.): Pädagogik und Ästhetik. – Weinheim, S. 74–85.

Lorenzen, H. (Hrsg.) (1966): Die Kunsterziehungsbewegung. – Bad Heilbrunn.

Luhmann, N. (1995): Die Kunst der Gesellschaft. – Frankfurt a. M.

Makropoulos, M. (1991): Tendenzen der 20er Jahre. In: Deutsche Zeitschrift für Philosophie, 38. Jg., H. 6, S. 675–687.

Makropoulos, M. (1995): Modernität als Kontingenzkultur. Konturen eines Konzepts. Vorlage zu „Poetik und Hermeneutik" XVII: Kontingenz, Mimeo.

Makropoulos, M. (1997): Kontingenz und Modernität. – München.

Marquard, O. (1987): Transzendentaler Idealismus, Romantische Naturphilosophie, Psychoanalyse. – Köln.

Maset, P. (1995): Ästhetische Bildung der Differenz. Kunst und Pädagogik im technischen Zeitalter. – Stuttgart.

Maset, P. (2000): Philosophische Hypotheken der ästhetischen Erziehung. In: Masschelein, J./Ruhloff, J./Schäfer, A. (Hrsg.): Erziehungsphilosophie im Umbruch. – Weinheim, S. 69–82.

Mayrhofer H./Zacharias W. (1976): Ästhetische Erziehung. Lernorte für aktive Wahrnehmung und soziale Kreativität. – Reinbek bei Hamburg.

Menke, C. (1991): Die Souveränität der Kunst. Ästhetische Erfahrung nach Adorno und Derrida. – Frankfurt a. M.

Menze, C. (1980): Der Übergang von der ästhetisch-politischen zur literarisch-musischen Erziehung. In: Menze, C. (Hrsg.): Bildung und Bildungswesen. – Hildesheim, S. 73–106.

Merleau-Ponty, M. (1984): Das Auge und der Geist. In: Merleau-Ponty, M.: Das Auge und der Geist. Philosophische Essays, hrsg. von H. W. Arndt. – Hamburg, S. 13–45.

Meyer, B. (1873): Aus der ästhetischen Pädagogik. – Berlin.

Meyer-Drawe, K. (1994): Aktualität und Vergangenheit ästhetischer Bildung, Mimeo.

Mollenhauer, K. (1988): Ist ästhetische Bildung möglich? In: Zeitschrift für Pädagogik, 34. Jg., S. 443–461.

Mollenhauer, K. (1990a): Die ästhetische Dimension der Bildung. In: Zeitschrift für Pädagogik, 36. Jg., S. 476–480.

Mollenhauer, K. (1990b): Die vergessene Dimension des Ästhetischen. In: Lenzen, D. (Hrsg.): Kunst und Pädagogik. Erziehungswissenschaft auf dem Weg zur Ästhetik? – Darmstadt, S. 3–18.

Mollenhauer, K. (1991): Gibt es bildende Wirkungen ästhetischer Ereignisse. Hypothesen zu einer vernachlässigten Frage. In: Kunst + Unterricht, H. 151, S. 2–3.

Mollenhauer, K. (1993): Über die bildende Wirkung ästhetischer Erfahrung. In: Lenzen, D. (Hrsg.): Verbindungen. – Weinheim, S. 17–37.

Mollenhauer, K. (1996): Grundfragen Ästhetischer Bildung. Theoretische und empirische Befunde zur ästhetischen Erfahrung von Kindern. – Weinheim.

Müller, H.-R. (1994): Ästhesiologie der Bildung. Zur Aktualität einiger bildungstheoretischer Überlegungen Herders. In: Koch, L./Marotzki, W./Peukert, H. (Hrsg.): Pädagogik und Ästhetik. – Weinheim, S. 39–58.

Noetzel, H. (1992): Humanistische Ästhetische Erziehung. Friedrich Schillers moderne Umgangs- und Geschmackspädagogik. – Weinheim.

Nohl, H. (1954): Schiller. – Frankfurt a. M.

Oelkers, J. (1989): Die große Aspiration. Zur Herausbildung der Erziehungswissenschaft im 19. Jahrhundert. – Darmstadt.

Otto, G. (1993): Über Wahrnehmung und Erfahrung. Didaktik, Ästhetik, Kunst. In: Kunst + Unterricht, H. 171, S. 16–19.

Otto, G. (1994): Lernen und Ästhetische Erfahrung. In: Koch, L./Marotzki, W./Peukert, H. (Hrsg.): Pädagogik und Ästhetik. – Weinheim, S. 145–159.

Parmentier, M. (1993): „Ich bin nicht inwiefern ich mich setze, sondern inwiefern ich mich aufhebe". Anmerkungen zum Ich-Begriff der Frühromantik. In: Bildung und Erziehung, 46. Jg., S. 183–193.

Rein, W. (1899): Zeichenunterricht nach historischen Gesichtspunkten. In: Rein, W. (Hrsg.): Enzyklopädisches Handbuch der Pädagogik. Bd. 7 – Langensalza, S. 759–762.

Richter, H.-G. (1981): Geschichte der Kunstdidaktik. – Düsseldorf.

Rittelmeyer, C. (1996): Synästhesien. Entwurf zu einer empirischen Phänomenologie der Sinneswahrnehmung. In: Mollenhauer, K./Wulf, C. (Hrsg.): Aisthesis/Ästhetik. Zwischen Wahrnehmung und Bewußtsein. – Weinheim, S. 138–153.

Ritter, J. (1971): Ästhetik, ästhetisch. In: Ritter, J./Gründer, K. (Hrsg.): Historisches Wörterbuch der Philosophie. Bd. 1. – Basel, S. 555–580.

Rustemeyer, D. (1997): Erzählungen. Bildungsdiskurse im Horizont von Theorien der Narration. – Stuttgart.

Sallwürk, E. v. (1918): Erziehung durch die Kunst. – München.

Schiller, F. (1984): Über die ästhetische Erziehung des Menschen in einer Reihe von Briefen. In: Schiller, F.: Über das Schöne und die Kunst. Schriften zur Ästhetik. – München, S. 139–230.

Schneider, G. (1988): Ästhetische Erziehung in der Grundschule. Argumente für ein fächerübergreifendes Unterrichtsprinzip. – Weinheim.

Schneider, G. (1991): Die Bedeutung des Naturschönen für die Umwelterziehung. In: Gesing, H./Lob, R. E. (Hrsg.): Umwelterziehung in der Primarstufe. – Heinsberg, S. 90–128.

Schuhmacher-Chilla, D. (1995): Ästhetische Sozialisation und Erziehung. Zur Kritik an der Reduktion von Sinnlichkeit. – Berlin.

Schultheis, K. (1994): Form als Zwang. Zur Pathologie ästhetischer Erziehung. In: Koch, L./Marotzki, W./Peukert, H. (Hrsg.): Pädagogik und Ästhetik. – Weinheim, S. 125–145.

Schütz, H. G. (1982): Die Geschichte der Ästhetischen Erziehung. In: Criegern, A. (Hrsg.): Handbuch der Ästhetischen Erziehung. – Stuttgart, S. 13–209.

Schütze, T. (1987): Zum Verhältnis von Ästhetik und Bildung bei Wilhelm von Humboldt. Ein Rekonstruktionsversuch im Blick auf neuere pädagogische Humboldt-Rezeptionen. – Seelze.

Schütze, T. (1993): Ästhetisch-personale Bildung. Eine rekonstruktive Interpretation von Schillers zentralen Schriften zur Ästhetik aus bildungstheoretischer Sicht. – Weinheim.

Seidenfaden, F. (1958): Die musische Erziehung in der Gegenwart und ihre geschichtlichen Quellen und Voraussetzungen. – Münster.

Selle, G. (1981): Kultur der Sinne und ästhetische Erziehung. Alltag, Sozialisation, Kunstunterricht in Deutschland vom Kaiserreich zur Bundesrepublik. – Köln.

Selle, G. (1990): Das Ästhetische: Sinntäuschung oder Lebensmittel. In: Selle, G. (Hrsg.): Experiment Ästhetische Bildung. – Reinbek bei Hamburg, S. 14–40.

Stuckert, A. (1999): J. F. Herbart. Eine begriffliche Rekonstruktion des Verhältnisses von Ästhetik, Ethik und Erziehungstheorie in seinem Werk. – Frankfurt a. M.

Treptow, R. (1991): Jugendkulturarbeit – Balance zwischen sozialen und ästhetischen Orientierungen. In: Zacharias, W. (Hrsg.): Schöne Aussichten? Ästhetische Bildung in einer technisch-medialen Welt. – Essen, S. 231–245.

Weber, E. (1926): Ästhetik als pädagogische Grundwissenschaft. – Leipzig.

Werschkull, F. (1994): Ästhetische Bildung und reflektierende Urteilskraft. Zur Diskussion ästhetischer Erfahrung bei Rousseau und ihrer Weiterführung bei Kant. – Weinheim.

Wiater, W. (1994): Die ästhetisch-interaktionistische Didaktik. Ein neues Didaktik-Modell? In: Pädagogische Welt, 48. Jg., S. 402–407.

Wiater, W. (1995): Jeder Schüler ein Ästhet? Anmerkungen zur Annäherung zwischen Ästhetik und Allgemeiner Didaktik in der deutschen Schulpädagogik. In: Vierteljahrsschrift für wissenschaftliche Pädagogik, 71 Jg., S. 213–223.

Wichelhaus, B. (1991): Zur ästhetischen Sozialisation von Jungen und Mädchen im Kunstunterricht. In: Staudte, A./Vogt, B. (Hrsg.): Frauen Kunst Pädagogik. – Frankfurt a.M., S. 78–89.

Wichert, F. (1928): Die neue Baukunst als Erzieher. In: Das neue Frankfurt, 2. Jg., H. 12, S. 233–235.

Wilhelm, K. (1994): Auf der Suche nach dem neuen Menschen. Katalog. – Weimar, S. 59–73.

Wünsche, K. (1989): Bauhaus: Versuch, das Leben zu ordnen. – Berlin.

Ziechner, A. (1910): Ästhetisch-Ethisches und Pädagogisches bei Herbart. In: Pädagogische Studien, 31. Jg., S. 39–53.

Allgemeine Pädagogik

Peter Vogel

> „Allgemeine Pädagogik" ist weithin die Sammelbezeichnung
> für thematisch und methodisch unbestimmtes pädagogisches
> Denken (Heid 1991, S. 683).

In den letzten fünf Jahren ist eine Diskussion über den Status, die Funktion und die Leistungsfähigkeit der Allgemeinen Pädagogik[1] zu verzeichnen, die – was die Zahl der Beiträge und den Kreis der Beteiligten betrifft – in der jüngeren Vergangenheit allenfalls mit den Zeiten des „Positivismusstreites" Ende der 60er Jahre zu vergleichen wäre. Dies ist um so erstaunlicher, als das Thema dieser Diskussion nicht eine große wissenschaftstheoretische Kontroverse um die Neuorientierung der Disziplin ist, die es erlauben würde, die Diskussionsbeiträge nach unterschiedlichen „Lagern" zu sortieren; es geht vielmehr um ein Unbehagen an der traditionellen Allgemeinen Pädagogik, und die Frage: „Wie kommt dieses Unbehagen zustande, zumal die Heftigkeit, mit der es vorgetragen wird?" (Mollenhauer 1996, S. 278) ist nicht einfach und nicht eindeutig zu beantworten.

Die teils analytisch, teils programmatisch, teils defätistisch und teils zukunftsorientierten Äußerungen des Unbehagens finden unter hochschulpolitischen Randbedingungen statt, die gekennzeichnet sind von einem erhöhten Legitimationsdruck auf die Erziehungswissenschaft als Hochschuldisziplin: Bei der Wiederbesetzung von Lehrstühlen für „Allgemeine" oder „Systematische" Pädagogik müssen auch Angehörige anderer Disziplinen von deren Notwendigkeit überzeugt werden, der evaluationsgesteuerte Rationalisierungsdruck auf Studiengänge verlangt eine präzisere Beschreibung z. B. von allgemeinem pädagogischen Grundwissen in Prüfungs- und Studienordnungen. Im Diplomstudiengang Pädagogik etwa bildet „Allgemeine Pädagogik" im Grundstudium die Basis für die Differenzierung der Studienrichtungen und ist „im Hauptstudium das Element (…), das die Studienrichtung zu einem einheitlichen erziehungswissenschaftlichen Studiengang verbindet" (Fuhr/Schultheis 1997, S. 151; vgl. auch Horn 1997, S. 31). Die Idee des Wissenschaftsrats, eine Reihe von Studiengängen an Fachhochschulen zu verlagern, wirft die Frage nach der Wissenschaftsförmigkeit auch der pädagogischen Subdisziplinen neu auf (vgl. z. B. Krüger 1995, S. 316), die nur im Zusammenhang mit der Frage nach der Wissenschaftlichkeit der ganzen Disziplin zu verhandeln ist. Das verweist wiederum auf eine disziplininterne Randbedingung des Diskurses über Allgemeine Pädagogik: den Rest von Unsicherheit über die „disziplinäre Identität" der Erziehungswissenschaft. Zwar deuten alle üblichen Parameter auf „Normalität" hin: Die

Erziehungswissenschaft „funktioniert wie eine normale Wissenschaft, betrachtet man die Forschungssituation, das Publikationsverhalten oder die Berufungslage. Alle Larmoyanz kann nicht darüber hinwegtäuschen, daß nach den turbulenten siebziger Jahren eine Normalisierung eingetreten ist, die es verbietet, von einer herausgehobenen Sonderdisziplin zu sprechen" (Oelkers 1990, S. 7), zumal sich noch vorhandene Spannungen zwischen wissenschaftlicher Forschung und Bedürfnissen der Praxis durch Arbeitsteilung lösen zu lassen scheinen (vgl. ebd.). Demgegenüber weisen andere Stimmen darauf hin, daß von Normalisierung, bezogen auf die Disziplin insgesamt, nicht die Rede sein kann: „Normalisierung, das war, ist und bezeichnet nicht die ganze Gestalt der Disziplin" (Tenorth 1996, S. 174).

Diese Randbedingungen – die politischen und die systematischen – werden teilweise in den Diskurs einbezogen, erklären aber nicht hinreichend sein Entstehen. Von größerer Bedeutung dürften hingegen die Reaktionen auf Befunde der empirischen Selbsterforschung der Erziehungswissenschaft sein, die insgesamt eine zentrifugale Tendenz ihrer Teilbereiche nahelegen, die – gemessen an den segmentspezifischen Forschungs- und Kommunikationsaktivitäten – dazu neigen, sich gewissermaßen disziplinär zu verselbständigen und damit zugleich die Aufgaben der traditionellen Allgemeinen Pädagogik marginalisieren (vgl. 2). Doch auch diese Befunde – deren Deutung zudem umstritten ist (vgl. die Diskussion bei Wigger 1996, S. 918 ff.) – dürften eher Anlaß als Ursache des neuen Diskurses sein. Der sachliche Kern der Diskussion ist – auf den kleinsten gemeinsamen Nenner gebracht – *das Problem von Prozessen der Pluralisierung und Differenzierung im Bereich der pädagogischen Professionen, im Bereich der Erziehungswissenschaft und im Bereich der Denkmittel des Grundlegungsdiskurses selbst, verbunden mit der Sorge um den Verlust der identitätsstiftenden Gemeinsamkeiten (in allen genannten Bereichen).*

Auch wenn in einer derartigen Diskussion[2] erwartungsgemäß manche Wünsche hinsichtlich der Präzision der Argumente, der Kompatibilität der Zugangsweisen und Bewertungsraster offen bleiben, läßt sich doch eine Fokussierung auf unterscheidbare Probleme erkennen, die es möglich macht, Problemdefinitionen und Lösungsvorschläge zu rekonstruieren und zu diskutieren; dabei sind gewisse Redundanzen unvermeidlich. In diesen Versuch fließen naturgemäß die Deutungsmuster des Autors ein; sie sind allerdings leicht zu kontrollieren. Schwieriger ist es mit den Annahmen über empirische Zusammenhänge der Forschungs- und Kommunikationspraxis der Erziehungswissenschaft, die in die Analyse eingehen: Hier muß auf den (stark irrtumsanfälligen) „common sense" der Insider zurückgegriffen werden, solange wir über die Praxis unserer Disziplin so wenig wissen.

Im *ersten Teil* werden die schon erwähnten Daten der empirischen Wissenschaftsforschung über die Entwicklung der disziplinären Struktur der Erziehungswissenschaft resümiert, die für einen Teil der Argumente den sachlichen Hintergrund abgeben. Im *zweiten Teil* werden die im allgemeinpädagogischen Diskurs problematisierten „Pluralisierungsfolgen" auf drei Ebenen dargestellt und diskutiert. Im *dritten Teil* wird versucht, die aus dieser Diagnose folgenden Vorschläge hinsichtlich der neuen Aufgabenstellung und der Funktion der Allgemeinen Pädagogik zu bündeln. Diese Systematisierung erschließt allerdings nicht die sachlogische Tiefenstruktur dessen, was der Allgemeinen Pädagogik insgesamt an Leistungen zugemutet wird, wenn man die Reformvorschläge macht, die insgesamt unterbreitet werden. Der Analyse dieser metatheoretischen Tiefenstruktur dient der *vierte Teil*, aus dem sich Vorschläge für Differenzierungen ergeben, die die Klarheit der weiteren Diskussionen möglicherweise befördern können.

1   Die Auskünfte der empirischen Wissenschaftsforschung

Es dürfte das erste Mal sein, daß mit einer gewissen Breitenwirkung die Ergebnisse der empirischen Selbsterforschung der Disziplin teils in selbstkritischer, teils in prospektiver Absicht in einem systematischen Diskurs genutzt wurden. Die ersten großflächigen empirischen Untersuchungen der Praxis der Erziehungswissenschaft in Forschung und Lehre bzw. der Formierung der Erziehungswissenschaft seit 1945 ergaben – neben dem beruhigenden Ergebnis, die Erziehungswissenschaft sei mittlerweile ein ganz normales Fach (vgl. Baumert/Roeder 1990a, b; Roeder 1990; Baumert/Roeder 1994) –, daß die Erziehungswissenschaft, bezogen auf ihre innerdisziplinäre Struktur, einem kontinuierlichen Wandel unterliegt, der vor allem zu Lasten des Anteils und der Bedeutung der Allgemeinen Pädagogik zu gehen scheint:

- Die traditionelle theoretisch-historische Orientierung spielt für das wissenschaftliche Selbstverständnis des amtierenden Lehrpersonals auf Professorenebene nur noch eine untergeordnete Rolle (vgl. Baumert/Roeder 1994, S. 41 ff.);
- eine Analyse der Qualifikationsarbeiten (Dissertationen und Habilitationen) seit 1945 ergibt einen kontinuierlichen, insgesamt erheblichen Rückgang des Anteils der Allgemeinen Erziehungswissenschaft (vgl. Macke 1990, S. 62 ff.);
- der Trend eines relativen Bedeutungsverlusts der Allgemeinen Pädagogik gegenüber den Teildisziplinen wird durch den parallelen Vorgang des Rückgangs des allgemeinpädagogischen Anteils an den Lehrveranstaltungen bestätigt (vgl. Hauenschild/ Herrlitz/Kruse 1993, S. 36);
- der Entwicklungstrend einer „aufs Allgemeine gerichteten und wenig differenzierten Disziplin zu einer hochgradig spezialisierten Disziplin mit deutlichen Schwerpunktbildungen in den spezialisierten Subdisziplinen" (Macke 1990, S. 63) ist verbunden mit deutlichen Indikatoren dafür, „daß sich die Teildisziplinen zu *relativ selbständigen Subkulturen* entwickeln, die mehr zu subdisziplinärer Abgrenzung tendieren als dazu, im Kontext derjenigen Disziplin, in deren Rahmen sie sich ausdifferenziert haben, zur Gestaltung einer disziplinären Gesamtkultur beizutragen" (Macke 1994, S. 66) und daß „allgemeine Fragestellungen zunehmend im Kontext der Teildisziplinen bearbeitet werden" (a. a. O., S. 59 – im Original hervorgehoben), bis hin zu

dem Eindrack, daß mit dem Wandlungsprozeß der Erziehungswissenschaft „eine Auflösung der allgemeinen Erziehungswissenschaft bzw. eine Abwanderung des Allgemeinen in die spezialisierten Teildisziplinen verbunden ist" (a. a. O., S. 65 – im Original hervorgehoben).

Muß man diese Daten per se als Krisensymptome werten? Nein, eher als ein Indiz für den Normalisierungsprozeß, meinen manche Beobachter. „Auch in der Erziehungswissenschaft findet sich also der eigendynamische Prozeß der Spezialisierung und ein Mechanismus, in dem sie aus sich heraus ständig neue Themen und Fragestellungen erzeugt und im Prozeß von Forschung und Publikation pflegt und bearbeitet – also dem Alltag von Disziplinen folgt" (Tenorth 1996, S. 173; vgl. auch Mollenhauer 1996, S. 277). Impliziert der Rückgang der allgemeinpädagogischen Anteile in Forschung und Lehre nicht dennoch einen Bedeutungsverlust? Um diese Frage korrekt beantworten zu können, müßte man eigentlich Kriterien haben, „von denen aus erst ein angemessener oder hinreichender, ein zu geringer oder zu großer Anteil von allgemeinpädagogischen Publikationen, Qualifikationsarbeiten, Lehrveranstaltungen etc. bestimmt werden könnte" (Wigger 1996, S. 920).

Ungeachtet dieser Einwände geht eine Mehrheit der am allgemeinpädagogischen Diskurs Beteiligten davon aus, daß sich ein massiver Bedeutungsverlust der Allgemeinen Pädagogik in Relation zu den Subdisziplinen eingestellt hat – vor allem im Hinblick auf den Trend, daß die Subdisziplinen die Grundlegungsprobleme selbst behandeln und damit unmittelbar eine bisher der Allgemeinen Pädagogik zugeordnete Funktion für das eigene Revier reklamieren (vgl. 2.2).

2   Die Folgen der „Pluralisierung" für die Allgemeine Pädagogik

Den Kern des „Unbehagens" bilden Prozesse der Pluralisierung, denen die traditionelle Allgemeine Pädagogik nicht gewachsen ist bzw. die sie in ihrem Bestand bedrohen. „Pluralisierung" beschreibt dabei unterschiedliche Entwicklungen, deren Gemeinsamkeit in der Auflösung von gewohnten sozialen Strukturen und bewährten Deutungsschemata im Sinne von Erweiterung oder Ausdifferenzierung, aber auch vom Verlust von identitätsverbürgenden Ganzheitsvorstellungen besteht (zur Begriffsanalyse vgl. Heid 1994 und Heyting/Tenorth 1994). Vermischt sind in dieser wenig präzisen Beschreibung einerseits Prozesse gesellschaftlicher Pluralisierung – Individualisierung von Lebensentwürfen durch den Bedeutungsverlust gemeinsamer orientierender Sinnsysteme, Auflösung sozialer Bindungen, damit verbundener erhöhter Bedarf an pädagogischer Intervention – und andererseits Prozesse der Pluralisierung von wissenschaftlichen Zugriffsweisen und philosophisch-legitimatorischen Grundlagendiskursen. Einheitsvorstellungen hinsichtlich der Orientierung pädagogischen Handelns gelten nicht mehr ohne weiteres als wünschbares Ziel, sondern werden eher für verdächtig gehalten.

Allgemeine Pädagogik sieht sich – wenn man vereinfachend typisiert – in drei Dimensionen von Pluralisierungsfolgen betroffen, wobei die erste Dimension gesellschaftliche, die dritte philosophisch-wissenschaftliche Pluralisierungsfolgen behandelt und die zweite eine Verknüpfung von beiden.

2.1 Allgemeine Pädagogik wird der „Entgrenzung" der pädagogischen Praxis in neuen Handlungsfeldern und neuen pädagogischen Professionen nicht gerecht

Läßt man den gesellschaftlichen Bedarf an Beobachtungs- und Reflexionskompetenz für pädagogische Handlungsfelder wenigstens als ein mögliches Kriterium für die Gewichtung von innerdisziplinären Themenschwerpunkten zu, dann ist es legitim, von einer „zweiten Geburt" der Pädagogik (Rauschenbach 1992, S. 387) zu sprechen. Innerhalb der letzten zwanzig Jahre hat sich das Personal der nichtschulischen Sozial- und Erziehungsberufe verdoppelt, und wenn 1970 auf 10 Erwerbstätige im schulischen Bereich vier im sozialen Bereich kamen, waren es 1990 schon 7,5 – mit dem erkennbaren Trend, in absehbarer Zeit mindestens gleichzuziehen (a. a. O., S. 389 ff. und Rauschenbach 1994), und der Schluß liegt nahe, daß die „Auswirkungen dieser Prozesse auf die Erziehungswissenschaft als *Profession* (…) auch für die Erziehungswissenschaft als *Disziplin* nicht ohne Folgen bleiben können" (Krüger/Rauschenbach 1994, S. 11).

Pädagogisierung als „Reaktionsform (…), die immer dann abgerufen wird, wenn ungelöste Probleme in zeitlicher Streckung bearbeitet werden sollen" (Oelkers 1990, S. 6), hat in den letzten Jahrzehnten zur Expansion außerschulischer pädagogischer Handlungsfelder geführt, ohne daß das Selbstverständnis der pädagogischen Professionen der neuen Situation entsprechen würde. „Im Kern beruht diese Krise darauf, daß die pädagogischen Berufe wie auch die Erziehungswissenschaft zwei gesellschaftliche Tendenzen, die sich etwa seit Beginn unseres Jahrhunderts unaufhaltsam durchsetzten, niemals wirklich zur Kenntnis genommen und auf die Konsequenzen für das berufliche pädagogische Handeln befragt haben: Die politische und normative Pluralisierung der Gesellschaft und die daraus notwendigerweise erwachsende Individualisierung von Lebensläufen" (Giesecke 1997, S. 391), und angesichts „der Ausdifferenzierung des pädagogischen Feldes muß die Frage erlaubt sein, ob alle diese ‚pädagogischen' Subsysteme sich noch unter den für dieses Feld überkommenen Leitfiguren von ‚Bildung' und/oder ‚Erziehung' angemessen thematisieren lassen" (Zinnecker 1997, S. 201; vgl. auch Giesecke 1997, S. 391 ff. und Kade 1994, S. 153 ff.).

Die wissenschaftliche Pädagogik ist entstanden als eine Berufswissenschaft für *Lehrer* (vgl. z. B. Marotzki 1996, S. 67); wenn etwa Eduard Spranger in den 50er Jahren vor Lehrern über den „geborenen *Erzieher*" spricht, wissen die Lehrer, daß selbstverständlich sie gemeint sind. Nunmehr geht es darum, daß „sich die Allgemeine Pädagogik aus dem Ghetto von Schultheorie, Unterrichtswissenschaft und ihrer alleinigen Fixierung auf die Lehrerbildung lösen und sich in ihrer disziplinären Matrix und der Bestimmung ihrer Forschungs- und Ausbildungsaufgaben für jene Teildisziplinen öffnen muß, die aufgrund der Expansion erziehungswissenschaftlicher Hauptfach-Studiengänge und der Ausweitung des außerschulischen Arbeitsmarktes für Pädagoginnen ein zunehmendes Gewicht bekommen haben" (Krüger 1994, S. 127). Genau das scheint die traditionelle Allgemeine Pädagogik nicht leisten zu können: „Unter der Prämisse, daß das Theorie-Praxis-Problem den Kern ihrer Theorieorganisation darstellt, muß sie mit der Absicht scheitern, für eine hochgradig differenzierte pädagogische Berufswirklichkeit ein Allgemeines zur Verfügung stellen zu wollen, das das Wesen der Pädagogik zum Ausdruck (bringt) und zugleich der Vielfalt und der Historizität gegebener Wirklichkeit gerecht wird. Doch gerade der Blick auf diese Erziehungswirklichkeit beweist einmal mehr die Unvermeidlichkeit des Niedergangs Allgemeiner Pädagogik. Denn die Wirklichkeitserkenntnis selbst konzentriert sich in solchem Maße in den Einzeldisziplinen der Erziehungswissenschaft, daß die Allgemeine Pädagogik als Kerndisziplin zusammenbrechen mußte" (Winkler 1994, S. 103 f.; vgl. auch Wimmer 1997, S. 405 f.).

Die „Unvermeidlichkeit" dieses Prozesses ist eine starke Behauptung; immerhin markiert sie eindeutig eine Dimension von „Pluralisierungsfolgen", die die Allgemeine Pädagogik zu bearbeiten hat. Die Dynamik der pädagogischen Handlungs- und Berufsfelder ist nicht wegzudiskutieren; daß es schwierig ist, ein „Allgemeines" zu finden, das für den Gymnasiallehrer, den Streetworker, die Erzieherin, die Diplompädagogin in der Altenhilfe, den Dozenten an der Volkshochschule und den Heilerziehungspfleger eine *pädagogische* berufliche Identität stiftet, liegt auf der Hand, und daß es die Allgemeine Pädagogik bisher nicht hinreichend versucht hat, auch. Festzuhalten ist allerdings auch, daß diese Problematik auf die Allgemeine Pädagogik nur unter der „Prämisse" zukommt, „daß das Theorie-Praxis-Problem den Kern ihrer Theorieorganisation darstellt". Diese Prämisse wird noch zu diskutieren sein.

2.2   Die sich verselbständigenden Teildisziplinen lösen ihre Grundlegungsprobleme im Rahmen ihres Disziplinsegments selbst

Während im ersten Punkt von der Annahme ausgegangen wird, daß die Allgemeine Pädagogik etwas noch nicht geleistet hat oder vielleicht nicht leisten kann, was von ihr erwartet werden könnte, geht es nun darum, daß die Allgemeine Pädagogik nicht mehr oder erst gar nicht in Anspruch genommen wird für etwas, von dem sie glaubte, daß sie dafür gleichsam ein Monopol beanspruchen könne.

Der historische Prozeß der Ausdifferenzierung der Erziehungswissenschaft zugunsten der Teildisziplinen und zu Lasten der Allgemeinen Pädagogik trifft die Allgemeine Pädagogik dann ins Mark, wenn die Verselbständigung der Teildisziplinen zur Folge hat, daß sie ihre „Grundlegungsprobleme" – Definitionen der forschungsleitenden Kategorien, Entwicklung von segmentspezifischen methodischen Arrangements, Theorieimport von Nachbarwissenschaften, Legitimation von praxisleitenden Beurteilungs- und Handlungsschemata etc. – innerhalb der eigenen Subdisziplin lösen und von daher auf entsprechende Leistungen Allgemeiner Pädagogik nicht mehr angewiesen sind; „sie verzichten also auf die Allgemeine Pädagogik als identitätsstiftende Instanz und Orientierungsdisziplin" (Winkler 1996, S. 908), und gelegentlich wird das nicht nur praktiziert, sondern (hier aus der Perspektive der Sozialpädagogik) auch offen thematisiert: Die „Allgemeine Pädagogik (…) ist wie die anderen differentiellen Pädagogiken eine Subdisziplin der Erziehungswissenschaft. Nicht weniger, aber auch keinen Deut mehr. Sie ist weder reine Zulieferungsagentur für die anderen differentiellen Pädagogiken (Sozialpädagogik, Schulpädagogik, Erwachsenenbildung, Berufspädagogik etc.) noch deren Leitwissenschaft" (Müller 1997, S. 51). Die Dynamik dieser Abkoppelung ist leicht nachvollziehbar: Ist eine Teildisziplin hinreichend groß (wie z. B. die Sozialpädagogik), dann wird sie sich intern differenzieren; der dadurch entstehende komplexe Kommunikationsprozeß erfordert dann die Reflexion auf das „Allgemeine" dieser Kommunikation, und so ergibt sich zwanglos die Forderung nach einer „Allgemeinen Sozialpädagogik" (Niemeyer 1996, S. 13); es entstehen „gleichsam Allgemeinpädagogiken/ Systematiken zweiter Ordnung" (Schirlbauer 1992, S. 396).

Entspricht diese Einschätzung der Wirklichkeit der Theorie- und Forschungspraxis der Erziehungswissenschaft? Wir wissen zu wenig über die differentielle Kommunikationsstruktur unseres Faches, um das genau beurteilen zu können, aber es gibt hinreichend Indizien, die dafür sprechen, daß die Allgemeine Pädagogik ihre Leitfunktion hinsichtlich der zentralen Themen, Orientierungen, Denkmodelle etc. verloren hat. Ein – zugegebenermaßen etwas grobschlächtiges – Beispiel kann das illustrieren: Die „Wende" von der hermeneutisch-pragmatischen zur emanzipatorischen Pädagogik/Erziehungswissenschaft wurde von den allgemeinpädagogischen „Meisterdenkern" vollzogen und dann relativ schnell in Schulpädagogik und Sozialpädagogik, in gebührendem Abstand in Erwachsenenbildung und Berufspädagogik rezipiert und umgesetzt. Die letzte große Wende der Allgemeinen Pädagogik – die Implementation der Theorien und Theoreme der philosophischen Postmoderne in ihren Diskurs – hat im wesentlichen die Allgemeine Pädagogik bewegt und zum Teil erschüttert, während (soweit ich es überblicke) z. B. die Schulpädagogik nur am Rande, mit großer Verzögerung und ohne erkennbaren Effekt für das Tagesgeschäft das Thema zur Kenntnis nahm und die Berufspädagogik völliges Desinteresse zeigte; die Sozialpädagogik nahm die gesellschaftstheoretischen Implikationen der Diskussion auf (Individualisierungs- und Pluralisierungstheorem) und beschäftigte sich nur marginal mit den Folgen des postmodernen Sprachspiel-Relativismus für den pädagogischen Grundlegungsdiskurs.

Das alles ist für die Allgemeinen Pädagogen unter Zunft- und Beschäftigungsgesichtspunkten noch kein Grund für kollektive Depression; Allgemeine Pädagogik, zumal der stärker bildungsphilosophisch orientierte Teilbereich, bearbeitet mit großer Kontinuität und Kompetenz mit segmentspezifischen Denkmitteln die segmentspezifischen Probleme (Genaueres bei Vogel 1997a) und sorgt für die Rekrutierung von wissenschaftlichem Nachwuchs nach segmentspezifischen Kriterien. Dennoch wird mittelfristig die Frage zu beantworten sein, was die Allgemeine Pädagogik als Subdisziplin neben anderen, aber ohne eigenes Handlungsfeld zum Theoriefortschritt der Erziehungswissenschaft beiträgt, zumal wenn sie selbst ihre Existenzberechtigung an ihrer Leistung für das Ganze festmacht (vgl. Benner 1987, S. 15 ff.).

2.3 Die Pluralisierung der Sprachspiele im Rahmen der Rezeption der philosophischen Postmoderne hat die Möglichkeit überzeugungskräftiger Einheitskonzeptionen in Frage gestellt

Wenn die Allgemeine Pädagogik traditionellerweise die zentrale Aufgabe hat, durch die philosophische Reflexion der zentralen „einheimischen Begriffe" für einen Focus der Forschungsaufgaben und die kategorialen und handlungsorientierenden Gemeinsamkeiten auch in den Teildisziplinen und ihren Handlungsfeldern zu sorgen, – wurde sie durch die Rezeption der postmodernen Philosophie (einen Überblick gibt Fromme 1997) in diesem Selbstverständnis zentral erschüttert. „Man erkennt einen weitgehenden und historisch einmaligen Bruch in den pädagogischen Grundüberzeugungen, der mit der Preisgabe von Einheitsvorstellungen zu tun hat. Die Allgemeine Pädagogik steht erstmalig in ihrer Geschichte vor der Frage, was sie begründen kann, wenn alle einheitlichen Fundamente der Begründung preisgegeben werden müssen (…) Für diese Erfahrung steht der Begriff ‚Postmoderne', der am Ende der achtziger Jahre dominant wird, aber längst vorher die unterschwellige Theorieentwicklung bestimmt hat" (Oelkers 1997a, S. 237; vgl. auch Ruhloff 1993a und Wimmer 1997).

Die „gewisse Anziehungskraft" (Peukert 1992, S. 117; vgl. auch Vogel 1989a, S. 89 f.), die postmodernes Denken für die traditionelle Pädagogik aufgrund der gemeinsamen Aversion gegen eine „einlinig verstandene Rationalität" (Peukert 1992, S. 17) zweifelsohne hatte, wurde bald von der Erkenntnis eingeholt, daß die zentralen Kategorien und Konzepte der Allgemeinen Pädagogik – oder zumindestens ihre relative Eindeutigkeit und Bedeutsamkeit – der Pluralismusbehauptung innerhalb der Diskurse und der Unentscheidbarkeit des Widerstreits zwischen den Diskursarten zum Opfer fielen. Die alteuropäische Vorstellung von der Legitimation des Subjekts durch Bildung wird von Lyotard zerpflückt (vgl. Lyotard 1986, S. 96 ff.) und gleichsam als Auslaufmodell charakterisiert, das seine Glaubwürdigkeit verloren hat (a. a. O., S. 112 ff.). Eine sichere Orientierung der pädagogischen Handlungsziele ist mit der Unmöglichkeit aller sicheren ethischen Orientierungen verlorengegangen, die „Selbstgewißheit des ethischen Grundgedankens" hat sich „im Pluralismus der Werte und Kulturen aufgelöst" (Tenorth 1995, S. 5). Schließlich – und vielleicht am folgenreichsten – ist der Referenzpunkt für ethische Aspirationen, das moralisch verantwortliche, vernünftige und identische Subjekt in den Strudel der Dekonstruktion geraten: Die „implizite Konzeption von einem Handlungssubjekt und damit die Rede von ‚dem' Menschen als einem geschichtsphilosophischen Konzept (ist) überhaupt nicht mehr sinnvoll" (Lenzen 1996, S. 57), das „philosophische Ich", dem die Pädagogik vertraut hat, gibt es nur als problematische metaphysische Konstruktion (vgl. Oelkers 1997b, S. 870), das identische Individuum kann nicht mehr als Fixpunkt für philosophische und pädagogische Konstrukte fungieren, sondern ist das Ergebnis einer philosophiegeschichtlich aufklärbaren Illusion und insofern eher Quelle von (Selbst-)Täuschung und Verwirrung denn sichere Basis für pädagogisch-philosophische Theoriebildung (grundlegend dazu: Meyer-Drawe 1990).

Ist mit dem Verlust der Möglichkeit von Einheitskonstruktionen und der Erosion der Grundbegriffe (vgl. Wimmer 1997, S. 419) die Hauptfunktion der Allgemeinen Pädagogik unwiederbringlich verloren und sie dazu verurteilt, im besten Fall als Notariat für die eigene Diversifikation und die auseinanderdriftenden Grundlegungsdiskurse der Teildisziplinen zu fungieren? Eine Erschütterung traditioneller Vorstellungen hat zweifellos stattgefunden, das Ausmaß der Zerstörung – um in der seismologischen Metaphorik zu bleiben – wird jedoch unterschiedlich beurteilt. Der „Verlust eines einheitlichen Sinns", so Tenorth, „auch in der Erziehung und beim pädagogischen Handeln", ist „Teil des Fortschritts und der Errungenschaften der Moderne, nicht Moment ihrer Pathologie" (1994, S. 63). Die Mehrheitsmeinung ist, daß Allgemeine Pädagogik sich an die neuen Bedingungen anpassen muß und kann; sieht „man die Entwicklung so, dann ist die Postmoderne nicht das letzte, das destruktive Wort für die ‚Allgemeine Pädagogik', sondern ein heilsamer Lernprozeß, der ihren Anspruch auf das richtige Maß bringt" (Oelkers 1997a, S. 238), wobei man durchaus fragen kann, ob hier nicht die Not der Pluralisierung zur Tugend stilisiert wird (vgl. Hoffmann 1994). So läßt sich die Rezeption der postmodernen Philosophie auch als Statuspassage der Allgemeinen Pädagogik deuten, die „am Ausgang des postmodernen Jahrzehnts" (Lenzen 1992) um einige Illusionen beraubt, aber auch mancher Schlacken ledig, unter veränderten Bedingungen ihren Theorieanspruch und ihr Verhältnis zu den pädagogischen Teildisziplinen neu definiert. Ob dies mit dem „richtigen Maß" geschieht, ist allerdings die Frage (vgl. 4.1).

3   Bemühungen um ein neues Profil der Allgemeinen Pädagogik

Die Darstellung der Diskussion um die neue Gestalt der Allgemeinen Pädagogik kann trotz der erwartbaren Heterogenität der Begründungen auf einige zentrale Themen konzentriert werden, wobei damit zu rechnen ist, daß sich nicht alle Vorschläge zu einem insgesamt widerspruchsfreien Bild fügen. Der Generalnenner der Diskussion ist die Verarbeitung von Pluralität (auf unterschiedlichen Dimensionen) durch Inklusion in die Theoriebildung; als einzelne Themen lassen sich unterscheiden: das Insistieren auf einem „allgemeinen" Theorierahmen (3.1), die Erweiterung des Tableaus der Grundbegriffe und Fragestellungen (3.2), die Inklusion des „Widerstreits" in den philosophischen Grundlegungsdiskurs (3.3), die verstärkte Einbeziehung empirischen Wissens in die Allgemeine Pädagogik (3.4) und Hinweise auf eine Differenzierung von theoretischen Funktionen und Wissensformen innerhalb der Allgemeinen Pädagogik (3.5).

3.1   Die Notwendigkeit eines „allgemeinen" Theorierahmens
für die ausdifferenzierte Erziehungswissenschaft

Ungeachtet aller Erschütterungen ist keiner der Diskussionsteilnehmer bereit, auf eine
„allgemeine" Pädagogik oder Erziehungswissenschaft zu verzichten, und es ist mehr als
das berufliche Eigeninteresse, das diese Haltung bedingt. Auch wenn einige der Instrumentarien zur Problemlösung problematisch geworden oder abhanden gekommen sind,
sind doch die *Probleme* geblieben: „Solange noch die (empirische) Frage aufrechterhalten werden kann, wie Erziehung und Bildung in dem ‚Habitus' der Institutionen und
kulturellen Segmente lokalisiert sind und welche Formationen und Transformationen
im Verhältnis der Generationen zueinander zu beobachten sind, so lange wird auch die
Allgemeine Pädagogik ihre Themen haben, sei es in systematischen, sei es in essayis-
tischen, sei es in strenger empirischen Textsorten. Man muß nur gründlicher suchen
als ehedem" (Mollenhauer 1996, S. 284). Dem gegenüber beharrt Winkler darauf, daß
das Vorhandensein von interessanten und wichtigen Themen alleine nicht ausreicht:
„Wo findet sich aber dann noch ein inhaltlich Allgemeines, das neben aller Zufällig-
keit den Kernbestand pädagogischer Theorie und Praxis *in einer Weise* ausmacht, mithin eine Differenz des Pädagogischen gegenüber philosophischen, zeitkritischen, vielleicht auch nur zufälligen Diskussionen sichtbar macht?" (Winkler 1996, S. 912). Auch
anderen Autoren ist „die Thematisierung der Sinnfrage" und das Problem der „Einheit
des Pädagogischen" (Koring 1997, S. 313) wichtig, auch um zu verhindern, daß „die disziplinäre Identität und das genuine Kategoriengefüge der Erziehungswissenschaft zugunsten sozialwissenschaftlicher Begriffe und Konzepte völlig aufgelöst wird" (Krüger
1997, S. 247). Systematisch strenger argumentieren Fischer und Ruhloff: Jede nur denk-
bare Konfiguration von Erziehungswissenschaft, wie ausdifferenziert auch immer, wird
zu Fragen führen, die nur mit philosophischen Denkmitteln zu bearbeiten sind und
die „eine philosophieabstinente pädagogische Theorie als einen Torso erscheinen lassen, ohne daß damit bereits einem Prinzipat des Philosophischen in der Erziehungswissenschaft das Wort geredet ist" (Fischer 1997, S. 27), und insofern bleibt die Frage nach
dem „Allgemeinen" in der Pädagogik eine Frage nach der Rolle der Philosophie innerhalb der Pädagogik (a. a. O., S. 28 und Fischer 1993). Ruhloff weist darauf hin, daß ohne
eine Form von Systematik nicht einmal die Diagnose der Pluralisierung oder Differenzierung möglich wäre: „Ohne irgendeine Systematik entfiele jede Beurteilung, sogar die
Rede von ‚Spezialistik', die immer nur in einem – mehr oder weniger geklärten – systematischen Horizont möglich ist, der den Bereich verfaßt, innerhalb dessen spezielle Fragen relativ unbekümmert um die Folgen für das Ganze vorangetrieben werden" (Ruhloff
1991, S. 213 f.). Insgesamt besteht also Einigkeit, daß die Allgemeine Pädagogik nach wie
vor unentbehrlich ist und in ihrer (post)modernisierten Form keineswegs am Ende,
sondern vielleicht erst an ihrem Anfang ist (vgl. Winkler 1992, S. 189).

3.2 Die Erweiterung des Tableaus der Grundbegriffe und Themen

Als Konsequenz aus der Erkenntnis, daß nicht nur Lehrer Pädagogen sind (vgl. Rauschenbach 1992) und auch „andere organisierte bzw. informelle pädagogische Kontexte von der Jugendwohngemeinschaft über Fußballfanprojekte bis hin zur Reisegruppe in der Gegenstandsbestimmung" (Krüger 1994, S. 122) des Pädagogischen zu berücksichtigen sind, wird von vielen Autoren vorgeschlagen, die klassischen pädagogischen Grundkategorien „Erziehung" und „Bildung" um andere Kategorien zu ergänzen bzw. durch Kategorien größerer Reichweite zu ersetzen, die der Ausdifferenzierung der pädagogischen Handlungsfelder Rechnung tragen. Gefordert ist eine Erziehungswissenschaft, die sich „den neu sich stellenden Aufgaben öffnet, also sich versteht als (sozialwissenschaftlich fundierte) Theorie der modernen Sozial- und Sozialisationsgesellschaft mit ihren vielfältigen Problemen der Lebensbewältigung und der Hilfen zur Lebensbewältigung" (Thiersch 1994, S. 141). Die aktuelle Fassung des pädagogischen Grundgedankens ist geradezu „der Befund der Ausdifferenzierung der pädagogischen Praxisfelder und der Entgrenzung des Pädagogischen" (Krüger 1994, S. 122), die Wandlungsdynamik selbst wird zur leitenden Kategorie (vgl. Winkler 1994, S. 108 ff.).

Die Idee einer Erweiterung oder Substitution traditioneller pädagogischer Grundbegriffe wird allerdings von zwei entgegengesetzten Standpunkten aus abgewiesen. Klaus Prange hat in einem harschen Ordnungsruf gegenüber den sozialpädagogischen Versuchen, die kategoriale Basis der Erziehungswissenschaft anzureichern, darauf bestanden, „daß das eine und ganze Thema der Erziehungswissenschaft nach wie vor die Erziehung (und Bildung) ist und bleiben sollte" (Prange 1996, S. 64), wobei diese Position in der (veröffentlichten) Diskussion mit dieser Eindeutigkeit sonst nicht zu finden ist. Auf der anderen Seite wird – auch mit großer Entschiedenheit – die These vertreten, unter den Bedingungen der Entgrenzung und Pluralisierung könne es gar keine *pädagogischen* Grundbegriffe mehr geben: „Für die Erziehungswissenschaft ist die Suche nach einem begrifflichen Proprium, nach ‚einheimischen' Begriffen, die nur für diese Wissenschaft gelten, völlig verfehlt. Spätestens mit der Erweiterung des Gegenstandsfeldes auf den gesamten Lebenslauf eines Menschen wäre ein solches Unterfangen nur um den Preis einer erheblichen Standardisierung möglich, die den Lebenslauf gleich mitzustandardisieren drohte" (Lenzen 1997a, S. 18).

Dessen ungeachtet werden Überlegungen angestellt, wie neue oder andere Grundbegriffe oder neue oder andere Zentralthemen der Allgemeinen Pädagogik konzipiert sein könnten.

Da der Erziehungsbegriff nicht mehr taugt, um angesichts der Pluralisierung der Gesellschaft und der Individualisierung der Lebensläufe die pädagogische Aufgabe zu beschreiben, wird z. B. vorgeschlagen, ihn durch den umfassenderen Begriff *„Hilfe zum Lernen"* zu ersetzen (vgl. Giesecke 1997). Wenn man aufmerksam ist für das, „was für unsere Kultur das ‚Allgemeine' des Generationenverhältnisses" betrifft, „zumal auch für den Status der heranwachsenden Generation ( ), dann eröffnet sich ein theoretisch und empirisch eindrucksvolles Panorama (wenn man sich von traditionellen Etiketten freimacht)" (Mollenhauer 1996, S. 281) von Grundbegriffen bzw. Themen, das von „Leibgebundenheit" über den „kulturellen Habitus" bis zur „Lebenswelt" (um nur eine Auswahl zu nennen) reicht (a. a. O., S. 281 ff.) Während hier Theorien und Begriffe relativ locker um den Focus „Generationenverhältnis" gruppiert sind, wird an anderer Stelle die „Frage nach der Einheit der pädagogischen Aufgabe quer durch alle Tätigkeitsfelder" im Zusammenhang der *Abwehr von existentieller Gefährdung durch notwendige Lernprozesse* diskutiert. „Bestimmte menschliche Probleme, wozu insbesondere bestimmte Formen und Inhalte des menschlichen Lernens gehören, können nicht sich selbst überlassen werden, weil sonst existenzielle Gefährdungen für das Individuum bzw. die Gesellschaft eintreten" (Koring 1997, S. 333).

Das Generationenverhältnis *und* die Sorge um existentielle Gefährdungen gehen ein in einen anderen Versuch zur „Novellierung des pädagogischen Codes" unter dem Gesichtspunkt eines *„sorgenden Verhältnisses".* „Pädagogik bezeichnet alle sorgenden Verhältnisse zwischen allen zu einer Zeit lebenden Generationen, seien diese nun dominant auf Bildung/Unterrichtung, Erziehung oder soziale Hilfe fokussiert. Konstitutiv für pädagogische Sorgeverhältnisse zwischen Generationen ist, daß dabei die eine Seite im Generationenverhältnis auf Zeit für die andere Seite eine stellvertretende Einbeziehung (Inklusion) in das gesellschaftliche System in Form eines Moratoriums übernimmt" (Zinnecker 1997, S. 201 – im Original Hervorhebung).

Die Einbeziehung von Menschen aller Altersgruppen (vgl Krüger 1995, S. 315) in die allgemeinpädagogische Perspektive wird – mit Hilfe systemtheoretischer Denkmittel – bei Dieter Lenzen radikal vorangetrieben. In Anlehnung an die Überlegungen Niklas Luhmanns, „Kind" als Medium der Erziehung durch *„Lebenslauf"* zu substituieren (vgl. Luhmann 1997), schlägt Lenzen (weitergehend) vor, „autopoietische Humanontogenese und Lebenslauf als zwei Seiten eines Systemcodes (des Erziehungssystems – P. V.) zu betrachten" (Lenzen 1997b, S. 244). Dieser Theorieumbau soll eine gesellschaftliche Entwicklung begleiten, die allerdings die traditionelle Situierung des Erziehungssystems in einen völlig neuen Rahmen stellt. „Meine Vermutung geht dahin, daß dem unaufhaltsamen Differenzierungsprozeß des Erziehungssystems eine Systemerweiterung und eine Art Aufstieg korrespondieren, die das System allererst zu einem Teilsystem der Gesellschaft werden lassen, das es bis dato noch gar nicht ist. Was sind aber die gemeinsamen Merkmale dieses (neuen) Teilsystems? Insofern vormals erziehende Tätigkeit sich auch beruflich längst über den Rahmen der Wissensvermittlung hinausbegeben hat und das pädagogische Establishment auch in Sektoren wie Pflege, Beratung, Prävention, Diagnose und Therapie, Rehabilitation, Integration fungiert, ist sie zu einer Art Lebensbegleitung geworden, deren leitendes Charakteristikum ein kuratives ist. Die Mitglieder des Erziehungssystems übernehmen kurative Funktionen, wie Mitglieder des Gesundheits-, des Rechts- oder des religiösen Systems dieses als Teil ihrer Tätigkeit tun. Es liegt deshalb nahe, von einem neu entstehenden *kurativen* gesellschaftlichen *Teilsystem* zu sprechen" (Lenzen 1997b, S. 245 f.). Lenzen ist sich der Schwierigkeiten auf Professions-

und Disziplinebene durchaus bewußt: „Es ist freilich zu fragen, ob die Resorptionsfähigkeit des Erziehungs- wie des erziehungswissenschaftlichen Systems ausreichen werden, um die Erweiterung des Codes zu überstehen, die in anderen Teilsystemen bereits stattfindet, auch wenn Anschlußmöglichkeiten an traditionelle Codierungen durchaus existieren" (a. a. O., S. 245). Dieses letzte Zitat macht noch einmal deutlich, daß nicht nur die Angebote an neuen Grundbegriffen und Themen, sondern auch die theoretischen Funktionen dieser Grundbegriffe variieren.

3.3   Die theoretische Inklusion des „Widerstreits"

In welcher Gestalt ist der Grundlagendiskurs der Erziehungswissenschaft – einschließlich der Problematik der Orientierung des Handelns in den pädagogischen Professionen – möglich, wenn Einheits- und Ganzheitsmodelle nicht nur an der Vielfältigkeit und Heterogenität der diversifizierten pädagogischen Praxis scheitern, sondern auch die (relative) Sicherheit der ethischen, subjektphilosophischen und transzendentallogischen Basistheorien und -theoreme verlorengegangen ist? Indem man partielle Widersprüchlichkeiten, Dilemmata, die Konkurrenz von Theorien, den Widerstreit der Diskursarten nicht auszuräumen, sondern auszuhalten versucht und „Diversität als Baustein erziehungswissenschaftlicher Theoriebildung" (Heyting 1994, S. 101) nutzt. Die Errungenschaften der Moderne müssen dabei nicht aufgegeben werden, wohl aber ihre Selbstgewißheit und ihr theoretischer Omnipotenzanspruch. „Wir müssen laborieren mit unserer konflikthaften Existenz, was möglich ist, wenn wir ihre Mehrdeutigkeit akzeptieren und gleichzeitig nach einem Umgang mit ihr suchen, wobei beides nicht in einem wie immer auch gearteten ganzheitlichen Konzept zu verbinden ist. Das bedeutet, daß wir uns nicht einer Option für das Projekt der Moderne unterwerfen müssen, indem wir die Verzweiflung der Vernunft an sich selbst annullieren. Vielmehr können wir die Emanzipationsideale der Moderne verteidigen und gleichzeitig wissen, daß wir dafür keinen Begründungsanker finden. Ein Plädoyer für Vernunftpotentiale einer in sich ambivalenten Aufklärung kann die Selbstkritik der Vernunft nicht absorbieren. Beide Positionen stehen nebeneinander" (Meyer-Drawe 1992, S. 101).

Kann man mit widersprüchlichen oder dilemmatischen Grundkonstellationen allgemeinpädagogische Theorien begründen? „Die pädagogische Grundsatzdebatte gewinnt damit zwar Problembewußtsein, verliert aber ihren eindeutigen Halt; denn Lösungen der pädagogischen Aufgabe lassen sich nicht mehr ontologisch, sondern allein konstruktiv erörtern. Sie werden abhängig von wechselnden Gesichtspunkten und offen für operative Vielfalt. Angebote zur Bearbeitung können entsprechend nicht mehr als ‚richtig' oder ‚falsch' qualifiziert werden, sondern nur noch als ‚besser' oder ‚schlechter' – relativ zu den jeweils eingeführten Gesichtspunkten und Kriterien der Beurteilung" (Tenorth 1995, S. 6). Diese Konsequenz ist allerdings gravierend für die Qualität der Begründungsmöglichkeiten allgemeinpädagogischer Konzepte. „Will man eine bildungsphilosophische Theorie wirklich philosophisch entwickeln, dann muß man sich vor allem des Anfangs versichern" (Meder 1996, S. 145), der nun aber nicht mehr in einem – wenigstens dem Anspruch nach – festen und als notwendig begründbaren Fundament bestehen kann. „Wenn es keinen absoluten Anfang gibt, dann muß man einen Anfang machen. Der gemachte Anfang kann natürlich niemals absolut sein. Er ist kontingent. Kontingentes kann trivialerweise nicht begründet oder gar bewiesen werden. Es kann nur gezeigt (oder offenbart) werden" (a. a. O., S. 146). Damit wird gleichsam das „Gewißheitsniveau" allgemeinpädagogischer Theorien abgesenkt. „Theoretisch befriedigende Fixierungsversuche des Allgemeinen mit Allgemeinheitsanspruch können heute als obsolet betrachtet werden, historisch-gesellschaftlich wandelbare Fixierungen von ‚schwachen' Allgemeinheiten und Systematiken dürften allerdings unausweichlich sein" (Schirlbauer 1992, S. 399), und auch die „beste Version gilt immer nur auf Zeit, und es gibt nie nur eine ‚beste Version' (Oelkers 1996, S. 252). Als Resümee für den Mainstream der Diskussion der theorietechnischen Möglichkeiten gegenwärtiger Allgemeiner Pädagogik kann also gelten: eine „plurale allgemeine Pädagogik, die universelle Prinzipien zu verteidigen versteht, aber sich nicht jenseits der Problemfortschritte bewegt und sich nicht auf Dogmen verläßt. Sie verfährt deliberativ (…), aber nicht standpunktfrei, nur daß sich jeder Standpunkt überprüfen lassen muß" (a. a. O., S. 251).

Auf der Basis dieser neuen Gemeinsamkeiten gibt es aber noch Besonderheiten, die erwähnt werden müssen:

a) Radikaler sind die Denkmodelle, die die Pluralisierung nicht nur als notwendiges Übel, mit dem man leben muß, oder als theorietechnischen Fortschritt begreifen, sondern den Widerstreit selbst als Basis für ein postmodernes Bildungskonzept nutzen. „Die pädagogische Aufgabe schließt einen unauflöslichen Widerstreit ein, der das Gelingen aller Versuche, eine homogene pädagogische Theorie oder Wissenschaft aufzubauen, ebenso vereitelt wie eine homogene Erziehungs- und Bildungspraxis" (Ruhloff 1993b, S. 81), und deshalb geht es um ein Konzept für „Widerstreitende statt harmonische Bildung" (Ruhloff 1993a), und auch der „Sprachspieler" als „Bildungskonzept für die Informationsgesellschaft" (Meder 1996) ist nicht nur ein mögliches Theoriekonzept unter den Bedingungen der condition postmoderne, sondern ihr bildungstheoretischer Prototyp: „Der Sprachspieler ist kein Subjekt, keine Person, kein Individuum, er hat kein Selbst und auch keine personale Identität im Sinne der bildungstheoretischen Diskussion der Moderne, sondern ist ein figurales Gebilde im Spiel-Raum der Codierung und Decodierung von Zeichen" (a. a. O., S. 151; vgl. auch Meder 1987).

b) Unabhängig von der Pluralisierungsdiskussion entstanden, aber in seinen Grundlinien dazu kompatibel, ist das von Harm Paschen ausgearbeitete Theoriemodell einer topisch strukturierten Erziehungswissenschaft. Die Pluralität von Pädagogiken ist der selbstverständliche Ausgangspunkt; Erziehungswissenschaft hat es mit Differenzen zwischen Pädagogiken zu tun (vgl. Paschen 1996, S. 114 ff.), und ihre

Aufgabe ist es nicht primär, ihre theoretische Gültigkeit und die Plausibilität ihrer Grundannahmen zu prüfen, sondern ihre Leistung für die Entscheidung pädagogisch-praktischer Probleme auf der Basis einer argumentativen Topik. „Erziehungswissenschaftliche Aufgabe und Kompetenz ergeben sich im Hinblick darauf aus der *Systematisierung* der jeweiligen pädagogischen *Alternativen,* der *argumentativen Präzisierung,* der *Entscheidungsbegründungen* und der *topischen Disziplinierung* der begründenden *Erörterung* sowie generell aus der *Elaboration der Argumente"* (a. a. O., S. 115; vgl. auch die differenzierte Darstellung in Paschen 1997; zur Diskussion des Ansatzes vgl. Paschen/Wigger 1992).

c) Eine ganz eigene Konsequenz aus der postmodernen Kritik am pädagogischen Kategorien- und Überzeugungsbestand der Moderne zieht Karl Helmer, wenn er zu überlegen gibt, „es könne möglich sein, mindestens Teilbereiche einer Systematischen Pädagogik unter heutigen Bedingungen nach Mustern zu konstituieren, die in der voraufklärerischen Tradition der theoretischen Rhetorik zugerechnet wurden" (Helmer 1996, S. 28). Die Anknüpfung an die elaborierte und anspruchsvolle Theorie der antiken und frühneuzeitlichen Rhetorik eröffnet die Bearbeitung von Bereichen, für die strenge Philosophie und Wissenschaft nicht oder nur unzureichend tauglich sind. „Zu ihrem Gebiet gehörten besonders Probleme, deren Lösung zeitlich und räumlich wechselnden Bedingungen unterliegt, etwa solche der Schulorganisation, des Verhältnisses pädagogischer Einrichtungen zu politischen Institutionen, der Wendung allgemeinen pädagogischen Wissens auf den Fall. Auch die Entwicklung didaktischer und methodischer Konzepte samt ihren Begründungen wird kaum anders als rhetorisch möglich sein" (Helmer 1992, S. 383). Als Medium der Verarbeitung divergenter und widerstreitender Argumente könnte eine pädagogische Rhetorik das theoretische Medium der Wahl unter postmodernen Bedingungen sein: „Wissenschaftstheoretisch gesehen, könnte sie unbefangener als Philosophie und Wissenschaft Wissen verschiedener Form und Provenienz argumentativ aufeinander beziehen, weil ihr dabei zustatten käme, daß sie keine Identifizierung zu erreichen hätte, vielmehr begründete Komplementarität wahrscheinlichen Charakters ihr Maß sein könnte" (ebd.).

Ist mit der theoretischen Inklusion der Pluralität, verbunden mit einer Absenkung des theoretischen Aspirationsniveaus, eine neue Basis erreicht, um die Erwartungen der Gesamtdisziplin an die Allgemeine Pädagogik wieder bedienen zu können? Leider lassen sich die Hinweise auf Widersprüche, Spannungen und Brüche auch in diesem Reformdiskurs nicht übersehen: Zwar gehört zur condition postmoderne die „Vielfalt der pädagogischen Theorien (…), die nicht wieder in Frage gestellt werden sollte" (Lenzen 1992, S. 76), aber zugleich wird eine „Reflexive Erziehungswissenschaft" gefordert, die wiederum die Pluralisierungsfolgen im Theoriebereich kontrollieren und eindämmen soll (vgl. Lenzen 1992 und 1997a); mit welchem theoretischen Instrumentarium soll das unter Pluralitätsbedingungen gelingen? Durch die Pluralisierung der Grundlegungsdis-

kurse werden die Grenzen zu den Nachbarwissenschaften zumindest offener, wenn sie
nicht ganz verschwinden – mit welchen Argumenten soll man soziologische Theorie-
elemente ausgrenzen, wenn das „Proprium" der Pädagogik nicht mehr als (wenn auch
problematisches) Kriterium gilt – , und manche Autoren können sich die Erziehungswissenschaft durchaus als „interdisziplinär konstituiert" (Schirlbauer 1992, S. 401; vgl.
auch Lenzen 1997a, S. 18 f.) vorstellen; genau diese Entwicklung zu verhindern ist aus der
Sicht anderer Autoren die genuine Aufgabe auch einer reformierten Allgemeinen Pädagogik (vgl. z. B. Krüger 1997, S. 247). Klaus Mollenhauer räumt ein, daß die Allgemeine
Pädagogik „diffundiert" ist, das „derart Verstreute einzusammeln kann nicht mehr (…)
in einen Zusammenhang gebracht werden, der das Etikett ‚systematisch' mit Gründen
verdient"; das ist kein Grund zur Klage und verlangt nur „den Mut zum Fragment, wohl
eine skeptische Distanz zu Deduktionen und universalistische Strategien" (Mollenhauer
1996, S. 283); genau diese Selbstbescheidung forciert in den Augen anderer den Niedergang der Allgemeinen Pädagogik (vgl. Winkler 1996, S. 913).

Insgesamt ist die Schwierigkeit nicht zu übersehen, daß die „Tieferlegung" des theo-
retischen Anspruchsniveaus und die großzügige Dezentralisierung, Pluralisierung und
Öffnung des pädagogischen Grundlegungsdiskurses den Argumenten tendenziell den
Boden entziehen, die die *Notwendigkeit* dieses Diskurses stützen sollen (vgl. 3.1).

3.4   Die Einbeziehung empirischen Wissens in den Diskurs der Allgemeinen Pädagogik

Die vielfach zitierte Mahnung von Tenorth, eine Erziehungsphilosophie, „die ohne eine
existierende erziehungswissenschaftliche Forschung und gar mit eigenen Erkenntnis-
ansprüchen gegenüber der Realität auftritt, ist ein nur rhetorisches Unterfangen ohne
Wert" (Tenorth 1984, S. 65), scheint insofern Früchte getragen zu haben, als empirisch
erziehungswissenschaftliche Forschung immerhin in das Anforderungsprofil an eine
neue Allgemeine Pädagogik aufgenommen worden ist. „Die Erziehungswissenschaft
muß beschreiben, was ‚Erziehung' ist, nicht an sich, sondern in den Kontexten heu-
tiger Erfahrungswirklichkeit" (Oelkers 1990, S. 11), ein „Mangel an empirischem Ge-
halt" der Allgemeinen Pädagogik wird auch von Klaus Mollenhauer (1996, S. 284) eingeräumt, und Heinz-Hermann Krüger legt eine umfängliche Liste von empirischen
Forschungsthemen vor, deren Bündelung und Bearbeitung (gemeinsam mit den Teildisziplinen) Aufgabe der Allgemeinen Erziehungswissenschaft werden soll (vgl. Krüger
1994, S. 124 f.). In diesem Zusammenhang ist auch die Überlegung von Bedeutung, daß
mindestens ein Teil des Zuständigkeitsverlustes der Allgemeinen Pädagogik für die
Grundlagenprobleme der Teildisziplinen davon herrühren könnte, daß sich die Teildisziplinen in hohem Maße empirisch orientiert haben, die Allgemeine Pädagogik aber
nicht (vgl. Winkler 1994, S. 104).

Trotz der verhältnismäßig neu entdeckten Liebe zur Empirie wird nicht damit zu
rechnen sein, daß die Allgemeine Pädagogik als „historische Sozialwissenschaft" endet

(a. a. O., S. 113); wie aber der Anspruch, „philosophisch-grundlagenorientierte Fragestellungen auf der Basis empirischer Phänomene zu bearbeiten" (Marotzki 1996, S. 80), *methodologisch* einzulösen ist, ist bisher offen geblieben.

3.5 Überlegungen zur Differenzierung von Wissensformen

Als einen anderen Modus der theoretischen Inklusion von Pluralität kann man die Differenzierung von unterschiedlichen theoretischen Funktionen und ihnen entsprechenden Theorietypen *innerhalb* der Allgemeinen Pädagogik verstehen, wobei die Differenzpunkte unterschiedlich sind. In mehreren Ansätzen wird bei sonst unterschiedlichen Aufgabenbeschreibungen die Notwendigkeit einer eigenen Instanz herausgestellt, die die empirische, theoretische und handlungsorientierende Hauptaufgabe der allgemeinen pädagogischen Theorie reflexiv-kritisch begleitet: Neben die „Handlungswissenschaft", die „empirisch gesättigte und theoretisch begründete Orientierungen formuliert", tritt ihre Funktion als „Reflexionswissenschaft", die „die potentiellen Opfer ihrer eigenen Empfehlungen und der Aktivitäten ihrer Berufsrollenträger vor den Implikationen voreiliger, normativer und empirisch unhaltbarer Orientierungen schützt" (Lenzen 1997a, S. 17). Auch Jörg Ruhloff setzt neben eine Systematische Pädagogik auf der Basis einer synthetisierenden Idee einen „nicht-systematischen, ,dekompositorischen' Diskurs", der als „mitlaufendes Ermitteln der je spezifischen Voraussetzungen, die die Systematiken von Pädagogik tragen und rechtfertigen könnte" (Ruhloff 1991, S. 215), zusammen mit der konstruktiven Aufgabe den paradoxen Sinn des pädagogischen Denkens ausmacht (a. a. O., S. 216; ähnlich Wigger 1996, S. 928 f.; grundlegend: Fischer 1993 und 1996). Alfred Schäfer unterscheidet allgemeine Pädagogiken, die für die kategoriale Begründung pädagogischer Gegenstandsentwürfe zuständig sind, von einer kritischen Bildungsphilosophie im engeren Sinn, die diese Entwürfe zum Gegenstand kritischer Analyse macht (vgl. Schäfer 1990, S. 71 f.).

Eine andere Schneidung wird vollzogen, wenn historische und empirische Forschung von der bildungstheoretischen Reflexion einerseits und Handlungsorientierung andererseits unterschieden wird, verbunden mit der Option, „sich von dem im Verlauf der pädagogischen Theoriegeschichte ständig aufs neue formulierten Anspruch, direkt umsetzbare Orientierungshilfen für die pädagogische Praxis zu liefern, (zu) verabschieden" (Krüger 1997, S. 245). Andere Autoren wollen auf diese Funktion gerade nicht verzichten und versuchen die Modellierung einer Allgemeinen Pädagogik explizit im Hinblick auf den Orientierungsbedarf pädagogischer Professionen (vgl. z. B. Koring 1997; Giesecke 1997; Lenzen 1997a).

Spätestens an dieser Stelle wird eine Schwierigkeit deutlich, die mit den eingangs erwähnten Unsicherheiten der disziplinären Identität der Erziehungswissenschaft zu tun hat. Nicht alle Autoren unterscheiden streng zwischen der „Allgemeinen Pädagogik" und der „Erziehungswissenschaft allgemein". Im ersten Fall sind i. d. R. segmentspezi-

fisch erbrachte Funktionen (Identitätsstiftung, Klärung von Grundkategorien, Definition von gemeinsamen Problemen etc.) gemeint, die die Allgemeine Pädagogik für die
restliche Erziehungswissenschaft (von der sie unterschieden ist), d. h. für die anderen
Teilsegmente erbringt; im zweiten Fall geht es um die gleichen Probleme, nur daß ihre
Bewältigung nicht von einem Teilsegment, sondern von der ganzen Disziplin erwartet
wird. Im ersten Fall sind Vorschläge zur Unterscheidung von Theorieproblemen und
Wissensformen innerhalb des Segments „Allgemeine Pädagogik" auszumachen; wird
die „Erziehungswissenschaft allgemein" im Hinblick auf die Trennung von Wissensformen in den Blick genommen, wird i. d. R. anders differenziert: eine forschende, an epistemologischen Geltungskriterien ausgerichtete *Erziehungswissenschaft* wird von einer
unterschiedliche Wissensbestände nutzenden, das Handeln der Professionen kognitiv
und praktisch steuernden *Pädagogik* unterschieden (grundlegend dazu Tenorth 1987;
vgl. auch Oelkers 1990). Die hier verhandelte Problematik der Leistungsfähigkeit und
Situierung der Allgemeinen Pädagogik innerhalb der Erkenntnisaufgaben der Erziehungswissenschaft insgesamt ist insofern betroffen, als die Allgemeine Pädagogik in den
unterschiedlichen Vorschlägen sowohl auf der Seite der forschenden Erziehungswissenschaft (die praktischen Orientierungsprobleme werden dann der Profession überlassen), als auch auf der Seite der handlungsorientierenden Pädagogik lokalisiert wird,
als auch – mehrheitlich – forschende *und* handlungsorientierende Aufgaben *gleichzeitig*
übernehmen soll. Überlegungen, wie mit dieser etwas unübersichtlichen Situation umzugehen ist, folgen in 4.2.

4   Metatheoretische Probleme

Die notwendig sequentiell verfahrende Rekonstruktion des gegenwärtigen Diskurses
über die Allgemeine Pädagogik kann nur schwer die Probleme in den Blick nehmen, die
entstehen, wenn alle vorgeschlagenen neuen Differenzierungen, Aufgabenbeschreibungen, Erwartungen, Standortbestimmungen usw. der Allgemeinen Pädagogik *gleichzeitig*
gelten sollen. Auf einige Widersprüche und offene Fragen im Detail wurde schon hingewiesen; einige wenige Grundprobleme eher metatheoretischer Art sollen wenigstens
noch angesprochen werden.

4.1   *Die Erwartungen an die theoretischen Leistungen der Allgemeinen Pädagogik*

Im Folgenden wird versucht, die im aktuellen Diskurs insgesamt der Allgemeinen Pädagogik zugeschriebenen theoretischen Funktionen zusammenzufassen. Eine in sich
stimmige und überschneidungsfreie Klassifikation kann dabei nicht erwartet werden;
die unter b) genannten Funktionen stehen zu den unter a) genannten teilweise in einer
Mittel- Zweck-Relation.

a) *Allgemeine Pädagogik soll eine pädagogische Identität stiften für*
- *die Disziplin insgesamt* in der Form der Abgrenzung gegen die Nachbardisziplinen, aber auch gegen die Kontingenz thematisch ungebundenen Räsonnierens (vgl. Winkler 1996, S. 912); „Abgrenzung" impliziert dabei das Führen von „Brückendiskursen" (Krüger 1994, S. 123 f.), um von den Erträgen der Nachbarwissenschaften profitieren zu können bei gleichzeitiger Kontrolle des Theorieimports;
- *die Teildisziplinen,* deren pädagogische Identität bei aller Diffundierung in differenzierte gesellschaftliche Problembereiche ebenso gesichert bleiben muß wie ihr Zusammenhang zu den anderen pädagogischen Subdisziplinen (vgl. z. B. Krüger 1994, S. 123; Breinbauer 1995, S. 302);
- *die pädagogischen Professionen,* deren Handeln als *pädagogisches* Handeln identifizierbar und von Therapie, Beratung, Animation etc. (vgl. Breinbauer 1995, S. 302) unterscheidbar sein muß.

b) *Allgemeine Pädagogik soll die methodologische und kategoriale Basis herstellen für*
- *die Disziplin insgesamt,* um alle Anstrengungen im Denken, Forschen, Agieren (vgl. Ruhloff 1991, S. 213), Problemstellungen, zulässige Beweisverfahren usw. inhaltlich zu bestimmen und damit den gesamten Forschungsprozeß zu steuern. Dabei ist ausdrücklich impliziert, daß auch der Stellenwert und die Themen der empirischen Forschung von dieser kategorialen Basis aus festgelegt werden (vgl. z. B. Benner 1987, S. 9; Breinbauer 1995, S. 300; Schäfer 1990, S. 77);
- *die Teildisziplinen,* die sich in Forschung und Theoriebildung an einem pädagogischen Grundgedanken orientieren sollen, der allerdings so zugeschnitten sein muß, daß er den subdisziplinären Bedürfnissen entspricht (vgl. 3.2);
- *die pädagogischen Professionen,* um deren berufliches Handeln nicht nur mit Wissensbeständen über ihr Handlungsfeld, sondern auch mit Urteils- und Handlungsregeln zu versorgen (vgl. z. B. Lenzen 1997a, S. 15 ff.; Koring 1997, S. 312 ff.; Giesecke 1997, S. 393).

c) *Allgemeine Pädagogik soll kritisch- bzw. selbstkritisch-reflexiv alle leitenden Kategorien und Beweisverfahren, aber auch Urteils- und Handlungsregeln sowie die Handlungsfolgen in der gesamten Disziplin, den Subdisziplinen und den pädagogischen Professionen analysieren und zur Diskussion stellen (vgl. 3.5).*

d) *Allgemeine Pädagogik soll die für die Entstehung und Lösung allgemeiner, handlungsfeldübergreifender pädagogischer Probleme relevante gesellschaftliche Wirklichkeit empirisch erforschen bzw. empirisches Wissen aus den Nachbarwissenschaften adaptieren und distribuieren (vgl. 3.4).*

Auch einem an Fragen der Theorie-Architektonik nur mäßig interessierten Leser wird auffallen, daß das alles etwas viel und vor allem viel Heterogenes ist, was der Allgemeinen Pädagogik an Theorieaufgaben zugemutet wird. Nimmt man das Gesamtspektrum der genannten Funktionen, so hat sich seit der Pädagogik der Weimarer Zeit das Spektrum der theoretischen Aspirationen nicht geändert; Allgemeine Pädagogik ist immer noch zuständig für „Kategorialanalyse *und* Berufsethik, Begründung pädagogisch-politischer Standpunkte *und* Methodenreflexion, Aufgabenanalyse *und* Zeitdiagnose, Philosophie der Erziehung *und* Ethos des Erziehers" (Tenorth 1984, S. 62; Hervorhebungen von P. V.). Die alten Erwartungen sind – betrachtet man den Diskurs insgesamt – trotz der Anfechtungen der Pluralisierung und der Postmoderne erhalten geblieben, zwar moderater im Anspruch und differenzierter in der Sichtweise, aber doch immer noch so, daß es ausgeschlossen ist, diese Erwartungen in *einem* Theoriezusammenhang bündeln und bearbeiten zu können, sofern man auch nur minimale Ansprüche an die epistemologische Qualität von „Theorie" stellt. „Form follows function" mag nicht immer für das Design von Gebrauchsartikeln gelten, es scheint aber immer für das Design von Theorien zuzutreffen, und so ist die amorphe theoretische Konfiguration der Allgemeinen Pädagogik zu erklären („Sammelbezeichnung für thematisch und methodisch unbestimmtes pädagogisches Denken" – Heid 1991, S. 683), die zuviele und widersprüchliche Funktionen erfüllen soll.

4.2   Entlastung durch Differenzierung von Wissensformen

Andererseits gibt es auch innerhalb des Diskurses bei einem Teil der Autoren Hinweise auf die Notwendigkeit der Unterscheidung von Problemtypiken, die unterschiedliche „Wissensformen" im Sinne von Theorieformen und dazugehörigen Begründungsmustern erfordern (vgl. 3.5). Auf der Basis dieser Überlegungen läßt sich diskutieren, unter welchen Bedingungen sich möglicherweise Mißverständnisse vermeiden ließen und der Gordische Knoten allgemeinpädagogischer Diskurse entflochten werden könnte, ohne ihn zu zerstören.

a) Die grundlegenden Differenzierungsgesichtspunkte innerhalb der erziehungswissenschaftlichen Theoriebemühungen sind nicht die Unterscheidung von Allgemeinem/ Speziellem oder Allgemeiner Pädagogik/pädagogischen Teildisziplinen, sondern die Differenz von empirischer Forschung/Handlungsorientierung/kritischer Reflexion (vgl. Horn 1997, S. 27 f.; Oelkers 1990, S. 7; Tenorth 1990, S. 18 ff. und 1994, S. 27; Vogel 1989b). Diese Differenzierung, der unterschiedliche Problem- und Theorietypiken und die dazugehörigen Beweisverfahren entsprechen, findet sich in der Allgemeinen Pädagogik ebenso wie in den Teildisziplinen.

b) Erziehungswissenschaft bedarf der Aufklärung über den Wirklichkeitsbereich, den sie beobachtet und für den sie – vermittelt durch die pädagogischen Professionen – Expertenwissen bereitstellt. Diese Forschung findet ihre Probleme durch die Eigendynamik der Theorieentwicklung und den Forschungsbedarf der gesellschaftlichen Teilsysteme, für die die Erziehungswissenschaft zuständig gehalten wird, und die Beweis verfahren sind die in den empirischen Sozialwissenschaften üblichen, sofern sie den jeweiligen Fragestellungen angemessen sind. Vor diesem Hintergrund kann man zwischen „allgemeinen" empirisch zu klärenden Fragen und berufsfeldbezogenen empirischen Fragen (mit einem breiten Überschneidungsbereich) unterscheiden. Die Vorstellung, daß die Generierung der allgemeinen erziehungswissenschaftlichen Forschungsprobleme und die der handlungsfeldorientierten Teildisziplinen sowie die Typik der empirischen Forschung nach Maßgabe allgemeinpädagogisch begründeter Grundbegriffe geschieht, ist nicht mehr haltbar (vgl. Vogel 1989b, S. 432 ff.), zumal allgemein eingeräumt wird, daß diese systematischen Grundbegriffe nurmehr im Plural vorstellbar sind; es gäbe dann so viele empirische Forschungsprogramme und Forschungsmethodologien, wie es allgemeinpädagogische Entwürfe gibt.

c) Aufgrund ihrer Geschichte zählt zu den zentralen Erwartungen an die Erziehungswissenschaft, daß sie wissenschaftlich qualifiziertes „orientierendes Handlungswissen" (Lenzen 1997a, S. 15) für die pädagogischen Professionen bereitstellt. Die Schwierigkeit dieses Wissenstyps ist, daß er unausweichlich normative Anteile enthält, deren Gültigkeit sich – auch wenn man kritisch-analytisch und auch empirisch vieles hinsichtlich nichtdeklarierter Beweisunterlagen, immanenter Widerspruchsfreiheit oder der Folgenabschätzung aufklären kann, und durchaus wissenschaftlich begründete Aussagen über die Qualität unterschiedlicher Angebote gemacht werden können – wissenschaftlich nicht beweisen läßt (auch schon in der Zeit vor der Postmoderne). Die Bemühung um *relativ gut begründete,* der eigenen Grenzen bewußte und auf eine – empirisch-analysierte – bestimmte geschichtlich-gesellschaftliche Situation bezogene Gesichtspunkte für die ethische Orientierung pädagogischen Handelns stellen den traditionellen Kern der Aufgaben einer Allgemeinen Pädagogik dar, und deshalb sollte diese Bezeichnung dafür reserviert bleiben (als Beispiel, das diese Kriterien erfüllt: Benner 1987). Im Verhältnis zu den pädagogischen Professionen ist wichtig, daß die Reichweite derartiger Unternehmungen nicht überschätzt werden darf: Allgemeine Pädagogiken (im beschriebenen engeren Sinn) *steuern* nicht die professionelle Tätigkeit der pädagogisch Handelnden, sondern machen ein gut begründetes Orientierungsangebot; der Wissenschaftler, der es entwirft, darf sich auch keine Verantwortung für die pädagogische Praxis anmaßen (wozu allgemeine Pädagogen habituell neigen); er hat vielmehr die Verantwortung wahrzunehmen für die Qualität seiner Theorien nach den Kriterien des Wissenschaftssystems (erschöpfend dazu Tenorth 1990); die Allgemeine Pädagogik ist keine pädagogische Veranstaltung, sondern eine wissenschaftliche.

Akzeptiert man diese Aufgabenbeschreibung und die damit verbundene Einschränkung, dann stellt sich das Verhältnis zwischen Allgemeiner Pädagogik und handlungsfeldbezogenen Teildisziplinen relativ entspannt dar. Die schwierigen Probleme der Handlungsorientierung in einem abgrenzbaren pädagogischen Handlungsfeld verweisen automatisch auf eine Ebene hoher Allgemeinheit, die nur mit philosophischen Denkmitteln zu bearbeiten ist; spezifizierte Handlungsmaximen für einen pädagogischen Teilbereich sind durchaus vorstellbar, eine eigene Philosophie der Grundlagen des sozialpädagogischen oder erwachsenenpädagogischen Handelns wäre absurd. Andererseits spricht nichts dagegen, daß sich z. B. Sozialpädagogen am philosophischen Diskurs über Möglichkeiten und Grenzen von handlungsfeldbezogenen ethischen Orientierungen beteiligt, sofern sie es kompetent und nach den Regeln dieser Diskursart tun.

d) Die kritische Reflexion der leitenden Kategorien aller anderen erziehungswissenschaftlichen Theoriebemühungen und pädagogischen Praxisentwürfe war auch von einigen Autoren im allgemeinpädagogischen Diskurs als Erkenntnisaufgabe beschrieben worden, deren besondere Typik eine eigene Wissensform erforderlich macht (vgl. 3.5). In diesem Bereich (der hier zur Unterscheidung von der „Allgemeinen Pädagogik" im engeren Sinne „Theoretische Erziehungswissenschaft" genannt wird) geht es um die kritische Reflexion der erkenntnisleitenden, wissensgenerierenden Grundannahmen und Beweisverfahren der empirisch-erziehungswissenschaftlichen Forschung, der allgemeinpädagogischen und subdisziplinären Entwürfe für die praktische Orientierung pädagogischen Handelns sowie des Zusammenhangs und der Austauschregeln zwischen allen Bereichen (vgl. Vogel 1997b, S. 421 ff.). Diese Grundannahmen und Beweisverfahren sind ihr Gegenstand, den sie mit Denkmitteln der Philosophie und – wo erforderlich – unter Zuhilfenahme empirischer und historischer Forschung analysiert und diskutiert. Am Ende steht keine Empfehlung oder „Unbedenklichkeitserklärung", wohl aber eine Kosten-Nutzen-Analyse hinsichtlich des notwendigen Begründungsaufwandes (a. a. O., S. 423).

e) Das gesamte Feld der Erkenntnisaufgaben, die gemeinhin einer undifferenzierten und theoretisch-amorphen Allgemeinen Pädagogik zugeschrieben werden, ließe sich also – wenn man nach „Diskursarten" oder Wissensformen unterscheidet – aufteilen in die Bereiche „empirische Erforschung allgemeiner Strukturen der Erziehungswirklichkeit", eine kritisch-reflexive „Theoretische Erziehungswissenschaft" und eine handlungsorientierende, konstruktive „Allgemeine Pädagogik" (unter Verzicht auf den Anspruch, damit pädagogische Praxis regulieren zu können). Unabhängig davon, wie man die unterschiedlichen Erkenntnisaufgaben bezeichnet,[3] wäre die Selbstdisziplinierung durch die Rücksicht auf die erforderlichen unterschiedlichen Problemtypiken und Beweisregeln ein großer Fortschritt für den allgemeinpädagogischen Diskurs; ein erheblicher Teil der wissenschaftlichen Kontroversen, aber auch der Auseinandersetzung über Inhalte und Aufgaben des erziehungswissenschaftlichen Studiums beruhen darauf, daß die Beteiligten nicht beachten, in welchem Theoriebereich sie sich gerade bewegen.

Das Problem der „Identität" der Gesamtdisziplin, der Subdisziplinen und der pädagogischen Professionen stellt sich, wenn man die unterschiedlichen Erkenntnisaufgaben so gruppiert, anders dar. Die Erwartung, daß ein materialer pädagogischer Grundgedankengang Theoriebildung, Forschung und die Orientierung der pädagogischen Professionen definiert und zusammenhält, kann aufgegeben werden. Die Identität pädagogischen Handelns ist Problem der in der Praxis Handelnden und kann ohnehin nicht vom Schreibtisch des Wissenschaftlers aus gestiftet werden, und die Identität der Erziehungswissenschaft ergibt sich aus der Balance zwischen den Identitätsdefinitionen ihrer eigenen Geschichte und den Zuschreibungen und Erwartungen des übrigen Wissenschaftssystems, der pädagogischen Professionen und der Gesellschaft (vgl. Vogel 1993,

S. 342 f.). Mehr an Identitätskonstitution ist (mindestens derzeit) nicht möglich, aber auch nicht nötig.

Anmerkungen

1 Der Text folgt zunächst der in der Diskussion weit verbreiteten terminologischen Unschärfe und macht keinen Unterschied zwischen „Allgemeiner Pädagogik", „Systematischer Pädagogik" und „Allgemeinen Problemen der Erziehungswissenschaft"; erst in Punkt 3.5 werden diese Differenzen aufgegriffen.

2 Berücksichtigt wurden Texte, die den Status, die Reichweite, die Funktion und die Aufgaben der Allgemeinen Pädagogik thematisieren, nicht materiale Entwürfe Allgemeiner Pädagogiken oder deren Diskussion.

3 Die Bezeichnung der Bereiche ist problematisch, weil die verwendeten Termini in der Disziplin uneinheitlich gebraucht werden; insofern ist die Frage, ob die Theorietypiken plausibel unterschieden sind, wichtiger als die Frage, ob die Bezeichnungen dafür gut gewählt sind. Ein rudimentäres Konzept des Gesamtzusammenhangs erziehungswissenschaftlicher Wissensformen findet sich bei Vogel 1997b.

Literatur

Baumert, J./Roeder, P. M. (1990a): Forschungsproduktivität und ihre institutionellen Bedingungen – Alltag erziehungswissenschaftlicher Forschung. In: Zeitschrift für Pädagogik, 36. Jg., S. 73–98.

Baumert, J./Roeder, P. M. (1990b): Zur personellen Situation der Erziehungswissenschaft an den Wissenschaftlichen Hochschulen der Bundesrepublik Deutschland. In: Erziehungswissenschaft, 1. Jg., H. 1, S. 7–43.

Baumert, J./Roeder, P. M. (1994): „Stille Revolution". Zur empirischen Lage der Erziehungswissenschaft. In: Krüger, H.-H./Rauschenbach, T. (Hrsg.): Erziehungswissenschaft. Die Disziplin am Beginn einer neuen Epoche. – München, S. 29–48.

Benner, D.(1987): Allgemeine Pädagogik. Eine systematisch-problemgeschichtliche Einführung in die Grundstruktur pädagogischen Denkens und Handelns. – Weinheim.

Breinbauer, I. M. (1995): Allgemeine Pädagogik als Kritik pädagogischer Vernunft. Oder: Die Sorge um die Identität eines Faches unter Bedingungen des Pluralismus. In: Vierteljahrsschrift für wissenschaftliche Pädagogik, 71. Jg., S. 298–311.

Fischer, W. (1993): Über den Mangel an Skepsis in der Pädagogik. In: Fischer, W./Ruhloff, J. (Hrsg.): Skepsis und Widerstreit. Neue Beiträge zur skeptisch-transzendentalkritischen Pädagogik. – Sankt Augustin, S. 11–28.

Fischer, W. (1996): Pädagogik und Skepsis. In: Borelli, M./Ruhloff, J. (Hrsg.): Deutsche Gegenwartspädagogik. Bd. 2. – Hohengehren, S. 16–27.

Fischer, W. (1997): Über die Bedeutung der Philosophie für die „Pädagogik als Wissenschaft". In: Frischmann, B./Mohr, G. (Hrsg.): Erziehungswissenschaft – Bildung – Philosophie. – Weinheim, S. 21–34.

Fromme, J. (1997): Pädagogik als Sprachspiel. Zur Pluralisierung der Wissensformen im Zeichen der Postmoderne. – Neuwied.

Fuhr, T./Schultheis, K. (1997): Das Selbstverständnis der allgemeinen Pädagogik im Diplomstudiengang Erziehungswissenschaft. In: Pädagogische Rundschau, 51. Jg., H. 2, S. 141–154.

Giesecke, H. (1997): Das „Ende der Erziehung". Ende oder Anfang pädagogischer Professionalisierung. In: Combe, A./Helsper, W. (Hrsg.): Pädagogische Professionalität. Untersuchungen zum Typus pädagogischen Handelns. – Frankfurt am Main, S. 391–403.

Hauenschild, H. (1997): Zur sozialwissenschaftlichen Wendung im erziehungswissenschaftlichen Lehrangebot. In: Zeitschrift für Pädagogik, 43. Jg., S. 771–790.

Hauenschild, H./Herrlitz, H.-G./Kruse, B. (1993): Die Lehrgestalt der westdeutschen Erziehungswissenschaft von 1945–1990. – Göttingen.

Heid, H. (1991): (Rez. zu:) D. Benner: Allgemeine Pädagogik. Eine systematisch-problemgeschichtliche Einführung in die Grundstruktur pädagogischen Denkens und Handelns. In: Zeitschrift für Pädagogik, 37. Jg., S. 683–689.

Heid, H. (1994): Plädoyer für erziehungswissenschaftlichen Pluralismus. Ein Beitrag zur Politisierung pädagogischen Denkens und Handelns? In: Heyting, F./Tenorth, H.-E. (Hrsg.): Pädagogik und Pluralismus. Deutsche und niederländische Erfahrungen im Umgang mit Pluralität in Erziehung und Erziehungswissenschaft. – Weinheim, S. 121–130.

Helmer, K. (1992): Argumentation und Zustimmung. Über einige Möglichkeiten theoretischer Rhetorik. In: Vierteljahrsschrift für wissenschaftliche Pädagogik, 68. Jg., S. 370–387.

Helmer, K. (1996): Systematische Pädagogik und theoretische Rhetorik. In: Borelli, M./Ruhloff, J. (Hrsg.): Deutsche Gegenwartspädagogik. Bd. 2. – Hohengehren, S. 28–40.

Heyting, F. (1994): Konstruktiver Pluralismus – Diversität als Baustein erziehungswissenschaftlicher Theoriebildung. In: Heyting, F./Tenorth, H.-E. (Hrsg.): Pädagogik und Pluralismus. Deutsche und niederländische Erfahrungen im Umgang mit Pluralität in Erziehung und Erziehungswissenschaft. – Weinheim, S. 101–120.

Heyting, F./Tenorth, H.-E. (1994): Pädagogik und Pluralismus. Zur Einleitung in diesen Band. In: Heyting, F./Tenorth, H.-E. (Hrsg.): Pädagogik und Pluralismus. Deutsche und niederländische Erfahrungen im Umgang mit Pluralität in Erziehung und Erziehungswissenschaft. – Weinheim, S. 5–22.

Hoffmann, D. (1994): Pluralismus als Wissenschaftsprinzip oder wie man aus der Not eine Tugend macht. In: Uhle, R./Hoffmann, D. (Hrsg.): Pluralitätsverarbeitung in der Pädagogik. Unübersichtlichkeit als Wissenschaftsprinzip? (= Beiträge zur Theorie und Geschichte der Erziehungswissenschaft, Bd. 16). – Weinheim, S. 191–200.

Horn, K.-P. (1997): Professionalisierung und Disziplinbildung. (= Oldenburger Universitätsreden Nr.98). – Oldenburg.

Kade, J. (1994): Erziehungswissenschaftliche Theoriebildung im Blick auf die Vielfalt einer sich entgrenzenden pädagogischen Welt. In: Uhle, R./Hoffmann, D. (Hrsg.): Pluralitätsverarbeitung in der Pädagogik. Unübersichtlichkeit als Wissenschaftsprinzip? (= Beiträge zur Theorie und Geschichte der Erziehungswissenschaft, Bd. 16). – Weinheim, S. 149–161.

Koring, B.(1997): Zur Professionalisierung der pädagogischen Tätigkeit. In: Combe, A./Helsper, W. (Hrsg.): Pädagogische Professionalität. Untersuchungen zum Typus pädagogischen Handelns. Frankfurt am Main, S. 303–339.

Krüger, H.-H. (1994): Allgemeine Pädagogik auf dem Rückzug? Notizen zur disziplinären Neuvermessung der Erziehungswissenschaft. In: Krüger, H.-H./Rauschenbach, T. (Hrsg.): Erziehungswissenschaft. Die Disziplin am Beginn einer neuen Epoche. – München, S. 115–130.

Krüger, H.-H. (1995): Erziehungswissenschaft und ihre Teildisziplinen. In: Helsper, W./Krüger, H.-H. (Hrsg.): Einführung in Grundbegriffe und Grundfragen der Erziehungswissenschaft. (= Einführungskurs Erziehungswissenschaft, Bd. 1). – Opladen, S. 303–318.

Krüger, H.-H. (1997): Einführung in Theorien und Methoden der Erziehungswissenschaft. – Opladen.

Krüger, H.-H./Rauschenbach, T. (1994): Erziehungswissenschaft – eine ganz normale Disziplin? Eine einführende Problemskizze. In: Krüger, H.-H./Rauschenbach, T. (Hrsg.): Erziehungswissenschaft. Die Disziplin am Beginn einer neuen Epoche. – München, S. 7–16.

Lenzen, D. (1992): Reflexive Erziehungswissenschaft am Ausgang des postmodernen Jahrzehnts oder Why should anybody be afraid of red, yellow and blue? In: Benner, D./Lenzen, D./ Otto, H.-U. (Hrsg.): Erziehungswissenschaft zwischen Modernisierung und Modernitätskrise (= 29. Beiheft der Zeitschrift für Pädagogik). – Weinheim, S. 75–92.

Lenzen, D. (1996): Reflexivität und Methexis. In: Borelli, M./Ruhloff, J. (Hrsg.): Deutsche Gegenwartspädagogik. Bd. 2. – Hohengehren, S. 54–66.

Lenzen, D. (1997a): Professionelle Lebensbegleitung – Erziehungswissenschaft auf dem Weg zur Wissenschaft des Lebenslaufs und der Humanontogenese. In: Erziehungswissenschaft, 8. Jg., H. 15, S. 5–22.

Lenzen, D. (1997b): Lebenslauf oder Humanontogenese. Vom Erziehungssystem zum kurativen System – von der Erziehungwissenschaft zur Humanvitologie. In: Lenzen, D./Luhmann, N. (Hrsg.): Bildung und Weiterbildung im Erziehungssystem. Lebenslauf und Humanontogenese als Medium und Form. – Frankfurt am Main, S. 228–247.

Luhmann, N. (1997): Erziehung als Formung des Lebenslaufs. In: Lenzen, D./Luhmann, N. (Hrsg.): Bildung und Weiterbildung im Erziehungssystem. Lebenslauf und Humanontogenese als Medium und Form. – Frankfurt am Main, S. 11–29.

Lyotard, J.-F. (1986): Das postmoderne Wissen. Ein Bericht. – Graz.

Macke, G. (1990): Disziplinenformierung als Differenzierung und Spezialisierung – Entwicklung der Erziehungswissenschaft unter dem Aspekt der Ausbildung und Differenzierung von Teildisziplinen. In: Zeitschrift für Pädagogik, 36. Jg., S. 51–72.

Macke, G. (1994): Disziplinärer Wandel. Erziehungswissenschaft auf dem Wege zur Verselbständigung ihrer Teildisziplinen? In: Krüger, H.-H./Rauschenbach, T. (Hrsg.): Erziehungswissenschaft. Die Disziplin am Beginn einer neuen Epoche. – München, S. 49–68.

Marotzki, W (1996): Neue Konturen Allgemeiner Pädagogik Biographie als vermittelnde Kategorie. In: Borelli, M./Ruhloff, J. (Hrsg): Deutsche Gegenwartspädagogik. Bd 2. – Hohengehren, S. 67–84.

Meder, N. (1987): Der Sprachspieler. Der postmoderne Mensch oder das Bildungsideal im Zeitalter der neuen Technologien. – Köln.

Meder, N. (1996): Der Sprachspieler. Ein Bildungskonzept für die Informationsgesellschaft. In: Vierteljahrsschrift für wissenschaftliche Pädagogik, 72 Jg , S. 145–162

Meyer-Drawe, K. (1990): Illusionen von Autonomie. Diesseits von Ohnmacht und Allmacht des Ich. – München.

Meyer-Drawe, K. (1992): „Projekt der Moderne" oder Antihumamsmus Reflexionen zu einer falsch gestellten Alternative. In: Benner, D./Lenzen, D./Otto, H.-U. (Hrsg): Erziehungswissenschaft zwischen Modernisierung und Modernitätskrise (= 29. Beiheft, Zeitschrift für Pädagogik). – Weinheim, S. 93–104.

Mollenhauer, K. (1996): Über Mutmaßungen zum „Niedergang" der Allgemeinen Pädagogik – eine Glosse. In: Zeitschrift für Pädagogik, 42. Jg , S. 277–288.

Müller, S. (1997): Aschenputtel, Dornröschen und der Froschkönig. Anmerkungen zu den Bemerkungen eines externen Beobachters der universitären Sozialpädagogik. In: Erziehungswissenschaft, 8. Jg.,H. 15, S. 50–54.

Niemeyer, C. (1996): Sozialpädagogik als Pädagogik und als Erziehungswissenschaft – ein Vermittlungsversuch anläßlich einer Glosse Klaus Mollenhauers (Manuskript), 17 S.

Oelkers, J. (1990): Utopie und Wirklichkeit. Ein Essay über Pädagogik und Erziehungswissenschaft. In: Zeitschrift für Pädagogik, 36. Jg., S. 1–14.

Oelkers, J. (1996): Die Erziehung zum Guten. Legitimationspotentiale Allgemeiner Pädagogik. In: Zeitschrift für Pädagogik, 42. Jg., S. 235–254.

Oelkers, J. (1997a): Allgemeine Pädagogik. In: Fatke, R. (Hrsg): Forschungs- und Handlungsfelder der Pädagogik (= Zeitschrift für Pädagogik, 36. Beiheft). – Weinheim, S. 237–267.

Oelkers, J. (1997b): Ästhetische Moderne und Erziehungstheorie. Heilsame Destruktionen. In: Combe, A./Helsper, W. (Hrsg): Pädagogische Professionalität. Untersuchungen zum Typus pädagogischen Handelns. – Frankfurt am Main, S. 842–886.

Paschen, H. (1996): Was ist Pädagogik und welcher Wissenschaft bedarf sie? In: Borelli, M./Ruhloff, J. (Hrsg.): Deutsche Gegenwartspädagogik. Bd. 2. – Hohengehren, S. 113–122.

Paschen, H. (1997): Pädagogiken. Zur Systematik pädagogischer Differenzen. – Weinheim.

Paschen, H./Wigger, L. (Hrsg.) (1992): Pädagogisches Argumentieren (= Beitrage zur Theorie und Geschichte der Erziehungswissenschaft, Bd. 12). – Weinheim.

Peukert, H. (1992): Die Erziehungswissenschaft der Moderne und die Herausforderungen der Gegenwart. In: Benner, D./Lenzen, D./Otto, H.-U. (Hrsg.): Erziehungswissenschaft zwischen Modernisierung und Modernitätskrise (= 29. Beiheft der Zeitschrift für Pädagogik). – Weinheim, S. 113–128

Prange, K. (1996): Alte Schwierigkeiten – neue Konfusionen. Bemerkungen zu dem Hamburger-Memorandum der universitären Sozialpädagogik. In: Erziehungswissenschaft, 7. Jg., H. 14, S. 63–75.

Rauschenbach, T. (1992): Sind nur Lehrer Pädagogen? Disziplinäre Selbstvergewisserungen im Horizont des Wandels von Sozial- und Erziehungsberufen. In: Zeitschrift für Pädagogik, 38. Jg., S. 385–418.

Rauschenbach, T. (1994): Ausbildung und Arbeitsmarkt für ErziehungswissenschaftlerInnen. Empirische Bilanz und konzeptionelle Perspektiven. In: Krüger, H.-H./Rauschenbach, T. (Hrsg.): Erziehungswissenschaft. Die Disziplin am Beginn einer neuen Epoche. – München, S. 275–294.

Roeder, P. M. (1990): Erziehungswissenschaften – Kommunikation in einer ausdifferenzierten Sozialwissenschaft. In: Zeitschrift für Pädagogik, 36. Jg., S. 651–670.

Ruhloff, J. (1991): Eine Allgemeine Pädagogik? In: Peukert, H./Scheuerl, H. (Hrsg.): Wilhelm Flitner und die Frage nach einer allgemeinen Erziehungswissenschaft im 20 Jahrhundert (= 26. Beiheft der Zeitschrift für Pädagogik). – Weinheim, S. 211–216.

Ruhloff, J. (1993a): Widerstreitende statt harmonische Bildung – Grundzüge eines „postmodernen" pädagogischen Konzepts. In: Fischer, W./Ruhloff, J. (Hrsg.): Skepsis und Widerstreit. Neue Beiträge zur skeptisch-transzendentalkritischen Pädagogik. – Sankt Augustin, S. 43–56.

Ruhloff, J. (1993b): Widerstreit – eine architektonische Konstante im Aufbau der Pädagogik (1991). In: Fischer, W./Ruhloff, J. (Hrsg.): Skepsis und Widerstreit. Neue Beiträge zur skeptisch-transzendentalkritischen Pädagogik. – Sankt Augustin, S. 81–96.

Schäfer, A. (1990): Allgemeine Pädagogik – zwischen philosophischer Theorie und wissenschaftlicher Empirie. In Vierteljahrsschrift für wissenschaftliche Pädagogik, 66. Jg., S. 61–80.

Schirlbauer, A. (1992): Bokanowskys Problem Oder Das Allgemeine der Erziehungswissenschaften. In: Vierteljahrsschrift für wissenschaftliche Pädagogik, 68. Jg., S. 388–403.

Tenorth, H.-E. (1984): Berufsethik, Kategorialanalyse, Methodenreflexion. Zum historischen Wandel des „Allgemeinen" in der Pädagogik. In: Zeitschrift für Pädagogik, 30. Jg., S. 49–68.

Tenorth, H.-E. (1987): Dogmatik als Wissenschaft – Überlegungen zum Status und zur Funktionsweise pädagogischer Argumente. In: Baecker, D. u. a. (Hrsg.): Theorie als Passion. Niklas Luhmann zum 60. Geburtstag. – Frankfurt am Main, S. 694–719.

Tenorth, H.-E. (1990): Verantwortung und Wächteramt. Wie die wissenschaftliche Pädagogik ihre gesellschaftliche Wirksamkeit behandelt. In: Vierteljahrsschrift für wissenschaftliche Pädagogik, 66. Jg., S. 409–435.

Tenorth, H.-E. (1992): Laute Klage, Stiller Sieg. Über die Unaufhaltsamkeit der Pädagogik in der Moderne. In: Benner, D./Lenzen, D./Otto, H.-U. (Hrsg.): Erziehungswissenschaft zwischen Modernisierung und Modernitätskrise (= 29. Beiheft, Zeitschrift für Pädagogik). – Weinheim, S. 129–140.

Tenorth, H.-E. (1994): Vielfalt pädagogischen Wissens und Formen seiner Einheit. Eine Erinnerung an Bekanntes. In: Heyting, F./Tenorth, H.-E. (Hrsg.): Pädagogik und Pluralismus. Deutsche und niederländische Erfahrungen im Umgang mit Pluralität in Erziehung und Erziehungswissenschaft. – Weinheim, S. 51–64.

Tenorth, H.-E. (1995): Engagierte Beobachter, distanzierte Akteure. Eine Ermunterung, pädagogische Grundprobleme wieder zu erörtern. In: Zeitschrift für Pädagogik, 41. Jg., S. 3–14.

Tenorth, H.-E. (1996): Normalisierung und Sonderweg. In: Borelli, M./Ruhloff, J. (Hrsg.): Deutsche Gegenwartspädagogik. Bd. 2. – Hohengehren, S. 170–182.

Thiersch, H. (1994): Sozialpädagogik und Erziehungswissenschaft. Reminiszenzen zu einer hoffentlich bald überflüssigen Diskussion. In: Krüger, H.-H./Rauschenbach, T. (Hrsg.): Erziehungswissenschaft. Die Disziplin am Beginn einer neuen Epoche. – München, S. 131–146.

Vogel, P. (1989a): Ermöglichung von Öffentlichkeit aufgrund neuer Technologien: Bildungstheoretische Implikationen. In: Oelkers, J./Peukert, H./Ruhloff, J. (Hrsg.): Öffentlichkeit und Bildung in erziehungsphilosophischer Sicht. – Köln 1989, S. 89–116.

Vogel, P. (1989b): Zur Rekonstruktion pädagogischer Wissensformen. In: Zedler, P./König, E. (Hrsg.): Rekonstruktionen pädagogischer Wissenschaftsgeschichte. Fallstudien, Ansätze, Perspektiven. – Weinheim, S. 429–445.

Vogel, P. (1993): System – Die Antwort der Bildungsphilosophie?. In: Tenorth, H.-E. (Hrsg.): Pädagogisches Wissen. – Weinheim, S. 333–346.

Vogel, P. (1997a): Von der philosophischen Pädagogik zur philosophischen Reflexion innerhalb der Erziehungswissenschaft. In: Frischmann, B./Mohr, H.-G. (Hrsg.): Erziehungswissenschaft – Bildung – Philosophie. – Weinheim, S. 61–70.

Vogel, P. (1997b): Vorschlag für ein Modell erziehungswissenschaftlicher Wissensform. In: Vierteljahrsschrift für wissenschaftliche Pädagogik, 37. Jg., S. 415–427.

Wigger, L. (1996): Die aktuelle Kontroverse um die Allgemeine Pädagogik. Eine Auseinandersetzung mit ihren Kritikern. In: Zeitschrift für Pädagogik, 42. Jg., S. 915–914.

Wimmer, M. (1997): Zerfall des Allgemeinen – Wiederkehr des Singulären. Pädagogische Professionalität und der Wert des Wissens. In: Combe, A./Helsper, W. (Hrsg.): Pädagogische Professionalität. Untersuchungen zum Typus pädagogischen Handelns. – Frankfurt am Main, S. 404–447.

Winkler, M. (1992): Erziehung im System der Barbareivermeidung. Unzeitgemäße Bemerkungen zur Krise der Pädagogik in der Postmoderne. In: Marotzki, W./Sünker, H. (Hrsg.): Kritische Erziehungswissenschaft – Moderne – Postmoderne. Bd. 1. – Weinheim, S. 152–192.

Winkler, M. (1994): Wo bleibt das Allgemeine? Vom Aufstieg der allgemeinen Pädagogik zum Fall der Allgemeinen Pädagogik. In: Krüger, H.-H./Rauschenbach, T. (Hrsg.): Erziehungswissenschaft. Die Disziplin am Beginn einer neuen Epoche. – München, S. 93–114.

Winkler, M. (1996): Die Glosse als systematische Darstellungsform – eine Replik. In: Zeitschrift für Pädagogik, 42. Jg., S. 905–913.

Zinnecker, J. (1997): Sorgende Beziehungen zwischen Generationen im Lebensverlauf. Vorschläge zur Novellierung des pädagogischen Codes. In: Lenzen, D./Luhmann, N. (Hrsg.): Bildung und Weiterbildung im Erziehungssystem. Lebenslauf und Humanontogenese als Medium und Form. – Frankfurt am Main, S. 199–227.

Konstruktivismus in der Erziehungswissenschaft

Dirk Rustemeyer

1   Einleitung

Wirklichkeit ist das Resultat, nicht das unabhängige Objekt von Beschreibungen. Beschreibungen werden von Beobachtern erzeugt. Wirklichkeit zu beobachten erfordert deshalb, Beobachter zu beobachten, die Wirklichkeit beschreiben. – In diesen Annahmen konvergieren Theorieansätze unterschiedlicher wissenschaftlicher Disziplinen, die sich dem Programm des „Konstruktivismus" zurechnen.

Im Folgenden (II) werden Kernthesen und Hauptvarianten konstruktivistischer Theoriebildung skizziert. Inwiefern diese Kernannahmen den erziehungswissenschaftlichen Diskurs provozieren, wird in einem zweiten Schritt (III) verdeutlicht. Schließlich wird (IV) der Anspruch konstruktivistischer Positionen daraufhin beobachtet, ob ihre erkenntnistheoretische Argumentation schlüssig und ihre forschungsleitende Relevanz überzeugend ausfällt.

2   Kernthesen konstruktivistischer Theoriebildung

Das Etikett des – gelegentlich als „radikal" firmierenden – Konstruktivismus bezeichnet weniger ein kohärentes Theoriedesign als einen interdisziplinären Diskussionszusammenhang, der vor allem Überlegungen aus der Biologie der Kognition (Maturana), der Physik (Haken), der Chemie (Prigogine), der Kybernetik (Foerster) und der Psychologie (Watzlawick, Piaget, Glasersfeld) bündelt, um Prozesse der Selbstreferenz, der Selbstorganisation und der Autopoiese zu beschreiben (vgl. Dress/Hendrichs/Küppers 1986; Krohn/Küppers 1990, 1992). Diese Konzeptionen von Selbstbezuglichkeit und die Sprache konstruktivistischer Erkenntnistheorie finden seit einigen Jahren in soziologischen, erziehungs-, literatur-, kommunikations- und wirtschaftswissenschaftlichen Diskursen Resonanz (vgl. als Übersicht Gumin/Mohler 1985; Schmidt 1987, 1992, 1998; Watzlawick 1990). Traditionelle Grenzen zwischen Einzelwissenschaften, aber auch zwischen Natur-, Geistes- und Sozialwissenschaften scheinen damit unterlaufen werden zu können. Erkenntnistheoretische Fragen nach dem Verhältnis von Subjekt und Objekt, den Bedingungen der Möglichkeit von Erkenntnis und den Voraussetzungen wahrer Aussagen gewinnen unter konstruktivistischer Perspektive eine empirische Form. Anstatt nach ‚wahren' Beschreibungen einer unabhängigen Welt suchen Konstruktivisten demnach nützliche Beschreibungen zur Lösung konkreter Probleme. Solche Verheißungen eines transdisziplinären Paradigmas lassen mitunter die begrifflichen, methodischen und gegenstandsrelativen Differenzen zwischen Varianten konstruktivistischen Denkens in den Hintergrund treten. Mit heuristischer Typisierung kann aber eine (a) biologische, eine (b) informationstheoretische, eine (c) psychologische und eine (d) soziologische Variante des Konstruktivismus unterschieden werden. Diese Theorievarianten eines aktuellen „radikalen" Konstruktivismus sind wiederum von einem philosophischen Konstruktivismus deutlich abzuheben, der unter dem Namen der „Erlanger Schule" in den späten 60er und 70er Jahren eine Protowissenschaft begründete, mit deren Hilfe Umgangs- und verschiedene Wissenschaftssprachen auf gemeinsame Voraussetzungen vernünftigen Argumentierens hin untersucht wurden. Weil er die Sprache als das entscheidende Medium aller sinngenerativen Unterscheidungsleistungen betrachtet, setzt es sich dieser Erlanger Konstruktivismus zum Ziel, eine gemeinsame Wissenschaftssprache auf der Basis einer strengen Prädikationstheorie zu entwerfen, die logischen und ethischen Anforderungen gerecht wird, um so die Einheit theoretischer und praktischer Vernunft zu fundieren (vgl. Kamlah/Lorenzen 1967; Lorenzen 1974; Lorenzen/Schwemmer 1975; Mittelstraß 1974; Gethmann 1979). Von dieser Art konstruktivistischen Denkens ist im folgenden nicht die Rede.

(a) Mit der neurobiologischen Spielart des Konstruktivismus verbindet sich vor allem das Forschungsprogramm Humberto Maturanas. Um Kognition als ein biologisches Phänomen naturwissenschaftlich zu erklären, wird sie nicht nach dem Schema einer Differenz von Denken und Gedachtem, sondern als erfolgreiches Handeln eines Organismus in einer Umwelt betrachtet. Erkennen ist demnach ein Prozeß, mit dem ein lebendes System seine Reproduktion organisiert (Maturana 1987a, S. 91).

Was einem Beobachter wie eine Anpassung des Organismus an seine Umgebung erscheint, bedeutet für den Organismus lediglich eine determinierte Abfolge interner Zustandsänderungen, die keine Kenntnis oder Repräsentation der Umwelt verlangt (a. a. O., S. 105). Erkennen ist die welterzeugende wirksame Handlungsweise eines Organismus zur Reproduktion seines Lebens (vgl. Maturana/Varela 1987, S. 36). Ein sich selbst erzeugender Lebenszusammenhang heißt autopoietisch (vgl. a. a. O., S. 50). Leben und Erkennen sind autopoietische Prozesse. Solche Prozesse sind operational geschlossen, weil sie aus rekursiv-dynamischen Strukturen aufgebaut werden, deren Funktionsweise durch die Umwelt nicht determiniert ist. Allerdings operiert jedes Lebewesen in einem Milieu, auf das es im Rahmen seiner Resonanzfähigkeiten reagiert. Dieses Milieu löst Perturbationen im System aus, es legt aber nicht fest, wie das System im Rahmen seiner Strukturen solche Störungen seiner Regulationsparameter verarbeitet. Solange die Autopoiese des Lebens nicht abreißt, beschreibt ein Beobachter dieses Verhältnis von System und Milieu als verträglich.

Strukturdynamische Interaktionen zwischen System und Milieu bilden strukturelle Kopplungen (vgl. a. a. O., S. 105 f., S. 110, S. 145 ff.). Die Beschreibung struktureller Kopplungen und die Einheit von System und Umwelt ist immer ein Beobachterkonstrukt, nicht die Abbildung der Wirklichkeit des beobachteten Systems. Ein Beobachter beschreibt unzugängliche interne Relationen eines Lebewesens als Verhalten. Die gelingende Autopoiese über einen gewissen Zeitraum hinweg erscheint diesem Beobachter als Lernen des Organismus, das heißt als erfolgreiche Regulation interner Strukturen im Verhältnis zu Perturbationen. Leben, Erkennen und Lernen koinzidieren (vgl. a. a. O., S. 186 ff.).

Rekursive Interaktionen, also koordinierte Regulationen wechselseitiger Perturbationen zwischen zwei oder mehr Lebewesen beschreibt ein Beobachter als Koevolution dieser Organismen. Koevolution führt zu dem Phänomen der Soziatät als einer besonderen Struktur kommunikativer Verhaltensregulationen (vgl. a. a. O., S. 196, S. 209 f.; Maturana 1987b). Menschliche Sozialität zeichnet sich durch die Verfügbarkeit über das Medium der Sprache aus, mit dessen Hilfe die Komponenten des sozialen Systems die Einheit des Systems symbolisieren. Sprache schafft neue Beobachtungsvarianten für Organismen, die unter anderem wissenschaftliche Beschreibungen des Lebensprozesses ermöchgen, als deren Resultat sie sich beschreiben (vgl. Maturana/Varela 1987, S. 216 f.). Beschreibt ein Beobachter die kommunikativen Interaktionen zwischen Organismen so, als ob die Bedeutung, die er ihnen zuschreibt, diese Interaktionen selbst bestimmen würde, liefert er eine semantische Beschreibung. Sprache eröffnet die Möglichkeit von Bewußtsein, indem sie die Unterscheidung von Selbst und Anderem anbietet und damit den Beobachter als eine Instanz erzeugt, der sprachliche Unterscheidungen unterscheiden kann. Bewußtsein, Ich und Selbst entstehen als Produkte sprachlicher Operationen (vgl. a. a. O., S. 240, S. 249–252). Bewußtsein oder Geist als Resultate sprachbasierter menschlicher Kommunikation erscheinen dem Beobachter als rekursives Netzwerk struktureller Kopplungen operativ geschlossener autopoietischer Organismen, das über Zeit als Kultur oder Geschichte beschrieben werden kann.

Sprachliche Kommunikation setzt bei den beteiligten Organismen jedoch keine gemeinsamen Repräsentationen und kein Verstehen des Gemeinten voraus, sondern nur die erfolgreiche Kopplung von Handlungen, deren interne Verarbeitung von der strukturellen Ontogenese der Beteiligten abhängt (vgl. Maturana 1985, S. 5 f.). Die Disposition zu solchen rekursiven Kopplungen bezeichnet Maturana als Liebe. Der Biologe wird zum Ethiker, wenn er aus dieser Disposition den Imperativ ableitet, die Beschreibungen der anderen Beobachter als ebenso gültig wie die eigenen zu akzeptieren (vgl. a. a. O., S. 30 f.; Maturana 1987a, S. 117). Unterschiedliche Beschreibungen innerhalb dieses sprachlichen Bereichs sind Variationen einer gemeinsamen Welt, wenngleich sie differente Wirklichkeiten generieren. Als Variationen einer gemeinsamen Welt unterscheiden sie sich jedoch von einer nichtsprachlichen Struktur biologischer autopoietischer Prozesse, deren Unzugänglichkeit und Operationale Geschlossenheit wiederum nur in der Beschreibung sprachverwendender Beobachter existieren. Die scharfe Pointe einer unzugänglichen Wirklichkeit wird insofern differenziert. Der biologisch instrumentierte Beobachter konstruiert im Raum semantischer Beschreibungen seiner intersubjektiven Welt eine nicht sprachliche Wirklichkeit, die er als Bedingung der Möglichkeit sprachlicher Kommunikation beschreibt, die ihrerseits Voraussetzung der Konstruktion einer nichtsprachlichen Wirklichkeit ist (vgl. Maturana 1985, S. 29 f.).

Neurobiologische Erklärungen von Kognition reformulieren damit philosophisch-erkenntnistheoretische Beschreibungen, aber sie können ihren eigenen Prämissen zufolge kaum den Anspruch erheben, die überlegene oder gar die einzig mögliche Beschreibung zu sein (dagegen Maturana 1985, S. 33). Wollten sie dies behaupten, nähmen sie einen privilegierten Wirklichkeitsbezug in Anspruch, den sie anderen Erkenntniskonzeptionen gerade vorwerfen (vgl. auch Janich 1992).

Da Maturanas Begriff der Sozialität Menschen als konstituierende Elemente sozialer Systeme behandelt, spricht er letzteren die Eigenschaft der Autopoiese ab (vgl. Maturana 1990, S. 31 ff., S. 37 ff.; anders dagegen Luhmann, vgl. (d)). Beobachter sind demnach Menschen, die innerhalb sprachlich präformierter Beschreibungstraditionen operieren. Für diese Beobachter stellt sich das Problem radikal anderer Beschreibungen nicht, denn sie bewohnen immer schon eine gemeinsame kulturelle Welt, die immer neue Beschreibungen ihrer selbst freisetzt (vgl. Maturana 1990, S. 108 ff.). Der Biologe Maturana macht an dieser Stelle seiner Epistemologie von quasi hermeneutischen Voraussetzungen Gebrauch, die zusammen mit der Vorstellung einer unendlich Beschreibungen ihrer selbst erzeugenden Struktur des Lebens sogar lebensphilosophische Konturen gewinnen. Das In-der-Sprache-sein der Beobachter erinnert an Überlegungen Heideggers zur sprachlichen Erschlossenheit von Welt, die in Verbindung mit der Behauptung einer biologischen Fundierung aller kognitiven und semantischen Strukturen eine romantischnaturphilosophische Vorstellung der genetischen Einheit von Natur und Geist evoziert. Diese argumentative Konstellation verweist auf Theoriedispositionen innerhalb des Deutschen Idealismus zurück, zu denen sich beispielsweise Schelling in der Auseinandersetzung mit Kants Erkenntniskritik getrieben sah, ohne daß solche Bezüge konstruktivistisch expliziert würden (vgl. auch Köck 1990; s. u. IV).

Trotz seiner Kritik an Maturanas Gleichsetzung von Kognition und Leben hält auch Roth an dieser epistemologischen Figuration fest. Zwar insistiert er auf einer Differenz autopoietischer Lebens- und hirnphysiologischer Kognitionsprozesse, weil neuronale Verknüpfungen ihre Elemente nicht im strengen Sinne reproduzieren. Gerade dadurch entwickelt das Gehirn neue Möglichkeiten internen Strukturaufbaus, die eine eigene Welt von Beschreibungen erzeugen (vgl. Roth 1987a). Aber diese Konstruktion einer kognitiven Welt bleibt für Roth von einer kognitiv unzugänglichen „realen" materiellen Welt abhängig (vgl. Roth 1987a, S. 238 f.; Roth 1992, S. 317 ff.). Einer wahrnehmungstranszendenten Wirklichkeit steht eine phänomenale, konstruierte Wirklichkeit gegenüber, in der das materielle Gehirn als deren biologische Voraussetzung nicht enthalten ist. Allerdings benötigen wir, so Roth, im Rahmen unserer Wirklichkeit die begriffliche Unterscheidung dieser Wirklichkeit von einer „Realität", um ein konsistentes biologisches Modell des Erkennens entwerfen zu können. In diesem Modell werden Annahmen über die Struktur einer doch als unzugänglich konstruierten Realität getroffen, um die Kohärenz der Wahrnehmungswelt plausibel zu machen, ohne für diese Annahmen eine on-

tologische Entsprechung zu dieser Realität zu unterstellen. Mit diesem doppelten Wirklichkeitsbegriff legitimiert Roth die biologische Beschreibung von Erkenntnis, indem
er ihre Voraussetzungen „konstruktivistisch" postuliert. Die Pointe dieser Variante des
Konstruktivismus besteht in der Reformulierung des Kantischen Dings-an-sich als einer
nützlichen Prämisse biologischer Kognitionstheorie, die doch ontologisch nicht ernst
genommen werden soll. Sie supponiert allerdings genau das, was ein konsequent gedachtes konstruktivistisches Argument bestreiten müßte: Realität als das Andere aller
Beschreibungen (vgl. auch Ros 1994; Wendel 1994).

(b) Kybernetische Varianten des Konstruktivismus setzen an dem Problem der Beschreibung regulativer Strukturen und rekursiver Mechanismen an. Von einer Steue-
rungs- und Kommunikationswissenschaft im Blick auf Lebewesen und Maschinen
(Wiener 1965) über eine Theorie der Organisation, Determinierung und Reproduktion energetisch offener und informationell geschlossener maschinaler Relationszu-
sammenhänge (Ashby 1974) entwickelt eine konstruktivistische Kybernetik sich zu einer Theorie informationsgenerativer Unterscheidungsordnungen, in der biologische,
mathematische und logische Beschreibungen zusammenfinden. Komplexe Rekursions-
zusammenhänge unterschiedlicher Art operieren demnach mit Unterscheidungen, die
wiederum zu operativen Unterscheidungen führen und so Gleichgewichtsprozesse re-
gulieren, wobei kein Teil des Systems die Kontrolle über die anderen Teile besitzt (vgl.
Bateson 1990, S. 407 ff.). Weil zwischen materiellen und geistigen Strukturen dabei prinzipielle Unterschiede nicht bestehen sollen, ist die Grenze zwischen empirischer Forschung und einer spekulativen Expansion kybernetischer Theoreme zu einer neuen
Theorie des Ganzen porös. So expandiert die kybernetische Informationstheorie bei
Bateson zu einer planetarisch ausgreifenden Ökologie des Geistes, die den Begriff Gottes neu formuliert (vgl. a. a. O., S. 593).

Natürliche, kulturelle und soziale Ordnungen vernetzen sich in diesem Modell zu
rekursiven, subsystemisch verschachtelten Strukturen. Selbstbezuglichkeit gilt kybernetischen Konstruktivisten nicht als zu vermeidendes Paradox, sondern als produktive
Struktur, die zu autologischen Rechnungsmodellen führt, in denen die Ergebnisse einer
Operation die Voraussetzung der folgenden Operation bilden (vgl. Foerster 1985a, b;
1987, 1993). Unterscheidungs- und Bezeichnungsoperationen lassen sich als Formkalküle
beschreiben, deren Relationsgesetze unabhängig von mathematischen, physikalischen,
linguistischen oder biologischen Objektbereichen sind. Aus kontingenten Unterscheidungsoperationen eines Beobachters entstehen Formuniversen mit nichtkontingenter
Struktur. Deshalb liegt die Versuchung nahe, einen internen Zusammenhang zwischen
Formlogik und Metaphysik herzustellen, indem Formgesetze, die bei der Beschreibung
unterschiedlicher Phänomene Verwendung finden, mit der Fundamentalstruktur möglicher Welt-Ordnungen gleichgesetzt werden (vgl. Spencer Brown 1969). Durch die Anwendung einer Unterscheidungsoperation auf sich selbst entsteht ein logischer Bereich
zweiter Ordnung. Als Theorie autologischer Strukturen und rekursiver Operationen liefert die Kybernetik den Rahmen für eine konstruktivistische Epistemologie, indem sie

den Erwerb von Wissen als Prozeß der Errechnung stabiler „Eigenwerte" beschreibt (Foerster 1993, S. 50 ff.). Organismen konstruieren über solche rekursiven Operationen eine relativ stabile Welt aus qualitativ neutralen und nur quantitativ variablen Nervenimpulsen. Gegenstände gehören ebenso zu diesen Eigenwerten wie andere Menschen. Sozialität erscheint aus kybernetischer Perspektive als wechselseitige Errechnung von Ich und Du. Zwar verspricht dieses Modell die Aufhebung der Differenz zwischen Natur- und Geisteswissenschaften, aber dafür abstrahiert es von den qualitative Differenzen zwischen Nervenreizen und phänomenaler Welt. Wahrnehmungsstrukturen beispielsweise lassen sich kaum über eine Beschreibung der Arbeitsweise von Zellen oder als Eigenwerterrechnung in einem logischen Kalkül hinreichend verständlich machen. Derartige qualitative Differenzen bringen konstruktivistische Beschreibungen tendenziell zum Verschwinden, wobei sie diese Entdifferenzierungseffekte nicht als Problem, sondern als Lösung eines vermeintlichen Problems betrachten.

(c) Piagets Forschungen zur Ontogenese des Denkens bilden den Hintergrund für eine psychologische Variante des Konstruktivismus. Piaget versteht das Erkennen nicht als Abbilden, sondern als erfolgreiches Einwirken auf die Wirklichkeit. Damit verleiht er den Kantischen Verstandeskategorien eine empirisch-genetische und mathematische Fassung. Im Zuge seiner Interaktionen mit der Umwelt baut der Organismus Verhaltensstrukturen auf, die sich als logisch-mathematische Strukturen darstellen lassen und die sich im Sinne einer Transformationsordnung stufenweise auseinander entwickeln. Indem neue Erfahrungen einerseits an bestehende Strukturen assimiliert und diese Strukturen andererseits in Akkomodationsprozessen transformiert werden, entsteht ein selbstregulatives Gleichgewicht kohärenter Denkoperationen.

Weil das Denken einer mathematischen Struktur gehorcht, ist die mit seiner Hilfe organisierte Wirklichkeit mathematisierbar. Kognitive Strukturen erweitern so die selbstregulatorische Beziehung eines Organismus zu seiner Umwelt, deren Realität Piaget nicht leugnet, ohne die Erklärbarkeit ihrer Strukturen an sich zu unterstellen (vgl. Piaget 1973, 1980, 1983; auch Engels 1989, S. 247 ff.). Glasersfeld hat diese Ergebnisse Piagets vor allem im Rahmen psycholinguistischer Forschungen aufgenommen und ihnen eine „radikal-konstruktivistische" Interpretation verliehen (vgl. Glasersfeld 1987a). Aufgrund eines in seinen Augen unscharfen Wirklichkeitsbegriffs werde Piaget nämlich leicht so mißverstanden, daß er eine vom erkennenden Organismus unabhängige Wirklichkeit unterstelle, mit der dieser interagiere. Diese Ambivalenz will er „radikal" konstruktivistisch auflösen. In Wahrnehmungsprozessen bauen sich demnach interne invariante Erfahrungsstrukturen auf, die keiner unabhängigen Wirklichkeit korrespondieren, sondern erfolgreiche Interaktionen des Organismus mit der Umwelt ermöglichen. „Viabilität" – oder Brauchbarkeit – von Wissen tritt an die Stelle einer wahren Beschreibung. Durch wiederholt erfolgreiches Handeln mit anderen entsteht eine stabile intersubjektive Welt, die „Objektivität" begründet (vgl. Glasersfeld 1985).

Dabei wird die Existenz einer Wirklichkeit aber trotz ihres Konstruktcharakters keineswegs geleugnet. Ohne sie wäre der Begriff der Viabilität auch schwer verständlich, da er für Glasersfeld negative Bedingungen möglicher Konstruktionen bezeichnet, die selbst nicht gänzlich subjektive Konstruktionen sein können. Andernfalls würden Konstruktionen nur wegen mangelnder Kohärenz an sich selbst scheitern – eine Konsequenz, die auf kurzem Wege zum Idealismus führt. Der Glaube an diese Wirklichkeit ist sogar notwendiges Resultat unserer kohärenten Wirklichkeitskonstruktion, und er ist solange harmlos, wie wir uns bewußt sind, daß unser rational demonstrierbares Wissen von dieser Wirklichkeit eine bloße Konstruktion darstellt (vgl. Rlchards/Glasersfeld 1987, S. 216 ff.). Glasersfeld arbeitet wie auch Maturana und Roth mit einem ambivalenten Wirklichkeitsbegriff, der eine konstruierte Wirklichkeit auf eine als kognitiv unzugänglich konstruierte, aber argumentativ in Anspruch genommene Wirklichkeit bezieht. Diese Figur erinnert stark an Kants Unterscheidung von Erscheinung und Ding-an-sich. Schon deshalb irritiert die Distanzierung von „der abendländischen Erkenntnistheorie", der die „unsinnige [.] Annahme" zugeschrieben wird, das zu Erkennende existiere immer schon vor aller Erkenntnis (Glasersfeld 1987b, S. 411).

Zugleich entdeckt Glasersfeld aber in dieser philosophischen Tradition eine Reihe von Positionen, die er als Vorläufer konstruktivistischen Denkens begrüßt. Anders als Maturana glaubt er nicht an die Möglichkeit einer moralphilosophischen Ausweitung konstruktivistischen Denkens, wie es nicht zuletzt die Parallele zu Kant nahelegen könnte, da er Wissen grundsätzlch an die Konstruktionsleistungen einzelner Beobachter koppelt und deshalb eine gemeinsame Konstruktion bezweifelt. Auch die Gesellschaft betrachtet er als Gesamtheit von Einzelnen (vgl. Glasersfeld 1996, S. 335 ff.; auch Rusch/Schmidt 1995). Hier wird sozial- und moraltheoretisch darauf verzichtet, die Ambivalenz des konstruktivistischen Wirklichkeitsbegriff nach Kantischem Vorbild offensiv für eine Theorie der Freiheit oder der kontrafaktischen Unterstellungen auszunutzen. Fragen nach der Konvergenz egologischer Weltbeschreibungen oder der Kompatibilität konfligierender Konstruktionen, wie sie die philosophische Tradition beschäftigen, werden weitgehend abgeblendet. Der methodologische Individualismus und die Insistenz auf der Jemeinigkeit von Konstruktionen der Wirklichkeit kontrastiert dabei eigentümlich mit der Faszination für Piagets neokantianische Untersuchungen der Genealogie universaler logischer Formen, die als Formen gerade die Gemeinsamkeit einer konstruierten Welt hervorheben und insofern einen starken Begriff perspektivischer Wirklichkeitskonstruktion konterkarieren. Eben diese universale logische Struktur der Denkoperationen begründet auch Kants Theorie moralischer Urteilsbildung und motiviert neuere diskurstheoretische Ansätze zur Entfaltung einer Theorie der Gerechtigkeit (vgl. z. B. Habermas 1983, 1992). Solchen verzweigten Debatten, die auf die grundlegenden begrifflichen Unterscheidungen und argumentationsstrategischen Anschlußmöglichkeiten einer Theorie des Denkens, Wahrnehmens und Urteilens im Anschluß an Kant und Piaget oder Kohlberg (vgl. Kohlberg 1996) verweisen, folgt Glasersfeld allerdings nicht.

(d) Luhmanns Theorie sozialer Systeme bildet im Feld der Soziologie den wohl elaboriertesten Vorschlag, Kernannahmen konstruktivistischen Denkens in ein kohärentes Theoriekonzept zu übersetzen. Zwar geht auch Luhmann davon aus, daß Erkenntnis stets beobachterrelativ und nur deshalb möglich ist, weil Beobachter operativ geschlossen agieren. Aber er hält den konstruktivistischen Schritt, das traditionelle Subjekt der Erkenntnis nun als ein biologisches oder physikalisches Objekt zu beschreiben, für nicht hinreichend, da diese Beschreibung die Frage nach der Möglichkeit der Abkopplung des erkennenden Systems überspringt und insofern den klassischen Fassungen des Erkenntnisproblems verwandt bleibt (vgl. Luhmann 1988, S. 9 f.). Damit reagiert Luhmann auf die Ambivalenzen im konstruktivistischen Realitätsbegriff und die Schwierigkeit, das Verhältnis biologischer und kognitiver Strukturen zu bestimmen. Sein Vorschlag, die Unterscheidung von System und Umwelt als Leitdifferenz der Theoriekonstruktion zu benutzen, führt dazu, Erkenntnis als eine beobachterrelative empirische Operation zu behandeln, die nicht darauf angewiesen ist, ihre Möglichkeitsbedingungen in einer transzendenten Sphäre oder einem nur introspektiv zugänglichen Bewußtsein zu verankern. Auch ohne Gott und das Subjekt existiert die Wirklichkeit (vgl. Luhmann 1990, S. 15, S. 31 ff.).

Die Wirklichkeit, für die sich die Systemtheorie vorrangig interessiert, ist allerdings eine sinnhaft strukturierte und kommunikativ formierte Wirklichkeit, nicht eine materiellbiologische Fundamentalstruktur, die noch immer ein transzendentes Erklärungsschema für kognitive Strukturen anbietet. Systeme – Beobachter – konstituieren eine Differenz zu ihrer Umwelt, indem sie Operationen der Unterscheidung und Bezeichnung durchführen, die sich rekursiv auf sich selbst beziehen können und dabei zu wiederverwendbaren Resultaten gelangen, ohne daß diese Unterscheidungen und Bezeichnungen Umweltkorrelate besitzen (vgl. mit Bezug auf Spencer Brown und Foerster: Luhmann 1990, S. 38 ff.). Rekursive Strukturbildungen konstituieren Erwartungen des Systems, die mögliche Perturbationsspektren festlegen und interne Kriterien für die Viabilität möglicher Operationen ausbilden.

Beobachtungen bestimmen mithin, als was – und als was nicht – eine existierende Wirklichkeit für ein System vorkommt. Sie sind sein Realitätsäquivalent. Eine aus kontingenten Anlässen entstehende Strukturbildung über selektive Bestimmungsleistungen tritt an die Stelle kantischer oder neukantianischer Kategorien. Die Form von Unterscheidung und Bezeichnung löst als empirische Operation die transzendentaltheoretische Frage nach nichtkontingenten Bedingungen der Möglichkeit von Wirklichkeit ab. Erkennen ist ontologisch grundlos, aber die Einschränkung einer kontingenten Unterscheidung/Bezeichnung eröffnet zugleich Möglichkeiten unwahrscheinlicher und informationsreicher Anschlußbeobachtungen. Beobachtungen in diesem Sinne führen Zellen und Organismen ebenso durch wie Bewußtseine, Familien, Unternehmen oder Wissenschaftssysteme. Luhmann konzentriert seine Theorieanstrengungen auf soziale Systeme, die wie Bewußtseinssysteme Sinn in Anspruch nehmen, aber kommunikationsbasiert operieren. Sie sind autopoietisch, weil sie die Elemente – Kommunikationen – erzeugen, aus denen sie aufgebaut sind. An Kommunikation ist Bewußtsein sprachvermittelt beteiligt, aber Kommunikation ist auf Bewußtsein so wenig reduzierbar wie Bewußtsein auf Leben. Kommunikation, nicht der Mensch, ist der Grundbegriff systemtheoretischer Gesellschaftsbeschreibung und Medium autopoietischer Strukturbildung. Damit biegt Luhmann aus einer soziologischen Tradition ab, die sich vorrangig für Handeln, soziale Integration und subjektive Orientierungen interessiert (vgl. dagegen mit der Insistenz auf dem analytischen Status von Systemen und der Bedeutung von Individuen auf konstruktivistischer Grundlage: Hejl 1982, 1985, 1990, 1992).

Kommunikation und Bewußtsein nehmen Sinn in Anspruch. Sinn fungiert als das Medium, in dem Beobachter Unterscheidungen und Bezeichnungen vornehmen, die vor dem Horizont des Möglichen bestimmte Selektionen durchführen und Bestimmtheiten erzeugen. Sinn und Welt sind korrelative Begriffe, indem sie das Und-so-weiter aller Bestimmungen und die Einheit der Unterscheidungsdifferenzen ebenso bezeichnen wie die Unvermeidlichkeit sinnhafter Bestimmungen und die Reproduktion neuer Bestimmungsoptionen. Soziale Systeme ziehen somit Sinngrenzen in die Welt, die sie zum Aufbau unwahrscheinlicher Bestimmungsleistungen nutzen (vgl. vor allem Luhmann 1984, 1997a). Evolutionär entstehen so komplexe, funktional differenzierte Gesellschaften, die in sich füreinander intransparente Systeme ausdifferenzieren. Ohne Zentrum und ohne Einheit erscheint die Gesellschaft als pulsierendes Kommunikationsgeschehen nur in den perspektivischen Beschreibungen ihrer Teilsysteme, zu denen auch das Wissenschaftssystem gehört. Die Systemtheorie will innerhalb des Wissenschaftssystems die adäquate Beschreibung dieser polyzentrischen Gesellschaft mit konstruktivistischen Theoriemitteln liefern. Dieser Anspruch kann aber ebenso wie die Behauptung, daß Beobachter andere Beobachter darauf hin beobachten können, was diese beobachten und nicht beobachten, nur aufrechterhalten werden, wenn eine gemeinsame Struktur des Sinns – und damit der Welt – für die beteiligten sozialen und psychischen Systeme in Anspruch genommen wird. Analog zu der Ambivalenz im konstruktivistischen Wirklichkeitsbegriff greift auch die Systemtheorie ungeachtet ihrer These der operationalen Geschlossenheit aller Beobachter auf die hermeneutische Unterstellung eines gemeinsamen Sinns zurück, in dem alle systemischen Grenzziehungen nur Formbildungen eines gemeinsamen Mediums darstellen und deshalb für einen Beobachter in ihrer Bestimmtheit beobachtbar bleiben.

In ihrem Universalitätsanspruch und in ihrer metaphysikisomorphen Begriffsstrategie (vgl. Luhmann 1984, S. 145 f.) wahrt die Systemtheorie philosophische Züge (vgl. Rustemeyer 1999). Sie sucht methodisch keinen so engen Kontakt zur empirischen Welt wie ein Sozialkonstruktivismus, der sich mit ethnographischer Sensibilität für die konkrete Produktion sozialer Wirklichkeit durch kontextuell situierte Akteure bemüht und für diese empirische Differenzierung einen Verzicht auf Universaltheorie in Kauf nimmt. Besonders im Feld der empirischen Wissenschaftsforschung hat dieser Ansatz zur Erschütterung eher philosophisch motivierter Erkenntnistheorien beigetragen, lange bevor entsprechende Untersuchungen konstruktivistisch etikettiert waren (vgl. Fleck 1993; Kuhn 1979; Feyerabend 1979). Sie demonstrieren den sozialen Prozeß der Erzeugung von Tatsachen, Objektivitäten und Plausibilitäten, die sich zu relativ kohärenten Weltbildern und Paradigmen verdichten können. Konstruktionsleistungen gründen in sozialen Praktiken, habituellen Dispositionen, situativen Handlungslogiken, kulturellen Mustern, institutionellen Strukturen und apparativen Voraussetzungen. Deshalb weisen entsprechende Forschungen zwar grundsätzliche Parallelen mit biologischen und kybernetischen Varianten konstruktivistischer Epistemologie auf, weil sie Tatsachen und Wirklichkeit als Resultat praktischen Verhaltens sozialer Akteure beschreiben, aber der Ruckgriff auf neuronale oder logische Rekursionen liefert hier keinen Aufschluß über konkrete Prozeduren der Sinn- und Tatsachenbildung. Im Kontrast zu allgemeinen konstruktivistischen Thesen über operative Schließung und interne Reahtatskonstrukte heben empirische wissenssoziologische Studien die Relevanz qualitativer Differenzierungen und kontextsensibler Desknptionen hervor (vgl Knorr Cetina 1989, 1991; Hasse/Krücken/Weingart 1994).

3   Konstruktivismus im erziehungswissenschaftlichen Diskurs

Die Rezeption konstruktivistischer Theonen im erziehungswissenschaftlichen Diskurs bietet noch immer ein relativ diffuses Bild (vgl. schon Gerstenmaier/Mandl 1995). Sie konzentriert sich schwerpunktmäßig auf den Bereich von Lern theone und Didaktik einerseits und den Bereich bildungssoziologischer Problemstellungen im Anschluß an die Systemtheorie Luhmanns andererseits.

Zumindest auf den ersten Blick steckt in den Kernannahmen des Konstruktivismus eine Provokation für erziehungswissenschaftliche Denkweisen Das Subjekt erscheint nicht als autonome und freie Instanz, sondern als eine Konstruktion, die sich sprachlich vermittelten Unterscheidungsoperationen verdankt. Eine Übertragung von Wissen zwischen Lernenden und Lehrenden ist ausgeschlossen. Alles Wissen ist eine perspektivische Eigenkonstruktion. Lernen heißt unweigerlich Selberlernen, und der Lehrende weiß nicht, was in den operational geschlossenen Gehirnen der Lernenden vor sich geht. Bildungsprozesse lassen sich als autopoietische Prozesse interner, ateleologischer Eigendifferenzierung beschreiben, die kaum Hoffnungen auf Emanzipation wecken. Das Ausbildungssystem ist ein Teilsystem der Gesellschaft, das sich weder politisch noch wirtschaftlich steuern läßt und interne Programme für den Gebrauch seiner Unterscheidungsleistungen einsetzt. Wissensbestände sind nur noch instrumentell aufgrund ihrer spezifischen Nützlichkeit zu legitimieren.

Maßstäbe einer verbindlichen Kanonisierung von Lerninhalten scheinen ebenso wie verbindliche Standards zur konsensuellen Regulierung konkurrierender Beschreibungen zwischen Lernenden und Lehrenden ausgeschlossen, wenn Lernende selbst festlegen, was sie für ihre Autopoiese gebrauchen können. Reproduktive Kompetenzen müssen durch konstruktive ersetzt werden. Eine größtmögliche Vielfalt didaktischer Methoden, die individuelle Lernformen phantasievoll stimulieren, ist wünschenswert, wenngleich keine Methode existiert, die erfolgreich autopoietisch gesteuerte Lernprozesse organisieren könnte. Lernen heißt lediglich, neue, viable Beschreibungen der Welt zu erwerben. Motivation durch praktische Erfolge ist der Motivation durch äußerliche Leistungsanreize vorzuziehen. Lernerfolge hängen von anregungsreichen Lernumgebungen ab, die die Eigenkonstruktionen der Lernenden anspornen. Anregungen erfolgen am besten durch lebensnahe, ganzheitliche Problemstellungen, die an Erfahrungen und Interessen der Lernenden anknüpfen und auch emotionale Lernpotentiale ansprechen, so daß Lernen als aktiver Prozeß in kollektiven Bezügen möglich wird (vgl. Glasersfeld 1987a, S. 131 ff., S. 275 ff.; 1996, S. 284 ff.; Dubs 1995, S. 890 f.). Es drängt sich der Eindruck auf, daß ein solcher Idealtypus konstruktivistischen Lernens überall besser stattfinden könnte als im Kontext der schulischen Institution, deren schwerfällige Organisation, Lehrpersonal und Sachanforderungen freie Autopoiesen eher behindern.

Auf den zweiten Blick präsentieren sich konstruktivistische Thesen in ihren praktischen Empfehlungen jedoch weit weniger radikal. Weder bestreiten sie die Bedeutung von Lernumwelten für operational geschlossene Gehirne noch die Relevanz sozialer Erfahrungen, die Bedeutung kommunikativer Prozesse für Lernvorgänge oder die Installierung spezieller schulischer Lernkontexte. Deshalb überrascht es nicht, wenn didaktische Rezeptionen konstruktivistischer Thesen breite Gemeinsamkeiten mit anderen Didaktikkonzeptionen aufweisen und in ihrer praktischen Umsetzung wenig radikal ausfallen (vgl. grundlegend Terhart 1999). Allenfalls ist hier eine besondere Sympathie gegenüber neuen elektronischen Medien anzutreffen. Dafür klammern konstruktivistische Positionen jedoch pragmatische Fragen nach der konkreten Planung und Organisation erfolgreicher Lernprozesse, nach Auswahlgesichtspunkten der sachlichen Komponenten anregender Lernumgebungen, der skalierenden Qualifizierung von Wissen als nicht nur „anderer" Beschreibungen oder nach sozial konditionierten Differenzen in Lernpopulationen weitgehend aus.

Der hohe philosophische Anspruch des „radikalen" Konstruktivismus geht mit praktischen Leerstellen auf der Ebene der Umsetzung in pädagogischen Kontexten einher. Seine Forderungen bleiben weitgehend formal. Theoriegeschichtlich fallen bei aller Kritik der Tradition Parallelen zu reformpädagogischen Idealen auf, die allerdings in einer modernen Terminologie wiederkehren. Politisch und professionsstrategisch programmiert eine „radikal" konstruktivistische Thesenführung aber Legitimationsschwierigkeiten pädagogischen Handelns, weil Lernen tendenziell als nicht von außen steuerbar und von beliebigen Inhalten stimulierbar präsentiert wird.

Neben didaktiktheoretischen Rezeptionen hat vor allem die Systemtheorie Luhmanns Resonanzen im erziehungswissenschaftlichen Diskurs ausgelöst (vgl. als Überblick Oelkers/Tenorth 1987; Luhmann/Schorr 1982a, 1986, 1990, 1992; Lenzen/Luhmann 1997). Provozierend wirkte hier vor allem die These, das Erziehungssystem leide unter Reflexionsproblemen, die aus der programmatischen Ablehnung seiner unvermeidlichen Funktionen resultiere (Luhmann/Schorr 1979, 1988). Unter diesem Gesichtspunkt attestiert die Systemtheorie der Pädagogik ein unglückliches, weil falsches (Selbst-)Bewußtsein. Durch eine angemessene Neubeschreibung ihrer selbst könnte sie demnach ein unkomplizierteres Verhältnis zur Praxis des Erziehungshandelns gewinnen. Dazu müßte sie sich allerdings von liebgewordenen Beständen einer alteuropäischen Anthropologie und Bildungssemantik trennen. Nicht nur transformiert demnach die Pädagogik ein unvermeidliches Technologiedefizit (vgl. Luhmann/Schorr 1982b) zu einem zweifelhaften Technologieverdikt, sie verstrickt sich überdies wegen ihrer kritischen Distanzierung von der systemkonstitutiven Selektionsfunktion, die gesellschaftliche Karrieren mitbegründet (vgl. Luhmann 1987a, b), in eine unglückliche Spirale von Reform und Reflexion.

Stattdessen empfiehlt Luhmann, Praxis und Reflexion des Erziehungssystems in Einklang zu bringen, humanistische Perfektionssemantiken durch eine Theorie des Kindes als medialem Konstrukt für erzieherische Interventionszumutungen zu ersetzen und die Universalisierung ihrer Zuständigkeiten auf Erwachsene durch Rekurs auf den pädagogisch interpunktierbaren Lebenslauf zu begründen (vgl. Luhmann 1995, 1997b). Darin allerdings verbergen sich brisante Konsequenzen für das Erziehungssystem.

Ein auf Selbstorganisation und Humanontogenese umgepolter Bildungsbegriff scheint grundsätzlich ohne pädagogische Zusatzveranstaltungen auszukommen; und ein Konzept des Lebenslaufs als Medium pädagogischen Handelns zerdehnt die pädagogischen Ansatzpunkte zwischen Geburt und Tod ins Beliebige. Bildungssoziologisch und professionspolitisch ist es eine offene Frage, ob daraus ein neuer Entwicklungsschub hin zu einem kurativen gesellschaftlichen Teilsystem oder ein funktionaler und legitimatorischer Kollaps resultiert (vgl. Lenzen 1997a, b). Bildungssoziologisch bleiben im Übrigen Zweifel an einer systemtheoretischen Semantikempfehlung für die Pädagogik, neue Einheitskonzepte zu implantieren, die eine Kongruenz von selektiver Funktion und entsprechender Selbstbeschreibung nahelegen. Gerade die differenten Wirklichkeitskonstruktionen unterschiedlicher Akteure im Feld der Bildung ermöglichen in gewisser Weise die Erfüllung und Legitimierung einer gesellschaftlichen Funktion, der Einheitsformeln widerstreiten, die ihrerseits aus theoretischen Konstruktionszwängen des Konstruktivismus resultieren (vgl. Rustemeyer 1997). – Während ein „radikaler" Konstruktivismus, wäre er theoretisch konsequent, auf unterrichtspraktischer Ebene antipädagogische Folgen hätte, in Wirklichkeit aufgrund seines unscharfen Wirklichkeitsbegriffs aber reformpädagogische Ideale kybernetisch reformuliert, propagiert eine systemtheoretisch instrumentierte Bildungssoziologie die unverkrampfte Praktizierung von Selektion, gegen deren gesellschaftliche Notwendigkeit keine Reformpädagogik schützt.

4   Theoriegeschichte konstruktivistischen Denkens

Semantische Radikalität und sachliche Kontinuität bilden eine theoriegeschichtlich häufige und offenbar viable Kombination. Nun zieht der theoretische Anspruch des Konstruktivismus, „die" abendländische Erkenntnistheorie abzuschütteln und ein neues, naturwissenschaftlich begründetes und philosophisch expliziertes Paradigma des Wissens zu entfalten, einen Paradoxieverdacht auf sich. Jede Distanzierung von der Tradition setzt diese unweigerlich fort. Neue semantische Unterscheidungen müssen, dies läßt sich von der „Erlanger" Variante des Konstruktivismus lernen, auf ihre sachlichen Gehalte und argumentativen Anschlüsse hin begründet werden, wenn ihnen eine kritisch-produktive Funktion für Wirklichkeitsbeschreibungen zukommen soll. Ohne hermeneutischen Rekurs auf die kritisierte Tradition ist das unmöglich. Konstruktion impliziert Rekonstruktion, weil sie sonst als Konzept jede Bestimmtheit einbüßt. Die Unterlassung solcher Anstrengungen rächt sich durch eine unfreiwillige Wiederkehr der Tradition in ihrer Negation.

Die programmatische Identität des Konstruktivismus beruht weitgehend auf einer einfach konstruierten Unterscheidung, derzufolge die bisherige Philosophie dem Ideal der Erkenntnis einer gegenüber dem Erkennenden irgendwie jenseitigen Realität anhing, während der Konstruktivismus die Wirklichkeit als Leistung des Erkennenden selbst auffaßt und dadurch eine von Anfang an sinnlose Problemstellung endlich auflöst. Zwar wird diese Unterscheidung hin und wieder durch das Zugeständnis abgemildert, daß eine Reihe philosophischer Positionen durchaus die Eigenbeteiligung des Erkennenden bei der Erkenntnis erkannte, aber dies führt nicht zur Relativierung dieser konstruktivismuskonstitutiven Unterscheidung selbst (vgl. vor allem Glasersfeld 1996). Diese Unterscheidung übervereinfacht jedoch die Tradition zu dem Zweck, sich von ihr zu unterscheiden, ohne die Konstruktion dieser Tradition an der Tradition hermeneutisch zu bewähren, obgleich sie doch ihre eigene Identität nur durch Rekurs auf diese Tradition konstruieren kann und damit dem Zusammenhang per definitionem zugehört, gegen den sie sich profiliert.

Ein solches methodisches Begründungsansinnen ist keineswegs eine pragmatisch verzichtbare theoriegeschichtliche Arabeske oder eine paradoxe Forderung, die auf den Vergleich einer Beschreibung mit einer beschreibungsunabhängigen Wirklichkeit hinausläuft, sondern Resultat einer unhintergehbaren hermeneutischen Reflexivität von Sinn und der Beharrung auf einem argumentativen Ausweis konstruktiver neuer Unterscheidungen. Hermeneutische Selbstverortung in der Tradition, gegen die und in der die eigene Identität definiert wird, läßt sich nicht durch die Konstruktion eines biologischen oder physikalischen Substrates kognitiver Sinnbildungen jenseits aller Traditionen ersetzen. Indem sie derart ihre Wirklichkeit durch die Konstruktion der Wirklichkeit ihrer Gegenposition konstruiert, wird die konstruktivistische Identität aufgrund der Differenzierungsmängel gegenüber der anderen Seite ihrer Unterscheidung selbst unscharf. Für einen Beobachter ist schwer zu erkennen, worin die philosophische differentia specifica des Konstruktivismus liegt, sofern dieser es sich zur Aufgabe macht, die Wirklichkeit in ihrem Gedachtsein durch einen Beobachter zu denken.

Seit ihrer Entstehung kreisen die Reflexionen der abendländischen Philosophie um das Verhältnis von Denken, Wahrnehmung und Wirklichkeit, in dessen richtiger Bestimmung Erkenntnis besteht. Ein simples Zwei-Welten-Modell, das ein denkunabhängiges Sein und ein Erkennen konfrontiert, verzerrt die darin enthaltene Problematik von Denken und Gedachtem bis zur Unkenntlichkeit. Identität und Differenz von Denken und Sein sind vielmehr in ihrer denkerischen Vermittlung zu denken. Das „ontologische" Beobachtungsschema von Sein und Nichtsein schließt die Reflexion auf die Rolle des Beobachters mitnichten aus. In der Bewegung der Reflexion auf die Mannigfaltigkeit der Wahrnehmung entdeckt das Denken eine Struktur relational aufeinander bezogener Formen, die es als Voraussetzung der Erkenntnis des Vielen begreift. Diese frühe Erfahrung philosophischer Reflexion übernimmt zumindest die psychologische Variante des Konstruktivismus in der Tradition von Kant und Piaget mit Selbstverständlichkeit. Denken richtet sich auf die Sache, indem es der Struktur begrifflicher und logischer Unterscheidungen diskursiv folgt. Denken und Sache sind gerade nicht unabhängig voneinander, sondern im Begriff vermittelt. Die zeitlich-dialogische Bewegung des fragenden Denkens kann dabei wichtiger sein als das Ergebnis.

In dieser Einsicht begegnen sich Platons frühe Dialoge, Kants Erkenntniskritik und „radikal" konstruktivistische Lerntheorien. Lernen bedeutet bei Platon, die Unmittelbarkeit der Wahrnehmung reflexiv zu brechen und das spontane Sehen der Welt im Lichte dieser Formen neu zu sehen (vgl. Platon: Menon; Phaidon 74a–c; Politeia 509c–511e; dazu Ebert 1974; Detel 1998, S. 256 ff.). Der philosophische Begriff des Begriffs bezeichnet diesen bestimmungsbedürftigen, aber unzertrennlichen Konnex zwischen sprachlich vermittelten Unterscheidungen, Denkformen und Wirklichkeitsstrukturen. Um den Zusammenhang des Gedachten und seiner Form zu denken, bietet die Tradition ein Spektrum begrifflicher Vorschläge an. Im Wandel antiker Kosmosvorstellungen über ein christliches Gottesbild bis hin zu einer temporalisierten Geistmetaphysik, einem historistisch dynamisierten Lebens- oder einem fundamentalontologischen Seinsbegriff kreist die Reflexion um die Frage, wie das Verhältnis von Denken und Gedachtem in seiner simultanen Identität und Differenz zu denken sei. Daß es gedacht werden muß, ist bis hin zum Konstruktivismus unzweifelhaft, weil es ein Problem für das Denken ist, von dem das Denken erkennt, daß es ein Problem der Sache ist, weil kein Gedachtes ohne Denken ist. Es hilft nicht weiter, den Terminus Denken durch den der Konstruktion einfach auszutauschen oder die Überwindung eines vermeintlichen Dualismus von Idealismus und Realismus zu postulieren. Insofern behält Parmenides' Gleichsetzung von Denken und Sein mit ganz unterschiedlicher problemgeschichtlicher Akzentuierung über Berkeleys „esse est percipi", Hegels „Subjekt-Objekt" oder Wittgensteins „Sprachspiel" bis ironischerweise hin zur konstruktivistischen Behauptung einer beschreibungsrelativen Wirklichkeit ihre provokante Aktualität. Denken und Gedachtes implizieren sich wechselseitig. Das ist keine neue, sondern die älteste Erkenntnis abendländischer Philosophie.

Worin die Formen bestehen, denen das Denken folgt, wenn es sich auf Wirklichkeit bezieht, findet historisch unterschiedhche Antworten. Spätestens seit Ockhams nominalistischer Zeichentheorie setzt sich dabei allmählich die Erfahrung von der Kontingenz dieser Formen durch. Seitdem dringen temporale, symbolische und soziale Differenzierungen ins Zentrum philosophischer Problemstellungen vor. Darin kündigen sich Weichenstellungen zur neuzeitlichen Konzeption von Wissenschaft an, die auf die Perspektivität und kontingente Voraussetzungshaftigkeit von Beschreibungen aufmerksam macht. Von Platons Dialektik über Aristoteles' Kategorienlehre und Kants Urteilstheorie, Hegels Logik, Schleiermachers Hermeneutik, Diltheys Lebens-, Nietzsches Willens-, Heideggers Seins-, Gadamers Traditions- oder Wittgensteins Sprachspielbegriff bis hin zu Maturanas Kommunikationsmodell hält sich dabei die Einsicht durch, daß Denken und Gedachtes vorzüglich im Medium der Sprache vermittelt sind, das nun seinerseits mit praktischen Formen der Weltaneignung verwoben sein kann. Hier verweist der Konstruktivismus zu Recht auf Antizipationen seiner Thesen auch bei Vico, Marx oder Peirce.

Denken heißt unterscheiden, und Unterscheidungen erfolgen mit Hilfe sprachlicher Formen der Bestimmung. In der Sprache werden die Unterscheidungen generiert, deren Zusammenhang Erkenntnis und Welt zugleich ausmacht und die das Denken benutzt, wenn es erkennt. Konstruktivistische Positionen können diesen Problemzusammenhang nur um den Preis eines ambivalenten Wirklichkeitsbegriffs abzustreifen hoffen, dessen Aporie sie stets wieder einholt. Von daher verwundert es nicht, daß sie weniger in Kants Transzendentaltheorie als in Vaihingers Fiktionstheorie einen Vorläufer des Konstruktivismus begrüßen, denn Vaihingers Kritik an den Kantischen Kategorien zugunsten eines imaginär verflüssigten Begriffs des Denkens stützt sich ihrerseits auf einen in seiner Ambivalenz konstruktivismusanalogen Wirklichkeitsbegriff (vgl. z. B. Vaihinger 1986, S. 289 f.). Nur im Medium sprachlicher Unterscheidungen sind schließlich Kognitionen möglich, die Sprache und Kognition als emergente Struktur einer neurobiologischen Wirklichkeit beschreiben. Dies zuzugeben, auf dem ontologisch unverbindlichen Postulatscharakter der naturwissenschaftlichen Basis hermeneutischer Beschreibungen bei gleichzeitiger Pauschaldistanzierung von der Tradition zu bestehen und die Überlegenheit der eigenen Konstruktion nachweisfrei in Anspruch zu nehmen, impliziert jedoch eine Naturphilosophie, die auf die Mühe verzichtet, sich als solche zu begründen. Welch komplexe Argumentationsmöglichkeiten die Tradition zur Bearbeitung eben dieses Problems der Beschreibung der Einheit und Differenz von Natur und Geist bereitstellt, könnte allein schon ein Blick auf die Transformation der Kantischen Figur transzendentaler Apperzeption bei Schelling und später Hegel leicht zeigen. Dabei werden Theorieprobleme durchgespielt, die sämtliche Grundannahmen des Konstruktivismus berühren. Während Kants zeittheoretische Fundierung der Seinsbestimmungen im Schematismuskapitel der Kritik der reinen Vernunft (Kant 1983, B 176 ff.) das ursprünglich postulierte Gleichgewicht der beiden Erkenntnisstämme von Sinnlichkeit und Verstand zugunsten der Sphäre des letzteren verschiebt, will Schelling diese bewußtseinsidealistischen Konsequenzen durch eine absolut-idealistische Konstruktion – man könnte fast formulieren: durch einen materialistischen Idealismus – abfangen, die Natur und Geist als Differenzierungen einer ursprünglichen Einheit begreift, die als Einheit freilich nicht beschrieben werden kann, weil sie sich jeder differenzerzeugenden Bestimmung entzieht. Zu diesem Zweck erarbeitet Schelling eine Argumentation, die auf der dreifachen logischen, ontologischen und temporalen Differenzierung seiner theoriekonstitutiven Unterscheidungen beruht. Nur wenn die Unterscheidungen, mit denen die Welt beschrieben wird, trotz ihrer logischen Simultaneität temporal rhythmisiert und ontologisch hierarchisiert werden, läßt sich eine Zeit des Werdens und eine Vielfalt des Seienden denken (vgl. Schelling 1982a, b; 1983; zur Wirkung auf die moderne Theorie vgl. z. B. Heidegger 1971, 1991).

Hegels Logik radikalisiert dieses begriffliche Instrumentarium noch einmal zu einer temporalisierten Theorie selbstreferentieller Wirklichkeitserzeugung, die keinen externen Referenten ihrer begrifflichen Unterscheidungen mehr kennt (vgl. Hegel 1981). Luhmann hat immer wieder dieser Tradition wegen ihrer komplexen Theorie von Differenz und Unterscheidungsgebrauch seine Reverenz erwiesen. Seine Theorie sozialer Systeme versucht insofern, sich durch gezielte Rekonstruktion von der Tradition abzugrenzen.

Konstruktivisten laufen Gefahr, die interessantere Frage, wie Wirklichkeit von wem mit welchen Konsequenzen beschrieben wird und worin die Leistungsfähigkeit einer wissenschaftlichen Beschreibung besteht, aus dem Blick zu verlieren. Über qualitative Differenzen von Beschreibungen einer konkreten Welt sagt die Behauptung einer neurobiologischen Fundamentalstruktur der Kognition noch nichts aus. Wahrnehmung ist auf autologische Strukturen und neuronale Netze nicht ohne Verlust von Differenzierungsmöglichkeiten zu reduzieren (vgl. Merleau-Ponty 1966). Dabei halten die neuzeitliche Phüosophie und die Kulturwissenschaften eine Reihe von Theorievorschlägen bereit, um gerade die Genese differentieller Ordnungen von Welt und Sinn zu beschreiben. Sei es in Gestalt der Phänomenologie Husserls, Merleau-Pontys oder Waldenfels', der Theorie symbolischer Formen Cassirers, einer verstehenden Soziologie des Ethos der Moderne bei Max Weber, einer pragmatischen Theorie der Bedeutung von Peirce bis Wittgenstein oder einer wissenssoziologischen Rekonstruktion kollektiver Denkformen von Mannheim über Fleck bis Bourdieu: es wird versucht, differentielle Ordnungsbildungen hinsichtlich ihrer Strukturtypik, Genese und Folgen zu erfassen.

Auf je verschiedene Weise betonen diese Begriffsstrategien die differentiellen Voraussetzungen der Hervorbringung einer sinnhaft strukturierten Welt. Sie arbeiten in der Sache „konstruktivistisch", indem sie konkrete, nicht abstrakte Ordnungen von Wirklichkeit, zu denen auch wissenschaftliche Forschungszusammenhänge gehören, in ihrer Differentialität beschreiben. Solchen Wirklichkeiten im Plural liegt keine kybernetischbiologische Fundamentalstruktur zugrunde, und deren Unterstellung wäre nicht hilfreich. Insofern der Konstruktivismus mit einer solchen Fundamentalstruktur sympathisiert – und dies macht seine Attraktivität als ein scheinbar neues, Natur- und Geisteswissenschaften übergreifendes Paradigma aus –, stützt er sich paradoxerweise selbst auf eine monistische Konzeption von Wirklichkeit, die alle Differenzen als phänotypische Modulationen mathematisch-biologischer Strukturen beschreibt. Konfrontiert man konstruktivistische Kernthesen über das Verhältnis von Erkennen und Wirklichkeit mit einem differenzierter konstruierten Bild der Tradition, verwischt nicht nur die

Kontur konstruktivistischer Identität, sondern auch die Bedeutung des Konstruktivismus als Forschungsprogramm. Nicht von ungefähr bezweifelt Glasersfeld die Existenz einer spezifischen konstruktivistischen Methode und vermutet den Unterschied zwischen Konstruktivisten und anderen Wissenschaftlern in der Selbstinterpretation ihres Tuns (vgl. Glasersfeld 1996, S. 360).

Eine reflektierte Verwendung des Begriffs der Konstruktion erfordert ein Bewußtsein der Tätigkeit des Konstruierens im Blick auf Voraussetzungen und Ziele. Konstruktionen sind erst in ihrer Spezifik interessant. Damit enthält der Konstruktionsbegriff im Kern hermeneutische Voraussetzungen, sofern er nicht auf ein spontanes Bilden von Ordnungen zurückgenommen werden soll, was ihn als wissenschaftliches Konzept entwerten müßte (vgl. auch Ros 1994).

Luhmanns Theorie sozialer Systeme bildet insofern einen Sonderfall konstruktivistischen Denkens, als sie diese Ambivalenzen im Wirklichkeitsbegriff durch Inanspruchnahme des Konzeptes von Sinn als Fundamentalstruktur aller Unterscheidungsbildung vermeidet. Dafür allerdings muß sie eine analoge Ambivalenz im Konzept der operativen Schließung sowie der Koevolution in Kauf nehmen und im Interesse einer Kohärenz ihrer eigenen Konstruktion auf gegenstandstheoretischer Ebene Einheitsformeln bei ihrer Objektbeschreibung präferieren. Sie gewinnt damit Züge einer Philosophie der Soziologie, die sich als Rekonstruktion der Tradition konstituiert. Allerdings bleibt sie dadurch trotz des universalen Anspruches einer Theorie des Sozialen vor der Versuchung gefeit, sich als eine kybernetisch renovierte Naturphilosophie mit systemphilosophischen Universalitätsansprüchen zu belasten.

Literatur

Ashby, W. R. (1974): Einführung in die Kybernetik. – Frankfurt a. Main.

Bateson, G. (1990): Ökologie des Geistes. – 3. Aufl. – Frankfurt a. Main.

Detel, W. (1998): Macht, Moral, Wissen. – Frankfurt a. Main.

Dress, A./Hendrichs, H./Küppers, G. (Hrsg.) (1986): Selbstorganisation. Die Entstehung von Ordnung in Natur und Gesellschaft. – München.

Dubs, R. (1995): Konstruktivismus: Einige Überlegungen aus der Sicht der Unterrichtsgestaltung. In: Zeitschrift für Pädagogik, 41. Jg., S. 889–903.

Ebert, T. (1974): Meinung und Wissen in der Philosophie Platons. – Berlin.

Engels, E.-M. (1989): Erkenntnis als Anpassung? Eine Studie zur Evolutionären Erkenntnistheorie. – Frankfurt a. Main.

Feyerabend, P. (1979): Wider den Methodenzwang. – Frankfurt a. Main.

Fleck, L. (1993): Entstehung und Entwicklung einer wissenschaftlichen Tatsache. – 2. Aufl. – Frankfurt a. Main.

Foerster, H. v. (1985a): Sicht und Einsicht. – Braunschweig.

Foerster, H. v. (1985b): Entdecken oder Erfinden. Wie läßt sich Verstehen verstehen? In: Gumin, H./Mohler, A. (Hrsg.): Einführung in den Konstruktivismus. – München, S. 27–68.

Foerster, H. v. (1993): Wissen und Gewissen. Frankfurt a. Main.

Gerstemaier, J./Mandl, H. (1995): Wissenserwerb unter konstruktivistischer Perspektive. In: Zeitschrift für Pädagogik, 41. Jg., S. 867–888.

Gethmann, C. F. (1979): Protologik. – Frankfurt a. Main.

Glasersfeld, E. v. (1985): Konstruktion der Wirklichkeit und des Begriffs der Objektivität. In: Gumin, H./Mohler, A. (Hrsg.): Einführung in den Konstruktivismus. – München, S. 1–26.

Glasersfeld, E. v. (1987a): Wissen, Sprache und Wirklichkeit. – Braunschweig.

Glasersfeld, E. v. (1987b): Siegener Gespräche über Radikalen Konstruktivismus. In: Schmidt, S. J. (Hrsg.): Der Diskurs des Radikalen Konstruktivismus. – Frankfurt a. Main, S. 401–440.

Glasersfeld, E. v. (1992): Aspekte des Konstruktivismus: Vico, Berkeley, Piaget. In: Delfin 1992. Hrsg. v. G. Rusch u. S. J. Schmidt. – Frankfurt a. Main, S. 20–33.

Glasersfeld, E. v. (1996): Radikaler Konstruktivismus. – Frankfurt a. Main.

Gumin, H./Mohler, A. (Hrsg.) (1985): Einführung in den Konstruktivismus. – München.

Habermas, J. (1983): Moralbewußtsein und kommunikatives Handeln. – Frankfurt a. Main.

Habermas, J. (1992): Erläuterungen zur Diskursethik. – 2. Aufl. – Frankfurt a. Main.

Hasse, R./Krücken, G./Weingart, P. (1994): Laborkonstruktivismus. In: Delfin 1993. Hrsg. v. G. Rusch u. S. J. Schmidt. – Frankfurt a. Main, S. 220–262.

Hegel, G. W. F. (1981): Wissenschaft der Logik. In: Werke in zwanzig Bänden, Bd 15,6. – Frankfurt a. Main.

Heidegger, M. (1971): Schellings Abhandlung über das Wesen der menschlichen Freiheit – Tübingen.

Heidegger, M. (1991): Kant und das Problem der Metaphysik. – 5. Aufl. – Frankfurt a. Main.

Hejl, P. M. (1982): Sozialwissenschaft als Theorie selbstreferentieller Systeme. – Frankfurt a. Main.

Hejl, P. M. (1985): Konstruktion der sozialen Konstruktion. In: Gumin, H./Mohler, A. (Hrsg.): Einführung in den Konstruktivismus. – München, S. 85–116.

Heil, P. M. (1990): Selbstorganisation und Emergenz in sozialen Systemen In: Krohn, W./Küppers, G. (Hrsg.): Emergenz. – Frankfurt a. Main, S. 269–292.

Heil, P. M. (1992): Die zwei Seiten der Eigengesetzlichkeit. Zur Konstruktion natürlicher Sozialsysteme und zur Problematik ihrer Regelung. In: Schmidt, S. J. (Hrsg.): Kognition und Gesellschaft. – Frankfurt a. Main, S. 167–213.

Janich, P. (1992): Die methodische Ordnung von Konstruktionen. Der Radikale Konstruktivismus aus der Sicht des Erlanger Konstruktivismus. In: Schmidt, S. J. (Hrsg.): Kognition und Gesellschaft. Frankfurt a. Main, S. 24–41.

Kamlah, W./Lorenzen, P. (1967): Logische Propädeutik. – Mannheim.

Kant, I. (1983). Kritik der reinen Vernunft. In: Werke in sechs Bänden, Bd. II. – Darmstadt.

Knorr Cetina, K. (1989): Spielarten des Konstruktivismus. In: Soziale Welt, 40 Jg., S. 86–96.

Knorr Cetina, K. (1991): Die Fabrikation von Erkenntnis. – Frankfurt a. Main.

Kohlberg, L. (1996): Die Psychologie der Moralentwicklung. – Frankfurt a. Main.

Köck, W. K. (1990): Autopoiese, Kognition und Kommunikation. In: Riegas, V./Vetter, C. (Hrsg.): Zur Biologie der Kognition. – Frankfurt a. Main, S. 159–188.

Krohn, W./Küppers, G. (Hrsg.) (1990): Selbstorganisation. Aspekte einer wissenschaftlichen Revolution. – Braunschweig.

Krohn, W./Küppers, G. (Hrsg.) (1992): Emergenz. Die Entstehung von Ordnung, Organisation und Bedeutung. – Frankfurt a. Main.

Kuhn, T. S. (1979): Die Struktur wissenschaftlicher Revolutionen. – 4. Aufl. – Frankfurt a. Main.

Lenzen, D. (1997a): Lebenslauf oder Humanontogenese? In: Lenzen, D./Luhmann, N. (Hrsg.): Bildung und Weiterbildung im Erziehungssystem. – Frankfurt a. Main, S. 228–247.

Lenzen, D. (1997b): Lösen die Begriffe Selbstorganisation, Autopoiesis und Emergenz den Bildungsbegriff ab? In: Uljens, M. (Hrsg.): European Identity in Change – the muting between German, Russian and Nordic educational traditions. – Vasa, S. 122–149.

Lenzen, D./Luhmann, N. (Hrsg.) (1997): Bildung und Weiterbildung im Erziehungssystem. – Frankfurt a. Main.

Lorenzen, P. (1974): Konstruktive Wissenschaftstheorie. – Frankfurt a. Main.

Lorenzen, P./Schwemmer, O. (1975): Konstruktive Logik, Ethik und Wissenschaftstheorie. – 2. Aufl. – Mannheim.

Luhmann, N. (1984): Soziale Systeme. – Frankfurt a. Main.

Luhmann, N. (1987a): Sozialisation und Erziehung. In: Ders.: Soziologische Aufklärung 4. – Opladen, S. 173–181.

Luhmann, N. (1987b): Codierung und Programmierung. Bildung und Selektion im Erziehungssystem. In: Ders.: Soziologische Aufklärung 4. – Opladen, S. 182–201.

Luhmann, N. (1988): Erkenntnis als Konstruktion. – Bern.

Luhmann, N. (1990): Soziologische Aufklärung 5. Konstruktivistische Perspektiven. – Opladen.

Luhmann, N. (1995): Das Kind als Medium der Erziehung. In: Ders.: Soziologische Aufklärung 6. – Opladen, S. 204–228.

Luhmann, N. (1997a): Die Gesellschaft der Gesellschaft. 2 Bde. – Frankfurt a. Main.

Luhmann, N. (1997b): Erziehung als Formung des Lebenslaufs. In: Lenzen, D./Luhmann, N. (Hrsg.): Bildung und Weiterbildung im Erziehungssystem. – Frankfurt a. Main, S. 11–29.

Luhmann, N./Schorr, K. E. (1979): Reflexionsprobleme im Erziehungssystem. – Stuttgart.

Luhmann, N./Schorr, K. E. (Hrsg.) (1982a): Zwischen Technologie und Selbstreferenz. – Frankfurt a. Main.

Luhmann, N./Schorr, K. E. (1982b): Das Technologiedefizit der Erziehung und die Pädagogik. In: Dies. (Hrsg.): Zwischen Technologie und Selbstreferenz. – Frankfurt a. Main, S. 11–40.

Luhmann, N./Schorr, K. E. (Hrsg.) (1986): Zwischen Intransparenz und Verstehen. – Frankfurt a. Main.

Luhmann, N./Schorr, K. E. (Hrsg.) (1988): Strukturelle Bedingungen von Reformpädagogik. In: Zeitschrift für Pädagogik, 34. Jg., S. 463–480.

Luhmann, N./Schorr, K. E. (Hrsg.) (1990): Zwischen Anfang und Ende. – Frankfurt a. Main.

Luhmann, N./Schorr, K. E. (Hrsg.) (1992): Zwischen Absicht und Person. – Frankfurt a. Main.

Maturana, H. (1985): Erkennen: Die Organisation und Verkörperung von Wirklichkeit. – 2. Aufl. – Braunschweig.

Maturana, H. (1987a): Kognition. In: Schmidt, S. J. (Hrsg.): Der Diskurs des Radikalen Konstruktivismus. – Frankfurt a. Main, S. 89–118.

Maturana, H. (1987b): Biologie der Sozialität. In: Schmidt, S. J. (Hrsg.): Der Diskurs des Radikalen Konstruktivismus. – Frankfurt a. Main, S. 287–302.

Maturana, H. (1990): Wissenschaft und Alltagsleben. Die Ontologie der wissenschaftlichen Erklärung. In: Krohn, W./Küppers, G. (Hrsg.): Selbstorganisation. – Braunschweig, S. 107–138.

Maturana, H./Varela, F. (1987): Der Baum der Erkenntnis. – Bern.

Merleau-Ponty, M. (1966): Phänomenologie der Wahrnehmung. – Berlin.

Mittelstraß, J. (1974): Die Möglichkeit von Wissenschaft. – Frankfurt a. Main.

Oelkers, J./Tenorth, H.-E. (Hrsg.) (1987): Pädagogik, Erziehungswissenschaft und Systemtheorie. – Weinheim.

Piaget, J. (1973): Einführung in die genetische Erkenntnistheorie. – Frankfurt a. Main.

Piaget, J. (1980): Der Strukturalismus. – Stuttgart.

Piaget, J. (1983): Biologie und Erkenntnis. – Frankfurt a. Main.

Platon (1973): Menon. In: Werke in acht Bänden. Bd. II. – Darmstadt, S. 505–599.

Platon (1974): Phaidon. In: Werke in acht Bänden. Bd. III. – Darmstadt, S. 1–207.

Platon (1971): Politeia. In: Werke in acht Bänden. Bd. IV. – Darmstadt.

Richards, J./Glasersfeld, E. v. (1987): Die Kontrolle von Wahrnehmung und die Konstruktion von Realität. In: Schmidt, S. J. (Hrsg.): Der Diskurs des Radikalen Konstruktivismus. – Frankfurt a. Main, S. 192–228.

Riegas, V/Vetter, C. (Hrsg.) (1990): Zur Biologie der Kognition. – Frankfurt a. Main.

Ros, A. (1994): „Konstruktion" und „Wirklichkeit". Bemerkungen zu den erkenntnistheoretischen Grundannahmen des Radikalen Konstruktivismus. In: Delfin 1994. Hrsg. v. G. Rusch u. S. J. Schmidt. – Frankfurt a. Main, S. 176–213.

Roth, G. (1987a): Erkenntnis und Realität. In: Schmidt, S. J. (Hrsg.): Der Diskurs des Radikalen Konstruktivismus. – Frankfurt a. Main, S. 229–255.

Roth, G. (1987b): Autopoiesis und Kognition: Die Theorie H. R. Maturanas und die Notwendigkeit ihrer Weiterentwicklung. In: Schmidt, S. J. (Hrsg.): Der Diskurs des Radikalen Konstruktivismus. – Frankfurt a. Main, S. 256–286.

Roth, G. (1990): Kognition: Die Entstehung von Bedeutung im Gehirn. In: Krohn, W./Küppers, G. (Hrsg.): Emergenz. – Frankfurt a. Main, S. 104–133.

Roth, G. (1990): Gehirn und Selbstorganisation. In: Krohn, W./Kuppers, G. (Hrsg.): Selbstorganisation. – Braunschweig, S. 167–180.

Roth, G. (1992): Das konstruktive Gehirn. In: Schmidt, S. J. (Hrsg.): Kognition und Gesellschaft. – Frankfurt a. Main, S. 277–336.

Rusch, G./Schmidt, S. J. (Hrsg.) (1995): Konstruktivismus und Ethik. – Frankfurt a. Main.

Rustemeyer, D. (1997): Erzählungen. Bildungsdiskurse im Horizont von Theorien der Narration. – Stuttgart.

Rustemeyer, D. (1999): Ohne Adresse. Die Gesellschaft der Gesellschaft der Systemtheorie. In: Philosophische Rundschau, 46. Jg., S. 150–163.

Schelling, F. W. J. (1982a): Erster Entwurf eines Systems der Naturphilosophie. In: Ders.: Ausgewählte Werke. Schriften von 1799–1801. – Darmstadt, S. 1–268.

Schelling, F. W. J. (1982b): System des transcendentalen Idealismus. In: Ders.: Ausgewählte Werke. Schriften von 1799–1801. – Darmstadt, S. 327–634.

Schelling, F. W. J. (1983): Stuttgarter Privatvorlesungen. In: Ders.: Ausgewählte Werke. Schriften von 1806–1813. – Darmstadt, S. 361–428.

Schmidt, S. J. (Hrsg.) (1987): Der Diskurs des Radikalen Konstruktivismus. Frankfurt a. Main.

Schmidt, S. J. (Hrsg.) (1992): Kognition und Gesellschaft. Der Diskurs des Radikalen Konstruktivismus 2. – Frankfurt a. Main.

Schmidt, S. J. (1998): Die Zähmung des Blicks. – Frankfurt a. Main.

Spencer Brown, G. (1969): Laws of Form. – London.

Terhart, E. (1999): Konstruktivismus und Unterricht. In: Zeitschrift für Pädagogik, 45. Jg., S. 629–647.

Vaihinger, H. (1986): Die Philosophie des Als Ob. – Aalen.

Watzlawick, P. (Hrsg.) (1990): Die erfundene Wirklichkeit. – 6. Aufl. – München.

Wendel, H. J. (1994): Radikaler Konstruktivismus oder Erkenntnistheorie? In: Information Philosophie, S. 36–46.

Wiener, N. (1965): Cybernetics. – 2. Aufl. – Cambridge, Mass.

Wandel von pädagogischer Lernkultur, Institutionen und Professionen

Globalisierung und Erziehungswissenschaft

Annette Scheunpflug

Der erziehungswissenschaftliche Diskurs hat sich bisher nur in Ansätzen mit dem Phänomen der Globalisierung beschäftigt (vgl. die explizite Kritik bei Hornstein 2001, S. 530; Seitz 2002, S. 19 ff.). Erst in der jüngsten Zeit kommt die erziehungswissenschaftliche Diskussion zur Globalisierung in Gang (vgl. die Themenhefte Comparative Education 2001; European Educational Research Journal 2002; Bildung und Erziehung 2002; Sowi-online-journal 2002 sowie Seitz 2002; Wulf/Merkel 2002). Aufgabe dieses Überblicksbeitrags ist es, den erziehungswissenschaftlichen Diskurs zu sichten, zu systematisieren und darüber hinaus weitergehende Perspektiven zu eröffnen. Ein solches Ansinnen kann nicht ohne Reflexion des zugrunde liegenden Phänomens – der Globalisierung – auskommen. Der Dreischritt (1) Globalisierung, (2) der erziehungswissenschaftliche Diskurs und (3) Perspektiven bildet die Ordnung der nachfolgenden Überlegungen. Dass ein Überblicksartikel angesichts eines solch großen Themas Aspekte nur anreißen kann, versteht sich von selbst.

1 Globalisierung

1.1 Das Phänomen

Globalisierung zeigt sich in der Entwicklung von Finanz- und Kapitalbeziehungen, weltweiten Unternehmensstrategien und der Entstehung globaler Märkte. In der Beschreibung und Bewertung des Phänomens der Globalisierung im Kontext wirtschaftlicher Entwicklungen lassen sich erhebliche Unterschiede feststellen. Setzen die einen *Globalisierung* mit bisher ungeahnten Möglichkeiten für Handel, Verkehr und Wohlstand gleich (vgl. z. B. Lafontaine/Müller 1998), sehen andere darin die Ursache für die Verarmung von Menschen bzw. eine immer größer werdende Einkommensschere (vgl. z. B. Martin/Schumann 1996) und betonen die Probleme eines weltweiten Ausgleichs im Kontext der immer größer werdenden Unterschiede zwischen den reichen und den armen Ländern dieser Erde (vgl. z. B. Altvater/Mahnkopf 1996; UNDP 1999; Weltbank 2000; Stieglitz 2002).

Das Phänomen der Globalisierung lässt sich in der weltweiten Verfügbarkeit von Technologien (vgl. Sassen 2000) und der Bedeutung von Wissen und Forschung (vgl. Weltbank 1999) erkennen. Es wird sichtbar in den sich verändernden Handlungsspielräumen internationaler Organisationen und Staaten, d. h. in der Entstehung transnationaler politischer Strukturen und neuer sozialer Bewegungen (vgl. Zürn 1998). Mit der Globalisierung verändern sich die Bedeutungen von Institutionen wie Religionsgemeinschaften, Nationalstaaten, Bildungsinstitutionen etc.: Sie werden in ihrer Bedeutung abgewertet, da sie in eine plurale Debatte wechselseitig konkurrierender Organisationen einstimmen. Sie werden aber *gleichzeitig* in ihrer Bedeutung aufgewertet, da sie vielerorts als Kontingenzbrecher für bestimmte soziale Systemzusammenhänge Sinn konstituieren.

Globalisierung zeigt sich nicht zuletzt in der Verbreitung von „weltweiten Erwartungsstrukturen" (Stichweh 1994, S. 89 ff.), in der zunehmenden Individualisierung der Lebenswelten (vgl. Beck/Vossenkuhl/Ziegler 1995, S. 44 ff.) und veränderten kulturellen Mustern in den paradoxen Strukturen von einerseits Vereinheitlichung und andererseits Ausdifferenzierung kultureller Praxen (vgl. Appadurei 1990). Zudem unterscheiden sich Globalisierungsphänomene, je nachdem, ob man sie hinsichtlich der Situation von Männern oder Frauen auf dieser Erde in den Blick nimmt (vgl. Wichterich 1998; Hess/Lenz 2001).

1.2 Allgemeine Merkmale

Diese Aufzählung von Globalisierungsphänomenen ließe sich fortsetzen, ohne dass alleine durch die Beschreibung des Phänomens die Charakteristika der Globalisierung hinreichend klar erkennbar würden. Charakteristisch für Globalisierungsentwicklungen ist die durch sie angeregte Infragestellung der Grundprämisse des modernen Nationalstaates, in dem die Konturen der Gesellschaft als weitgehend identisch mit denen des Nationalstaats gedacht wurden. Ein solcher Gesellschaftsbegriff scheint nicht mehr hinreichend zur Beschreibung der entstehenden neuen sozialen Qualitäten: „Mit Globalisierung in all ihren Dimensionen entsteht demgegenüber nicht nur eine neue Vielfalt von Verbindungen und Querverbindungen zwischen Staaten und Gesellschaften. Viel weitergehender bricht das Gefüge der Grundannahmen zusammen, in denen bisher Gesellschaften und Staaten als territoriale, gegeneinander abgegrenzte Einheiten vorgestellt, organisiert und gelebt wurden. Globalität heißt: Die Einheit von Nationalstaat und Nationalgesellschaft zerbricht; es bilden sich neuartige Macht- und Konkurrenzverhältnisse, Konflikte und Überschneidungen zwischen nationalstaatlichen Einheiten und Akteuren andererseits, transnationalen Akteuren, Identitäten, sozialen Räumen, Lagen und Prozessen andererseits." (Beck 1997, S. 46 f.) Globalisierungsphänomene lassen sich meines Erachtens durch folgende Merkmale kennzeichnen:

*   Die Globalisierung bedeutet eine Veränderung *des Raumes* und neue Formen der *Entgrenzung des Raums*. Durch die neuen Medien und Kommunikationsformen spielt der Raum eine immer geringere Rolle. Personen können z. B. an Ereignissen

über das Internet teilnehmen, ohne selbst anwesend zu sein. Gleichzeitig ist die Bedeutung von Räumen als Bezugsgröße für Handeln (beispielsweise in der individuellen Familienplanung) nach wie vor von Wichtigkeit.

- Der Globalisierungsdiskurs beschreibt eine „Schrumpfung der Zeit" (UNDP 1999, S. 1), ein *verändertes Zeitbewusstsein* und eine *Beschleunigung* des sozialen Wandels. Die Zeitabstände in der Kommunikation werden immer geringer (man denke nur an den Vergleich zwischen den Transportzeiten im internationalen Briefverkehr noch in den 1970er-Jahren und der heute in Sekundenschnelle um den Globus sausenden E-Mail-Kommunikation und den sich damit verändernden Erwartungen an Reaktionszeiten). Gleichzeitig hat sich der Alltagsrhythmus von Menschen zwar auch beschleunigt, er bleibt aber an die physischen Möglichkeiten des Menschen gebunden.
- Mit der Globalisierung wird eine gleichzeitige Bedeutungszunahme von *lokalen* wie *globalen Prozessen* beschrieben (die Ulrich Beck pointiert in Anlehnung an Robertson als „Glokalisierung" in die deutsche Debatte einführt; vgl. Robertson 1995; Beck 1997, S. 90). Es entstehen neue Strukturen, die sich nicht mehr an nationalstaatlichen Hierarchien entlang organisieren, sondern in neuen gesellschaftlichen Netzwerken (vgl. Castells 2002) organisiert sind: Kaffeekleinanbauer in Costa Rica kommunizieren per E-Mail direkt mit Weltläden, ebenso wie sich Aktienbesitzer im Internet ohne Zeitverzug über die Kursentwicklung an der Wall-Street informieren. Es entstehen neue soziale Beziehungen und veränderte Formen von Fremdheit, die weniger über räumliche Nähe, sondern eher über die Zugehörigkeiten zu agierenden Netzwerken gekennzeichnet sind.
- Die Globalisierung bringt neue Problemlagen, vor allem in Hinsicht auf den Umgang mit *Komplexität* und *Kontingenz* hervor. Ungewollte Nebenfolgen des Handelns müssen bearbeitet und Probleme von hoher Komplexität bewältigt werden. Der UNDP-Bericht nennt als zentrale Probleme die Einhaltung der Menschenrechte, die Verringerung von Disparitäten innerhalb und zwischen Staaten und sozialen Gefügen, die Verringerung von Armut und Marginalisierung, die Aufrechterhaltung von Sicherheit und die Ermöglichung von Nachhaltigkeit (UNDP 1999, S. 2 f.).
- Mit dem Begriff Globalisierung wird nicht nur eine Veränderung von Welt beschrieben, sondern auch eine subjektive Form der Bewusstseinsveränderung als *Konstruktion einer gesellschaftlichen Wirklichkeit*. Das Denken in einem globalen Kontext konstituiert die Globalisierung ebenso wie die Globalisierung selbst (vgl. Robertson 1992, S. 8 f.).

Diese Entwicklungen sind auf der einen Seite in ihrer räumlichen Entgrenzung weltumfassend, auf der anderen Seite aber nicht gleichmäßig an jeder Stelle des Globus ansetzend. Nicht nur im Hinblick auf verschiedene Regionen, sondern auch im Kontext verschiedener gesellschaftlicher Teilsysteme greift die Globalisierung unterschiedlich: Gesellschaftliche Teilsysteme, die über ein weltweit verbreitetes Medium organisiert sind, globalisieren sich intensiver als andere. Beispielsweise ist das Wirtschaftssystem deutlich globalisierter als das Rechtssystem, das in verschiedenen Gegenden dieser Welt auf unterschiedlichen Kategorien aufbaut. Durch die unterschiedliche Teilhabe am Wirtschaftssystem globalisieren sich soziale Räume in unterschiedlichen Intensitäten. So sind beispielsweise die Möglichkeiten der Internetnutzung im Afrika südlich der Sahara deutlich schwächer ausgeprägt als in den USA.

1.3   Die Theorieherausforderungen

Für die Reflexion von Globalisierungsphänomenen in einer Disziplin wie der Erziehungswissenschaft, die aufgrund ihres Gegenstands auf einen interdisziplinären Dialog angewiesen ist, ist der Blick auf orientierende Theorien hilfreich, die nicht nur die Phänomene zu beschreiben erlauben, sondern zudem einen Erklärungshintergrund für deren Vielfalt bieten. Für eine Darstellung unterschiedlicher Theoriezugänge ist es noch zu früh; vielmehr werden im Folgenden zentrale Theorieherausforderungen skizziert, die auch für die Erziehungswissenschaft von Relevanz sein dürften:

1) Wie könnte eine angemessene *Beschreibung* der Globalisierung mit ihren gegenläufigen und widersprüchlichen Tendenzen aussehen? Es lassen sich Theorieangebote feststellen, die den Blick auf die durch die Globalisierung entstehenden *homogenen Entwicklungen,* beispielsweise Marktmechanismen, Technologieentwicklungen oder Standardisierungstendenzen im Bildungswesen, und die dadurch entstehenden kulturellen Nivellierungen beschreiben (vgl. z. B. Ritzer 1993). Andere Theorieangebote stellen die durch die Globalisierung entstehende *Vielfalt,* z. B. durch die Nutzung entstehender Freiräume, durch heterogene, hybride Identitäten oder lokale Sonderwege, in den Mittelpunkt (vgl. Hannerz 1998). Eine dritte Form der Beschreibung – in meinen Augen das ausgefeilteste und tragfähigste Theorieangebot – stammt aus dem Arbeitskontext der Systemtheorie, die die *gleichzeitige Beschreibung* scheinbar gegenläufiger Phänomene ermöglicht (vgl. Luhmann 1975a, b, c; 1997; Stichweh 1995). Luhmann beschreibt die Weltgesellschaft als funktional differenziertes soziales System. Sein Ansatz macht deutlich, dass der globale Kommunikationshorizont Weltgesellschaft konstituiert. Diese Theoriefigur erlaubt die Beobachtung entgegenlaufender Phänomene durch deren semantische Fassung in Einheiten von Differenzen. In der systemtheoretischen Weltgesellschaftstheorie wird über „eine elementare Basisoperation Kommunikation eingeführt, die Dualisierungen verzichtbar macht und sichtbar werden lässt, wie Effekte der strukturellen Integration des Gesellschaftssystems und zugleich dessen projektive Überschreitung in Richtung auf einen Weltbegriff auf der Grundlage ein und derselben Basisoperation Kommunikation erklärt werden können." (Stichweh 1999, S. 218).

2) Was ist der *Motor* der Globalisierung? Die Frage nach der Ursache für die Globalisierung wurde bereits in den 1970er-Jahren intensiv diskutiert. Besonders prominent

geworden sind hier die Arbeiten von Immanuel Wallerstein (vgl. 1979a, b; Hopkins/
Wallerstein 1979), der die treibende Kraft zur Globalisierung in der *Weltökonomie*
verortet. In seiner makrosoziologischen Theorie beschreibt er das Entstehen von
transnationalen Räumen – in seiner Sprache eines „Weltsystems" – durch eine globale Arbeitsteilung. Die globale Arbeitsteilung ist für ihn der Motor der Globalisierung. Durch den Kapitalismus entstünde eine weltweite Arbeitsteilung, in der sich
alle Gesellschaften, Unternehmen, Klassen oder Staaten verorten müssten. Diese
Arbeitsteilung würde Reichtum und Armut kumulieren und zu globaler Ungleichheit führen, die neue soziale Räume (Zentrum, Semi-Peripherie und Peripherie)
bedinge. Von Kritikern wird dieser Theorie Monokausalität vorgehalten (vgl. Beck
1997, S. 65 ff.; Luhmann 1997, S. 170).

Demgegenüber betont Giddens (vgl. 1995, 1997) die Rolle von *vier institutionellen
Dimensionen* – der kapitalistischen Weltwirtschaft, der internationalen Arbeitsteilung, der Nationalstaaten und des Militärsystems. Diese Institutionen verändern sich
durch (1) die Reorganisation von raum-zeitlichen Kontexten, (2) die Herauslösung
sozialer Beziehungen aus lokalen Interaktionen und deren Reintegration in abstrakte
neue Räume und symbolische Mittel des Austauschs sowie (3) einen neuen Zwang
zur Selbstreflexivität durch das Wachstum des Wissens und können so als Motor der
Globalisierung interpretiert werden.

In weiteren Theorieentwürfen sind es *transnationale Netzwerke,* die, unterstützt
durch die Entwicklungen der Kommunikationstechnologie und der Mobilität, als
Motor der Globalisierung interpretiert werden (vgl. Castells 2002).

3) Wie ist die Globalisierung *steuer- oder beeinflussbar?* Während diese Frage beispielsweise Niklas Luhmann vor dem Hintergrund seines systemtheoretischen Zu-
gangs nicht stellt (sondern die Bedingungen der Möglichkeit für das Handeln in
der Weltgesellschaft als „Selbstbeschreibung" abgewogen werden; vgl. Luhmann 1997,
S. 866 ff.), ist die theoriegeleitete Bearbeitung dieser Frage das zentrale Anliegen des
jüngsten Entwurfs von Ulrich Beck. Bereits 1986 hatte Beck mit der „Risikogesellschaft" eine Gesellschaftstheorie vorgelegt, die vor einem ökologischen Problemhin-
tergrund die ungewollten Nebenfolgen von Entscheidungen reflektiert und damit die
Frage nach der Steuerbarkeit einer Gesellschaft angesichts von Risikoabschätzungen
und -folgen stellt. In den 1990er-Jahren wurde diese Fragestellung – auch in Auseinandersetzung mit Anthony Giddens (vgl. Beck/Giddens/Lash 1996) – mit der der
Globalisierung verwoben (vgl. Beck 1997, 1998) und mündete jüngst in eine „Neue
kritische Theorie in kosmopolitischer Absicht" (Beck 2002, S. 19 ff.). Die „postnationale Konstellation" (vgl. Habermas 1998) bedürfe einer Theorie, die die Reflexion
dieser Situation angemessen ermögliche und gleichzeitig Handlungsperspektiven er-
öffne. Beck (2002, S. 53) findet diese in einem „methodologischem Kosmopolitis-
mus", der die bisher in der Debatte um die Globalisierung ausgeblendeten sozialen
Ungleichheiten neu aufzunehmen vermag: „Die [Neue, A. S.] Kritische Theorie fragt
nach den Widersprüchen, Dilemmata und den ungesehenen, ungewollten Nebenfol-

gen einer sich kosmopolisierenden Moderne und zieht aus der Spannung zwischen der politischen Selbstbeschreibung und deren sozialwissenschaftlichen Beobachtung ihre kritische Definitionsmacht." (Beck 2002, S. 67)

2   Globalisierungssemantik im erziehungswissenschaftlichen Diskurs

2.1   Historische Perspektiven

Wann sich der Beginn der Globalisierungssemantik in der Erziehungswissenschaft feststellen lässt, ist noch nicht untersucht. Ebenso ist fraglich, wann sich Globalisierungsphänomene in pädagogischen Kontexten zeigen lassen. In der Politikwissenschaft werden sehr unterschiedliche Zeiträume für eine historische Reflexion gewählt: Während manche den Beginn der Globalisierung am Ende des ausgehenden Mittelalters feststellen (wie z. B. Wallerstein – vgl. 1979a), sehen andere diesen als Fortsetzung der Moderne erst in den jüngsten Jahrzehnten verortet (wie z. B. Giddens – vgl. 1995). Eine solche Debatte müsste in der Erziehungswissenschaft noch geführt werden. Bisher liegen dazu nur einzelne Arbeiten vor, wie beispielsweise die Analyse von Treml (vgl. 1996), der in den Werken von Comenius und Kant die ersten erziehungswissenschaftlichen Theoriebeiträge zum Umgang mit der Globalisierung erkennt. Beide würden die durch die Globalisierung verursachte „Kontingenzschwemme durch das Einrammen letzter Apriori aufzuhalten [versuchen, A. S.], Comenius durch einen transzendenten Gott und Kant durch ein transzendentales Subjekt" (Treml 1996, S. 7). Eine intensive Aufarbeitung der Bildungsgeschichte – als Ideen-, Real- und Sozialgeschichte – unter dem Aspekt der Globalisierung steht noch aus.

2.2   Hauptlinien der Gegenwartsdiskussion

Das Erziehungssystem ist nicht nur hinsichtlich der Vermittlung von Weltbildern mit Globalisierungsphänomenen konfrontiert, es globalisiert sich selbst und ist im Kontext einer sich globalisierenden Gesellschaft platziert. Das erschwert die Trennung zwischen Ursachen und Wirkungen (denn Wirkungen werden Ursachen, vice versa) sowie zwischen Phänomenen und deren Beschreibung (denn die Beschreibung wird zum Phänomen, wenn das Phänomen beschrieben wird). Die nachfolgenden Unterscheidungen sind von daher eher analytische Kategorien denn trennscharfe Unterscheidungen.

2.2.1 Die Globalisierung des Bildungswesens

Das Bildungswesen ist Teil des globalisierten Kommunikationszusammenhangs und globalisiert sich damit selbst – in quantitativer wie auch qualitativer Perspektive:

Die globale Verbreitung des Schulsystems
Das Schulwesen hat sich praktisch auf der ganzen Erde ausgebreitet. Die Untersuchungen der Stanforder Schule um Meyer und Ramirez (vgl. Boli/Ramirez/Meyer 1985; Meyer/Ramirez/Soysal 1992) haben die Bedeutung der Freisetzung des Individuums im Nationalstaat für die Universalisierung der Schule betont. Adick (vgl. 1992, 2000) und Schriewer (vgl. 1994; Schriewer/Henze 1998) haben mit ihren Untersuchungen an Schulsystemen der so genannten Zweiten und Dritten Welt im Anschluss an Wallerstein zeigen können, dass die Verbreitung des Schulwesens auf Eigendynamiken weltgesellschaftlicher Entwicklungen zurückzuführen ist: „Schule als Institution war keine und ist keine europäische oder westliche Erfindung." (Adick 2000, S. 157) Schulen entstanden vielmehr an vielen Stellen dieser Welt, da „Bildungssysteme im modernen Weltsystem […] zur Sozialisation gesellschaftsfähiger Subjekte, loyaler Staatsbürger und abhängiger Weltbürger" beitragen (Adick 1992, S. 37). Auch die empirische Untersuchung von Lang-Wojtasik (vgl. 2001) zu Angeboten non-formaler Primarbildung in Indien und Bangladesh in den 1990er-Jahren konnte einen entsprechenden Entwicklungszwang hin zu Angeboten formaler Bildung in staatlichen Bildungssystemen feststellen. Dazu trägt sicherlich der in einer globalisierten Weltgesellschaft steigende Bedarf an Wissen bei (ganz dezidiert in ökonomischer Perspektive vgl. Weltbank 1999).

Die globale Standardisierung des Bildungswesens
Auch an qualitativen Merkmalen lässt sich die Globalisierung des Erziehungssystems erkennen – oder wie Lenhart (2000, S. 49) es nennt, „das Bildungssystem der Weltgesellschaft". In den 1970er- und 1980er-Jahren ist weltweit eine curriculare Standardisierung des Bildungswesens im Primarbereich und in der Sekundarstufe I beobachtbar (die Entwicklung eines „Weltcurriculum"; vgl. Meyer/Kamens/Benavot 1992, S. 165). Zudem entwickelt sich eine weltweit geteilte Bildungssemantik, die sich selbst internationalisiert – wie dies z. B. Schriewer/Henze (vgl. 1998) für die „Konstruktion von Internationalität in pädagogischen Fachzeitschriften der zwanziger Jahre" in verschiedenen Sprachräumen nachweisen konnten – und gemeinsame Auffassungen über Bildung transportiert (so beispielsweise in den Denkschriften der UNESCO wie „Learning the Treasure within" – vgl. UNESCO 1996) und auf der Ebene der UN-Organisationen zu normativen Beschreibungen von Bildungszielen und die Völkergemeinschaft verpflichtenden Aussagen kommt (wie die Forderung „Bildung für Alle!" 1990 in Jomtien oder die Agenda 21 der Konferenz von Rio).

Seit Anfang der 1990er-Jahre hat sich ein *weltweites Bildungsmonitoring* ausgebildet. Als ein Ergebnis der Weltkonferenz für Bildung 1990, werden seit 1991 von der UNESCO (vgl. 1991 ff.) zweijährig Weltbildungsberichte vorgestellt, die alle Staaten dieser Erde umfassen. Die Berichte erscheinen als Datensammlung und gleichzeitig mit einem jeweils wechselnden inhaltlichen Schwerpunkt, wie Bildungsfinanzierung, Bildung für Demokratie, Frieden und Menschenrechte oder Alphabetisierung. Dies ist eine Ausweitung der schon seit langem bestehenden OECD-Berichtsprogramme, die sich auf deren

Mitgliedsstaaten bezogen. Mit der PISA-Studie hat die OECD nun ein Programm zur Qualitätsmessung vorgelegt, an dem im Jahr 2000 Brasilien, Lettland, Liechtenstein und die Russische Förderation teilnehmen konnten, ohne OECD-Mitgliedsstaaten zu sein. 2003 werden darüber hinaus die Länder Argentinien, Chile, China, Indonesien, Peru und Thailand teilnehmen.

Wenngleich Lenhart in diesen Aspekten „überzeugende Indikatoren" dafür sieht, „dass Bildung die Weltsystemebene erreicht hat" (Lenhart 2000, S. 49), ist das Bildungswesen an vielen Stellen nach wie vor *nationalstaatlich* organisiert und strukturiert. Hier zeigen sich die für Globalisierungseffekte vielfältig beschriebenen Momente der *Gleichzeitigkeit* gegenläufiger Entwicklungen: Obgleich sich das Bildungswesen insgesamt schnell globalisiert, sind Schulen in ihrer sprachlichen (vgl. Gogolin 1994) wie auch kulturellen Verfasstheit (vgl. Wenning 1996; Auernheimer 2001) nach wie vor auf die Gegebenheiten des Nationalstaats orientiert und auf die Herausforderungen der Globalisierung, vor allem im Hinblick auf den Umgang mit einer multikulturellen und multireligiösen Schülerschaft, noch wenig vorbereitet (vgl. Diehm/Radtke 1999; Asbrand 2000).

Zudem sind die *Disparitäten* im weltweiten Bildungssystem zu konstatieren. Wenn im Bildungswesen auch inhaltlich an vielen Stellen deutliche *Homogenisierungstendenzen* zu beobachten sind, so ist dies hinsichtlich des wirtschaftlichen Hintergrunds von Bildungssystemen sicherlich nicht der Fall. Nach wie vor bestehen erhebliche globale *Ungleichheiten* z. B. bei den Einschulungsraten, den Drop-out-Quoten und Abschlussraten, hinsichtlich der Qualität des Bildungswesens, den Zugangsmöglichkeiten zu höherer Bildung und den Bildungsausgaben pro Kopf. Gerade die ärmsten Länder der Welt stehen in dieser Hinsicht vor immensen Problemen – und zumindest für die afrikanischen Länder südlich der Sahara sind die Ungleichheiten durch die Globalisierung eher gewachsen als zurückgegangen (vgl. Watkins 2000; Orivel 2002).

Noch weithin nicht absehbar sind die *Folgen* dieser Bildungsstandardisierung und der sich daraus ergebenden Vergleichsmöglichkeiten der Qualität im Bildungswesen. Auf der einen Seite wird eine Verbesserung der Qualität erwartet (wie es sich beispielsweise in der in Deutschland angelaufenen Diskussion zu PISA zeigt), auf der anderen Seite werden Befürchtungen geäußert, dass sich damit die weltweiten Ungleichheiten im Bildungswesen weiter verschärfen (vgl. z. B. Seitz 2003).

2.2.2 Die Globalisierung im Bildungswesen

Das Bildungswesen ist nicht unabhängig von anderen Teilsystemen der Gesellschaft – beispielsweise die Finanzierungsnotwendigkeit macht es sensibel für die durch Globalisierung induzierten wirtschaftlichen Veränderungen.

Marktmechanismen im Schulwesen – die Deregulierung des Bildungsmarktes
Parallel zu den Deregulierungsdebatten im Wirtschaftssystem kann die Debatte im Bildungswesen zur Deregulierung ebenfalls als ein Globalisierungsphänomen begriffen werden. Dabei geht es auf der Mikroebene um die Autonomie von Einzelschulen und deren Qualitätssicherung sowie um die (teilweise) Entlassung von Hochschulen aus der staatlichen Verwaltung.

Auf der Ebene einzelner *Bildungswesen* werden Fragen der Marktorientierung bzw. der Privatisierung diskutiert. In vielen Ländern der Dritten Welt hat an dieser Stelle durch die Politik der Weltbank bereits eine erhebliche Strukturveränderung stattgefunden (vgl. Watkins 2000).

Auf der *supranationalen Ebene* schließlich wird – von der Erziehungswissenschaft relativ unbeachtet – die *Deregulierung des Bildungsmarkts* verhandelt. Im Kontext der WTO (World Trade Organization) laufen Verhandlungen zu GATS (General Agreement on Trade in Services) zur Regelung des freien Handels mit Dienstleistungen. Der Bildungsmarkt spielt hier als großer Markt mit Wachstumsperspektiven eine besondere Rolle. Dabei geht es um den ungehinderten Zugang zu Bildungsmärkten (beispielsweise für das Betreiben privater Schulen und Universitäten ohne staatliche Zustimmungspflicht) und um den Abbau staatlicher Subventionen in der Finanzierung des Bildungswesens, zur Vermeidung von Marktverzerrungen.

Eine *kritische Begleitung* dieser Entwicklungen über eine erziehungswissenschaftliche Globalisierungsdebatte ist vereinzelt festzustellen (vgl. z. B. Lohmann/Rilling 2002), überwiegend werden Aspekte der Deregulierung auf Ebene von Einzelschulen und Bildungswesen im Kontext eines nationalen schulpädagogischen oder organisationstheoretischen Diskurses diskutiert.

Globalisierungsfolgen im Bildungswesen
Ein anderer Aspekt der Globalisierung im Bildungswesen wird dann sichtbar, wenn der Umgang mit Migration und sozialen Disparitäten implizit als Folge von (nicht nur wirtschaftlicher) Globalisierung reflektiert wird (vgl. z. B. Harvard Educational Review 2001). Deutlich wird, dass über die Globalisierungserfahrungen und Bildungsstrategien von migrierten Jugendlichen und solchen mit Migrationshintergrund – seien sie erfolgreiche Globalisierungsgewinner, die ihre Erfahrung als Kapital nutzen können oder Risikojugendliche – noch viel zu wenig bekannt ist und an dieser Stelle erheblicher Forschungsbedarf besteht (vgl. für den Forschungsbedarf Suárez-Orozco 2001; für erste Ergebnisse vgl. Neumann/Rilling 2002).

2.2.3 Die Lernsubjekte in der Globalisierung – Globalisierung als Bedingung des Aufwachsens

Die globalisierte Weltgesellschaft ist nicht nur Umwelt für das Bildungssystem, sondern auch für die Subjekte von Bildungsbemühungen. Wie verändern sich die Bedingungen des Aufwachsens in der Globalisierung bzw. wie schlagen sich diese Veränderungen im erziehungswissenschaftlichen Diskurs nieder?

Es ist bemerkenswert, dass die Frage nach der Struktur *sozialisatorischer Prozesse* in der Weltgesellschaft bis jetzt in der Erziehungswissenschaft recht wenig bearbeitet wird (vgl. Hornstein 2001, S. 527). Renate Nestvogel (vgl. 2000) hat ein Sozialisationsmodell vorgelegt, das die weltgesellschaftliche Ebene explizit als Sozialisationsinstanz berücksichtigt, allerdings ist eine empirische Sättigung dieses Modells noch nicht erfolgt. Eine explizite Untersuchung, wie Jugendliche die Globalisierung erleben und in ihr Weltmodell integrieren, ist nach wie vor Desiderat (vgl. Asbrand 2002, S. 16). Dass Jugendkulturen durch die Globalisierung geprägt und verändert werden, ist dabei eine These (vgl. Roth 2002).

Die Shell-Jugendstudie hat zum ersten Mal in ihrer Geschichte 2002 die *Einstellungen* von Jugendlichen zu Globalisierungsprozessen erhoben. Das relativ grobe Ergebnis zeigt, dass sich die „Meinungsbildung […] auch zu den Fragen der Globalisierung […] sehr pragmatisch und […] weniger von ideologischen Positionen geprägt" vollzieht (Deutsche Shell 2002, S. 136). Dieser Pragmatismus lässt sich auch in der Einstellung zu anderen gesellschaftlichen Themen feststellen; er ist nicht spezifisch für den Umgang mit Globalisierung.

Eine weitere wichtige Fragestellung im Kontext globalisierter Lebensbedingungen ist die *Einmündung von Jugendlichen in die Selbstständigkeit* in einer globalisierten Weltgesellschaft (vgl. Blossfeld 2001). Entscheidungen im Lebenslauf werden unter neue und bisher nicht bekannte Risikovorbehalte gestellt (vgl. Beck/Vossenkuhl/Ziegler 1995).

2.2.4 Bildung in einer globalisierten Welt – Diskurse der Bildungstheorie

Eine Debatte darüber, wie die Globalisierung sich auf den bildungstheoretischen Diskurs auswirkt bzw. wie Bildung in der Globalisierung theoretisch gefasst werden kann, steht ebenfalls erst am Anfang (vgl. Bauer u.a. 1999; Oelkers 2002). Kontrovers diskutiert werden Fragen des Lernens in der Weltgesellschaft sowie normative Konzepte, die zur Gestaltung der Globalisierung im Sinne von Nachhaltigkeit und Gerechtigkeit auffordern.

Lernen in der Weltgesellschaft
Unterschiedliche Akzente der Integration von Globalisierungserfahrungen in den Bildungsdiskurs lassen sich in der anthropologischen Theoriebildung erkennen. Die *kulturhistorische pädagogische Anthropologie* reflektiert den Umgang mit Fremdheit und dem Eigenen und die Bildung neuer hybrider Formen von Kultur in mimetischen Prozessen durch die Globalisierung (vgl. Wulf 2002). Damit rücken Formen des kreativen Umgangs mit Globalisierungsphänomenen in den Vordergrund. In der *evolutionären pädagogischen Anthropologie* wird die mögliche Überforderung des Menschen durch die Weltgesellschaft reflektiert und vor diesem Hintergrund über Formen pädagogischer

Lernarrangements zum Umgang mit dieser Herausforderung nachgedacht (vgl. Treml 1998; Scheunpflug/Hirsch 2000). In dieser Debatte stehen universelle Fragen nach den Lernmöglichkeiten von Menschen beispielsweise im Umgang mit abstrakten Gerechtigkeitsproblemen im Vordergrund. Eine Diskussion darüber, ob dieser interdisziplinär zwischen Biowissenschaften und Erziehungswissenschaft angelegte Theoriehintergrund zur Beschreibung und Erklärung von Bildungsherausforderungen angesichts der Globalisierung beiträgt, hat bereits begonnen (vgl. Neumann/Schöppe/Treml 1999; Görgens/ Scheunpflug/Stojanov 2001; Beyer 2002).

Globalisierung gestalten lernen
In der Pädagogik gibt es eine lange Tradition der Gestaltung und Veränderung von Welt durch Bildung. Dieser normative Impetus des Erhaltens und Verbesserns ist auch im Hinblick auf die Gestaltung der Globalisierung durch Pädagogik und Erziehungswissenschaft zu beobachten. Bereits in den 1970er-Jahren entsteht im angloamerikanischen Sprachraum der Begriff „Global Education" für alle diejenigen pädagogischen Konzeptionen, denen es um die Gestaltung der Globalisierung im Kontext von moralischethischen Zielen wie Gerechtigkeit und Nachhaltigkeit geht (vgl. im Überblick Seitz 2002, S. 366 ff.). 1985 wird er durch das Schweizer Forum „Schule für eine Welt" als „Globales Lernen" in den deutschen Sprachraum transportiert (vgl. Forum Schule für Eine Welt 1985) und in verschiedenen didaktischen Konzeptionen im Rahmen von Entwicklungspädagogik, entwicklungspolitischer Bildung und Friedenserziehung ausbuchstabiert (vgl. im Überblick Scheunpflug/Seitz 1995; Scheunpflug/Schröck 2002). Mit der in der Konferenz für Umwelt und Entwicklung 1992 in Rio verabschiedeten Agenda 21 wird ein weiteres Konzept einer anderen Globalisierung in die Debatte eingeführt: Bildung für nachhaltige Entwicklung. Dem Programm „21" der Bund-Länder-Kommission für Bildungsplanung und Forschungsförderung (BLK) wird explizit das Konzept der Bildung für Nachhaltigkeit, wie es von Haan/Hardenberg ausformuliert worden ist, zugrunde gelegt (vgl. BLK 1998; Haan/Hardenberg 1999). Zum UN-Gipfel in Johannesburg legt die Bundesregierung erstmals einen „Bericht zur Bildung für eine nachhaltige Entwicklung" vor (Bundesministerium für Bildung und Forschung 2001; vgl. kritisch Asbrand/ Lang-Wojtasik 2002).

In der internationalen Debatte steht mit dem Argument, dass es in der Gestaltung von Globalisierung vor allem um den Umgang mit Ungleichheit bzw. der Frage nach Gerechtigkeit gehe, eher der Begriff des Globalen Lernens/Global Education im Vordergrund (vgl. Bourn 2001; The Development Education Journal 2002; North-South Center of Council of Europe 2002; Osler/Vincent 2002; für den deutschen Sprachraum: vgl. Seitz 2002).

3   Perspektiven: Bildung und Erziehung in der Globalisierung

Der Globalisierungsdiskurs stellt die Erziehungswissenschaft insgesamt vor Herausforderungen.

1) Es entsteht die Notwendigkeit einer intensiven *Theoriedebatte*: In welchen Theoriekontexten lassen sich Globalisierungsphänomene in der Erziehungswissenschaft diskutieren? Bisher liegen noch kaum konsistente Theorieentwürfe vor, die die großen Theoriegebiete der Erziehungswissenschaft (wie Schultheorien, Unterrichtstheorien, Erziehungstheorien, Bildungstheorien, Sozialisationstheorien) in weltgesellschaftlicher Perspektive reflektieren oder neue Theorieangebote offerieren. Gerade auf Grund der fundamentalen Veränderung in Raum und Zeit durch die Globalisierung ist dies notwendig.

2) Es entsteht ein Bedarf an *empirischer Forschung*. Bisher wissen wir sehr wenig über Globalisierungsphänomene im Erziehungssystem. In den oben genannten Bereichen besteht ein hoher Bedarf an empirischer Forschung, der die Mikro- und Makrostrukturen von Globalisierungsphänomenen im Erziehungssystem erhebt, systematisiert und interpretiert.

3) Es ergeben sich mit der Globalisierung entsprechend neue *Themenfelder* bzw. Zuschnitte von Themenfeldern. Gegenstandsbereiche der Erziehungswissenschaft verändern sich durch die Globalisierung rasant (vgl. Welch 2001). Einige der lange Zeit bestehenden Grenzen zwischen Forschungsgebieten, z. B. zwischen der Vergleichenden Bildungsforschung, der Bildungsforschung mit der Dritten Welt und der interkulturellen Bildung haben sich aufgelöst. Daraus folgt die Notwendigkeit neuer intradisziplinärer Diskurse, z. B. zwischen Schulforschung und Bildungsökonomie, Sozialisationsforschung und Komparatistik.

4) Auf der *pragmatischen Diskursebene* ergeben sich ebenfalls neue Fragestellungen. Viele Bildungsinstitutionen müssen sich in für sie neuen weltgesellschaftlichen Zusammenhängen platzieren und orientieren. An dieser Stelle bietet sich ein neues Feld für die Erziehungswissenschaft. Die Politikwissenschaft hat bereits ein umfangreiches Netz der Politikberatung ausdifferenziert, das soziale Bewegungen und Parteien in Hinblick auf Globalisierungsfragen begleitet. Im erziehungswissenschaftlichen Kontext ist dies weitgehend noch nicht erfolgt, wie beispielsweise das erziehungswissenschaftliche Desinteresse an den GATS-Verhandlungen oder die fehlende Begleitung des Bildungsdiskurses auf Weltgipfeln, wie 2002 in Johannesburg, erkennen lässt.

5) Mit der Veränderung des Bildungsmarktes durch Deregulierung verändern sich auch die *Arbeitsmöglichkeiten von Absolventen*. Es ist zu vermuten, dass es immer mehr Arbeitsmöglichkeiten für Lehrkräfte außerhalb staatlicher Anstellungsmonopole geben wird. Für Diplompädagogen eröffnen sich Arbeitsmöglichkeiten in einem globalisierten Markt. Bisher wird im deutschsprachigen Raum kaum für internatio-

nal agierende Bildungsagenturen ausgebildet. Eine Reaktion in der Erziehungswissenschaft auf die Globalisierung hinsichtlich der eigenen Ausbildungsangebote steht noch weitestgehend aus.

Literatur

Adick, C. (1992): Die Universalisierung der modernen Schule. – Paderborn.

Adick, C. (2000): Globalisierung als Herausforderung für nationalstaatliche Pflichtschulsysteme. In: Scheunpflug, A./Hirsch, K. (Hrsg.): Globalisierung als Herausforderung für die Pädagogik. – Frankfurt a. M., S. 156–168.

Altvater, E./Mahnkopf, B. (1996): Grenzen der Globalisierung. Ökonomie, Ökologie und Politik in der Weltgesellschaft. – Münster.

Appadurai, A. (1990): Disjuncture and Difference in the Global Culture Economy. In: Featerstone, M.: Global Culture: Nationalism, Globalization and Modernity. – London, pp. 295–310.

Asbrand, B. (2000): Zusammen Leben und Lernen im Religionsunterricht. – Frankfurt a. M.

Asbrand, B. (2002): Globales Lernen und das Scheitern der großen Theorie. Warum wir heute neue Konzepte brauchen. In: ZEP – Zeitschrift für internationale Bildungsforschung und Entwicklungspädagogik, 25. Jg., H. 3, S. 13–19.

Asbrand, B./Lang-Wojtasik, G. (2002): Gemeinsam in eine nachhaltige Zukunft? Anmerkungen zum ‚Bericht der Bundesregierung zur Bildung für eine nachhaltige Entwicklung‘. In: Zeitschrift für internationale Bildungsforschung und Entwicklungspädagogik, 25. Jg., H. 2, S. 31–34.

Auernheimer, G. (2001): Interkulturalität im Arbeitsfeld Schule: empirische Untersuchungen über Lehrer und Schüler. – Opladen.

Bauer u. a. 1999 = Bauer, W./Lippitz, W./Marotzki, W./Ruhloff, J./Schäfer, A. D./Wulf, C. (Hrsg.) (1999): Globalisierung: Perspektiven – Paradoxien – Verwerfungen. – Hohengehren.

Beck, U. (1986): Die Risikogesellschaft. – Frankfurt a. M.

Beck, U. (1997): Was ist Globalisierung? Irrtümer des Globalismus – Antworten auf Globalisierung. – Frankfurt a. M.

Beck, U. (Hrsg.) (1998): Perspektiven der Weltgesellschaft. – Frankfurt a. M.

Beck, U. (2002): Macht und Gegenmacht im globalen Zeitalter. Neue weltpolitische Ökonomie. – Frankfurt a. M.

Beck, U./Giddens, A./Lash, S. (1996): Reflexive Modernisierung. – Frankfurt a. M.

Beck, U./Vossenkuhl, W./Ziegler, U. E. (1995): Eigenes Leben. Ausflüge in die unbekannte Gesellschaft, in der wir leben. – München.

Beyer, A. (Hrsg.) (2002): Fit für Nachhaltigkeit? Biologisch-anthropologische Grundlagen einer Bildung für nachhaltige Entwicklung. – Opladen.

Bildung und Erziehung (2002): Themenheft Globalisierung, 55. Jg., H. 4.

BLK 1998 = Bund-Länder-Kommission für Bildungsplanung und Forschungsförderung (1998): Bildung für eine nachhaltige Entwicklung. Orientierungsrahmen. – Bonn.

Blossfeld, H.-P. (2001): Bildung, Arbeit und soziale Ungleichheit im Globalisierungsprozess – Einige theoretische Überlegungen zu offenen Forschungsfragen. In: Kurtz, T. (Hrsg.): Aspekte des Berufs in der Moderne. – Opladen, S. 239–263.

Boli, J./Ramirez, F./Meyer, J. (1985): Explaining the Origins and Expansion of Mass Education. In: Comparative Education Review, Vol. 29, I. 2, pp. 145–170.

Bourn, D. (2001): Global Perspectives in Lifelong Learning. In: Research in Post-Compulsory Education, Vol. 6, I. 3, pp. 325–338.

Bundesministerium für Bildung und Forschung (2001): Bericht der Bundesregierung zur Bildung für eine nachhaltige Entwicklung. – Bonn.

Castells, M. (2002): Das Informationszeitalter: Wirtschaft, Gesellschaft, Kultur. 3 Bde. – Opladen.

Comparative Education (2001): Topic Issue Globalisation, Vol. 37, I. 4.

Deutsche Shell (Hrsg.) (2002): Jugend 2002. Zwischen pragmatischem Idealismus und robustem Materialismus. – Frankfurt a. M.

Diehm, I./Radtke, F.-O. (1999): Erziehung und Migration. – Stuttgart.

European Educational Research Journal (2002): Topic Issue Globalisation, Vol. 1, I. 2

Forum Schule für Eine Welt (1985): Lernziele für eine Welt. – Jona.

Giddens, A. (1995): Die Konsequenzen der Moderne. – Frankfurt a. M.

Giddens, A. (1997): Jenseits von Links und Rechts. Die Zukunft radikaler Demokratie. – Frankfurt a. M.

Gogolin, I. (1994): Der monolinguale Habitus der multilingualen Schule. – Münster.

Görgens, S./Scheunpflug, A./Stojanov, K. (Hrsg.) (2001): Universalistische Moral und weltbürgerliche Erziehung. – Frankfurt a. M.

Haan, G. de/Hardenberg, D. (1999): Bildung für eine nachhaltige Entwicklung. Gutachten zum Programm. – Bonn.

Habermas, J. (1998): Die postnationale Konstellation. – Frankfurt a. M.

Hannerz, U. (1998): Transnational Connections: Culture, People, Places. – London.

Harvard Educational Review (2001): Topic Issue Immigration and Education, Vol. 71, I. 3.

Hess, S./Lenz, R. (2001): Geschlecht und Globalisierung. Ein kulturwissenschaftlicher Streifzug durch transnationale Räume. – Königstein/Taunus.

Hopkins, T./Wallerstein, I. (1979): Grundzüge der Entwicklung des modernen Weltsystems. Entwurf für ein Forschungsvorhaben. In: SENGHAAS, D. (Hrsg.): Kapitalistische Weltökonomie. Kontroversen über ihren Ursprung und ihre Entwicklungsdynamik. – Frankfurt a. M., S. 151–200.

Hornstein, W. (2001): Erziehung und Bildung im Zeitalter der Globalisierung. Themen und Fragestellungen erziehungswissenschaftlicher Reflexion. In: Zeitschrift für Pädagogik, 47. Jg., H. 4, S. 517–537.

Lafontaine, O./Müller, C. (1998): Keine Angst vor der Globalisierung. Wohlstand und Arbeit für alle. – Bonn.

Lang-Wojtasik, G. (2001): Bildung für alle! Bildung für alle? – Zur Theorie non-formaler Primarbildung am Beispiel Bangladesch und Indien. – Hamburg.

Lenhart, V. (2000): Bildung in der Weltgesellschaft. In: Scheunpflug, A./Hirsch, K. (Hrsg.): Globalisierung als Herausforderung für die Pädagogik. – Frankfurt a. M., S. 47–64.

Lohmann, I./Rilling, R. (Hrsg.) (2002): Die verkaufte Bildung. – Opladen.

Luhmann, N. (1975a): Weltzeit und Systemgeschichte. In: Luhmann, N.: Soziologische Aufklärung, Bd. 2. – Opladen, S. 3–133.

Luhmann, N. (1975b): Komplexität. In: Luhmann, N.: Soziologische Aufklärung, Bd. 2. – Opladen, S. 204–220.

Luhmann, N. (1975c): Die Weltgesellschaft. In: Luhmann, N.: Soziologische Aufklärung, Bd. 2. – Opladen, S. 51–71.

Luhmann, N. (1997): Die Gesellschaft der Gesellschaft. 2 Bände. – Frankfurt a. M.

Martin, H.-P./Schumann, H. (1996): Die Globalisierungsfalle. – Reinbek.

Meyer, J./Kamens, D. H./Benavot, A. (1992): School Knowledge for the Masses. World Models and National Primary Curricular Categories in the Twentieth Century. – Washington.

Meyer, J./Ramirez, F./Soysal, Y. N. (1992): World Expansion of Mass Education, 1870 –1980. In: Sociology of Education, Vol. 65, pp. 128–149.

Nestvogel, R. (2000): Sozialisation unter Bedingungen von Globalisierung. In: Scheunpflug, A./Hirsch, K. (Hrsg.): Globalisierung als Herausforderung für die Pädagogik. – Frankfurt a. M., S. 169–194.

Neumann, U./Rilling, R. (Hrsg.) (2002): Wie offen ist der Bildungsmarkt? – Münster.

Neumann, D./Schöppe, A./Treml, A. (Hrsg.) (1999): Die Natur der Moral. Evolutionäre Ethik und Erziehung. – Stuttgart.

North-South-Center of Council of Europe (Eds.) (2002): A European Strategy Framework. For Improving and Increasing Global Education to the Year 2015. – Maastricht.

Oelkers, J. (2002): Schule und Bildung im Prozess der Globalisierung. URL: http://www.medienpaed. com/00-1/oelkers1.pdf, Download-Datum: 22. 08. 2002.

Orivel, F. (2002): Excluding the poor: Globalisation and educational system. In: European Educational Research Journal, Vol. 1, I. 2, pp. 342–359.

Osler, A./Vincent, K. (2002): Citizenship and the Challenge of Global Education. – London.

Ritzer, G. (1993): The McDonaldization of Society. – London.

Robertson, R. (1992): Globalization: Social Theory and Global Culture. – London.

Robertson, R. (1995): Glocalization. In: Featherstone, M./Lash, S./Robertson, R. (Eds.): Global Modernities. – London.

Roth, R. (2002): Globalisierungsprozesse und Jugendkulturen. In: ZEP – Zeitschrift für internationale Bildungsforschung und Entwicklungspädagogik, 25. Jg. H. 3, S. 2–5.

Sassen, S. (2000): Digitale Netzwerke und Macht. In: Brunkhorst, H./Kettner, M. (Hrsg.): Globalisierung und Demokratie. Wirtschaft, Recht, Medien. – Frankfurt a. M., S. 330–346.

Scheunpflug, A./Hirsch, K. (Hrsg.) (2000): Globalisierung als Herausforderung für die Pädagogik. – Frankfurt a. M.

Scheunpflug, A./Schröck, N. (2002): Globales Lernen. – Stuttgart.

Scheunpflug, A./Seitz, K. (1995): Die Geschichte der entwicklungspolitischen Bildung. 3 Bde. – Frankfurt a. M.

Schriewer, J. (1994): Welt-System und Interrelationsgefüge. Die Internationalisierung der Pädagogik als Problem Vergleichender Erziehungswissenschaft. – Berlin.

Schriewer, J./Henze, J. (1998): Konstruktion von Internationalität: Referenzhorizonte pädagogischen Wissens im Wandeln gesellschaftlicher Systeme (Spanien, Sowjetunion/Russland, China). In: Kaelble, H./Schriewer, J. (Hrsg.): Gesellschaften im Vergleich. – Frankfurt a. M., S. 151–258.

Seitz, K. (2002): Bildung in der Weltgesellschaft. Gesellschaftstheoretische Grundlagen Globalen Lernens. – Frankfurt a. M.

Seitz, K. (2003): Der schiefe Turm von PISA – nur die Spitze eines Eisbergs? Der PISA-Schock und der weltweite Umbau der Bildungssysteme. In: ZEP – Zeitschrift für internationale Bildungsforschung und Entwicklungspädagogik, 26. Jg., H. 1, S. 2–8.

Sowi-online-journal. URL: http://www.Sowi-onlinejournal.de/2002, Download-Datum: 26. 11. 2002.

Stieglitz, J. (2002): Die Schatten der Globalisierung. – Berlin.

Stichweh, R. (1994): Nation und Weltgesellschaft. In: Estel, B./Mayer, T. (Hrsg.): Das Prinzip Nation in modernen Gesellschaften. – Wiesbaden, S. 83–96.

Stichweh, R. (1995): Zur Theorie der Weltgesellschaft. In: Soziale Systeme, 1. Jg., H. 1, S. 29–45.

Stichweh, R. (1999): Konstruktivismus und die Theorie der Weltgesellschaft. In: Reckwitz, A./ Sievert, H. (Hrsg.): Interpretation, Konstruktion, Kultur. Ein Paradigmenwechsel in den Sozialwissenschaften. – Opladen, S. 208–218.

Suárez-Orozco, M. (2001): Globalization, Immigration and Education: The Research Agenda. In: Harvard Educational Review, Vol. 71, I. 3, pp. 345–365.

The Development Education Journal (2002): Topic Issue Issues and Challenges – Development Education Responses, Vol. 8, I. 3.

Treml, A. K. (1996): Die Erziehung zum Weltbürger. Und was wir dabei von Comenius, Kant und Luhmann lernen können. In: ZEP-Zeitschrift für internationale Bildungsforschung und Entwicklungspädagogik, 19. Jg., H. 1, S. 2–8.

Treml, A. K. (1998): Überlebensethik II. Stichworte zur praktischen Vernunft im Horizont der ökologischen Krise. – Hamburg.

UNDP 1999 = United Nations Development Program (1999): Bericht über die menschliche Entwicklung: Globalisierung mit menschlichem Antlitz. Herausgegeben von der Deutschen Gesellschaft für die Vereinten Nationen e. V. – Bonn.

UNESCO (1991 ff.): World Education Report. – Oxford.

UNESCO (1996): Learning: the Treasure Within. Report to UNESCO of the International Commission on Education for the twenty-first Century. – Paris.

Wallerstein, I. (1979a): The capitalist world economy. – New York.

Wallerstein, I. (1979b): Aufstieg und künftiger Niedergang des kapitalistischen Weltsystems. Zur Grundlegung vergleichender Analyse. In: Senghaas, D. (Hrsg.): Kapitalistische Weltökonomie. Kontroversen über ihren Ursprung und ihre Entwicklungsdynamik. – Frankfurt a. M., S. 31–67 (englisch (1974): The Rise and Future Demise of the World Capitalist Systems. Concepts for Comparative Analysis. In: Comparative Studies in Society and History, Vol. 16, I. 4, pp. 387–415).

Watkins, K. (2000): The Oxfam Education Report. – Oxford.

Welch, A. R. (2001): Globalisation, Post-Modernity and the state: Comparative Education facing the third millenium. In: Comparative Education, Vol. 27, I. 4, pp. 475–492.

Weltbank (1999): Weltentwicklungsbericht 1998/1999: Entwicklung durch Wissen. – Frankfurt a. M.

Weltbank (2000): Weltentwicklungsbericht 1999/2000: Globalisierung und Lokalisierung. – Bonn.

Weizsäcker, C. C. von (2000): Die Logik der Globalisierung. – Göttingen.

Wenning, N. (1996): Die nationale Schule. – Münster.

Wichterich, C. (1998): Die globalisierte Frau. Berichte aus der Zukunft der Ungleichheit. – Reinbek.

Wulf, C. (2002): Globalisierung und kulturelle Vielfalt. Das Andere und die Notwendigkeit anthropologischer Reflexion. In: Wulf, C./Merkel, C. (Hrsg.): Globalisierung als Herausforderung der Erziehung. Theorien, Grundlagen, Fallstudien. – Münster, S. 75–100.

Wulf, C./Merkel, C. (Hrsg.) (2002): Globalisierung als Herausforderung der Erziehung. Theorien, Grundlagen, Fallstudien. – Münster.

Zürn, M. (1998): Regieren jenseits des Nationalstaates. Globalisierung und Denationalisierung als Chance. – Frankfurt a. M.

Der Mythos der nordischen Bildungssysteme

Mareike Kobarg und Manfred Prenzel

1 Einleitung

Für eine kleine Gruppe von Touristen galt der Norden schon immer als Geheimtipp. Mit der Veröffentlichung der ersten PISA-Ergebnisse (Baumert et al. 2001b; OECD 2001) zog es, unabhängig von der Reisesaison, eine andere Gruppe in die nördlichen Staaten Europas: Bildungspolitiker und -politikerinnen, Vertreterinnen und Vertreter von Lehrerverbänden, Journalisten und Journalistinnen sowie Fachleute für Unterricht und Schule. Finnland war die Überraschung der ersten Runde des „Programme for International Student Assessment" (PISA). Schweden oder auch Island arrondierten mit sehr guten Ergebnissen den Eindruck des bildungsstarken Nordens.

Zum schlagartig einsetzenden Interesse an den Bildungssystemen der nordischen Staaten könnte auch der Übergang von TIMSS (Third International Mathematics and Science Study) zu PISA beigetragen haben. In Deutschland hatten bereits die TIMSS-Befunde (Baumert et al. 1997; Beaton et al. 1996) Aufmerksamkeit gefunden und einen „Schock" ausgelöst. Bei dieser auf Mathematik und Naturwissenschaften fokussierten Vergleichsstudie zeigten asiatische Staaten (insbesondere Japan) Leistungsergebnisse, von denen Deutschland nur träumen konnte. Die Vergleichsdistanz über die Kulturräume war allerdings beträchtlich. Schweden war bei TIMSS zwar durchaus erfolgreich und insbesondere in den Darstellungen der Bildungssysteme gewürdigt worden (Robitaille 1997); doch Finnland hatte auf eine Teilnahme an TIMSS sowie an weiteren Studien der „International Association for the Evaluation of Educational Achievement" (IEA) verzichtet. Im härteren Vergleich der OECD-Staaten, der nun auch das Leseverständnis einbezog, erschienen die in verschiedener Hinsicht näher an Deutschland liegenden nördlichen Länder als sehr viel kritischere Vergleichsgruppe. Das Image der nordischen Staaten stand auch nicht im Verdacht für angepasstes oder stures Lernen.

Die in den Medien Deutschlands präsentierten Reiseberichte verstärkten das Interesse an den Bildungssystemen der nordischen Staaten. Aber auch eher nüchterne Vergleiche von erfolgreichen Bildungssystemen (Bundesministerium für Bildung und Forschung 2003) bekräftigten den Eindruck, dass man im Norden Europas die Perspektiven für die Schule der Zukunft finden könnte: Erfolgreiches gemeinsames Lernen bis zum Ende der Sekundarstufe, keine Ausgliederung von Schülerinnen und Schülern an Sonder- oder Förderschulen, spät einsetzende Zensuren, aber dennoch ausgezeichnete Kompetenzen bei einer geringen Leistungsstreuung und relativ schwachen Zusammenhängen mit sozialer Herkunft (vgl. auch OECD 2001, 2004, 2007a). Wissenschaftlerinnen und Wissenschaftler aus nordischen Staaten skizzierten geteilte Grundüberzeugungen wie eine hohe Wertschätzung von Bildung, Chancengerechtigkeit und individueller Förderung (Hautamäki et al. 2008; Lie et al. 2003). Solche Darstellungen wurden und werden ebenso gerne aufgegriffen wie begeisterte Berichte von Austauschlehrkäften. Große Kreise pädagogisch Interessierter goutierten die ausführlichen und einfühlsamen Mediendokumentationen (z. B. Kahl 2003), die Besonderheiten der Schulen in Finnland und Schweden anschaulich werden ließen. Bis heute wird solchen Berichten (z. B. Sarjala u. Häkli 2008) aus dem Norden in Deutschland große Aufmerksamkeit zuteil.

Obwohl die Ähnlichkeiten der nordischen Bildungssysteme häufig hervorgehoben werden, findet man – bei genauer Betrachtung – auch nennenswerte Unterschiede zwischen ihnen. So gibt es zum Beispiel in Dänemark ein dezentral angelegtes Bildungssystem mit viel Entscheidungsspielraum für einzelne Schulen, wohingegen die Schulen in Norwegen stark zentral gesteuert werden. Auch Schweden und Finnland zeichneten sich lange durch ein zentralisiertes Schulsystem aus. In den letzten 20 Jahren gibt es in diesen Staaten jedoch eine starke Tendenz zur Dezentralisierung. Weitere Unterschiede bestehen etwa in den Anteilen und der Rolle von Privatschulen in den nordischen Bildungssystemen, die nur in Dänemark und Schweden von knapp zehn Prozent der Schülerinnen und Schüler besucht werden; in den anderen nordischen Staaten beträgt ihr Anteil weniger als fünf Prozent (Matti 2009). Weitere Unterschiede betreffen beispielsweise die Entscheidungsspielräume der Eltern bei der Wahl der Schule, die Art der (einheitlichen) Abschlussprüfungen und die Notenstufen.

Die Darstellungen nordischer Bildungssysteme und ihrer Erfolge haben sich möglicherweise bereits zu einer Idealvorstellung einer optimalen Lehr-Lern-Landschaft verfestigt, die auf allen Ebenen des Bildungssystems vorbildlich ist und somit als realistischer Bezugspunkt für die Weiterentwicklung des Schulsystems in Deutschland dienen kann. Sicher kann eine Funktion von internationalen Vergleichen durchaus darin gesehen werden, konkrete Visionen oder Benchmarks für die Weiterentwicklung von Bildungssystemen anzubieten (Seidel u. Prenzel 2008). Ist aber eine Idealisierung des nordischen Bildungssystems, das in Finnland und Skandinavien in den Grundzügen gleich angelegt ist, wirklich gerechtfertigt? Gelingt es diesen Staaten gleichermaßen, einer großen Zahl ihrer Schülerinnen und Schüler die Kompetenzen zu vermitteln, die sie für das Leben und Weiterlernen in einer Wissensgesellschaft benötigen? Garantiert die Anlage der Bildungssysteme in den nordischen Staaten stabile Lernerfolge über längere Zeiträume und mit Blick auf die Zukunft? – Mit diesen Fragen befasst sich der vorliegende Überblicksartikel. Grundlage sind Daten aus der internationalen Schulleistungsuntersuchung PISA, die seit dem Jahr 2000 alle drei Jahre durchgeführt wird (OECD 2001, 2004, 2007a). PISA untersucht die Kompetenzen von fünfzehnjährigen Jugendlichen (in vielen Staaten also am Ende der regulären Schullaufbahn), die sowohl für individuelle Lern- und Lebenschancen als auch für die gesellschaftliche, politische und wirtschaftliche Weiterentwicklung bedeutsam sind. Hierbei konzentrieren sich die Erhebungen auf die drei Domänen Lesen, Mathematik und Naturwissenschaften (Prenzel et al. 2007a). Neben den Kompetenzen der Jugendlichen werden auch eine Reihe von Kontextfaktoren auf der Ebene der Länder, Schulen und der Individuen erfasst (Baumert et al. 2001a; Prenzel 2005), um Zusammenhänge zwischen ihnen und den Bildungsergebnissen von Schülerinnen und Schülern zu beschreiben. Damit werden in PISA Daten erfasst, mit deren Hilfe die Frage nach dem Erfolg der nordischen Bildungssysteme im Hinblick auf einige entscheidende Indikatoren beleuchtet werden kann.

Da offensichtlich die erste PISA-Datenerhebung im Jahr 2000 (OECD 2001) den Mythos der erfolgreichen Bildungssysteme der nordischen Staaten begründete, sollen die Befunde der nordischen Staaten in dieser Erhebung genauer betrachtet und dann auf die Ergebnisse der nachfolgenden Erhebungsrunden bezogen werden. Anschließend wenden wir uns der Frage zu, wie unterschiedliche Kontextfaktoren in den nordischen Ländern mit den Bildungsergebnissen von Schülerinnen und Schülern zusammenhängen. Auch diese Analysen können Hinweise darauf liefern, wie erfolgreich die nordischen Bildungssysteme insbesondere auch im Hinblick auf eines ihrer wichtigsten Ziele – die Chancengerechtigkeit – tatsächlich sind.

2 Wie erfolgreich sind die nordischen Bildungssysteme? Befunde aus drei PISA-Runden

Anhand der Ergebnisse bei PISA kann untersucht werden, inwieweit die nordischen Staaten und Bildungssysteme Schülerinnen und Schüler insgesamt und in ähnlicher Weise in der Entwicklung relevanter Kompetenzen unterstützen. Wir berichten zunächst die Befunde für PISA 2000 und betrachten dann die Veränderungen über die bisherigen PISA-Erhebungen (2000, 2003, 2006).

2.1 Kompetenzen der Jugendlichen in den nordischen Staaten bei PISA 2000

Das Interesse für das Bildungssystem in Finnland und den anderen nordischen Staaten wurde durch die Ergebnisse der ersten PISA-Erhebung im Jahr 2000 (OECD 2001) geweckt. In Tab. 1 sind die Kompetenzmittelwerte und Standardabweichungen für die nordischen Staaten bei PISA 2000 dargestellt (vgl. auch Baumert et al. 2001b). Als Bezugspunkte werden auch die OECD-Kennwerte und die Ergebnisse der deutschen Schülerinnen und Schüler aufgelistet.

Die in Tab. 1 zusammengefassten Befunde zeigen, dass alle nordischen Staaten in den drei Kompetenzbereichen – mit Ausnahme der naturwissenschaftlichen Kompetenz in Dänemark – (signifikant) besser abschneiden als Deutschland, das durchgehend signifikant unter dem OECD-Mittelwert liegt. Dieses Bild einer weitreichenden Überlegen-

Tabelle 1 Mittelwerte und Standardabweichungen der Kompetenzwerte in den Domänen Lesen, Mathematik und Naturwissenschaften für die nordischen Länder und Deutschland bei PISA 2000 (vgl. OECD 2001, S. 253, 259, 261)

	Lesen			Mathematik			Naturwissenschaften		
Staat	*M*	*(SE)*	*SD*	*M*	*(SE)*	*SD*	*M*	*(SE)*	*SD*
Dänemark	497	(2,4)	98	**514**	(2,4)	87	*481*	(2,8)	103
Finnland	**546**	(2,6)	89	**536**	(2,2)	80	**538**	(2,5)	86
Island	**507**	(1,5)	92	**514**	(2,3)	85	496	(2,2)	88
Norwegen	505	(2,8)	104	499	(2,8)	92	500	(2,8)	96
Schweden	**516**	(2,2)	92	**510**	(2,5)	93	**512**	(2,5)	93
Deutschland	*484*	(2,5)	111	*490*	(2,5)	103	*487*	(2,4)	102
OECD-Durch-schnitt	500	(0,6)	100	500	(0,7)	100	500	(0,7)	100

Fettgedruckte Werte liegen signifikant über dem OECD-Mittelwert

Kursivgedruckte Werte liegen signifikant unter dem OECD-Mittelwert

heit in den Leistungsvergleichen könnte aus deutscher Perspektive tatsächlich die Basis für einen Mythos bilden.

Ein stärker fokussierter Blick auf die Befunde offenbart jedoch, dass letztlich nur zwei der fünf nordischen Länder – nämlich Finnland und Schweden – bei PISA 2000 in allen drei Domänen Kompetenzwerte erzielten, die signifikant über dem OECD-Durchschnitt liegen. In den drei anderen nordischen Ländern sind die Befunde insgesamt weniger beeindruckend. Die Kompetenzwerte liegen in diesen Staaten nur vereinzelt signifikant oberhalb des OECD-Durchschnitts, beispielsweise die Lesekompetenz der isländischen Jugendlichen oder die mathematische Kompetenz der Fünfzehnjährigen in Island und Dänemark. Besondere Beachtung verdienen die Leistungsstreuungen in den nordischen Ländern und hier besonders in Finnland und Schweden, die deutlich geringer ausfallen als im Durchschnitt der OECD. Diese Befunde widersprechen der damals in Deutschland weit verbreiteten Auffassung, dass man eine hohe Leistungsstreuung in Kauf nehmen muss, wenn man ein im Mittel sehr hohes Leistungsniveau erreichen will. Finnland und Schweden sind Beispiele für die pädagogische Wunschvorstellung, hohe und zugleich wenig heterogene Leistungen zu erreichen. Dieses Ergebnis war tatsächlich von einer besonderen Qualität.

Obwohl das Abschneiden der nordischen Länder bei PISA 2000 beeindrucken kann, bleiben Zweifel, ob die nordischen Staaten insgesamt als Spitzengruppe bezeichnet werden können. Zwei der nordischen Länder, namentlich Finnland und Schweden, liegen in allen Domänen oberhalb des OECD-Durchschnitts, wobei nur Finnland der absoluten Spitze im Vergleich aller OECD-Staaten zuzurechnen ist. Die drei weiteren nordischen Staaten sind hingegen eher im Mittelfeld der Rangreihe platziert. Somit weisen die Befunde der ersten PISA-Erhebung nicht generell darauf hin, dass die nordischen Staaten im gleichen Maße erfolgreich sind. Trotz der großen Ähnlichkeit ihrer Bildungssysteme und ihrer Werthaltung gegenüber Bildung variieren ihre Bildungsergebnisse in einer Größenordnung von bis zu 50 Punkten auf der PISA-Skala (z. B. zwischen Finnland und Dänemark im Lesen und in den Naturwissenschaften). Es sind also insbesondere die Schülerinnen und Schüler in Finnland, die sich im internationalen Vergleich auszeichnen, sich zugleich aber von den Jugendlichen in den anderen nordischen Staaten unterscheiden.

2.2 Veränderung der Kompetenzen in den nordischen Staaten von PISA 2000 bis PISA 2006

Es war die Absicht der OECD, PISA so anzulegen, dass Vergleiche über die Erhebungen im dreijährigen Abstand angestellt werden können (vgl. Carstensen et al. 2008). Damit kann auch beurteilt werden, ob das in einer Runde beobachtete Kompetenzniveau in den Staaten stabil bleibt, sich verbessert oder verschlechtert. Inwieweit erweisen sich also die Kompetenzergebnisse in den nordischen Staaten als stabil über die Zeit? Stabil positive oder gar steigende Kompetenzwerte wären tatsächlich ein Grund, die nordischen Staaten mit ihren Bildungssystemen als Ideal für andere Länder zu betrachten.

Für den Bereich der Lesekompetenz besteht eine ausreichend große Datenbasis, um die Veränderungen über alle drei Erhebungszeitpunkte hinweg zu berichten (Carstensen et al. 2008; Carstensen et al. 2007). Diese Veränderungen sind in Abb. 1 für die nordischen Länder, für Deutschland und im OECD-Durchschnitt dargestellt (vgl. Drechsel u. Artelt 2007).

Die Abb. 1 lässt sehr schön erkennen, dass Finnland in der Lesekompetenz – nicht nur im Vergleich zu Deutschland und zum OECD-Mittel, sondern auch zu den anderen nordischen Staaten – auf einem deutlich höheren Niveau liegt. Gleichzeitig zeigt die Abbildung, dass der Erfolg Finnlands über alle drei Erhebungszeitpunkte stabil bleibt. In Norwegen und Island hingegen hat sich die Lesekompetenz der Fünfzehnjährigen über die drei Erhebungszeitpunkte statistisch bedeutsam verschlechtert. Ein massiver Abwärtstrend ist insbesondere in Island zu beobachten: Dort erreichten die Schülerinnen und Schüler bei PISA 2000 im Lesen noch signifikant bessere Kompetenzwerte als der OECD-Durchschnitt, aber auch als Deutschland. Bei PISA 2006 liegen die Kompetenzwerte der isländischen Fünfzehnjährigen nun deutlich unter dem OECD-Durchschnitt und auch unter dem Wert der deutschen Schülerinnen und Schüler.

Die tendenziellen Zunahmen in Deutschland können ebenso wenig statistisch abgesichert werden, wie die tendenziellen Abnahmen in Schweden und in Dänemark. Zu-

Abbildung 1   Veränderung der Lesekompetenz in den nordischen Ländern, in Deutschland und im OECD-Durchschnitt von PISA 2000 bis PISA 2006 (vgl. Drechsel u. Artelt 2007, S. 412)

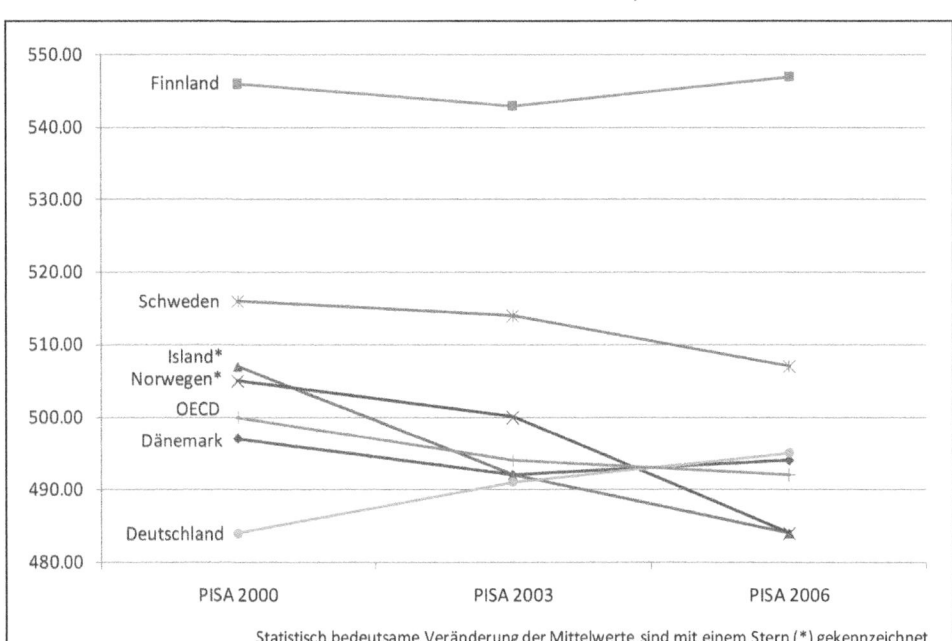

sammen mit den signifikanten Abnahmen in Island und Norwegen lässt sich für die Gruppe der nordischen Staaten (mit Ausnahme von Finnland) keine Stabilität auf einem hohen Niveau der Lesekompetenz feststellen. Nur in Finnland finden wir für die Lesekompetenz tatsächlich stabile Werte.

Die Veränderungen der *mathematischen Kompetenz* lassen sich nicht über alle drei Erhebungszyklen abbilden, da hierzu die Menge und Zusammensetzung der verwendeten Aufgaben nicht ausreicht (Carstensen et al. 2007, 2008). Deswegen wird im Folgenden nur die Entwicklung auf der Mathematikgesamtskala zwischen PISA 2003 und PISA 2006 betrachtet. Abbildung 2 stellt diese Veränderung in den nordischen Ländern, in Deutschland und im OECD-Durchschnitt graphisch dar.

Ähnlich wie für die Lesekompetenz sind auch für die mathematische Kompetenz stabile Werte für Finnland – auf gleichbleibend hohem Niveau – aber auch für Dänemark und Deutschland auf der Gesamtskala von 2003 zu 2006 zu verzeichnen. In Norwegen sind die Unterschiede zwischen 2003 und 2006 nicht statistisch bedeutsam. In zwei der nordischen Länder – Island und Schweden – wird hingegen eine deutliche Abnahme der mathematischen Kompetenz zwischen PISA 2003 und PISA 2006 und damit eine negative Veränderung beobachtet.

Abbildung 2   Veränderung der mathematischen Kompetenz auf der Gesamtskala in den nordischen Ländern und in Deutschland von PISA 2003 bis PISA 2006 (vgl. Frey et al. 2007, S. 265)

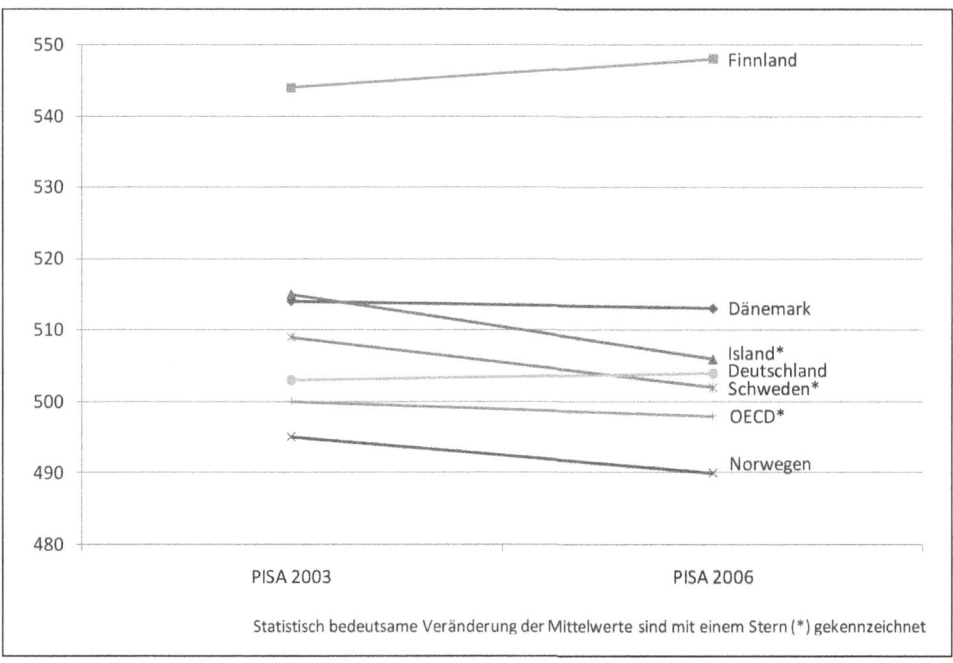

Die Entwicklung der *naturwissenschaftlichen Kompetenz* lässt sich ausschließlich zwischen PISA 2000 und PISA 2003 über alle Staaten reliabel beschreiben (Carstensen et al. 2007, 2008). In Abb. 3 sind diese Entwicklungen in den nordischen Staaten, im OECD-Durchschnitt und in Deutschland dargestellt.

Die dargestellten Befunde zeigen, dass die durchschnittliche naturwissenschaftliche Kompetenz der finnischen Schülerinnen und Schüler sich zwischen PISA 2000 und PISA 2003 bedeutsam verbessert hat und damit stabil oberhalb des OECD-Durchschnitts und auch der deutschen Ergebnisse liegt. Doch auch in Deutschland ist ein bedeutsamer Anstieg der naturwissenschaftlichen Kompetenz zu verzeichnen. Eine negative Entwicklung der naturwissenschaftlichen Kompetenz zeigt sich hingegen in Norwegen und Dänemark, die bei PISA 2003 Kompetenzwerte erreichen, die deutlich unter dem OECD-Durchschnitt und auch unter dem deutschen Wert liegen. Nur in Island und Schweden weisen die Fünfzehnjährigen bei PISA 2000 und bei PISA 2003 ähnliche Kompetenzwerte in den Naturwissenschaften auf.

Der Blick auf die Veränderung der Kompetenzen in den drei Domänen zeigt, dass die Ergebnisse keineswegs in allen nordischen Ländern stabil und auf einem hohen Niveau bleiben. Einzig in Finnland sind die Kompetenzwerte in allen drei Domänen über die drei Erhebungszeitpunkte hinweg stabil oder werden sogar besser (z. B. in den Naturwissenschaften).

In allen anderen nordischen Ländern treten in einer oder mehreren Domänen negative Veränderungen der durchschnittlichen Kompetenz über die drei Erhebungszeitpunkte hinweg auf. In Deutschland hingegen verändern sich die Kompetenzen tendenziell positiv.

2.3 Fazit – Sind die nordischen Bildungssysteme im internationalen Vergleich besonders erfolgreich?

Die Befunde aus den drei PISA-Erhebungen in den Jahren 2000, 2003 und 2006 zeigen, dass die nordischen Länder im internationalen Vergleich keineswegs durchgängig Spitzenpositionen einnehmen, die eine Idealisierung der nordischen Bildungssysteme rechtfertigen könnten. Das Bild, das die PISA-Erhebungen zeichnen, ist deutlich differenzierter. Im internationalen Vergleich schneiden allein die finnischen Fünfzehnjährigen konstant herausragend ab. Finnland erreicht in allen Domänen Spitzenplätze und

Abbildung 3 Veränderung der naturwissenschaftlichen Kompetenz in den nordischen Ländern und in Deutschland von PISA 2000 bis PISA 2003 (vgl. Rost et al. 2004, S. 121)

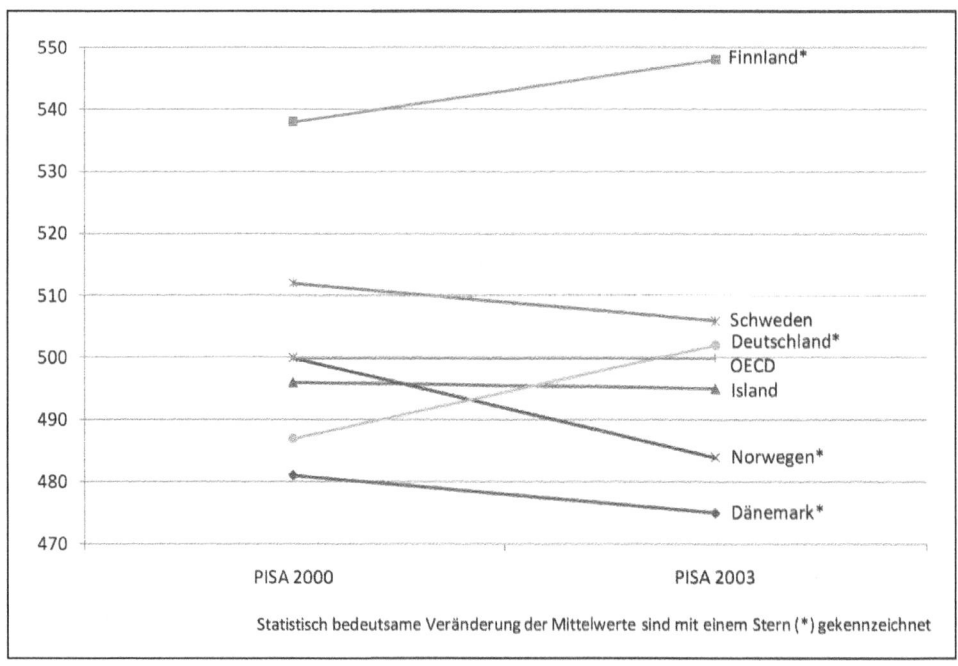

die Kompetenzen der finnischen Schülerinnen und Schüler sind auch über die drei Erhebungszeitpunkte stabil. In keinem anderen nordischen Land ist der Erfolg des Bildungssystems so konstant wie in Finnland. Obwohl Schweden in der ersten PISA-Erhebung im Jahr 2000 bedeutsam oberhalb des OECD-Durchschnitts lag, haben sich die Kompetenzen der schwedischen Fünfzehnjährigen tendenziell und in einigen Bereichen signifikant negativ entwickelt. Doch auch in anderen nordischen Staaten zeichnen sich Stagnationen oder Abnahmen in den Kompetenzwerten über die PISA-Erhebungen ab. Ein Grund hierfür liegt eventuell in den fortlaufenden Reformen, die besonders im schwedischen, aber auch in anderen nordischen Bildungssystemen seit den 1990er-Jahren vorangetrieben wurden und die ihre Wirkung im Verlauf der drei PISA-Erhebungszyklen entfaltet haben (Matti 2009). Damit liefern diese Befunde jedoch keine Belege dafür, dass eine ähnliche Bildungslandschaft mit einer hohen Wertschätzung für Bildung – wie sie in den nordischen Staaten zu finden ist – zwangsläufig zu erfolgreichen Bildungsergebnissen führt. Sie weisen aber auch darauf hin, dass Reformen im Bildungswesen sich auf unterschiedliche Art und Weise auf die Bildungsergebnisse eines Landes auswirken können.

3 Bedingungsfaktoren für Bildungsergebnisse in den nordischen Staaten bei PISA

Bisher haben wir gezeigt, dass die Kompetenzen der Jugendlichen in den nordischen Ländern zwar relativ konstant den OECD-Durchschnitt erreichen, aber nicht alle nordischen Länder der Spitzengruppe zuzuordnen sind. Im Anschluss an die Darstellung der Bildungsergebnisse der nordischen Länder stellt sich nun die Frage nach Bedingungsfaktoren in den nordischen Bildungssystemen und ihren Zusammenhängen mit diesen Bildungsergebnissen. Im Folgenden werden deshalb der Umgang mit sozialer Disparität sowie Merkmale von Unterricht und Schule in den nordischen Staaten diskutiert.

3.1 Soziale Disparitäten

Schülerinnen und Schüler sollen in den Bildungssystemen demokratischer Staaten unabhängig von ihrer sozialen, ethnischen und kulturellen Herkunft und von ihrem Geschlecht gleiche Chancen haben, Kompetenzen zu entwickeln, die für die gesellschaftliche Teilhabe relevant sind (Aktionsrat Bildung 2007; Lie et al. 2003). Wie gut es in den nordischen Staaten – auch im Vergleich zu Deutschland – gelingt, diesen Anspruch umzusetzen, d. h. soziale Disparitäten auszugleichen, soll im Folgenden untersucht werden.

3.1.1 Soziale Herkunft

Die soziale Herkunft ist ein Merkmal, das im Rahmen der internationalen PISA-Erhebungen durch unterschiedliche Aspekte erfasst wird, die entweder als einzelne Indikatoren oder als zusammengefasster Index in die weiteren Analysen mit einbezogen werden. In den von der OECD publizierten Analysen wird als Kennwert für die soziale Herkunft der sozio-ökonomische und -kulturelle Status, der ESCS (Economic, Social and Cultural Status) verwendet. Dieser Index berücksichtigt gleichzeitig ökonomische, kulturelle und soziale Herkunftsmerkmale (Ehmke u. Baumert 2007; Ehmke u. Siegle 2005). Betrachtet man den ESCS als Kennwert für die soziale Herkunft, dann liegen die Mittelwerte der nordischen Staaten – wie auch in Deutschland – deutlich oberhalb des OECD-Mittelwerts (OECD 2007b, S. 124). Dies gilt auch für den gebräuchlichen Kennwert des (höchsten) sozioökonomischen Status in der Familie (HISEI), der bei den detaillierten Analysen in Deutschland vorgezogen wurde, da dieser Index robust ist und nicht (wie der ESCS von der OECD) über die Erhebungsrunden neu definiert wurde (Ehmke u. Baumert 2007).

Neben der Höhe des sozioökonomischen Status ist im internationalen Vergleich auch der Zusammenhang zwischen dem sozioökonomischen Hintergrund und der Kompetenz der Jugendlichen von Interesse, da er anzeigt, inwieweit es im Bildungssystem gelingt, soziale Disparitäten aufzufangen. Tabelle 2 stellt die sozialen Gradienten der Lesekompetenz in den nordischen Ländern, in Deutschland und im OECD-Durchschnitt bei PISA 2000, 2003 und 2006 dar. In Tab. 2 sind die Steigung des sozialen Gradienten *(b)* und der Anteil der durch den sozioökonomischen Status aufgeklärten Varianz *(R^2)* angegeben.

Der Blick auf Tab. 2 zeigt, dass der soziale Gradient der Lesekompetenz in allen nordischen Ländern in allen drei Erhebungsrunden im Bereich des OECD-Durchschnitts oder darunter liegt. Insbesondere in Finnland und Island ist der soziale Gradient der Lesekompetenz vergleichsweise klein. In Deutschland hingegen ist der Zusammenhang zwischen der sozialen Herkunft (HISEI) und der Lesekompetenz in allen Erhebungsrunden deutlich höher als im OECD-Durchschnitt.

Im Durchschnitt aller OECD-Staaten ist der soziale Gradient der Lesekompetenz über die drei Erhebungsrunden hinweg weitgehend gleich geblieben. Ähnliches gilt für die Mehrzahl der nordischen Länder. Nur in Dänemark und Deutschland hat die Steigung des sozialen Gradienten zwischen PISA 2000 und PISA 2006 statistisch bedeutsam abgenommen (Ehmke u. Baumert 2007; OECD 2007b).

In den nordischen Staaten ist der sozioökonomische Status von Jugendlichen – ähnlich wie in Deutschland – im Mittel vergleichsweise gut. Im Hinblick auf die Kopplung der sozialen Herkunft mit der Kompetenz der Jugendlichen unterscheiden sich die nordischen Länder vom OECD-Durchschnitt aber insbesondere von Deutschland. In den nordischen Staaten ist diese Kopplung vergleichsweise gering, was in Deutschland gerade im Jahr 2000 nicht der Fall war. Anzumerken ist jedoch, dass in Deutschland im

Tabelle 2   Vergleich der sozialen Gradienten (HISEI) der Lesekompetenz bei PISA 2000, 2003 und 2006 für die nordischen Länder und Deutschland (vgl. Ehmke u. Baumert 2007, S. 323). Indikator für die soziale Herkunft ist der höchste sozioökonomische Status (HISEI) in der Familie

Staat	PISA 2000				PISA 2003				PISA 2006			
	b	*(SE)*	*R2*	*(SE)*	*b*	*(SE)*	*R2*	*(SE)*	*b*	*(SE)*	*R2*	*(SE)*
Dänemark	29	(1,9)	9,3	(1,2)	25	(1,7)	7,1	(0,9)	23	(1,8)	7,8	(1,4)
Finnland	21	(1,8)	5,5	(0,8)	18	(1,3)	5,2	(0,7)	18	(1,3)	5,6	(0,9)
Island	19	(1,4)	4,7	(0,7)	12	(1,8)	1,5	(0,5)	18	(1,6)	3,9	(0,9)
Norwegen	30	(2,0)	7,6	(1,0)	29	(1,9)	7,3	(0,9)	31	(2,0)	8,4	(1,1)
Schweden	27	(1,5)	8,8	(1,0)	26	(1,8)	7,6	(0,9)	28	(1,9)	8,1	(0,9)
Deutschland	45	(2,1)	15,8	(1,5)	38	(2,0)	14,0	(1,3)	35	(2,0)	10,6	(1,6)
OECD-Durch-schnitt	30	(0,4)	10,5	(0,3)	28	(0,4)	9,3	(0,2)	30	(0,7)	9,5	(0,6)

Gegensatz zu den nordischen Staaten signifikante positive Veränderungen, d. h. eine Entkopplung des Zusammenhangs, zu verzeichnen sind (Ehmke u. Baumert 2007; vgl. auch OECD 2007b, S. 131). Insgesamt lässt sich jedoch folgern, dass es in den nordischen Ländern im internationalen Vergleich gut gelingt, herkunftsbedingte soziale Disparitäten gering zu halten. Besonders erfolgreich ist hier wiederum Finnland, aber auch in Island ist der Zusammenhang vergleichsweise klein.

3.1.2 Migrationshintergrund

Neben der sozialen Herkunft ist auch die ethnische oder kulturelle Herkunft der Jugendlichen ein Aspekt, der bei PISA mit Blick auf die Chancengerechtigkeit von Bildungssystemen untersucht wird. Als Indikator hierfür wird bei PISA der Migrationshintergrund erhoben, da man – unter den Besonderheiten der Migrationssituation in Mittel- und Nordeuropa – einen hohen Anteil an Jugendlichen mit Migrationshintergrund als besondere Herausforderung für ein Bildungssystem begreifen kann (und als Nachteil bei internationalen Leistungsvergleichen). Von Migrationshintergrund wird gesprochen, wenn die untersuchten Jugendlichen oder ihre beiden Elternteile nicht in dem Land geboren sind, in dem sie zum Zeitpunkt der Datenerhebung leben (OECD 2009).

Unterschiede ergeben sich zwischen den nordischen Ländern schon im Hinblick auf den Anteil von Jugendlichen mit Migrationshintergrund an der Gruppe der Fünfzehnjährigen. Dieser Anteil ist nur in Dänemark und Schweden ausreichend groß, um die Kompetenzwerte der beiden Gruppen miteinander zu vergleichen. Dasselbe gilt für

Deutschland, wobei der Anteil von Dänemark (ca. 7 %) am geringsten ist, gefolgt von Schweden (ca. 11 %), in Deutschland ist er im Vergleich dieser drei Staaten am höchsten (ca. 15 %) (Walter u. Taskinen 2007).

Der Vergleich der Kompetenzwerte von Jugendlichen mit und ohne Migrationshintergrund zeigt, dass Jugendliche mit Migrationshintergrund in allen drei Ländern im Durchschnitt geringere naturwissenschaftliche Kompetenzen erreichen als Jugendliche ohne Migrationshintergrund. In den nordischen Ländern, in deren Bildungssystemen ähnliche Anteile von Jugendlichen mit Migrationshintergrund wie in Deutschland beschult werden, gelingt es damit ebenso wie in Deutschland nicht ausreichend, diese Jugendlichen mit denselben Kompetenzen auszustatten wie die Jugendlichen ohne Migrationshintergrund (Walter u. Taskinen 2007).

3.1.3 Geschlecht

Wie sieht es nun mit Disparitäten nach Geschlecht aus? Gelingt es in den nordischen Staaten in allen Kompetenzbereichen zwischen den Geschlechtern vergleichbare Kompetenzniveaus zu entwickeln? Und wie fallen Geschlechterdifferenzen im Bereich von Emotionen und Motivation aus, etwa wenn man das fachspezifische Selbstkonzept der Jugendlichen betrachtet.

In allen drei PISA-Erhebungen hat sich durchgängig gezeigt, dass insbesondere in der Lesekompetenz deutliche Kompetenzunterschiede zwischen Jungen und Mädchen bestehen. Die nordischen Länder bilden in dieser Hinsicht keine Ausnahme. Auch hier sind die Mädchen den Jungen in der Lesekompetenz deutlich überlegen. In Finnland beträgt die Differenz sogar bis zu 50 Punkte auf der PISA-Skala (OECD 2001, 2004, 2007a). Für Deutschland liegt diese Differenz bei etwa 40 Punkten. Im Durchschnitt aller OECD-Staaten erzielen die Jungen in der Mathematik und in den Naturwissenschaften bedeutend höhere Kompetenzwerte als die Mädchen. Dies gilt für die nordischen Staaten nicht im gleichen Maße. Teilweise zeigt sich in den nordischen Ländern sogar eine Überlegenheit der Mädchen gegenüber den Jungen (OECD 2004). Insgesamt sind die Unterschiede zwischen den Jungen und den Mädchen in der Mathematik und in den Naturwissenschaften gering und häufig nicht statistisch bedeutsam. Auch in Deutschland bestehen keine bedeutsamen Unterschiede in der naturwissenschaftlichen Kompetenz von Jungen und Mädchen. In der Mathematik hingegen sind die Jungen den Mädchen signifikant überlegen, wenn auch nicht im selben Ausmaß wie in der Lesekompetenz (OECD 2001; Blum et al. 2004; Frey et al. 2007; Rost et al. 2004; Prenzel et al. 2007b). Damit weisen die Befunde darauf hin, dass es in den nordischen Ländern in den Bereichen Mathematik und Naturwissenschaften weitgehend gelingt, Kompetenzunterschiede zwischen Jungen und Mädchen gering zu halten oder gar zu vermeiden. In Deutschland gilt dies nur für die Naturwissenschaften.

Entscheidend für die aktive Teilhabe an einer Wissensgesellschaft sind jedoch nicht nur die kognitiven Kompetenzen der Jugendlichen, sondern auch ihre Emotionen und

Motivationen, beispielsweise ihr fachspezifisches Fähigkeitsselbstkonzept, das für die spätere Studien- und Berufswahl eine wichtige Rolle spielen kann. Vor dem Hintergrund der Tatsache, dass insbesondere Mädchen wenig Interesse an naturwissenschaftlichen und technischen Berufen zeigen, sollen deshalb auch die Geschlechterdifferenzen im Hinblick auf das naturwissenschaftliche Fähigkeitsselbstkonzept betrachtet werden. In PISA 2006 wurde ebensolches als eine über alle naturwissenschaftlichen Fächer generalisierte Einschätzung der eigenen Kompetenz erhoben (Schütte et al. 2007).

Für das naturwissenschaftliche Fähigkeitsselbstkonzept ergeben sich in allen nordischen Ländern mit Ausnahme von Finnland und Norwegen Unterschiede zwischen Jungen und Mädchen mit Effektstärken, die bei circa 0,2 liegen. Hierbei weisen die Jungen durchweg positivere Fähigkeitsselbstkonzepte als die Mädchen auf (Schütte et al. 2007). In Deutschland beträgt die Effektstärke der Geschlechterdifferenzen 0,15. Damit sind Geschlechterdifferenzen für das naturwissenschaftliche Fähigkeitsselbstkonzept in Finnland, Norwegen und Deutschland belegt, aber von der Größenordnung her als wenig dramatisch einzuschätzen. In Dänemark, Island und Schweden sind die Effektgrößen etwas höher, aber immer noch als eingeschränkt bedeutungsvoll zu bewerten. Damit scheint es in den nordischen Staaten und auch in Deutschland in den Naturwissenschaften sowohl im Hinblick auf die Kompetenz als auch im Hinblick auf das fachspezifische Fähigkeitsselbstkonzept nur geringe Unterschiede zwischen den Geschlechtern zu geben.

3.2   Bedingungsfaktoren auf der Ebene von Schule und Unterricht

Das vorangegangene Kapitel hat gezeigt, wie gut es den nordischen Staaten im internationalen Vergleich und im Vergleich mit Deutschland gelingt, soziale Disparitäten auszugleichen. Dennoch lassen sich diese nie ganz ausschalten. Bedingungsfaktoren für die Bildungsergebnisse von Schülerinnen und Schülern, die sich verändern lassen, finden sich jedoch auf der Ebene von Schule und Unterricht (vgl. auch Carlgren 2009). Deswegen beleuchten wir im folgenden Kapitel solche Bedingungsfaktoren, um zu beschreiben, inwiefern sich die nordischen Staaten im internationalen Vergleich abheben, um daraus eventuell Hinweise für eine kompetenzförderliche Gestaltung von Schule und Unterricht abzuleiten.

3.2.1 Klassengröße und Unterrichtszeit

Die Schule ist der Ort, an dem alle Schülerinnen und Schüler gleichermaßen die Chance haben, sich mit relevanten Inhalten auseinanderzusetzen und Kompetenzen aufzubauen (Kobarg et al. 2011). In Anbetracht der verschiedenartigen Organisation von Schulsystemen in Kombination mit der Unterschiedlichkeit von Schulen ist jedoch anzunehmen, dass Schülerinnen und Schüler in ihren Schulen mit unterschiedlichen Bedingungen für das Lernen konfrontiert werden. Dieses Kapitel betrachtet zwei dieser Bedingungen: die Klassengröße und die Unterrichtszeit.

Die Klassengröße wird in der empirischen Forschung immer wieder als Bedingungsfaktor berücksichtigt, der für den Lernerfolg von Schülerinnen und Schülern eine Rolle spielen könnte, wenngleich die Annahmen selten durch Evidenz gestützt werden (vgl. z. B. Achilles 1999; Finn u. Achilles 1990, 1999; Lankes u. Carstensen 2007). Bei PISA wird die Klassengröße im Rahmen des Fragebogens erfasst, der von den Schulleitungen der teilnehmenden Schulen ausgefüllt wird. Im Rahmen von PISA 2006 wurden keine Klassengrößen berichtet. In den beiden vorangegangenen Erhebungsrunden wurde jeweils die Klassengröße in dem Fach erhoben, welches im Fokus der Erhebung stand (im Jahr 2000 Unterricht in der Testsprache; im Jahr 2003 Mathematik). Im OECD-Durchschnitt betrug die Klassengröße im Unterricht in der Testsprache 24,6 (Schümer 2001, S. 422) und im Unterricht in Mathematik 23,3 (Senkbeil u. Drechsel 2004, S. 290). Für beide Fächer liegt die Klassengröße in allen nordischen Staaten unterhalb des OECD-Durchschnitts. Hierbei werden aus Dänemark die vergleichsweise kleinsten Klassen berichtet. Die Klassengröße in Deutschland liegt etwas höher als in den nordischen Staaten und damit im OECD-Durchschnitt. Die nordischen Staaten heben sich also nur leicht vom internationalen Durchschnitt ab.

Eine weitere wichtige Bedingung für den Aufbau von Kompetenzen in der Schule ist die Zeit, die Schülerinnen und Schüler im Unterricht verbringen (Seidel et al. 2007). In Tab. 3 ist der prozentuale Anteil von Schülerinnen und Schülern dargestellt, die von weniger als zwei beziehungsweise von vier oder mehr Unterrichtsstunden pro Woche in der Testsprache, in Mathematik und in den Naturwissenschaften berichten. Die Angaben sind dem Schülerfragebogen der PISA 2006 Datenerhebung entnommen.

Der Blick auf die Unterrichtszeiten in den nordischen Ländern zeigt besonders in den Naturwissenschaften Abweichungen vom OECD-Durchschnitt. In den nordischen Staaten ist die Unterrichtszeit in den Naturwissenschaften deutlich homogener verteilt als im OECD-Durchschnitt. Mehr als 50 % der Schülerinnen und Schüler haben zwischen zwei und vier Stunden wöchentlichen Unterricht in den Naturwissenschaften (vgl. auch Kobarg et al. 2011). In Deutschland beispielsweise besteht deutlich mehr Variation zwischen den Schülerinnen und Schülern hinsichtlich der Zeit, die sie im naturwissenschaftlichen Unterricht verbringen (Kobarg et al. 2008; Seidel et al. 2007).

Für die Mathematik zeigt sich, dass in Dänemark und in Island die deutliche Mehrheit aller Schülerinnen und Schüler vier oder mehr Stunden wöchentlichen Unterricht genießt. In Schweden, Finnland und Norwegen hingegen gibt die Mehrzahl der Schülerinnen und Schüler an, zwischen zwei und vier Stunden wöchentlichen Mathematikunterricht zu haben. Die Befunde für die Unterrichtszeit in der Testsprache gestalten sich ähnlich. Damit heben sich nur Schweden, Finnland und Norwegen leicht vom OECD-Durchschnitt ab, da hier die Mehrheit der Schülerinnen und Schüler weniger als vier Unterrichtsstunden in der Testsprache und in Mathematik haben. Dänemark und Island weisen ebenso wie Deutschland große Ähnlichkeit zum Durchschnitt der OECD-Staaten auf.

3.2.2 Unterrichtsmuster

Dass Schülerinnen und Schüler Lernzeit im Unterricht verbringen ist insbesondere in der Mathematik und in den Naturwissenschaften eine notwendige, aber keine hinreichende Bedingung für den Aufbau von Kompetenzen (Seidel et al. 2007). Vor diesem Hintergrund wurden im Rahmen der PISA-2006-Datenerhebung Qualitätsmerkmale des naturwissenschaftlichen Unterrichts aus der Sicht von Schülerinnen und Schülern untersucht (Kobarg et al. 2011). Im Rahmen dieser Analysen wurden drei verschiedene Muster des naturwissenschaftlichen Unterrichts unterschieden. Zusätzlich wurde der Zusammenhang zwischen diesen Mustern und der naturwissenschaftlichen Kompetenz von Schülerinnen und Schülern untersucht (Kobarg et al. 2011; Seidel et al. 2007).

Die Befunde zeigen, dass in den nordischen Staaten die Mehrzahl der Schülerinnen und Schüler einen naturwissenschaftlichen Unterricht genießt, der in einem positiven Zusammenhang mit der naturwissenschaftlichen Kompetenz steht. Ähnliches gilt jedoch auch in der Mehrzahl der OECD-Staaten.

Tabelle 3 Wöchentliche Lernzeit in den Naturwissenschaften in den nordischen Staaten, in Deutschland und im OECD-Durchschnitt: Prozentuale Anteile von Schülerinnen und Schülern, die von weniger als zwei beziehungsweise von vier oder mehr Unterrichtsstunden berichten

Unterrichts-zeit	Naturwissenschaften				Mathematik				Testsprache			
	Weniger als 2 Stunden		4 oder mehr Stunden		Weniger als 2 Stunden		4 oder mehr Stunden		Weniger als 2 Stunden		4 oder mehr Stunden	
Staat	%	*(SE)*	%	*(SE)*	%	*(SE)*	%	*(SE)*	%	*(SE)*	%	*(SE)*
Dänemark	17	(1,0)	27	(1,0)	4	(0,3)	66	(1,2)	3	(0,3)	86	(0,7)
Finnland	23	(0,8)	27	(1,4)	11	(0,6)	31	(1,6)	15	(0,9)	20	(1,8)
Island	23	(0,7)	21	(0,7)	5	(0,3)	74	(0,7)	6	(0,4)	67	(0,7)
Norwegen	25	(1,1)	7	(0,5)	13	(0,6)	31	(1,0)	13	(0,7)	39	(1,3)
Schweden	20	(0,9)	11	(0,6)	12	(0,6)	15	(0,8)	13	(0,9)	17	(0,9)
Deutschland	35	(1,1)	32	(1,0)	11	(0,8)	49	(1,0)	14	(0,7)	43	(1,0)
OECD	33	(1,0)	29	(1,0)	14	(0,7)	48	(1,1)	15	(0,7)	46	(1,0)

3.3 Fazit – Bedingungsfaktoren für Bildungsergebnisse in den nordischen Ländern

Betrachtet man die Bedingungsfaktoren auf der Ebene von Schule und Unterricht, so heben sich die nordischen Staaten nur geringfügig vom Durchschnitt der OECD-Staaten, aber auch von Deutschland ab. Beispielsweise sind die Klassen in den nordischen Ländern etwas kleiner und die Unterrichtszeit in den Naturwissenschaften ist in den nordischen Staaten homogener verteilt als in allen anderen Staaten. Ansonsten werden überwiegend Ähnlichkeiten der nordischen Länder mit den OECD-Staaten, aber auch mit Deutschland deutlich.

Im Hinblick auf die Frage, ob es den nordischen Staaten erfolgreicher gelingt, soziale Disparitäten auszugleichen, ergibt sich ein differenzierteres Bild. So sind Jugendliche mit Migrationshintergrund in den beiden nordischen Staaten, in denen ihre Anzahl mit der in Deutschland vergleichbar ist, gegenüber Jugendlichen ohne Migrationshintergrund ebenso wie in Deutschland benachteiligt. Disparitäten zwischen den Geschlechtern bestehen in den nordischen Staaten, ähnlich wie in allen OECD-Staaten, hauptsächlich in der Lesekompetenz. In der Mathematik und den Naturwissenschaften hingegen ergeben sich in den nordischen Ländern kaum Unterschiede zwischen den Geschlechtern, was insbesondere in der Mathematik nicht in allen OECD-Staaten, darunter auch Deutschland, gelingt.

Besonders erfolgreich sind die nordischen Staaten jedoch im Hinblick auf die Entkoppelung des Zusammenhangs zwischen sozialer Herkunft und Kompetenz von Schülerinnen und Schülern. Zwar verringert sich der Zusammenhang in den meisten nordischen Staaten (mit Ausnahme von Dänemark) nicht, wie es beispielsweise in Deutschland der Fall ist, aber er ist konstant geringer ausgeprägt als im OECD-Durchschnitt und in Deutschland (Ehmke u. Baumert 2007). Insbesondere im Hinblick auf die soziale Herkunft gelingt es den nordischen Staaten damit relativ erfolgreich, Chancengerechtigkeit herzustellen, wie sie ja explizit als Ziel ihrer Bildungssysteme formuliert wird (Lie et al. 2003).

4   Fazit – Der Mythos der nordischen Bildungssysteme

Ziel dieses Artikels war es, zu beleuchten, ob der Mythos der erfolgreichen nordischen Bildungssysteme sich anhand empirischer Daten absichern lässt. Hierzu sind Befunde aus drei Erhebungszyklen der internationalen Schulleistungsuntersuchung PISA für die nordischen Staaten vorgestellt worden. Diese Befunde bezogen sich einerseits auf die Bildungsergebnisse der Jugendlichen in den nordischen Staaten, andererseits wurden unterschiedliche Bedingungsfaktoren für diese Bildungsergebnisse in den nordischen Ländern diskutiert.

Die dargestellten PISA-Befunde zeigen, dass die Bildungsergebnisse der nordischen Länder meist im guten Durchschnitt der OECD-Staaten liegen. Überdurchschnittliche

Leistungen werden jedoch nur von einzelnen Staaten oder in einzelnen Domänen er-bracht. Die herausragenden Ergebnisse der finnischen Jugendlichen heben sich nicht nur vom internationalen Durchschnitt ab, sondern bilden auch in der Gruppe der nor-dischen Staaten eine Ausnahme. Finnland gehört in allen Domänen und über alle drei Erhebungszyklen hinweg zur Spitzengruppe der OECD-Staaten. Derart erfolgreiche Bildungsergebnisse können in keinem anderen nordischen Staat verzeichnet werden. Außerdem weisen die positiven Befunde auch nur in Finnland eine hohe Stabilität auf. In allen anderen nordischen Ländern zeichnet sich über die Zeit tendenziell eine Ab-schwächung der Kompetenzen ab. Gründe hierfür lassen sich eventuell auf Reformen in den Bildungssystemen der nordischen Staaten zurückführen. Im Hinblick auf den Erfolg ihrer Bildungssysteme scheint eine idealisierende Betrachtung der nordischen Staaten somit kaum gerechtfertigt. Letztlich kann so eigentlich nur von einem „Mythos Finnland" gesprochen werden, denn trotz der ähnlichen Bildungssysteme und -land-schaften in den fünf Staaten erzielt Finnland deutlich bessere Bildungsergebnisse.

Die Befunde zu Bedingungsfaktoren für Bildungsergebnisse weisen darauf hin, dass die nordischen Staaten größtenteils erfolgreich mit den sozialen Disparitäten um-gehen, die Schülerinnen und Schüler in die Schule mitbringen. So ist beispielsweise der Zusammenhang zwischen der sozialen Herkunft von Schülerinnen und Schülern und ihrer Kompetenz vergleichsweise gering. Auch Kompetenzunterschiede zwischen den Geschlechtern, bestehen in der Mathematik und in den Naturwissenschaften in den nordischen Ländern kaum. Ebenso gering sind die Geschlechterunterschiede im fachspezifischen Fähigkeitsselbstkonzept. In der Lesekompetenz gestaltet sich die Situa-tion jedoch ähnlich wie in allen OECD-Staaten – die Jungen sind den Mädchen deutlich unterlegen. Auch Jugendliche mit Migrationshintergrund erreichen in den nordischen Staaten, in denen ihr Anteil eine Untersuchung der Unterschiede erlaubt, geringere Kompetenzwerte als Jugendliche ohne Migrationshintergrund.

Stellt man die Frage, welche Bedingungen auf der Ebene von Schule und Unterricht den Ausgleich sozialer Disparitäten eventuell begünstigen, so zeigen sich nur geringfü-gige Unterschiede zu anderen OECD-Staaten. Die Klassen sind in den nordischen Staa-ten zwar etwas kleiner und die Unterrichtszeit in den Naturwissenschaften deutlich ho-mogener verteilt, aber als Erklärung für den erfolgreicheren Umgang insbesondere mit Unterschieden in der sozialen Herkunft reicht dies kaum aus.

Diese Befunde weisen zusammenfassend darauf hin, dass eine idealisierende Be-trachtung der Bildungssysteme aller nordischen Staaten aufgrund der Bildungsergeb-nisse, die sie in der internationalen Schulleistungsuntersuchung PISA erzielt haben, kaum gerechtfertigt ist. Allein das finnische Bildungssystem scheint sehr erfolgreich darin zu sein, eine große Zahl der Jugendlichen auf die Teilhabe an einer technologi-sierten Wissensgesellschaft vorzubereiten. Allerdings fällt es bei einer vergleichenden Betrachtung der nordischen Länder schwer, die Bedingungen zu identifizieren, die den Erfolg des finnischen Bildungssystems auch im Vergleich mit den anderen nordischen Bildungssystemen erklären könnten. Eventuell sind Bedingungen für den Erfolg des finnischen Bildungssystems bei PISA in historischen, sozialen oder kulturellen Faktoren begründet, die in den PISA-Erhebungen nicht abgebildet werden (Nóvoa u. Yariv-Mashal 2003; Simola 2005).

Literatur

Achilles, C. M. (1999). *Let's put kids first, finally: Getting class size right.* Thousand Oaks: Corwin Press.

Aktionsrat Bildung (2007). *Bildungsgerechtigkeit.* Wiesbaden: VS-Verlag für Sozialwissenschaften.

Baumert, J., Stanat, P., & Demmrich, A. (2001a). PISA 2000: Untersuchungsgegenstand, theoretische Grundlagen und Durchführung der Studie. In J. Baumert, E. Klieme, M. Neubrand, M. Prenzel, U. Schiefele, W. Schneider et al. (Hrsg.), *PISA 2000. Basiskompetenzen von Schülerinnen und Schülern im internationalen Vergleich* (S. 15–68). Opladen: Leske + Budrich.

Baumert, J., Klieme, E., Neubrand, M., Prenzel, M., Schiefele, U., Schneider, W. et al. (2001b). *PISA 2000. Basiskompetenzen von Schülerinnen und Schülern im internationalen Vergleich.* Opladen: Leske + Budrich.

Baumert, J., Lehmann, R., Lehrke, M., Schmitz, B., Clausen, M., Hosenfeld, I. et al. (1997). *TIMSS – Mathematisch-naturwissenschaftlicher Unterricht im internationalen Vergleich. Deskriptive Befunde.* Opladen: Leske + Budrich.

Beaton, A. E., Martin, M. O., Mullis, I. V. S., Gonzales, E. J., Smith, T. A., & Kelly, D. L. (1996). *Science achievement in the middle school years: IEA's Third International Mathematics and Science Study (TIMSS).* Chestnut Hill: TIMSS & PIRLS international study center, Boston College.

Blum, W., Neubrand, M., Ehmke, T., Senkbeil, M., Jordan, A., Ulfig, F. et al. (2004). Mathematische Kompetenz. In M. Prenzel, J. Baumert, W. Blum, R. Lehmann, D. Leutner, M. Neubrand et al. (Hrsg.), *PISA 2003. Der Bildungsstand der Jugendlichen in Deutschland. Ergebnisse des zweiten internationalen Vergleichs* (S. 47–92). Münster: Waxmann.

Bundesministerium für Bildung und Forschung. (2003). *Vertiefender Vergleich der Schulsysteme ausgewählter PISA-Teilnehmerstaaten.* Bonn: BMBF.

Carlgren, I. (2009). The Swedish comprehensive school – lost in transition? *Zeitschrift für Erziehungswissenschaft, 12,* 633–649.

Carstensen, C. H., Prenzel, M., & Baumert, J. (2008). Trendanalysen: Wie haben sich die Kompetenzen in Deutschland zwischen PISA 2000 und PISA 2006 entwickelt? In M. Prenzel & J. Baumert (Hrsg.), *Vertiefende Analysen zu PISA 2006* (Sonderheft 10 der Zeitschrift für Erziehungswissenschaft, S. 11–34). Wiesbaden: VS-Verlag für Sozialwissenschaften.

Carstensen, C. H., Frey, A., Walter, O., & Knoll, S. (2007). Technische Grundlagen des dritten internationalen Vergleichs. In M. Prenzel, C. Artelt, J. Baumert, W. Blum, M. Hammann, E. Klieme et al. (Hrsg.), *PISA 2006. Die Ergebnisse der dritten internationalen Vergleichsstudie* (S. 367–390). Münster: Waxmann.

Drechsel, B., & Artelt, C. (2007). Lesekompetenz. In M. Prenzel, C. Artelt, J. Baumert, W. Blum, M. Hammann, E. Klieme et al. (Hrsg.), *PISA 2006. Die Ergebnisse der dritten internationalen Vergleichsstudie* (S. 225–248). Münster: Waxmann.

Ehmke, T., & Baumert, J. (2007). Soziale Herkunft und Kompetenzerwerb: Vergleiche zwischen PISA 2000, 2003 und 2006. In M. Prenzel, C. Artelt, J. Baumert, W. Blum, M. Hammann, E. Klieme et al. (Hrsg.), *PISA 2006. Die Ergebnisse der dritten internationalen Vergleichsstudie* (S. 309–336). Münster: Waxmann.

Ehmke, T., & Siegle, T. (2005). ISEI, ISCED, HOMEPOS, ESCS. Indikatoren der sozialen Herkunft bei der Quantifizierung von sozialen Disparitäten. *Zeitschrift für Erziehungswissenschaft, 8*, 521–540.

Finn, J. D., & Achilles, C. M. (1990). Answers and questions about class size: A state wide experiment. *American Educational Research Journal, 27*, 557–577.

Finn, J. D., & Achilles, C. M. (1999). Tennessee's class size study: Findings, implications, misconceptions. *Educational Evaluation and Police Analysis, 21*(2), 97–109.

Frey, A., Asseburg, R., Carstensen, C. H., Ehmke, T., & Blum, W. (2007). Mathematische Kompetenz. In M. Prenzel, C. Artelt, J. Baumert, W. Blum, M. Hammann, E. Klieme et al. (Hrsg.), *PISA 2006. Die Ergebnisse der dritten internationalen Vergleichsstudie* (S. 249–276). Münster: Waxmann.

Hautamäki, J., Harjunen, E., Hautamäki, A., Karjalainen, T., Kupiainen, S., Laaksonen, S., et al. (2008). *PISA 2006 Finland. Analyses – reflections – explanations.* Helsinki: Finnish ministry of education.

Kahl, R. (2003). *Spitze – Schulen am Wendekreis der Pädagogik. Warum Schulen in Skandinavien gelingen* (Filmdokumentation). Frankfurt a. M.: GEW.

Kobarg, M., Altmann, U., Wittwer, J., Seidel, T., & Prenzel, M. (2008). Naturwissenschaftlicher Unterricht im Ländervergleich. In M. Prenzel, C. Artelt, J. Baumert, W. Blum, M. Hammann, E. Klieme et al. (Hrsg.), *PISA 2006 in Deutschland. Die Kompetenzen der Jugendlichen im dritten Ländervergleich* (S. 265–296). Münster: Waxmann.

Kobarg, M., Prenzel, M., Seidel, T., Walker, M., McCrae, B., Cresswell, J. & Wittwer, J. (2011). *An international comparison of Science teaching and learning – Further results from PISA 2006.* Muenster/New York: Waxmann.

Lankes, E. M., & Carstensen, C. H. (2007). Der Leseunterricht aus der Sicht der Lehrkräfte. In W. Bos, S. Hornberg, K.-H. Arnold, G. Faust, L. Fried, E.-M. Lankes et al. (Hrsg.), *IGLU 2006. Lesekompetenzen von Grundschülern in Deutschland im internationalen Vergleich* (S. 161–191). Münster: Waxmann.

Lie, S., Linnakylä, P., & Roe, A. (2003). *Northern lights on PISA.* Oslo: University of Oslo, Department of Teacher Education and School development.

Matti, T. (Ed.) (2009). *Northern lights on PISA 2006. Differences and similiarities in the Nordic countries.* Copenhagen: Nordic Council of Ministers.

Nóvoa, A., & Yariv-Mashal, T. (2003). Comparative research in education: A mode of governance or a historical journey. *Comparative Education, 39*, 423–438.

OECD (2001). *Knowledge and skills for life. First results from PISA 2000.* Paris: OECD.

OECD (2004). *Learning for tomorrow's world. First results from PISA 2003.* Paris: OECD.

OECD (2007a). *PISA 2006. Science competencies for tomorrow's world. Vol. 1: Analysis.* Paris: OECD.

OECD (2007b). *PISA 2006. Vol. 2: Data.* Paris: OECD.

OECD (2009). *PISA 2006. Technical report.* Paris: OECD.

Prenzel, M. (2005). Zur Situation der empirischen Bildungsforschung. In H. Mandl & B. Koop (Hrsg.), *Impulse für die Bildungsforschung. Stand und Perspektiven. Dokumentation eines Expertengesprächs. Deutsche Forschungsgemeinschaft* (S. 7–21). Berlin: Akademie Verlag.

Prenzel, M., Artelt, C., Baumert, J., Blum, W., Hamann, M., Klieme, E., et al. (2007a). *PISA 2006. Die Ergebnisse der dritten internationalen Vergleichsstudie.* Münster: Waxmann.

Prenzel, M., Schöps, K., Rönnebeck, S., Senkbeil, M., Walter, O., Carstensen, C. H., et al. (2007b). Naturwissenschaftliche Kompetenz im internationalen Vergleich. In M. Prenzel, C. Artelt, J. Baumert, W. Blum, M. Hamann, E. Klieme et al. (Hrsg.), *PISA 2006. Die Ergebnisse der dritten internationalen Vergleichsstudie* (S. 63–105). Münster: Waxmann.

Robitaille, F. (1997). *National contexts for mathematics and science education.* Vancouver: Pacific Educational Press.

Rost, J., Walter, O., Carstensen, C. H., Senkbeil, M., & Prenzel, M. (2004). Naturwissenschaftliche Kompetenz. In M. Prenzel, J. Baumert, W. Blum, R. Lehmann, D. Leutner, M. Neubrand et al. (Hrsg.), *PISA 2003. Der Bildungsstand der Jugendlichen in Deutschland. Ergebnisse des zweiten internationalen Vergleichs* (S. 111–146). Münster: Waxmann.

Sarjala, J., & Häkli, E. (2008). *Jenseits von PISA. Finnlands Schulsystem und seine neusten Entwicklungen.* Berlin: Berliner Wissenschafts-Verlag.

Schümer, G. (2001). Lebens- und Lernbedingungen von Jugendlichen. Institutionelle Bedingungen schulischen Lernens im internationalen Vergleich. In J. Baumert, E. Klieme, M. Neubrand, M. Prenzel, U. Schiefele et al. (Hrsg.), *PISA 2000. Basiskompetenzen von Schülerinnen und Schülern im internationalen Vergleich* (S. 411–426). Opladen: Leske + Budrich.

Schütte, K., Frenzel, A. C., Asseburg, R., & Pekrun, R. (2007). Schülermerkmale, naturwissenschaftliche Kompetenz und Berufserwartung. In M. Prenzel, C. Artelt, J. Baumert, W. Blum, M. Hammann, E. Klieme et al. (Hrsg.), *PISA 2006. Die Ergebnisse der dritten internationalen Vergleichsstudie* (S. 125–146). Münster: Waxmann.

Seidel, T., & Prenzel, M. (2008). Large scale assessment. In J. Hartig, E. Klieme & D. Leutner (Eds.), *Assessment of competencies in educational contexts* (pp. 279–304). Göttingen: Hogrefe & Huber.

Seidel, T., Prenzel, M., Wittwer, J., & Schwindt, K. (2007). Unterricht in den Naturwissenschaften. In M. Prenzel, C. Artelt, J. Baumert, W. Blum, M. Hammann, E. Klieme et al. (Hrsg.), *PISA 2006. Die Ergebnisse der dritten internationalen Vergleichsstudie* (S. 147–180). Münster: Waxmann.

Senkbeil, M., & Drechsel, B. (2004). Institutionelle und organisatorische Rahmenbedingungen von Schule und Unterricht. In M. Prenzel, J. Baumert, W. Blum, R. Lehmann, D. Leutner, M. Neubrand et al. (Hrsg.), *PISA 2003. Der Bildungsstand der Jugendlichen in Deutschland. Ergebnisse des zweiten internationalen Vergleichs* (S. 177–190). Münster: Waxmann.

Simola, H. (2005). The Finnish miracle of PISA. Historical and sociological remarks on teaching and teacher education. *Comparative Education, 41,* 445–470.

Walter, O., & Taskinen, P. (2007). Kompetenzen und bildungsrelevante Einstellungen von Jugendlichen mit Migrationshintergrund in Deutschland: Ein Vergleich mit ausgewählten OECD Staaten. In M. Prenzel, C. Artelt, J. Baumert, W. Blum, M. Hammann, E. Klieme et al. (Hrsg.), *PISA 2006. Die Ergebnisse der dritten internationalen Vergleichsstudie* (S. 337–366). Münster: Waxmann.

Wandel pädagogischer Institutionen

Rudolf Tippelt

1   Pädagogische Institutionen und Institutionentheorien

Unter Institution wird im wissenschaftlichen Sprachgebrauch eine Einrichtung (Organisation, Betrieb, Behörde) verstanden, die nach bestimmten Regeln des Arbeitsablaufs und der Verteilung von Funktionen auf kooperierende Mitarbeiter im Rahmen eines größeren Organisationssystems festgelegte Aufgaben erfüllt. Der Begriff der Institution bringt zum Ausdruck, dass Regelmäßigkeiten und Gleichförmigkeiten des gegenseitigen Sichverhaltens von Menschen, Gruppen oder Organisationen nicht mehr zufällig oder biologisch determiniert sind, sondern dass diese auch Produkte menschlicher Kultur und damit Sinngebung sind. Institutionen sind Formen von Handlungsregelmäßigkeiten oder Gewohnheiten, die öffentlich und soziohistorisch auf relative Dauer angelegt sind (vgl. Hillmann 1994, S. 375). Der Wandel von Institutionen umfasst sowohl die Aufgaben und Funktionen einzelner Institutionen für die Gesellschaft als auch den Einfluss dieser Institutionen auf das soziale und individuelle Leben des einzelnen Menschen. Allerdings gibt es keine in den Erziehungs- und Sozialwissenschaften allgemein anerkannte Theorie der Institutionen.

Häufig rezipiert wurde z. B. in der pädagogischen Anthropologie die institutionelle Ideenlehre Arnold Gehlens, die darauf verweist, dass alles gesellschaftliche Handeln nur durch Institutionen effektiv habitualisiert, genormt und dadurch voraussehbar wird (vgl. Gehlen 1977). Ambivalent beurteilt wurde die als harmonistisch geltende Institutionstheorie T. Parsons (vgl. 1968), der Institutionen wegen ihrer Wertevermittlung wichtige regulative und kulturelle Funktionen zuschreibt. Pädagogisch bedeutsam ist diese Institutionentheorie, weil sie davon ausgeht, dass soziale Normen ihre Persistenz zugleich der Internalisierung im personalen System wie der Institutionalisierung im sozialen System verdanken. An die Theorie sozialer Evolution anknüpfend hat V. Lenhart (vgl. 1987) herausgearbeitet, dass sich komplexe, auf Erziehung spezialisierte Institutionen – wie beispielsweise die Schule – als Indikatoren für den vollzogenen Übergang zu Hochkulturen erweisen. Erst die moderne Gesellschaft kennt eine Vernetzung pädagogisch-spezifizierter Institutionen zu einem formalen Erziehungs- und Bildungssystem, dessen einzelne Bereiche aufeinander bezogen bleiben.

Schwierig zu beantworten ist die scheinbar einfache Frage, was denn eigentlich pädagogische Institutionen sind. In frühen Abhandlungen zur Institutionenproblematik in

der Erziehungswissenschaft werden vor allem Schulen analysiert. Es wird davon ausgegangen, dass die entsprechenden Darlegungen „auch auf andere pädagogische Institutionen, für die sie jeweils sinngemäß gelten, übertragen werden, beispielsweise auf
die Volkshochschule, auf den Kindergarten oder auf ein Erziehungsheim. Uns geht es
darum, die vielfältigen Abhängigkeiten und Einwirkungen aufzudecken, unter denen
Schule als Institution steht und um das Erkennen der Wechselbeziehungen zwischen institutionellen Bedingtheiten und personalen Bezügen und Absichten" (Klafki u. a. 1970,
S. 132). In neueren Einführungen in die Pädagogik (vgl. Krüger/Rauschenbach 1995)
werden neben den Schulen, den Institutionen der Berufsbildung und den Bereichen der
Weiterbildung bzw. Erwachsenenbildung auch die Familien, die öffentliche Kindererzie-
hung, die Jugendarbeit und Jugendhilfe, also weitere pädagogische Institutionen, die im
Laufe des Lebens durchlaufen bzw. in Anspruch genommen werden können, bearbeitet.
Aber auch die klassischen Arbeitsfelder der Sozialpädagogik bzw. der Sonderpädagogik
wie etwa Heime oder Werkstätten für Behinderte sind heute den pädagogischen Institutionen zuzurechnen. Daneben beginnen sich Praxisfelder wie die Beratung, die Gesund-
heitsförderung, die Kulturarbeit oder die interkulturelle Arbeit zu institutionalisieren.
Es werden fortwährend neue Felder für erzieherische Berufe erschlossen, so dass es immer schwieriger wird für pädagogische Institutionen gemeinsame Merkmale zu definieren (vgl. Lenzen 1994, S. 9). Zusammenfassend läßt sich aber sagen, dass pädagogische
Institutionen Arbeitsfelder umfassen,

- in denen es um Kinder, Jugendliche und Erwachsene als Adressaten pädagogischer
  Arbeit geht,
- in denen Aspekte der Bildung und der Erziehung, des Lernens und der Hilfe in
  jedem Fall aber der Personenänderung oder des pädagogischen Bezugs im Mittelpunkt stehen und
- in denen in nicht unerheblichem Maße pädagogisch ausgebildetes Personal, also
  Lehrer/-innen, Diplompädagogen/-innen, Magisterpädagogen/-innen, Sozialpäd-
  agogen/-innen, Erzieher/-innen etc., als Fachkräfte arbeiten (vgl. Krüger/Rauschen-
  bach 1995, S. 10).

Die Analyse des Wandels pädagogischer Institutionen müsste demnach in den diversen
Bereichen auf administrative Rahmenbedingungen und veränderte Ausbildungsvoraus-
setzungen des jeweiligen pädagogischen Personals, auf spezifische Problemkonstellatio-
nen und besondere Handlungskonzepte in den jeweiligen Praxisfeldern eingehen. Dies
kann an dieser Stelle nicht geleistet werden, aber es soll im Folgenden versucht werden
übergreifende Theoreme zu benennen, die die theoretische und empirische Analyse des
Wandels pädagogischer Institutionen berücksichtigen muss und diese an Beispielen zu
erläutern.

2 Theoreme des Wandels pädagogischer Institutionen

Bei der Analyse des Wandels pädagogischer Institutionen kann es nicht darum gehen eine für unvermeidbar oder gar normativ wünschenswert zu erachtende Entwicklung als historisch notwendig zu erklären. Auch geht es bei der pädagogischen Institutionenanalyse nicht darum, die Suche nach evolutionären Universalien fortzusetzen, die in allen Entwicklungsprozessen in bestimmter zeitlicher Abfolge und struktureller Ordnung aufzufinden seien. Es kann auch nicht erwartet werden, dass in allen pädagogischen Institutionen eine gleichgerichtete Entwicklung im Prozess der Modernisierung und des Wandels festzustellen ist. Bei der pädagogischen Institutionenanalyse ist es darüber hinaus schwierig, präzise Untersuchungsdimensionen zu bestimmen, die einen nachweisbaren Zusammenhang zum Wandel pädagogischer Einrichtungen in der modernen Gesellschaft aufweisen. In pädagogischen Institutionenanalysen erweisen sich aber dennoch einige Theoreme des Wandels als besonders bedeutsam: Expansion, Differenzierung, Pluralisierung, Interdependenz, Integration und Partizipation. Bei der folgenden Verdeutlichung dieser Theoreme werden Beispiele aus verschiedenen institutionellen pädagogischen Bereichen gegeben. Das bedeutet aber keinesfalls, dass alle pädagogischen Institutionen gleichzeitig und in gleicher Form die in den Theoremen thematisierten Wandlungsprozesse durchlaufen. Das Gegenteil ist der Fall.

Expansion. Zur Analyse expansiver Trends pädagogischer Institutionen und Bereiche braucht man Indikatoren. Meist werden Teilnehmerzahl, Angebotsstruktur, Bildungsvolumen, Finanzierung oder Mitarbeiterzahl zur Beschreibung herangezogen. Hierzu einige empirische Beispiele:

Die Versorgung der Bevölkerung in den alten Ländern mit Kindergartenplätzen für die 3–6jährigen hat sich in 30 Jahren von 1965 (33 %) – nach stagnativen Tendenzen in den 80er Jahren – bis 1995 (85 %) durch Expansion deutlich gewandelt. Expansiv war auch die institutionelle Beratung in den Institutionen der Kinder- und Jugendhilfe in den 90er Jahren, verbunden mit deutlichen Steigerungen der Ausgaben für die Jugendhilfe – gemessen am Anteil der Ausgaben am Bruttoinlandsprodukt (vgl. Rauschenbach/Schilling 1997, S. 61 ff.; Eckert 1999, S. 39).

Die Expansion pädagogischer Institutionen wird in Deutschland aber vor allem mit *Bildungsexpansion* und der Expansion der höheren Bildung assoziiert. Die seit 40 Jahren wirksame, historisch beschleunigte Bildungsexpansion (vgl. zusammenfassend Arbeitsgruppe Bildungsbericht 1994) hat u. a. bewirkt, dass der Anteil der Schüler in Vollzeitschulen an der gleichaltrigen Bevölkerung in der jugendlichen Altersgruppe stark angestiegen ist. Bereits Mitte der 80er Jahre befanden sich über die Hälfte der 16jährigen im Bereich schulischer Institutionen. Arbeit und betriebliche Qualifizierung sind in Deutschland zwar insgesamt betrachtet von unverändert hoher Bedeutung, haben für die unter 20jährigen aber als persönliche Erfahrungsbereiche ihre dominante Stellung eingebüßt. Die Bildungsexpansion hat also für die 15- bis 20jährigen eine folgenreiche Umstrukturierung des Einflusses pädagogischer Institutionen bewirkt und zwar von einer unmittelbar arbeitsintegrierten Erziehungs- und Qualifikationsform in der der Betrieb dominierte zu einer vornehmlich schulisch bestimmten Erziehungs- und Qualifikationsform. Die Verweildauer von Personen im Bildungssystem nahm in den letzten 40 Jahren stetig zu, so dass heute beispielsweise ca. 20 % der 23jährigen an den Institutionen des Bildungssystems partizipieren.

Dabei haben sich die staatlichen Bildungsausgaben *real* seit 1975 nicht expansiv entwickelt. Es zeigt sich im Schulbereich sogar, dass nach Auslaufen der baulichen Expansionsphase, der in den 70er Jahren einsetzenden öffentlichen Finanzknappheit und dem einsetzenden demographisch bedingten Schülerrückgang die Bildungsausgaben – gemessen in Prozent des Bruttoinlandsprodukts – bis zum Jahr 1990 stark rückläufig waren. Erst seit 1990 kam es dann im Schulbereich zu einer Trendwende, einer expansiven Wende, die im Hochschulbereich bereits seit 1985 feststellbar war (vgl. Klemm 1997).

Die Bildungsexpansion ist nicht auf den schulischen Bereich begrenzt, sondern setzt sich beispielsweise in den Hochschulen und den Weiterbildungsinstitutionen fort. Konzentriert man sich auf die pädagogischen Professionen, die an Hochschulen ausgebildet werden, ist festzustellen, dass die Anzahl der Lehrer/-innen bis in die 80er Jahre kontinuierlich anwuchs, allerdings bei sehr unterschiedlicher Dynamik der Schularten. Die Zahl der Gymnasial- und Realschullehrer nahm zwar langsamer, aber insgesamt länger zu. Dennoch wurde die Bildungsexpansion bereits Mitte der 80er Jahre – bezogen auf den Personalbestand der Lehrer/-innen – mehr oder weniger beendet. Bei den staatlich weniger beeinflussbaren Studierenden- und Absolventenzahlen der anderen pädagogischen Berufe, insbesondere an Universitäten und Fachhochschulen, sind hingegen bis Mitte der 90er Jahre Zuwachsraten zu verzeichnen (Zeitreihenservice des Statistischen Bundesamts). Hier spiegelt sich der von der BLK über die Jahrtausendwende hinaus prognostizierte steigende Bedarf an erzieherischen, ausbildungsbezogenen und sozialpflegerischen Berufen (vgl. BLK 1992, S. 147) sowie die im Vergleich mit verwandten Berufen ähnlichen Berufschancen. Ein erziehungswissenschaftliches Studium führt – entsprechend anderen akademischen Bereichen – dann eher zur Aufnahme eines Beschäftigungsverhältnisses in einer pädagogischen Institution, wenn Praxiserfahrungen und Fortbildungen neben einem hervorragenden Studienabschluss nachgewiesen werden können (vgl. Eckert 1999, S. 88). Die Ausbildung an den Hochschulinstitutionen wird also zunehmend zur notwendigen, aber nicht hinreichenden Bedingung für die Aufnahme einer hochqualifizierten (fachlich und statusadäquaten) Tätigkeit.

Ein Blick in die Weiterbildungsstatistik zeigt, dass sich die Weiterbildungsbeteiligung seit Ende der 70er Jahre (1979: 23 % auf 1997: 48 %) verdoppelt hat (vgl. Kuwan 1999). Seit den Untersuchungen von Strzelewicz/Raapke/Schulenberg (vgl. 1966) besagt die Weiterbildungsquote – definiert als der Prozentsatz der Befragten aus einer jeweiligen Grundgesamtheit der nach eigenen Angaben im letzten Jahr an Weiterbildungsmaßnahmen teilnahm –, dass sich insbesondere Bildungs- und Berufsstatus, Alter, Geschlecht und Region auf die Weiterbildungsbeteiligung auswirken. Im Zeitverlauf zeigen sich in der Weiterbildung ähnliche Ergebnisse wie in der allgemeinbildenden Sekundarstufe: es kommt zu einer insgesamt erhöhten Beteiligung und damit einer Expansion der entsprechenden Bildungsinstitutionen, aber nicht zum intendierten Ausgleich zwischen sozialstrukturellen Gruppen.

Differenzierung. Seit den 60er Jahren ist eine beschleunigte Ausdifferenzierung besonderer pädagogischer, auf Erziehen, Bilden und Helfen spezialisierter Institutionen und Organisationen nachzuweisen. Der Anteil „persönlich verantworteter, lebensweltlicher" Bildung, Erziehung und Hilfe ist zugunsten „professionell organisierter" pädagogischer Dienstleistungen zurückgedrängt (vgl. Luhmann 1973). *Ein* Effekt dieser Entwicklung ist in den letzten Jahren sichtbar geworden, denn hochspezialisierte Organisationen gehorchen ökonomischen Effektivitäts- und Effizienzkriterien und sind auf permanente Organisations- und Personalentwicklung angewiesen (vgl. Rosenstiel/Molt/Rüttinger 1995, S. 311 f.), die zunehmend auch den Wandel pädagogischer Institutionen prägen. Ohne Zweifel besteht der Vorteil dieser Entwicklung in der wachsenden Zuverlässigkeit einer zu erwartenden pädagogisch-personenbezogenen Dienstleistung. Die Entscheidungen zu bilden oder nicht zu bilden, zu erziehen oder nicht zu erziehen, zu helfen oder nicht zu helfen sind nicht mehr „Sache des Herzens, der Moral oder der Gegenseitigkeit, sondern eine Frage der methodischen Schulung und der Auslegung des Programms, mit dessen Durchführung man während einer begrenzten Arbeitszeit beschäftigt ist ... Die Ausführung des Programmes wird durch die Vorteile der Mitgliedschaft in Arbeitsorganisationen motiviert, die Mittel sind weitgehend Geldmittel und werden pauschal beschafft." (Luhmann 1973, S. 43) Auch die in neueren sozial- oder erwachsenenpädagogischen Analysen aufgezeigte Veralltäglichung professionellen pädagogischen Wissens (z. B. durch Medien) und die Pädagogisierung von außerpädagogischen Institutionen (z. B. Betriebe) hat zur Steigerung von Reflexivität über pädagogische Tatsachen beigetragen, aber die expansiven und differenzierenden Entwicklungen pädagogischer Institutionen nicht beeinträchtigt (vgl. Merten/Olk 1996, S. 604).

Die funktionale Differenzierung moderner Gesellschaften zeigt sich auch in der Binnenorganisation pädagogischer Institutionen, wenn – beispielsweise die These R. Dreebens (vgl. 1980) kritisch aufnehmend – die „universalistische, affektiv neutrale, leistungsbezogene Modernität" der Binnenorganisation der Schule betont wird (Lenhardt/Stock 1997, S. 28). Die bereits von Schelsky (vgl. 1957) vorgenommene, aber noch skizzenhafte Schilderung der weiteren Differenzierung institutioneller pädagogischer Handlungsbereiche hat bislang in der Erziehungswissenschaft eine noch zu geringe theoretisch- systematische Präzisierung erfahren. Die pädagogischen Antworten auf die moderne Differenzierung von Erziehungs- und Sozialisationsinstitutionen sind uneinheitlich (vgl. Wenning 1999) und noch weitgehend spekulativ. Hervorzuheben ist die Warnung Colemans (vgl. 1982) vor den immer weiter vordrängenden schulischen öffentlichen Erziehungs- und Sozialisationsinstitutionen, weil darin der Austausch der

Generationen durch eine zu starke Positionsorientierung, Praxisferne und Formalisierung der Beziehungen gefährdet scheint.

Pluralisierung. Vor allem die Herausbildung privater Bildungsinstitutionen geht mit Pluralisierungstendenzen der Moderne parallel. Beispielsweise haben sich seit 1960 die Schüler an Privatschulen mehr als verdoppelt, wodurch sich plurale Formen dieses „normativen Organisationstyps" verstärkten (Etzioni, in: Walter-Busch 1996, S. 15). *Privatisierung* lässt sich jedoch im Weiterbildungsbereich am deutlichsten beobachten. Dort wurde die damit einhergehende Pluralisierung des Bildungsangebots auch mit geringerer Standardisierung und Transparenz in Verbindung gebracht. Tatsache ist, dass die Weiterbildungsstruktur in Deutschland seit Ende der 80er Jahre deutlich komplexer wurde, was nicht nur auf Expansion zurückzuführen ist, sondern auch darauf beruht, dass immer neue private Institutionen versuchen, auf die sich rasch wandelnden Weiterbildungsinteressen in den verschiedenen Bevölkerungsgruppen zu reagieren (vgl. Bojanowski u. a. 1991; Tippelt/Eckert/Barz 1996). Die Struktur der institutionellen Träger hat sich differenziert: Eine *erste* Weiterbildungsstruktur – die etablierten Träger der Weiterbildung (VHS, Erwachsenenbildungswerke der Kirchen, Gewerkschaften, Parteien etc.) – übt einen öffentlich subventionierten Bildungsauftrag aus, der allerdings zunehmend von den Teilnehmer/-innen finanziell getragen wird. Festzuhalten ist, dass nach wie vor die Mehrzahl der Veranstaltungen von dieser ersten Weiterbildungsstruktur angeboten wird, obwohl die entsprechenden Institutionen nur ein Sechstel der Weiterbildungsinstitutionen ausmachen (vgl. Schlutz 1997, S. 229). Eine *zweite* Weiterbildungsstruktur ist durch die Angebote der Arbeitgeberverbände, der Handwerksorganisationen und der externalen und internalen Weiterbildung der Betriebe gegeben. Insbesondere die betrieblichen Institutionen versuchen Fach-, Methoden-, Sozial- und Handlungskompetenzen aus der Allgemeinbildung und der beruflichen Erstausbildung stärker auf den unmittelbaren Arbeits und Produktionsprozess zu beziehen. Die Ausgaben für Bildung und Ausbildung haben sich in diesem privaten wirtschaftlichen Bereich seit 1980 generell deutlich gesteigert (vgl. bmb+f 1997/98, S. 286 f.). Die *dritte* Weiterbildungsstruktur basiert auf neuen Initiativen und Selbsthilfegruppen, die durch Vereine, Bürgerbewegungen und generell bürgerschaftliches Engagement wichtige freiwillige Dienstleistungen im Bildungsbereich erbringen. Die *vierte* Weiterbildungsstruktur realisiert sich in kleinen ökonomischen Einheiten und zwar zunehmend in der Form privater Bildungsunternehmen und kommerzieller Anbieter. Diese neuen kleinen ökonomischen Einheiten müssen ihr Angebot auf dem Weiterbildungsmarkt profilieren und positionieren, weil sie kaum öffentliche Subventionierung erhalten. Die Zahl entsprechender Weiterbildungseinrichtungen steigt rasch, während das Volumen der Angebote und Unterrichtsstunden nur langsam expandiert.

Ohne dominant zu werden, haben sich (auch in anderen pädagogischen Bereichen) die privat finanzierten Bildungsinstitutionen ausgedehnt und haben damit Pluralisierungstrends verstärkt.

Interdependenz. Dieses Theorem lässt sich an der dualen beruflichen Bildung am besten verdeutlichen. Die beruflichen Bildungsinstitutionen in Deutschland haben aufgrund ihrer interdependenten Strukturierung mit dazu beigetragen, dass im Vergleich zu internationalen Trends die Jugendarbeitslosigkeit in Deutschland relativ gering blieb (vgl. Blossfeld 1993). Besonders im dualen Ausbildungssystem existiert eine komplexe Dynamik der Beziehungen, die mit dem Begriff Interdependenz zwischen Bildungs- und Beschäftigungsbereich charakterisierbar ist. Im historischen Verlauf zeigt sich, dass keine Subordination des einen unter den anderen Teilbereich stattfindet. Das duale Ausbildungssystem und die Bildungsinstitutionen insgesamt bewahren sich zeitliche und sachliche Autonomiespielräume und dennoch ist es so, dass nach zeitlichen Verzögerungen, Konflikten oder auch Brüchen es immer wieder zum Abbau struktureller Inkongruenz zwischen Bildungs- und Beschäftigungssystem kommt (vgl. Lutz 1979). Eine solche theoretische Orientierung kann sich auf Ergebnisse der Qualifikationsforschung beziehen, weil die Mechanisierung und Automatisierung in Betrieben und Dienstleistungseinrichtungen und auch die Erfordernisse der Arbeitsorganisation keineswegs als determinierend für menschliche Arbeit und Ausbildung anzusehen sind. Prinzipiell besteht eine gewisse Variabilität, die Tätigkeiten an Arbeitsplätzen zu höherer oder niedrigerer Gesamtqualifikation zu kombinieren und sie mit einem geringeren oder eben größeren Handlungsspielraum auszustatten (vgl. Tippelt 1990, S. 85 ff.). Allerdings wäre es naiv davon auszugehen, dass das durch die Bildungsexpansion größer gewordene Angebot an Höherqualifizierten auf dem Arbeitsmarkt nahtlos zu einem „Upgrading" der beruflichen Strukturen und zu einer umfassenden Erhöhung der Qualifikationsanforderungen im privaten und öffentlichen Bereich führen würde. Tatsächlich bestehen enorme Abstimmungsprobleme zwischen Bildungs- und Beschäftigungsinstitutionen und eine mögliche Strategie verbesserter Interdependenz besteht in kompetenzorientierten Ausbildungskonzepten (vgl. Bunk/Kaiser/Zedler 1991).

Folgt man dem kompetenzorientierten Ansatz, so ist das Verhältnis von allgemeinbildenden und berufsbildenden Institutionen einer grundlegenden Neustrukturierung zu unterziehen. Die in der deutschen und europäischen Fachdiskussion manchmal synonym verwendeten Begriffe „Schlüsselqualifikationen und Kompetenzen" gewannen in den letzten Jahren deshalb an Bedeutung, weil konkrete Qualifikationsanforderungen nach Abschluss einer beruflichen Ausbildung nicht mehr präzise vorherzusagen waren. Berufspädagogische Institutionen versuchen ihre Programme daher so zu formulieren, dass einzelne Personen ein hohes Maß an Flexibilität und Mobilität erreichen (vgl. grundlegend Mertens 1974). Letztlich hat kompetenzbasiertes Lernen in berufsbildenden Institutionen und darüber hinaus heute auch zunehmend in schulischen und akademischen Einrichtungen (vgl. bmb+f 1998) die Funktion, den schnellen Wandel von Technik und Arbeitsorganisation nicht durch den Wechsel von Generationen, sondern durch individuelle und innovative Anpassungsfähigkeit zu verbessern. Insofern kann kompetenzbasiertes Lernen auch als Methode zur Verbesserung von Interdependenz zwischen Bildungs- und Beschäftigungsinstitutionen aufgefasst werden.

Integration und Partizipation. Unter Bezugnahme auf Teilprozesse der sozialen und funktionalen Differenzierung in modernen Gesellschaften lässt sich die Notwendigkeit sozialer Partizipation gut verdeutlichen: eine hochdifferenzierte Gesellschaft muss zwischen den ausdifferenzierten Teilen Vermittlungsmechanismen schaffen. In den ausdifferenzierten Teilen entfaltet sich eine Eigendynamik, die zu vielen verschiedenen Interessen und Wertorientierungen führen kann. Diese Vielfalt der Interessen und Wertorientierungen muss in das soziale System vermittelt werden, wofür eine zunehmende Partizipation hilfreich ist (vgl. Lepsius 1977, S. 26). Aufgrund der bereits angesprochenen Mobilisierung großer Bevölkerungsteile durch Bildungsteilnahme und verlängerter Erziehungszeiten, haben pädagogische Institutionen einerseits zur Separierung der jüngeren Generation, andererseits aber durch Wissensaufbau auch zur Verbesserung der Partizipation von Individuen an Teilprozessen des sozialen Systems und damit einhergehend zur Erhöhung des Selbststeuerungspotentials von Teileinheiten der Gesellschaft in der Vergangenheit mit beigetragen.

3   Ausgewählte Problemfelder des Wandels pädagogischer Institutionen

Grundsätzlich müssen für jede Institution spezielle Funktionen und Aufgaben benannt werden können. In Anlehnung an traditionelle schulbezogene Aufgaben- und Funktionsbeschreibungen werden den formalen Bildungs- und Erziehungsprozessen in Institutionen mehrere Funktionen zugewiesen: Qualifikation, Sozialisation, soziale Integration und Selektion, kulturelle Reproduktion. Einzelne Funktionen oder Aufgaben können nicht nur einer bestimmten Erziehungs- und Bildungsinstitution zugeordnet werden, weil jede Institution in sich so differenziert ist, dass sie sich mit unterschiedlicher Gewichtung nach allen Funktionsbereichen hin verzweigt. Der Wandel pädagogischer Institutionen konstituiert einen hoch arbeitsteiligen Prozess, bei dem die aufgeführten Funktionen von unterschiedlich pädagogisch qualifizierten Personen an verschiedenen institutionellen Orten in verschiedener Gewichtung wahrgenommen werden. Bezogen auf diese Funktionen lassen sich bestimmte Problembereiche, die den Wandel pädagogischer Institutionen markieren, aufzeigen:

Unter dem *Aspekt der Qualifikation* erscheint der Wandel von Bildungsinstitutionen (insbesondere die Bildungsexpansion) durchaus funktional für das Beschäftigungssystem. In breiten Arbeitsbereichen fortgeschrittener Industrie- und Dienstleistungsgesellschaften werden besonders solche Tätigkeitsanforderungen wichtiger, die flexible Wissensanwendung und eigene Wissensproduktion verlangen. Wenn Qualifikationen und Kompetenzen wie analytisches, abstraktes und systemorientiertes Denken, die Fähigkeit zum kreativen Problemlösen und selbstständiges Entscheiden in neuen, wenig standardisierten Situationen sowie die Fähigkeit zur Kooperation im Team in arbeitsteiligen Organisationen, im Prozess der Modernisierung an Bedeutung gewinnen und gleichzeitig un- und angelernte Tätigkeiten, die durch tayloristische Arbeitszerlegung massenhaft entstanden waren, rückläufig sind, dann stärkt dies die expansive Entwick-lung von Bildungsinstitutionen (vgl. Tippelt/Cleve 1995). Wenn sich berufliche Beschäf-tigungsstrukturen aber offenbar langsamer verändern als dies die steigende Zahl der in den Bildungsinstitutionen Höherqualifizierten erforderlich machen würde, kommt es zu einer Inkongruenz, die auf Kosten der jeweils weniger qualifizierten Berufsanfän-ger geht (vgl. Müller/Shavit 1998, S. 524). Die Bildungsexpansion hat jedenfalls nicht zu einem Akademikerproletariat geführt, aber auch Hochqualifizierte nehmen beim Über-gang Berufspositionen ein, die unterhalb ihrer Einkommens- und Statuserwartungen liegen (vgl. Szydlik 1997).

Unter dem *Aspekt sozialer Integration* ist festzuhalten, dass die Expansion sozialpäd-agogischer Institutionen und Einrichtungen signalisiert, dass in modernen Gesellschaf-ten ein wachsender Bedarf sozialintegrativer Leistungen besteht (empirisch zeigen dies z. B. für die Jugendhilfe Seckinger u. a. 1998). Der Wandel ist nicht nur am quantitativen Wachstum des wissenschaftlich ausgebildeten Personals abzulesen, sondern ist durch den Wandel der sozialpädagogischen Dienstleistungen von Krisenangeboten für „Ge-fährdete" zu Standardangeboten in Normalbiographien sowie durch einen tendenziel-len Wandel von reaktiven zu präventiven Hilfeformen geprägt (vgl. Merten/Olk 1996, S. 600).

Soziale Integration ist in einigen Bereichen eng an die Selektionsfunktion von Bil-dungsinstitutionen gekoppelt. Um nur ein Beispiel zu nennen: Es gehört zu den proble-matischen Effekten des expansiven Wandels von Bildungsinstitutionen, dass die Forde-rung nach vermehrten Bildungsanstrengungen und nach dem Erwerb eines möglichst hochstehenden Bildungszertifikats einen Verdrängungswettbewerb erzeugte, der mit Selektionsdruck, hohen psychosozialen Kosten bis hin zur Desintegration auf Seiten der jungen Generation einhergeht (vgl. Hurrelmann 1990). Auch ist sichtbar geworden, dass Bildungsabschlüsse von Heranwachsenden ihr weiteres soziales und berufliches Schick-sal stark beeinflussen. Lösen allerdings höhere Bildungsabschlüsse Hoffnungen und Er-wartungen aus, die zu einer zurückliegenden Zeit für ein wesentlich kleineres Publikum realistisch waren, so muss heute mit eklatanten Desillusionierungen gerechnet werden (vgl. Bourdieu 1982). Lebenslaufsoziologische Analysen des Übergangs vom Bildungs-in das Beschäftigungssystem zeigen, dass nicht nur die Höhe der Bildungsabschlüsse und die Qualität vermittelter Kenntnisse für den Übergang entscheidend sind, sondern dass Kontakte und interdependente wechselseitige Einflussnahmen von Schule und Be-trieben hilfreiche Übergangsstrukturen für Lernende schaffen (vgl. Sackmann 1998).

Die Differenzierung pädagogischer Institutionen führt auch zu sozio-kulturellen In-tegrationsproblemen, die von der kritischen Rollentheorie früh treffend charakterisiert wurden (vgl. Dreitzel 1980). Grundannahme dabei ist, dass die sich heute ergebende Vielfalt von Erfahrungsmöglichkeiten das einzelne Individuum aus der Kontrolle von Gruppen und gesellschaftlichen Autoritäten herauslöst. Pädagogische Institutionen sind zunehmend in das Phänomen der Individualisierung verstrickt, denn die Biographien der Individuen sind immer weniger durch deren dauerhafte Positionierung in gesellschaftlichen Gruppen, z. B. der Familie, geprägt, sondern formen sich individuell durch im Lebenslauf zu treffende Entscheidungen in Auseinandersetzung mit sehr verschiedenen (auch pädagogischen) Institutionen (vgl. Nunner-Winkler 1985; Tippelt 1990). Der Einfluss differenter pädagogischer Institutionen kann die Autonomie des Einzelnen stärken, denn Verhaltensstabilität wird heute durch die autonome Synthese divergenter Verhaltenserwartungen und nicht durch die bloße Internalisierung der Normen pädagogischer Institutionen erreicht. Der Einzelne muss seine Identität hinter den Linien besonderer Rollen und Normen konstituieren und angesichts mit hoher Wahrscheinlichkeit inkompatibler Rollenerwartungen verschiedener pädagogischer Institutionen und darüber hinaus verschiedener Lebensbereiche, seine Identität dadurch stabilisieren, dass er im Durchgang durch eine lebensgeschichtliche Folge widersprüchlicher Rollensysteme den Forderungen nach Konsistenz genügt. Die Stabilisierung von Identität als Voraussetzung für soziale Integration ist Aufgabe pädagogischer Institutionen, ist heute aber genauso eine individuelle Aufgabe. Pädagogische Institutionen können allerdings die soziale Integration der „Menschen in der Moderne", die als besonders reflektiert, differenziert, offen und individuiert beschrieben werden, unterstützen (vgl. Berger/Berger/Kellner 1975).

Unter dem *Aspekt der Sozialisation* bewirkt der Wandel von Bildungsinstitutionen eine neue Aufwertung von schulischen Sozialisationseinflüssen und dies hat auch außerschulische Folgen. Vor allem die schlichte Tatsache, dass man heute dem schulischen Milieu länger verpflichtet bleibt, hat zur Folge, dass die Eigenverantwortung für die materielle Existenzsicherung aufgeschoben und der Bezug auf jugendkulturelle Lebensstile leichter möglich geworden ist. Die damit ausgelöste Entstrukturierung der jugendlichen Statuspassage (vgl. Olk 1985) bewirkte, dass Jugendliche die Adoleszenzphase nicht mehr als ein bloßes Übergangsstadium zwischen Kindheit und Erwachsenenwelt auffassen, das wegen des marginalisierten Status der Jugendlichen möglichst schnell durchlaufen wird, sondern dass die autonome Ausgestaltung dieser Lebensphase ihrerseits neue pädagogische Einflussbereiche aktivierte. Die Ergebnisse der Jugendforschung zeigen u. a., dass mit der Bildungsexpansion parallel die informellen autonomen Gruppen größeren Sozialisationseinfluss erhalten und zu einer bedeutenden Quelle gemeinsamer Werte und Gefühle werden (vgl. Baacke/Ferchhoff 1993).

Unter *kulturellem Aspekt* ist festzuhalten, dass der Wandel der Bildungsinstitutionen den in Gang gesetzten Werte- und Einstellungswandel in modernen Gesellschaften zumindest unterstützt. Friedeburg (vgl. 1989) stellt fest, dass Forderungen nach Gleichbehandlung, Demokratie, Öffnung der Institutionen für mehr Partizipation und die Autonomie des Einzelnen heute hohe Priorität erlangen, insbesondere bei Gruppen, die sich länger in Bildungsinstitutionen befinden. Zugleich wächst die Autonomie im Verhältnis zur Tradition, die Offenheit für neue Ideen und Erfahrungen. Eine Bedeutungsverlagerung von Pflicht- und Akzeptanzwerten zu den sogenannten Selbstentfaltungswerten in den Bereichen Arbeit, Politik, Partnerschaft, Erziehung und Freizeit wird durch Bildungsreformen sicher nicht ausgelöst, aber diese Aspekte „individueller Modernität", die mit der Liberalisierung der Gesellschaft verbunden sind, wurden in der Vergangenheit durch den Wandel der Bildungsinstitutionen zumindest (indirekt) gefördert.

Berücksichtigt man diese Trends, ist nicht anzunehmen, dass sich die Expansion der Bildungsinstitutionen und die Bildungsspirale zurückdrehen wird. Zieht man zusätzlich internationale Bildungstrends und die zunehmenden Bildungswünsche der Eltern und ihrer Kinder ins Kalkül (denn Eltern streben für ihre Kinder meist ein Bildungsniveau an, das dem eigenen zumindest entspricht, besser es übertrifft), ist eine Fortsetzung des Strukturwandels der Bildungsinstitutionen eher wahrscheinlich (vgl. Friedeburg 1989; Rolff u. a. 1998).

Ausgewählte *weitere wichtige Problemfelder* des Wandels pädagogischer Institutionen werden derzeit unter folgenden Stichworten diskutiert:

Deinstitutionalisierung und selbstorganisiertes Lernen. Die unmittelbare Interaktion und das Face-to-face-Handeln von professionellen Pädagogen erhalten zunehmend Konkurrenz durch weit verbreitete, hoch standardisierte und auch leicht konsumierbare Formen der Wissensvermittlung, beispielsweise in massenmedialer Form. In pädagogischen Analysen konnte gezeigt werden, dass der Zugriff von Massenmedien in Formen erfolgt, die zwar leichte Zugänglichkeit beinhalten, denen aber das interaktive und damit rekonstruktive pädagogische Moment fehlt, das für professionelles pädagogisches Handeln in Bildungsinstitutionen charakteristisch ist (vgl. Kade/Lüders 1996, S. 887 f.). Die Befürchtung, dass pädagogische Institutionen durch massenmediale Informations- und teilweise Wissensvermittlung tatsächlich Konkurrenz erfahren, ist daher zu relativieren (vgl. Combe/Helsper 1996, S. 40).

Insbesondere in der Weiterbildung wird zunehmend das selbstorganisierte und selbstgesteuerte Lernen im Kontext lebenslangen Lernens ernst genommen und es werden konsequent die Rolle der Weiterbildungsinstitutionen und die veränderte Rolle der Lehrenden als Berater und Moderatoren von Lernprozessen analysiert (vgl. Vogel 1998). In neueren Arbeiten zum lebenslangen Lernen kommt unmissverständlich zum Ausdruck, dass lebenslanges und selbstorganisiertes Lernen nur dann eine verbesserte Lernkultur entwickeln kann, wenn es durch Weiterbildungsinstitutionen initiiert, begleitet und durch Vernetzung von fremd- und selbstorganisierten Lernen gefördert wird (vgl. Dohmen 1999).

Probleme der Qualitätssicherung pädagogischer Institutionen. Ein Effekt zunehmender Ausdifferenzierung und Pluralisierung pädagogischer Institutionen, aber auch begrenzter Bildungsinvestitionen besteht darin, dass die Frage nach der Qualität der pädagogischen Leistung in den letzten Jahren stärker ins Blickfeld des Interesses gerückt ist. Qualitätssicherung, Formen der Evaluation und Bildungscontrolling werden heute fortschreitend in allen pädagogischen Institutionen praktiziert.

Die wissenschaftliche Tradition der Qualitätskontrolle dürfte jedoch im Kontext schulischer Institutionen am intensivsten sein. Empirische Studien zur schulischen

Qualität haben vor allem international eine beachtliche Tradition in der Erziehungswissenschaft (vgl. Ditton 1999; Aurin 1993; Fend 1998). Besonders die ernüchternden
Ergebnisse der überragenden TIMS-Studie (vgl. Baumert/Bos/Watermann 1998) haben
das Interesse für Evaluation und Bildungscontrolling von Bildungsinstitutionen stark
angeregt. Die Effektivität der schulisch institutionalisierten Lernvorgänge ist offenbar
als Ergebnis eines komplexen Gefüges von Bedingungen auf den Ebenen des Schulsystems, der Einzelschule, des Unterrichts und individuell-personaler Bedingungen zu sehen. Längsschnittstudien mit Mehrebenendesign ermittelten, dass von der sozialen und
akademischen Organisation der Schulen Effekte auf den Lernerfolg der Schüler ausgehen, dass Schulen die als Reformschulen konzipiert waren, signifikant höhere Lernerfolge zeigten, dass als primär relevante Bedingungen des Lernerfolgs der Schüler/-in-
nen nicht strukturelle Faktoren anzusehen waren, sondern vor allem die Organisation
des Lehrangebots (Konzentration auf ein Kerncurriculum) und die Qualität des Unterrichts. Schulen, die zu schulorganisatorischen Reformen bereit sind, bewirken offenbar auch Verbesserungen in der Qualität des Unterrichts (vgl. Ditton 1999; Lee/Smith/
Croninger 1997). Die intensive Diskussion zur Verbesserung der Schulkultur, die Forderung zur Klärung von gemeinsamen institutionsspezifischen Zielperspektiven und zur
Stärkung der Selbstorganisation und Autonomie einzelner Schulen basiert auf der Annahme, dass mehr organisationaler Gestaltungsspielraum auch soziale und kognitive
Lernchancen freisetzt (vgl. Dalin/Rolff 1996).

Differenzierung pädagogischer Institutionen und kooperatives Selbstverständnis. Ein
gemeinsames integrierendes Selbstverständnis von Pädagogen, die – wie aufgezeigt – in
den verschiedensten Institutionen arbeiten und die in staatliche, kirchliche und welt-
anschaulich diverse Organisationenverbände eingebunden sind, lässt sich nicht mehr
aus allgemeingültigen normativen Prinzipien ableiten, sondern ist heute auf die „Kultur der Kooperation pädagogischer Institutionen" angewiesen. Nur in differenzierten
Strukturen lassen sich die fachtypischen Spezialisierungen und bereichs- und institutio-
nenbezogenen Differenzierungen vital weiterentwickeln. Institutioneninterne Selbstver-
ständnisse fachinterner Öffentlichkeiten lassen sich heute nur durch Kommunikation
koordinieren und in bestimmten Fällen auch auf begrenzte Zielsetzungen verpflichten
(vgl. analog Habermas 1986, S. 716). Die Institutionalisierung von Kommunikation, die
sich den auf Verfahren bezogenen Normen kommunikativer Rationalität unterstellt, ist
vermutlich nicht im praktischen Institutionenbereich, sondern im Wissenschaftsbe-
trieb – trotz aller ökonomisch motivierten Veränderungen – am reinsten verwirklicht.
Egalitäre und universalistische Argumentationsformen sind sicher nicht in jeder pädagogischen Institution zu reproduzieren. Wenn heute für Erziehungs- und Bildungsinstitutionen dennoch kommunikative Rationalität reklamiert wird, dann, weil diese in
differenzierten, also pluralen, nicht festgestellten Gesellschaften eine Möglichkeit eröffnet, die teilweise auseinanderstrebenden Funktionen und Aufgaben der pädagogischen
Institutionen aufeinander abzustimmen und zu koordinieren.

4 Wandel und Innovation pädagogischer Institutionen

Gegen die Annahme eines umfassenden einheitlichen Wandels von Bildungs- und Er-
ziehungsinstitutionen in modernen Gesellschaften spricht die Tatsache, dass einzelne
Tendenzen des sozialen und erzieherischen Wandels oft nur auf Teilbereiche zutreffen,
während andere Teilbereiche gegenläufigen Tendenzen folgen. Es ist also von partiel-
lem Wandel und institutionenspezifischen Modernisierungsprozessen auszugehen (vgl.
Wehler 1975), dennoch zeigt die bisherige Argumentation, dass auch einige wichtige Gemeinsamkeiten des Wandels pädagogischer Institutionen festzustellen sind: Neben der
Ausdehnung pädagogischer Arbeit ist die zunehmende Professionalisierung und Verrechtlichung verschiedener Berufsfelder zu erwähnen, verbunden mit einem wachsenden Interesse an der Evaluation und Effizienzkontrolle der pädagogischen Arbeit.

Die erziehungswissenschaftliche Forschung konnte aufzeigen, dass relevante Veränderungen pädagogischer Institutionen im Zeitverlauf nicht linear auftreten. Um zum
Wandel von pädagogischen Institutionen präzise und informative Aussagen machen
zu können, ist ein Bedingungsansatz notwendig, der sich auf keine der prototypischen
Verlaufsformen des sozialen und erzieherischen Wandels festlegt: Bildungs- und Erzie-
hungsforschung muss sich der jeweils existierenden Rahmen- und Ausgangsbedingun-
gen, die sich im Entwicklungsverlauf ändern, immer wieder neu versichern, um so neue
Wandlungstendenzen und Anknüpfungspunkte für innovative praktische Interventionen aufzudecken – im Sinne einer leistungsfähigen demokratischen Initiativ- und Kon-
trollkultur (vgl. Taylor 1997). Selbstverständlich gibt es dabei zentrale Rahmenbedingungen (z. B. Frieden, Demokratie, ökologisches Gleichgewicht, relativer Wohlstand),
deren Störung nachhaltigen Einfluss auf den Wandel pädagogischer Institutionen hat.

Innovative pädagogische Gestaltungsprozesse, die über institutionenimmanente bü-
rokratische Rationalität hinausgehen, müssen sich zunehmend mit unsicheren Aus-
gangsbedingungen auseinandersetzen (vgl. Klein/O'Higgins 1985): Unsicherheit über
die weitere ökonomische Entwicklung und die ökologischen Ressourcen, Unsicherheit
über die weitere Nachfrage nach institutioneller Bildung und Erziehung, Unsicherheit
über die künftigen Prioritäten der Bildungspolitik, Unsicherheit über die dominanten
sozialen Rollen auf die vorbereitet werden soll. Eine Prognose des Wandels pädagogischer Institutionen wird daher immer schwieriger, aber dennoch sind weder der große
normative Bildungsentwurf noch die immer neue kurzfristige Reaktion auf jeweils auf-
tauchende Probleme angemessene Strategien des Umgangs mit Ungewißheit und Unsicherheit. Wenn man auch nicht in der Lage ist, genaue Prognosen zur Zukunft pädagogischer Institutionen zu leisten, so lassen sich doch die Konsequenzen vergangener
Bildungs- und Erziehungsentwicklungen aufzeigen: Das Wissen über zurückliegende
Entwicklungen kann geeignet sein, im Sinne einer Schadensvermeidungsstrategie, un-
beabsichtigte Nebenfolgen von Entwicklungen frühzeitig zu erkennen und zu vermeiden. Auch kommt dezentralen lokalen Planungen in einer Ära der Unsicherheit hohe
Bedeutung zu. Manchmal sind auch zeitlich begrenzte Maßnahmen ohne feste Institu-

tionalisierung zur Problemlösung vollkommen ausreichend. Dezentrale Planungen haben den Vorteil, dass die konkreten Umweltbedingungen und Erziehungskonzepte pädagogischer Institutionen genauer berücksichtigt werden können.

Literatur

Arbeitsgruppe Bildungsbericht am Max-Planck-Institut für Bildungsforschung (1994): Das Bildungswesen in der Bundesrepublik Deutschland. – Reinbek.

Aurin, K. (Hrsg.) (1993): Auffassungen von Schule und pädagogischer Konsens. Fallstudien bei Lehrerkollegien, Eltern- und Schülerschaft von fünf Gymnasien. – Stuttgart.

Baacke, D./Ferchhoff, W. (1993): Jugend und Kultur. In: Krüger, H.-H. (Hrsg.), Handbuch der Jugendforschung. – 2. erw. Aufl. – Opladen, S. 403–417.

Baumert, J./Bos, W./Watermann, R. (1998): TIMSS/III. Schülerleistungen in Mathematik und den Naturwissenschaften am Ende der Sekundarstufe II im internationalen Vergleich. – Berlin.

Berger, P. L./Berger, B./Kellner, H. (1975): Das Unbehagen in der Modernität. – Frankfurt/M.

BLK 1992 = Bund-Länder-Kommission für Bildungsplanung und Forschungsförderung (1992): Beschäftigungsperspektiven der Absolventen des Bildungswesens. Analyse und Projektionen bis 2010 und Konsequenzen für die Bildungspolitik. – 1. Entwurf. – Bonn.

Blossfeld, H.-P. (1993): Die berufliche Erstausbildung Jugendlicher im internationalen Vergleich. In: Zeitschrift für Berufs- und Wirtschaftspädagogik, 11. Jg., S. 23–40.

bmb+f 1997/98 = Bundesministerium für Bildung und Forschung (1997/98): Grund- und Strukturdaten. – Bonn.

bmb+f 1998 = Bundesministerium für Bildung und Forschung (1998): Delphi-Befragung 1996/1998. Potentiale und Dimensionen der Wissensgesellschaft – Auswirkungen auf Bildungsprozesse und Bildungsstrukturen. Endbericht zum „Bildungs-Delphi". – Bonn.

Bojanowski u. a. 1991 = Bojanowski, A./Döring, O./Faulstich, P./Teichler, U. (1991): Strukturentwicklung in Hessen: Tendenzen zu einer „mittleren" Systematisierung der Weiterbildung. In: Mitteilungen aus Arbeitsmarkt- und Berufsforschung, H. 2, S. 291–303.

Bourdieu, P. (1982): Die feinen Unterschiede. Kritik der gesellschaftlichen Urteilskraft. – Frankfurt/M.

Bunk, G. P./Kaiser, M./Zedler, R. (1991): Schlüsselqualifikationen – Intention, Modifikation und Realisation in der beruflichen Aus- und Weiterbildung. In: Mitteilungen aus Arbeitsmarkt- und Berufsforschung, H. 2, S. 365–374.

Coleman, J. S. (1982): The Asymmetric Society. – Syracuse (N. Y.).

Combe, A./Helsper, W. (Hrsg.) (1996): Pädagogische Professionalität. Untersuchungen zum Typus pädagogischen Handelns. – Frankfurt/M.

Dalin, P./Rolff, H.-G. (1996): Institutioneller Schulentwicklungsprozeß. – 3. Aufl. – Soest.

Ditton, H. (1999): Qualitätskontrolle und -sicherung in Schule und Unterricht – ein Überblick zum Stand der empirischen Forschung. In: Helmke, A./Hornstein, W./Terhart E. (Hrsg.): Qualitätssicherung im Bildungsbereich (Zeitschrift für Pädagogik, 41. Beiheft). – Weinheim.

Dohmen, G. (1999): Weiterbildungsinstitutionen, Medien, Lernumwelten. Hrsg. vom bmb+f. – Bonn.

Dreeben, R. (1980): Was wir in der Schule lernen. – Frankfurt/M.

Dreitzel, H. P. (1980): Die gesellschaftlichen Leiden und das Leiden an der Gesellschaft. Eine Pathologie des Alltagslebens. – 3. Aufl. – Stuttgart.

Durkheim, E. (1972): Erziehung und Soziologie. – Düsseldorf.

Eckert, T. (1999): Zur Professionalisierung beruflicher Tätigkeiten. Stand und Perspektiven der Professionalisierung pädagogischer Berufe. – Habilitationsschrift. – Freiburg.

Fend, H. (1998): Qualität im Bildungswesen. Schulforschung zu Systembedingungen, Schulprofilen und Lehrerleistung. – Weinheim.

Friedeburg L. v. (1989): Bildungsreform in Deutschland. Geschichte und gesellschaftlicher Widerspruch. – Frankfurt/M.

Gehlen, A. (1977): Urmensch und Spätkultur. – 4. Aufl. – Frankfurt/M.

Habermas, J. (1986): Die Idee der Universität – Lernprozesse. In: Zeitschrift für Pädagogik, 32. Jg., S. 703–717.

Hillmann, K.-H. (1994): Wörterbuch der Soziologie. – Stuttgart.

Hurrelmann, K. (1990): Familienstreß, Schulstreß, Freizeitstreß. – Weinheim.

Kade, J./Lüders, C. (1996): Lokale Vermittlung. In: Combe, A./Helsper, W. (Hrsg.): Pädagogische Professionalität. Untersuchungen zum Typus pädagogischen Handelns. – Frankfurt/M., S. 887–923.

Klafki, W. u. a. (1970): Erziehungswissenschaft 1. Eine Einführung. – Frankfurt/M.

Klein, R./O'Higgins, M. (Hrsg.) (1985): The Future of Welfare. – Oxford.

Klemm, K. (1997): Zwischen Skylla und Charybdis hindurch? In: Erziehung und Wissenschaft, S. 6–9.

Krüger, H.-H./Rauschenbach, T. (Hrsg.) (1995): Einführung in die Arbeitsfelder der Erziehungswissenschaft. – Opladen.

Kuwan, H. (1999): Berichtssystem Weiterbildung VII. Hrsg. vom bmb+f. – Bonn.

Lee, V. E./Smith, J. B./Croninger, R. G. (1997): How high school organization influences the equitable distribution of learning in mathematics and science. In: Sociology of Education, Vol. 70, pp. 128–150.

Lenhardt, G./Stock, M. (1997): Bildung, Bürger, Arbeitskraft. Schulentwicklung und Sozialstruktur in der BRD und der DDR. – Frankfurt/M.

Lenhart, V. (1987): Die Evolution erzieherischen Handelns. – Frankfurt/M.

Lenzen, D. (Hrsg.) (1994): Erziehungswissenschaft. Ein Grundkurs. – Reinbek.

Lepsius, M. R. (1977): Soziologische Theoreme über die Sozialstruktur der „Moderne" und die „Modernisierung". In: Koselleck, R. (Hrsg.): Studien zu Beginn der modernen Welt. Industrielle Welt, Bd. 20. – Stuttgart, S. 10–29.

Luhmann, N. (1973): Formen des Helfens im Wandel gesellschaftlicher Bedingungen. In: Otto, H.-U./Schneider, S. (Hrsg.), Gesellschaftliche Perspektiven der Sozialarbeit. – Neuwied, S. 21–45.

Luhmann, N. (1985): Soziale Systeme. Grundriß einer allgemeinen Theorie. – Frankfurt/M.

Lutz, B. (1979): Die Interdependenz von Bildung und Beschäftigung und das Problem der Erklärung der Bildungsexpansion. In: Matthes, J. (Hrsg.): Sozialer Wandel in Westeuropa. – Frankfurt/M., S. 634–670.

Merten, R./Olk, T. (1996): Sozialpädagogik als Profession. Historische Entwicklung und künftige Perspektiven. In: Combe, A./Helsper, W. (Hrsg.): Pädagogische Professionalität. Untersuchungen zum Typus pädagogischen Handelns. – Frankfurt/M., S. 570–613.

Mertens, D. (1974): Schlüsselqualifikationen. Thesen zur Schulung für eine moderne Gesellschaft. In: Mitteilungen aus Arbeitsmarkt- und Berufsforschung, H. 1, S. 36–43.

Müller, W./Shavit, Y. (1998): Bildung und Beruf im institutionellen Kontext. Eine vergleichende Studie in 13 Ländern. In: Zeitschrift für Erziehungswissenschaft, 1. Jg., S. 501–533.

Nave-Herz, R. (1994): Familie heute. Wandel der Familienstrukturen und Folgen für die Erziehung. – Darmstadt.

Nunner-Winkler, G. (1985): Identität und Individualität. In: Soziale Welt, Jg. 36, S. 466–482.

Olk, T. (1985): Jugend und gesellschaftliche Differenzierung – Zur Entstrukturierung der Jugendphase. In: Zeitschrift für Pädagogik, 19. Beiheft: Arbeit – Bildung – Arbeitslosigkeit, S. 290–301.

Parsons, T. (1968): The Social System. – 4. ed. – New York.

Rauschenbach, T./Schilling, M. (1997): Die Kinder- und Jugendhilfe und ihre Statistik. Bd. 1. – Neuwied.

Rolff u. a. 1998 = Rolff, H.-G./Bauer, K.-O./Klemm, K./Pfeiffer, H. (Hrsg.) (1998): Jahrbuch der Schulentwicklung. Bd. 10. – Weinheim.

Rosenstiel, L. von/Molt, W./Rüttinger, B. (Hrsg.) (1995). Organisationspsychologie. – 8. Aufl. – Stuttgart.

Sackmann, R. (1998): Stichwort: Wandel der Arbeitsgesellschaft – Folgen für Erziehung und Bildung. In: Zeitschrift für Erziehungswissenschaft, 1. Jg., S. 485–491.

Schelsky, H. (1957): Schule und Erziehung in der industriellen Gesellschaft. – Würzburg.

Schlutz, E. (1997): Enttraditionalisierung, Modernisierung – oder ist die neue Weiterbildung noch die alte? Empirische Aufschlüsse aus der Bremer Untersuchung zum Weiterbildungsangebot. In: Derichs-Kunstmann, K./Faulstich, P./Tippelt, R. (Hrsg.). Enttraditionalisierung der Erwachsenenbildung. – Frankfurt/M., S. 217–232.

Seckinger u. a. 1998 = Seckinger, M./Weigel, N./Santen, E. van/Markert, A. (1998): Situation und Perspektiven der Jugendhilfe. Eine empirische Zwischenbilanz. – München.

Strzelewicz, W./Raapke, H.-D./Schulenberg, W. (1966): Bildung und gesellschaftliches Bewußtsein. Eine mehrstufige soziologische Untersuchung in Westdeutschland. – Stuttgart.

Szydlik, M. (1997): Ausbildung und Beschäftigung von Ost- und Westdeutschen. In: Aus Politik und Zeitgeschichte, Bd. 25, S. 13–24.

Taylor, C. (1997): Das Unbehagen an der Moderne. – Frankfurt/M.

Tippelt, R. (1990): Bildung und sozialer Wandel. Eine Untersuchung von Modernisierungsprozessen am Beispiel der Bundesrepublik Deutschland seit 1950. – Weinheim.

Tippelt, R./Cleve, B. van (1995): Verfehlte Bildung? Bildungsexpansion und Qualifikationsbedarf. – Darmstadt.

Tippelt, R./Eckert, T. (1996): Differenzierung der Weiterbildung. Probleme institutioneller und soziokultureller Integration. In: Zeitschrift für Pädagogik, 42. Jg., S. 667–686.

Tippelt, R./Eckert, T./Barz, H. (1996): Markt und integrative Weiterbildung. Zur Differenzierung von Weiterbildungsanbietern und Weiterbildungsinteressen. – Bad Heilbrunn.

Vogel, N. (Hrsg.) (1998): Organisation und Entwicklung in der Weiterbildung. – Bad Heilbrunn.

Walter-Busch, E. (1996): Organisationstheorien von Weber bis Weick. – Amsterdam.

Wehler, H.-U. (1975): Modernisierungstheorie und Geschichte. – Göttingen.

Wenning, N. (1999): Vereinheitlichung und Differenzierung. Zu den „wirklichen" gesellschaftlichen Funktionen des Bildungswesens im Umgang mit Gleichheit und Verschiedenheit. – Opladen.

Qualität im Bildungssystem

Harm Kuper

Fragen der Qualität des Bildungssystems nicht zu thematisieren, wäre für die Erziehungswissenschaft in Hinblick auf die pädagogische Praxis fahrlässig und in Hinblick auf die eigene Theorieentwicklung naiv. Denn das Schlagwort „Qualität" bündelt viele bildungsreformerische Bemühungen und wirkt initiativ auf erziehungswissenschaftliche Forschung (vgl. Prenzel/Merkens/Noack 1999). Trotz seiner breiten Verwendung sucht man allerdings vergeblich nach eindeutigen Bestimmungen des Begriffs in der erziehungswissenschaftlichen Literatur.

Dem Thema „Qualität im Bildungssystem" kann man sich daher eher im Sinne eines semantischen Phänomens nähern, ohne dass es dabei als eine begriffliche Modeerscheinung unterschätzt werden sollte. Terhart (vgl. 2000, S. 809) betrachtet Qualität als ein aktuelles Leitkonzept des Bildungsdiskurses, das nicht die Funktion einer eindeutigen Bestimmung erziehungswissenschaftlicher Forschungsthemen erfüllt. Vielmehr fungiert es als kommunikativer Knotenpunkt, über den Anschlüsse an Fragen praktischer Gestaltung, normativer Reflexion, theoretischer Konzeptualisierung und empirischer Forschung hergestellt werden.

In diesem Stichwortartikel werden nach der Erörterung einiger begrifflicher Grundlagen (1.) und der Schilderung struktureller Hintergründe für das Erstarken der Qualitätssemantik im Bildungsdiskurs (2.) einige Gedanken über Qualität als Medium von Leistungsbeziehungen auf verschiedenen Ebenen im Bildungssystem skizziert (3.).

1 Begriffliche Bestimmungen und konzeptionelle Grundlagen

In der philosophischen Tradition hat der Qualitätsbegriff eine primär analytische Funktion. Aus der bis in die Antike zurückreichenden Diskussion um seine begriffliche Fixierung stechen zwei Aspekte hervor (vgl. Blasche 1989). Aussagen zur Qualität werden erstens als wertfreie Auskünfte über die Beschaffenheit von Gegenständen betrachtet. Über Qualität werden somit Bestimmung und Vergleich ermöglicht. Zweitens kreist die Diskussion insbesondere in der Neuzeit um die Frage, inwiefern Qualitäten durch die Gegenstände selbst oder deren Wahrnehmung gegeben seien. Relationen zwischen der Wahrnehmung und dem Gegenstand werden dabei als bedeutsam für den Begriff der Qualität herausgestellt.

In der Erziehungswissenschaft bleibt der Rekurs auf diese Begriffstradition marginal. Heid (vgl. 2000) nutzt ihn für eine Kritik der Position, Qualität sei eine objektive Eigenschaft von Gegenständen. Er problematisiert die Konfundierung präskriptiver und deskriptiver Aspekte, die Gefahr von Tautologien und Scheinkonsensen als Folgen eines objektivistischen Verständnisses von Qualität. Dagegen geht Heid davon aus, dass Qualität „das Resultat einer Bewertung der Beschaffenheit eines Objektes ist" (a. a. O., S. 41; im Original hervorgehoben), die auf entscheidungsabhängigen Kriterien basiert. Wer nach der Bestimmung von Qualität fragt, ist damit auf die Entscheidungsträger verwiesen. Vor diesem Hintergrund ist Qualität eine relative Größe, die sozialen Prozessen der Konstruktion und Legitimation unterliegt.

Die Relativität von Qualität erfordert begriffliche Klärungen, die formale Aspekte anstelle konkretisierender Bestimmungen herausstellen. So unterscheiden Harvey/ Green (vgl. 2000) Typen von Ansprüchen, die mit dem Begriff Qualität angemeldet werden. Demnach ist Qualität zu verstehen als

*   *Ausnahme*, sofern anspruchsvolle Standards vorliegen, die übertroffen oder erreicht werden.
*   *Perfektion*, sofern Mittel der Zielerreichung auf die Gewährleistung von Qualität hin ausgerichtet werden.
*   *Zweckmäßigkeit*, sofern Funktionalität Bemessungsgrundlage für Qualität ist.
*   *Adäquater Gegenwert*, sofern die Äquivalenz von Leistungen in Tauschverhältnissen in Frage steht.
*   *Transformation*, sofern die in Prozessen erfolgte Veränderung einer Beschreibung respektive Wertung unterliegt.

Eine auf praktische Aspekte bezogene Differenzierung unter formalen Gesichtspunkten findet sich bei Cuttance (vgl. 1994). Er unterscheidet

*   *Qualitätskontrolle*, als Vergleich der Ergebnisse eines Prozesses mit definierten Erwartungswerten.
*   *Qualitätssicherung*, als Prävention von Qualitätsmängeln durch eine systematische Begleitung von operativen Prozessen.
*   *Qualitätsmanagement*, als organisatorische Maßnahme der Sicherung und Verbesserung operativer Prozesse im Interesse der Gewährleistung von Qualität.

Ein sehr großer Teil erziehungswissenschaftlicher Literatur zur Qualität lehnt sich an einen betriebswirtschaftlichen Kontext an. Das wird bereits durch den häufigen Gebrauch der im betriebswirtschaftlichen Diskurs verwendeten Komposita wie „Qualitätsmanagement", „Qualitätsentwicklung" oder „Qualitätssicherung" deutlich (vgl. etwa Arnold 1997; Degendorfer/Reisch/Schwarz 2000; Schratz/Iby/Radnitzky 2000). Diese Anlehnung steht nicht nur unter dem Vorzeichen der Übernahme betriebswirtschaftlicher Denkfiguren – es finden sich auch kritische Hinweise auf die Differenz pädagogischer und betriebswirtschaftlicher Erfordernisse.

Hier soll eine Perspektive eingeschlagen werden, die sich eher an strukturellen Analogien als an Differenz orientiert. Dazu lädt die oben skizzierte Formalisierung des Verständnisses von Qualität ein, die durch die Nutzung abstrakter begrifflicher Schemata so viel Distanz zu konkreten Maßstäben und systemspezifischen Problemen der Qualitätsbestimmung erhält, dass jenseits der Differenzen in den Details befruchtende strukturelle Vergleiche möglich werden. Zunächst bedarf es dazu einer näheren Darstellung des betriebswirtschaftlichen Qualitätskonzeptes.

Im betriebswirtschaftlichen Diskurs beruht der Qualitätsbegriff auf einer Differenzierung zwischen den Beschaffenheiten von Gütern einerseits und den an sie gestellten Forderungen andererseits. Diese Differenzierung ist grundlegend in der Begriffsnorm DIN EN ISO 8402 festgehalten: „Qualität ist die Gesamtheit von Eigenschaften und Merkmalen eines Produkts oder einer Dienstleistung, die sich auf deren Eignung zur Erfüllung festgelegter oder vorausgesetzter Erfordernisse beziehen." Diese Definition bezieht Qualität auf die Beurteilung von Gütern im Verhältnis zwischen Kunden und Lieferanten (vgl. Masing 1999, S. 4).

Auf dieser Grundlage wird Qualität als ein Kommunikationsmedium im Wirtschaftssystem konzipiert. Es etabliert sich neben dem Medium Geld, indem es dazu beiträgt, die doppelte Kontingenz (vgl. Luhmann 1997, S. 332 ff.) zwischen Käufer und Verkäufer durch die Bereitstellung von Informationen über Tauschobjekte in Ordnung zu überführen. Masing (1999, S. 4 f.) präzisiert diese marktspezifische Konstellation doppelter Kontingenz, indem er auf der Seite beider Tauschpartner voneinander unabhängige Entscheidungsoptionen innerhalb eines „magischen Dreiecks" sieht: Auf der Seite der Käufer spannt sich dieses Dreieck zwischen den Polen Erwartung – Termin – Preis; auf der Seite der Verkäufer zwischen den Polen Beschaffenheit – Termin – Kosten. Der Reiz dieses einfachen Modells liegt darin, auf die Autonomie zweier Entscheidungskontexte zu verweisen, die über das Medium Qualität zu einer Einheit zusammengefügt werden, in der ein Leistungsaustausch stattfinden kann. Qualität sorgt für eine punktuelle Herstellung von Transparenz auf einem grundsätzlich intransparenten Markt. Dabei ist sie eine doppelt kontextgebundene Variable, die auf beiden Seiten die Bedingungen eines Leistungsaustauschs moderiert. Qualität ist demnach Ergebnis eines Abstimmungsprozesses.

Das Verständnis von Qualität als Medium in einem Leistungsaustausch ist nicht zwingend an das Wirtschaftssystem gebunden; in ihm findet es lediglich eine spezifische Form, die – in der Typologie von Harvey/Green – Qualität als adäquaten Gegenwert zu einem Geldäquivalent bestimmt. Einen allgemeineren Begriff von Leistung findet man bei Luhmann, der sie als Relation zwischen mindestens zwei Systemen „und zwar in der Varianz des wechselseitigen Aufeinanderangewiesenseins" definiert (Luhmann 1997, S. 759). Das Verständnis von Qualität als Medium, in dem Erwartungen und Beschaffenheiten kommuniziert werden, lässt sich auch an diesen Begriff binden, der offen für die Verwendung in unterschiedlichen Funktionssystemen ist.

Durch den Vergleich von Beschaffenheit und Erwartung kann Qualität zu einem Regulativ in Produktionsprozessen werden. Neben der Bedeutung, die Qualität im Wirtschaftssystem für die Beziehung von Unternehmen zu seinen Kunden hat, ist daher das unternehmensinterne Management von Qualität ein Thema von herausragender betriebswirtschaftlicher Bedeutung. Es wird in handlungsleitenden Konzepten bearbeitet, die organisatorische Bedingungen für die Sicherung von Qualität aufzeigen (vgl. Kamiske/Bauer 1993).

Ein verbreiteter Ansatz ist das Total-Quality-Management (vgl. Frehr 1999). Er steht beispielhaft für die Verteilung der Verantwortung für Qualität in Organisationen. Eine gegenstandsbezogene Bestimmung von Qualität bleibt auch in diesem Ansatz aus, da er primär auf die organisatorischen Verfahren der Gewährleistung von Qualität gerichtet ist. Führung und Mitarbeiterbeteiligung stellen dabei die wesentlichen Ansatzpunkte dar. Von der Führung werden z. B. Vorbildlichkeit, die Formulierung von Zielvorgaben und eine unter Qualitätsaspekten vorteilhafte Ressourcenverteilung erwartet; die Mitarbeiter sollen im operativen Bereich durch den Austausch und die Entwicklung ihrer fachlichen Kompetenz für Qualität einstehen.

Die Mediatorfunktion von Qualität wird mit zunehmender interner Differenzierung der Organisationsstrukturen auch für unternehmensinterne Prozesse deutlich. Je stärker sich die operativen Abläufe sequenzieren lassen und je deutlicher Tätigkeiten durch Hierarchien getrennt sind, desto eher lassen sich auch innerhalb von Organisationen Relationen des Leistungsaustauschs definieren, die unter Qualitätsaspekten regulierbar sind. Mit der organisationsinternen Verteilung der Verantwortung für Qualität kann eine Ebenendifferenzierung einher gehen: Die Mitarbeiter im operativen Bereich tragen dann Verantwortung für die Qualität der Produkte bzw. der Ausführung von operativen Tätigkeiten; das Management trägt eine Verantwortung für die Qualität der Prozesse, in die das operative Geschehen eingebettet ist. In diesem Sinne lässt sich eine primäre, produktbezogene von einer sekundären, prozessbezogenen Qualität unterscheiden.

2   Die Qualitätssemantik als Indikator eines Strukturwandels im Bildungssystem von der Integration zur Differenzierung

Gegenwärtig ist eine Annäherung an den Qualitätsdiskurs in der Erziehungswissenschaft kaum über begriffliche Definitionen möglich. Das führt aber nicht zur Beliebigkeit des Qualitätsbegriffs – der Qualitätsdiskurs ist recht eindeutig mit neuen regulativen Ideen bezüglich des Bildungssystems verbunden. Einem Vorschlag von Luhmann/Schorr (vgl. 1988, S. 15 f.) folgend, kann das erstarkende Interesse an Qualität als eine semantische Begleitung struktureller Veränderungen im Bildungssystem gesehen werden. So ist die auf das Bildungssystem bezogene Qualitätssemantik eingelassen in eine Bilanz der bildungsreformerischen Entwürfe aus den 1960er- und 1970er-Jahren und einen

Wandel der Steuerungsstrategien für das Bildungssystem. Helmke/Hornstein/Terhart (2000, S. 9) skizzieren diese Situation mit der Ablösung der „vier traditionellen begrifflichen Eckpunkte des Bildungs- und Sozialbereichs – Quantität, Gleichheit bzw. Gleichverteilung, Staat und Wissenschaft – durch die Begriffe Qualität, Exzellenz, Markt und Evaluation". Für die Beschreibung der strukturellen Veränderung des Bildungssystems, in die diese Verschiebung dominanter regulativer Ideen eingelassen ist, eignet sich das Begriffspaar Integration vs. Differenzierung.

Prämissen für den Aufbau des gegenwärtigen deutschen Bildungssystems in den 1960er- und 1970er-Jahren waren die egalitäre Versorgung der Bevölkerung mit Bildungsangeboten, die Inklusivität von Bildung, die Bildungsexpansion und die Ausweitung professioneller pädagogischer Arbeit. Sie zielten sämtlich auf makrostrukturelle Aspekte ab, deren Gewährleistung primär in die Verantwortung des Staates gestellt wurde. Eine Konsequenz dieser Orientierung ist eine strukturelle Integration, um für das Bildungssystem zentrale Prämissen der Verwaltung, Organisation und Steuerung installieren zu können. Das Programm der Integration des Bildungssystems ist beispielhaft in dem 1970 vom Deutschen Bildungsrat (vgl. 1970) vorgelegten „Strukturplan" dokumentiert. Er gibt Auskunft über die bildungspolitische Intention einer Bündelung von Entscheidungskompetenzen, um für die Einrichtungen im Bildungssystem gleiche Rahmenbedingungen zu schaffen. Dabei laufen die Fäden der Steuerung in den Instrumenten der Verrechtlichung und Verwissenschaftlichung zusammen (vgl. Weishaupt 1980; Laaser 1980).

Aus dieser Perspektive ist die Bewertung der Güte des Bildungssystems als eine Frage der Bereitstellung von Ressourcen und strukturellen Rahmenbedingungen pädagogischen Handelns, weniger als eine Frage der Durchführung des pädagogischen Handelns und seiner Effekte betrachtet worden. Die Ebene der Einrichtungen des Bildungssystems und der in ihnen erbrachten pädagogischen Arbeit spielt in dieser Konstellation eine zurückgesetzte Rolle. Das spiegelt sich auch in der Beschreibung von Organisationen im Erziehungssystem als black-boxes wider, in denen die operative pädagogische Tätigkeit einer Einsichtnahme und Überprüfung entzogen bleibt (vgl. Meyer/Rowan 1992, S. 40).

Versuche der Steuerung des Bildungssystems erfolgen unter diesen Voraussetzungen primär über Inputvariablen. In diesem Steuerungsmodell wird die Erwartung homogener Leistungen pädagogischer Einrichtungen gleichen Typs auf unzulässige Weise auf die Homogenität der institutionellen Voraussetzungen ihrer Arbeit zurückgeführt. Diese verkürzte Sichtweise hat lange die Abstinenz von empirischen Leistungsüberprüfungen im Bildungssystem legitimiert. Die Konzentration auf Ausstattungs- und Strukturmerkmale bei der Steuerung des Bildungssystems ist auch auf die schwache technologische Basis seiner operativen Prozesse zurückzuführen, weil sie die Möglichkeiten einer zweckprogrammierten Steuerung begrenzt. Die Regeln der staatlichen Aufsicht über das Bildungssystem entsprechen hauptsächlich einer für Verwaltungen typischen Konditionalprogrammierung.

In den Reaktionen auf die Bildungsreform und in der Bilanzierung ihrer Erträge durch empirische Forschung werden Differenzierungsprozesse erkennbar, die von den meso- und mikrostrukturellen Ebenen des Bildungssystems ausgehen. Gegen die integrativen Tendenzen wurde insbesondere aus den Bereichen des Bildungssystems Kritik geäußert, die traditionell durch eine große Heterogenität der Trägerschaften und Einrichtungen geprägt sind. So wird in der Erwachsenen- und der Sozialpädagogik unter Hinweise auf die Disparität ihrer Tätigkeitsfelder argumentiert, dass ihre Praxisfelder sich von den operativen Prozessen her strukturieren müssen und nicht von zentralen Instanzen (zusammenfassend für die Sozialpädagogik vgl. Hering/Münchmeier 2000, S. 227 ff.; für die Weiterbildung vgl. Kuper 2000).[1]

In der Schulpädagogik markieren die empirischen Untersuchungen von Fend (vgl. 1982) in Deutschland und von Rutter u.a. (vgl. 1983) in Großbritannien Wendepunkte, an denen sich die Aufmerksamkeit auf die Einzelschule zu fokussieren beginnt. Diese Studien liefern trotz homogener institutioneller Strukturen Belege für die hohe Differenz von Schulen gleichen Typs. Gegen die Fiktion einer integrativen und homogenisierenden Wirkung von Entscheidungen auf der Makrostruktur setzen sich faktisch Differenzierungen durch, die von einzelnen Schulen abhängige Differenzen der Leistungen und Einstellungen von Schülern erkennen lassen. Auch eine zentrale Variable makrostruktureller Steuerung wie die materielle Ausstattung kann nicht zu einer Homogenisierung auf der Ebene pädagogischer Einrichtungen führen (vgl. Weiß 1995).

Diese Erkenntnis gibt Anlass für eine vergleichende Betrachtung von Organisationen im Erziehungssystem unter Gesichtspunkten ihrer optimierenden Gestaltung. Die Einzelschule gilt nach den empirischen Hinweisen auf Differenzen als eine pädagogische Gestaltungseinheit, in der „vor Ort" maßgebliche Voraussetzungen für die Wirksamkeit pädagogischen Handelns gesetzt werden (vgl. Fend 1986). An dieser Stelle setzt die Qualitätssemantik an, um die Differenz organisatorischer Bedingungen des pädagogischen Handelns und seiner Effekte unterhalb der Einheitsfiktionen des Bildungssystems zu markieren.

Das erstarkte Interesse an der Wirksamkeit schulischen Handelns führt unter dem Begriff der Schuleffektivität zu einer empirischen, outputorientierten Betrachtung von Schulen (vgl. OECD 1991, 1995; Scheerens 1997). In dieser Diskussion wird ein Anspruch der Optimierung des Einsatzes ökonomischer Ressourcen und der Identifikation von best-practise Modellen der Organisation im Bildungsbereich verfolgt. Die Modernisierung des Bildungssystems wird hier über Leistungsparameter, eine grundsätzliche Kritik an der Effektivität zentraler Steuerungssysteme und einen durch Vergleiche ausgeübten Erneuerungsdruck betrieben.

Im Anschluss an die Feststellung der Differenz einzelner Schulen erweist es sich als schwierig, die Merkmale zu beschreiben und praktischer Gestaltung zugänglich zu machen, die für eine „gute Schule" ausschlaggebend sind. Bereits bei Fend (vgl. 1986) und Rutter (vgl. Rutter u.a. 1983) werden komplexe Kriterienbündel anstelle einzelner Variabler als ursächlich für ein als erfolgreich geltendes Handeln in Schulen herausgestellt.

Ihre Zerlegung in einzelne Faktoren – bei gleichzeitiger Berücksichtigung der wechselseitigen Bedingtheit dieser Faktoren – bestimmt die Diskussion um die „Qualität von
Schule" (vgl. Tillmann 1989; Aurin 1990; Steffens/Bargel 1993). Sie bringt eine Vielfalt
theoretisch belangvoller Aspekte zur Beschreibung und Gestaltung von Qualität hervor. Gleichzeitig wird mit den vorwiegend ganzheitlichen Zugriffsweisen auf das Thema
das Missverständnis vermieden, die Proklamation der Schule als Gestaltungseinheit
führe ohne Umstände zu einer Umsetzung planmäßiger, von den einzelnen Organisationen im Bildungssystem ausgehenden Bildungsreform. Vielmehr wird die Qualität
von Schule als eine komplexe, dezentrale Managementaufgabe aufgefasst, die mit hoher
Ambiguität belastet ist.

Über die Verbindung von Qualität und Management hält eine differenzierte Sicht auf
arbeitsteilige Strukturen in Organisationen Einzug. Insbesondere am Funktionswandel
der Leitung wird die Unterscheidung operativer, reflexiver und managerieller Tätigkeiten deutlich. Aber auch die Betonung des Bedeutungszuwachses kollegialer Entschei-
dungsgremien und interner Evaluation können als Belege für Prozesse der Arbeitsteilung gesehen werden, mit denen auf der Ebene der Organisation operative Vorgänge
vom Qualitätsmanagement abgegrenzt werden (vgl. Ackermann/Wissinger 1998).

Die Relativierung der Systemebene als bedeutsamster Instanz der Steuerung durch
den Blick auf die Einzelschule provoziert die Frage nach weiterer Desaggregation. Denn
auch die Schule bildet nicht die operative Basis im Bildungssystem, sondern die Ebene
ihrer organisatorischen Rahmung. Vor diesem Hintergrund legen Ditton/Krecker (1995)
einen interessanten empirischen Befund vor. Sie werten Schülerleistungen und -ein-
stellungen in einem varianzanalytischen Modell aus, das die Ebenen Schulart, Schule
und Klasse berücksichtigt. Dabei können statistisch signifikante und als bedeutsam beschriebene Effekte der Klassenzugehörigkeit auf die Leistungen und Einstellungen festgestellt werden, die höher ausfallen als die Effekte der Schulzugehörigkeit. Mit diesem
Ergebnis wird eine weitere Ebene der Verantwortlichkeit für Differenz im Bildungssystem aufgeschlüsselt und über den Qualitätsbegriff dem Vergleich und der Bearbeitung
zugänglich gemacht.

Mit zunehmender Beachtung der Differenzen wird ein Komplexitätsgefälle im Verhältnis der Ebenen zueinander sichtbar. Jede Ebene erweist sich auf der jeweils höher liegenden als nicht kontrollierbare Quelle von Varianz. Mit der Strukturverschiebung von
der Dominanz integrativer zur Dominanz differenzierender Tendenzen im Bildungssystem zeichnen sich die Ebenen der operativen Tätigkeit, der Organisation und des übergreifenden institutionellen Gefüges als jeweils autonome, die Qualität im Bildungssystem auf irreduzible Weise beeinflussende Instanzen ab (vgl. Fend 2000). Die Relativität
von Qualität bezieht sich damit auch auf Relationen innerhalb des Bildungssystems. Die
Annahme, es könne einen einheitlichen Begriff pädagogischer Qualität geben, wird vor
diesem Hintergrund obsolet. Vielmehr findet die Mehrdeutigkeit des Qualitätsbegriffs
ihre Begründung in der Unterschiedlichkeit der Leistungsbeziehungen, die auf und zwischen den verschiedenen Ebenen des Bildungssystems unterhalten werden.

3   Qualität auf den Ebenen des Bildungssystems

Als theoretischer Rahmen für eine an Ebenen orientierte Betrachtung bietet sich Luhmanns Unterscheidung von Interaktion, Organisation und Gesellschaft (vgl. Luhmann 1997, S. 812 ff.) an. Sie bezeichnet Typen sozialer Systeme, die jeweils auf autonomen Mechanismen der Strukturbildung basieren, dabei allerdings selektive wechselseitige Referenzen ausbilden. Diese Mechanismen sind auf der Ebene der Interaktion die Kommunikation unter Anwesenden, auf der Ebene der Organisation die Strukturierung der Kommunikation über Entscheidungen und auf der Ebene der Gesellschaft die Orientierung der Kommunikation an den Funktionen, Medien und Codes der funktional differenzierten Subsysteme. Dieses Schema liegt den folgenden Überlegungen zu den unterschiedlichen Einflussbereichen auf Qualität im Bildungssystem zugrunde. Erörtert werden Schlussfolgerungen aus dem Verständnis von Qualität als Medium in einer Relation des Leistungsaustauschs für die drei Ebenen.

3.1   *Die Qualität von Bildungssystemen – Vergleiche durch large-scale-assessments*

Die Qualitätsdiskussion auf der Ebene des Bildungssystems steht in engem Zusammenhang mit large-scale-assessments über Schulleistungen (vgl. als Überblick Lange 2001). International angelegte Untersuchungen wie TIMSS und PISA, aber auch regional begrenzte Studien verfolgen den Anspruch, Steuerungswissen für bildungspolitische Entscheidungen bereitzustellen, mit denen die Qualität von Bildungssystemen gesteigert werden soll. In den nicht schulischen Bereichen des Bildungssystems haben sich bislang – vornehmlich aufgrund ihrer weniger einheitlichen institutionellen Verankerung – Studien auf dieser Ebene nicht etablieren können.

Eine Bestimmung von Qualität kann auf der Systemebene nur sehr eingeschränkt zwischen dem Bildungssystem und den von ihm Leistungen erwartenden Funktionssystemen verhandelt werden. Für beide Seiten lassen sich keine Repräsentanten mehr finden, die mit hinreichender Verbindlichkeit für derartige Entscheidungen autorisiert wären. Die nicht abreißende Kritik an der Kontingenz des Qualitätsverständnisses von large-scale-assessments weist auf diese Schwierigkeit hin. Gleichwohl gibt es in Hinblick auf die Beschaffenheit von Bildungsqualität Anknüpfungspunkte für operationale Bestimmung, die sich an den Leistungs- und Funktionsbeziehungen des Bildungssystems orientieren. Z. B. basiert in TIMSS die Testkonstruktion auf institutionell legitimierten Curricula (vgl. Baumert u. a. 2000) und in PISA wird ein funktionales Verständnis von Allgemeinbildung zugrunde gelegt (vgl. Baumert/Stanat/Demmrich 2001). Die Selektivität der operationalen Definitionen beeinträchtigt die Triftigkeit der empirischen Ergebnisse aus large-scale-assessments nicht. Für die Öffentlichkeit bietet die Selektivität eine Möglichkeit, diese Ergebnisse als Einstieg in eine Diskussion über die Bestimmung der Qualität von Bildung zu nutzen, in die Perspektiven aus unterschiedlichen gesellschaftlichen Funktionssystemen eingehen können. Somit wirken large-scale-assessments auf der Systemebene eher als Initiatoren einer Auseinandersetzung mit Bildungsqualität, als dass von ihnen eine übergreifende Bestimmung von Bildungsqualität erwartet werden könnte.

Auch in der Bewertung sind empirische Untersuchungen zur Qualität auf der Systemebene einer direkten Abstimmung mit Leistungserwartungen anderer Funktionssysteme entzogen. Sofern ihnen für Steuerung relevante Informationen entnommen werden sollen, sind sie daher auf die Methodik des Vergleichs angewiesen (vgl. Postlethwaite 1995). Vergleichbare Einheiten des Bildungssystems (nationale oder regionale Bildungssysteme, Typen von Bildungseinrichtungen, Organisationsformen) lassen sich einer Wertung im Sinne des Schemas „besser/schlechter" unterziehen. Derartige Vergleiche entlasten davon, vorab Erwartungen spezifizieren zu müssen, um die empirischen Ergebnisse werten zu können. Dass aus Vergleichen dennoch Hinweise auf Reformerfordernisse gewonnen werden können, deuten folgende Beispiele an: In der Hamburger Studie LAU (vgl. Lehmann u. a. 2002) werden Unterschiede in den Lernzuwächsen spezifischer Schülergruppen berichtet. Das wirft die Frage auf, wie ein Bildungssystem den Lernvoraussetzungen unterschiedlicher Klienten gerecht werden kann. PISA zeigt die unterschiedlichen Erfolge nationaler Bildungssysteme, die Leistungen der Schüler von ihrer sozialen Herkunft zu entkoppeln (vgl. Baumert/Schümer 2001). Das wirft die Frage nach der Durchsetzungskraft eines Bildungssystems gegenüber anderen Einflussfaktoren auf die Schülerleistungen auf. TIMSS zeigt, dass in einigen Ländern die Schüler nicht nur durchschnittlich bessere Mathematikleistungen zeigen als in anderen, sondern dass dabei auch die Varianz zwischen den Schülern geringer ist (vgl. Baumert/Bos/Watermann 2000). Das wirft die Frage danach auf, inwiefern Gleichheit und Leistung in einem Bildungssystem miteinander vereinbar sind. Die Beispiele zeigen die Bedeutung von large-scale-assessments bei der Identifikation von Problembereichen in Bildungssystemen. Die Studien geben empirisch gedeckte Auskunft über Beschaffenheiten, deren Bewertung sich aus dem Vergleich relativer Positionen der untersuchten Einheiten zueinander ergibt. Inwiefern diese Information praktisch umgesetzt werden kann, hängt hauptsächlich von zwei Faktoren ab:

Erstens ist die Fairness des Vergleichs zu berücksichtigen (vgl. Arnold 1999). Darunter fällt die Güte der Messinstrumente zur Erhebung der Vergleichsdaten ebenso wie die Kontrolle von Selektivitätsproblemen bei der Stichprobenziehung. Die Zusammensetzung der Stichproben ist mit durch die institutionellen und soziostrukturellen Voraussetzungen von Bildungssystemen bedingt. Generalisierende Schlussfolgerungen aus Vergleichen werden in dem Maße eingeschränkt, in dem auf Leistungsvariablen wirkende Merkmale in den Schülerpopulationen (z. B. die sozioökonomische Schichtung oder die Anteile von Schülern mit Migrationshintergrund) in den verglichenen Einheiten unterschiedlich ausgeprägt sind. Für praktische Schlussfolgerungen aus Vergleichen ist es neben einer statistischen Kontrolle dieser Merkmale erforderlich, unterschiedliche institutionelle Umgangsformen mit ihnen zu erfassen. Nur so können qualitative

Differenzen zwischen Bildungssystemen auf die in ihnen gestaltbaren Variablen bezogen werden.

Als zweiter Aspekt ist das Aggregationsniveau von Bedeutung, auf dem die Informationen ausgewertet werden. Mit zunehmender Distanz des Aggregationsniveaus zu der operativen Ebene des pädagogischen Handelns sinkt der Informationsgehalt über die zwischen Bildungssystemen variierenden Bedingungen, die qualitative Differenzen erklären können. Von der Isolation dieser Bedingungen sind jedoch qualitätssichernde Maßnahmen abhängig. Es bedarf kausal interpretierbarer Hypothesen über den Zusammenhang variabler Struktur- und Prozessmerkmale eines Systems mit seinen Leistungen, um im Sinne der Verbesserung von Qualität agieren zu können. Auf Systemebene aggregierte Daten weisen allerdings eine hohe interne Varianz auf, die kaum noch durch variierende Struktur- und Prozessmerkmale der Bildungssysteme erklärt werden kann. Vor diesem Hintergrund wird es verständlich, dass large-scale-assessments häufig Appelle zugunsten weiterer Ursachenforschung nach sich ziehen, denn die Kontrolle variierender Bedingungen und Formen des pädagogischen Handelns und eine Zurechenbarkeit von Informationen auf isolierbare Einheiten pädagogischen Handelns (Unterricht/Schule) sind Voraussetzungen für die Verwendung von empirischen Ergebnissen für das Qualitätsmanagement im Bildungssystem.

Aus large-scale-assessments hervorgehenden Maßnahmen der Qualitätsverbesserung von Bildungssystemen bereitet die Komplexität dieser Systeme im doppelten Sinne Schwierigkeiten. Erstens ist die Isolation gestaltbarer Merkmale, die „bessere" von „schlechteren" Systemen unterscheiden, bislang nicht gelungen, weil die Wirkungen unterschiedlicher Ebenen im Bildungssystem und die Wirkungen der Umwelt auf das System bzw. dessen Leistungen einfache Kausalmodelle verbieten. Zweitens fehlen für Reformanforderungen auf der Systemebene eindeutig identifizierbare Adressaten. Akteure eines Reformprozesses können nur auf der Ebene der Organisationen des Bildungssystems gefunden werden – somit können zwar partikulare Kompetenzen für das Qualitätsmanagement im System beansprucht werden; systembezogene Initiativen zur Verbesserung von Qualität sind daher aber immer mit dem Risiko verbunden, aus anderen Partikularkompetenzen heraus Widerstände zu erfahren. Reformansprüche in Bildungssystemen bringen gewissermaßen die Komplexität des Systems gegen sich auf. Das findet in den neuen Steuerungsphilosophien Berücksichtigung, indem einzelne pädagogische Einrichtungen als Zentren der Entscheidung über qualitätssichernde Maßnahmen propagiert werden. Dabei darf aber nicht übersehen werden, dass auch diese Autorisierung der Organisationen von zentralen Entscheidungsprämissen abhängig ist. Sie sind eingelagert in das Spannungsfeld zwischen einer öffentlichen Verantwortung für das Bildungswesen, die unabhängig von konkreten Leistungen wahrzunehmen ist, und einer von einzelnen Einrichtungen getragenen Verantwortung für die Optimierung der Prozesse, die zu empirisch überprüfbaren Leistungen des Bildungssystems führt.

Die polarisierenden Kräfte dieses Spannungsfeldes können an der Diskussion um die Auswirkungen von Wettbewerb und staatlicher Regelung auf die Qualität des Bil-

dungssystems gesehen werden. Die reinste Ausprägung einer Regelung durch Wettbewerb ist im deutschen Bildungssystem bislang in Teilen der Weiterbildung zu beobachten. Hier zeigt sich, dass Qualitätsansprüche, wie die allgemeine Zugänglichkeit von
Bildungsangeboten und der Schutz nicht marktgängiger Bildungsinhalte, struktureller
Sicherungen bedürfen, die durch den Markt nicht erbracht werden (vgl. Wittpoth 1997).
Für den schulischen Bereich fehlen im deutschen Bildungssystem einschlägige Erfahrungen mit Wettbewerb betonenden Systemen. Eine Abwägung möglicher Auswirkungen der beiden Regelmechanismen erfolgt so zumeist mit Blick auf den angelsächsi-
schen Sprachraum.

Die Argumentation für einen Wettbewerb zwischen Schulen beruft sich auf das
Recht der freien Schulwahl und die Annahme, dass die individuellen Wahlen für eine
Schule auf der Grundlage rationaler Abwägungen der individuellen Erwartungen an
Bildung und hinreichender Information über die Qualität einzelner Schulen erfolgen
(vgl. Levačić/Woods 2000). Schulen in einer marktregulierten Umwelt wird eine höhere
Adaptivität und eine stärkere Orientierung an hohen Qualitätsstandards zugeschrieben
als Schulen in einer staatlich regulierten Umwelt, weil sie stärker darum bemüht sein
müssen, Schüler bzw. deren Eltern zu attrahieren. In diesem Konzept ist die Funktion
von Qualität als Medium der Regulation einer Leistungsbeziehung deutlich ausgeprägt.
Es wird ein direkter Zusammenhang zwischen der Qualität einer einzelnen Einrichtung
und den individuellen Bildungswahlen angenommen. Positive Einschätzungen gehen
davon aus, dass es über diesen Mechanismus zu einer Qualitätssteigerung eines ganzen
Bildungssystems kommen kann (vgl. Chubb/Moe 1990). Skeptische Einwände gegen das
Konzept der Wettbewerbsregulierung führen dagegen auf der Systemebene relevante
Leistungsbeziehungen an, die sich nicht auf die Relation einzelner Einrichtungen zu ihren individuellen Klienten reduzieren lassen (vgl. Weiß 1993). So sind in einem System,
das auf der Grundlage individueller Wahlen reguliert wird, hohe Selektivitätseffekte zu
erwarten, die sich auf Teile der Klienten des Systems negativ auswirken. Zu den Leistungen des Systems gehört somit auch die Wahrnehmung öffentlicher Verantwortung gegenüber Klientengruppen, die Bildungsentscheidungen nicht aktiv treffen, die in ihrer
Wahl eingeschränkt sind oder nicht über die Kompetenzen verfügen, um die Qualität
von Bildungseinrichtungen einschätzen zu können. In dieser Kontroverse wird deutlich,
dass die Leistungen des Systems gegenüber Individuen nicht mit seinen Leistungen gegenüber der Gesellschaft oder deren Funktionssystemen korrespondieren und dass damit auch die Rationalitäten individueller und systembezogener Entscheidungen über
Qualität differieren.

Bislang ungeklärt ist die Bedeutung von large-scale-assessments im Spannungsfeld
zwischen wettbewerbsorientierter und staatlicher Regulierung des Bildungssystems. Sie
könnte darin liegen, Entscheidungen im Interesse der öffentlichen Verantwortung für
das Bildungssystem oder individuelle Bildungswahlen im Interesse der individuellen
Wohlfahrt auf eine rationalere Grundlage zu stellen. Allerdings scheinen die Möglichkeiten diesbezüglicher Rationalisierung sehr begrenzt zu sein. Über die wissenschaft-

lichen Erträge hinaus liegt das Verdienst von large-scale-assessments somit vor allem
darin, die Arbeit an Kriterien und Maßstäben des Vergleichs pädagogischer Qualität
voranzutreiben, die Positionierung einzelner Organisationen im Leistungsspektrum
des gesamten Systems zu diskutieren und einen Diskurs über die Anerkennung und
Ablehnung unterschiedlicher Reformperspektiven für Bildungssysteme zu initiieren.
Sie tragen darüber zu einer Bestimmung von Leistungserwartungen an das Bildungssystem bei.

3.2   Die Qualität von Organisationen im Bildungssystem –
Verbindlichkeit von Leistungen durch Programme und kollegiale Reflexion

Für die Organisationen des Bildungssystems trifft das Verständnis von Qualität als Medium eines Leistungsaustauschs auf andere Voraussetzungen. Die Verantwortung für
Qualität lässt sich besser an Organisationen adressieren als an die komplexen, kaum als
Einheiten repräsentierbaren Bildungssysteme. Die strukturierende Funktion von Qualität kann auf dieser Ebene wirksam werden, weil Organisationen die einzigen sozialen
Systeme sind, die auf der Basis von Entscheidungen mit ihrer Umwelt kommunizieren
und so zu verbindlichen Vereinbarungen über Erwartungen an ihre Leistungen einerseits und die Bewertung der Beschaffenheit erbrachter Leistungen andererseits kommen können.

Für die Kommunikation zwischen Organisationen sind Fragen der Qualität vorrangig bei Übertritten von Klienten relevant. Durch Übertritte, sei es in eine weiterführende
Organisation im Bildungssystem oder in eine Organisation im Beschäftigungssystem,
wird eine Leistungsbeziehung zwischen Abnehmern und Anbietern von Bildungs- und
Selektionsleistungen deutlich. Organisationsbezogene Qualitätsindikatoren informieren
an dieser Stelle darüber, mit welcher Wahrscheinlichkeit von Absolventen einer Organisation die Voraussetzungen erwartet werden können, die als Eingangsbedingung in
weiterführende Bildungsprogramme oder qualifizierte Arbeit gelten. Für diese Funktion
ist eine an Outputvariablen orientierte Erhebung von Qualität ausreichend. Die Frage,
ob der Output einer Organisation durch die in ihr erbrachte pädagogische Arbeit oder
durch die Eingangsselektivität ihrer Klientel bewirkt wurde, bleibt für die Koordination
des Übertritts zweitrangig. Informationen über die Wirksamkeit pädagogischer Arbeit
sind erst von Belang, wenn ein Abgleich zwischen bestehenden Erwartungen und den
Beschaffenheiten der Leistungen von Organisationen des Bildungssystems als Korrektiv
für die pädagogische Arbeit wirksam werden sollen.

Sofern eine Balance der Erwartungen an Organisationen und der Beschaffenheiten
von Leistungen von Organisationen erreicht werden soll, muss von der Betrachtung individueller Klienten abgesehen werden. Die Leistung eines individuellen Klienten sagt
ebenso wenig über die Qualität einer Organisation im Bildungssystem aus, wie die Erwartungen in Bezug auf eine individuelle Person über die Anforderungen abnehmen-

der Organisationen. Die Koordination der Übergänge von Klienten bedarf somit programmatischer Festlegungen, in die von Einzelfällen abstrahierende Erwartungen an die Leistungen von Organisationen einfließen, und korrespondierende empirische Kontrollen der Realisierung des Programmes, die Qualitätsindikatoren – z. B. Lernstände oder -zuwächse – auf dem Aggregationsniveau der einzelnen Organisation erfassen.

Um Erwartungen und Beschaffenheiten durch das Medium Qualität in Abstimmung zu bringen, müssen Maßstäbe etabliert werden, die sich auf beiden Seiten in gleicher Weise interpretieren lassen. Vor diesem Hintergrund sei nochmals auf die Bedeutung von large-scale-assessments verwiesen, die über die Bewertungsschemata einzelner Organisationen hinausreichende Referenzpunkte für Wertungen setzen. Diese Maßstäbe greifen allerdings zu kurz, sofern sie die Varianz der Leistungen individueller Klienten von Organisationen nicht berücksichtigen. Standardisierung unter Berücksichtigung von Varianz bedeutet, dass Toleranzmargen definiert werden, innerhalb derer Übergänge zwischen Organisationen empfohlen werden können. Damit kommt neben der Qualität der pädagogischen Arbeit von Organisationen auch die Qualität ihrer Selektionsentscheidungen in den Blick.

Für Individuen wird die Qualität von Organisationen im Bildungssystem hauptsächlich bei Entscheidungen über den Besuch bestimmter Bildungsprogramme bedeutsam. Es ist zu vermuten, dass dabei prozessbezogene und auf die Effektivität der pädagogischen Arbeit gerichtete Kriterien im Mittelpunkt stehen. Ob Qualität eine zwischen den Erwartungen von Klienten und den Leistungen von Einrichtungen vermittelnde Größe werden kann, hängt erheblich von den Freiheitsgraden individueller Bildungsentscheidungen ab. Unabhängig davon lassen sich einige Spezifika von Bildungsentscheidungen benennen: Das Risiko der Entscheidung für den Besuch einer bestimmten Organisation im Bildungssystem liegt darin, dass sie ohne jede empirische Information über den individuellen Erfolg dieses Besuchs getroffen werden muss. Individuelle Bildungsentscheidungen basieren auf riskanten Prognosen eines zu erwartenden Erfolgs, nicht auf Bilanzen des tatsächlichen Erfolgs. Damit tut sich sowohl für die Organisation als auch für den Klienten eine Grauzone der Unkalkulierbarkeit auf, die in unterschiedlicher Weise als Qualitätsproblem bearbeitbar wird.

Qualität kann erstens bezogen werden auf die Programme von Organisationen. Programme sind Selbstverpflichtungen einer Organisation auf ein spezifisches Bildungs- und Kommunikationsangebot, dessen Beschaffenheit an Erwartungen in der Umwelt ausgerichtet werden kann. Sie enthalten für Bildungsentscheidungen relevante Kriterien, sofern sie zur Unterscheidbarkeit der Angebote einzelner Organisationen führen. Aus der Differenz resultiert als Metakriterium der Qualität eine hinreichende Transparenz von Angeboten im Bildungssystem, um Bildungsentscheidungen aus der Sicht der Klienten informiert treffen zu können.

Qualität kann zweitens auf die Effekte der pädagogischen Arbeit – also auf individuelle Veränderungen oder Lernerfolge – bezogen werden. Auf der Organisationsebene aggregierte Informationen über Effekte bieten allerdings keine sichere Grundlage für individuelle Entscheidungen. Zwar eröffnen sie die Möglichkeit des Vergleichs durchschnittlicher Effekte von Organisationen, an dem sich individuelle Entscheidungen orientieren können. Diese Informationsgrundlage erlaubt aber keine Optimierung der Entscheidungen für jeden individuellen Fall. Entsprechend beruhen individuelle Bildungsentscheidungen aufgrund der Intransparenz der Entscheidungssituation eher auf traditionsverhafteten Bildungsaspirationen (vgl. Merkens u. a. 1997) und unspezifischen *Images* von Bildungseinrichtungen als auf rationalem Kalkül. Ein bedeutsamer Aspekt der Qualität von Bildungseinrichtungen ist unter diesen Voraussetzungen die Attraktion einer zu ihrem programmatischen Anspruch passenden Klientel.

Neben der Regulation von Umweltrelationen sind Qualitätsindikatoren auch Ausgangspunkte für die organisationsinterne Gestaltung pädagogischer Arbeit. Initiativen eines organisationsinternen Qualitätsmanagements lassen sich hauptsächlich durch den Vergleich von Organisationen einleiten. Dabei ist es erforderlich, für die Effekte pädagogischen Handelns relevante Variablen zu isolieren, über deren Veränderung in den Organisationen verfügt werden kann. Auch auf dieser Ebene sind die bereits für Systemvergleiche angerissenen Kriterien der Fairness des Vergleichs zu berücksichtigen. Insbesondere bildungsrelevante Merkmale der Klientel sind Variablen, an denen die auf Organisationsebene aggregierten Leistungsindikatoren zu adjustieren sind.

Vergleiche zwischen Organisationen des Bildungssystems sind eine kaum genutzte Möglichkeit des Qualitätsmanagements. Die Zurückhaltung mag sich aus Befürchtungen nähren, direkte Vergleiche schürten die Konkurrenz zwischen den Organisationen und führten in Einzelfällen zur Gefährdung der Legitimation. Dagegen steht die Chance, gerade im öffentlich verantworteten Bereich des Bildungssystems durch Vergleiche einen kooperativen Austausch zu fördern – was allerdings nur gelingen kann, wenn die Organisationen die Verfügung über die Ergebnisse der Vergleichsstudien behalten.

Die methodische Option des Vergleichs kann auch in organisationsinternen Evaluationen Anwendung finden. Dazu ist jedoch ein Mindestmaß an Größe und Differenziertheit organisatorischer Strukturen erforderlich, um gezielt variierte Bedingungen des pädagogischen Handelns beobachten zu können. In der Erhebung von Informationen über variierende Voraussetzungen und Methoden der pädagogischen Interaktion sowie deren Wirkungen auf die Klienten liegt eine wichtige Funktion von Organisationen für das Qualitätsmanagement. Es geht darum, Unsicherheit zu vermindern, indem aus den Abläufen pädagogischer Interaktion Informationen herausgefiltert werden, die auf der Organisationsebene zu orientierenden Prämissen für zukünftiges Handeln in der pädagogischen Interaktion verdichtet werden können. Die pädagogische Interaktion selbst bietet kaum Gelegenheiten, um sich mit den Problemen ihrer Kontingenz, ihrer Wirkung oder Optimierung zu beschäftigen. Diese müssen durch Organisation geschaffen werden. In eingegrenztem Maße geschieht das bereits in den Routineprozessen von Organisationen im Bildungssystem – z. B. wenn über einen längeren Zeitraum erhobene Informationen über Klienten zu Entscheidungen über Versetzungen, Zertifizierungen oder Beendigungen der Teilnahme an einem Programm führen. Für ein Qualitätsmanagement ist das nicht ausreichend. Seine Herausforderung besteht darin, Informationen über den Verlauf und die Wirkungen pädagogischer Interaktion zu generieren, sie mit Alternativen zu konfrontieren und daraus Schlussfolgerungen für die Verbesserung der Interaktion zu gewinnen.

Ein so verstandenes Qualitätsmanagement erfordert eine intensive Kooperation professionell arbeitender Pädagogen in Organisationen (vgl. Little 1991). Vielfach basiert pädagogische Arbeit auch in Organisationen auf einer individualisierten Verantwortung, ohne dass einzelne Personen Rechenschaftspflichten auf der Ebene der Organisation für ihr Handeln und dessen Folgen zu erfüllen haben. Für ein Qualitätsmanagement ist es dagegen erforderlich, die individuell in der operativen Tätigkeit gemachten Erfahrungen im professionellen Diskurs zu reflektieren. Von den Pädagogen werden dabei die Fähigkeiten verlangt, Verläufe der pädagogischen Interaktion zu schildern, ihr eigenes Handeln in der Interaktion zu begründen und beides zu Aussagen über Wirkungen auf der Seite der Klienten in Beziehung zu setzen. Diese Fremd- und Selbstbeobachtungen können Grundlage für eine Methodisierung der pädagogischen Interaktion werden, sobald über konkrete Situationen hinaus generalisierende Beschreibungsmuster zur Verfügung stehen. Die Befreiung dieser Beschreibungsmuster aus der Begrenztheit individueller Erfahrungen ist ein Beitrag, der auf der Ebene der Organisation zum Qualitätsmanagement erbracht werden kann. Im Ansatz wird das z. B. erreicht, wenn in Schulen Klassenarbeiten von Kollegen korrigiert werden, die selbst nicht in der betreffenden Klasse unterrichten, oder wenn Vereinbarungen über wechselseitige Hospitationen der Kollegen bei ihrer pädagogischen Tätigkeit getroffen werden. Beides erfüllt den Zweck, Pädagogen zu einer Explikation und Begründung der Prämissen ihres Handelns zu verpflichten. Damit werden Voraussetzungen geschaffen, um in einem von der Interaktion her schlecht strukturierbaren Tätigkeitsfeld Koordination, das Erarbeiten gemeinsamer Entscheidungsprämissen und deren Abstimmung mit einem Organisationsprogramm zu gewährleisten.

Ein systematisches Qualitätsmanagement erfordert darüber hinausgehende strukturelle Vorkehrungen. Erst wenn Reflexionsleistungen hinreichend aus dem operativen Geschehen ausgelagert sind und neben der pädagogischen Interaktion zu einer strukturell eigenständigen Praxis in der Organisation werden, können aus ihnen Orientierungen mit organisationsübergreifender Bindungskraft hervorgehen. Man verhindert dann eine schleichende, von wechselnden personellen Konstellationen abhängige Veränderung von Entscheidungsprämissen, indem man ihre Erarbeitung einem professionellen Diskurs überantwortet, der als Selbstverpflichtung auf die an ihm Beteiligten zurückwirkt.

Vor diesem Hintergrund werden zwei Spezifika des Qualitätsmanagements in Organisationen des Bildungssystems deutlich. Erstens kann ein Qualitätsmanagement nicht unabhängig von den professionell in einer Organisation arbeitenden Pädagogen implementiert werden. Vielmehr müssen im Qualitätsmanagement aus professioneller Sicht und unter Berücksichtigung der „Bedingungen vor Ort" die Kriterien gewonnen werden, die als Regulative für die Arbeit Anwendung finden können. Somit entstehen sekundäre Kriterien der Qualität, die sich darauf beziehen, wie gut es in einer Organisation gelingt, Verfahren zu sichern, die eine Diskussion und Fixierung der primären, auf die operativen Prozesse bezogenen Qualitätskriterien ermöglichen.

Zweitens wird das Qualitätsmanagement als eine Strategie der Verzeitlichung kenntlich, die an der Verbesserung pädagogischer Leistungen arbeitet, ohne jemals Rückhalt in quasitechnologischen Gewissheiten über Ziele und Wirkungen pädagogischen Handelns finden zu können. Qualitätsmanagement stellt sich als ein Programm organisationsinterner Dauerreform dar. Sein Erfolg hängt davon ab, ob der Austausch über Beobachtungen der Interaktion dazu führt, dass von der Organisation ausgehend Bedingungen der pädagogischen Interaktion geändert und die Folgen dieser Veränderungen reflektiert werden können.

Zusammengefasst liegt die Bedeutung des Qualitätsmanagements auf der Organisationsebene darin, die hohe Personalisierung der Verantwortung für die Leistungen im Bildungssystem zugunsten einer durch Organisationsstrukturen getragenen Verantwortung zurückzunehmen, indem individuelle Rechenschaftspflichten in einen professionellen Diskurs eingebettet werden, aus dem verbindliche Entscheidungsprämissen für die Orientierung der pädagogischen Arbeit in Organisationen hervorgehen.

3.3 Die Qualität der pädagogischen Interaktion – symmetrische Abstimmung der Leistungen von Klienten und Pädagogen

Pädagogische Interaktionen sind die operativen Basisprozesse im Bildungssystem. Eine auf Prozesse hin angelegte Qualitätssicherung findet hier ihr primäres Betätigungsfeld. Beurteilungen können dabei von vorn herein als Bestandteile professioneller pädagogischer Arbeit angenommen werden. Sie setzen diagnostische Kompetenzen voraus, bei denen aus Beobachtungen gewonnene Informationen über Klienten mit Erwartungen abgeglichen werden. Das Urteil kann eine pädagogische Interaktion abschließen (z. B. durch Benotung) oder als Informationsinput zur Steuerung des weiteren Verlaufs der Interaktion verwendet werden (vgl. Schrader/Helmke 2001).

Gleichwohl bestehen strukturelle Differenzen zwischen professioneller pädagogischer Beurteilung und Beurteilungen in der Qualitätssicherung. Die professionelle pädagogische Beurteilung setzt eine asymmetrische Relation zwischen Pädagogen und Klienten voraus. Üblicherweise steht die pädagogische Leistung in diesen Beurteilungen nicht zur Disposition; pädagogische Kompetenz wird vielmehr als eine Legitimation für die Bewertung der Leistungen von Klienten angenommen. Pädagogische Beurteilung ist primär Fremdbeurteilung. Qualitätssicherung verlangt demgegenüber eine symmetrische Relation zwischen Pädagogen und Klienten in der pädagogischen Interaktion – Beurteilungen müssen für beide Seiten als Korrektiv wirksam werden können.

Institutionalisierte pädagogische Interaktion ist in einen organisatorischen Rahmen eingelassen, aus dem sich unabhängig vom Interaktionsverlauf Kriterien zur Bewertung der pädagogischen Interaktion ableiten lassen. Zu ihnen zählen die Ausschöpfung des zeitlichen Rahmens im Interesse der pädagogischen Zielsetzungen und die Orientierung an aktuellen methodischen und inhaltlichen Aufbereitungen des jeweiligen Themas. Sie stellen externe Referenzmaße für die Beurteilung pädagogischer Interaktion bereit.

Soll Qualität als Medium in der Relation zwischen Pädagogen und Klienten fungieren, reicht der Bezug auf extern gesetzte Qualitätsmaße nicht aus. Es bedarf einer Balance wechselseitiger Erwartungen und Leistungen, die sich erst in der Interaktion herstellen lässt. Damit wird der strukturellen Autonomie pädagogischer Interaktion im Bildungssystem Rechnung getragen. Obgleich institutionalisierte pädagogische Interaktion nur unter fixierten Konditionen (z. B. die durch Lebensalter definierte Schulpflicht) und unter explizierten Zwecken (z. B. der Erwerb bestimmter Kenntnisse) zustande kommen kann, sind ihr Verlauf und ihr Ergebnis hochgradig kontingent. Die Möglichkeiten, die Qualität pädagogischer Interaktion anhand einer korrekten Ausführung von Verfahren oder der kompetenten Anwendung einer Technik zu ermitteln, sind somit auf ein Minimum reduziert – Qualitätssicherung im Sinne einer Vermeidung von Fehlern ist damit praktisch ausgeschlossen.

Unter diesen Voraussetzungen kann der Klient in der pädagogischen Interaktion ebenso wenig reiner Empfänger wie der Pädagoge reiner Produzent einer Leistung sein. Ein Status des Klienten als Empfänger ist nicht gegeben, weil er durch sein Informations- und Mitteilungsverhalten und durch die Voraussetzungen, mit denen er in die pädagogische Interaktion eintritt, deren Verlauf und Erfolg maßgeblich mit beeinflusst. Aus den gleichen Gründen kann der Pädagoge nicht Produzent sein. Er findet den Klienten nicht als ein „Rohmaterial" vor, das am Ende seiner Arbeit monokausal auf die pädagogische Intervention hin zurechenbare Veränderungen einer bestimmten Güte aufweist, sondern als aktiv die Situation und die pädagogischen Effekte mitgestaltendes Subjekt. Qualität kann somit für die Ebene pädagogischer Interaktion nicht durch die Erwartungen einer Position und die Beschaffenheit der Leistungen einer Komplementärposition definiert werden.

Die geschilderte Konstellation bietet einen Ansatzpunkt zur Symmetrisierung der Relationen innerhalb der pädagogischen Interaktion, der für eine formale Bestimmung von Qualität auf dieser Ebene genutzt werden kann. Die Abhängigkeit der Interaktion von den individuellen Voraussetzungen der Klienten erfordert für ein erfolgreiches pädagogisches Handeln ein hohes Maß an Sensibilität und situationsspezifischer Reaktionsfähigkeit. Eine Optimierung des individuellen Bildungserfolges ist abhängig davon, wie gut es dem Pädagogen gelingt, Bildungs-, Beratungs- oder Lernangebote so in die Interaktion einzubringen, dass sie vom Klienten im Sinne des Bildungszieles rezipiert werden können. Diese Anforderung lässt sich als eine Frage nach Anschlussmöglichkeiten in der pädagogischen Interaktion fassen. Das Risiko der pädagogischen In-

teraktion besteht darin, den Anschluss an die jeweils individuellen Voraussetzungen
für einen erfolgreichen Lernprozess zu verpassen. Die Minimierung dieses Risikos ist
eine daraus folgernde formale Bestimmung von Qualität, die vor jeder konkretisieren-
den Formulierung von Qualitätskriterien durch die an der Interaktion beteiligten Personen liegt.

Bei einer Zerlegung dieses Qualitätsverständnisses in seine Komponenten wird die
Reziprozität der Leistungs- und Erwartungsbeziehungen von Pädagogen und Klienten
deutlich: Die Leistung des Pädagogen besteht darin, aus seinen Beobachtungen Informationen über die Leistungsvoraussetzungen und Erwartungen des Klienten zu generieren, die für eine anschlussfähige pädagogische Kommunikation genutzt werden. Die
Beobachtung der Ausgangslage durch den Pädagogen bildet dabei den Einstiegspunkt
in die pädagogische Interaktion. Auf ihrer Grundlage kann eine Applikation pädagogischer Zielorientierungen auf die gegebene Situation erfolgen.

Bereits dieser Schritt lässt einige Besonderheiten der Konkretisierung von Qualitätskriterien für die pädagogische Interaktion erkennen, obgleich er noch auf einer Seite der
pädagogischen Interaktion – der des Pädagogen – verbleibt. Erstens bleibt eine Präzisierung von Kriterien, mit denen Pädagogen die Leistungen der Klienten in der Interaktion qualifizieren, weitgehend an den Referenzrahmen der Interaktion selbst gebunden.
Empirische Hinweise darauf können der Forschung über die Benotungspraxis entnommen werden (vgl. Lüders 2001; Reinberg 2001). Sie belegt, dass Lehrer ein Konglomerat
aus individual-, sozial- und sachnormbezogenen Kriterien bei der Entscheidung über
Schulnoten verwenden. Diese Vielfalt der Referenzen setzt die pädagogische Bewertung
individueller Leistungen gegenüber objektivierten Maßstäben in eine deutliche Distanz.
Dadurch gewinnt die pädagogische Interaktion Freiheitsgrade. Die Erwartungen des
Pädagogen an die Leistungen des Klienten können sich an situations- und personad-
äquaten Maßstäben bilden.

Zweitens verdeutlicht die Konstellation den Bedarf an dynamischen Kriterien der
Qualität. Die pädagogische Interaktion schafft in sich selbst die Bedingungen für ihre
Fortsetzung, die auch die Veränderung der Voraussetzungen seitens der Klienten ein-
schließen. Eine Orientierung an statischen Kriterien der Qualität scheint aus diesem
Grund unangemessen. Somit bekommt die Relativität von Qualität auch einen Bezug zu
der zeitlichen Dimension pädagogischer Interaktion.

Die zeitliche Dimension ist auch deshalb von Bedeutung, weil mit zunehmender
Dauer der pädagogischen Interaktion die Position des Klienten für die Definition der
Qualität an Einfluss gewinnt. Die Formulierung der Erwartungen des Klienten an die
Leistungen des Pädagogen schließt den reziproken Prozess der Definition von Quali-
tät. Je nach Entwicklungs- oder Kenntnisstand wird der Klient Erwartungen bereits bei
Eintritt in die pädagogische Interaktion formulieren können oder sie erst im Verlaufe
der Interaktion ausbilden. Vollständige Reziprozität setzt ein kompetentes Urteil des
Klienten über seine eigenen Bildungserfolge in Relation zu den Offerten des Pädagogen voraus.

Die Realisierung der Qualitätssicherung auf der Ebene der pädagogischen Interaktion erfordert einen steuernden Einfluss des Klienten auf die Kommunikation. Dessen Erwartungen werden dabei zu einem Referenzpunkt für die Beurteilung und Korrektur pädagogischer Leistungen. Dazu bedarf es allerdings besonderer Vorkehrungen in der Kommunikation: Innerhalb der pädagogischen Interaktion wird eine Differenzierung von Referenzebenen der Verantwortung erforderlich, sobald der Klient mit in die Verantwortung für den Verlauf der Interaktion eingesetzt wird. Die Verantwortung des Pädagogen erstreckt sich dann nicht nur auf die Anschlussfähigkeit seiner Kommunikationsofferten an das Lernen des Klienten, sondern auch darauf, die Entscheidungen des Klienten über den weiteren Verlauf der Kommunikation wirksam werden zu lassen.

Die Symmetrie der Relationen in der pädagogischen Interaktion zum Zweck der Qualitätssicherung „vor Ort" muss als regulative Idee verstanden werden, deren Umsetzung von mehreren Faktoren abhängig ist. Neben dem oben bereits erwähnten Kompetenzniveau der Klienten ist die Anzahl der an einer pädagogischen Interaktion beteiligten Personen zu nennen. Je weniger die Komplexität der Situation oder die Kompetenz der Klienten deren Beteiligung an der Sicherung der Qualität pädagogischer Interaktion zulassen, desto größer wird die Verantwortung des Pädagogen dafür, im Verhalten von Klienten nicht nur deren Leistung zu sehen, sondern auch die Wirkung der eigenen pädagogischen Arbeit. Solange die Möglichkeiten einer Beteiligung der Klienten an der Steuerung der pädagogischen Interaktion begrenzt sind, muss der Pädagoge stellvertretend für die Klienten aus der Deutung der Situation Korrektive für seine Tätigkeit generieren.

Trotz der Annahme kontinuierlicher Veränderungen der Qualitätskriterien im Verlaufe pädagogischer Interaktion kann eine zeitliche Separierung von Phasen der Überprüfung, Beurteilungen und Rückmeldung der Leistungen aller an der Interaktion beteiligten Personen die Qualitätssicherung vor Ort strukturieren. Auch wenn sich das Lernen und die Bewertung des Gelernten im praktischen Vollzug kaum trennen lassen, erhöht eine derartige Sequenzierung die Transparenz der Interaktion, da sie den Beteiligten Möglichkeiten der Explikation und Adaptation ihrer wechselseitigen Leistungserwartungen eröffnet. Dieser Aspekt betrifft die strukturelle Qualität der pädagogischen Interaktion. Ihre Gewährleistung setzt Entscheidungen voraus, die im Kontext der pädagogischen Interaktion selbst nicht mehr erbracht werden können, sondern auf die Ebene der Organisation – und damit auf das Qualitätsmanagement – verweisen.

4   Abschließende Bemerkungen

Die eingangs erwähnte Leitfunktion des Qualitätsbegriffs für den Bildungsdiskurs kann nach den vorangehenden Überlegungen nicht darin bestehen, die Liste Orientierung, Autonomie und Reflexionskompetenz verbürgender Formeln pädagogischer Selbstdeutung zu verlängern. Vielmehr birgt er aufgrund seiner notorischen Unterbestimmtheit die Gefahr, die Forderung nach Qualität zu einer Trivialität werden zu lassen, da sie sich an jeden beliebigen Bereich richten lässt, in dem Leistungen erbracht werden.

Der Gewinn und die orientierende Bedeutung des Qualitätsbegriffs im Bildungs-diskurs liegen dagegen eher in der Distanzierung von pädagogischen Selbstdeutun-gen, die sich durch eine konsequente Anwendung des Differenzschemas von Erwar-tung und Beschaffenheit ergibt. Das Schema verweist auf die Fremdreferenzen, über die das Bildungssystem an seine gesellschaftliche, organisatorische und individuelle Um-welt gekoppelt ist. Die Qualitätssemantik regt somit dazu an, die bestandsnotwendigen Abhängigkeiten des Bildungssystems von seiner Umwelt in die Selbstbeschreibung ein-zubeziehen.

Daraus ergibt sich ein Bewusstsein von Relativität, das mit Blick auf die verschie-denen Ebenen des Bildungssystems gesteigert wird, weil dieser Blick verdeutlicht, dass es auch innerhalb des Bildungssystems kaum zur einheitlichen Bestimmung von Qua-lität kommen kann. Sie variiert mit den Modalitäten der Kommunikation auf den Sys-temebenen, mit den Aggregationsniveaus der über Qualität verfügbaren Informationen, mit den Rationalitätserwägungen und Zeithorizonten, über die sich unterschiedliche Systeme gegenüber dem Bildungssystem als Leistungsempfänger positionieren. Qualität weist somit auf die Anforderung hin, teilweise widersprüchliche Erwartungen innerhalb eines Systems zu integrieren. Sofern Qualität ein neues Leitkonzept im Bildungsdiskurs ist, dann in der Aufforderung, den Blick zu schärfen für die Menge unterschiedlicher Erwartungen an das Bildungssystem und die Schwierigkeiten, sie in einem System zu integrieren.

Anmerkung

1   Eine Berücksichtigung des Qualitätsdiskurses in allen Subdisziplinen der Erziehungswissenschaft ist hier nicht möglich. Die Darstellungen orientieren sich daher im Wesentlichen an der Schulpädagogik, da der Qualitätsdiskurs hier die höchste Differenziertheit erreicht hat.

Literatur

Ackermann, H./Wissinger, J. (Hrsg.) (1998): Schulqualität managen. – Neuwied.
Arnold, K.-H. (1999): Fairneß bei Schulsystemvergleichen. – Münster.
Arnold, R. (Hrsg.) (1997): Qualitätssicherung in der Erwachsenenbildung. – Opladen.
Aurin, K. (Hrsg.) (1990): Gute Schulen – worauf beruht ihre Wirksamkeit. – Bad Heilbrunn.
Baumert, J./Schümer, G. (2001): Familiäre Lebensverhältnisse, Bildungsbeteiligung und Kom-petenzerwerb. In: Deutsches Pisa-Konsortium (Hrsg.): PISA 2000. Basiskompetenzen von Schülerinnen und Schülern im internationalen Vergleich. – Opladen, S. 323–407.
Baumert, J./Bos, W./Watermann, R. (2000): Fachleistungen im voruniversitären Mathematik-und Physikunterricht im internationalen Vergleich. In: Baumert, J./Bos, W./Lehmann, R.

(Hrsg.): TIMSS/III. Dritte Internationale Mathematik- und Naturwissenschaftsstudie. Bd. 2. – Opladen, S. 129–180.

Baumert, J./Stanat, P./Demmrich, A. (2001): PISA 2000: Untersuchungsgegenstand, theoretische Grundlagen und Durchführung der Studie. In: Deutsches PISA-Konsortium (Hrsg.): PISA 2000. Basiskompetenzen von Schülerinnen und Schülern im internationalen Vergleich. – Opladen, S. 15–68.

Baumert u. a. 2000 = Baumert, J./Köller, O./Lehrke, M./Brockmann, J. (2000): Untersuchungsgegenstand, allgemeine Fragestellung, Entwicklung der Untersuchungsinstrumente und technische Grundlagen der Studie. In: Baumert, J./Bos, W./Lehmann, R. (Hrsg.): TIMSS/III. Dritte Internationale Mathematik- und Naturwissenschaftsstudie. Bd. 2. – Opladen, S. 27–56.

Blasche, S. (1989): Qualität. In: Ritter, J./Gründer, K. (Hrsg.): Historisches Wörterbuch der Philosophie. Bd. 7. – Basel, Sp. 1748–1752; 1766–1780.

Chubb, J. E./Moe, T. M. (1990): Politics, Markets, and America's Schools. – Washington/DC.

Cuttance, P. (1994): Quality Assurance in Education Systems. In: Studies in Educational Evaluation, Vol. 20, pp. 99–112.

Degendorfer, W./Reisch, R./Schwarz, G. (2000): Qualitätsmanagement und Schulentwicklung. – Wien.

Deutscher Bildungsrat (1970): Strukturplan für das deutsche Bildungswesen. – Stuttgart.

Ditton, H./Krecker, L. (1995): Qualität von Schule und Unterricht. Empirische Befunde zu Fragestellungen und Aufgaben der Forschung. In: Zeitschrift für Pädagogik, 41. Jg., S. 507–529.

Fend, H. (1982): Gesamtschule im Vergleich. Bilanz der Ergebnisse des Gesamtschulversuchs. – Weinheim.

Fend, H. (1986): „Gute Schulen – schlechte Schulen". Die einzelne Schule als pädagogische Handlungseinheit. In: Deutsche Schule, 78. Jg., S. 275–293.

Fend, H. (2000): Qualität und Qualitätssicherung im Bildungswesen. In: Helmke, A./Hornstein, W./Terhart, E. (Hrsg.): Qualität und Qualitätssicherung im Bildungsbereich: Schule, Sozialpädagogik, Hochschule. 41. Beiheft der Zeitschrift für Pädagogik. – Weinheim, S. 55–72.

Frehr, H.-U. (1999): Total-Quality-Management. In: Masing, W. (Hrsg.): Handbuch Qualitätsmanagement. 4. überarb. u. erw. Aufl. – München, S. 31–48.

Harvey, L./Green, D. (2000): Qualität definieren. Fünf unterschiedliche Ansätze. In: Helmke, A./Hornstein, W./Terhart, E. (Hrsg.): Qualität und Qualitätssicherung im Bildungsbereich: Schule, Sozialpädagogik, Hochschule. 41. Beiheft der Zeitschrift für Pädagogik. – Weinheim, S. 17–39.

Heid, H. (2000): Qualität. Überlegungen zur Begründung einer pädagogischen Beurteilungskategorie. In: Helmke, A./Hornstein, W./Terhart, E. (Hrsg.): Qualität und Qualitätssicherung im Bildungsbereich: Schule, Sozialpädagogik, Hochschule. 41. Beiheft der Zeitschrift für Pädagogik. – Weinheim, S. 41–51.

Helmke, A./Hornstein, W./Terhart, E. (2000): Qualität und Qualitätssicherung im Bildungsbereich. In: Helmke, A./Hornstein, W./Terhart, E. (Hrsg.): Qualität und Qualitätssicherung im Bildungsbereich: Schule, Sozialpädagogik, Hochschule. 41. Beiheft der Zeitschrift für Pädagogik. – Weinheim, S. 7–14.

Hering, S./Münchmeier, R. (2000): Geschichte der sozialen Arbeit. Eine Einführung. – Weinheim.

Kamiske, G./Bauer, J.-P. (1993): Qualitätsmanagement von A–Z. Erläuterung moderner Begriffe des Qualitätsmanagements. – München.

Kuper, H. (2000): Weiterbildung im sozialen System Betrieb. – Frankfurt a. M.

Laaser, A. (1980): Die Verrechtlichung des Schulwesens. In: Projektgruppe Bildungsbericht (Hrsg.): Bildung in der Bundesrepublik Deutschland. Bd. 2: Gegenwärtige Probleme. – Reinbek, S. 1342–1375.

Lange, H. (2001): Die bildungspolitische Bedeutung von Schulleistungsstudien. In: Recht der Jugend und des Bildungswesens, 49. Jg., S. 262–282.

Lehmann u. a. 2002 = Lehmann, R./Peek, R./Gänsfuß, R./Husfeldt, V. (2002): Aspekte der Lernausgangslage und der Lernentwicklung – Klassenstufe 9. – Hamburg.

Levačić, R./Woods, P. (2000): Quasi-markets and school performance: evidence from a study of English secondary schools. In: Weiß, M./Weishaupt, H. (Hrsg.): Bildungsökonomie und Neue Steuerung. – Frankfurt a. M., S. 53–95.

Little, J. (1991): Kollegialität und Reformbereitschaft. In: Terhart, E. (Hrsg.): Unterrichten als Beruf. – Köln, S. 85–98.

Lüders, M. (2001): Probleme von Lehrerinnen und Lehrern mit der Beurteilung von Schülerleistungen. In: Zeitschrift für Erziehungswissenschaft, 3. Jg., S. 457–474.

Luhmann, N. (1997): Die Gesellschaft der Gesellschaft. 2 Bde. – Frankfurt a. M.

Luhmann, N./Schorr, K. E. (1988): Reflexionsprobleme im Erziehungssystem. – Frankfurt a. M.

Masing, W. (1999): Das Unternehmen im Wettbewerb. In: Masing, W. (Hrsg.): Handbuch Qualitätsmanagement. 4. überarb. u. erw. Aufl. – München, S. 3–16.

Merkens u. a. 1997 = Merkens, H./Wessel, A./Dohle, K./Classen, G. (1997): Einflüsse des Elternhauses auf die Schulwahl der Kinder in Berlin und Brandenburg. In: Tenorth, H. E. (Hrsg.): Kindheit, Jugend und Bildungsarbeit im Wandel. 37. Beiheft der Zeitschrift für Pädagogik. – Weinheim, S. 255–276.

Meyer, J./Rowan, B. (1992): Institutionalized Organizations: Formal Structure as Myth and Ceremony. In: Meyer, J./Scott, W. (Eds.): Organizational Environments. – Newbury Park, S. 21–44.

OECD (1991): Schulen und Qualität: Ein internationaler OECD-Bericht. – Frankfurt a. M.

OECD (1995): Measuring the Quality of Schools. – Paris.

Postlethwaite, T. N. (1995): International Empirical Research in Comparative Education. In: Tertium Comparationis, Vol. 1, p. 1–19.

Prenzel, M./Merkens, H./Noack, P. (1999): Die Bildungsqualität von Schule: Fachliches und fächerübergreifendes Lernen im mathematisch-naturwissenschaftlichen Unterricht in Abhängigkeit von schulischen und außerschulischen Kontexten. Antrag an den Senat der DFG auf Einrichtung eines Schwerpunktprogramms. – Kiel.

Reinberg, F. (2001): Bezugsnormen und schulische Leistungsbeurteilung. In: Weinert, F. E. (Hrsg.): Leistungsmessungen in Schulen. – Weinheim, S. 59–71.

Rutter u. a. 1983 = Rutter, M./Maughan, B./Mortimer, P./Ouston, J. (1983): Fünfzehntausend Stunden. Schulen und ihre Wirkungen auf Kinder. – Weinheim.

Scheerens, J. (1997): Conceptual Models and Theory-Embedded Principles on Effective Schooling. In: School Effectiveness and School Improving, Vol. 8, p. 269–310.

Schrader, F.-W./Helmke, A. (2001): Alltägliche Leistungsbeurteilung durch Lehrer. In: Weinert, F. E. (Hrsg.): Leistungsmessungen in Schulen. – Weinheim, S. 45–58.

Schratz, M./Iby, M./Radnitzky, E. (2000): Qualitätsentwicklung. – Weinheim.

Steffens, U./Bargel, T. (1993): Erkundungen zur Qualität von Schule. – Neuwied.

Terhart, E. (2000): Qualität und Qualitätssicherung im Schulsystem. Hintergründe – Konzepte – Probleme. In: Zeitschrift für Pädagogik, 46. Jg., S. 809–829.

Tillmann, K.-J. (Hrsg.) (1989): Was ist eine gute Schule? – Hamburg.

Weiß, M. (1993): Der Markt als Steuerungssystem im Schulwesen? In: Zeitschrift für Pädagogik, 39. Jg., S. 71–84.

Weiß, M. (1995): Schulausgaben und Schulqualität. In: Zeitschrift für internationale erziehungs- und sozialwissenschaftliche Forschung, 12. Jg., S. 335–350.

Weishaupt, H. (1980): Modellversuche im Bildungswesen und ihre wissenschaftliche Begleitung. In: Projektgruppe Bildungsbericht (Hrsg.): Bildung in der Bundesrepublik Deutschland. Bd. 2: Gegenwärtige Probleme. – Reinbek, S. 1287–1342.

Wittpoth, J. (1997): Recht, Politik und Struktur der Weiterbildung. – Baltmannsweiler.

Alte oder neue Lernkultur?

Meinert A. Meyer

Nicht nur in Schulen und an Universitäten, auch in den Massenmedien und im Internet sind „Bildung", „Lernen", „PISA und die Folgen" heute wichtige Themen. Es gibt kaum eine große Wochenzeitschrift, die nicht Titelgeschichten und lange Serien zum Thema produziert hätte. Die Zeitschrift „GEO" etwa lieferte ab Oktober 2004 eine vierteilige Serie „Besser Lernen", in der es u. a. um die Lernkultur im Baby- und im Kindergartenalter geht. Der *„stern"* titelt in seiner Ausgabe Nr. 38 vom 9. 9. 2004: „Besser lernen. Forscher entschlüsseln die Erfolgsgeheimnisse für Schule und Universität". Man erfährt dann, dass Lehrer deutlicher sagen sollten, was sie wollen, dass Fehler für das Lernen hilfreich, dass Handlungsorientierung und Selbstorganisation des Lernens wichtig sind und dass man von der Gehirnforschung Bahnbrechendes für die neue Lernkultur zu erwarten habe: „Was passiert im Kopf, wenn Kinder büffeln? Hirnforscher wollen das herausfinden, um unser Unterrichtssystem zu modernisieren. Erstmals arbeiten sie dabei mit Pädagogen Hand in Hand." Dem Pathos solcher Schlagzeilen ist nicht viel hinzuzufügen. Die Komplexität von Schule und Unterricht, Lehren und Lernen wird auf wenige oder auch nur auf ein einziges Problem und die zugehörige Problemlösung reduziert. Ob das, wie hier, die Hoffnung auf Erkenntnisse der Gehirnforschung ist (vgl. Spitzer 2002; kritisch: Stern 2004) oder ob es darum geht, endlich kooperativ zu lehren und zu lernen (Norm Green, http://cooperativelearning. de), für die Erziehungswissenschaft bleiben viele Fragen offen. Mir liegt deshalb schon jetzt an dem Hinweis, dass Diskussionen zur Verbesserung der Lernkultur eine lange Tradition haben. Man kann in gewisser Weise die *ganze* Geschichte der Pädagogik als Geschichte der Konzipierung und gelegentlich auch der Etablierung neuer Lernkulturen deuten (vgl. Bruner 1996). Die Frage, ob wir heute von der alten, wiederbelebten, oder von einer wirklich neuen Lernkultur sprechen dürfen, ist deshalb nicht leicht zu klären. Ich versuche eine Antwort über fünf Schritte. Dabei fasse ich Schulkultur, Fachkultur und Lernkultur zusammen.

- Zunächst gehe ich auf die alte, mindestens bis auf Johann Amos Comenius zurück verweisende Lernkulturdiskussion ein. Man könnte beanspruchen, dass sie mit Heinz-Elmar Tenorths Forderung einer Kultivierung der Lernfähigkeit aus dem Jahre 1994 abgeschlossen werden kann, aber zugleich auf die aktuelle Grundbildungsdiskussion bezogen werden muss (vgl. Tenorth 1994, S. 156, S. 193; vgl. die Beiträge zum Schwerpunkt „Allgemeinbildung oder Grundbildung?" der Zeitschrift für Erziehungswissenschaft, Heft 2-2004).

- Ich beschreibe dann die bunte, facettenreiche, gelegentlich selbstwidersprüchliche deutsche Diskussion über „neue" Lernkultur, die man als *best-practice*-Berichte und Ratgeberliteratur beschreiben kann. Sie ist an Selbständigkeit, Offenheit und Handlungsorientierung des Unterrichts orientiert. Ich verweise auf Schulreformprojekte, auf die Einrichtung pädagogischer „Netzwerke" und auf Hilbert Meyers Ratgeberliteratur.

- Neben der Entwicklung hin zu Handlungsorientierung und offenem Unterricht gibt es einen zweiten Entwicklungsstrang, der stärker lernpsychologisch ausgelegt ist, der die anglo-amerikanischen Diskussionen bestimmt hat und der partiell auch in Deutschland rezipiert wird. Auch dieser Strang ist komplex, facettenreich und in gewisser Weise selbstwidersprüchlich.

- Die Sache wird noch komplizierter, weil es nicht nur darum gehen kann, darzustellen, was alles unter dem Stichwort „neue Lernkultur" vorzuweisen wäre. Vielmehr gibt es in Deutschland seit einiger Zeit die Tendenz, den Begriff der Kultur wieder *explizit* auf Schule und Unterricht zu beziehen, u. a. mit Bezug auf Pierre Bourdieus Begriff des kulturellen Kapitals. Ich versuche, ein kritisches Konzept der Schul-, Fach- und Unterrichtskultur aus dieser Perspektive zu skizzieren.

- Abschließend werde ich, obwohl dies risikoreich ist, meine eigenen Perspektiven für die Zukunft der Lernkulturdebatte und für die Verbesserung der schulischen Lernkultur beschreiben.

1   Blick zurück: Die Lernkulturtradition

Das Lernen ist, ebenso wie das Lehren, unverzichtbares Element des menschlichen Lebens, ist *condition humaine*. Lernkultur ist insofern *natürlich* vorfindbar. Zugleich ist Kultur das, was gerade nicht Natur ist. Kultur ist *künstlich;* sie könnte immer auch eine andere sein. Die Lernkulturdiskussion steht in der Spannung dieser Doppelbestimmung. Sie bestimmt auch die heutige Debatte über „neue" Lernkultur. Diese Debatte ist getragen von einem Engagement für natürliche, dem außerschulischen, vermeintlich natürlichen Lernen abgeschaute bessere Lehr-Lern-Verfahren und beansprucht zugleich, etwas Neues schaffen zu können, das sich vom Trott der Regelschule positiv abhebt. In dieser Situation ist ein Blick zurück, ein Blick in die Geschichte, naheliegend. Man entdeckt dann, wenn man es nicht schon vorher wusste, dass Lehren und Lernen immer mit „Kultur" assoziiert worden sind, im Sinne der ursprünglichen Bedeutung des lateinischen Wortes: *cultura* ist die Pflege, Zucht, Bearbeitung dessen, was ohne Pflege nichts bringen würde. Johann Amos Comenius schreibt in seiner „Pampaedia" (der „Allerziehung"), dem posthum herausgegebenen Zentralstück seines Hauptwerkes „De rerum humanarum emendatione consultatio catholica", dass die Allerziehung die *universale Pflege* des ganzen Menschengeschlechts zum Ziel habe: *„Pampaedia est totius Humanae Gentis Cultura Universalis"* (Comenius 1960, S. 14). Sie verhelfe dem Menschen als dem

Ebenbild Gottes dazu, die höchste Vollkommenheit zu erreichen. Comenius verspricht dafür in seiner „Großen Didaktik" eine „sichere und vorzügliche Art und Weise, in allen Gemeinden, Städten und Dörfern eines jeden christlichen Landes Schulen zu errichten, in denen die gesamte Jugend beiderlei Geschlechts ohne jede Ausnahme rasch, angenehm und gründlich in den Wissenschaften gebildet, zu guten Sitten geführt, mit Frömmigkeit erfüllt und auf diese Weise in den Jugendjahren zu allem, was für dieses und das künftige Leben nötig ist, angeleitet werden kann" (Comenius 1992, S. 1). Die Entwicklung schulischer *cultura* ist nötig, weil der Mensch ohne Bildung gar nicht zum Menschen würde: *„Hominem, si homo fieri debet, formari oportere."* – *„Der Mensch muss, wenn er Mensch werden soll, dazu gebildet werden."* (Comenius 1992, Kapitel 6) Im Vorwort zu seiner berühmten Fibel, dem „Orbis sensualium pictus", heißt es deshalb: *„Ruditatis antidotum eruditio est, qua ingenia in scholis imbui debent."* „Der Rohheit Gegengift ist die Bildung (ex-ruditio, Entrohung), die die Geister der Kinder in den Schulen aufsaugen müssen."* (Comenius 1978, S. 1/5).[1]

Hundert Jahre nach Comenius vertritt Jean-Jacques Rousseau eine klare Gegenposition zur didaktischen Anthropotheologie des Comenius. Im „Émile" bringt er die Sache gleich im ersten Satz auf den Punkt: *„Tout est bien sortant des mains de l'Auteur des choses, tout dégénère entre les mains de l'homme."* (Rousseau 1966, S. 35) – *„Alles, was aus den Händen des Schöpfers kommt, ist gut; alles entartet unter den Händen des Menschen."* (Rousseau 1963, S. 107) In den „Confessions", seiner Autobiographie (vgl. Rousseau 1961), veranschaulicht Rousseau dies an seiner eigenen Kindheit. Er erinnert sich daran, dass die Magd im Hause gesagt hat, er hätte einen Kamm zerbrochen, obwohl er es nicht gewesen war. Er sei dann zu unrecht bestraft worden. Dies habe ihn völlig aus der Fassung gebracht. Die Ungerechtigkeit, das Böse der Welt, hatte ihn gepackt. Erziehung bedarf deshalb, davon ist Rousseau überzeugt, einer Kultur, die vor der Gesellschaft schützt.

Immanuel Kant, der bekanntlich mit Begeisterung den „Émile" gelesen hat, schafft die Auflösung des Gegensatzes von notwendiger Bildung und schlechter Gesellschaft. Er schreibt in seiner „Vorlesung zur Pädagogik" aus dem Jahre 1803, „Kultivierung der Freiheit" sei notwendig, weil noch gar nicht ausgemacht sei, wie viel an Zwang und wie viel an Freiheit den Zöglingen zugebilligt werden muss, damit sie freie, moralische Subjekte werden können (Kant 1964, S. A 30; vgl. Keuffer 1997, S. 128–153). Deshalb ist Kants Forderung, Experimentalschulen (wie Johann Bernhard Basedows Philanthropinum in Dessau) zu unterstützen, für die deutsche Bildungsgeschichte ebenso bedeutsam wie seine These von der Kultivierung der Freiheit. Kant fordert Freiheit für die Lerner und Freiheit für die Lehrer. Er schreibt: „Erst muß man Experimentalschulen errichten, ehe man Normalschulen errichten kann. Die Erziehung und Unterweisung muß nicht bloß mechanisch sein, sondern auf Prinzipien beruhen. Doch darf sie auch nicht bloß räsonierend, sondern gleich, in gewisser Weise, Mechanismus sein. (...) Man bildet sich zwar insgemein ein, dass Experimente bei der Erziehung nicht nötig wären, und dass man schon aus der Vernunft urteilen könne, ob etwas gut, oder nicht gut sein werde.

Man irret hierin aber sehr, und die Erfahrung lehrt, dass sich oft bei unsern Versuchen ganz entgegengesetzte Würkungen zeigen von denen, die man erwartete. Man sieht also, dass, da es auf Experimente ankommt, kein Menschenalter einen völligen Erziehungs- plan darstellen kann." (Kant 1964, S. A 26/27).

Ich interpretiere: Bevor man Zielsetzungen für Schulen als „normal" festschreiben darf, muss man erkunden, was die beste Art des Unterrichtens ist, denn die allgemein- gültige erziehungswissenschaftliche Theoriebildung ist für sich unzureichend; die Pra- xis, die den Mechanismen der Alltagswelt unterliegt, ist es aber auch! Die Vermittlung von beidem, das ist Kants bahnbrechende Einsicht, ist das *pädagogische Experiment,* was von John Dewey, dem glaubwürdigsten Repräsentanten der Reformpädagogik, noch einmal hundert Jahre später weiter ausgebaut wird. Philosophie ist die Theorie der Er- ziehung als einer reflektierten Praxis; Schule ist Experiment der Gesellschaft (vgl. Dewey 1985, S. 341).

Dewey zeigt in immer neuen Anläufen, was er damit meint: „When education, un- der the influence of a scholastic conception of knowledge which ignores everything but scientifically formulated facts and truths, fails to recognize that primary or initial subject matter always exists as a matter of an active doing, involving the use of the body and the handling of material, the subject matter of instruction is isolated from the needs and purposes of the learner, and so becomes just a something to be memorized and reproduced upon demand. Recognition of the natural course of development, on the contrary, always sets out with situations which involve learning by doing." (Dewey 1985, S. 192)

Die Bestimmung der Gegenwart der Lernkulturdebatte fällt, wie ich meine, vor die- sem Rückblick auf Dewey leichter. Angestrebt wird heute eine Schulkultur, die Lernen nicht auf Belehrtwerden reduziert und deshalb das aktive, eigenständige Lernen zum Ausgangspunkt aller curricularen und unterrichtlichen Anstrengungen nimmt. Lern- welten sollen geschaffen werden, *learning environments,* die die Schüler vom *bookish learning* und von der Rezeptivität des Lernprozesses befreien und Erfahrungslernen, *re- flective experience* ermöglichen (vgl. den Beitrag von Andrea English im ZfE-Heft 1-05). Der immanente Widerspruch von neuer Lern*kultur* und *natürlichem* Lernen verweist auf ein Problem, das uns weiter beschäftigen wird und von Dewey so noch nicht gedacht werden konnte: Wenn heute in der Soziologie von Kultur gesprochen wird, werden da- mit *kollektive Sinnsysteme* oder *symbolische Ordnungen* gemeint, über die die Wirklich- keit erschlossen und das verantwortliche Handeln gelernt werden können. Etwas zu wis- sen und zu können bedeutet, „auf eine bestimmte Art und Weise ‚wie selbstverständlich' zu handeln", und Verstehen bedeutet, „sich auf bestimmte Handlungsweisen zu verste- hen". (Reckwitz 2000, S. 90) Begründungen des Wissens sind deshalb immer nur im Rahmen von gesellschaftlich akzeptieren *Sprachspielen* (in Ludwig Wittgensteins Sinn der Einheit von Sprachspiel und Lebensform) denkbar; sie bleiben letztlich „in einer nicht mehr begründbaren, aber ‚funktionierenden' Handlungspraxis fundiert" (ebd.). Dies heißt: Kulturelles Wissen, kulturelle Normen und Werte sind immer historisch und insofern auch, etwa aus interkultureller Perspektive, relativierbar. Dennoch können wir nicht frei über sie verfügen, was natürlich auch für die Gestaltung der Schul-, Fach- und Lernkultur gilt. Ich komme darauf in Abschnitt 4 noch einmal zurück.

2 Netzwerke, *Best Practice* und Ratgeberliteratur

Auch wenn der Begriff selbst oft nicht fällt: Das Engagement für eine „neue" Lernkultur bestimmt die deutsche lehrernahe didaktisch-schulpädagogische Literatur bis in die Fachdidaktiken und den Fachunterricht hinein. Kennzeichnend ist das Pathos des Bessermachens. Ich versuche eine Beschreibung dieser Literatur anhand einiger weniger Beispiele und weise ausdrücklich darauf hin, dass ihre Fülle von einer Einzelperson nicht überschaut werden kann. Die fachdidaktischen Zeitschriften und die Jahreshefte des Friedrich-Verlags wären hier zu nennen, aber auch die ungezählten Beiträge in der Zeitschrift „Pädagogik". Wenn es ein großes, dominantes Themenbündel in der Zeitschrift „Pädagogik" und in den Jahresheften gibt, dann das des offenen und des Projektunterrichts, des Lernens des Lernens, der Schülerorientierung und der Übernahme von Verantwortung für das Lernen durch die Schüler selbst (vgl. z.B. das Themenheft 12/2004 der Zeitschrift „Padagogik" zum offenen Unterricht). Faszinierend und zugleich erschreckend ist für mich dabei aber die robuste Differenz von herrschender Meinung bezüglich der Frage, wie Schule eigentlich sein sollte, und der Wirklichkeit des schulischen Unterrichts, der weiter durch Belehrung auf Lehrer- und Rezeption auf Schülerseite bestimmt ist. Auch hierauf komme ich zurück, verweise aber jetzt schon auf die Bewertung, die Jürgen Oelkers in die Diskussion zum Stellenwert der Reformpädagogik für die heutige Schule eingebracht hat: Wir müssen mit dem Widerspruch von reformpädagogischem Anspruch und alltäglicher Schulgestaltung umzugehen lernen (vgl. Oelkers 2004).

Ich veranschauliche meine Position mit Bezug auf ein Lernkultur-Netzwerk, auf Beispiele von *best practice* und auf Ratgeberliteratur.

Ein Netzwerk: Die Aktivitäten der BertelsmannStiftung (vgl. BertelsmannStiftung 1996; zuletzt Czerwanski u.a. 2002, 2004) haben bei engagierten Lehrerinnen und Lehrern Anklang gefunden. Das Thema, das 2002 in einer groß angelegten Tagung der Bertelsmann Stiftung ausgearbeitet worden ist, entspricht der reformpädagogischen Tradition: Es ging um die Förderung der Lernkompetenz der Schülerinnen und Schüler, getragen durch eine neue Lernkultur. Ich reproduziere die acht zentralen Thesen zum Thema (aus der Tagungsvorauspublikation; vgl. www.netzwerkinnovativer-Schulen.de und www.toolbox-netzwerk-innovativer-schulen.de). Ergänzt wird dieser Katalog durch die Forderung an das Bildungssystem, veränderte Rahmenbedingungen zu schaffen:

- Die Schule verständigt sich auf Ziele und Standards zur Lernkompetenz-Förderung.

- Die Schule entwickelt eine Gesamtstrategie zur Umsetzung der Lernkompetenz-Förderung in Schulorganisation und Fachunterricht.
- Die Förderung von Lernkompetenz braucht vielfältige Unterrichtsformen. Lernkompetenz kann vor allem in offenen Unterrichtssituationen zur Anwendung kommen.
- Die Förderung von Lernkompetenz braucht die Reflexion von Lernprozess und Lernergebnis. Dazu benötigt jeder Lernende Anleitung, Zeit und Regelmäßigkeit.
- Zur Förderung von Lernkompetenz müssen Sach- und Methodenkompetenz, Sozial- und Selbstkompetenz im Unterricht gleichermaßen eingefordert und bewertet werden.
- Interne Evaluation, Fortbildung und Netzwerkbildung erleichtern und sichern die Weiterentwicklung der Lernkompetenz-Förderung in der Schule.
- Schulen, die Lernkompetenz fördern, brauchen eine wirksame Lehrerkooperation und eine klare pädagogische Führung.
- Die Förderung der Lernkompetenz braucht die Zusammenarbeit mit den Elternhäusern.

Zu den Rahmenbedingungen für das Netzwerk selbst gehört das *Internet*. Die Fülle der Angebote ist auch hier unübersehbar. Hingewiesen habe ich einleitend schon auf *ein* Programm, das auf die anglo-amerikanische Tradition verweist und durch das Netzwerk der BertelsmannStiftung in Deutschland verbreitet worden ist: Norm Green: Cooperative learning, www.learn-line.de (= Bildungsserver NRW); eine Publikation dazu ist für Februar 2005 angekündigt. Eine andere Publikation aus dem Umfeld des Bertelsmann-Netzwerks ist die Arbeit von Margit Weidner zum kooperativen Lernen. Es wird als „Ausbaustufe" des Gruppenunterrichts ausgewiesen und soll sich an den folgenden drei Prinzipien orientieren:

- „Lernen wird in weiten Teilen *als ein sozialer Prozess* gesehen, in dem man durch vielfältige Auseinandersetzung mit Anderen Wissen und Kompetenz erwirbt.
- Schüler wollen gern in *Kontakt mit ihren Mitschülern* sein. Dieses wird im lehrerzentrierten Unterricht oft als Stören (‚Schwätzen') unterbunden oder sanktioniert. Beim Kooperativen Lernen wird das Bedürfnis nach Interaktion mit Gleichaltrigen in der strukturierten Kleingruppensituation konstruktiv und positiv genutzt.
- *Lernen durch Lehren* bringt Vorteile und wirkt nachhaltiger. Im Kleingruppenunterricht werden bewusst und geplant Situationen erzeugt, in denen Schüler sich gegenseitig Lerninhalte ‚beibringen'." (Weidner 2003, S. 33)

Die Netzwerke erscheinen als Zaubersysteme der Theorie-Praxis-Vermittlung. Sie sind von der Hoffnung getragen, dass Schule besser wird, wenn man sich zusammentut und voneinander lernt. Empirische Untersuchungen zu ihrer Wirksamkeit gibt es meines Wissens bisher nicht.

Best Practice: Neben der Netzwerkliteratur ist auf Praxisberichte hinzuweisen. Auch hier nenne ich nur einige wenige, von der Helene-Lange-Schule über das Elsa-Bränd-ström-Gymnasium (vgl. Risse/Allhoff/Müller 1999), die Laborschule (vgl. Thurn/Tillmann 1997) und das Oberstufen-Kolleg an der Universität Bielefeld bis zur Hamburger Max-Brauer-Schule (vgl. Rabenstein 2003) und der Bodensee-Schule (vgl. dazu auch den Film von Reinhard Kahl: „Treibhäuser der Zukunft", 2004, in dem es um Ganztags-schule und offenes, Eigenständigkeit förderndes Lernen geht).

Ich veranschauliche die Qualität der Literatur ememplarisch am Band zur Labor-schule. Susanne Thurn, die Schulleiterin, und Klaus-Jürgen Tillmann, der Wissenschaft-liche Leiter der Laborschule, nennen Gütekriterien des an John Deweys Werk inspirier-ten, von Hartmut von Hentig eingebrachten *Erfahrungslernen*. Es soll Bildung für alle ermöglichem, behinderte Kinder sollen integriert werden. Die Schule soll erproben, wie weit sie das Schulleben autonom gestalten kann. Sie soll Projekte erproben und Pro-jektunterricht prägen sowie ihre eigene Entwicklung selbstreflektiert und planmäßig er-arbeiten. Sie soll als „Haus des Lernens" eine *humane* Schule sein. Thurn und Tillmann schreiben: „Die Laborschule ist auf *allen* Stufen eine integrierte Gesamtschule – sowohl in ihrer Grundschule (wie im übrigen ja alle Grundschulen Deutschlands) als auch in der Sekundarstufe I. Sie führt ihre Kinder ohne Aussonderung und ohne jede Form der äußeren Leistungsdifferenzierung erfolgreich zu den Schulabschlüssen der Sekun-darstufe I. Damit ist die Existenz der Laborschule auch ein wichtiges Argument in der Strukturdebatte. Sie ist ein Ärgernis für alle, die auf das frühe Sortieren in unserem Schulsystem setzen, weil sie zeigt: Eine gemeinsame Schule für alle bis zum Ende der Sekundarstufe I ist mit Erfolg machbar." (Thurn/Tillmann 1997, S. 16) Anzumerken ist, dass das, was für die Laborschule beansprucht wird, durch eine nachträgliche Beteili-gung an PISA im Wesentlichen bestätigt wurde.

Ich fasse zusammen, bewerte und verallgemeinere wieder: Die *best-practice*-Berichte sind von der Begeisterung getragen, die schon das Werk des Comenius bestimmt hat. Es geht darum, ganz konkret vorzuführen, wie man Schule verbessern kann. Deshalb kommt ihnen aus meiner Sicht für die Lernkultur-Debatte eine große Bedeutung zu.

Ratgeberliteratur: In den Bereich der praxisnahen *best practice*-Literatur fallen auch die Praxisanleitungen der pädagogischen Autoren mit den großen Auflagen, ob das nun Hilbert Meyer (vgl. 1987, 1997), Heinz Klippert (zuletzt 2004) oder andere sind.

Ich gehe stellvertretend auf die Arbeiten von Hilbert Meyer ein. Sein Programm ist schulpädagogisch-didaktisch ausgerichtet. Er steht für Handlungsorientierung im Un-terricht, für Lernen mit Kopf, Herz und Hand, frei nach Johann Heinrich Pestalozzi. Das Normative der Konzeption wird bei seinem Plädoyer für die Handlungsorientierung des Unterrichts deutlich: „Es muß versucht werden, die Arbeit in der Schule aus sich heraus für Lehrer und Schüler sinnvoll zu machen. (…) Es muß versucht werden, Kopf- und Handarbeit in ein ausgewogeneres Verhältnis zu bringen und zugleich den Anteil der Selbsttätigkeit der Schüler zu erhöhen." Und, nicht normativ formuliert, aber trotzdem

normativ gedacht: „Handlungsorientierter Unterricht ist ein ganzheitlicher und schü-
leraktiver Unterricht, in dem die zwischen dem Lehrer und den Schülern vereinbarten
Handlungsprodukte die Organisation des Unterrichtsprozesses leiten, so dass Kopf- und
Handarbeit der Schüler in ein ausgewogenes Verhältnis zueinander gebracht werden
können." (H. Meyer 1987, Bd. II, S. 402)

Hilbert Meyers Publikationen sind durch Lesbarkeit ausgezeichnet (wie teilweise
kritisch angemerkt wird, fast durch zu gute, den Lernenden das Denken abnehmende
Lesbarkeit: vgl. Gruschka 2002, S. 17 ff.). Er bindet umfangreich Lehrerinnen und Lehrer, Studentinnen und Studenten in seine Textproduktionen ein und schafft so eine
kommunikative Nähe zu ihnen, die sich markant von den Texten abhebt, die in der empirischen Bildungsforschung und der Allgemeinen Didaktik anderer Provenienz produziert werden. Hilbert Meyer kommt damit bei den Lehrerinnen und Lehrern an, wie
Heinz Klippert auch, was man von den hochreflektierten Theoretikern nicht behaupten kann.

Selbstverständlich gibt es *best-practice-* und Ratgeberliteratur nicht nur in Deutschland. Ich schaue kurz und exemplarisch auf den Bereich des fremdsprachlichen Unterrichts. David Little steht für *learner autonomy* (vgl. Little 1981) und damit für eine breite
Bewegung, die auch das Fremdsprachenförderprogramm des Europarats bestimmt hat.
Die Verbesserung der Lernkultur, so Little, wäre nicht zu schaffen, wenn in ihr bei der
Förderung individueller Lernstrategien und Lernerfolge nicht zugleich die Kooperation
der Lernenden mit den anderen Lernenden und mit den Lehrern verändert würde. Er
engagiert sich deshalb für Selbständigkeit *und* Kooperation im fremdsprachlichen Unterricht.

Die Problematik der Ratgeber-Literatur lässt sich m. E. gut an der neuesten Strö-
mung in diesem Bereich festmachen, dem Bezug auf die Gehirnforschung (vgl. dazu
das Themenheft der Zeitschrift für Pädagogik, Heft 4, 2004 sowie das ZfE-Forum 2004
zum Thema „Biowissenschaften und Erziehungswissenschaft"[2]). Es kann keinen Streit
darüber geben, dass das Lernen im Gehirn stattfindet, im Körper. Deshalb hat Regula
Schräder-Naef recht, wenn sie schreibt: „Suchen wir nach Strategien zur Verbesserung
des Lernens und des Gedächtnisses, ist es naheliegend, uns an die Hirnforschung zu
wenden." (Schräder-Naef 2004, S. 52) Aber Deduktionen aus der Gehirnforschung auf
die Unterrichtsgestaltung sind immer noch hoch problematisch. Dazu ein Beispiel:
Schräder-Naef (2004, S. 57 f.) formuliert „Tipps für ein gehirngerechtes Lernen", aber
ich finde nichts, was nicht auch schon vor der Diskussion zur Gehirnforschung für erfolgreiches Lernen vorgeschlagen worden wäre. Ein zweites Beispiel: Manfred Spitzer
(2002, S. 474) gibt den Ratschlag, Klausuren immer erst sechs Wochen nach der Behandlung der Thematik schreiben zu lassen. Wenn er dies mit Ergebnissen der Gehirnforschung rechtfertigt, wird aus einer zunächst der Erziehungswissenschaft fernstehen-
den Disziplin geradlinig auf den höchst komplexen, durch viele Faktoren bestimmten
Schulalltag heruntergearumentiert, ohne andere Faktoren, die wichtig sind, zu berücksichtigen.

Es wäre ungerecht, wenn wir die Veränderungen, die sich im Rahmen der Ratgeber-Literatur ergeben haben, ignorierten. Etwa in Hilbert Meyers jüngster Publikation „Was ist guter Unterricht" (2004) findet man einen klaren Bezug auf empirische Untersuchungen, z. B. auf Andreas Helmkes Publikation zur Unterrichtsqualität (vgl. Helmke 2003). Es gibt auch eine didaktische Bewegung hin zum forschenden Habitus, wie er sich in den Publikationen zur so genannten Lehrerforschung zeigt (erstmals im deutschen Raum: Altrichter/Posch 1998; vgl. Obolenski/H. Meyer 2003). Aus der Praxis heraus sollen Schule und Unterricht verbessert werden.

Ich beschließe diesen Abschnitt deshalb wieder mit einem wertenden Hinweis: Wenn wir mit Bezug auf die Ergebnisse von TIMSS und PISA eine *neue* Lernkultur fordern, dann entspricht diese Forderung vordergründig dem, was die praxisnahen Schulverbesserer seit Jahrzehnten propagieren. Die starke Orientierung der Zeitschrift „Pädagogik", der *best-practice*-Berichte, der Ratgeber- und der Netzwerk-Publikationen auf Handlungsorientierung, offenen Unterricht, Lernen des Lernens und auf die Selbstverantwortung der Lernenden erhält so einen merkwürdig schalen Beigeschmack: Schulkulturforschung bewegt sich in einem dilemmatisch strukturierten Theorie-Praxis-Feld. Wer Schule verändern will, muss sie zunächst positiv sehen, auch wenn das Negative zum Forschen motiviert hat.

3   Die internationale Entwicklung

Im anglo-amerikanischen Sprachraum wird Allgemeine Didaktik *(curriculum and instruction research)* weitgehend aus lern- und entwicklungspsychologischer Perspektive betrieben. Wenn man in Deutschland einen Trend feststellen kann, dann eine zunehmende Akzeptanz dieser Forschung. Es ist zu erwarten, dass sich die Didaktik zukünftig intensiver um die psychologische Lernforschung bemühen wird, als es bisher der Fall ist. In Umkehrung könnte dies aber auch heißen, dass sich die psychologische Lernforschung stärker um Allgemeine Didaktik, Fachdidaktik und Schultheorie bemühen müsste. Ich versuche nachfolgend eine knappe Beschreibung, auch wenn es für den angloamerikanischen Sprachraum noch viel schwieriger als für den deutschen Sprachraum ist, einen repräsentativen Überblick zu geben.

Situated cognition: Das auf John Dewey zurückverweisende Konzept der *situated cognition* findet im anglo-amerikanischen Sprachraum breite Akzeptanz. Ich verweise auf eine viel zitierte Publikation von Brown, Collins und Duguid (vgl. 1989/1995; vgl. auch Brown/Gray 2004). Sie schreiben in ihrem Aufsatz über „Situated Cognition and the Culture of Learning": „The activity in which knowledge is developed and deployed (…) is not separable from or ancillary to learning and cognition" (Brown/Collins/Duguid 1989/1995, S. 1). Schule muss, so die Autoren, in „authentischen Lernsituationen" die „Enkulturation" der Novizen ermöglichen; sie soll nicht abstraktes Buchwissen vermitteln: „All knowledge is, we believe, like language. Its constituent parts index the world and so are inextricably a product of the activity and situations in which they are produced. A concept, for example, will continually evolve with each new occasion of use, because new situations, negotiations, and activities inevitably recast it in a new, more densely textured form. So a concept, like the meaning of a word, is always under construction." (Brown/Collins/Duguid 1989/1995, S. 2). Das ist eine starke, auf den Sprachspiel-Ansatz von Reckwitz beziehbare These, die – mit der Gleichstellung der Situation mit dem Lernen – zugleich erkenntnistheoretische und didaktische Probleme schafft. Die Autoren sind bezüglich ihrer Konstruktion optimistisch; sie stützen sich dabei auf das Konzept der *legitimate peripheral participation* von Jean Lave und Etienne Wenger (Brown/Collins/Duguid 1989/1995, S. 2): „Communities of practitioners are connected by more than their ostensible tasks. They are bound by intricate, socially constructed webs of belief, which are essential to understanding what they do (…). The activities of many communities are unfathomable, unless they are viewed from within the culture. The culture and the use of a tool act together to determine the way practitioners see the world, and the way the world appears to them determines the culture's understanding of the world and of the tools." Meines Erachtens wird dabei die Bedeutung der Reflexion und der abstrahierenden Beschreibung der Dinge und Probleme für das erfolgreiche Lernen herunter gestuft. Die Sprache hat (mit Wittgenstein) ihre Bedeutung im Gebrauch und damit in der jeweiligen Situation. Sie ist aber zugleich das Instrument, das die vorgegebenen Situationen und die in ihnen mögliche Erfahrung zu überschreiten erlaubt. Wir müssen uns also fragen, was für Situationen, in denen Konzepte Bedeutung erhalten, in der Schule gestaltet werden können, während die Autoren einen rigiden Kurs fahren: „To learn to use tools as practitioners use them, a student (…) must enter that community and its culture. Thus, in a significant way, learning is we believe, a process of enculturation." (Brown/Collins/Duguid 1989/1995, S. 3)

Situated cognition ist auch von der Cognition and Technology Group at Vanderbilt (vgl. 1992, 1997) populär gemacht worden. In den „Adventures of Jasper Woodbury" werden unter der Hand – eingepackt in spannende Abenteuer – mathematische Fähigkeiten gefördert. Schülerinnen und Schüler ab der Klasse 4 können mit Hilfe von zwölf Videofilmen problemlösend mathematische Kenntnisse erwerben:

- Jasper Woodbury macht eine Fahrt von seinem Haus nach Cedar Creek Marina, wo er sich ein Boot kaufen will. Auf der Testfahrt merkt er, dass die Fahrlichter nicht funktionieren und dass das Boot nur einen Behelfstank mit wenig Treibstoff hat. Die Schülerinnen und Schüler sollen deshalb Jasper helfen herauszubekommen, ob er noch vor Dunkelheit nach Hause kommen kann und ob ihm dafür der Treibstoff reicht.

- Lenore Clayton ist Bürgermeisterkandidatin für Cumberland City. Zu ihrer Wahlkampfstrategie gehört, dass sie dafür sorgt, dass Wähler, die sie höchstwahrscheinlich wählen werden, auch in die Wahllokale gelangen. Die Schülerinnen und Schüler werden aufgefordert, den zwei Kindern von Lenore, Marcus und Tracy, dabei zu helfen, einen Plan zu gestalten, der sicherstellt, dass möglichst viele Wähler in die Wahlstationen gefahren werden können.

Die Autoren bemühen sich darum, wie sie sagen, nicht zu lehren und trotzdem mathematische Kenntnisse zu fördern. Sie sprechen deshalb auch von „verankertem" Unterricht *(anchored instruction)*. Sie entsprechen damit dem Ideal des natürlichen, spielerisch leichten Lernens, wie es die amerikanische Tradition, aber auch die comenianische und die reformpädagogische europäische Tradition bestimmt hat. Die Autoren sind stolz, dass das Projekt unabhängig von den *instructional models* eingesetzt werden kann, die die verantwortlichen Lehrer jeweils anwenden.[3]

Die Situationsabhängigkeit des Lernens ist auch von Heinz Mandl, Gabi Reinmann-Rothmeier und anderen betont worden. Reinmann-Rothmeier und Mandl kennzeichnen den Wissenserwerbsprozess als aktiven, selbstgesteuerten, konstruktiven, situativen und sozialen Prozess. Sie unterscheiden mit Bezug auf diese Ausdifferenzierung drei Grundorientierungen bezüglich der Schaffung der Lernvoraussetzungen: *systemorientierte* (an der Fachsystematik orientierte), *problemorientierte* (eher auch fächerübergreifend orientierte) und *adaptive* (stärker an der Lernsituation und den Schülerinnen und Schülern orientierte) Lernumgebungen (Reinmann-Rothmeier/Mandl 1998, S. 461ff.).

Ich fasse zusammen und bewerte: Der Betonung der Situationsabhängigkeit des Lernens ist mit Bezug auf John Deweys *learning environment* zuzustimmen, obwohl man als wesentliche Bedingung erfolgreichen Lernens ansehen kann, dass das Erlernte im Transfer in *unerwartet neuen* Situationen angewandt werden muss (vgl. Klauer 1999). Es zeigt sich also eine Dialektik des Lernens zwischen Situationsabhängigkeit und -unabhängigkeit.

Legitimate peripheral participation: Jean Lave und Etienne Wenger haben das Konzept der legitimen, aus der Peripherie ins Zentrum wandernden Partizipation *(legitimate peripheral participation)* in Praxisgemeinschaften *(communities of practice)* entwickelt (vgl. Lave/Wenger 1991). Lernende lernen nicht so sehr durch Unterricht, sondern durch zunehmend verantwortlichere und aktivere Teilnahme an dem, was die „Profis" machen. Die Partizipation, nicht die abstrakte Vorbereitung, führt in der Praxis zur Ausbildung von Expertenwissen, was Lave und Wenger an der Ausbildung von Hebammen in Brasilien, Schneidern in Afrika und anderem erläutern. Lernen ist Identitätsentwicklung und nicht nur Wissenserwerb. Entsprechend kritisch ist die Haltung der Autoren gegenüber einem Training *vor* der Praxis und gegenüber schulischem Lernen.

Wenger hat das Modell, das die Praxis und das Lernen *on the job* gegen das vorbereitende Lehren und Lernen stark macht, weiter ausgebaut (vgl. Wenger 1998; Snyder/Wenger 2004). Unklar bleibt m.E., in welchem Umfang durch die Novizen im System eine Veränderung des ganzen Systems, in das sie sich einfädeln, gestaltet werden kann. Die Gefahr, dass sie einfach nur die Praxis fortschreiben oder dass sie gar nicht durchschauen, welche Veränderungen möglich sind, ist m. E. groß. Ob sich Schule dafür eignet, *legitimate peripheral participation* zu simulieren oder zu ersetzen, ist eine Frage, die Wenger nur am Rande interessiert, die für die Bewertung des Modells von Brown, Collins und Duguid aber von entscheidender Bedeutung ist. Ich komme auf die Problematik mit Bezug auf Frank Achtenhagen zurück.

Guided discovery: In gewisser Hinsicht stellt das Programm von Ann L. Brown and Joseph C. Campione: „Guided Discovery in a Community of Learners" (1994), das notwendige Gegenstück zu den viel weiter rezipierten Programmen von Brown, Collins und Duguid oder Lave und Wenger dar, obwohl auch hier der Bezug auf Deweys *learning by doing* und auf die *legitimate peripheral participation* herausgestellt wird. – Die Schüler sind demnach aktive Lerner, sie entdecken selbst, was sie lernen wollen, sie konstruieren ihre Welt, aber die Lehrer helfen ihnen bei ihren Entdeckungen: „We have argued in favor of a middle ground between didactic teaching and untrammeled discovery learning, that of ‚guided discovery' (…), where the teacher acts as a facilitator, guiding the learning adventures of his or her charges. Guided discovery, however, is difficult to orchestrate. It takes sensitive clinical judgment to know when to intervene and when to leave well enough alone. (…) Guided discovery places a great deal of responsibility in the hands of the teacher, who must model, foster, and guide the ‚discovery'-process into forms of disciplined inquiry that may not be reached without this expert guidance." (Brown/Campione 1994, S. 230) Die beiden Autoren schlagen deshalb vor, die Unterschiedlichkeit der Lerner bezüglich ihres Entwicklungs- und ihres Kenntnisstandes in von Lehrern kontrollierten, heterogenen Zonen der nächsten Entwicklung (*multiple zones of proximal development* im Anschluss an Lew Wygotski) in einem kooperativen Lehr-Lern-Prozess zu vermitteln. Unter anderem stellen sie dafür Puzzle-Unterricht (*jigsaw teaching*) vor, für den getrennte „Forschergruppen" gebildet werden, etwa – im einem Beispiel aus der Biologie – fünf solche Gruppen, die sich mit ausgestorbenen, gefährdeten, künstlichen, unterstützten und urbanisierten Populationen beschäftigen. Jedes Fünftel ist dann abhängig von der Ergänzung durch die vier anderen Fünftel. Die Lehrer müssen dafür sorgen, dass sich gute Ideen, die in den Arbeitsgruppen entstehen, in der Lernergemeinschaft ausbreiten. Sie sollen zugleich dafür sorgen, dass es nicht zur Verbreitung falscher Ideen kommt, zum Beispiel, wie es offensichtlich passiert ist, zur Verbreitung der Idee einer Gruppe, AIDS könne durch Moskitos übertragen werden.

Das typisch amerikanische Engagement für die bessere Schule wird im nachfolgenden Abschlusszitat deutlich: „We try to create a community of scholastic practice within which expertise is distributed (…): everyone is a researcher, everyone is a teacher, everyone is a writer, everyone is an expert at something. Everyone is involved in a plan-prepare-practice-perform cycle with tangible results. Identities are created, and a sense of community with shared values emerges. Students say that they feel ownership, and although it can't be absolute, there is a sense of volunteerism and choice in these classrooms. There are multiple ways to full participation, and peripheral participation in some aspects of the work is legitimized (…)." (Brown/Campione 1994, S. 269)

Während die methodische Gestaltung des Modells sich von dem, was bei uns für guten Gruppenunterricht gefordert wird, kaum unterscheidet, ist es kennzeichnend, dass die Vorschläge zur Gestaltung des gesteuerten Entdeckens in der Lernergemeinschaft systematisch *empirisch* überprüft werden sollen (a. a. O., S. 260 ff.). Die Autoren sehen aufgrund ihrer Evaluationen Stärken des Modells: Es ist verträglich mit der *legitimate peripheral participation* nach Lave und Wenger. Die Lehrer sind zugleich Lerner und die Lerner sind Lehrer. Sie entwickeln Argumentationsfähigkeit und Denkvermögen, indem sie im Puzzle-Unterricht ihr Expertenwissen an andere vermitteln. Als Schwächen ausgewiesen werden: Die Lerngemeinschaft ist grundsätzlich für die Erweiterung des Wissens und Könnens auf das beschränkt, was sich aus der Kombination der Kenntnisse und Fähigkeiten ihrer Mitglieder ergibt.

Die Rolle der Lehrer in diesem Modell ist m. E. sehr anspruchsvoll. Sie sollen die Lerner zum Entdecken ermutigen und gleichzeitig ihre Führer *(guides)* sein und so sicherstellen, dass die Schüler nichts Falsches lernen. Angemerkt sei hier, dass im vorliegenden Heft in der Sammelrezension von Andrea Reinartz eine Nachfolgestudie vorgestellt wird, in der ausführlich auf Schwierigkeiten bei der Umsetzung eingegangen wird, was man durchaus als Positivum verbuchen kann: Es sollte gute Forschungspraxis werden, wie schon Kant gefordert hat, langfristig Reformprojekte zu evaluieren und dabei auch eher negative oder neue, nicht im voraus erhoffte Ergebnisse dieser Projekte zu dokumentieren.

Innovative cultures: Es gibt auch im anglo-amerikanischen Raum zwei Forschungsrichtungen, die nur begrenzt voneinander wissen, die schulische und die außerschulische erziehungswissenschaftliche *scientific community*. Die wichtigste Brücke zwischen den beiden *communities* ist, wie oben schon deutlich wurde, durch die Arbeiten von Jean Lave und Etienne Wenger geschaffen worden, was allerdings wechselseitige Rezeptionsprobleme nicht ausschließt. Nachfolgend beziehe ich mich auf eine umfangreiche Publikation mit wirtschaftswissenschaftlichem Hintergrund, den Sammelband von Marcia L. Conner und James G. Clawson (2004).

Was wir lernen, hängt davon ab, wer wir sind, wer wir werden wollen, was uns lieb ist und mit wem wir zusammen sind. Lernen ist deshalb immer auch Identitätsbildung sowie Identitäts*wandel*, und dies ist von Relevanz für die Wirtschaft, für die großen Korporationen und Firmen, für das *change management* in diesen Firmen. Aus betriebswirtschaftlich-didaktischer Perspektive ist dabei entscheidend, dass es gelingt, die Distribution von für eine Firma notwendigen Kenntnissen *(knowledge-sharing)* und die Erneuerung des Gewussten *(innovation)* zusammenzubringen. Wenn es gelingt, authentische, geteilte Praxis *(shared practice)* in einem Betrieb bewusst zu gestalten, dann verbreitern sich auch die innovativen Kenntnisse in dem Betrieb; aber die Wissensverbreiterung darf man sich nicht als simple Information denken: „Practice does not come in discrete pieces like Lego toys but in clumps and clusters of yarn like a knitter's remnant box after a threeyear-old child has played in it. To move a strand from one community to another, from one type of product to another, from one country to another means to disentangle, snip, and re-entangle – without consuming the yarn." (Brown/Gray 2004, S. 8) Die Autoren formulieren deshalb ein für das anglo-amerikanische Wirtschaftsdenken, wie ich meine, kennzeichnendes Fazit: Descartes' *„Cogito, ergo sum"* müsse geändert werden zu *„We participate, therefore we are."* (Brown/Gray 2004, S. 15) Eine gewagte These, die aber zugleich auf ein Dilemma verweist: Die betriebswirtschaftliche Perspektive auf Lernkultur ist nicht die der Partizipation *(learning with nobody in charge)*, sondern der Steuerung und des kontrollierten Management *(leading)*.

Die Idee des Lernens durch Partizipation wird in dem Beitrag von Snyder und Wenger systematisch ausgebaut und zugleich globalisiert: Lernende Systeme sind Kommunikationsgemeinschaften *(communities of practice)*. Jede *community* entwickelt ihre Praxis, indem sie das Wissen der Praktiker allen Beteiligten zugänglich macht und weiter entwickelt (vgl. Snyder/Wenger 2004, S. 39). Letztlich, so die Autoren, müsse man die ganze Welt als ein solches lernendes System betrachten: „The challenge to intentionally and systematically design and develop the world as a learning system must be a global, diverse, interwoven social movement. This social movement is not simply about advocacy; nor is it a political revolution. Rather, it is about the transformation of civic consciousness – a way of thinking about governance as an action-learning process, as a role for civic actors across sectors, as a process that links the local and global in clear and concrete ways. And it depends, fundamentally, on individuals finding a way to participate locally – whether that means a community of place or practice, or both – a way that gives them access to the entire learning system." (Snyder/Wenger 2004, S. 58) Die Aufgabenstellung ist klar und als solche, wie ich meine, durchaus auch für Schulen als lernende Systeme interessant. Organisationen müssen sich – bei laufendem Betrieb – den Veränderungen anpassen, die um sie herum passieren. Sie müssen selbst innovativ sein, wenn sie nicht der Konkurrenz erliegen wollen. Die Organisationen leben von der Lernkultur, die es in ihnen gibt. Sie brauchen sie für das eigene Überleben, und dafür sind Praxisgemeinschaften als lernende Netzwerke viel effektiver als hierarchisch organisierte Großbetriebe. Deshalb das Pathos, wie bei Comenius: Wir packen es, wir werden besser, wir blicken optimistisch in die Zukunft!

Die zunehmende Rezeption anglo-amerikanischer Forschungen im deutschsprachigen Bereich ist perspektivenreich. Stellvertretend für andere stelle ich die Arbeit der Erziehungswissenschaftler Beck, Guldimann und Zutavern (vgl. 1995) und einen englischsprachigen Aufsatz des Wirtschaftspädagogen Frank Achtenhagen (vgl. 2003) vor.

Eigenständige Lerner: Beck, Guldimann und Zutavern (vgl. 1995) wollen eine neue Lernkultur realisieren, die die Eigenständigkeit im Lernen fördern und Nutzen aus der Fähigkeit der Lernenden ziehen soll, die eigenen kognitiven Kräfte für Problemlösungen einzusetzen. Mit Bezug auf eine Publikation von Brown, Bransford, Ferrara und

Campione legen die Autoren besonderes Gewicht auf die Bedeutung der „Metakognition". Sie sei für den Lernerfolg der Novizen entscheidender als die Kenntnis „expertenhafter" Sachstände. Unersetzbar sei „das eigenständige Erfahren, Beobachten und Erkennen" der Prozesse des Problemlösens (Beck/Guldimann/Zutavern 1995, S. 16 f.). Eigenständige Lerner entwickeln eine offenere Haltung bezüglich ihrer Erfolge und Misserfolge beim Lernen als Schüler im „normalen" Unterricht. Schüler sollten deshalb lernen, „kognitive und metakognitive Strategien selbst zu generieren" (a.a.O., S. 19). Dafür formulieren die drei Autoren die folgenden Annahmen:

* „Selbstgesteuertes, zielgerichtetes Lernen wird nicht über die Vermittlung von Lernstrategien erreicht.
* Eine für eigenständige Lerner günstige Lernumgebung hat Aufforderungscharakter für kognitiv anspruchsvolle Lern- und Arbeitsformen in spezifischen Lernbereichen.
* Einsicht ins eigene geistige Tun fördert die Interaktion zwischen Lehrenden und Lernenden und nutzt das Medium der schriftlichen Reflexion.
* Kognitive Selbsterfahrung erleichtert das Verstehen eigener und fremder Arbeits- und Denkweisen." (a.a.O., S. 20 f.)

Das Bedeutsame an dieser und an ähnlichen Arbeiten im deutschsprachigem Raum ist nicht das Thema – eigenständiges Lernen bestimmt die ganze durch die Reformpädagogik inspirierte Debatte über neue Lernkultur. Entscheidend ist vielmehr, dass hier ähnlich wie bei Brown und Campione (1994) versucht wird, den Effekt der Veränderungen des Schulalltags empirisch zu überprüfen. Besonders gut sieht man dies bei der Darstellung der Schwierigkeiten, die die Lehrer haben. Sie finden sich nicht in ihre neue Rolle; sie fühlen sich teilweise überflüssig.

Authentic instruction: Es leuchtet ein, dass *situated cognition* und *authentic instruction* aufeinander verweisen. Wenn die These richtig ist, dass man „situiert" am effektivsten lernen kann, dann sollte man sich darum bemühen, Lernsituationen zu schaffen, die möglichst im „wirklichen Leben" selbst vorkommen oder ihm zumindest ähneln. Es ist das Verdienst von Frank Achtenhagen (vgl. 2003), die hiermit verbundenen Probleme identifiziert zu haben. Sein Beitrag eignet sich deshalb für den Abschluss meiner Darlegungen zur internationalen Entwicklung. Die Idee, die er mit seinem Team zum Ausgangspunkt empirischer Forschung macht, ist denkbar einfach und gerade dadurch überzeugend: Wenn authentisches Lernen gut ist, dann sollte man die Lernsituationen, die es in der dualen kaufmännischen Ausbildung gibt, als solche beschreiben und man sollte sie didaktisch nach Gütekriterien klassifizieren können. Das duale System ist in Deutschland von Georg Kerschensteiner u. a. Anfang des 20. Jahrhunderts aber eingeführt worden, weil man zu der Überzeugung gelangt war, dass im Arbeitsprozess selbst nicht all das gelernt werden kann, was für die Arbeit notwendig ist. Die empirischen Erhebungen Achtenhagens und seiner Mitarbeiter bestätigen die Richtigkeit dieser Erkenntnis: „Real life situations do not support effective learning per se!" (Achten-hagen 2003, S. 261 ff.) Damit entsteht, wenn man weiter Authentizität als didaktisches Gütekriterium für die Gestaltung von Lehr-Lern-Situationen akzeptiert, ein Problem. Authentizität wird „auf die Bühne gebracht", wobei sie dann jedoch genau das verliert, was ihr Qualitätssiegel verspricht: Authentizität. Achtenhagen formuliert das als Para-dox: „Authentizität wird vermittelt, um Unvermitteltheit zu demonstrieren" (Achtenha-gen 2003, S. 265 f.). Er stellt deshalb für die Überprüfung der didaktischen Qualität des Authentizitätsprinzips nachfolgend ein Programm für das Lernen in einer Lernwerk-statt vor. Das Thema für die Arbeit in ihr ist m. E. gut gewählt. Es geht um die Beratung von Klienten einer virtuellen „Multibank" in Geldanlagefragen. *On the job*-Training ist für eine solche Aufgabenstellung nicht angebracht, weil die Auszubildenden noch nicht eigenverantwortlich beraten sollen und die Kunden in der Regel nur mit einem Bankan-gestellten kooperieren wollen, der ihre besonderen Wünsche und Möglichkeiten kennt, nicht mit wechselnden Betreuern. Entscheidend für unsere Suche nach einer neuen Lernkultur ist, dass für die deskriptive Zielsetzung im Projekt von Achtenhagen – was lernt man *on the job*? – und für die didaktisch-konstruktive Aufgabe – wie gestaltet man das Lernen in Lernwerkstätten *(complex teaching-learning environments)* – empirisch validierte Informationen gegeben werden können (wenn auch zunächst nur mit klei-nem Sample, was weitere Erhebungen nahelegt). Achtenhagen kann einen im Vergleich zur herkömmlichen Lehrpraxis höheren Lerneffekt des Unterrichts in seiner „Multi-bank" demonstrieren. Er kann zeigen, dass die *legitimate peripheral participation* nach dem Modell von Lave und Wenger für die duale Ausbildung nur begrenzt tauglich ist.

Fassen wir zusammen: Die Schlüsselbegriffe, die hier erläutert wurden, deuten den Trend der neuen Lernkultur anglo-amerikanischer Provenienz an: *legitimate periphe-ral participation, situated cognition, guided discovery, innovative cultures, eigenständige Lerner* und *authentic instruction*. Ich kann mit Bezug auf die dargestellten Studien ein vorsichtiges, zunächst positives, in gewisser Weise aber auch kritisches Fazit ziehen. Im anglo-amerikanischen Sprachraum gibt es eine der deutschen Entwicklung in inhalt-licher Hinsicht vergleichbare Entwicklung. Gefordert wird auch hier eine neue Lernkul-tur. Es wäre aber leichtfertig, einfach so die von der Rezeption der Reformpädagogik in unterschiedlichster Ausprägung inspirierte anglo-amerikanische *best-practice*-Pädago-gik als Vorbild für die neue deutsche Lernkultur darzustellen. Denn es gibt weitgehende Einigkeit darüber, dass die Reformmodelle den Unterrichtsalltag an amerikanischen Schulen nur wenig verändert haben (s. u.). Ebenso gefährlich wäre es, amerikanische Forschungspositionen, die sich nur teilweise in der Schulpraxis widerspiegeln, zum Ret-tungsanker zu erklären. Offensichtlich brauchen wir eine komplexere Bestimmung des Theorie-Praxis-Verhältnisses, als ich sie bis jetzt erarbeitet habe.

4 Theorie der Lernkultur

Ich habe einleitend schon geschrieben, dass es sinnvoll ist, Lernkultur, Fachkultur und Schulkultur zusammenzudenken. Zur *Lernkultur* gibt es Publikationen in großer Zahl (vgl. z. B. Kösel 1993; Keuffer/Meyer 1997; Arnold/Schüßler 1998; Czerwanski u. a. 2002, 2004; Bastian 2004). Demgegenüber sind Publikationen zur Fachkultur seltener (vgl. Liebau/Huber 1985; Tenorth 1999; Huber 2001). Schulkultur wird in einem Hallenser Sammelband ausführlich thematisiert (vgl. Keuffer u. a. 1998). Sie ist aber auch im Rahmen der Ratgeber-Literatur in den 1990er-Jahren unter dem Konzept der „lernenden Schule" reflektiert worden (vgl. H. Meyer, Bd. II, 1997 S. 243 ff.; M. A. Meyer 1997; Schratz/Steiner-Löffler 1998); es gibt auch eine Zeitschrift „Lernende Schule". In den Publikationen geht es immer wieder um Schulkultur in einem normativ vorbestimmten Sinne. Wie kann man Schule so gestalten, dass sie sich aus sich selbst heraus entwickelt? Wie reagiert man auf die Provokationen, die sich ihr schulintern und durch die bildungspolitisch interessierte Öffentlichkeit stellen?

Wir wissen offensichtlich genau, wie Schule und Unterricht gestaltet werden *sollten,* dieses Wissen führt aber nicht dazu, dass die Schule – von Ausnahmen abgesehen – in Richtung auf die darin zum Ausdruck kommende neue Schul-, Unterrichts- und Lernkultur *verändert* wird. Für die Erklärung dieses Widerspruchs bietet es sich an, einen Bezug zu Pierre Bourdieus Habitus-Konzept, seiner Idee des sozialen Feldes und des kulturellen Kapitals herzustellen.

Bourdieu fasst das, was traditionell als Bildung gedacht wird, sozialwissenschaftlich-kritisch unter den Begriff des *Habitus* im sozialen Feld und hebt damit die Komponente der Gewohnheit, der Übung und der durch Reflexion nicht beliebig aufhebbaren Unverfügbarkeit von Bildung hervor. Habitus ist ein System verinnerlichter Muster. Diese Muster ermöglichen es, die „typischen Gedanken, Wahrnehmungen und Handlungen einer Kultur zu erzeugen" (Bourdieu 1974, S. 143). Der Habitus ist deshalb zugleich strukturierte und strukturierende Struktur, ist *opus operatum* und *modus operandi* (Bourdieu 1987, S. 98 f.). Habitus ist strukturiert, insofern in ihn „die Denk- und Sichtweisen, die Wahrnehmungsschemata, die Prinzipien des Urteilens und Bewertens" eingegangen sind, die es in einer Gesellschaft gibt; er ist strukturierend, da das Bewusstsein vom Gewordensein dieser zweiten Natur in der „Selbstverständlichkeit der von ihm erzeugten Praxis untergegangen" ist (Krais/Gebauer 2002, S. 5 f.).

Bourdieu überträgt das Konzept auf die Schule. Diese tradiert nicht nur Wissen, sondern auch Stile, Haltungen, Meinungen, Werthaltungen, Urteile und ästhetisches Empfinden, ohne dass sich die Individuen dessen bewusst werden müssen. Ihre Funktion ist es viel mehr, „bewußt (...) Unbewußtes zu übermitteln" (Bourdieu 1974, S. 139). Dabei leben die Akteure von dem gemeinsamen Glauben an die *Sinnhaftigkeit* des Spiels, das gespielt wird, was Bourdieu als die für Habitus, Feld und Akteure notwendige *illusio* definiert: „Der praktische Glaube an das Feld entsteht bei den Akteuren, indem sie teilnehmen am Spiel: Mit ihrer Teilnahme lassen sie sich auf das ein, worum es in diesem Spiel geht (...), mit ihrer Teilnahme erkennen sie aber auch das Spiel selbst an, seine Voraussetzungen, den Einsatz, die Ergebnisse, die Kriterien für ‚gutes‘, ‚elegantes‘ oder auch nur ‚erfolgreiches‘ Spiel. Wenn die Zustimmung zum Feld fehlt oder zurückgenommen wird, erscheinen die Welt, die dieses Feld bildet, und das Handeln in ihr absurd" (Krais/Gebauer 2002, S. 62). Für Bourdieu ist deshalb klar, dass die Machtverhältnisse einer Gesellschaft durch Bildung und Erziehung stabilisiert werden. „Jede pädagogische Aktion ist objektiv symbolische Gewalt, insofern sie mittels einer willkürlichen Gewalt eine kulturelle Willkür durchsetzt" (Bourdieu/Passeron 1973, S. 13).[4] In seinem „Soziologischen Selbstversuch" spricht Bourdieu dann allerdings von „epistemologischen Konversionen" und meint damit die Reaktion auf subjektive und objektive „Krisensituationen", in denen die habituellen Erwartungs-, Wahrnehmungs- und Denkschemata fragwürdig werden, so dass die Macht des Habitus relativiert wird (Bourdieu 2002, S. 5).

Es liegt nahe, das Modell Bourdieus auf unseren Befund bezüglich *best practice* und *neuer Lernkultur* zu applizieren: Ist die bis heute noch weitgehend folgenlose Diskussion über offenen Unterricht, Handlungsorientierung und eigenständiges, kooperatives Lernen, wie Jürgen Oelkers sie festgestellt hat, Ausdruck kultureller Willkür im Sinne Bourdieus? Ist die anglo-amerikanische Debatte zur neuen Lernkultur auch nur Ausdruck von Wunschvorstellungen, die die Realität der amerikanischen Schulen nicht erreichen? Und wie sähe eine „epistemologische Konversion" im Feld der Schule aus?

Für die Übertragung von Bourdieus Konzept auf meine Fragestellung stützte ich mich auf die Schulkulturtheorie, die Werner Helsper u. a. (vgl. 1998, 2001) skizziert haben. Die Problemeinkreisungen, die die Autoren vornehmen, sind durchaus mit dem Ansatz Bourdieus verträglich, auch wenn sie sich stärker auf Ernst Cassirer, Niklas Luhmann, Ulrich Oevermann u. a. stützen. Helsper u. a. unterscheiden zwischen *Realität*, *Symbolik* und *Imaginärem*, um das, was in Schulen außerhalb des Unterrichts passiert, zu beschreiben. Ähnlich wie bei Oevermann ist das „*Reale*" das, was die Schule in ihrer rahmenden gesellschaftlichen Funktion bestimmt, einschließlich der aus dieser Rahmung resultierenden Antinomien und Dilemmata, denen sich die Akteure im Feld nicht entziehen können. Das „*Symbolische*" sind demgegenüber die Interaktionen und Kommunikationsweisen, die Handlungen und Handlungsketten der Akteure, also das, was ihren Handlungen Sinn gibt. Das „*Imaginäre*" bestimmt das Selbstverhältnis der Akteure, die Selbstinszenierungen der Institution, ihre Programme und pädagogischen Zielsetzungen, die öffentliche Präsentation ihres Selbstverständnisses (vgl. Helsper u. a. 1998, S. 45 f.; Böhme/Kramer 2001; Helsper u. a. 2001, S. 25 ff.).

Lernkulturforschung ist m. E. konstitutiv darauf verwiesen, *Schulkulturen* im Sinne Helspers, aber auch *Fachkulturen* in ihrer das Lehren und Lernen strukturierenden Bedeutung zu erforschen und auf Unterrichtskommunikation zu beziehen, und dies heißt, dass sich im Anschluss an Bourdieu, an Helsper u. a. ein kritischer Fachkulturbegriff konzipieren lässt. Fachkulturen realisieren im Medium des Unterrichts fachlich und damit systematisch das, was die erwachsene Generation curricular einfordert, *real* (über den Einfluss der „Bildungsmächte" im Sinne Erich Wenigers), *symbolisch* (über die Disziplinierung des Wissens und Könnens im Fach) und *imaginär* (über die Konstruktion der Welt durch das Fach und damit immer auch zugleich durch die Ausgrenzung der Welt außerhalb dieser Konstruktion). Die Schüler setzen sich mit den Ansprüchen auseinander, vor die sie durch die Lehrer und ihre Fächer gestellt werden. Sie erfahren die Fächer im doppelten Sinne als das, was ihr Lernen bestimmt: Sie eröffnen ihnen die Welt des Wissens, sie stellen aber zugleich auch eine disziplinierende Zwangsjacke dar, die die Entwicklung ihrer Neigungen und Zukunftsperspektiven eingrenzt.

Ich fasse zusammen: Lernkultur wird real durch die Institution Schule bestimmt. Sie kann mit Bezug auf Cassirer, Wittgenstein, Bourdieu, Oevermann, Helsper u. a. als das symbolische Spiel verstanden werden, das dem Lehren und Lernen Sinn gibt, indem es Sinnwelten anderer Bereiche ausgrenzt, oder, wo dies nicht möglich ist, in die Absurdität führt. Damit erweist sich das Symbolische zugleich als das Imaginäre (bzw. die *illusio*), das den unterschiedlichen Unterrichtsfächern und -inhalten ihren Sinn gibt, ohne darüber noch einmal eine zusammenfassende Sinnstiftung zu ermöglichen. Auf das spannungsvolle Verhältnis der Fachkulturen, repräsentiert durch die Lehrenden, und der Lernkultur der Schülerinnen und Schüler, gehe ich deshalb nun näher ein.

5   Fachkulturforschung und Bildungsgangforschung

Man kann Fachkulturen dadurch negativ kennzeichnen, dass es jenseits ihrer Grenzen kein Verstehen gibt. Der Aufbau von Fachkultur in der Schule verlangt also den Schülerinnen und Schülern etwas ab, was der Idee der Allgemeinbildung zuwider ist. Sie sollen sich – allemal, wenn sie die gymnasiale Oberstufe besuchen – fachlich spezialisieren; sie sollen aber zugleich aus einem „vielseitigen Interesse" heraus allgemeine Bildung erwerben. Ich versuche, die Problematik mit Bezug auf das Konzept der Fachkultur im sozialen Feld der Schule zu verdeutlichen, um dann auf die unterschiedliche Perspektive der Lehrenden und der Lernenden einzugehen.

Es braucht nicht zu verwundern, dass die Bedeutung des Fachunterrichts für das Lernen unterschiedlich gesehen wird. Heinz-Elmar Tenorth schreibt, dass Schulfächer „die spezifische kulturelle Funktion von Schule" sichern. „Sie überformen und validieren die Alltagserfahrung, führen in das historisch-gesellschaftlich geforderte und verfügbare Wissen ein – als systematische Einheit und zeitlich-sachliche Sequenz von Initiation und Reflexion" (Tenorth 1999, S. 193). Aufgabe der Fachlehrer sei es deshalb, bewusst „epistemologische Brüche" herbeizuführen, in denen der biographisch geprägte Standpunkt, das Alltags- oder Erfahrungswissens der Lernenden objektiviert werde. Während Tenorth also die welterschließende Funktion des Fachunterrichts herausstellt, betrachtet Ludwig Huber Fachunterricht eher als Behinderung der Welterschließung und stellt die *Problematik* des „Fachprinzips" unserer Schule heraus, was man besonders gut am Stellenwert der „Schlüsselqualifikationen" im Fachunterricht festmachen könne. Gegen die Vereinnahmung dieser Schlüsselqualifikationen durch die jeweiligen Fächer vertritt er die Auffassung, dass „das ganze *setting* eines Fachunterrichts" nicht dazu tauge, den Erwerb von Schlüsselqualifikationen zu unterstützen: „Die Probleme sind in der Regel schon weitgehend definiert, die Methoden im Paradigma des Faches verortet, die Gütekriterien der Lösung im Prinzip klar, der soziale Verband (Klasse oder Kursgruppe) gegeben und seit langem vertraut." (Huber 2001, S. 323). Abkürzend könnte man also mit Huber sagen, Fachunterricht behindere das welterschließende Lernen. Demgegenüber zeige fächerübergreifender Unterricht die anzustrebende „Irritation von zur Selbstverständlichkeit gewordenen Wertordnungen und Relevanzskalen" (Huber 2001, S. 310; vgl. Liebau/Huber 1985 sowie Heft 3-2001 der Zeitschrift für Erziehungswissenschaft).

Es sollte einleuchten, dass angesichts dieser divergierenden Einschätzungen der Beschreibung von „unterschiedlichen kulturellen Skripten" für den Fachunterricht, wie sie in der TIMS-Studie knapp skizziert sind (vgl. Baumert u. a. 1997, S. 225 ff.), und den „epistemologischen Überzeugungen *(beliefs)* der Lehrer und der Lerner (Köller u. a. 2000, S. 268) große Bedeutung zukommt. Auf der Basis einer Theorie der Schul-, Fach- und Lernkultur sollte sich systematisch bestimmen lassen, ob und in welcher Art und Weise der alltäglich praktizierte Fachunterricht nach den Dimensionen der Realität, der Symbolik und des Imaginären beschrieben werden kann und wie sich Schülerinnen und Schüler in ihren individuellen Bildungsgängen und ihrer spezifischen Lernsituation im Medium des Fachunterrichts bilden können.

Ich verdeutliche die alltäglichen Probleme, die die Konzeption von Unterricht als Spiel aufwirft, jetzt abschließend mit der Gegenüberstellung der Position eines Lehrers mit der zweier seiner Schülerinnen. Herr Tenfelde[5], ein erfahrener Studiendirektor eines etablierten Gymnasiums, kommentiert im nachfolgenden Textauszug seinen Unterricht (vgl. M. A. Meyer/Trautmann 2000) in der Jahrgangsstufe 11, Leistungskurs, zum Thema Voluntarismus. Ausgangspunkt ist der Spruch John F. Kennedys: „Don't ask what the country can do for you, ask what you can do for the country."

Lehrer: „Also die eh die Thematik wie hier deutlich wurde ist also „Voluntarism" (=ja=) in Amerika. Das war auch ein offenes Projekt, was ich hier gewählt habe als ich vor fünf Jahren in den USA war. Ich bin dort erst aufmerksam geworden auf diese interessante Problematik und versuche Dinge, die ich dort gesehen habe also hier einzubringen (=mh=) und Schüler mit diesen . Fragen zu konfrontieren, also aus der landeskundlichen Sicht ... es ist die Frage dann, die Schüler einzubinden, in diese Problematik einzuführen, um dann zur Meinungsäußerung zu kommen, also das ist für mich immer der Höhepunkt einer Stunde: Schüler eben zu einer Problematik in ein ‚Gespräch' zu verwickeln (=mh=), das ist das Prinzip und das strebe ich eigentlich in jeder Stunde an, (=mh=) die kommunikative Seite dabei zu sehen."

Aus dem Gesamtinterview wird deutlich, dass Herr Tenfelde in interkultureller Hinsicht sehr sensibel ist; hier baut er seine „Kompetenz" aus. Was mich zugleich fasziniert und frustriert, ist die unterrichtsmethodische Umsetzung seines Interesses, ich könnte auch sagen, die Art und Weise, wie er seiner Vermittlungsaufgabe nachkommt. Er „konfrontiert" die Schüler mit seinen Kenntnissen, versucht aber nicht, ihnen dabei zu helfen, ihre eigenen interkulturellen Fragestellungen zu finden und zu bearbeiten. Die Schülerinnen und Schüler bewerten den Unterricht von Herrn Tenfelde deshalb mehrheitlich anders als er selbst. Die interkulturelle Perspektive interessiert sie nur wenig. Von gleichberechtigter Kommunikation merken sie nichts.

Die schärfste Klarstellung bezüglich der Qualität und der Zielstellung des Englischunterrichts von Herrn Tenfelde stammt von zwei Schülerinnen, die nicht zu den leistungsstarken Schülern des Kurses gehören. Sie kritisieren zwei Punkte:

1) Die Sprachkompetenz des Lehrers wird von vielen von ihnen als Klippe erlebt. *(Schülerin A: „Das wollte ich noch sagen, dass es auch, gerade weil Herr Tenfelde eigentlich ein total guter Lehrer ist und wie, eh, Christian auch so total gutes Englisch spricht, also glaub' ich zumindest, richtig hoher Anspruch, deswegen ist die Klippe so schwer, entweder man fühlt sich überfordert und schaltet ab, oder man versucht wirklich irgendwie reinzusteigen.")*

2) Die Unterrichtsgestaltung wird als dominant gegenüber dem eigenen Lernprozess wahrgenommen. *(Schülerin B: „Das Problem mit dem Sprechen ist einfach, dass man das Gefühl hat, dass man mit seinem Kommentar, den man gibt, den Unterricht aufhält. [Andere Schüler lachen zustimmend.] – Wenn ich dasitze und denke, mir fehlen die Worte, mir fehlt der Ausdruck, mir fehlt die Grammatik, dann sitze ich da, und überlege und warte, man kann das nicht aufschreiben und vorlesen, das würde Zeit sparen, aber man sitzt dann da und überlegt und wenn sie (eine der Schülerinnen, My) sagt, er spricht einem ins Wort, das ist schon ganz gut, weil's dann errettet einen das aus der Situation, bloß das ist eben das, dadurch lernt man es eben irgendwo nicht.")*

Das Frappierende an den Interviewauszügen ist, dass der Lehrer und die Schülerinnen und Schüler einander verstehen und trotzdem offensichtlich aneinander vorbeireden. Wenn Herr Tenfelde ernsthaft am „Gespräch" mit seinen Schülerinnen und Schülern interessiert wäre, dann müsste er sich fragen, wie sie ein *Interesse* an interkulturellen Fragen entwickeln könnten. Statt dessen geht er davon aus, dass die interkulturellen Fragestellungen sozusagen durch seine Person hindurch erfahrbar werden, da er ja in den USA gewesen ist und die Problematik gut kennt. Er lebt, wie wir mit Bezug auf Bourdieu sagen können, von der *illusio*, er könne die eigenen Erfahrungen der Schülerinnen und Schüler durch seine Belehrung ersetzen, in einer imaginären Fachkultur.

Die Schülerinnen und Schüler nehmen demgegenüber wahr, dass sie im Unterricht „verobjektiviert" werden. Der scheinbar gut laufende Unterricht ist wichtiger als das individuelle Vorankommen der in ihrer Leistungsfähigkeit unterschiedlichen Schülerinnen und Schüler. Bildungsgangforschung (vgl. M. A. Meyer/Reinartz 1998, Hericks u. a. 2001, Trautmann 2005) legt deshalb nahe, die Lernenden gründlicher zu erforschen, sie in ihrer didaktischen und nicht nur in ihrer fachlichen Kompetenzentwicklung zur Kenntnis zu nehmen und dann zu fragen, wie man sie in ihrem Lernprozess unterstützen kann. Damit erhält die empirische Erforschung der *Schülerpartizipation* besonderes Gewicht. Offensichtlich ist der Fachhabitus, wie ihn die Lehrer vormachen, Behinderung und Bedingung ihres fachlichen Lernens zugleich. Ich gehe deshalb davon aus, dass man in der Gestaltung der schulischen Lehr-Lern-Prozesse verstärkt auf die Biographie der Lernenden und der Lehrenden Rücksicht nehmen sollte, was nicht heißt, dass die Inszenierung von Fachkultur, wie sie Herr Tenfelde gestaltet hat, einfach falsch ist. Das Verhältnis von Fach- und Lernkultur muss vielmehr als in sich widersprüchlich, als „dialektisch" verstanden werden.

6   Schlussbemerkung

Wenn ich jetzt eine empirisch gestützte Fachkultur- und Bildungsgangforschung als richtungweisend für die Schaffung einer neuen Lernkultur gefordert habe, dann ist das parteilich, und Parteilichkeit macht bekanntlich blind. Es ist sehr wohl denkbar, dass die Fachkultur- und Bildungsgangforschung auch nur ein weiteres Element der unerschöpflichen *best-practice*-Literatur darstellt und ihren Teil zur Stabilisierung der *illusio* bezüglich der Unterrichtsgestaltung liefert. Ich habe aber wenigstens die Argumente genannt, die aus meiner Sicht dafür sprechen, dass man auf diesem Weg weiter gehen kann.

Mir liegt deshalb abschließend an dem Hinweis, dass die Konzentration auf den Bildungsgang der Lernenden von anderer Seite gestützt wird (vgl. von Olberg 2004; Terhart 2005). Außerdem gibt es eine interessante Parallelentwicklung in den USA. Ich verweise dafür auf die Bemühungen des *National Research Council (NRC),* für Schule und Unterricht eine umfassende *Strategic Educational Research Partnership (SERP)* zu etablieren. Ziel dieser Kooperation von Lehrern und Forschern ist die Umsetzung eines auf fünfzehn Jahre ausgelegten Plans (einer *„vision"*), der Schule und Unterricht verbessern soll.

In „How People Learn" (Donovan/Branford/Pellegrino 1999) werden dafür Schlüsselerkenntnisse formuliert, die dem gegenwärtigen Forschungsstand entsprechen, die den informierten erziehungswissenschaftlichen Leser aber auch nicht überraschen dürften:

- „Students come to the classroom with preconceptions about how the world works. If their initial understanding is not engaged, they may fail to grasp the new concepts and information that are taught, or they may learn them for purposes of a test but revert to their preconceptions outside the classroom."
- „To develop competence in an area of inquiry, students must (a) have a deep foundation of factual knowledge, (b) unterstand facts and ideas in the context of a conceptual framework, and (c) organize knowledge in ways that facilitate retrieval and application."
- „A ‚metacognitive' approach to instruction can help students to learn to take control of their own learning by defining learning goals and monitoring their progress in achieving them." (Donovan/Bransford/Pellegrino 1999, S. 10, S. 12 und S. 13)

Diese Schlüsselerkenntnisse bezüglich Vorverständnis der Lernenden, Vermittlung von Kenntnissen und bewusstem Lernen werden in einer Nachfolgepublikation auf der Basis einer Verständigung der Experten, die sich für das Projekt zusammengeschlossen haben, auf den Stand der Forschung bezogen (vgl. Bransford/Brown/Cocking 2000). Die Autoren sprechen dabei bewusst von einer „Lernwissenschaft" *(science of learning)*, die den Lernprozess der Menschen über vier Entwicklungsstufen bestimmen soll. Es geht zunächst um Erkenntnisse der Kognitionspsychologie und der Gehirnforschung *(mind and brain)*, dann um naturbezogene und gesellschaftliche Erfahrung *(experience)* und letztlich um die Frage, wie man die Erkenntnisse über das Gehirn und den menschlichen Geist und die Erkenntnisse über den Einfluss der Welt der Dinge und der Menschen auf das Lernen in der Schule aufeinander beziehen kann: in *learning environments,* in denen die Schülerinnen und Schüler selbsttätig *(learner centered)* auf der Basis ihrer individuellen Voraussetzungen lernen können und die Lehrer präzise beschreibbare, unterstützende Funktionen erhalten.

Die beteiligten Hauptautoren, Suzanne M. Donovan und James W. Pellegrino, haben 2003 ein weiteres Buch mit dem Titel „Learning and Instruction: A SERP Research Agenda" veröffentlicht, durch das Forschung und Schulpraxis besser als es in der Vergangenheit in den USA der Fall gewesen ist, aufeinander bezogen werden sollen: „Its purpose is to provide a powerful knowledge base, derived both from research and the study of practice, that can support the efforts of teachers, school administrators, colleges of education, and policy officials to improve student learning." (Donovan/Pellegrino 2003, S. 1).

Auch in den Publikationen des *National Research Council* sehen wir das comenianische Pathos des Bessermachens, vor dem ich jetzt in vielen Schritten gewarnt habe. Entscheidend für mich ist aber, dass es aus anglo-amerikanischer Perspektive und zunehmend auch im deutschsprachigen Raum einen Trend gibt, den ich in diesem Stichwortartikel identifiziert habe: Man akzeptiert zunehmend in der Forschung und in der Praxis, dass man sich darum bemühen muss, in experimenteller Haltung und mit forschenden Blick eine neue Lernkultur nicht nur zu diskutieren und in einigen wenigen Vorführschulen zu realisieren, sondern mit Breitenwirkung für das Schulsystem insgesamt einzuführen. Für diese Aufgabe ist aus meiner Sicht die Unterscheidung von Realität, Symbolik und Imaginärem hilfreich, denn sie eröffnet ein praktikables Verfahren, mit dem Dilemma umzugehen, das Jürgen Oelkers bezüglich der Reformpädagogik formuliert hat: Alle engagieren sich für sie, aber der Unterrichtsalltag der Schulen bleibt unverändert.

Anmerkungen

1   Wenngleich die Ausdrucksweise und der christliche Rahmen anders waren, als es heute der Fall ist, die Begeisterung, nun endlich den richtigen Weg zur Verbesserung der schulischen Verhältnisse gefunden zu haben, diese Begeisterung findet sich immer wieder bis in die Gegenwart hinein, wenn von neuer Lernkultur die Rede ist.

2   Die Beiträge zum ZfE-Forum 2004 „Biowissenschaften – Erziehungswissenschaft" werden in einem ZfE-Beiheft 2005 veröffentlicht.

3   Eine gute Übersicht zum Projekt findet man in einer Darstellung von Kelli Nipper: http://jwilson.coe. uga.edu/EMT668/EMT668.Folders.F97/Nipper/EMAT6690/Jasper/Jasper.html

4   Der Bericht von Seung-Nam Son zur koreanischen Schulkultur im ZfE-Heft 1-05 ist dafür eine gute Veranschaulichung.

5   Der Name ist ein Pseudonym.

Literatur

Achtenhagen, F. (2003): Problems of Authentic Instruction and Learning. In: Technology, Instruction, Cognition and Learning, Vol. 1, S. 253–273.

Altrichter, H./Posch, H.-P. (1998): Lehrer erforschen ihren Unterricht. Eine Einführung in die Methoden der Aktionsforschung. – 3. Aufl. – Bad Heilbrunn.

Arnold, R./Schüßler, I. (1998): Wandel der Lernkulturen. Ideen und Bausteine für ein lebendiges Lernen. – Darmstadt.

Baumert u. a. 1997 = Baumert, J./Lehmann, R./Lehrke, M./Schmitz, B./Clausen, M./Hosenfeld, I./Köller, O./Neubrand, J. (1997): TIMSS – Mathematisch-naturwissenschaftlicher Unterricht im internationalen Vergleich. Deskriptive Befunde. – Opladen.

Bastian, J. (2004): Unterrichtsentwicklung – Lernkultur – Fachkultur. Eine Untersuchung von Zusammenhängen. In: Popp, U./Reh, S. (Hrsg.): Schule forschend entwickeln. Schul- und Unterrichtsentwicklung zwischen Systemzwang und Reformansprüchen. – Weinheim 2004, S. 89–104.

Beck, E./Guldimann, T./Zutavern, M. (1995): Eigenständig lernen. – St. Gallen.

BertelsmannStiftung (Hrsg.) (1996): Schule neu gestalten. Dokumentation zum Sonderpreis „Innovative Schulen" im Rahmen des Carl Bertelsmann-Preises 1996. „Innovative Schulsysteme im internationalen Vergleich". – Gütersloh.

Böhme, J./Kramer, R.-T. (Hrsg.) (2001): Partizipation in der Schule. Theoretische Perspektiven und empirische Analysen. – Opladen.

Bourdieu, P. (1974): Zur Soziologie der symbolischen Formen. – Frankfurt a. M.

Bourdieu, P. (1987): Sozialer Sinn. Kritik der theoretischen Vernunft. – Frankfurt a. M.

Bourdieu, P. (2002): Ein soziologischer Selbstversuch. – Frankfurt a. M.

Bourdieu, P./Passeron, J.-C. (1973): Grundlagen einer Theorie der symbolischen Gewalt. – Frankfurt a. M.

Bransford, J. D./Brown, A. L./Cocking, R. R. (Eds.) (with additional material from M. S. Donovan and others) (2000): How People Learn. Brain, Mind, Experience, and School. Expanded Edition. – Washington.

Brown, A. L./Campione, J. C. (1994): Guided discovery in a community of learners. In: McGilly, K. (Ed.): Classroom Lessons: Integrating Cognitive Theory and Classroom Practice. – Cambridge, Mass., S. 229–270.

Brown, J. S./Gray, E. S. (2004): Indroduction. In: Conner, M. L./Clawson, J. G. (Eds.) (2004): Creating a Learning Culture. Strategy, Technology, and Practice. – Cambridge, S. 1–16.

Brown, J. S./Collins, A./Duguid, P. (1989): Situated Cognition and the Culture of Learning. In: Educational Researcher, Vol. 18(1), S. 32–42; hier zitiert nach der Online-Ausgabe von 1995. URL: webmaster@ilt.columbia.edu, last modified 29-Nov-95, v.5/iltweb/ilt/*.

Bruner, J. (1996): The Culture of Education. – Cambridge.

Cognition and Technology Group at Vanderbilt (1992): An Anchored Instruction Approach to Cognitive Skills Acquisition and Intelligent Tutoring. In: Regian, J. W./Shute, V. J. (Eds.): Cognitive Approaches to Automated Instruction. – Hillsdale, London, S. 135–170.

Cognition and Technology Group at Vanderbilt (1997): The Jasper Project: Lessons in Curriculum, Instruction, Assessment and professional Development. – Mahwah.

Comenius, J. A. (1960): Pampaedia. Hrsg. v. D. Tschizewskij in Gemeinschaft mit H. Geissler und K. Schaller. – Heidelberg.

Comenius, J. A. (1978): Orbis sensualium pictus [1658]. Die bibliophilen Taschenbücher. – 2. Aufl. – Dortmund.

Comenius, J. A. (1992): Große Didaktik [1657]. Übers. und hrsg. von A. Flitner mit einem Nachwort von K. Schaller. – Stuttgart.

Conner, M. L./Clawson, J. G. (Eds.) (2004): Creating a Learning Culture. Strategy, Technology, and Practice. – Cambridge.

Czerwanski u. a. 2002 = Czerwanski, A./Solzbacher, C./Vollständt, W. (2002): Förderung von Lernkompetenz in der Schule, Bd. 1: Recherche und Empfehlungen. – Gütersloh: Bertelsmann Stiftung.

Czerwanski u. a. 2004 = Czerwanski, A./Grieser, D./Solzbacher, C./Vollständt, W. (2004): Förderung von Lernkompetenz in der Schule, Bd. 2: Praxisbeispiele und Materialien. – Gütersloh: Bertelsmann Stiftung.

Dewey, J. (1985): Democracy and Education [1916]. Ed. by J. A. Boydston. The Middle Works, Vol. 9. – Illinois 1985.

Donovan, M. S./Pellegrino, J. W. (Eds.) (2004): Learning and Instruction: A SERP Research Agenda. – Washington.

Donovan, M. S./Bransford, J. D./Pellegrino, J. W. (Eds.) (1999): How People Learn. Bridging Research and Practice. – Washington.

Gruschka, A. (2002): Didaktik. Das Kreuz mit der Vermittlung. Elf Einsprüche gegen den didaktischen Betrieb. – Wetzlar.

Helmke, A. (2003): Unterrichtsqualität – erfassen, bewerten, verbessern. – Seelze.

Helsper u. a. 1998 = Helsper, W./Böhme, J./Kramer, K-T./Lingkost, A. (1998): Entwürfe zu einer Theorie der Schulkultur und des Schulmythos – strukturtheoretische, mikropolitische und rekonstruktive Perspektiven. In: Keuffer, J./Krüger, H.-H./Reinhardt, S./Weise, E./Wenzel, H. (Hrsg.): Schulkultur als Gestaltungsaufgabe. Partizipation – Management – Lebensweltgestaltung. – Weinheim, S. 29–75.

Helsper u. a. 2001 = Helsper, W./Böhme, J./Kramer, K-T./Lingkost, A. (2001): Schulkultur und Schulmythos. Rekonstruktionen zur Schulkultur I. – Opladen.

Hericks u. a. 2001 = Hericks, U./Keuffer, J./Kräft, H.-C./Kunze, I. (Hrsg.) (2001): Bildungsgangdidaktik. Perspektiven für Fachunterricht und Lehrerbildung. – Opladen.

Huber, L.: (2001): Stichwort: Fachliches Lernen. Das Fachprinzip in der Kritik. In: Zeitschrift für Erziehungswissenschaft, 3. Jg., S. 307–331.

Kant, I. (1964): Über Pädagogik [1803]. In: Werke in sechs Bänden, hrsg. v. W. Weischedel, Bd. VI,– Darmstadt, S. 695–769.

Keuffer, J. (1997): Kulturelle Modernisierung und das Verhältnis von Zwang und Freiheit – Zur Frage von Immanuel Kant: „Wie kultiviere ich die Freiheit bei dem Zwange?". In: Keuffer, J./Meyer, M. A. (Hrsg.): Didaktik und kultureller Wandel. Aktuelle Problemlagen und Veränderungsperspektiven. – Weinheim, S. 128–153.

Keuffer, J./Meyer, M. A. (Hrsg.) (1997): Didaktik und kultureller Wandel. Aktuelle Problemlagen und Veränderungsperspektiven. – Weinheim.

Keuffer u. a. 1998 = Keuffer, J./Krüger, H.-H./Reinhardt, S./Weise, E./Wenzel, H. (Hrsg.) (1998): Schulkultur als Gestaltungsaufgabe. Partizipation – Management – Lebensweltgestaltung. – Weinheim.

Klauer, K. J. (1999): Situated Learning: Paradigmenwehcel oder alter Wein in neuen Schläuchen? In: Zeitschrift für Pädagogische Psychologie/German Journal of Educational Psychology, Vol. 13(3), S. 117–121.

Klippert, H. (2004): Lehrerbildung. Unterrichtsentwicklung und der Aufbau neuer Routinen. Praxisband für Schule, Studium und Seminar. – Weinheim.

Köller, O. u. a. (2000): Epistemologische Überzeugungen und Fachverständnis im Mathematik- und Physikunterricht. In: Baumert u. a. (Hrsg.): TIMSS/III. Mathematische und physikalische Kompetenzen am Ende der gymnasialen Oberstufe. – Opladen, S. 229–270.

Kösel, E. (1993): Die Modellierung von Lernwelten. Ein Handbuch zur Subjektiven Didaktik. – Elztal-Dallau.

Krais, B./Gebauer, G. (2002): Habitus. – Bielefeld.

Lave, J./Wenger, E. (1991): Situated Learning and Legitimate Peripheral Participation. – Cambridge.

Liebau, E./Huber, L. (1985): Die Kulturen der Fächer. In: Neue Sammlung, 25. Jg. S. 314–339.

Little, D. (1991): Learner autonomy 1: Definitions, issues and problems. Authentic Books for language teachers. – Dublin.

Meyer, H. (1987): UnterrichtsMethodik. 2 Bde. – Frankfurt a. M.

Meyer, H. (1997): Schulpädagogik. Bd. II: Für Fortgeschrittene. – Berlin.

Meyer, H. (2004): Was ist guter Unterricht? – Berlin.

Meyer, M. A. (1997): Die „lernende Schule" als Antwort auf kulturellen Wandel. In: Keuffer, J./Meyer, M. A. (Hrsg.): Didaktik und kultureller Wandel. Aktuelle Problemlagen und Veränderungsperspektiven. – Weinheim, S. 33–66.

Meyer, M. A./Reinartz, A. (Hrsg.) (1998): Bildungsgangdidaktik. Denkanstöße für pädagogische Forschung und schulische Praxis. – Opladen.

Meyer, M. A./Trautmann, M. (2000): Musteranalyse einer Unterrichtsseuenz im Fach Englisch. In: Meyer, M. A./Schmidt, R. (Hrsg.): Schülermitbeteiligung im Fachunterricht. Englisch, Geschichte, Physik und Chemie im Blickfeld von Lehrern, Schülern und Unterrichtsforschern. – Opladen, S. 93–141.

Obolenski, A./Meyer, H. (Hrsg.) (2003): Forschendes Lernen. Theorie und Praxis einer professionellen LehrerInnenausbildung. – Bad Heilbrunn.

Oelkers, J. (2004): Reformpädagogik. In: Benner, D./Oelkers, J. (Hrsg.): Historisches Wörterbuch der Pädagogik. – Weinheim, S. 783–806.

Olberg, H.-J. von (2004): Didaktik auf dem Wege zur Vermittlungswissenschaft? Eine Sammelbesprechung neuerer Veröffentlichungen. In: Zeitschrift für Pädagogik, 50. Jg., S. 119–113.

Rabenstein, K. (2003): In der gymnasialen Oberstufe fächerübergreifend lehren und lernen. Eine Fallstudie über die Verlaufslogik fächerübergreifenden Projektunterrichts und die Erfahrungen der Schüler. – Opladen.

Reckwitz, A. (2000): Die Transformation der Kulturtheorien in den Sozialwissenschaften. Eine systematische Theoriegeschichte. – Weilerswist.

Reinmann-Rothmeier, G./Mandl, H. (1998): Wissensvermittlung. Ansätze zur Förderung des Wissenserwerbs. In: Klix, F./Spada, H. (Hrsg.): Wissen. Enzyklopädie Psychologie. Bd. 6 – Göttingen, S. 457–500.

Risse, E./Allhoff, J./Müller, J. (Hrsg.) (1999): Gymnasium heute – … und es bewegt sich doch! Lesebuch über Schulreform und Reformpraxis. Beispiel: Elsa-Brändström-Gymnasium. – Neuwied.

Rousseau, J.-J. (1961): Die Bekenntnisse. Übertragung von A. Semerau. – Frankfurt a.M.

Rousseau, J.-J. (1963): Emile oder Über die Erziehung. Hrsg. v. M. Rang. – Stuttgart.

Rousseau, J.-J. (1966): Emile ou De l'éducation [1762]. Ed. M. Launay. – Paris.

Schräder-Naef, R. (2004): Lern- und Arbeitsstrategien im Gymnasium. – Weinheim.

Schratz, M./Steiner-Löffler, U. (1998): Die Lernende Schule. Arbeitsbuch pädagogische Schulentwicklung. – Weinheim.

Snyder, W.M./Wenger, E. (2004): Our world as a learning system: A communities-of-practice approach. In: Conner, M.L./Clawson, J.G. (Eds.): Creating a Learning Culture. Strategy, Technology, and Practice. – Cambridge S. 35–58.

Spitzer, M. (2002): Lernen. Gehirnforschung und die Schule des Lebens. – Heidelberg.

Stern, E. (2004): Wie viel Hirn braucht die Schule? Chancen und Grenzen einer neuropsychologischen Lehr-Lern-Forschung. In: Zeitschrift für Pädagogik, 50. Jg., S. 531–538.

Tenorth, H.-E. (1994): „Alle alles zu lehren". Möglichkeiten und Perspektiven allgemeiner Bildung. – Darmstadt.

Tenorth, H.-E. (1999): Unterrichtsfächer – Möglichkeit, Rahmen und Grenze. In: Goodson, I.F./Hopmann, S./Riquarts, K.. (Hrsg.): Das Schulfach als Handlungsrahmen. Vergleichende Untersuchung zur Geschichte und Funktion der Schulfächer. – Köln, S. 191–207.

Terhart, E. (2005): Über Traditionen und Innovationen oder: Wie geht es weiter mit der Allgemeinen Didaktik? In: Zeitschrift für Pädagogik, 51. Jg., S. 1–13.

Thurn, S./Tillmann, K.-J. (Hrsg.) (1997): Unsere Schule ist ein Haus des Lernens. Das Beispiel Laborschule Bielefeld. – Reinbek.

Trautmann, M. (Hrsg.) (2005): Entwicklungsaufgaben im Bildungsgang. – Wiesbaden.

Wenger, E. (1998): Communities of Practice. – Cambridge.

Weidner, M. (2003): Kooperatives Lernen im Unterricht. Das Arbeitsbuch. – Seelze.

Integration

Renate Möller und Uwe Sander

Unterscheidet man *Pädagogik* von *Erziehungswissenschaft* und versteht unter Pädagogik das eher an geisteswissenschaftlichen, hermeneutischen und normativen Traditionen sowie an gelenkter Erziehung orientierte Verständnis der Disziplin und demgegenüber unter Erziehungswissenschaft die neuere sozialwissenschaftlich beeinflusste, auf Empirie fußende, theoretisch-deskriptive und an gesellschaftlichen Sozialisationsprozessen interessierte disziplinäre Identität, dann mag Integration eher mit Pädagogik als mit Erziehungswissenschaft assoziiert werden. Den Bemühungen um eine Klärung der normativen Zielwerte von Erziehung und Bildungsprozessen lag und liegt immer auch eine Vorstellung von Einheit oder Ganzheit zu Grunde, zu deren Realisation Pädagogik verhelfen sollte. Die klassischen pädagogischen Grundkonzepte des Individuums, der Bildung, der Gemeinschaft oder Geselligkeit verweisen eindeutig darauf. Allerdings spielen hier Gesellschaft oder Gesellschaftstheorie noch eine untergeordnete Rolle. Die Integration der *Pädagogik* (in der hier vorgenommenen heuristischen Differenz zur *Erziehungswissenschaft*) zielte lange Zeit darauf, die Betroffenen von Bildungs- und Erziehungsprozessen unter ein vorgegebenes anthropologisches Ideal zu subsumieren. Integration meint hier also, Personen mittels Erziehung zu führen und zu formen sowie ‚Abweichler' (moralisch Ungefestigte, Verwahrloste, Delinquente usw.) zu reintegrieren. Dabei orientierte sich die Pädagogik (z. B. der Aufklärung, der Romantik, des Neuhumanismus, der Reformbewegung, aber auch des Nationalsozialismus) eher am Ideal des neuen Menschen als an einer neuen Gesellschaft.

Unbeachtet davon, dass Pädagogik als Praxis immer auch im Sinne bestehender gesellschaftlicher Verhältnisse operierte, rekurrierten ihre Theorien noch wenig auf das Problem, wie Gesellschaften funktionieren und welchen Beitrag die Pädagogik für dieses Funktionieren leistet bzw. leisten müsste.

Dieser Aspekt wurde in die Pädagogik mit der Adaption soziologischer und sozialphilosophischer Theorien quasi als Nebeneffekt mit importiert. Die Schwerpunktverlagerung auf umfassende *Sozialisations-* statt auf individuelle Erziehungsfragen weitete jetzt die Theoriesicht (der Erziehungswissenschaft) auf die Thematik, wie Gesellschaften ihre Stabilität im Wechselspiel von Konstanz und Wandel auch dadurch absichern, dass Heranwachsende notwendiges Wissen und akzeptable Handlungsmuster erwerben, dass Normen intergenerationell weitergegeben werden, dass gesellschaftliche Loyalitäten erzeugt werden usw. Nun erscheinen Schule, Erziehung oder Ausbildung in einem neuen Licht. Sie integrieren in die Gesellschaft bzw. in ihre Teilsysteme, und das Erziehungssystem wird selbst zu einem Teilsystem der Gesellschaft, das bestimmte integrative Funktionen zu erfüllen hat. Mit diesem Perspektivenwechsel verbunden ist auch eine Verlagerung des normativen Erziehungsparadigmas hin zur analytischen Beschreibung gesellschaftlicher Bildungs- und Erziehungsprozesse. Um die gesellschaftlichen Funktionen des Erziehungssystems erkennen zu können, müssen diese zuerst einmal erfahrungswissenschaftlich erhoben und theoretisch systematisiert werden.

Neben diesen eher sachlichen Integrationsaspekten wird in der Erziehungswissenschaft aber auch ein normativer Integrationsdiskurs weitergeführt, in dem neben der Gesellschaftsbeschreibung wieder der Aspekt gelenkter Steuerung sozialer Prozesse an Gewicht gewinnt. Wie in der Pädagogik so versteht auch die Erziehungswissenschaft als einen Teilaspekt von Integration die Unterstützung sozial verbindlicher Normen und Werte, und das kollidiert keineswegs mit klassischen Integrationstheorien, deren Thema gesamtgesellschaftliche Einheit ist. Wie die folgenden Ausführungen deutlich machen sollen, werden nämlich die von der Erziehungswissenschaft adaptierten klassischen soziologischen und sozialwissenschaftlichen Integrationstheorien von hochgradig idealistischen Vorannahmen über den Stellenwert geteilter Normen und Werte bestimmt. Dieser Punkt, nämlich die gesellschaftstheoretische Präsumtion, soziale Großformationen bedürften als Stabilitätsgarant eines gesicherten Wertekonsenses, ist wohl dafür verantwortlich, dass sich im Übergang vom anthropologischen Integrationsgedanken der Pädagogik zur gesellschaftsbezogenen Integrationstheorie der Erziehungswissenschaft eine Kontinuität des Normativen halten konnte. Trotz erfahrungswissenschaftlicher Wende und gesellschaftstheoretischer Fundierung bleibt das Integrationskonzept der Erziehungswissenschaft weiterhin in den idealistischen Fesseln vorgegebener Integrationsideale gefangen, die in den folgenden Abschnitten ausgeführt werden und denen am Schluss unseres Beitrags ein Alternativkonzept entgegengestellt wird. Der starke sozialwissenschaftliche Duktus der weiteren Ausführung ist dabei dem Umstand geschuldet, dass Integration *gesellschaftliche Integration* meint und damit auch stark gesellschaftstheoretisch geprägt ist.

1   Was motiviert die Integrationsfrage?

Die Frage nach der Integration einer Gesellschaft oder umgangssprachlich: Was hält eine Gesellschaft eigentlich zusammen? stellt sich erst mit der Erkenntnis, dass das Zusammenleben von Menschen in modernen und komplexen Gesellschaften nicht einfach über die Unterstellung von Gemeinsamkeiten in Abstammung, Glauben, Einstellungen, Moral etc. als gesichert gelten kann. Alle modernen Gesellschaften zeichnen sich durch mehr oder weniger auffällige Differenzen aus, wodurch sich Homogenität bzw. Gemeinsamkeiten als integrierende Elemente, die jeder durch Erfahrungen in überschaubaren Sozialbeziehungen erfahren kann und die immer wieder auch bei der Beantwortung der

Frage nach dem gesamtgesellschaftlichen Zusammenhalt bemüht werden, als nicht hinreichende Erklärungsmuster erweisen.

Charakteristisch für moderne Gesellschaft ist ihre funktionale Differenzierung, d. h. für unterschiedliche gesellschaftliche Aufgaben haben sich autonome gesellschaftliche Teilsysteme herausgebildet, die in einer ihnen je eigenen Logik gesellschaftlich relevante Funktionen erfüllen. Als Beispiel hierfür mag die Schule dienen, über die schon Seneca kritisch anmerkte, dass wir für sie und nicht für das Leben lernen. Die Schulausbildung erfüllt zwar wichtige gesellschaftliche Aufgaben wie Perpetuierung von Wissen oder Selektion. Sie erfüllt diese Aufgaben allerdings über schulinterne Curricula, Lehr- und Prüfungsmethoden. Inwieweit Einzelne durch Partizipations-, Publikums- oder Kundenrollen von den Teilsystemen berücksichtigt werden, bestimmen also die Teilsysteme autonom. Das bedeutet aber, dass Normen, Verhaltensmuster oder Handlungsroutinen, die in einem Teilsystem erwartet bzw. als rational und sinnvoll bewertet werden, in einem anderen Teilsystem ein Zeichen für Irrationalität sein können. Schülerinnen und Schüler merken das z. B., wenn sie ein Studium aufnehmen oder in einen Beruf wechseln und ihre Tätigkeitsbereiche selbst strukturieren müssen. Die funktionale Ausdifferenzierung moderner Gesellschaften hat also für Gesellschaftsmitglieder partialisierte Systemumwelten geschaffen, in denen sie als Person in je unterschiedlichen Lebensvollzügen unterschiedlich wahrgenommen werden und auf der Basis unterschiedlicher Logiken agieren müssen. Ist es in ökonomischen Beziehungen zentral, über Geld zu verfügen, mit der Konsequenz, dass derjenige, der bezahlen kann, auch die gewünschten Waren erhält, so ist das Angebot von Geld in persönlichen Interaktionen als Gegenleistung für Gunsterweise zumindest unangebracht und in juristischen Kontexten zum Erlangen von Recht geradezu illegal. Die gesellschaftlichen Teilsysteme operieren auf der Basis unterschiedlicher Kommunikationsmedien, und die Mitglieder einer Gesellschaft sind für die Teilsysteme nur im Hinblick auf ihre Verfügungsmöglichkeiten über diese Kommunikationsmedien von Relevanz. Ihre Integration in eine funktional ausdifferenzierte Gesellschaft hängt also von ihren Zugriffsmöglichkeiten auf die Kommunikationsmedien ab.

Parallel existieren die Mitglieder einer Gesellschaft natürlich auch als Menschen mit Bedürfnissen nach persönlicher Nähe und Anerkennungen, die ihnen von den Funktionssystemen nicht oder nur rudimentär gewährt werden können. Eine Anerkennung der ganzen Person mit ihren je spezifischen Eigenarten findet in den gesellschaftlichen Teilsystemen zumeist nicht mehr statt. Gleichzeitig bedeutet funktionale Ausdifferenzierung moderner Gesellschaften aber auch, dass es die Gesellschaft als ein einheitliches Ganzes nicht gibt.

Worauf bezieht sich dann unsere Ausgangsfrage? Sie richtet sich auf Gesellschaften, die gekennzeichnet sind durch soziale Ungleichheit, durch plurale Kultur- und Lebensformen, durch inkommensurable Normen und Lebensstile sowie durch einen anscheinend desintegrierenden, moralisch neutralen bzw. moralverzehrenden sozialen Wandel. Und weiterhin steht die Frage in der Tradition einer klassischen sozialphilosophischen

Sorge um gesellschaftlichen Konsens und Zusammenhalt von Binnenpluralisierungen. Eigentlich alle sozialphilosophischen bzw. soziologischen Großentwürfe aus der Gründungsära von Gesellschaftstheorie gehen von Zerfallsbefürchtungen in der Moderne aus. Differenzierung und sozialer Wandel motivieren Desintegrationsängste, auch wenn die modernen Gesellschaften (nicht die politischen Systeme), in denen diese Frage gestellt wurde, bis heute eine erstaunliche Stabilität aufweisen. Genau genommen nährt sich diese Sorge – sozusagen gegen die alltägliche und geschichtliche Erfahrung der Kontinuität sozialer Grammatiken des Zusammenlebens und ihres Wandels – weniger an der Empirie als vielmehr an einer vorgreifenden Prognostik des Untergangs. In dieser Situation einer angeblich bindungsgefährdeten Moderne gewinnen die traditionellen gesellschaftlichen Integrationskräfte praktischer Normen, tradierter Moral, gewachsener Gemeinschaften und eingeschliffener Verkehrsformen die Bedeutung bewahrenswerter Restbestände, die angesichts bedrohlicher Risikolagen nicht auch noch riskiert werden dürfen. Damit verbunden scheint derzeit eine durchweg gegenwartsskeptische Neigung zu sein, Reminiszenzen ehemaliger unverstellter Versionen des guten Lebens zu Modellen einer idealisierten Zukunft umzugestalten.

Wenn heute etwa die Metapher von Arnold Gehlen gebraucht wird, *die Geschichte sei aus,* so heißt das nicht nur, dass das Modell der westlichen Moderne, ruhend auf technischem Fortschritt und bürgerlicher Gesellschaft, auf Dauer gestellt wird. Verbunden ist damit auch die Sorge eines Umschlagens von Entwicklung, Kultur und Zivilisation in (triviale) Variationen und Perversionen des Immergleichen (vgl. dazu zusammenfassend: Niethammer 1989); und dieses Bild findet sich wieder in ganz unterschiedlichen Moderneanalysen. Über der Unterschiedlichkeit dieser Zukunftsvisionen schwebt eine Gemeinsamkeit im Argwohn über die Haltekraft einer auf Dauer gestellten Verfasstheit sozialer Ordnung. Das bedeutet eine gekoppelte Furcht vor dem Ende sinnlogischer Entwicklungen und der Auflösung der dann nur noch verbleibenden traditionellen gesellschaftlichen Ordnung. Der Wandel der modernen westlichen Gesellschaften wird mit der Sorge verknüpft, dass tradierte Gemeinschaftlichkeit und soziale Verklammerungen nicht nur permanent gefährdet seien, sondern ohne Ersatz zerfallen könnten. Diese latente Furcht vor dem Nachlassen der Bindungskraft moderner Gesellschaften muss nicht unbedingt durch faktische Ursachen gespeist werden, sondern kann selbsterzeugend gedacht werden. Als Skepsis am Gefüge der Gesellschaft operiert sie mit Vorannahmen über Möglichkeiten sozialer Ordnung, an deren Anspruchsniveau gemessen die Geschichte und die Gegenwart der modernen Gesellschaften Kritik und Sorge automatisch hervorrufen müssen. Nun, da die intellektuelle Kraft kritischer Gesellschaftstheorie nicht mehr in die Überwindungskonzepte, sondern in Theorien der Bestandserhaltung bzw. Revitalisierung verschütteter Traditionen einfließt, werden gesellschaftlich integrierende Instanzen zunehmend idealtypisch konstruiert und damit immer weiter von gesellschaftlicher Wirklichkeit entfernt. Erst diese Abkopplung normativ hoch aufgeladener Idealvorstellungen über Gesellschaft von der gesellschaftlichen Realität selbst erlaubt als Folge die Dimensionierung der prognostizierten Gefahren.

Stellen wir uns an dieser Stelle die Frage, wann das Thema Integration in die wissenschaftliche Diskussion Eingang fand. Wann wurde Integration als gesellschaftliches Problem entdeckt? Der Versuch, unterschiedlichen Formen gesellschaftlicher Strukturierung eine historische Reihung, also eine Entwicklungslinie, zu unterlegen, birgt die Gefahr, bei der Konstruktion des Startpunktes eher einem Ideal von Gesellschaft nachzuhängen, anstatt empirische Tatsachen zu rekonstruieren. Ähnliches ist auch bezogen auf unser Thema *Integration* zu konstatieren, folgt man der Entwicklungslinie von der segmentären über die stratifizierte Differenzierung bis zur funktional ausdifferenzierten, modernen Gesellschaft. Für die segmentäre Gesellschaft, die durch eine Gleichsetzung von Stamm, Gesellschaft und Territorium charakterisiert wird, stellt sich Integration nicht als Problem, da Zusammenhalt quasi naturwüchsig über Verwandtschaftssysteme etabliert und stabilisiert wird (vgl. Lévi-Strauss 1949/1981). Verwandtschaft scheint Homogenität zu erzeugen, die Akzeptanz gemeinsamer Normen und Regeln zu garantieren, wodurch ein stabiler Konsens nach innen erzeugt wird, der allerdings von einer nicht minder stabilen Abgrenzung nach außen gestützt wird.

Mit der Entwicklung des ökonomischen Tauschverkehrs und der Arbeitsteilung wird die Homogenität des Stammesverbandes (segmentäre Differenzierung) dann ersetzt durch die Inhomogenität von Handwerkern und Händlern (vgl. Spencer 1857/1972, 1862/1904). Diese Inhomogenität kann jedoch nun nicht mehr durch eine Abgrenzung nach außen kompensiert werden, wie bei verschiedenen Clans, die autark nebeneinander her leben konnten. Handwerker und Händler sind existenziell aufeinander angewiesen, Inhomogenität wird damit zum integralen Bestandteil einer Gesellschaft, wodurch sich die Notwendigkeit ökonomischer Integration stellt. Die Etablierung einer zentralen Herrschaft und eines Verwaltungssystems erfordert politische Integration, und schließlich verlangen religiöse Weltdeutungen, die über einen Ahnenkult hinaus gehen, nach kultureller Integration. An die Stelle von Verwandtschaft tritt jetzt eine Sozialordnung hierarchisch organisierter Stände mit je spezifischen Funktionen (eine ausführliche Darstellung der Entwicklungslinien findet sich bei Richard Münch 1998).

Historisch gesehen wird gesellschaftliche Integration mit der Arbeitsteilung und mit der sich daraus entwickelnden funktionalen Ausdifferenzierung der Gesellschaft zum Thema. Erst für Gesellschaften diesen Typs stellt sich die Frage, wie der Zusammenhalt zwischen den unterschiedlichen Teilen einer Gesellschaft zu einem sozialen Ganzen gesichert werden kann. Arbeitsteilige bzw. funktionale Differenzierung allein muss allerdings noch nicht zu Problematisierungen und Krisendiagnosen führen. Integrationsprobleme ergeben sich jedoch fast automatisch, wenn die Stabilität einer modernen Gesellschaft sich messen lassen muss an der naturwüchsigen Integration idealisierter segmentärer Gesellschaften. In diesem Falle wird Integration erst einmal zu einem gesellschaftstheoretischen Problem. (Zusammenfassende Darstellungen des umfangreichen Integrationsdiskurses finden sich bei Bieling 2000, Friedrichs/Jagodzinski 1999, Schimank/Volkmann 2000). Wir werden in diesem Beitrag auf eine systematische und vollständige Aufarbeitung unterschiedlicher Integrationsansätze verzichten (vgl. hierzu

Friedrichs/Jagodzinski 1999). Es geht uns vielmehr um eine Kontrastierung klassischer Integrationstheorien, die auf Einheit und Wertekonsens setzen, mit einem Differenzmodell, in dem die Suche nach gesellschaftlicher Binnenstabilität von dem Zwang entlastet wird, Integration durch etwas gemeinsam Geteiltes finden zu müssen.

2   Integration durch geteilte Werte

Wir werden im Folgenden die Positionen von Emil Durkheim und Talcott Parsons zum Problem der Integration skizzieren. In beiden Ansätzen spiegelt sich die oben angedeutete Tendenz wider, dass das, was für segmentäre Gesellschaften als Integrationsgarant galt, nämlich ein kollektiv geteiltes System von Normen und Werten, auch für moderne Gesellschaften als Integrationsnotwendigkeit postuliert wird.

Emil Durkheim

Durkheims Gegenwartsdiagnose lautete im Jahre 1893:

> „Tiefe Veränderungen sind in sehr kurzer Zeit in der Struktur unserer Gesellschaften eingetreten. Sie haben sich mit einer Geschwindigkeit und in einem Ausmaß vom segmentären Typus befreit, wofür die Geschichte kein anderes Beispiel bietet. Folglich ist die Moral, die diesem Sozialtypus entsprach, zurückgegangen, ohne daß sich die neue genügend rasch entwickelt hat, um den Raum zu füllen, den die andere in unserem Bewußtsein leer gelassen hat" (Durkheim 1977, S. 449).

Das mag sich bei Durkheim zunächst als sinistres Gesellschaftsbild lesen, da die moderne, arbeitsteilige Gesellschaft nicht mehr auf die *mechanische Solidarität* der Gleichen (Zwangsbindung über Gruppenbezüge) vertrauen kann. Allerdings entwickelt die moderne Gesellschaft bei Durkheim für sich eine neue Form, um die klassischen Integrationskräfte Moral und Solidarität zu erzeugen. Prinzipiell wird nämlich von Durkheim die arbeitsteilige Neuordnung der Gesellschaft zu einer Notwendigkeit moralischer Stabilität postuliert und in seinen Frühwerken optimistisch bewertet. Moderne Gesellschaften bedürfen nach ihm geradezu der Arbeitsteilung mit ihrer spezifischen Qualität zwischenmenschlicher Beziehungen:

> „Wenn sich keine anderen bilden als jene, die aus der Ähnlichkeit kommen, so wäre das Zurückweichen des segmentären Typs von einem regelmäßigen Niedergang der Moralität begleitet. Der Mensch würde nicht mehr genug zurückgehalten werden. Er würde nicht mehr rund um sich und über sich jenen heilsamen Druck der Gesellschaft spüren, der seinen Egoismus mäßigt und ihn moralisch macht. Das ist der moralische Wert der Arbeitsteilung.

Durch sie wird der Mensch seiner Abhängigkeit gegenüber der Gesellschaft bewußt; von ihr kommen die Kräfte, die ihn zurückhalten und begrenzen. Mit einem Wort: Da die Arbeitsteilung die Hauptquelle der sozialen Solidarität wird, wird sie gleichzeitig die Basis der moralischen Ordnung" (Durkheim 1977, S. 444 f.).

Die arbeitsteilige, (im modernen Sprachgebrauch) ausdifferenzierte Gesellschaft bedarf also in der Vorstellung Durkheims sowohl einer inneren Solidarität wie auch eines determinierenden Regelkanons, beide als Ergebnis von Tradition verstanden, damit das Zusammenspiel der einzelnen Organe der Gesellschaft gesichert wird. Die moderne Gesellschaft ist dabei ausgezeichnet durch *organische Solidarität,* mit der die ungleichen, arbeitsteilig ausdifferenzierten Bereiche der Gesellschaft wie die verschiedenen Organe in einem Körper über wechselseitige Leistungen und Abhängigkeiten miteinander verbunden werden. Durkheims Optimismus über diese neuen Bindekräfte organischer Solidarität hält jedoch nicht lange vor. In seinem späteren Werk konzentriert er sich immer stärker auf die negativen (anomischen) Folgen der Arbeitsteilung. Erkennbar wird diese negative Wende schon in dem relativ kurzen Abschlusskapitel seines Werkes „Über die Teilung der sozialen Arbeit" (Durkheim 1977). Das Abschlusskapitel, das später eine große Bedeutung erhielt, behandelt Symptome von Anomie als Folge von Arbeitsteilung, die sich zeigen, wenn soziale Integration ausbleibt und die Etablierung organischer Solidarität nicht mit der Auflösung mechanischer Solidarität Schritt hält bzw. zusammenbricht. Der Diskurswechsel innerhalb der Selbstbeobachtung moderner Gesellschaften mit seiner Schwerpunktsetzung auf soziale Integration (Auflösung traditioneller Ordnung innerhalb moderner Gesellschaften) verschaffte nach DURKHEIM dem Begriff der Anomie als Begleitphänomen der Arbeitsteilung eine größere Karriere als der bei Durkheim ehemals zentrale Begriff der Arbeitsteilung.

Anomische Formen der Arbeitsteilung (etwa ökonomische Krisen oder andere Problemlagen) stören nun laut Durkheim das Zusammenspiel der gesellschaftlichen Organe, und damit werden die traditionalen Regeln und strukturierenden Abhängigkeitsverhältnisse unklar, uneindeutig, unzuverlässig: anomisch. Als Folge einer zu weit getriebenen Arbeitsteilung sieht er die Gefahr der Zersplitterung und einer mangelnden wechselseitigen Anpassung der unterschiedlichen Arbeitsfunktionen. Anomie als Zustand der Normlosigkeit wird dadurch herbeigeführt, dass die wachsende Arbeitsteilung ausreichend wirksame Kontakte zwischen den Arbeitenden und damit auch befriedigende soziale Beziehungen zunehmend verhindert.

Es sind also gesellschaftliche Krisen, die von Durkheim dafür verantwortlich gemacht werden, dass die verschiedenen Formen sozialer Integration (religiöse, familiale, politische etc.) abnehmen und das damit isolierte Individuum gefährden. Das Anomische sieht Durkheim demnach in einem Bedeutungsverlust kollektiver, gesellschaftlicher Orientierungen. Ursächlich führen nicht Verbesserungen bzw. Verschlechterungen objektiver Lebenslagen an sich zur Anomie, sondern vielmehr die Rasanz dieser Veränderungen. Sobald innerhalb von rapiden Krisenphasen das soziale Regularium nicht mehr

Schritt halten kann, stehen die Bedürfnisse nicht mehr mit den zur Verfügung stehenden Mitteln im Einklang. Die kollektive Ordnung ist nicht mehr im Gleichgewicht.

Ebenfalls werden mit fortschreitender Entwicklung der Arbeitsteilung die Bande, die den Einzelnen an die Familie, an die Heimat und Traditionen binden, lockerer. Bei einem schwächer werdenden Kollektivbewusstsein „bleibt wenigstens immer jener Kult der Person, der individuellen Würde, [...] der heute das einzige Bindeglied so vieler Geister ist" (Durkheim 1977, S. 441). Das moderne Persönlichkeitsideal ist nicht nur selbst Produkt der sozialen Differenzierung, sondern trägt als Element des modernen Kollektivbewusstseins auch zur Kohärenz differenzierter Gesellschaften bei.

Aber kommen wir zu den Bedingungen und Entwicklungen zurück, die die Anomie der Gesellschaft bewirken. Die entfallende Reglementierung der Gewerbe, das sich ausbreitende Dogma des wirtschaftlichen Materialismus und die fast unendliche Ausdehnung des Absatzmarktes führen zu grenzenlosen Perspektiven und zu einer Entfesselung von Begierden im Bereich des Handels und der Industrie, die sich nur schwer zügeln lassen (vgl. Durkheim 1973, S. 290 f.). Autoritäts- und Funktionsverlust der Religion und Strukturveränderungen der Familie, die sie ihrer früheren Schutzwirkung berauben, führen zu einer Schwächung des sozialen Bandes und der sozialen Reglementierung individueller Bedürfnisse. Eine dergestalt geschwächte Gesellschaft muss es zulassen, dass eine große Zahl ihrer Mitglieder weitgehend ihrem Einfluss entgeht. Über die Einbindung in intermediäre Assoziationen wie die Berufsgruppen muss deshalb erreicht werden, „daß der Einzelne sich wieder solidarischer mit dem Kollektivwesen fühlt, das ihm in der Zeit vorausgegangen ist, das ihn überdauern wird und das ihn ganz überflutet" (Durkheim 1973, S. 443).

Das Individuum als Akteur bekommt in diesem Szenarium eine marginale Rolle zugewiesen. Es wird durch soziale Integration domestiziert und diszipliniert; eine Vorstellung, die sich bei DURKHEIM durchgängig in der Strukturgleichheit von kollektiven Gefühlen und Religion sowie in der Verortung von Normen (Religion, Recht, Moral) außerhalb und überhalb der Gesellschaft finden lässt. Persönliche Freiheit oder Entscheidung treten somit in puncto Bindung in den Hintergrund, sie werden sogar, wenn nicht durch gesellschaftliche Ordnung eingebunden, zum Auslöser von Anomieerscheinungen.

An dieser Stelle soll deutlich herausgestellt werden, dass der Anomiebegriff bei Durkheim, aber auch heute noch, einen gesellschaftlichen Defekt markiert – und nicht etwa eine Störung individuell erzeugter, emotional eingefärbter Solidaritätsgefühle bedeutet (vgl. zur aktuellen Anomiedebatte: Heitmeyer 1997). Dieses Charakteristikum lässt sich gut an der Durkheimschen Version der *organischen Solidarität* erläutern (vgl. Tyrell 1985, S. 210 f.). Darin finden sich in keiner Weise Elemente romantisierter Gemeinschaftlichkeit. Eine solche Form der Solidarität, basierend auf dem Moment von Gleichheit segmentär aufgeteilter Gesellschaften, wird von Durkheim als *mechanische Solidarität* im Prozess der Moderne ad acta gelegt, ähnlich wie Tönnies (vgl. 1979) *Gemeinschaft* als Vorform von *Gesellschaft* in die Vergangenheit gesellschaftlicher Evolution verlegt. Durkheims *organische Solidarität* korrespondiert nicht einem willentlichen Wertekonsens oder anders gearteten Gleichheitsbedingungen, sondern bezieht sich ausdrücklich auf eine arbeitsteilige, modern ausgedrückt: funktional ausdifferenzierte Gesellschaft. Durkheim geht davon aus, dass soziale Gesellschaften ab einer bestimmten Größe und einer bestimmten Komplexität ihren Bestand nur über Arbeitsteilung und über Absonderung funktional spezifizierter Teilbereiche sichern können. Die Gesellschaft wird demnach heteronomer, verschiedene Menschengruppen mit unterschiedlichen Lebensformen und ungleich verteiltem Wohlstand müssen auf engstem Raum zusammenleben, ohne dass es zu Konflikten kommt. In dieser Situation kommt der *organischen Solidarität* eine Befriedungs- und Disziplinierungsfunktion zu. Sie verhindert den Kampf um Lebenschancen und Ressourcen und garantiert ein möglichst reibungsloses Nebeneinander. Durkheim repräsentiert ein Beispiel dafür, wie Libertinage und Unverbindlichkeit zwar als zentrale Momente moderner Gesellschaften erkannt, jedoch nur skeptisch betrachtet werden. Sie verlangen bei Durkheim nach Disziplinierung. Allerdings übersieht unserer Meinung nach diese disziplinierungstheoretische Perspektive mit ihrer Gleichsetzung von Unverbindlichkeit und Regellosigkeit, dass auch Unverbindlichkeit ein Modus sozialer Regulation sein kann (vgl. Sander 1998).

Mit deutlichen Analogien zur Biologie entwirft Durkheim ein Gesellschaftsbild verschiedener Organe, die miteinander in einer geregelten Austauschbeziehung stehen. Anomie beschreibt dann den gestörten Austausch der unterschiedlichen gesellschaftlichen Bereiche; der Begriff markiert eine Regellosigkeit gesellschaftlicher Ordnung, die abweichendes individuelles Verhalten provoziert. Organische Solidarität reagiert somit auf Problemlagen großer, heteronomer Gesellschaften, die nicht mehr durch Gleichheitsprinzipien (mechanische Solidarität) zusammengehalten werden können. In diesem Sinne versteht Durkheim Arbeitsteilung durchaus als Problemlöser, als Garant gegen Anomie.

> „Und in der Tat: in Durkheims Theorie des evolutionären Wandels fungiert die Arbeitsteilung geradezu als ein konfliktlösender ‚deus ex machina‘, der den verschärften Kampf ums Dasein innerhalb der gewachsenen und verdichteten Population überleitet in eine Phase der friedlichen Koexistenz und reduzierten Konkurrenz zwischen den nunmehr in die Spezialisierung gezwungenen Individuen: diese können so unter dem Dach derselben Gesellschaft zusammenbleiben; wer sich spezialisiert, der kann überleben und koexistieren, er braucht das Zusammenleben nicht zu quittieren, nicht auszuwandern oder Selbstmord zu begehen" (Tyrell 1985, S. 211).

Allerdings muss heute Durkheims sozialregulative Interpretation der Arbeitsteilung skeptisch beurteilt werden. Zum Beispiel verkoppelt Durkheim so heterogene Phänomene wie Arbeitsteilung (funktional ausdifferenzierte Ebene der Gesellschaft) und soziale Interaktionsmuster (Beziehung zwischen Personen) miteinander, hält mit der übergreifenden organischen Solidarität an einer universalen Regulation der Gesellschaft fest und befrachtet dann noch die Gesellschaftsstruktur moderner Gesellschaften mit sozialkulturellen Disziplinierungsaufgaben. Ob moderne Gesellschaften so rigide Kollektivdisziplinierungen überhaupt noch brauchen, sei dahin gestellt. Jedenfalls kann das Prinzip der Arbeitsteilung (modern: der funktionalen Differenzierung) diese Aufgabe nicht lösen, auch wenn ihm eine *organische Solidarität* unterstellt wird. Der Begriff der organischen Solidarität allein markiert schon sehr schön die Metaphorik einer Gesellschaftstheorie, in der sozialkulturelle Momente, wie z. B. Solidarität, in die Motivstruktur sachlogisch autonomisierter Gesellschaftsbereiche verlagert werden – und in der darüber die Trennung zwischen funktional ausgerichteter Gesellschaftsstruktur und der Ebene der Sozialkultur verwischt wird.

Talcott Parsons

Genau wie Durkheim zählt auch Parsons zu den repräsentativen Vertretern einer bestimmten Theorietradition, in der ein geteiltes Wertesystem (Parsons: shared symbolic system) zwischenmenschliche Beziehungen sowie teilgesellschaftliche Bezüge integrativ koordiniert.

Die Kultur entwickelt in Parsons Perspektive eine eigene Logik und eine eigene gesellschaftliche Realität; sie repräsentiert ein eigenes gesellschaftliches Subsystem, das für den Bestanderhalt der Gesellschaft eine exklusive Stellung erhält: „Without culture neither human personalities nor human social systems would be possible" (Parsons 1951, S. 16). Auch die Kommunikation zwischen Menschen wird durch dieses Wertesystem koordiniert und ermöglicht. Fehlt eine gemeinsame Kultur, ist in dieser Theoriesicht keine zwischenmenschliche Kommunikation mehr möglich. In dieser Perspektive würde eine sozialkulturelle Differenzierung mit der Tendenz zur teilkulturellen Autonomisierung ohne universellen normativen Referenzrahmen automatisch gesellschaftliche Auflösungsprozesse bedeuten.

Auf gesellschaftstheoretischer Ebene steht Talcott Parsons strukturfunktionale Gesellschaftsinterpretation der systemischen *Differenzierung* als Beispiel für Bestrebungen, die Aufteilung der Gesellschaft in verschiedene Systeme (Ausdifferenzierung entlang des AGIL-Schemas) mittels symbolisch generalisierter Medien wieder in Einheit zu überführen. Der symbolisch generalisierte Medienbegriff (allerdings unübersichtlich und inhaltlich heterogen definiert als Interaktions-, Austausch-, Steuerungs- oder Kommunikationsmedien) hat sich mittlerweile eingebürgert und steht für Integration auf den beiden Ebenen des personalen Verkehrs (Mikroebene der Interaktion) und der teilgesellschaftlichen Beziehungen (Makroebene der Gesellschaft). Bei aller Unterschiedlichkeit im Gebrauch unterstellt der Begriff symbolisch generalisierter Medien Einheit, Kohärenz und Bindung als Notwendigkeit des funktionalen Bestandserhalts oder der normativen Homogenität moderner Gesellschaften. Der Medienbegriff reagiert in diesem Sinne weniger auf beobachtbare Phänomene von Einheit, die damit theoretisch bezeichnet werden, sondern schließt in den verschiedenen Theorien diejenige Leerstelle, die aus der Annahme einer weiterhin notwendigen gesellschaftlichen Einheit resultiert, wenn die Theorien empirisch vornehmlich mit dem Gegenteil konfrontiert werden, nämlich mit dem in allen modernen Gesellschaften beobachtbaren Phänomen der Aufteilung der Gesellschaft in funktional und sozialkulturell abgetrennte Teilbereiche. In diesem theoretischen Reflexionskontext des (normativ eingefärbten) Einheitsappells unter empirischen Bedingungen von Differenz kann Talcott Parsons als Repräsentant einer lange Zeit herrschenden Meinung gelten. Parsons hielt die Ausdifferenzierung integrativer, symbolisch generalisierter Medien für eine konsequente und unabdingbare Folgeerscheinung vorausgehender Systemdifferenzierungen. Parsons (vgl. 1937) geht in seiner strukturfunktionalen Theorie davon aus, dass der Variations- und Kombinationsspielraum, der sich aus der Zerlegung einer Einzelhandlung (unit act) in ihre Komponenten (AGIL-Schema) ergibt, also die doppelte Kontingenz, von vorgegebenen Strukturen (d. h. Normen oder bei Parsons: norms of a shared symbolic system) geordnet und somit auf Erwartbares reduziert wird. Diese Ansicht wird häufig so interpretiert, als seien Normen in der Parsonsschen Theorie mit der Aufgabe versehen, die Variationen gesellschaftlicher Möglichkeiten in eine harmonistische Einheit zu überführen. Parsons selbst hat wohl diesen Harmoniegedanken nicht vertreten, allerdings lassen sich im Grunde alle gesellschaftlichen Vorgänge in der Theorie Parsons auf Strukturen als Movens zurückführen. Und diese Fokussierung auf Strukturen (d. h. auf Normen) als zentraler Instanz sozialer Ordnung hat im Gefolge von Parsons einen prominenten Platz eingenommen und korrespondiert in dieser Rezeption auch wohl einer europäischen Theorietradition (beruhend auf Klassikern wie Weber, Durkheim oder Tönnies), in der durch Wertesysteme (Moral, Religion, Zivilreligion etc.) soziale Gemeinschaft definiert und gesichert wird.

Nach seiner Theorie ermöglicht erst ein gemeinsames und generalisiertes Normen- und Wertesystem das gemeinsame Zusammenleben in einem sozialen Gesellschaftsgefüge, das wesentlich durch Differenzen bestimmt ist. Diese Gemeinsamkeit der Normen- und Werteorientierung muss nach Parsons verankert sein in institutionalisierten Lebensformen und wird zeitlich über verschiedene Generationen hinweg reproduziert durch Sozialisation. Eine solche Gleichgewichtsunterstellung, dass nämlich Differenzierung als gesellschaftlicher Bindungsverlust notwendigerweise ausgleichende Gegenkräfte (Integration und Interpenetration) provozieren müsste, wurde erst später fallen gelassen und findet eine Alternative in der Medienrezeption von Niklas Luhmann, in der die Parsonssche funktionale Verknüpfung von System- und Mediendifferenzierung aufgelöst wird (vgl. Luhmann 1975, 1976).

Ebenfalls in den Kanon moralfixierter Integrationstheorien reiht sich die Debatte des Kommunitarismus Ende der 80er-Jahre ein, die bis heute geführt wird und in der zu einer moralischen Erneuerung aufgerufen wird. Zeitgleich mit dem historischen Sieg der westlichen über die östlichen Wirtschafts- und Gesellschaftssysteme werden in dieser Zeitphase neue Krisentendenzen westlicher Gesellschaften ausgerufen. Wirtschaftliche Stagnation bzw. Rezession und vor allem gesellschaftliche Verfallsprognosen (Individualisierung, Bindungsverlust, Radikalisierung, Fundamentalismen etc.) führen zu der Einsicht, dass eine liberalisierte, deregulierte und freie Wirtschaft keineswegs Garant sozialer Stabilität und Gerechtigkeit ist. Was anscheinend in der Zeit wirtschaftlichen Wachstums vernachlässigt wurde, wird nun wieder auf die Agenda gesetzt: der sozial-moralische Zusammenhalt moderner Gesellschaften, ihr moralisches Fundament.

Diese These vertritt jedenfalls eine Bewegung in den Vereinigten Staaten, die unter dem Namen „Communitarians" auftritt, und als deren Kopf in den 8oer-Jahren der amerikanische Soziologe Amitai Etzioni (vgl. 1988, 1997) fungierte. Zusammengeschlossen in der 1988 gegründeten Vereinigung Society for the Advancement of Socio-Economics (SASA) propagiert diese Bewegung als Therapie gegen die überbordende, inzwischen alles Gemeinschaftliche zerstörende Orientierung an Geld und Besitz eine Rückkehr zur Moral und zu Orientierungen, die auch andere Menschen und Interessen unter dem Signum des Gemeinwohls einbezieht.

Der Markt wirke, so die These, zerstörerisch ohne Moral; Geld und Gewinne werden wertlos ohne Gemeinschaft; so könnten die Schlagworte der kommunitarischen, sozialökonomischen Bewegung lauten. Zu Recht hätten die sozialen Reformen und Bewegungen in den 6oer-Jahren die alten (überkommenen, weil rassistischen und sexistischen) Moralvorstellungen der Vereinigten Staaten zerschlagen. Ein moralischer Leerraum entstand dabei allerdings, der sich in den 8oer-Jahren mit der Moral der Morallosigkeit, dem eigenzentrierten Streben nach Profit, dem Primat des Gewinns und dem Diktat des Vorteils füllen konnte. Diese zeitaktuellen Umstände führten dazu, dass die an der Nutzen-Vernunft ausgerichtete Metapher des Homo oeconomicus Leben eingehaucht bekam. Tatsächlich verhielten sich und verhalten sich heute, so die Behauptung, in den USA immer mehr Menschen ohne Rücksicht auf ihre Mitmenschen. Damit wurde und wird das moralische Gefüge der USA (und in Zukunft auch anderer Gesellschaften) zerstört, und zwar nicht nur mit fatalen Konsequenzen für das soziale Leben. Auch die Ökonomie untergräbt letztendlich mit einem Verzicht auf gemeinwohlorientierte Moral ihre eigenen Existenzbedingungen. Als Therapie schlagen die neuen Ökonomen eine Rückbesinnung auf Gemeinschaft und Gemeinwohl vor. Viele soziale und wirtschaftliche Probleme werden zu *moralischen Fragen*: Arbeitslosigkeit, Umweltprobleme, Armut, internationale Konflikte u. v. a. m. Ihre Lösbarkeit wird gekoppelt an die Renaissance gemeinschaftsstützender Moral. Politische Entscheidungen und wirtschaftliches Handeln müssten ebenso wie das alltägliche Miteinander der Menschen durch gemeinwohlorientierte Grundbedingungen vorstrukturiert sein: Stärkung von Familie und Gemeinschaften, Erziehung zu Toleranz und Gemeinschaftlichkeit, gemeinschaftsstabilisierende Arbeitsorganisation etc. In der Wiederherstellung soll das, was verloren geht und fehlt, nämlich die soziale Moral, wieder von außen eingebracht und restauriert werden.

Axel Honneth fasst unterschiedliche kommunitaristische Strömungen zusammen in ihrer gemeinsamen Ansicht, eine umgreifende Gemeinschaftsethik sei auch in modernen, liberalisierten und normativ säkularisierten Gesellschaften unverzichtbar:

„Eine liberale Gesellschaft, die moralisch allein von den individuellen Einstellungen leben würde, die in der gemeinsamen Verpflichtung auf die Prozeduren der demokratischen Willensbildung enthalten sind, würde zwangsläufig das Maß an Gemeinschaftssinn zerstören, auf das sie doch zugleich auch vital angewiesen ist; denn die Verwirklichung der Ziele, die sie sich mit ihren eigenen Gerechtigkeitsprinzipien gesetzt hat, verlangt stets wieder die Mobilisierung von moralischen Motiven, die nur aus einem zusätzlichen Horizont gemeinschaftlich geteilter Werte stammen können" (Honneth 1993, S. 13).

Ähnlich, wenn auch nicht ökonomisch, sondern kulturalistisch argumentiert Daniel Bell: Bell (vgl. 1976) entwickelt die These, dass die Krisenerscheinungen der modernen Gesellschaften des Westens auf einen Bruch zwischen Kultur und Gesellschaft, zwischen der Kultursphäre und dem Bereich der Wirtschaft und der Verwaltung zurückgeführt werden können. Eine avantgardistische Kunst sei (in den 6oer-Jahren) massenwirksam geworden, habe die Wertorientierungen des Alltagslebens durchdrungen und weite Teile der Gesellschaft mit der Gesinnung des Modernismus infiziert. Dieser Virus sei „der große Verführer, der das Prinzip der schrankenlosen Selbstverwirklichung, den Subjektivismus einer überreizten Sensibilität zur Herrschaft bringt und damit hedonistische Motive freisetzt, die mit der Disziplin des Berufslebens, überhaupt mit den moralischen Grundlagen einer zweckrationalen Lebensführung unvereinbar sind" (Habermas 1990, S. 37). Aus dieser Analyse folgt konsequenterweise die Frage, wie diese Entwicklungen gestoppt bzw. rückgeführt werden könnten. Es heißt, Modelle und Strategien zu finden, allgemeinverbindliche Normen gegen Libertinage zu verteidigen, ethische Grundlagen zu restituieren, die „der sozial-staatlichen Nivellierung die Tugenden individueller Leistungskonkurrenz entgegensetzen" (Habermas 1990, S. 38). Bell sieht hier die zwei Möglichkeiten, die denen der Kommunitaristen ähneln: (1) religiöse Erneuerung und (2) Anschluss an naturwüchsige Traditionen. Daraus würde sich wiederum für den Einzelnen die Möglichkeit ergeben, Identität und Sicherheit zu finden (vgl. Bells Position zum Kommunitarismus: Bell 1993).

3 Integration durch Konflikt

Im Kontrast zu den Überlegungen von Durkheim und Parsons, in denen ein Mehr an gemeinsam geteilten Normen und Werten ein Mehr an Integration garantiert, hat für Georg Simmel eine solide integrierte Gesellschaft den Mittelweg gefunden zwischen vollkommener Harmonie und vollständigem Dissens, zwischen Erstarrung und der Gefahr des Auseinanderbrechens. Dissens und Auseinandersetzungen, so die Basis der Simmelschen Überlegungen, finden sich in vielen Formen gemeinschaftlicher Strukturen, genauso wie sich selbst in gewaltförmigen Auseinandersetzungen Elemente eines Konsenses zum Beispiel als Kriegsrecht oder in der Forderung nach Fairness ausmachen lassen. In seiner Studie über den Streit (vgl. Simmel 1992) markiert Simmel *Kon-*

kurrenz als die Streitform, die moderne Gesellschaften integriert. Das integrative Potenzial des Konkurrenzstreits beleuchtet Dubiel, wenn er betont, dass „die Konkurrenz (..) für Simmel eine Form des Streits (ist), in der der Akteur seine ganze Energie und Leidenschaft nicht auf den Gegner wendet, sondern auf ein Gut, an dessen Mehrung die Streitparteien idealiter ein gemeinsames Interesse haben" (Dubiel 1999, S. 134). Eine Fortschreibung der Simmelschen These findet sich bei Coser (vgl. 1965), der neben den integrierenden Momenten von Konflikten, nämlich Normen und Regeln aufzuzeigen, auch deren modernisierende Funktion betont. Konflikte machen einerseits den gemeinsamen Bestand an Normen und Regeln bewusst und führen andererseits im Prozess des Austragens zu einer Veränderung oder Neubewertung der Normen und Regeln. Auch Ralf Dahrendorf (vgl. 1965) sieht in der geregelten Austragung von Konflikten die Form gesellschaftlicher Integration moderner Gesellschaften. Dahrendorfs Argumentation richtet sich sowohl gegen die konsensfixierten Theorien, in denen Konsens als unhinterfragte Akzeptanz eines starren Regelsystems ausbuchstabiert und Konflikte zu Krisenphänomenen diskretiert werden, als auch gegen utopische Ansätze, die glauben machen wollen, die Ursache aller Konflikte eliminieren zu können. Probleme für die gesellschaftliche Integration liegen in dieser Perspektive nicht in einem zu wenig an Konsens, sondern in fehlender Konfliktbereitschaft und fehlendem Engagement in der Auseinandersetzung um Angebote und Rechte. Mit einem Wort von Dahrendorf ist es „Lethargie" (Dahrendorf 1992, S. 239), die die Gefahr gesellschaftlicher Anomie in sich birgt.

Gegen die Option für Konsens macht sich auch Dubiel stark, wenn er als „zentrales Merkmal dieser westlichen Moderne [...] [die] Erosion überpolitischer, streittranszendierender Autoritätsquellen" (Dubiel 1999, S. 137) herausarbeitet. Er belegt diese These für die Bereiche Religion, Politik und Wissenschaft mit der Konklusion, dass

> „die verbreitete Ansicht schon im Ansatz falsch [ist], dass der öffentliche ausgetragene Streit antagonistische Interessen der Demokratie gefährde. Demokratische Gesellschaften erhalten sich eben nicht dadurch, dass konfligierende Gruppen ihre partikularen Interessen und Meinungen einem imaginären Konsens aufopfern. Vielmehr entsteht das sie integrierende normative Kapital gerade in einer Kette von Konflikten, die – wie Dahrendorf sagen würde – ‚nach Regeln' ausgefochten werden. Wenn die Rede von einer kollektiven Identität, also von der Reflexion des individuellen Akteurs auf das Kollektiv dem es sich zugehörig fühlt, überhaupt Sinn macht, dann ist die akkumulierte Erfahrung überstandener dramatischer Konflikte, in deren Folge sich dieses Bewusstsein eines gemeinsam geteilten gesellschaftlichen Raumes herausbildet" (Dubiel 1999, S. 138).

4 Wie berechtigt sind heute Desintegrationsunterstellungen?

Die Vermutung drängt sich auf, dass die derzeitigen kulturkritischen Krisendiagnosen einer latent von Anomie, sozialer Destruktion, moralischer Desintegration und Kulturzerstörung bzw. Vermassung bedrohten Gesellschaftsentwicklung nicht auf faktische Ereignisse, sondern auf eine mittlerweile nicht mehr adäquate Vorstellung vom *guten Leben* reagieren. Damit wird die Krise der Gesellschaft zuerst einmal zur Krise der Chimäre *gutes Leben* und damit auch zur Krise ihrer Theorien. Nicht die Gesellschaft in der Moderne ist latent gefährdet, sondern die Vorstellungen und Paradigmen über Gesellschaft. Anders als rekonstruktive wissenschaftliche Disziplinen, wie z. B. die Soziologie, wird die Erziehungswissenschaft mit ihrem starken Praxisbezug von solchen Diagnosen nicht nur akademisch berührt. Öffentliche Diskussionen über Werteverfall, politische Apathie oder mediale Gefährdungen werden auch immer an die Pädagogik als Praxis gerichtet, und zwar häufig mit dem Vorwurf, diese kritischen Tendenzen durch falsche Erziehung (in Elternhaus, Schule etc.) unterstützt zu haben, fast immer aber mit der Aufforderung, geeignete pädagogische Maßnahmen gegen die jeweiligen Krisen zu entwickeln.

Besonders rasant bewegt sich die gesellschaftliche Realität moderner Gesellschaften anscheinend seit den 50er-Jahren des 20. Jahrhunderts weg von den kontrafaktischen Gemeinschaftsunterstellungen. Wenn man den Diagnosen der Gesellschaftsstudien über soziale Bindung (z. B. Bellah u. a. 1987), theoretischen Analysen darüber (z. B. Beck 1983, 1986) oder historischen Aufrissen (z. B. Mooser 1983, 1984) Glauben schenkt, geht ab diesem Zeitpunkt die gesellschaftliche Relevanz traditionaler, gemeinschaftlicher Orientierungen in den modernen westlichen Gesellschaften rapide zurück – und es bleibt unklar, welche Ordnungen dann noch die unleugbare Weiterexistenz von Gesellschaft sichern. Das führt jedoch kaum zu einer Verschärfung der Skepsis gegenüber den besagten wissenschaftlichen Paradigmen der Gesellschaft, sondern vielmehr zu einer Verschärfung der Krisendiagnose der Gesellschaft. Dieses wissenschaftliche Gesellschaftsbild hat insofern alltagspraktische Auswirkungen, als es zum einen in der Alltagskommunikation fortgesetzt wird und zum anderen Therapievorschläge für die bedrohte Gesellschaftlichkeit hervorbringt: z. B. die Stabilisierung alter Bindungen bzw. die Neuentwicklung von Bindungen in der traditionellen Logik eines umgreifenden Konsenses.

Damit wächst paradoxerweise antizyklisch zum faktischen sozialen Wandel zur Globalisierung und Internationalisierung die Bedeutung säkularisierten nationalen, ethischen oder religiösen Gemeinsinns. Eine solche Präsupposition beruht jedoch nicht „auf wie immer säkularisierten religiösen Motiven", sondern, wie Niklas Luhmann es ausdrückt, auf der „Formentscheidung" soziologischer Theorie.

> „Es werden religioide Phänomene und funktionale Äquivalente für Religion empirisch entdeckt – zum Beispiel Rauschmittel oder Staatsfeiern oder Plakate, die im Namen der Arbeiterklasse, ihrer Partei und des roten Oktobers Überstunden fordern. Außerdem, und das ist

wichtiger, zwingt das Theoriedesign, etwas Entsprechendes zu suchen und dann eventuell noch positiv oder negativ zu bewerten" (Luhmann 1986, S. 186).

Vieles spricht dafür, dass die klassischen Theorien der Gesellschaft mit ihren Vorannahmen unabdingbarer Universalüberzeugungen schon immer inadäquate Konzepte zur Beschreibung der Modernisierung verwendet haben, die hochgradig traditionsfixiert waren. Bestenfalls konnten sie den Zerfall von Ordnungsmustern vormoderner und gering ausdifferenzierter Gesellschaften registrieren, aber nicht sich neu ausprägende Ordnungen. Auf Gegenwart oder Zukunft gerichtet, mussten die traditionellen Konzepte und Konsensideale in eine negative Kritik münden.

In diesem Zusammenhang scheint es zu einer merkwürdigen Gegenbewegung innerhalb der Moderne zu kommen, in der sich die Grundideale humaner Solidarität und Gleichheit gegen ihre eigenen Intentionen stellen. Nicht gesagt werden soll damit, dass sich die *faktischen sozialen Beziehungen* des Alltags zunehmend inhuman gestalten, sondern die klassischen wissenschaftlich-theoretischen Normen und Ideale über Gesellschaftlichkeit entfernen sich zunehmend von der gesellschaftlichen Realität, sodass der Verpflichtungscharakter und die Umsetzung von allgemeinen Normen und Idealen nur noch in manchen Fällen die Gesellschaft integriert und stabilisiert, in anderen Fällen jedoch einen kontraproduktiven Charakter annimmt. Ein Konsens in Form oktroyierter Grundüberzeugungen, so die hier vertretene These, würde in einer entwickelten Moderne immer weniger ein lebenswertes Miteinander sichern, sondern eher als Konsenszwang zur Quelle gesellschaftlicher und privater Auseinandersetzungen werden. Moderne Gesellschaften sollten also nicht, und das ist hiermit gemeint, mit Anforderungen belastet werden, die sie strukturell nicht verwirklichen können. So argumentiert auch Welsch:

> „Der herkömmliche Pluralismus (…) stattet die Basis mit viel zu viel inhaltlichen Übereinstimmungen aus. Das wird dem Prinzip der Demokratie nicht gerecht, sondern schreibt mit solchen Feststellungen zugleich unverantwortliche Ausschlüsse in die Charta der Gesellschaft ein. Die dauernde Beschwörung von Konsens – ob von rechts oder links kommend – ist hier ein bedenkliches Zeichen. Wirklich ‚demokratischer' Grundkonsens hat nicht den Ausschluß, sondern die Ermöglichung von Dissensen zum Ziel" (Welsch 1988, S. 58).

Nur, und das ist das Problem, kann kaum die Ermöglichung von Dissensen über einen Konsens der Akzeptanz von Dissens intentional erreicht werden. Das vermutete schon Durkheim: Stabiler als individuelle Bereitschaft und Reflexivität sind gesellschaftliche Strukturen, die dieses Ziel der Koexistenz von Dissensen auch *ohne* individuelle Bewusstseinsleistungen realisieren können.

5 Mediatisierung des Sozialen Bandes – Mittelbarkeit als Integration

Als Fazit ergibt sich hier: Die kontrafaktische Idee einer homologischen sozialen Integration initiiert in dieser Differenzperspektive immer weniger universale Einigungsprozesse, sondern verwirklicht sich eher als ein permanenter Dissens erzeugender Dissens, der nur weitere Fragen und Probleme gebiert. Die Frage stellt sich im Anschluss, wie man diesem vornehmlich auf der Theorieebene angesiedelten Dilemma entkommen kann. Verfallstheoretische Diagnosen moderner Gesellschaften, die in ihren Pessimismus wesentlich durch die Formentscheidung ihrer Theorie gezwungen werden, helfen kaum weiter. Sie können keine innovativen Integrationspotenziale gesellschaftlicher Differenzierung erkennen, deren neue Bindungsformen aus der traditionellen Perspektive bestenfalls als *Bindungslosigkeit* registriert werden. Diese neuen Bindungen sind in der Tat schwer beschreibbar. Zu sehr fördern alte Denkmuster eines gesamt-konsensuellen Miteinanders eine Betrachtungsweise, in der neue Strukturen und Koordinationsmechanismen des Sozialen als *Fehlen* des Ideals (Bindung) erscheinen, wobei dann konsequenterweise Bindungslosigkeit zunimmt. Vieles spricht dafür, dass die Stabilität ausdifferenzierter Gesellschaften in der Tat auf dem nur scheinbaren Paradoxon *Bindungslosigkeit* basiert. Diese Einschätzung lässt sich schon in denjenigen gesellschaftstheoretischen Modellen ablesen, die für die Moderne die Form des *Gesellschaftsvertrages* an die Stelle eines ehemaligen *Naturzustandes sozialer Bindung* (Locke, Rousseau, Kant) bzw. an die Stelle einer heuristisch *idealisierten Ursprungsgesellschaft* (Rawls) setzen. Die Vorstellung eines Vertrages unterstellt schon eine Abnahme sozialer Bindung auf Gemeinschaftsebene und verlagert gesellschaftliche Stabilität in andere Sphären der Gesellschaft. Das Artifizielle formalisierter sozialer Regeln und Verfahrensweisen übernimmt damit zwar ansatzweise neue Integrationsfunktionen; allerdings konnten sich auch die Vertragsmodelle nicht ganz von der romantisierten Stallwärme sozialer Nähe lösen, sodass Bindungslosigkeit bis heute eine gefürchtete Diagnose der Moderne bleibt.

Wenn tatsächlich wachsende soziale Distanz ausdifferenzierte moderne Gesellschaften charakterisiert, könnte man annehmen, dass es auch genau diese Distanz ist, die die moderne Gesellschaft zusammenhält. Distanz muss in diesem Zusammenhang verstanden werden (a) als egalistische Formalisierung der Beziehungen zwischen einzelnen Gesellschaftsmitgliedern und funktionalen Bereichen wie Politik, Recht, Erziehungssystem, Wirtschaft oder Institutionen sozialstaatlicher Absicherungen sowie (b) als prinzipielle Ausklammerung des Privaten und Persönlichen aus der Interaktion einander fremder Personen. Das heißt mit anderen Worten: Werte und andere individualisierte Haltungen und Lebensmuster werden durch eine strukturell verankerte Anonymität (nicht durch Toleranz) in der Moderne unter den Schutz ‚innerer Angelegenheiten' Einzelner bzw. von Gruppen gestellt – und damit privatisiert (nach Habermas' Differenz von Öffentlichkeit und Privatheit) oder individualisiert (nach Becks Differenz von Milieubindung und Individualisierung). Diese empirisch beobachtbare Tatsache zunehmender Beliebigkeit und Privatheit normativer Lebensmuster (von der allerdings z. B. Prominente

oder diskriminierte Gruppen ausgenommen sind) kann als ein modernes Kommunikationsmuster angesehen werden, in dem (potentiell desintegrierende) Differenz durch
Nicht-Thematisierung (integrativ) neutralisiert wird.

Damit ähnelt dieses allgemeine Kommunikationsmuster der zivilen Unaufmerksam-
keit bzw. der ehrerbietigen Distanz Erving Goffmans (vgl. 1973), also z. B. einer neu-
tralfreundlichen Gleichgültigkeit von Großstadtbewohnern untereinander (vgl. zum
„Goffmenschen" auch: Hitzler 1992). Abstrakter gesellschaftstheoretisch ausgedrückt
markiert *Distanz* genau den Übergang von Gemeinschaft zu Gesellschaft und stellt als
hier verwendeter Begriff Bezüge zur klassischen Gemeinschafts-/Gesellschaftsdebatte
(Durkheim, Tönnies, Plessner u. a.) her. Distanz verweist auf die *Grenzen der Gemeinschaft* in modernen Gesellschaften und steht in Opposition zur romantischen Vorstellung, das *Gesellschaftliche* (oder anders ausgedrückt: das *Systemische* vs. *Lebensweltliche*)
im sozialen Verkehr im Sinne einer Humanisierung des menschlichen Miteinanders reduzieren zu können. Plessner drückt das in seiner Anthropologie apodiktisch über die
Optionen des Menschen aus:

> „Er muß klare Verhältnisse schaffen. Ohne willkürliche Festlegung einer Ordnung, ohne Ver-
> gewaltigung des Lebens führt er kein Leben. (…) Wenn dem Menschen selbst eine rein ge-
> meinschaftliche Lebensform (wieder in weiterem Sinne als bei Tönnies) erträglich schiene, so
> könnte er sie nicht verwirklichen. Aber die Realisierung *soll* nicht in dieser Richtung gehen,
> da die Respektierung des Anderen um der Ursprungsgemeinschaft der Mitwelt willen Dis-
> tanz und Verdecktheit gebietet" (vgl. Plessner 1975, S. 344 f.).

Distanz und Beziehungslosigkeit als Strukturmuster auf der Interaktionsebene von Gesellschaften stellen weiterhin die Bedingung der Möglichkeit bereit, um die Ausbildung
sozialer Nähe als *entdifferenzierte Wahlverwandtschaften* auf teilgesellschaftlicher Ebene
zu sichern. Und erst befreit von einem freischwebenden gesellschaftlichen Rechtferti-
gungsdruck, den jedes universale Ordnungsmuster auf die partikularen Subgruppen der
Gesellschaft ausübt, entstehen Freiräume für plurale oder alternative Lebensformen.

Die zu Grunde liegende Kommunikationsform dieser neuen gesellschaftlichen For-
mation wird hier *mediatisierte Kommunikation* (vgl. Sander 1998) genannt. Die (moral-
theoretische) Debatte Universalismus versus Partikularismus spielt dabei eine wichtige
Rolle, kann hier jedoch nur tangiert werden. Im Kontext mediatisierter Kommunikation
stehen eher *partikulare* Orientierungen im Vordergrund, und zwar in dem Sinne, dass
von dieser Art der Kommunikation lediglich *situativ,* d. h. sachlich und temporär durch
den Kommunikationsverlauf bestimmt, Werthaltungen, persönliche Meinungen oder
Überzeugungen strapaziert werden oder nicht.

Mediatisierte Kommunikation meint eine distanzierte Verständigung, die bestimmte
Charakteristika von Medienkommunikation trägt: Mittelbarkeit, verminderte Rück-
kopplungserwartung, Reduktion der wechselseitigen Auslotung von Interessen bzw. Intentionen und lediglich partiale Bezüge zur ganzen Person. *Mediatisierte Kommunika-*

tion ist kein gesellschaftstheoretisches Programm und keine Fiktion, sondern lediglich eine nüchterne Zugangsweise zu dem Phänomen, das ansonsten häufig als therapiebedürftiges Defizit unserer Gesellschaft gegeißelt wird. Das Phänomen ist Faktum wie der Pluralismus oder die multiple Kulturalität unserer Gesellschaft. Und es wird hier darüber reflektiert, ob dieses Phänomen – gemeinhin gedeutet als Labilitätsfaktor gefährdeter Gemeinschaftlichkeit – nicht die stärkste integrierende Kraft darstellt, auf die im traditionalen Sinne desintegrierte Gesellschaften zurückgreifen können.

Das klingt zuerst einmal widersprüchlich, und das soll auch so sein. Denn es geht um einen Wechsel der Perspektiven, bei dem es darauf ankommt, die modernen Lebensverhältnisse der Menschen nicht als Defizit eines vorgegebenen idealen Soll-Zustands zu betrachten, der mit den beobachteten Lebensverhältnissen zunächst nichts zu tun hat. Vielmehr werden die Lebensverhältnisse genommen, wie sie sich empirisch zeigen, und es wird unterstellt, dass genau in diesem Sogegebensein auch die Ordnungsprinzipien des menschlichen Miteinanders eingelagert sind. Diese Sichtweise ist im Kontext sozialer Integrationsdebatten ungewohnt, und es bedarf einer gewissen Provokation, um ihre Plausibilität deutlich zu machen. Genau das sollen z. B. die Formel der *Mediatisierung* und deren Auslotung nach positiven Potenzialen erfüllen. Günther Anders (vgl. 1956/1983), der sie benutzt und bekannt gemacht hat, drückte ihr den Stempel des Inhumanen auf. Mediatisierung sah er nicht nur als Fragmentierung und Beeinflussung der Wirklichkeitserfahrung durch Technik und Medien sowie als Konzentration der Handelnden auf ihre partialisierten Handlungsbereiche, sondern er kritisiert diese Phänomene vor dem Ideal einer Ganzheitlichkeit der Person. Wie ein antiquiertes Relikt steht bei Anders *der Mensch* in der technischen Moderne – allerdings handelt es sich hierbei nicht um reale Zeitgenossen, sondern um Anders Konzept vom Menschen. Die Natur des Menschen, von der die Anthropologie Günther Anders' ausgeht, wenn er sie in der apparativen Omnipotenz einer technokratischen Moderne untergehen lässt, ist selbst ein synthetisches Kunstprodukt. Nimmt man diese Anthropologie aus dem Bild heraus, verschwindet mit ihr auch der Defaitismus der Schlussfolgerungen. Mediatisierung, Differenzierung sowie die Partialisierung individueller wie auch kollektiver Identitäten können variabler überdacht und auf negative wie positive Konsequenzen hin beleuchtet werden. Die positive Auslotung von Differenz mag wegen der Suggestivkraft einer unterstellten Ganzheitlichkeit von Mensch, Gesellschaft und Natur ungewohnt sein, steht jedoch im Folgenden im Mittelpunkt.

Weniger pathetisch, aber vielleicht konstruktiver scheinen gegenüber solchen problemzentrierten Haltungen leidenschaftslosere Interpretationen gesellschaftlicher Differenzierungsprozesse zu sein, in denen sozialer Wandel erst einmal neutral und als prinzipiell bewältigbar betrachtet wird. In solchen Überlegungen werden universale Wertgeltung und übergreifender Konsens z. B. ersetzt durch *lose Kopplungen* unterschiedlicher gesellschaftlicher Subsysteme bzw. durch labile und zeitlich begrenzte kollektive Einigungsprozesse. Auf einer theoretischen Ebene wird damit die normative Last gesellschaftlicher Nähe und Einheit als unabdingbare Voraussetzung einer humanen Gesellschaft gemildert, und eine Art Grundvertrauen auch in die Bindekräfte moderner Gesellschaften kann sich trotz Ausdifferenzierung und Auflösung traditionaler Integrationskräfte entwickeln.

Wie schon beschrieben: Moderne Gesellschaften produzieren anscheinend parallel zu einer pluralen sozialkulturellen Szenerie deren intermediäre Anonymität gleich mit. In diesen Fällen wird ein explizit auf die Pluralität ausgerichteter Regelungs- und wechselseitiger Abstimmungsbedarf reduziert, respektive vielfach gar nicht erforderlich. Von außen herangetragene Integrations- oder Konsensforderungen würden nämlich von den Teilkulturen verlangen, vorher nicht notwendige Außenlegitimierung, Akzeptanzversicherungen, Koordination unterschiedlicher Normen und vor allem Kenntnisse über andere Teilkulturen zu produzieren. Diese Aktivitäten sind nicht nur zeitaufwändig und häufig lästig, sondern bergen zudem noch die Gefahr in sich, soziale Konfrontationen und Spannungslinien loszutreten, die bislang gar nicht existiert haben.

Vieles spricht dafür, dass sich das Modell eines authentischen, vorbehaltlosen und reflexiven Austausches oder die Universalität der Kommunikation und Organisation innerhalb von Großfamilien, von Gemeinden und dauerhaften Milieus nicht mehr auf komplexe, ausdifferenzierte Gesellschaften anwenden lässt. In der Theoriesprache der funktionalen Differenzierung wird dieses Modell ad acta gelegt, weil eben nicht mehr soziale Differenzierungsformen gesellschaftsstrukturell an primärer Stelle stehen, sondern auf eine sekundäre Position gerückt sind. Aber auch für die Ebene interaktionsnaher Kommunikation wird in zunehmendem Maße der kommunikative Normalfall in der hier präsentierten Theoriesicht nicht mehr durch Verstehen, Verständnis und Kongruenz der Einstellungen strukturiert.

Plausibilisieren lässt sich das auch an der erziehungswissenschaftlich-theoretischen Reflexion ihrer Praxis, in der gesellschaftliche Integration häufig vom Individuum und seinen innerpsychischen Befindlichkeiten nicht zu trennen ist. Obgleich innerhalb der Pädagogik Verstehen und Verständnis des Gegenübers eine große Rolle spielen, werden doch auch zentrale Konzepte der Disziplin durch die *Schwierigkeit* bzw. sogar durch die *Unmöglichkeit* des wechselseitigen Verstehens qualifiziert. So unterstellen etwa individuelle Autonomie oder der klassisch-neuhumanistische Bildungsbegriff einen von außen unerkennbaren und unbeeinflussbaren Bereich des Individuums; hermeneutische Traditionen verweisen auf die Problematik, Verstehensleistungen unter der prinzipiellen Unmöglichkeit des Fremdverstehens zu erbringen; und auch eher unscharfe Begriffe wie z. B. pädagogischer Takt, die pädagogische Beziehungen zwischen Erziehenden und ihrer Klientel beschreiben, gehen mehr oder minder unausgesprochen von wechselseitiger Fremdheit aus.

Mit der Verabschiedung einer segmentär gesicherten Integration in modernen Gesellschaften wird jedoch nicht vorschnell der Versuch aufgegeben, neue koordinierende Formationsfiguren im gegenwärtigen rasanten sozialen Wandel zu entdecken. Einiges scheint darauf hinzuweisen, dass ein neuer, noch nicht genau untersuchter *Überbau der Unverbindlichkeit* im Entstehen begriffen ist, der hier *mediatisierte Kommunikation* genannt wird. Es entstehen dabei mit der positiven Wertung von Distanz und Anonymität neue Perspektiven auf integrative Regulationsmodi, die modernen Gesellschaften inhärent sind und nicht erst appellativ (und damit wahrscheinlich unwahrscheinlich) hergestellt werden müssten. Um diese abschließend zu beschreiben, greifen wir Moderneanalysen der eingangs konnotierten Integrationsklassiker auf. Wie z. B. von Durkheim oder Parsons beschrieben, zeigt sich tatsächlich innerhalb moderner Gesellschaften neben der funktionalen Differenzierung ein nicht unerhebliches Spannungsfeld von normativen bzw. sozialkulturellen Differenzen. Die traditionellen Leitspannungslinien zwischen Arm und Reich, zwischen Religionen oder Ethnien werden in modernen Gesellschaften permanent erweitert durch alle möglichen Widersprüche, die sich spontan und unkontrolliert entwickeln können. Es entstehen ständig neue und differente ästhetische Vorlieben und Ideologien mittlerer oder kürzester Reichweite, und diese bergen die latente Gefahr gesellschaftlicher Spannungen in sich. Unsere These behauptet – wiederum in Konsens mit klassischen Integrationstheorien, dass diese Spannungen strukturell an das Zentralmoment gesellschaftlicher Differenz gekoppelt sind, aber – jetzt im Widerspruch zu konsensuellen Integrationsformeln – *nicht* von einem wie auch immer herzustellenden Wertekonsens (also durch Integration) aufgehoben werden können.

Postmoderne Gesellschaftstheorien kommen zu einem ähnlichen Schluss und verweisen in diesem Zusammenhang darauf, dass ein Appell an eine vereinheitlichende Vernunft hier sinnlos sei, eben weil diese *eine* rationalisierende Vernunft nicht mehr existiere. Stattdessen werden Toleranz bzw. ein wechselseitiges postmodernes Gewährenlassen empfohlen. So argumentiert z. B. Wolfgang Welsch (1988, S. 40): „Was sich grundlegend geändert hat, ist allerdings die Form der Utopie: weg vom Einheitsprojektil hin zur Vielheitsakzeptanz". Hier behält jedoch die anscheinend verabschiedete Einheit den Status einer grauen Eminenz im Verborgenen. Als Toleranz der Differenz bleibt Einheit weiterhin notwendig und erfüllt genau die Funktion eines integrativen und normativen sozialen Bandes, das schon immer von den klassischen gesellschaftlichen Differenztheorien als Therapie einer bindungsgefährdeten Moderne anempfohlen wurde.

Das Konzept der *mediatisierten Kommunikation* rekurriert im Gegensatz zu solchen Vorschlägen allerdings in keiner Weise auf irgendeine Form von Integration, Konsens oder Toleranz als zentralem Modus gesellschaftlicher Koexistenz. Mögliche soziale Spannungen, die sich an differenten sozialkulturellen Einstellungen oder Praxen entzünden könnten, lassen sich, so die These, nicht konsequent und sicher durch wechselseitige Antizipation der Betroffenen und durch gegenseitige Akzeptanz bzw. durch ein bewusst wahrnehmendes Gewährenlassen differenter Positionen verhindern. Entweder diese Spannungen entstehen, oder sie entstehen nicht. Wenn sie entstanden sind, können sie durch wechselseitige Akzeptanz der Betroffenen nicht mehr eingeholt werden; und wenn diese Konflikte nicht entstanden sind, gibt es sie nicht, und es existieren auch keine benennbaren sozialkulturellen Differenzen, die durch wechselseitige, reflexive Akzeptanz entschärft werden könnten. Das soll ausdrücken: Reflexivität oder Akzeptanz können sich regulierend nur auf wenige sozialkulturelle Ausdrucksformen beziehen. Zu berücksichtigen ist dabei, dass Akzeptanz einen höchst überheblichen Kern hat. Warum sollten Menschen darauf angewiesen sein, dass andere Menschen sie akzeptieren? Wer darf akzeptieren, und wer wird akzeptiert? Diskriminierte Gruppen kennen dieses Dilemma nur zu gut. Sie wollen im Grunde genommen, dass die anderen sich nicht um sie scheren. Diskrimination aber lässt das gerade nicht zu. Diese Form der Aufmerksamkeit beleidigt nicht nur, sondern provoziert auch noch das positive Pendant der wohlmeinenden Akzeptanz, mit dem sich die diskriminierten Gruppen abgeben müssen, ob sie wollen oder nicht. Alle existenten oder gar alle prinzipiell möglichen sozialkulturellen Ausdrucksformen innerhalb moderner Gesellschaften lassen sich zudem auch beim besten Willen der Betroffenen nicht reflexiv berücksichtigen. Erst ein nonchalantes, desinteressiert wahrnehmendes Gewährenlassen der Anderen, das nicht von Bewusstseinsprozessen einzelner, sondern von *spezifischen kommunikativen Standards* (also z. B. von mediatisierter Kommunikation als einem *sozialstrukturellen* Phänomen, keinem Objekt subjektiver Wahl) abhängt, kann moderne sozialkulturelle Diffusität bewältigen. Mediatisierte Kommunikation bewältigt die Komplexität und die Heterogenität moderner Sozialkultur nicht dadurch, dass sie sie wahrnimmt und speziell darauf reagiert, sondern vielmehr dadurch, dass sie sie zum großen Teil *nicht* wahrnimmt und somit darauf auch *nicht* reagieren muss.

Ob etwas wahrgenommen wird oder nicht und was dann daran anschließt, ist hier der zentrale Punkt. Einer integrativen Gesellschaftstheorie, die normative und wechselseitige Abstimmungen prinzipiell aller Perspektiven fordert, unterliegt die mehr oder minder reflektierte Unterstellung, dass tatsächlich alle (sozialkulturellen) Perspektiven einer Gesellschaft transparent sein könnten. Integration bedeutet dann entweder, die wahrgenommenen Differenzen zum Konsens zu führen oder in wechselseitiger Toleranz zu belassen. Dem stehen Theorieansätze entgegen, die die *Perspektivität* der Wahrnehmung in den Vordergrund stellen und damit Abschied nehmen von der prinzipiellen Möglichkeit der Identität einer einheitlichen Sichtweise. Die nicht triviale Aussage von Niklas Luhmann im Kontext von Beobachtungen anhand spezifischer Unterscheidungen, dass man nur das sehen kann, was man sieht, und nicht das, was man nicht sieht, weist auf diese Perspektivität hin (vgl. Luhmann 1987). Ersetzen wir Unterscheidungen durch Unterschiede, dann sehen wir, dass *wahrgenommene* Unterschiede in modernen Gesellschaften häufiger zum Konflikt als zu einer wechselseitigen Toleranz führen. So kann man fast erleichtert darüber sein, dass viele Unterschiede durch Anonymität und Distanz verdeckt bleiben.

Greifen wir wieder die mediatisierte Kommunikation auf und ihre Tendenz, die Heterogenität der sozialkulturellen Perspektiven in der Einzelwahrnehmung und in der Kommunikation tendenziell zu nihilieren, so kann nun im selben Argumentationsduktus gefolgert werden, dass die Ursachen für das Ausbrechen sozialkultureller Konflikte neben konkreten inhaltlichen Motiven häufig im Fehlen der Präventivwirkung der Nichtkommunikation liegen. Das Argument ist nicht unbedingt neu, verwies schon Popitz (vgl. 1968) im juristischen Kontext auf die „präventive Wirkung des Nichtwissens", und eine Zusammenstellung von Theorieansätzen, die davon ausgehen, dass „Transparenz unproduktiv wäre", findet sich bei Luhmann (vgl. 1992, S. 212 ff.).

Nimmt man die sozialkulturellen Konflikte aus, die ersichtlicherweise durch materielle Ursachen entfacht wurden und deren Verlauf auch weiterhin durch diese Ursachen motiviert wird, dann bleiben genau die Konflikte übrig, die im eigentlichen Sinne keine objektiven Gründe haben, sondern deren Ursachen in den Bedingungen zu suchen sind, unter denen sich sozialkulturelle Differenz über Gruppensolidarisierungen und über Gruppenfeindseligkeiten in sozialkulturelle Konflikte verwandeln kann. Diese hier propagierte gesellschaftstheoretische Sichtweise verzichtet auf eine quasi naturwissenschaftliche Erklärung sozialer Konflikte, fragt nicht nach den kausalen Gründen, sondern eher nach den Rahmenbedingungen, die sozialkulturelle Konflikte am Leben erhalten. Da die Gründe im Konflikt selbst ständig neu entwickelt und verändert werden, häufig rein auf einer semantischen Ebene, hat ihre Rekonstruktion eher dokumentarischen als erklärenden Charakter. Besser lässt sich andersherum anfangen: Welche gesellschaftlichen Bedingungen motivieren sozialkulturelle Gruppenkonflikte in modernen Gesellschaften und welche Bedingungen können sie verhindern?

Diese Bedingungen für sozialkulturell fundierte Gruppenkonflikte können strukturell gleichgesetzt werden mit den Bedingungen für sozialkulturell fundierte Solidaritäten. Einerseits haben wir es häufig mit einer irrationalen Feindschaft und andererseits mit einer ebenso irrationalen Freundschaft zu tun. Der Rahmen dieser Bedingungen wird durch mediatisierte Kommunikation vorgegeben. Sie kann Konflikte *verhindern,* indem sie ein spezielles kommunikatives Korrespondenz- bzw. Assoziationsverhältnis zwischen verschiedenen Menschen aufbaut. Die Kommunikation wird in diesem Fall bestimmt durch eine Struktur der Mittelbarkeit, der Distanz und der Reduktion wechselseitiger Reziprozität. Dadurch werden in Standardsituationen der Interaktion einander fremder Menschen kommunikationsirrelevante Differenzen minimiert und eingeklammert, nicht aufgehoben oder eingeebnet. Dieses nicht intentionale und kaum intendierbare Verfahren der distanzierten sozialen Bindung (eigentlich: der Bindung durch Bindungslosigkeit) kann als Begleiterscheinung sozialer bzw. sozialkultureller Differenz verstanden werden. Mediatisierte Kommunikation, so die These, basiert zwar auf den im klassischen Sinne desintegrierenden Wandlungsprozessen moderner Gesellschaften, kann jedoch in vielen Situationen die Multirationalität bzw. *Bindungslosgkeit* moderner Gesellschaften durch Kommunikationsmuster rationalisieren, die die Bereiche des Thematisierens und *Nicht-Thematisieren* (oder nach Luhmann/Fuchs 1989: des Redens und *Schweigens*) adäquat vorstrukturieren. So werden demnach gesellschaftliche Stabilität und die Fähigkeit des offenen Umgangs mit Unterschieden empirisch dadurch gesichert, dass viele der in der Moderne selbstbezüglich produzierten Differenzen eben nicht thematisiert und problematisiert werden.

Die Kehrseite der Medaille wäre die Thematisierung von Differenzen. Was sonst vom Schleier der Anonymität verdeckt wird, muss nun verhandelt werden. Selbstverständlich ist das häufig im Alltag, in der Öffentlichkeit oder der Politik sinnvoll und notwendig, auch wenn diese Diskurse selten einen konsensuellen Ausgang nehmen. Moderne Gesellschaften können sich allerdings nur begrenzt den Mühen und Gefahren der Bewältigung von Differenzproblemen aussetzen. Die weltweiten Konflikte, die an der Spannungslinie ethnischer, kultureller oder nationalistischer Konstruktionen aufbrechen – und z. T. sogar unter der Zielformel *Integration* ausgetragen werden, legen davon Zeugnis ab.

Literatur

Anders, G. (1983): Die atomare Drohung. Radikale Überlegungen [1956]. – 4., durch Vorw. erw. Aufl. von „Endzeit und Zeitende". – München.

Beck, U. (1983): Jenseits von Stand und Klasse? Soziale Ungleichheiten, gesellschaftliche Individualisierungsprozesse und die Entstehung neuer sozialer Formationen und Identitäten. In: Kreckel, R. (Hrsg.): Soziale Ungleichheiten (Soziale Welt, Sonderbd. 2) – Göttingen, S. 35–74.

Beck, U. (1986): Risikogesellschaft. Auf dem Weg in eine andere Moderne. – Frankfurt a. M.

Bell, D. (1976): Die Zukunft der westlichen Welt. Kultur und Technologie im Widerstreit. – Frankfurt a. M.

Bell, D. (1993): Communitarism and its critics. – Oxford.

Bellah u. a. 1987 = Bellah, R. N./Madsen, R./Sullivan, W. M./Swidler, A./Tipton, S. M. (1987): Gewohnheiten des Herzens. Individualismus und Gemeinsinn in der amerikanischen Gesellschaft. – Köln (Habits of the Heart. Individualism and Commitment in American Life. Berkeley 1985).

Bieling, H.-J. (2000): Dynamiken sozialer Spaltung und Ausgrenzung. – Münster.

Coser, L. A. (1965): Theorie sozialer Konflikte. – Neuwied.

Dahrendorf, R. (1965): Gesellschaft und Demokratie in Deutschland. – München.

Dahrendorf, R. (1992): Der moderne soziale Konflikt. Essay zur Politik der Freiheit. – Stuttgart.

Dubiel, H. (1999): Integration durch Konflikt? In: Friedrichs, J./Jagodzinski, W. (Hrsg.): Soziale Integration. (Kölner Zeitschrift für Soziologie und Sozialpsychologie, Sonderheft 39). – Opladen, S. 132–143.

Durkheim, E. (1973/1897): Der Selbstmord. – Neuwied.

Durkheim, E. (1977/1893): Über die Teilung der sozialen Arbeit. – Frankfurt a. M.

Etzioni, A. (1988): The moral dimension. Toward a new economics. – New York.

Etzioni, A. (1997): Die Verantwortungsgesellschaft. Individualismus und Moral in der heutigen Demokratie. – Frankfurt a. M.

Friedrichs, J./Jagodzinski, W. (Hrsg.) (1999): Soziale Integration. (Kölner Zeitschrift für Soziologie und Sozialpsychologie, Sonderheft 39). – Opladen.

Goffman, E. (1973): Interaktionsrituale. Über Verhalten in direkter Kommunikation. – Frankfurt a. M.

Habermas, J. (1990/1980): Die Moderne – ein unvollendetes Projekt. In: Habermas, J.: Die Moderne – ein unvollendetes Projekt. Philosophisch-politische Aufsätze 1977–1990. – Leipzig, S. 32–54.

Heitmeyer, W. (Hrsg.) (1997): Bundesrepublik Deutschland. Auf dem Weg von der Konsens- zur Konfliktgesellschaft. – 2 Bde. – Frankfurt a. M.

Hitzler, R. (1992): Der Goffmensch. Überlegungen zu einer dramatologischen Anthropologie. In: Soziale Welt, 43 Jg., S. 449–461.

Honneth, A. (Hrsg.) (1993): Kommunitarismus. Eine Debatte über die moralischen Grundlagen moderner Gesellschaften. – Frankfurt a. M.

Lévi-Strauss, C. (1949/1981): Die elementaren Strukturen der Verwandtschaft. – Frankfurt a. M.

Luhmann, N. (1975): Soziologische Aufklärung 2. Aufsätze zur Theorie der Gesellschaft. – Opladen.

Luhmann, N. (1976): Generalized Media and the Problem of Contingency. In: Loubser, J. J./Baum, R. C./Effrat, A./Lidz, V. M. (Hrsg.): Explorations in General Theory in Social Science. Essays in Honour of Talcott Parsons. – New York, S. 507–532.

Luhmann, N. (1986): Grundwerte als Zivilreligion. Zur wissenschaftlichen Karriere eines Themas. In: Kleger, H./Müller, A. (Hrsg.) (1986): Religion des Bürgers. Zivilreligion in Amerika und Europa. – München, S. 175–194. (Zuerst in: Luhmann, N. (1981): Soziologische Aufklärung 3. – Opladen.)

Luhmann, N. (1987): Brauchen wir einen neuen Mythos. In: Luhmann, N. (1987): Soziologische Aufklärung 4. Beiträge zur funktionalen Differenzierung der Gesellschaft. – Opladen, S. 254–274.

Luhmann, N. (1992): Beobachtungen der Moderne. – Opladen.

Luhmann, N./Fuchs, P. (1989): Reden und Schweigen. – Frankfurt a. M.

Mooser, J. (1983): Auflösung des proletarischen Milieus. Klassenbindung und Individualisierung der Arbeiterschaft vom Kaiserreich bis in die Bundesrepublik Deutschland. In: Soziale Welt, 34. Jg., S. 270–306.

Mooser, J. (1984): Arbeiterleben in Deutschland. 1900–1970. – Frankfurt a. M.

Münch, R. (1998): Globale Dynamik, lokale Lebenswelten. Der schwierige Weg in die Weltgesellschaft. – Frankfurt a. M.

Niethammer, L. (1989): Posthistoire. Ist die Geschichte zu Ende? – Reinbek.

Parsons, T. (1937): The Structure of Social Action. – New York.

Parsons, T. (1951): General Statement. In: Parsons, T./Shils, E. A.: Toward a General Theory of Action. – Cambridge/Mass., S. 3–29.

Plessner, H. (1975): Die Stufen des Organischen und der Mensch. Einleitung in die philosophische Anthropologie. – Berlin.

Popitz, H. (1968): Über die Präventivwirkung des Nichtwissens. Dunkelziffer, Norm und Strafe. – Tübingen.

Sander, U. (1998): Die Bindung der Unverbindlichkeit. Mediatisierte Kommunikation in modernen Gesellschaften. – Frankfurt a. M.

Schimank, U./Volkmann, U. (Hrsg.) (2000): Soziologische Gegenwartsdiagnosen I. – Opladen.

Simmel, G. (1992): Der Streit. In: Simmel, G.: Soziologie. Untersuchungen über die Formen der Vergesellschaftung [1908]. (Hrsg. von O. Rammstedt.) – Frankfurt a. M., S. 284–382.

Spencer, H. (1972): Progress: Its Law and Causes [1857]. In: Spencer, H.: On social Evolution. Selected Writings (Hrsg. von J. D. Y. Peel). – Chicago, S. 38–52.

Spencer, H. (1904): First Principles [1862]. – London.

Tönnies, F. (1979): Gemeinschaft und Gesellschaft [1887]. – Darmstadt.

Tyrell, H. (1985): Emile Durkheim. Das Dilemma der organischen Solidarität. In: Luhmann, N. (Hrsg.): Soziale Differenzierung. Zur Geschichte einer Idee. – Opladen, S. 181–250.

Welsch, W. (1988): Postmoderne. Pluralität als ethischer und politischer Wert. – Köln.

Professionelle Kompetenz von Lehrkräften

Jürgen Baumert und Mareike Kunter

1   Einleitung

Die Diskussion über die professionelle Handlungskompetenz von Lehrkräften – ihre Dimensionen, Struktur und Genese – verläuft in Deutschland in sehr unterschiedlichen, sich praktisch nicht berührenden Bahnen. Entsprechend divergent sind die Ergebnisse, aber auch die Folgerungen, die daraus für die Aus- und Fortbildung von Lehrkräften gezogen werden. Auf der einen Seite stehen die Autoren, die pädagogisches Handeln im Lehrerberuf im Anschluss an Oevermanns Analyse der Struktur psychotherapeutischer Beziehungen als quasi-therapeutische Tätigkeit auffassen wollen. Deren Struktur führe unter den Bedingungen der staatlichen Pflichtschule zu unauflösbaren Widersprüchen und Dilemmata der Lehrertätigkeit, die eine Professionalisierung des Berufs verhinderten und das Scheitern zur Normalität machten (vgl. Oevermann 1996; Helsper 1996, 2002, 2004; Radtke 2004; modifiziert Kolbe 2004).

Auf der anderen Seite stehen die Autoren, die den Anschluss an die internationale Diskussion über professionelle Standards im Lehrerberuf suchen und die Sicherung einer qualitätsvollen Lehrerausbildung im Auge haben. Ihr Vorgehen ist pragmatisch und führt zu unterschiedlichen Kompetenzmodellen, deren Vergleich und Beurteilung aufgrund fehlender theoretischer Grundlegung in der Regel schwierig ist. Das Spektrum reicht von primär stoff- und inhaltsorientierten Standards (vgl. Terhart 2000, 2002) bis hin zu pädagogisch- psychologisch begründeten Kompetenzprofilen und Standards (vgl. Oser 2001; Städeli 2003). Bei aller Unterschiedlichkeit der beiden Diskussionsstränge gibt es eine Gemeinsamkeit: einen erheblichen Mangel an empirischer Evidenz hinsichtlich der Bedeutung professioneller Kompetenzen für die Qualität von Unterricht sowie den Lernfortschritt und die Persönlichkeitsentwicklung von Schülerinnen und Schülern.

Im Folgenden sollen zunächst die unterschiedlichen Positionen dargestellt und daraufhin befragt werden, welchen Beitrag sie zu einem besseren theoretischen Verständnis der Kernaufgabe von Lehrkräften leisten, nämlich Unterricht zu erteilen und verständnisvolles Lernen von Schülerinnen und Schülern systematisch anzubahnen und zu unterstützen. Daran schließt sich die Vorstellung eines allgemeinen Modells der Handlungskompetenz von Lehrkräften an, das es erlaubt, empirische Befunde zur Qualifikation, professionellen Kompetenz und Persönlichkeit von Lehrpersonen in ihrer Bedeutung für Unterricht und Lernen zu ordnen und theoriebezogen zu diskutieren. Darauf

folgt der Versuch, einen Überblick über die Forschungslage zu geben und Forschungsdesiderata zu benennen. Dieser Überblick folgt einer individuellen, psychologischen
Perspektive und konzentriert sich im Wesentlichen auf unterrichtliche Zusammenhänge.

2 Strukturtheoretische Deutung des Lehrerhandelns

Alle strukturtheoretisch argumentierenden Arbeiten beziehen sich letztlich auf Oevermanns Theorie des professionellen Handelns (vgl. Oevermann 1996). Oevermann ent-
wickelt sein Modell der sozialisatorischen Interaktion, zu der er auch das Geschehen im
Klassenzimmer rechnet, am Beispiel der orthodoxen psychoanalytischen Therapie. Im
Zentrum des therapeutischen Geschehens steht nach Oevermann die stellvertretende
Deutung zur Wiederherstellung beschädigter personaler Integrität. Grundlage der Interaktion zwischen einem Therapeuten und Patienten ist ein auf dem Leidensdruck des
Patienten beruhendes Arbeitsbündnis, mit dem sich der Patient verpflichtet, die the-
rapeutische Grundregel einzuhalten, die verlangt, sich trotz der Spezifität des therapeutischen Rahmens vorbehaltlos als ganze Person zu öffnen und damit eine im Sinne
Parsons diffuse Sozialbeziehung zum Arzt einzugehen. Der Therapeut, der den Patienten in seiner ganzen Persönlichkeit ohne Einschränkung akzeptiert, hebt die Intimität
in der Abstinenzregel, die ihn zu analytischer Distanz verpflichtet, wiederum auf. Die
stellvertretende Deutung des Therapeuten vollzieht sich dabei in der Spannung zwischen der Subsumtionslogik der Psychopathologie und der psychoanalytischen Theorie
einerseits und der fallverstehenden, lebensgeschichtlichen Rekonstruktion des Einzel-
schicksals andererseits. Im professionellen Handeln bringt der Psychoanalytiker Nähe
und Distanz sowie wissenschaftliche Objektivität und hermeneutisches Verständnis in
nichttechnologischer Weise zum Ausgleich.

Diese Figur überträgt Oevermann auf das berufliche Handeln von Lehrkräften in
Schule und Unterricht. Nach Oevermann entfaltet „dieses Prinzip der fallbezogenen,
stellvertretenden Deutung des latenten Sinns der aktuellen Interaktion mit dem Schüler ... eine eigene zusätzliche Fruchtbarkeit bei der Wissens- und Normenvermittlung"
(Oevermann 1996, S. 156 f.). Wie der Patient wird der Schüler im Rahmen einer personalen Sozialbeziehung in seiner ganzen Persönlichkeit thematisiert. Diese Sozialbeziehung ist in ihrem Charakter diffus, auf partikulares Verständnis gerichtet und durch
emotionale Zuwendung gekennzeichnet. Demgegenüber stehen Spezifität und Sachlichkeit der Anforderungen in der Schule und die Universalität schulischer Gütemaßstäbe.
Die Lehrkraft befindet sich also in dem Dilemma, die „moralischen und epistemischen
Wahrheitsansprüche des Systems" zur Geltung bringen zu müssen und gleichzeitig ein
unbedingtes lebensgeschichtliches Fallverstehen praktizieren zu sollen. Dies kann nach
Oevermann professionell nur gelingen, wenn die sozialisatorische Interaktion auf einem
freiwilligen Arbeitsbündnis beruht, das – äquivalent zum Leidensdruck des Patienten –
durch die epistemische Neugier des Schülers begründet wird. Eine allgemeine Schul-

pflicht widerspreche deshalb der Struktur sozialisatorischer Interaktion und begrenze grundsätzlich die Professionalisierbarkeit der Lehrtätigkeit.

Im Anschluss an Oevermann entwickelt Helsper (vgl. 2004) eine „strukturtheoretisch-rekonstruktive Perspektive auf das Lehrerhandeln", in der er die Widersprüchlichkeit der Lehrertätigkeit und die darin angelegte ständige Drohung des Scheiterns herauszuarbeiten versucht. Helsper identifiziert eine Reihe konstitutiver, also nicht aufhebbarer Antinomien des Lehrerhandelns, die sich um die Unsicherheit stellvertretender Deutung und die Simultanität von Distanz und Nähe gruppieren. Zur ersten Gruppe rechnet er die Spannung zwischen (1) Entscheiden unter Ungewissheit und professioneller Begründungspflicht, zwischen (2) subsumtiver Einordnung des pädagogischen Geschehens unter allgemeine Kategorien und dem individuellen Fallverstehen sowie die Spannung zwischen (3) professionellem Vermittlungsversprechen und dem Erfolgsrisiko der pädagogischen Intervention. Zur zweiten Gruppe gehören (4) die Spannung zwischen Nähe und Distanz, also dem Verlangen, die gesamte Person des anderen in all ihrer Besonderheit emotional zugewandt zu verstehen und dem gleichermaßen gültigen Gebot, die spezifischen Anforderungen der Schule und ihre generellen Regeln zur Geltung zu bringen, ebenso wie (5) die Spannung zwischen einer an Intersubjektivität orientierten Sachlogik einerseits und dem lebensweltlich und biographisch gefärbten Weltverstehen der Schüler und Schülerinnen andererseits. Nimmt man die Rede von der antinomischen Struktur des Lehrerhandelns ernst, bedeutet dies, dass Lehrkräfte im Handlungsvollzug notwendigerweise Entscheidungen zu treffen haben, die den widerstreitenden Geltungsansprüchen nicht gleichzeitig entsprechen können. Erträglich und produktiv zu wenden ist diese Situation nur, wenn in einem freiwilligen Arbeitsbündnis die Ansprüche der Sache und der Person wechselseitig in der Hoffnung auf Lernen und Entwicklung „lebenspraktischer Autonomie" anerkannt werden. Dieses Arbeitsbündnis kann nicht erzwungen oder verordnet werden, sondern muss, auch wenn es als Rahmung vorausgesetzt wird, immer wieder erneut kommunikativ ausgehandelt werden (vgl. Helsper 2004, S. 63 f.). Für Oevermann ist die Grundfrage der sozialisatorischen Interaktion, „ob und wie diese widersprüchliche Einheit von spezifischen und diffusen Sozialbeziehungen im pädagogischen Handeln in ein professionalisiertes Arbeitsbündnis überführt werden kann" (Oevermann 1996, S. 148). Für Helsper sind der tägliche Kampf um ein kommunikativ begründetes Arbeitsbündnis oder das stillschweigende Arrangement mit dessen Scheitern die größte Belastung im Lehrerberuf (Helsper 2004, S. 65).

Es ist nicht verwunderlich, dass sich mit diesen strukturtheoretischen Analysen zwanglos die These vom strukturellen Technologiedefizit in der Pädagogik verbindet (vgl. Luhmann/Schorr 1979, 1982). Die These vom Technologiedefizit der Pädagogik besagt nicht nur, dass sich pädagogisches Handeln – wie das Handeln in allen anderen Professionen auch – als deutend interaktives Handeln technischer Rationalisierung entzieht, sondern dass die Spezifität des Einzelfalls theoretisch-systematisches Wissen, auch wenn es in Erfahrung eingelassen ist, randständig werden lässt und das Fallverstehen zum Kern pädagogischer Kompetenz macht (vgl. Beck/Stelmaszyk 2004; Helsper

2004; Kolbe 2004; Koring 1989). Professionelles pädagogisches Wissen kann dann im Extremfall auf das Wissen um das „Nicht-Wissen-Können" (Wimmer 1996, S. 425) reduziert werden.

3   Neujustierung der theoretischen Perspektive

Oevermann versteht professionelles Handeln von Lehrkräften als Spezialfall der „sozialisatorischen Interaktion", die er nach dem Idealtypus der psychoanalytischen Therapie modelliert. In diesem Modell scheint Unterricht nur noch als Prophylaxe gegen Psychopathologien der Identität auf (Oevermann 1996, S. 149 ff.). Der Fokus der professionellen Tätigkeit liegt auf der Erziehung der ganzen Person in einer diffusen Sozialbeziehung. Diese, wie Tenorth sagt, „Generalisierung der Erziehungserwartung gegenüber Lehrern und Schule" erzeugt überhaupt erst die theoretischen Dilemmata und Aporien, die Helsper dann analysiert (Tenorth 2006). Von hier führt kein konzeptueller Weg zum Grundproblem professionellen Lehrerhandelns, d. h. zur Beantwortung der Frage, wie Unterricht möglich ist und auf Dauer gestellt werden kann, systematisches und kumulatives Lernen über Kindheit und Jugend hinweg erreichbar und die kognitiven und motivationalen Voraussetzungen beruflicher, politischer, kultureller und zivilgesellschaftlicher Teilhabe für die gesamte nachwachsende Generation zu sichern sind und welche Anforderungen sich daraus für das Kompetenzprofil einer Lehrkraft ergeben.

3.1   Schule als Institution: Begründung spezifischer Rollenbeziehungen zwischen Lehrkraft und Schülerinnen und Schülern

Die historische Leistung der Schule besteht in der Institutionalisierung der Voraussetzungen für eine allgemeine Bildung, die der gesamten nachwachsenden Generation Zugang zu sprachlichen und mathematischen Symbolsystemen eröffnet, Lernen kultiviert und unterschiedliche, nicht wechselseitig ersetzbare Rationalitätsformen und Horizonte des Weltverstehens erschließt. Lehrerhandeln schließt also immer an institutionelle Vorentscheidungen an, die auf normativen Prämissen und sozial verteiltem Erfahrungswissen beruhen und das Bildungsprogramm, seine sachliche, zeitliche und soziale Organisation sowie die Beurteilung und Graduierung von Schülerleistungen betreffen. Mit diesen institutionellen Vorentscheidungen über Ziele, Fächerstruktur, Stundentafel und Lehrplan, die Unterrichtsorganisation und die organisatorische Regelung von Zeit- und Arbeitsverteilung sowie die Einführung universalistischer Gütemaßstäbe wird eine spezifische und sachliche Rollenbeziehung zwischen Lehrkraft und Schülerin und Schüler begründet. Der Schüler wird nicht – wie ein Geschwister in der Familie – in seiner ganzen Person und seiner ganzen Biographie thematisch, sondern als Teilnehmer an einem Bildungsprogramm. Die Spezifität und Sachlichkeit der Sozialbeziehung schützen ihn vor Intimitätszumutungen und totaler Einvernahme durch die Institution und entbinden ihn von der Verpflichtung des Patienten, sich in seiner ganzen Persönlichkeit zu öffnen, setzen ihn aber auch dem Vergleich mit nicht partikularen Sachnormen aus. Dies erlaubt Lehrpersonen weder Unpersönlichkeit oder Kälte noch Gleichbehandlung oder gar Indifferenz. Vielmehr verlangt gerade die wichtigste Aufgabe der Schule, nämlich die Voraussetzungen für selbstständiges Weiterlernen und eine verantwortungsvolle gesellschaftliche Teilhabe für die *gesamte* nachwachsende Generation zu sichern, Akzeptanz von Heterogenität, Fürsorge und individuelle Förderung. In der Regel verfügt das institutionelle Arrangement auch über ausreichende interne Elastizität, um mit Heterogenität und der Besonderheit des Einzelfalls ohne Aufkündigung des institutionellen Rahmens umzugehen, der die von Helsper als Antinomie beschriebene Spannung zwischen Distanz und Nähe durch eine Vorentscheidung zugunsten der professionellen Distanz entschärft. Fürsorge bedeutet im pädagogischen Handeln weder Intimität noch Therapie, sondern professionelle Förderung in spezifischen Domänen und Verhaltensbereichen, auch wenn im Einzelfall Grenzziehung und Aufteilung von Verantwortung schwierig sein mögen – insbesondere in Systemen, die unzureichende personelle Vorsorge für psychologische, sonderpädagogische und sozialpädagogische Beratung treffen.

Der Abschied von generalisierten Erziehungserwartungen erlaubt es, die didaktische Vorbereitung und Inszenierung von Unterricht als zentrale Anforderung für den Lehrerberuf und das professionelle Kompetenzprofil von Lehrkräften zu identifizieren. Unter dem Gesichtspunkt der Organisation systematischen Lernens und des langfristigen Wissenserwerbs bietet die Schule eine – wie Prange (vgl. 2000) und Tenorth (vgl. 2004, 2006) zu Recht herausstellen – bemerkenswerte Erfolgsgeschichte. Nicht das Scheitern, sondern der Erfolg des Lehrerhandelns ist der Normalfall. Die Leistungen, welche die Schule im Hinblick auf systematischen Wissens- und Kompetenzerwerb erbringt, werden durch den Erfolg selbst verdeckt. Wenn tatsächlich alle Schüler von der Schulpflicht erfasst werden, fehlt es an einer Kontrollgruppe, an der man zeigen kann, wie sich Wissen und Können entwickeln und verteilen, wenn die Schule nicht alle Kinder und Jugendlichen erreicht. Studien aus Entwicklungsländern, in denen nur ein Teil der nachwachsenden Generation die Schule besucht, und Untersuchungen, die sich zeitliche Verschiebungen beim Schuleintritt und Verlassen der Schule zu Nutze machen, zeigen die faktische Monopolstellung der Schule für die Vermittlung moderner Basisqualifikationen (vgl. Baumert 2006). Aufgabe der Forschung ist es, diese Vermittlungsprozesse theoretisch und empirisch aufzuklären und damit zu ihrer Optimierbarkeit beizutragen.

3.2 Unterrichten und Erziehen: Professionsmoral von Lehrkräften

Betrachtet man den Unterricht in dieser Weise als das Kerngeschäft der Schule, eröffnet sich auch ein anderer Blickwinkel auf die Erziehungsaufgaben, die Schule und Lehrkräfte zu erfüllen haben. Die Schule erzieht zu allererst durch die kognitiven Herausforderungen ihres Bildungsprogramms, durch den Wechsel zwischen explorativen Lern- und Problemlösungsphasen und leistungsthematischen Situationen, in denen verbindliche Gütemaßstäbe durchgesetzt werden, durch intellektuelle Verunsicherung und reflexive Distanz, aber auch durch das Insistieren auf Erklären und Begründen und das Beharren auf Genauigkeit und Durcharbeiten ebenso wie durch systematisches Üben (vgl. Aebli 1983). Die Schule erzieht aber auch schon durch die Sicherung der sozialen Voraussetzungen und die soziale Gestalt des Unterrichts selbst – also durch die Durchsetzung von Pünktlichkeit und Regeltreue, geordnete Unterrichtsführung oder den Wechsel von methodischen Großformen, didaktischen Handlungsmustern und Sozialformen (vgl. Meyer 1987, S. 234 ff.; 2004, S. 74 ff.). Nicht zuletzt erziehen auch die Gelegenheitsstruktur des Schullebens und die Organisationskultur der Schule, da auch sie Umgangsformen und Möglichkeiten für zivilgesellschaftliche Verantwortung definieren. Im Rahmen von Unterricht und seinem schulischen Umfeld werden Aufmerksamkeit, Anstrengung, Geduld und Ausdauer, Leistungsmotivation, Zielorientierung, Belohnungsaufschub und Selbstregulation, aber auch Emotionskontrolle und soziale Rücksichtnahme, Hilfsbereitschaft und Aushandlung von Interessen, Übernahme von Verantwortung, Kooperation oder konstruktive Konfliktbewältigung thematisch. Herbart (vgl. 1806) hat dies in hinreichender Klarheit formuliert: Es gebe keinen Unterricht, der nicht erziehe. Dies gilt auch für die Sozialorganisation (vgl. Dreeben 1980). Das heißt aber auch, dass die institutionelle Verfasstheit des Bildungsprogramms und die Sozialorganisation der Schule die Lehrkraft in erheblichem Maße von persönlichen Erziehungserwartungen entlasten und die Erziehungsaufgabe dort lokalisieren, wo sie hingehört: nämlich in die professionelle Erfüllung der Berufsaufgabe in und außerhalb des Unterrichts. Hier sind professionelle Maßstäbe anzulegen, während hinsichtlich sonstiger Tugenden, Lebensführung und ziviler Umgangsformen billigerweise von Lehrkräften nichts anderes zu fordern ist, als das, was man üblicherweise von Personen in herausgehobenen Berufen erwarten darf. Deshalb ist es schon theoretisch verfehlt, Kompetenzstrukturen von Lehrkräften nach Unterrichten und Erziehen zu differenzieren (vgl. KMK 2004).

Die Neujustierung der theoretischen Perspektive entlastet Lehrkräfte nicht nur von überzogenen Erziehungsansprüchen, sondern gibt auch Spielraum, Fragen der Wertbindung und Professionsmoral präziser zu diskutieren. Professionen verwalten gesellschaftliche Güter, seien es Gesundheit, Recht, Seelenheil oder Bildung. Diesem Privileg entspricht professionsintern ein Berufsethos der Verantwortung für den Klienten, Gläubigen, Patienten oder Schüler. Oser (vgl. 1998) hat drei Verpflichtungsaspekte, welche die Berufsmoral von Lehrpersonen ausmachen, herausgearbeitet: *Fürsorge*, *Gerechtigkeit* und *Wahrhaftigkeit*. Diese Verpflichtungen gelten jedoch nicht unbegrenzt und uneingeschränkt, sondern sind im Rahmen des Organisationszwecks der Schule und des spezifischen Auftrags von Lehrkräften zu interpretieren. Dann ergeben sich daraus auch keine dilemmatischen oder gar antinomischen Handlungsanforderungen, wie Helsper (vgl. 2004) meint. Vielmehr reicht die Elastizität des Handlungssystems Unterricht und Schule aus, um durch sachliche und zeitliche Entkopplung jede dieser Verpflichtungen zum Recht kommen zu lassen. Dies beschreibt gleichzeitig eine zentrale Anforderung an die professionelle Handlungskompetenz von Lehrkräften, die nicht-technischer Natur ist. Die Balancierung von Fürsorge, Gerechtigkeit und Wahrhaftigkeit erfordert pädagogischen Takt, der auf Fallverstehen *in actu* angewiesen ist (vgl. Herbart 1802/1991; Muth 1962; Van Manen 1995; Radtke 2004). Das gilt sowohl für das Verständnis der Dynamik sozialer Prozesse als auch des individuellen Erlebens. Takt ist eine professionelle Kompetenz, die mit hermeneutischer Fallarbeit vorbereitet, aber letztlich nur im Rahmen praktischer Erfahrung kultiviert werden kann (vgl. Neuweg 2005). Gleichzeitig darf aber nicht in Vergessenheit geraten, dass das professionelle Ethos, wie Prange klarstellt, „operativ", d. h. didaktisch vermittelt ist und sich auf die Kernaufgabe der Lehrertätigkeit, den Fachunterricht bezieht. Professionsmoral ist „… keine entdifferenzierte Welt, Sozial- und Lebenszuständigkeit" (Prange 2000, S. 102).

3.3   Sicherung der Teilnahmemotivation und situationales Interesse

Ein zentrales Moment des strukturtheoretischen Modells des Lehrerhandelns ist das so genannte Arbeitsbündnis, das die Interaktion zwischen Professionellem und Klienten zwanglos auf Dauer stellen soll. Im Falle der Psychotherapie ist der Leidensdruck des Patienten die Grundlage des Arbeitsbündnisses. Im pädagogischen Handeln kann nach Oevermann ausschließlich die epistemische Neugier des Kindes als funktionales Äquivalent gelten. Dann bilden Wissbegierde und allgemeines Interesse die Basis für die zwanglose Fortsetzung des pädagogischen Diskurses. In diesem Handlungsmodell ist die Schulpflicht der eigentliche Sündenfall der Pädagogik. Dem liegt die Vorstellung zugrunde, dass intrinsische Motivation Ausgangspunkt allen Lernens sei und systematische, langfristige Lernprozesse durchgängig trage. Die pädagogische Hoffnung, epistemische Neugier von Schülerinnen und Schülern durch Anknüpfen an biographische und lebensweltliche Zusammenhänge sicher oder gar automatisch wecken zu können, hat in der Regel ähnliche Wurzeln.

Die Annahme, dass epistemische Neugier und allgemeines Interesse die pädagogische Interaktion über längere Strecken trügen, mag am Anfang der Schulzeit noch in gewissem Maße plausibel sein (vgl. Todt 1978). Sie gerät jedoch im Laufe der Schulzeit zunehmend mit der Entwicklungslogik menschlicher Motivationssysteme und schließlich auch mit dem Schulzweck selbst in Konflikt. Die menschliche Entwicklung kann metatheoretisch als ein Prozess selektiver Optimierung mit biologisch oder kulturell erzwungener Kompensation verstanden werden (vgl. Baltes/Baltes 1990; Freund/Baltes 2000). Dies gilt auch für die Entwicklung selbstbezogener Kognitionen und des dispositionalen Interesses – beides wichtige Elemente der motivationalen Dynamik von Lernprozessen (vgl. Helmke 1992; Krapp 2000). Selbstbezogene Fähigkeitskognitionen und Interessen entwickeln sich durch Kompetenzrückmeldungen und deren Bewertung im sozialen und intraindividuellen, dimensionalen Vergleich (vgl. Köller/Baumert 2002;

Marsh 1987; Marsh u. a. 2005). Dies führt zu einer domänenspezifischen Differenzierung von Motivation und Interesse: Personen investieren dort, wo sie bereits Stärken besitzen. Auf institutioneller Ebene folgt daraus, dass Lehrkräfte mit zunehmendem Alter ihrer Schülerinnen und Schüler immer weniger von gleichmäßiger Motivation und epistemischer Neugier ausgehen können, denn mit zunehmender Interessendifferenzierung sinkt notwendigerweise das mittlere Niveau des domänenspezifischen Interesses innerhalb einer Lerngruppe bei gleichzeitig wachsender Heterogenität der Motivlagen (vgl. Daniels 2005; Baumert u. a. 2006a). Im Sinne selektiver Optimierung ist dies ein Indikator gelingender individueller Entwicklungsprozesse und kein Grund für pädagogische Klagelieder.

Diese Differenzierungsdynamik individueller Entwicklung kann allerdings durchaus mit den universellen Ansprüchen moderner normativer Bildungstheorien in Konflikt geraten. Theorien moderner Allgemeinbildung gehen davon aus, dass die Schule allen Angehörigen der nachwachsenden Generation – und zwar ausnahmslos – jene Basisqualifikationen zu vermitteln habe, die Voraussetzungen für die Teilhabe an gesellschaftlicher Kommunikation und selbstständiges Weiterlernen seien (vgl. Tenorth 1994; Bildungskommission 2003). Dies habe im Medium einer *Allgemeinbildung* zu erfolgen, die den reflexiven Zugang zu unterschiedlichen, nicht wechselseitig substituierbaren Modi der Welterfahrung eröffneten. In einer modernen Allgemeinbildung geht es im Kern um die Orientierungswissen vermittelnde Begegnung mit kognitiver, moralisch-evaluativer, ästhetisch- expressiver und religiös-konstitutiver Rationalität (vgl. von Humboldt 1809; Flitner 1961; Wilhelm 1967; Baumert 2002). Gegenüber diesen kanonischen Prinzipien moderner Allgemeinbildung sind Fächer und Themen variabel, aber nicht beliebig. Die Fächer, die den eigentlichen Handlungsrahmen der Schule darstellen, haben unterschiedliche Affinität zu diesen Rationalitätsformen und sind damit auch nicht beliebig austauschbar. Hält man an dem verpflichtenden Charakter der Allgemeinbildung fest und lässt Abwahlen von Fächern oder ganzen Fächergruppen während der Vollzeitschulpflicht nicht zu, wird die Sicherung der fachspezifischen Motivation in der Schule von Jahrgangsstufe zu Jahrgangsstufe zunehmend zu einem Dauerproblem.

Das mit zunehmendem Alter der Schülerinnen und Schüler salienter werdende Problem der fachspezifischen Motivierung kann nicht durch die Aushandlung eines Arbeitsbündnisses gelöst werden, das dann zweckfreies Interesse oder epistemische Neugier garantiert. Wo dispositionales Interesse (vgl. Krapp 2000) vorhanden ist, löst ein kognitiv herausforderndes didaktisches Arrangement das Problem von selbst. Kritisch sind vielmehr jene Fälle, wo trotz Indifferenz oder gar Abneigung aufgrund von bildungstheoretisch begründeter Fürsorge die Teilnahmemotivation am Unterricht zu sichern ist. Dies kann kein täglich neu auszuhandelnder Konsens über die reziproke Verpflichtung von Lehrkraft und Schülerinnen und Schülern sein, wie Strukturtheoretiker meinen. Vielmehr spielen hier zwei in ihrer zeitlichen Dimensionierung sehr unterschiedliche Prozesse ineinander. Dies ist einmal die Sicherung der normativen Grundlagen einer geordneten Unterrichtsführung, also die Etablierung jener Regeln und sozialen Routinen, die einer Lehrkraft überhaupt erst den Freiraum verschaffen, der es erlaubt, die Aufmerksamkeit auf einen kognitiv herausfordernden Unterrichtsverlauf zu konzentrieren. In diesem Prozess tritt die Lehrkraft als didaktischer Mittler zwischen Sachverhalt und Schüler auf, wenn es ihr gelingt, situationales Interesse und Aufmerksamkeit zu wecken, die durchaus extrinsisch und instrumentell motiviert sein können (vgl. Hidi/Harackiewicz 2000). Gelingt dieses Einfangen der situationalen Interessiertheit häufig genug, kann sich daraus eine Stabilisierung der Teilnahmemotivation entwickeln, die für gelingende Lernprozesse ausreichend ist, ohne dass dies jemals zu wirklich intrinsischer Motivation und dispositionalem Interesse führen müsste (vgl. Mitchell 1993; Hidi/Renninger 2006). Ob dies gelingt oder nicht, ist keine Frage des intuitiven Fallverstehens, sondern eine Frage der sorgfältigen Unterrichtsplanung und einer erfahrungsgesättigten pädagogischen und fachdidaktischen Kompetenz, die sich auch der Mittel extrinsischer Motivierung bedient.

3.4 Erfolgsunsicherheit des Lehrerhandelns: Opportunitäts-Nutzungsmodell mit doppelter Kontingenz

In der Professionsliteratur wird immer wieder und zu Recht auf die Unbestimmtheit und Unsicherheit professionellen Handelns hingewiesen. Dies gilt einmal – wie Tenorth (2006) herausstellt – in einem generellen Sinne, insofern die Berufsaufgabe von Professionellen weder normativ noch operativ eindeutig vorgegeben ist, sondern unter Berücksichtigung der jeweiligen Umstände des Einzelfalls und der jeweiligen Situation ausdeutungs- und konkretisierungsbedürftig ist. Dies gilt aber auch in einem spezifischen Sinn, insofern es keine technischen Transformationsregeln gibt, die dem Handelnden Erfolg garantierten. Erfolg stellt sich nicht unabhängig vom Handeln der Klienten ein. Professionelles Handeln ist – trotz aller Referenz auf systematische Wissensstände – nicht technisch-instrumentell konzeptualisierbar. Dies gilt auch für Lehrerhandeln. Prange (2000, S. 100–102) spricht von der „pädagogischen Differenz" und meint damit, dass die Differenz zwischen Zeigen – dem Grundmodus pädagogischen Operierens – und Lernen nicht aufhebbar sei. Von der Didaktik – „der Technologie der Erziehung" – führe kein direkter Weg zum erfolgreichen Lernen. Für das Erste sei der Fachmann zuständig, für das Zweite habe jeder selbst einzustehen. Eine Lehrperson ist danach – wie auch der Arzt – für die fachgerechte Verfahrensweise, aber nur bedingt für das Ergebnis verantwortlich.

Diese Analyse korrespondiert mit lerntheoretischen Annahmen. Verständnisvolles Lernen wird als ein aktiver individueller Konstruktionsprozess modelliert, in dem Wissensstrukturen verändert, erweitert, vernetzt, hierarchisch geordnet oder neu generiert werden. Entscheidend für verständnisvolles Lernen ist die aktive mentale Verarbeitung, die sich in der handelnden Auseinandersetzung mit der sozialen und natürlichen Umwelt oder im Umgang mit Symbolsystemen vollzieht (vgl. die Übersicht bei Baumert/Köller 2000; Sfard 2003; Baumert u. a. 2004). Lernen ist danach ein idiosynkratischer Prozess, der dem Schüler auch nicht durch die beste Lehrkraft abgenommen werden kann. Verständnisvolles Lernen erfolgt aber auch stets situiert und kontextuiert. Der Kontext strukturiert und formt den Lerngegenstand selbst. Dies gilt in besonderem Maße für artifizielle Lerngelegenheiten, wie sie die Schule typischerweise anbietet. Wissen wird unvermeidlich in sozialen Situationen erworben und trägt gleichsam den Index des sozialen Erwerbszusammenhangs an sich (vgl. Greeno 1997, 1998; Greeno/Smith/Moore 1993; Anderson u. a. 2000; Mandl/Gerstenmeier 2000).

Diese Differenz zwischen Lerngelegenheit und Lernen kommt ebenso wie die Vorstellung von Lerngelegenheit als Möglichkeitsraum im so genannten Angebots- und Nutzungsmodell der Unterrichtsforschung zum Ausdruck, das Fend (vgl. 1981), Helmke/Weinert (vgl. 1997) und Helmke (vgl. 2003) entwickelt haben. Dieses Angebots-Nutzungsmodell verdeckt jedoch eine zweite strukturelle Unsicherheit im Lehrerhandeln: Unterrichtliche Lerngelegenheiten sind immer das Ergebnis sozialer Ko-Konstruktion, an denen Schüler und Lehrkräfte beteiligt sind. Dies ist unübersehbar, wenn der Unterrichtsgegenstand überhaupt erst im Diskurs der Klasse entfaltet wird, gilt aber in vergleichbarer Weise selbst bei der Durchführung eines Demonstrationsexperiments im Physikunterricht. Denn auch hier ist die Herstellung der Lerngelegenheit auf die Einhaltung von sozialen Grundregeln angewiesen, unabhängig davon, ob tatsächlich gelernt wird oder nicht. Das professionelle Handeln von Lehrkräften vollzieht sich also unter doppelter Unsicherheit. Das angemessene Modell der Unterrichtsforschung ist demnach ein Opportunitäts-Nutzungsmodell mit doppelter Kontingenz.

Lehrerhandeln ist strukturbedingt nicht technisch-instrumenteller Natur. Daraus ergibt sich jedoch nicht notwendigerweise der Schluss auf ein systematisches Technologiedefizit der Pädagogik. Trennt man sich von der Vorstellung einer technischen Wissensanwendung in pädagogischen Berufen, wird überhaupt erst das breite technologische Repertoire von Lehrkräften sichtbar. Dazu gehört zunächst das in Erfahrung eingelassene und an Fälle und Episoden gebundene Expertenwissen von Lehrkräften, das als *knowledge in action* die Feinabstimmung während der Lektion ermöglicht und zu einer Koordination von Zielen, Unterrichtsplanung, Vorwissen und Motivation der Schülerinnen und Schüler und der Dynamik der sozialen Interaktion im Unterricht führt (vgl. Ryle 1969; Neuweg 2005). Dazu gehört aber auch das gesamte methodische, fachdidaktische und fachwissenschaftliche Repertoire von Lehrkräften, das sowohl in der längerfristigen Unterrichtsplanung als auch in der Inszenierung und Durchführung einer einzelnen Unterrichtsstunde zum Ausdruck kommt.

3.5 Zusammenfassung: Neujustierung der theoretischen Perspektive

Eine Analyse der Handlungsanforderungen und Handlungskompetenzen von Lehrkräften hat am Kern der Berufstätigkeit, bei der Vorbereitung, Inszenierung und Durchführung von Unterricht anzusetzen (vgl. Bromme 1997). Unterricht ist in der staatlichen Pflichtschule institutionell vorstrukturiert und vollzieht sich im Kontext sozialer Organisationen. Die institutionellen Vorentscheidungen über das Bildungsprogramm und die Sozialorganisation stecken den Rahmen des Lehrerhandelns ab und definieren die Grundstruktur der Sozialbeziehung zwischen Lehrkraft und Schülerinnen und Schülern. Sie ist spezifisch, sachlich und universalistisch orientiert und deshalb gerade *nicht* psychotherapeutischer oder psychoanalytischer Natur. Diese Neujustierung der Perspektive erlaubt es auch, die Erziehungsfunktion und die Berufsmoral von Lehrkräften sowie Probleme bei der Sicherung der Lernmotivation von Schülerinnen und Schülern weniger dramatisch zu bestimmen, als dies oftmals in der Lehrerliteratur der Fall ist. Es sollte auch deutlich geworden sein, dass Lehrerhandeln *nicht standardisierbar* und *prinzipieller Erfolgsunsicherheit* ausgesetzt ist. Daraus lässt sich allerdings kein strukturelles Technologiedefizit ableiten, wohl aber lassen sich einige Rückschlüsse auf den Typus und die Struktur pädagogischen Handlungswissens ziehen.

4 Standards der Lehrerbildung und Kompetenzmodelle

Die professionelle Handlungskompetenz von Lehrkräften ist zentrales Thema der Diskussion über die Modernisierung und Reform der Lehrerbildung und insbesondere Gegenstand der Kontroverse über *Qualitätssicherung durch Ausbildungsstandards*. In der internationalen Diskussion sind die Berichte des AERA Panel on Research and Teacher Education „Studying Teacher Education" (vgl. Cochran-Smith/Zeichner 2005) und der National Academy of Education „Preparing Teachers for a Changing World" (vgl. Darling-Hammond/Bransford 2005) Meilensteine. Im deutschsprachigen Bereich markieren der Abschlussbericht der Lehrerbildungskommission der Kultusministerkonferenz „Perspektiven der Lehrerbildung in Deutschland" (vgl. Terhart 2000) und der schweizerische Forschungsbericht „Die Wirksamkeit der Lehrerbildungssysteme" (vgl. Oser/Oelkers 2001) das Feld. Im Kontext dieser Berichte sind verschiedene Entwürfe für Kompetenzmodelle und Ausbildungsstandards entstanden, denen jedoch i. d. R. ein theoretisches Rahmenmodell fehlt, so dass sie nicht ohne Weiteres vergleichend beurteilbar sind.

Eine besondere Stellung nimmt das pädagogisch-psychologische Kompetenzmodell ein, das Oser 2001 vorlegte. Kern dieses Modells sind pädagogisch-psychologisch begründete Kompetenzprofile und darauf bezogene Gütemaßstäbe. Oser formulierte vier Kriterien, die erfüllt sein müssen, bevor Kompetenzprofile zur Definition von Ausbildungsstandards herangezogen werden können: *Theoretische Fundierung, empirische*

Bewährung, Graduierbarkeit sowie *praktische Relevanz,* darin eingeschlossen *Lehrund Lernbarkeit.* Oser selbst entwickelte durch Expertenbefragung einen Katalog von Kompetenzprofilen, der anschließend in mehreren Verfahrensschritten unter dem Gesichtspunkt der Bedeutung für praktisches Lehrerhandeln reduziert wurde. Der endgültige Katalog umfasst 88 Kompetenzprofile, die zu 12 Standardgruppen zusammengefasst werden. Drei Standardgruppen befassen sich mit entwicklungspsychologisch und sozialkognitiv begründetem Unterstützungsverhalten, eine Standardgruppe mit Klassenmanagement, vier Standardgruppen sind allgemein unterrichtsbezogenen Kompetenzen (Methoden, Medien, Strategien, Bewertung) gewidmet und jeweils eine Standardgruppe thematisiert die professionelle Selbstregulation, berufsbezogene Kooperation innerhalb von Organisationen, die Kommunikation mit Laien sowie fachdidaktische Kompetenz. Bei Osers Entwurf handelt es sich um ein generisches pädagogischpsychologisches Kompetenzmodell, in dem die Spezifität des Fachunterrichts keinen systematischen Ort hat. Auch die fachdidaktischen Kompetenzprofile sind als allgemeindidaktische Qualifikationen formuliert und bedürfen der Übersetzung für ein jeweiliges Fach. Es liegt deshalb nahe, dieses für Lehrpersonen an allgemeinbildenden Schulen entwickelte Modell auf Berufsschulen zu übertragen, wie es Städeli (vgl. 2003) und Oser/Renold (vgl. 2005) getan haben.

Osers Kompetenzmodell zeichnet sich dadurch aus, dass Kompetenzprofile und Standardgruppen an pädagogische und psychologische Theorien, die sich empirisch bewährt haben, anschließen und gleichzeitig eine hohe praktische Augenscheinvalidität besitzen. Die Schwächen des induktiv erarbeiteten Katalogs sind aber ebenso sichtbar: Es fehlt der *Rahmen eines professionellen Handlungsmodells* für Lehrkräfte, das die Auswahl der Kompetenzprofile und Standardgruppen (meta-)theoretisch zu begründen erlaubt. Die Kritik der Beliebigkeit der Standardauswahl ließ deshalb auch nicht lange auf sich warten (vgl. Herzog 2005 und die Replik von Oser 2005).

Ein mehrdimensionales Modell der Lehrerbildungsstandards entwickelte Terhart in einer Expertise für die Kultusministerkonferenz (vgl. Terhart 2002). Terhart unterscheidet zunächst Inhaltsstandards – praktisch entwirft er die *Topologie eines Kerncurriculums* für die erste und zweite Ausbildungsphase – und eine *Taxonomie von Kompetenzfacetten* (Wissen, Reflektieren, Kommunizieren, Beurteilen und Können). Als dritte Dimension eröffnet er eine zeitliche, berufsbiographische getaktete Perspektive der *Kompetenzgenese.* Dabei vertritt er eine Auffassung der Kompetenzentwicklung, die qualitative Stufen vorsieht (vgl. Dreyfus/Dreyfus 1986; Terhart 2002, 2006). Terharts Modell weist zwei Vorzüge auf, die es von allen anderen Vorschlägen absetzen. Es schließt direkt an die curricularen Komponenten der Lehrerausbildung an, die in allen Ländern in der einen oder anderen Weise unterschieden werden (Unterrichtsfächer, Didaktik der Fächer, Pädagogik/Erziehungswissenschaft und praktische Schulstudien sowie Schul- und Unterrichtsentwicklung) und führt eine berufsbiographische Perspektive der Kompetenzentwicklung ein. Nach diesem Modell ist Können *(knowledge in action)* kein Thema der universitären Erstausbildung, sondern ein *Entwicklungsziel,* das erst in der Praxis selbst, nämlich in der zweiten Ausbildungsphase, salient wird. Mit allen anderen Modellen teilt Terharts Vorschlag das Defizit, nicht in einem metatheoretischen Rahmen der Handlungskompetenz von Lehrkräften verankert zu sein.

Andere Kompetenzmodelle, die im deutschsprachigen Raum diskutiert werden, sind entweder für Berufstätigkeiten jeder Art formuliert und verfehlen damit die Spezifika des Handelns in Professionen (vgl. Reetz 1999; Frey 2004, 2006) oder sind begrifflich und kategorial nur schwer an psychologische Handlungstheorien und empirische Forschung anschließbar (vgl. KMK 2004; Girmes 2006).

5   Entwurf eines heuristischen Modells professioneller Handlungskompetenz

Die metatheoretische Zurückhaltung der einschlägigen Modelle ist vor dem Hintergrund einer langen und ausgesprochen lebhaften englischsprachigen theoretischen Diskussion über Lehrerwissen und Lehrerkompetenzen verwunderlich. Den Aufschlag machte Shulman mit seiner AERA Presidential Address von 1985 und dem zwei Jahre später folgenden Artikel „Knowledge and Teaching: Foundations of the New Reform" (vgl. Shulman 1986, 1987). Beide Artikel sind jetzt wieder in Shulmans Essay-Band „The Wisdom of Practice" (2006) abgedruckt. Shulmans Argument richtete sich gegen eine psychologisch verengte Unterrichtsforschung, in der die Gegenstände des Unterrichts verschwunden waren und nur noch generische pädagogische Kompetenzen eine Rolle spielten. In beiden Aufsätzen entwickelt Shulman sowohl eine *Topologie* als auch eine *Typologie professionellen Wissens* im Lehrerberuf. Dies hat zu einer intensiven, auch philosophischen Diskussion über Struktur und Genese von Handlungswissen von Lehrkräften geführt (vgl. Schoen 1987; Clandinin/Connelly 1987, 1995; Fenstermacher 1994; Cochran-Smith/Lytle 1993; Calderhead 1996; Richardson 1996; Borko/Putnam 1996; Putnam/Borko 2000; Berliner 2001; Hiebert/Gallimore/Stigler 2002; Munby/Russell/Martin 2001; Hammerness/Darling-Hammond/Bransford 2005). Direkt an Shulman schließt Bromme (vgl. 1992, 1997) an, der von einer Anforderungsanalyse der unterrichtlichen Tätigkeit von Lehrkräften ausgehend, zu einer theoretisch begründeten Topologie des professionellen Wissens kommt. Wie Grossman/Stodolsky (vgl. 1995) insistiert auch Bromme auf der Bedeutung, die der Fachinhalt für das Denken, Wissen und Handeln von Lehrkräften hat. Shulman selbst nimmt das Thema der professionellen Kompetenz von Lehrkräften auch später immer wieder auf und behandelt es zunehmend im Kontext eines systematischen Professionenvergleichs, in dem er auch das Handeln von Lehrkräften verstanden wissen will (Shulman 1998, S. 516):

> „All professions are characterized by the following attributes:
> - the obligations of *service* to others, as in a „calling";
> - *understanding* of a scholarly or theoretical kind;
> - a domain of skilled performance or *practice;*

- the exercise of *judgment* under conditions of unavoidable uncertainty;
- the need for *learning from experience* as theory and practice interact; and
- a professional *community* to monitor quality and aggregate knowledge."

Die Verbindung von inhaltlichen, auf Anforderungsanalysen der beruflichen Tätigkeit beruhenden Wissensfacetten mit einem allgemeinen Professionsmodell liefert die theoretische Basis, auf der das Kompetenzmodell formuliert wurde, das den Standards des National Board for Professional Teaching Standards (vgl. 2002) zugrunde liegt. Es ist auch die Grundlage, auf der Bransford/Darling-Hammond/Le Page (vgl. 2005, S. 11) ihr theoretisches Rahmenmodell der professionellen Handlungskompetenz von Lehrkräften entwickeln, das ihr Buch „Preparing Teachers for a Changing World" durchgehend organisiert (Darling-Hammond/Bransford 2005).

Die fünf Kernaussagen des National Board for Professional Teaching Standards (NBPTS) sind in *Abbildung 1* zusammengefasst. Es ist leicht zu sehen, dass diesen Kompetenzvorstellungen ein professionelles Handlungsmodell zugrunde liegt, das mit dem von Weinert in seiner OECD-Expertise entwickelten Konzeption einer allgemeinen psychologischen Handlungskompetenz direkt kompatibel ist.

„The theoretical construct of action competence comprehensively combines those intellectual abilities, content-specific knowledge, cognitive skills, domain-specific strategies, routines and subroutines, motivational tendencies, volitional control systems, personal value orientations, and social behaviors into a complex system. Together, this system specifies the prerequisites required to fulfill the demands of a particular professional position ...". (Weinert 2001a, S. 51; vgl. auch Weinert 2001b, S. 27 f.).

Die Kernaussagen von NBPTS lassen sich zwanglos in ein psychologisch gehaltvolles Modell der professionellen Kompetenz von Lehrkräften übersetzen. Danach entsteht professionelle Handlungskompetenz aus dem Zusammenspiel von

- spezifischem, erfahrungsgesättigten deklarativen und prozeduralen Wissen (Kompetenzen im engeren Sinne: Wissen und Können);

Abbildung 1   Kernaussagen des National Board for Professional Teaching Standards (NBPTS)

(1) Teachers are committed to students and their learning.
(2) Teachers know the subjects they teach and how to teach those subjects to students.
(3) Teachers are responsible for managing and monitoring student learning.
(4) Teachers think systematically about their practice and learn from experience.
(5) Teachers are members of learning communities.

- professionellen Werten, Überzeugungen, subjektiven Theorien, normativen Präferenzen und Zielen;
- motivationalen Orientierungen sowie
- metakognitiven Fähigkeiten und Fähigkeiten professioneller Selbstregulation.

Dieses nichthierarchische Modell der professionellen Handlungskompetenz ist ein generisches Strukturmodell, dass für das Handeln von Lehrpersonen spezifiziert werden muss, in seiner Grundstruktur aber Gültigkeit behält (vgl. Brunner u. a. 2006a, b; Baumert u. a. 2006b; Krauss u. a., submitted). Im Folgenden soll dieses Modell – spezifiziert für Lehrerhandeln – genutzt werden, um vor allem empirische Befunde zur professionellen Kompetenz von Lehrkräften zu ordnen und zu diskutieren.

6 Wissen und Können: Kern der Professionalität

Es besteht weitgehende Übereinstimmung darüber, dass *Wissen und Können* – also deklaratives, prozedurales und strategisches Wissen – zentrale Komponenten der professionellen Handlungskompetenz von Lehrkräften darstellen. Weitaus weniger Übereinstimmung besteht in Bezug auf die Struktur und Topologie professionellen Wissens und Könnens, die unterschiedlichen Wissenstypen und ihren epistemischen Status, die mentale Repräsentation dieser Wissenstypen und die Genese professionellen Wissens und Könnens (vgl. Cochransmith/Lytle 1993; Fenstermacher 1994; Bromme 1997; Gruber/Ziegler 1996; Neuweg 2005; Minnameier 2005). Der Dissens ist teilweise auf die Unterschiedlichkeit theoretischer Perspektiven zurückzuführen, teilweise auf einen Mangel an empirischer Evidenz, so dass man sich in vielen Bereichen auf Plausibilitätsargumente verlassen muss. Hinzu kommt, dass in diesem Feld qualitative Studien, die heuristisch nützlich sind, aber kaum generalisiert werden können, überwiegen, und die verfügbaren quantitativen Untersuchungen zur Indikatorisierung von Wissen und Können fast ausschließlich distale Kennwerte wie Zertifizierung, Ausbildungsdauer, Abschlüsse oder Kursbelegungen heranziehen.

6.1 Topologie der professionellen Wissensdomänen im Lehrerberuf

Hinsichtlich der Topologie von Wissensdomänen hat sich ein Vorschlag Shulmans weitgehend durchgesetzt (vgl. Shulman 1986). Shulman unterschied zunächst allgemeines pädagogisches Wissen *(general pedagogical knowledge)*, Fachwissen *(subject-matter content knowledge)*, fachdidaktisches Wissen *(pedagogical content knowledge)* und Wissen über das Fachcurriculum *(curriculum knowledge)*. Er erweiterte dann die Wissenstopologie um die Bereiche Psychologie des Lerners *(knowledge of learners)*, Organisationswissen *(knowledge of educational context)* sowie erziehungsphilosophisches,

Abbildung 2   Modell professioneller Handlungskompetenz – Professionswissen

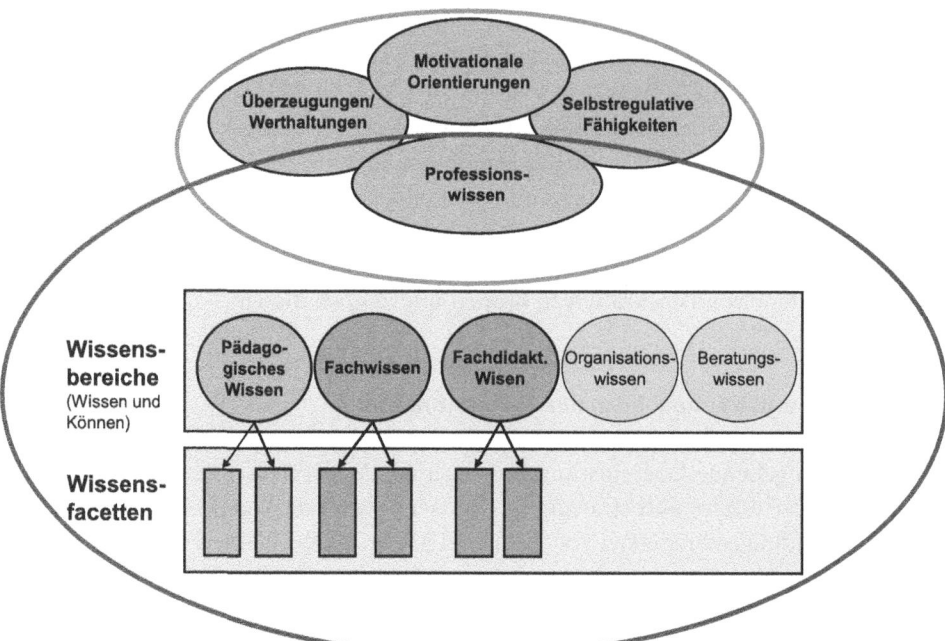

bildungstheoretisches und bildungshistorisches Wissen (vgl. Shulman 1987). Praktisch durchgesetzt hat sich die Unterscheidung in *allgemeines pädagogisches Wissen, Fachwissen* und *fachdidaktisches Wissen,* die in praktisch allen Übersichtsartikeln wieder aufgenommen wird (vgl. Borko/Putnam 1996; Munby/Russell/Martin 2001; Blömeke 2003; Helmke 2003; Lipowsky 2006). Eine Reihe von Autoren haben diese Kernkomponenten des professionellen Wissens von Lehrkräften weiter ausdifferenziert (vgl. Grossman 1990, 1995; Bromme 1992, 1997; Sherin 1996). Im Folgenden sollen *allgemeines pädagogisches Wissen, Fachwissen* und *fachdidaktisches Wissen* als zentrale Kompetenzfacetten übernommen werden. Systematisch sind sie um zwei weitere Facetten zu ergänzen: *Organisationswissen* (vgl. Shulman 1987; Fried 2002) und *Beratungswissen,* auf das Professionelle in der Kommunikation mit Laien angewiesen sind (vgl. Rambow/Bromme 2000; Bromme/Rambow 2001). Da diese beiden Wissensfacetten sinnvoll nur im Rahmen institutionalisierter und sozial verteilter Wissensbestände behandelt werden können, weisen sie über die individuelle Perspektive dieses Beitrags hinaus und können im Folgenden nicht weiter diskutiert werden. *Abbildung 2* zeigt die für den Lehrerberuf spezifizierten Wissenskomponenten des allgemeinen Modells professioneller Handlungskompetenz.

6.2 Wissenstypen und ihre mentale Repräsentation

Um Typus und Repräsentationsformen des professionellen Lehrerwissens zu klären, ist es angesichts des Mangels an genuiner Forschung in diesem Bereich notwendig, auf die *Expertiseforschung* und deren Anwendung auf professionelle Berufe zurückzugreifen. Die dort gewonnenen empirischen Befunde sind wichtige Anhaltspunkte (vgl. Ericcson/ Smith 1991; Feltovich/Ford/Hoffman 1997; Schmidt/Boshuizen 1992; Boshuizen/Schmidt 1992). Direkte Befunde aus der Lehrerforschung unterfüttern und differenzieren diese Resultate (vgl. Berliner/Carter 1989; Leinhardt/Greeno 1986; Rich 1993; Allen/Casbergue 1997; Weinert/Schrader/Helmke 1989; Stough/Palmer 2003). Die zentralen Ergebnisse lassen sich mit Berliner (vgl. 1994, 2001), Bromme (vgl. 1997, 2001, 2004), Gruber (vgl. 2001) und Palmer u. a. (vgl. 2005) wie folgt zusammenfassen:

- Professionelles Wissen ist domänenspezifisch und ausbildungs- bzw. trainingsabhängig.
- Expertenwissen ist sehr gut vernetzt und hierarchisch organisiert.
- In *professionellen* Domänen ist Expertenwissen um Schlüsselkonzepte und eine begrenzte Zahl von Ereignisschemata arrangiert, an die Einzelfälle, episodische Einheiten oder Sequenzen von Episoden (Skripts) angedockt sind.
- Professionelles Expertenwissen integriert Kontexte und erlaubt variantenreicheres „opportunistisches Verhalten"
- Basisprozeduren sind automatisiert, aber gleichwohl flexibel an die spezifischen Bedingungen des Einzelfalles und des Kontextes adaptierbar (vgl. Hatano/Inagaki 1986).

Das als professionelle Expertise beschriebene Wissen ist in sich differenziert, besitzt unterschiedlichen epistemischen Status und ist auf unterschiedliche Weise kognitiv repräsentiert. Verwendet man die von Fenstermacher (vgl. 1994) vorgeschlagene und weitgehend akzeptierte Unterscheidung von theoretisch-formalem Wissen und praktischem Wissen und Können *(formal vs. practical knowledge),* lässt sich ein breiter Bereich der Expertise von Lehrpersonen als theoretisch-formales Wissen beschreiben. Zu diesem Wissenstypus gehören ganz überwiegend das fachliche Wissen von Lehrkräften, aber auch Teile des fachdidaktischen und allgemeinen pädagogischen Wissens, soweit dies im Forschungsdiskurs erzeugt und begründet wurde. Üblicherweise nimmt man an, dass dieser Wissenstypus mental propositional repräsentiert ist und mit semantischen Netzwerken beschrieben werden kann.

Weite Bereiche des Lehrerhandelns, insbesondere wenn es sich um kommunikatives Handeln im Kontext der Schulklasse oder der Schule handelt, basieren aber auf praktischem Wissen und Können *(knowledge in action).* Dieses Wissen ist erfahrungsbasiert, in spezifische Kontexte eingebettet und auf konkrete Problemstellungen bezogen. Es manifestiert sich als Können des professionellen Experten. Auch wenn dieses Wissen im schnellen Handlungsvollzug i. d. R. implizit bleibt, ist es prinzipiell nach Fenstermacher (vgl. 1994) im praktischen Diskurs durch die Urteilskraft des professionell Lehrenden rechtfertigungsfähig (vgl. Hiebert/Gallimore/Stigler 2002; Munby/Russell/Martin 2001; Neuweg 2005, S. 215 f.).

Für Teile des praktischen Wissens und Könnens ist es plausibel, von einer propositionalen mentalen Repräsentation auszugehen. Dies gilt z. B. für das Handeln, das Unterricht vorbereitet, möglicherweise auch für die kategoriale Ordnung der Wahrnehmung von Handlungssituationen und Handlungsabläufen (vgl. Hackl 2004; Bromme 1997; Neuweg 2001). Neben diesem Wissenstyp steht ein praktisches Wissen und Können, das an Fälle, Episoden und Skripts gebunden ist, Routinen integriert, aber dennoch so flexibel ist, dass es die erfolgreiche intuitive Feinabstimmung im Handlungsvollzug erlaubt. Hier hat auch eine Kategorie wie die des pädagogischen Takts, über die van Manen im Anschluss an Herbart gearbeitet hat, ihren Platz, wenn damit eine Art von *„practical normative intelligence that is governed by insight while relying on feeling"* gemeint ist (Van Manen 1995). Gerade in der Feinabstimmung beruht das erfolgreiche Expertenhandeln offensichtlich auf einer intuitiven Interpretation der Situation, die erlaubt, das sachlich Gebotene zum rechten Zeitpunkt und in einer sozial und moralisch vertretbaren Form zu tun. Bis heute gilt Brommes (vgl. 1997, S. 199) getroffene Feststellung, dass die Struktur und Wirkungsweise gerade des praktischen professionellen Wissens von Lehrkräften erst in Ansätzen untersucht seien.

7   Generisches pädagogisches Wissen und Können

7.1   Facetten des allgemeinen pädagogischen Wissens und Könnens

Der Educational Testing Service in Princeton (ETS) hat für die Konstruktion des Tests *„Praxis II: Principles of Learning and Teaching"* (ETS 2005), der allgemeines pädagogisches Wissen von Lehrkräften am Ende der Universitätsausbildung erfassen soll, Tätigkeitsanalysen für Lehrkräfte unterschiedlicher Schulstufen und Expertenbefragungen zu professionell erforderlichen Kompetenzprofilen von Lehrpersonen durchgeführt. Über alle befragten Experten und Lehrkräfte hinweg ergab sich eine hohe Übereinstimmung im Hinblick auf die Kompetenzen, die eine Lehrkraft am Ende der Ausbildung besitzen sollte (vgl. Reynolds/Tannenbaum/Rosenfeld 1992; Rosenfeld/Tannenbaum 1991). Folgende allgemeinen pädagogischen Kompetenzen erhielten das größte Gewicht: Klassenführung und Orchestrierung des Lernprozesses, Wissen über Entwicklung und Lernen, Diagnostik und Leistungsbeurteilung sowie professionelles Verhalten im Kontext von Schule und schulischer Umwelt. Dies sind auch die Dimensionen, die im Test „Praxis II" zum pädagogischen Wissen von Lehrkräften abgedeckt werden. Dieses Spektrum deckt sich auch weitgehend mit den erweiterten Vorschlägen Shulmans (vgl. 1987) – mit einer Ausnahme: Shulman rechnet zum zentralen professionellen Wissensrepertoire

Abbildung 3   Facetten generischen pädagogischen Wissens und Könnens

1. Konzeptuelles bildungswissenschaftliches Grundlagenwissen
- Erziehungsphilosophische, bildungstheoretische und historische Grundlagen von Schule und Unterricht
- Theorie der Institution
- Psychologie der menschlichen Entwicklung, des Lernens und der Motivation

2. Allgemeindidaktisches Konzeptions- und Planungswissen
- Metatheoretische Modelle der Unterrichtsplanung
- Fachübergreifende Prinzipien der Unterrichtsplanung
- Unterrichtsmethoden im weiten Sinne

3. Unterrichtsführung und Orchestrierung von Lerngelegenheiten
- Inszenierungsmuster von Unterricht
- Effektive Klassenführung *(classroom management)*
- Sicherung einer konstruktiv-unterstützenden Lernumgebung

4. Fachübergreifende Prinzipien des Diagnostizierens, Prüfens und Bewertens

von Lehrkräften auch die *„foundations of education"*, also erziehungsphilosophisches, bildungstheoretisches, schultheoretisches, bildungssoziologisches und bildungshistorisches Wissen. Darling-Hammond/Bransford (vgl. 2005) oder Terhart (vgl. 2002) haben ganz ähnliche Profile entwickelt. *Abbildung 3* versucht, die weitgehend konsensfähigen Vorschläge zu systematisieren. Die Übersicht macht sehr deutlich, dass sich die aufgeführten Wissensfacetten in unterschiedlicher Entfernung zur praktischen Berufs- und Unterrichtstätigkeit von Lehrkräften befinden. Mit zunehmendem Abstand vom Unterricht und seinem Kontext dürfte es schwieriger werden, die professionelle Handlungsrelevanz von allgemeinem pädagogischen Wissen auch nachzuweisen. Dies gilt vor allem für die bildungswissenschaftlichen Grundlagen, bei denen man nur von indirekt vermittelten Wirkungszusammenhängen ausgehen kann. Hier wird man insbesondere auf die Interaktion zwischen allgemeinem pädagogischen Wissen und professionellen Überzeugungssystemen zu achten haben (vgl. Abschnitt 9.3).

7.2   Forschungslage: Distale Indikatoren

Allgemeines pädagogisches Wissen und Können gehören zweifellos zum Kern der professionellen Kompetenz von Lehrkräften. Umso erstaunlicher ist die unbefriedigende Forschungslage. Dies gilt sowohl für Versuche, Facetten allgemeiner pädagogischer Kompetenz reliabel und valide zu erfassen, als auch für die Prüfung der tatsächlichen Bedeutung dieser Facetten für kompetentes und erfolgreiches Handeln im Beruf. In der Regel benutzen die vorliegenden Untersuchungen distale Indikatoren zur Erfassung allgemeiner pädagogischer Kompetenzen. Die staatliche Zertifizierung von ausgebildeten Lehrkräften in den USA gilt auch als indirektes Maß für die Verfügbarkeit generischer pädagogischer Fähigkeiten. Die jüngeren Übersichtsartikel von Wilson/Floden/Fernini-Mundy (vgl. 2001), Wilson/Floden (vgl. 2003), Wayne/Youngs (vgl. 2003), Wilson/Youngs (vgl. 2005), Darling-Hammond/Youngs (vgl. 2002) und Darling-Hammond (vgl. 2000) berichten tendenziell positive Zusammenhänge zwischen der Zertifizierung von Lehrkräften, ihrer Unterrichtsführung und dem Leistungsfortschritt der von ihnen unterrichteten Schülerinnen und Schüler. Dieser Zusammenhang lässt sich i. d. R. jedoch nur dann zeigen, wenn die Zertifizierung für das unterrichtete und überprüfte Fach erteilt worden war (vgl. Goldhaber/Brewer 1997, 2000; Wenglinsky 2000; Darling-Hammond/Berry/Thoreson 2001). Dies spricht entweder *gegen* die Annahme, dass mit der Zertifizierung auch allgemeine pädagogische Kompetenzen, die während der Universitätsausbildung vermittelt wurden, erfasst würden, oder *gegen* deren praktische Bedeutung für den Unterricht. Darling-Hammond (vgl. 2000) kombiniert Daten des „Schools and Staffing Survey" (SASS) mit Leistungsdaten des National Assessment of Educational Progress (NAEP) auf der Aggregationsebene von Bundesstaaten. Sie berichtet straffe Zusammenhänge zwischen Zertifizierungsstatus und Fachleistungen für unterschiedliche Fächer und für unterschiedliche Altersstufen. Zu berücksichtigen ist allerdings, dass durch die hohe Aggregation Zusammenhänge systematisch überschätzt sein dürften (vgl. Hanushek/Rivkin/Taylor 1995).

Ein in ähnlicher Weise distaler, aber möglicherweise besser geeigneter Indikator für allgemeine pädagogische Kompetenzen von Lehrkräften könnte die Zertifizierung durch den National Board for Professional Teaching Standards (NBPTS) sein, da in diesem Fall das Anerkennungsverfahren die Vorlage eines breiten Portfolios voraussetzt, in das auch genuine pädagogische Leistungen eingehen. Das NBPTS-Programm ist in einer Reihe von Studien evaluiert worden, die für zertifizierte Lehrkräfte vergleichsweise positive Ergebnisse im Hinblick auf ihre Unterrichtspraxis und den Lernfortschritt ihrer Schülerinnen und Schüler gezeigt haben (vgl. Goldhaber/Anthony, in press; Vandevoort/Amrein-Beardsley/Berliner 2004). Zwei neuere Studien, die für die Prüfung ein korrekt spezifiziertes Mehrebenenmodell verwenden, stellen den Leistungseffekt jedoch in Frage (vgl. Sanders/Ashton/Wright 2005; McColskey u. a. 2005).

Als weiterer Indikator für allgemeines pädagogisches Wissen wurde die Zahl der an einer Universität besuchten Pädagogikkurse herangezogen. Der von Wilson/Floden (vgl. 2003) vorgelegte Literaturbericht kommt hinsichtlich möglicher Effekte zu inkonsistenten Ergebnissen. Die methodische Qualität der von den beiden Autoren berücksichtigten Arbeiten ist allerdings durchgehend gering. Keine der Untersuchungen wurde im Überblicksartikel von Wayne/Youngs (vgl. 2003) berücksichtigt, die ihrer Metaanalyse strengere Auswahlkriterien zugrunde legten. Auch der jüngste Bericht von Floden/Meniketti (vgl. 2005) macht deutlich, dass die verfügbaren Untersuchungen nur partikulare Einzelaspekte berücksichtigen und keine Gesamtbewertung zulassen. Angesichts dieser Befundlage scheinen die positiven Schlussfolgerungen Darling-Hammonds (vgl. 2000) zu optimistisch zu sein.

Der nahe liegende Schritt, allgemeine pädagogische Kompetenzen von Lehrkräften direkt mehrdimensional in einem entsprechenden Testverfahren zu erfassen, wurde bislang nur durch den Educational Testing Service in Princeton mit dem Praxistest II *(Principles of Learning and Teaching)* und dem Praxistest III, der auf Beobachtung im Unterricht beruht, vollzogen. Es liegen erste Ergebnisse einer noch oberflächlichen Konstruktvalidierung vor (vgl. Wenglinsky 2000). Strukturanalysen sind bislang nicht veröffentlicht und Untersuchungen zur prädiktiven Validität des Verfahrens fehlen völlig (vgl. Wilson/Youngs 2005).

7.3 Herausforderung der Forschung: Direkte Erfassung allgemeinpädagogischen Wissens und Könnens von Lehrkräften

In der neueren Forschungsliteratur besteht Einigkeit darüber, dass die eigentlichen Forschungsdesiderate bei der direkten reliablen und validen Erfassung von Lehrerkompetenzen liegen und hier die größten Anstrengungen zu unternehmen seien (vgl. Cochran-Smith/Zeichner 2005). Soweit es sich um die Erfassung konzeptuellen Wissens etwa im Bereich berufswissenschaftlicher Grundlagen, der Unterrichtsplanung oder der allgemeinen Prinzipien des Prüfens und Bewertens handelt, ist der Weg auch relativ klar vorgezeichnet. Erhebliche Schwierigkeiten ergeben sich aber immer dann, wenn Kombinationen von Wissen und praktischem Können erfasst werden sollen, wie dies bei der Unterrichtsführung und Orchestrierung von Lerngelegenheiten der Fall ist. Bromme (vgl. 1997) empfiehlt, gerade in diesen Bereichen von Analysen der psychologisch-pädagogischen Anforderungen des Klassenunterrichts auszugehen, um zu einem theoretisch begründeten Tableau von Lehrerkompetenzen zu kommen. Im Folgenden soll dies für die in *Abbildung 4* aufgeführten Kompetenzfacetten der Unterrichtsführung und Diagnostik versucht werden.

Inszenierungsmuster. Stundenverläufe sind keine Addition separater Versatzstücke, sondern wie Putnam (vgl. 1987), Bromme (vgl. 1992) und Schoenfeld (vgl. 1998) anhand von qualitativen Unterrichtsstudien gezeigt haben, Inszenierungsmuster eigener Gestalt, die als solche auch kognitiv repräsentiert sind. An Unterrichtsziele geknüpfte Verlaufsbilder sind der Orientierungsrahmen unterrichtlichen Handelns. Diese Inszenierungsmuster und ihre interne Logik scheinen an pädagogische und didaktische Theoriekulturen gebunden zu sein. Diese Annahme legen insbesondere die international vergleichenden Videostudien nahe, die unterschiedliche kulturelle Scripts im Mathematikunterricht identifizieren konnten, die nicht nur eine Oberflächenstruktur des Unterrichts abbilden, sondern sich auch in ihrer didaktischen Logik unterscheiden (vgl. Baumert u. a. 1997; Stigler u. a. 1999; Hiebert u. a. 2003; Neubrand 2006). Innerhalb der Kulturkreise ist die Anzahl der Inszenierungsmuster und deren interne Variabilität durchaus begrenzt, so dass sich insgesamt der Eindruck einer hohen Stabilität der didaktischen Grundmuster zumindest innerhalb von Fächern ergibt (vgl. Neubrand 2002; Knoll 2003; Baumert/Köller 2000; Prenzel u.a. 2002; Seidel/Rimmele/Prenzel 2003; Seidel 2003; Pauli/Reusser 2003; Klieme/Schümer/Knoll 2001; Kunter 2004). Für die Stabilität dieser Inszenierungsmuster sorgen vermutlich implizite Theorien des Lehrens und Lernens, Modellstunden von Mentoren oder anderen signifikanten Lehrkräften während der Ausbildung oder auch der eigenen Schulzeit sowie eine sich selbst verstärkende erfolgreiche Unterrichtspraxis, die das verfügbare oder zumindest genutzte Methodenrepertoire zu limitieren scheint.

Um Inszenierungsmuster in ihrer Logik zu verstehen, ist analytische Kompetenz notwendig, die es erlaubt, didaktische Muster zu erkennen und Varianz zu sehen. Diese Kompetenz kann sehr wahrscheinlich durch Fallarbeit mit Videoaufzeichnungen, die „natürlich" auftretende Variationen (*best practice*-Beispiele, Reformschulen, interkulturelle Vergleiche) dokumentieren, aber auch durch interpretative Arbeit an Transskripten geschult und entwickelt werden (vgl. Seidel/Prenzel 2003; Seidel u.a. 2004; Helsper 2004; Beck/Stelmaszyk 2004). Um das eigene Unterrichtsrepertoire gezielt weiterzuentwickeln und zu verbessern, bedarf es aber vermutlich des professionellen Diskurses in einer „*Community of Practice*" wie dies etwa in den *Lesson Studies* der japanischen Kollegien vorgeführt wird, dann aber vor allem eigenen Probierens und einer sich in der Praxis langsam entwickelnden Sicherheit (vgl. Gräsel/Fussangel/Parchmann 2006; Cornford 2002; Hiebert/Gallimore/Stigler 2002; Shulman/Shulman 2004; Shulman/Sherin 2004; Grossman/Wineburg/Woolworth 2001; Kazemi/Franke 2004).

Unterrichtsführung und Orchestrierung von Lerngelegenheiten. Inszenierungsmuster definieren auch die Regelstruktur und die normativen Erwartungen, die an Schüler und Schülerinnen gerichtet werden. Sie sorgen dafür, dass es geteiltes und akzeptiertes Wissen über Unterrichtsverläufe gibt, das die Lehrkraft von der täglich neuen, gemeinsamen Erfindung von Unterricht entlastet und für einen relativ stabilen Verhaltensrahmen sorgt, indem die Lehrkraft die Freiheit zur Feinabstimmung des Unterrichts gewinnt. Gerade bei der Veränderung von Inszenierungsmustern wird die Bedeutung effizienter Regelsetzung und Regeltreue als professionelle Kompetenz der Lehrkraft deutlich.

Effizientes Klassenmanagement ist eine weitere Facette der Unterrichtsführung und Orchestrierung von Lerngelegenheiten. Kaum ein anderer Bereich des Unterrichts ist so gut untersucht wie *Classroom management* (vgl. Helmke 2003; Emmer/Stough 2001; Le Page u.a. 2005). Effiziente Klassenführung im Sinne von Störungsprävention und effektiver Zeitnutzung ist ein robuster Prädiktor für die Qualität von Unterricht und den Lernfortschritt von Schülerinnen und Schülern (vgl. Wang/Haertel/Walberg 1993; Walberg/Paik 2000; Baumert u.a. 2004; Kunter u.a. 2006). Aber Unterrichtsführung heißt nicht nur Störungsprävention, sondern umfasst die gesamte Verlaufsdynamik von Unterricht (vgl. Jones 1996). Welche Kompetenzen sind für die erfolgreiche Moderierung dieses Verlaufs erforderlich? – Untersucht und bewertet wird i.d.R. der Verlauf selbst, sei es durch Berichte der Schüler oder Lehrkräfte oder durch Urteile unabhängiger Beobachter. Vom Erscheinungsbild der Klasse wird dann auf die Lehrerkompetenz geschlossen, die wiederum für die erfolgreiche Unterrichtsführung verantwortlich gemacht wird. Im Hinblick auf die Analyse des Wissens und Könnens von Lehrkräften ist dieses Vorgehen tautologisch und nicht weiterführend.

Schrittmacher für die Strukturanalyse des Unterrichtsgeschehens im Klassenzimmer waren Jackson (vgl. 1968) mit seinem immer noch lesenswerten Buch *„Life in Classroom"* und Doyle (vgl. 1986) mit seinem grundlegenden Handbuchartikel. Doyle arbeitete als Strukturmerkmale des Klassenunterrichts *Multidimensionalität, Simultanität, Unvorhersagbarkeit, Öffentlichkeit* und *Historizität* des Klassengeschehens heraus. Es ist kein Zufall, dass Kounins (vgl. 1970) Arbeiten zur effektiven Klassenführung direkt anschließen. Kounin, der aus der ökologischen Psychologie kommt und primär ethnografisch arbeitet, identifiziert als Prinzipien effektiver Klassenführung: Allgegenwärtigkeit und Überlappung, Reibungslosigkeit und Dynamik sowie eine auf das Gruppengeschehen konzentrierte Aufmerksamkeit. Verbindet man Doyles Strukturmerkmale mit den Prinzipien Kounins, lassen sich tentativ Kompetenzdimensionen identifizieren, die für eine proaktive Klassenführung notwendig sein dürften:

- Zeitsensitive Gestaltung einer kohärenten Episodenstruktur des Unterrichts;
- Gruppenfokus und Regelklarheit bei Übergängen;
- multiple Aufmerksamkeit für simultan sich vollziehende Prozesse auf den Ebenen der Gruppe, des Individuums und der didaktischen Logik;
- Sensitivität für Hinweisreize bezüglich Störung und Motivation und präventives Verhalten;
- breites und flexibel einsetzbares Repertoire von Methoden und Medien.

Bei diesen Kompetenzfacetten handelt es sich um Verbindungen von deklarativem Wissen und vor allem praktischem Können, das letztlich nur im wiederholten Handlungsvollzug erworben werden kann (vgl. Emmer/Evertson/Worsham 2006; Evertson/Emmer/Worsham 2006).

Herstellung konstruktiv-unterstützender Lernumgebungen. Eine weitere Komponente der Unterrichtsführung im erweiterten Sinne ist die Herstellung von Lernumgebungen, die von den Schülerinnen und Schülern konstruktiv-unterstützend erlebt werden. Auch dies ist eine Basisdimension der Unterrichtsqualität (vgl. Kunter u. a. 2006). Im Fachunterricht wird sich die konstruktive Unterstützung oftmals im fachlichen Können der Lehrkraft zeigen, wenn bei Verständnisschwierigkeiten die richtige Hilfe und die an das Vorwissen anschließende Erklärung gegeben werden. Es gibt darüber hinaus aber auch einige generische Merkmale unterstützender Lernwelten, die fachunabhängig realisiert werden. Dazu gehören Geduld und Respekt im Umgang mit Fehlern. Gerade Geduld scheint eine der größten Herausforderungen für eine Lehrkraft zu sein, die an Zeittaktung und Unterricht in großen Klassen gebunden ist. Insofern dürfte die

Fähigkeit, Unterrichtsepisoden zeitkritisch und flexibel zu gestalten, eine wichtige Voraussetzung sein, um situationsadäquat Geduld beweisen zu können. Eine weitere allgemeine Voraussetzung von individuell unterstützendem Verhalten sind differenzierte Personenwahrnehmung und Takt im zwischenmenschlichen Umgang. Beides setzt situatives Fallverstehen und die Fähigkeit voraus, soziale Situationen adäquat zu interpretieren (vgl. Van Manen 1995; Helsper 2004).

Diagnostische Kompetenz. In der gegenwärtigen Diskussion über Lehrerbildung und Lehrerfortbildung ist kaum eine Komponente des professionellen Wissens und Könnens so prominent wie die so genannte diagnostische Kompetenz. Häufig wird dabei unterstellt, dass es sich bei diagnostischer Kompetenz um eine allgemeine, das heißt fachübergreifende homogene Fähigkeit handele. Die Arbeiten von Helmke und Schrader haben hier für grundsätzliche Klärung gesorgt (vgl. Schrader 1989, 1997; Helmke 2003; vgl. auch Spinath 2005). Helmke (vgl. 2003) gibt einen vorzüglichen Überblick über die Forschungslage. Shepard u.a. (vgl. 2005) erweitern die Perspektive, wenn sie die diagnostische Kompetenz im breiteren Zusammenhang von Leistungsmessung, Prüfen und Beurteilen diskutieren. Helmke (vgl. 2003) unterscheidet als Dimensionen der pädagogischen Diagnostik Aufgaben- und Personenurteile und als Urteilskomponenten Niveau-, Streuungs- und Rangordnungsurteile. Die wenigen vorliegenden empirischen Befunde zeigen, dass es sich bei den Dimensionen und Komponenten pädagogischer Diagnostik um weitgehend orthogonale Facetten der diagnostischen Kompetenz handelt – und zwar auch innerhalb einer Fachdomäne. Spinath (vgl. 2005) schlägt deshalb sogar vor, auf den Begriff der diagnostischen Kompetenz ganz zu verzichten. Ob Lehrkräfte, die verschiedene Fächer unterrichten, über die Domänen hinweg konsistent urteilen, ist unbekannt. Auch zur Entwicklung der diagnostischen Kompetenz und zu ihrer Stabilität über Situationen und Personen hinweg gibt es keine belastbaren Befunde. Plausibilitätsargumente sprechen dafür, dass Leistungsdiagnostik, die i.d.R. im Handlungsrahmen von Fächern erfolgt, vom fachdidaktischen Wissen der Lehrkräfte abhängig sein könnte. Wie weit die Urteilsgenauigkeit von Lehrkräften für die Adaptivität der Unterrichtsführung notwendig oder hilfreich ist, ist ebenfalls weitgehend ungeklärt. Bislang haben nur Schrader/Helmke (vgl. 1987) zeigen können, dass die Diagnosekompetenz von Lehrkräften eine Moderatorfunktion für eine lernerfolgsrelevante Strukturierung von Unterricht darzustellen scheint. Dieses Ergebnis ist bislang nicht in anderen Untersuchungen repliziert worden.

In der Diskussion über diagnostische Kompetenz von Lehrkräften wird häufig ein Aspekt des Diagnoseverhaltens übersehen, der vermutlich große Bedeutung für eine kognitiv herausfordernde, gleichwohl aber das Vorwissen der Schülerinnen und Schüler berücksichtigende und konstruktiv-unterstützend wirkende Unterrichtsgestaltung hat, nämlich die Bereitschaft und Fähigkeit, das Verständnis von Schülerinnen und Schülern gezielt im Lernprozess selbst und nicht erst in Klassenarbeiten oder Tests zu überprüfen. Es ist eine große Herausforderung an das *fachdidaktische* Können, Aufgaben auszuwählen und Arbeitsaufträge zu formulieren, die ein besonderes diagnostisches Potenzial in sich selbst tragen (vgl. White/Gunstone 1992; Nagasaki/Becker 1993; Wilcox/Lanier 2000).

8   Fachwissen und fachdidaktisches Wissen

Kaum jemand wird bestreiten, dass Fachwissen und fachdidaktisches Wissen zum Kern der professionellen Kompetenz von Lehrkräften zählen, denn das Schulfach ist der eigentliche Handlungsrahmen der Lehrertätigkeit (vgl. Goodson/Hopmann/Riquarts 1999). Umso bemerkenswerter ist es, dass das Fachwissen – stärker noch als das fachdidaktische Wissen – in der Diskussion über das praktische Handlungswissen von Lehrpersonen entweder gering geschätzt oder geradezu übersehen wird (vgl. Helsper 2002; Wagner 1998; Koring 1989; Wimmer 1996; Kolbe 2004). Neuweg (vgl. 2005) und Minnameier (vgl. 2005) haben zu Recht auf diesen Tatbestand aufmerksam gemacht.

Damit korrespondiert eine Forschungslage, die alles andere als befriedigend ist. Dies gilt auch für die englischsprachigen Länder. Die Mängel der empirischen Untersuchungen liegen auf der Hand. Die meisten quantitativen Studien verwenden distale Wissensindikatoren wie staatliche Zertifizierung, Abschlüsse oder die Zahl der besuchten Fachkurse. Diese Indikatoren geben keine Auskunft über Inhalt, Struktur und Qualität des fachlichen Wissens und der Erklärungsabstand zu Unterrichtsprozessen sowie zum Lernfortschritt von Schülerinnen und Schülern ist groß. Obwohl in der theoretischen Literatur die Unterscheidung von Fachwissen *(content knowledge)* und fachdidaktischem Wissen *(pedagogical content knowledge)* allgemein akzeptiert ist, bemühen sich die wenigsten empirischen Studien um eine separate Indikatorisierung beider Wissenskomponenten, so dass auch ihr Verhältnis zueinander empirisch ungeklärt ist. Schließlich sind die meisten quantitativen Studien Querschnittsuntersuchungen, die nur begrenzte Möglichkeiten haben, die selektive Zuweisung von Schülern und Lehrkräften zu Lerngruppen zu kontrollieren. Überdies ist das Spektrum der untersuchten Fächer mit einer Konzentration auf Mathematik und die Naturwissenschaften extrem schmal. Von den vorliegenden quantitativen Untersuchungen heben sich die verfügbaren qualitativen Studien wohltuend ab. Hier liegt mittlerweile – wenn auch wiederum vor allem für das Fach Mathematik – ein differenziertes Wissen vor, das ein gutes Fundament für die Entwicklung gezielter Untersuchungshypothesen darstellt.

8.1   Ergebnisse quantitativer Studien

In den letzten Jahren ist eine Reihe von Review-Artikeln erschienen, die vor allen Dingen über die quantitativen Studien einen guten Überblick geben (vgl. Darling-Hammond 2000; Wilson/Floden/Ferrini-Mundy 2001; Wilson/Floden 2003; Wayne/Youngs

2003; Wilson/Youngs 2005; Floden/Meniketti 2005; Ballou/Podgursky 2000; Cochran-Smith/Fries 2005; Lipowsky 2006; Blömeke 2003; Grossman/Schoenfeld 2005). Es gibt eine Reihe von Studien, die untersuchen, ob die staatliche Zertifizierung ein Qualitäts-nachweis darstelle, der sich auch am verbesserten Lernfortschritt von Schülerinnen und Schülern festmachen lasse. Wenn die Zertifizierung nicht generell, sondern fachbezo-gen erhoben und mit dem korrespondierenden Leistungsstand von Schülerinnen und Schülern in Verbindung gebracht wurde, ergaben sich tendenziell positive Befunde, die im Fach Mathematik am deutlichsten ausfielen. Die wichtigsten Belege liefern die Reanalysen der National Educational Longitudinal Study (NELS: 88) von Goldhaber/Brewer (vgl. 1997, 2000) sowie die Analysen, die Darling-Hammond (vgl. 2000) mit kombinierten Daten des „Schools and Staffing Survey" (SASS) und der Mathematik- und Lesedaten des National Assessment for Educational Progress (NAEP) durchgeführt hat (für einen detaillierten Überblick vgl. Wilson/Youngs 2005).

Das Bild hinsichtlich der *Bedeutung von Abschlüssen* (*major/minor* oder BA/MA) sowie der Kursbelegung ist komplexer. Die empirische Basis wird hier vor allem durch die Arbeiten von Monk (vgl. 1994), Monk/King (vgl. 1994), Goldhaber/Brewer (vgl. 1997, 2000), Hawkins/Stancavage/Dossey (vgl. 1998), Rowan/Chiang/Miller (vgl. 1997) sowie Wenglinsky (vgl. 2002) gelegt. Für die Abschlüsse lassen sich die Ergebnisse folgender-maßen resümieren: Tendenziell gehen höhere Fachabschlüsse mit besseren Leistungen von Schülerinnen und Schülern auf Sekundarstufenniveau einher. Dies scheint vor al-lem im Fach Mathematik der Fall zu sein. Hawkins/Stanacavage/Dossey (vgl. 1998) fan-den einen Interaktionseffekt zwischen Schulstufe und Graduierung der Lehrkräfte: Für die Sekundarstufe war die Bedeutung des Abschlussniveaus der Lehrkräfte größer als für die Grundschule. Die Befunde für die Grundschule sind inkonsistent. Druva/Anderson (vgl. 1983) fanden für die Naturwissenschaften positive Effekte der Graduierung, Rowan/Correnti/Miller (vgl. 2002) berichten dagegen negative Effekte für das Fach Mathematik.

Für die Zahl der belegten fachwissenschaftlichen Kurse sind die Befunde – betrach-tet man verschiedene Fächer – inkonsistent, für Mathematik aber in der Tendenz positiv. Eine intensivere Beschäftigung mit Mathematik während des Studiums scheint positive Auswirkungen auf den Leistungsfortschritt von Sekundarschülern zu haben. Monk (vgl. 1994) und Monk/King (vgl. 1994) berichten Interaktionen mit dem Vorwissen von Schü-lerinnen und Schülern – mit höherem Vorwissen wird die fachwissenschaftliche Ausbil-dung wichtiger. Die Autoren fanden auch abnehmende Grenzerträge der Kursbelegung. Beide Befunde wurden bislang nicht repliziert.

Ähnlich unbefriedigend sieht die Befundlage für die Überprüfung der prädiktiven Validität von Berufseingangstest aus, die in den USA in den meisten Staaten durchge-führt werden. Die beiden prominentesten Tests sind der National Teacher Examination (NTE) und der Praxis II-Test, die beide vom Educational Testing Service in Princeton entwickelt wurden. Praxis II hat in den 1990er-Jahren den NTE abgelöst. Diese Tests er-fassen Fähigkeitsprofile, die sprachliche Fähigkeiten, Fachwissen und berufliches Wis-sen einschließen. Wayne/Youngs (vgl. 2003) und Wilson/Youngs (vgl. 2005) haben alle einschlägigen Validierungsstudien zum NTE gesichtet und kommen zu dem Schluss, dass es keine konsistenten Belege für eine prädiktive Validität dieser Batterie gibt. Als Kriterien dienten Fachleistungen von Schülerinnen und Schülern, Beurteilungen durch Vorgesetzte oder Merkmale der Unterrichtsführung. Die für Praxis II vorliegenden Arbeiten liefern Hinweise auf Inhalts- und Konstruktvalidität (insbesondere Wenglinsky 2000). Es gibt jedoch keine einzige Studie, mit der die prädiktive Gültigkeit von Praxis II untersucht wurde.

Positive Zusammenhänge zwischen mathematischem Fachwissen und dem Leistungsfortschritt von Schülerinnen und Schülern berichten Rowan/Chiang/Miller (vgl. 1997) auf der Basis von NELS: 88. In NELS wurde jedoch das Fachwissen von Lehrkräften mit nur einer einzigen Mathematikaufgabe erfasst, die zum Stoff der *High School* gehört.

8.2   Qualitative Studien zum Fachwissen und fachdidaktischem Wissen von Lehrkräften

Im Unterschied zu den quantitativen Studien, die ausgesprochen informationsarm sind, ist in den vergangenen 20 Jahren systematisch ein Bestand an qualitativen Untersuchungen zur Struktur und Wirkungsweise von Lehrerwissen entstanden, der es erlaubt, ein detailreiches Bild zu zeichnen. In der zweiten Hälfte der 1980er-Jahre hat das Unterrichtsfach, das in der pädagogischen Psychologie im Vergleich zu allgemeinen fachübergreifenden Fragestellungen vernachlässigt wurde, auch in der Forschung neues Interesse gewonnen, das bis heute anhält. Fächervergleichende Analysen zeigen, dass das Fach den eigentlichen Handlungsrahmen von Lehrkräften darstellt. *Das Fach bestimmt bis in Einzelheiten hinein die Textur des Unterrichts.* Dies beginnt mit Vorstellungen über die Sequenzialität und Anordnung von inhaltlichen Komponenten und reicht bis hin zum Modus der Repräsentationen und Erklärungen. Bis heute sind die Arbeiten von Stodolsky, Grossman, Wilson, Ball und Leinhardt grundlegend (vgl. Stodolsky 1988; Stodolsky/Grossman 1995; Grossman 1990; Grossman/Wilson/Shulman 1989; Shulman 1987; Ball 1991, 2003; Gudmundsdottir 1991; Wilson/Wineburg 1988; Leinhardt 2002). Diese Studien liefern insgesamt ein sehr starkes Argument dafür, Untersuchungen zum Unterricht und zur Lehrerkompetenz domänenspezifisch anzulegen (vgl. Shulman/Sherin 2004).

Bis heute ist keineswegs ausgemacht, was unter Fachwissen und fachdidaktischem Wissen von Lehrkräften genau zu verstehen ist, um welchen Wissenstyp es sich dabei handelt und welches Wissensniveau bei Lehrkräften unterschiedlicher Schulstufen vorausgesetzt werden sollte (vgl. Bromme 1995). Oftmals gilt die sichere Beherrschung des einschlägigen Schulstoffes als hinreichende Wissensbasis (Praxis I und Praxis II, ETS). Es ist ein Verdienst der qualitativen Studien gezeigt zu haben, dass das konzeptuelle Fachverständnis von Lehrkräften erheblich variiert, sobald man die Oberfläche des

Schulwissens verlässt. Die Mehrzahl der Untersuchungen wurde im Fach Mathematik durchgeführt, so dass mittlerweile für Standardbereiche des Mathematikunterrichts Informationen über typische mathematische Verständnisprobleme von Lehrkräften in den Vereinigten Staaten vorliegen (vgl. Lampert 1986; Ball 1990, 2003; Borko u. a. 1992; Leinhardt/Smith 1985; Even 1993).

Zu den wichtigsten Ergebnissen der qualitativen Studien gehört der interpretative Nachweis, dass das tatsächlich im Unterricht verfügbare fachdidaktische Handlungsrepertoire von Lehrkräften weitgehend von der Breite und Tiefe ihres konzeptuellen Fachverständnisses abhängt. Am reichhaltigsten sind wiederum die Befunde für das Fach Mathematik. An Beispielen kritischer Unterrichtsereignisse ließ sich zeigen, wie mathematische Verständnisprobleme die fachdidaktischen Erklärungs- und Repräsentationsmöglichkeiten von Lehrpersonen begrenzen und das fachdidaktische Können an unüberwindbare Grenzen stößt (vgl. Eisenhart u. a. 1993; Leinhardt/Greeno 1986; Leinhardt u. a. 1991; Leinhardt 2002). Die beste Arbeit zu diesem Komplex hat zweifellos Liping MA (vgl. 1999) mit ihrem Vergleich chinesischer und US-amerikanischer Lehrkräfte vorgelegt. Sie zeigt über einen breiten mathematischen Themenbereich, wie „das profunde Verständnis fundamentaler Mathematik" als fachdidaktisches Handlungsrepertoire im Unterricht in Erscheinung tritt. Die Breite, Tiefe und Flexibilität des mathematischen Verständnisses, über das chinesische Lehrkräfte in den jeweiligen Unterrichtsbereichen verfügen, eröffnen ihnen ein breites und variantenreiches Repräsensations- und Erklärungsrepertoire, das ihren Unterricht im Vergleich zu den amerikanischen Kolleginnen und Kollegen auf ein anderes kognitives Niveau hebt (vgl. Ball/Bass 2000).

Eine wichtige Ergänzung zu diesen Befunden liefern jene Fallstudien, die Unterrichtsepisoden vorstellen, an denen deutlich wird, dass Lehrkräften, die über ein gleichermaßen solides Fachwissen im jeweils unterrichteten Bereich verfügen, sich dennoch in Abhängigkeit von ihrer Berufserfahrung substanziell in ihrem fachdidaktischen Repertoire und Können unterscheiden können. Fachdidaktisches Wissen scheint also auch unabhängig vom genuinen Fachwissen zu variieren und eine Wissenskomponente *sui generis* zu sein (vgl. Thompson/Thompson 1994; Sherin/Sherin/Madanes 2000; Schoenfeld/Minstrell/Van Zee 2000).

Fasst man diese Ergebnisse zusammen, so drängt sich der Eindruck auf, dass – zumindest im Fach Mathematik – das fachliche Verständnis der unterrichteten Sachverhalte eine notwendige, aber nicht hinreichende Voraussetzung für einen verständnisorientierten Unterricht ist. Die Arbeiten von Carpenter und Fennema, die an kleinen Stichproben ein qualitatives und quantitatives Vorgehen miteinander verbinden, stützen diese Annahme. Fachdidaktisches Wissen scheint sich positiv sowohl auf die Qualität des Unterrichts und der Lerngelegenheiten als auch auf die Lernfortschritte der Schülerinnen und Schüler auszuwirken (vgl. Carpenter u. a. 1988, 1989; Fennema u. a. 1996; Carpenter/Fennema 1992).

8.3   Fachliches und fachdidaktisches Wissen und Können –
messbare Komponenten der professionellen Handlungskompetenz

Um fachliches und fachdidaktisches Wissen und Können von Lehrkräften zu erfassen, bedarf es einer Theorie des Gegenstandes, der Wissensformen und der Wissensstruktur. Weitgehende Einigkeit besteht darin, dass diese beiden Komponenten des professionellen Wissens nicht in der Beherrschung des unterrichteten Schulstoffes aufgehen. Die qualitativen Befunde sprechen in dieser Hinsicht eine deutliche Sprache. Aber für ein theoriegeleitetes Vorgehen bei der Erfassung fachwissenschaftlicher und fachdidaktischer Expertise von Lehrkräften gibt es bislang nur wenige Beispiele.

Zwei Versuche befinden sich noch im Pilotstadium: Dies sind die Arbeiten zur Erfassung von Lehrerkompetenz im Bereich des Schriftspracherwerbs, die an den American Institutes for Research (AIR) (vgl. McGrath u. a. 2003) und die Arbeiten von Phelps/Schilling (vgl. 2004), die an der University of Michigan, Ann Arbor, durchgeführt werden. Ausgearbeitete und teilweise auch empirisch geprüfte Konzeptionen liegen für das Fach Mathematik vor. Für die Erfassung der Fachkompetenz von Grundschullehrkräften entwickelte die Gruppe um Ball, Bass, Hill und Rowen die theoretischen Grundlagen und die entsprechenden Messinstrumente (vgl. Ball/Bass 2003). Für Mathematiklehrkräfte der Sekundarstufe I legte die COACTIV-Gruppe am Max- Planck-Institut für Bildungsforschung in Zusammenarbeit mit Blum (Universität Kassel), Jordan (Universität Bielefeld) und Neubrand (Universität Oldenburg) theoretische Grundlagen und Instrumente vor (vgl. Baumert u. a. 2006b; Brunner u. a. 2006a, b; Krauss u. a., submitted). Beide Mathematikgruppen teilen grundsätzliche Ideen, haben aber dennoch unterschiedliche Wege in der theoretischen Ausarbeitung und methodischen Durchführung beschritten. Beide Ansätze sollen im Folgenden knapp dargestellt werden.

Ball u. a. verstehen unter professionellem Fachwissen das mathematische Verständnis der unterrichteten Sachverhalte, das sich in Gestalt fachdidaktischer Expertise bei der Vorbereitung und Durchführung des Mathematikunterrichts zu bewähren habe. Referenz ist also *nicht* das universitäre Forschungswissen, sondern die Mathematik, die im Hintergrund des institutionalisierten Mathematikcurriculums der Grundschule steht. Auf dieser Grundlage unterscheiden Ball/Hill/Bass (vgl. 2005) und Hill/Schilling/Ball (vgl. 2004) mathematisches Alltagswissen, über das jeder gebildete Erwachsene verfügen sollte: *Common Knowledge of Content* (CKC) und Spezialwissen, das auf professionelles Training und Berufserfahrung angewiesen ist: *Specialised Knowledge of Content* (SKC). Davon grenzen sie eine dritte Dimension mathematischen Wissens ab, das mathematische Inhalte mit Schülervorstellungen (Fehlvorstellungen, typische Fehler, typische Schwierigkeiten oder Schülerstrategien) verbindet: *Knowledge of Students and Content* (KSC). In Deutschland würde man von fachdidaktischem Wissen sprechen. Gleichzeitig unterscheiden die Autoren folgende Sachgebiete der Grundschulmathematik: Zahlen und Operationen, Muster und Funktionen sowie Algebra. Diese Matrixstruktur aus Sachgebieten und Wissensdimensionen verwendet die Michigan-Gruppe als theoretischen Rahmen für die Entwicklung von Testaufgaben, die den einzelnen Zellen aufgrund theoretischer Überlegungen a priori zugeordnet werden.

Hill/Schilling/Ball (vgl. 2004) haben dieses theoretische Modell an einer großen Pilotstichprobe von Lehrkräften überprüft. Die komplexe Struktur des Modells ließ sich empirisch nicht bestätigen. Exploratorische Faktorenanalysen legten ein Modell mit drei Faktoren – zwei Inhaltsfaktoren (Zahlen und Operationen einerseits sowie Muster, Funktionen und Algebra andererseits) und eine fachdidaktische Dimension *(Knowledge of Students and Content)* – nahe. Eine klare Trennung der beiden Wissensdimensionen *Common Knowledge* und *Specialist Knowledge* war *nicht* möglich. Eine hierarchische, konfirmatorische Faktorenanalyse mit genesteten Faktoren, in die nur reine Fachitems eingingen, zeigt einen starken g-Faktor; es bleiben aber auch noch substanzielle Varianzanteile, welche die jeweils spezifischen Wissensfaktoren an sich binden. Ob der g-Faktor tatsächlich Alltagswissen *(Common Knowledge)* abbildet, wie die Autoren meinen, bleibt offen.

Auf der Grundlage dieser Analysen entwickelte die Michigan-Gruppe einen IRT-skalierten Gesamttest, der *Content Knowledge for Teaching* erfasst. Hill/Rowan/Ball (vgl. 2005) benutzen den IRT-Gesamtscore, um die prädiktive Validität des Kompetenzmaßes für den Leistungsfortschritt von Schülerinnen und Schülern zu überprüfen. Für die Überprüfung verwenden sie eine Stichprobe von Reformschulen mit einer gematchten Gruppe von Kontrollschulen (N = 115). In diesen Schulen gewannen sie als Untersuchungsteilnehmer 334 bzw. 325 Lehrkräfte, die in der ersten und dritten Jahrgangsstufe Mathematik unterrichteten. Leistungsdaten der Schülerinnen und Schüler sind längsschnittlich sowohl für die erste als für die dritte Jahrgangsstufe verfügbar. Mit Hilfe von Mehrebenenanalysen können die Autoren zeigen, dass das kombinierte Fach- und fachdidaktische Wissen von Grundschullehrkräften in der Tat die Leistungsfortschritte von Schülerinnen und Schülern zweier unterschiedlicher Jahrgangsstufen vorherzusagen erlaubt. Der Effekt ist weitgehend linear. Diese Untersuchung führt den ersten stichhaltigen Nachweis der praktischen Bedeutung eines spezifischen, auf Schule und Unterricht gerichteten Fachwissens von Lehrkräften.

Die COACTIV-Gruppe teilt mit der Projektgruppe um Ball denselben theoretischen Ansatz. Der gemeinsame Focus liegt auf dem mathematischen Wissen, das für Verständnis vermittelndes Unterrichten notwendig ist und sich im Unterricht als fachdidaktisches Handeln manifestiert *(Knowledge for Teaching and Knowledge in Action)*. Er unterscheidet sich jedoch deutlich in der theoretischen Modellierung der Wissenskomponenten. Im Rahmen von COACTIV werden theoretisch vier Formen mathematischen Wissens unterschieden: akademisches Forschungswissen, ein profundes mathematisches Verständnis der in der Schule unterrichteten Sachverhalte, Beherrschung des Schulstoffes auf einem zum Ende der Schulzeit erreichten Niveau und mathematisches Alltagswissen von Erwachsenen, das auch nach Verlassen der Schule noch präsent ist. Referenz für das fachliche Wissen von Mathematiklehrkräften ist ein profundes mathematisches Verständnis des zu unterrichtenden Schulstoffes. Dieses Fachwissen hat sein

Fundament in der akademischen Referenzdisziplin, stellt aber selbst einen Wissensbereich eigenen Rechts dar, der durch die Lehrplanarbeit definiert und in Rückkopplung mit der Unterrichtspraxis fortgeschrieben wird. Die Praxis selbst kanonisiert Stoffe und ihre Behandlung (vgl. Bromme 1995; Künzli/Hopmann 1998). Dieses professionelle Fachwissen schließt die souveräne Beherrschung des Schulstoffes ein; aber weder Schulwissen, geschweige denn mathematisches Alltagswissen genügen, um die mathematischen Herausforderungen zu bewältigen, die sich Lehrkräften bei der Vorbereitung und Durchführung des Unterrichts stellen.

Von diesem spezifischen Fachwissen wird theoretisch das fachdidaktische Wissen und Können unterschieden, das mathematisches Fachwissen voraussetzt und einschließt, aber selbst ein besonderes unterrichts- und schülerbezogenes mathematisches Wissen und Können darstellt. COACTIV unterscheidet innerhalb des fachdidaktischen Wissens drei Dimensionen:

1) Wissen über das didaktische und diagnostische Potenzial von Aufgaben, Wissen über die kognitiven Anforderungen und impliziten Wissensvoraussetzungen von Aufgaben, ihre didaktische Sequenzierung und die langfristige curriculare Anordnung von Stoffen,
2) Wissen über Schülervorstellungen (Fehlkonzeptionen, typische Fehler, Strategien) und Diagnostik von Schülerwissen und Verständnisprozessen,
3) Wissen über multiple Repräsentations- und Erklärungsmöglichkeiten.

COACTIV hat einen Fachwissenstest entwickelt, der das Verständnis der mathematischen Sachverhalte erfasst, die Unterrichtsstoffen der Mittelstufe zugrunde liegen. Parallel dazu wurde ein separater Test zum fachdidaktischen Wissen in den Dimensionen Aufgaben, Schülervorstellungen sowie Repräsentationen und Erklären entwickelt. Die Aufgaben beider Tests sind offen formuliert und werden teilweise auf dem Computer administriert. Auf Multiple-Choice-Items wurde verzichtet. Für beide Tests weist ein eindimensionales, zweiparametrisches IRT-Modell eine gute Anpassung an die empirischen Daten auf.

Erste Analysen zur Konstruktvalidierung weisen auf gute konvergente und diskriminante Validität hin (vgl. Baumert u. a. 2006c). Konfirmatorische Faktorenanalysen zeigen, dass Fachwissen und fachdidaktisches Wissen zwei theoretisch und empirisch trennbare Wissensfacetten darstellen, die bei zunehmender Expertise von Lehrkräften stärker vernetzt sind (vgl. Krauss u. a., submitted). Die Ausprägung der fachwissenschaftlichen und fachdidaktischen Kompetenz von Lehrkräften ist ausbildungsabhängig. Die Differenzen zwischen den Kompetenzniveaus von Lehrkräften können je nach studiertem Lehramt dramatisch sein (vgl. Brunner u. a. 2006b).

Die entscheidende Herausforderung, der sich die COACTIV-Gruppe ebenso wie die Arbeitsgruppe um Ball u. a. stellt, ist die Frage nach der prädiktiven Validität von Fachwissen (CK) und fachdidaktischem Wissen (PCK) für die Qualität des Unterrichts und den Leistungsforschritt von Schülerinnen und Schülern. COACTIV nutzte die Längsschnittkomponente von PISA 2004 in Deutschland, um diese Frage zu beantworten: In mehrebenenanalytischen Regressionsanalysen, bei denen auf individueller Ebene für Vorwissen und ein breites Spektrum von Hintergrundvariablen von Schülerinnen und Schülern kontrolliert wurde, erwiesen sich das fachdidaktische Wissen von Lehrkräften und – vermittelt über das fachdidaktische Wissen – auch das Fachwissen als wichtige Prädiktoren für eine kognitiv herausfordernde und gleichzeitig konstruktive Unterstützung gewährende Unterrichtsführung. Mediiert über die Merkmale der Unterrichtsgestaltung sind Fachwissen und fachdidaktisches Wissen auch für die Fachleistungen von Schülerinnen und Schülern substantiell bedeutsam (vgl. Baumert u. a. 2006c). Fachwissen scheint eine notwendige, aber nicht hinreichende Bedingung für qualitätsvollen Unterricht und Lernfortschritte der Schülerinnen und Schüler zu sein. *Fachwissen ist die Grundlage, auf der fachdidaktische Beweglichkeit entstehen kann.*

Fasst man die Ergebnisse der beiden Forschungsgruppen zusammen, so wird man betonen müssen, dass sowohl das Fachwissen als auch das fachdidaktische Wissen von Lehrkräften größter Aufmerksamkeit bedürfen. Dies gilt sowohl auf der Ebene von Grundals auch Sekundarschulen. Insbesondere ist die Übertragbarkeit dieser Befunde auf andere Unterrichtsfächer und Domänen zu überprüfen. Die Wissensstruktur kann durchaus domänenabhängig sein. Dennoch ist zu vermuten, dass das tatsächliche professionelle Handlungsrepertoire auch in anderen Fächern in bedeutendem Maße wissensabhängig ist. – Ein zweites Forschungsfeld, das sich unmittelbar öffnet, betrifft die Frage des Verhältnisses von generischen pädagogischen Kompetenzen und domänenspezifischem Wissen. Über das Zusammenspiel dieser Komponenten professioneller Handlungskompetenz von Lehrkräften ist so gut wie nichts bekannt.

9   Werthaltungen und Überzeugungen

In dem von uns vorgeschlagenen generischen Modell der professionellen Handlungskompetenz sind Wissen und Können *(knowledge)* einerseits und Werthaltungen *(value commitments)* und Überzeugungen *(beliefs)* andererseits kategorial getrennte Kompetenzfacetten. Wissen und Überzeugungen beanspruchen einen unterschiedlichen epistemologischen Status, auch wenn die Übergänge fließend sind. In der Lehrerforschung wird diese Unterscheidung jedoch nicht durchgehalten, oft auch bewusst aufgegeben. In solchem Fall dient „Wissen" als allgemeiner Oberbegriff, der ohne epistemologische Differenzierung unterschiedlichste mentale Repräsentationen zusammenfasst. Fenstermacher (vgl. 1994) spricht von einem rhetorischen *„purr word"*, das der Lehrertätigkeit Bedeutung verleihen soll. Fenstermacher, der sich der philosophischen Problematik einer strikten Abgrenzung von Wissen und Glauben bewusst ist, insistiert gewissermaßen als Aristoteliker – Wissen sei gerechtfertigter wahrer Glaube – auf der kategorialen Differenz zwischen Wissen und Überzeugungen, die in unterschiedlichen Rechtfer-

Abbildung 4   Werthaltungen und Überzeugungen

1. Wertbindungen (value commitments)
2. Epistemologische Überzeugungen (epistemological beliefs, world views)
3. Subjektive Theorien über Lehren und Lernen
4. Zielsysteme für Curriculum und Unterricht

tigungsansprüchen begründet sei. Diese Unterscheidung wird in den meisten neueren Übersichtsartikeln, wenn auch nicht immer mit gleicher Strenge, durchgehalten (vgl. Calderhead 1996; Richardson 1996; Borko/Putnam 1996; Munby/Russell/Martin 2001). Wir werden uns ihr im Folgenden anschließen.

Innerhalb des Komplexes von Werthaltungen und Überzeugungen sollen systematisch Wertbindungen *(value commitments)*, epistemologische Überzeugungen *(epistemological beliefs, world views)*, subjektive Theorien über Lehren und Lernen sowie Zielsysteme unterschieden werden. Pajares (vgl. 1992) hat in seinem Review-Artikel einen ersten Ordnungsversuch unternommen, um Überzeugungssysteme als Konstrukte pädagogischer Forschung handhabbar zu machen. Zehn Jahre später definieren Op't Eynde/De Corte/Verschaffel (vgl. 2002) pädagogisch relevante Überzeugungen als implizite oder explizite, subjektiv für wahr gehaltene Konzeptionen, welche die Wahrnehmung der Umwelt und das Handeln beeinflussen. Diese *beliefs* haben im Unterschied zu Wissen weder den Kriterien der Widerspruchsfreiheit noch den Anforderungen der argumentativen Rechtfertigung und der diskursiven Validierung zu genügen. Es genügt der individuelle Richtigkeitsglaube. Am Beispiel der Mathematik unterscheiden sie

- *epistemologische Überzeugungen,* die sich auf die Struktur, Genese und Validierung von Wissensbeständen beziehen,
- Überzeugungen über das Lernen in einem schulischen Gegenstandsbereich – wir wollen im Folgenden von *subjektiven Lerntheorien* sprechen –,
- subjektive Theorien über das Lehren des Gegenstands und
- selbstbezogene Überzeugungen hinsichtlich des Lernens und Lehrens im Gegenstandsbereich
- wir wollen im Folgenden von *selbstbezogenen Fähigkeitskognitionen* reden.

Diese Differenzierungen bieten ein brauchbares konzeptuelles Ordnungssystem, wenn man einerseits Wertbindungen, die professionsintern als Berufsethik diskutiert werden, und andererseits Zielvorstellungen, die präskriptive Richtungsweiser für Unterrichtsplanung und Unterrichtshandeln sind, hinzufügt. Einen Sonderstatus nehmen selbstbezogene Kognitionen ein. Sie werden üblicherweise im Rahmen von Theorien der *Handlungsmotivation* untersucht. Dies soll auch im Folgenden geschehen. Einschlägige

Arbeiten werden also im Zusammenhang der entsprechenden Komponente der professionellen Handlungskompetenz behandelt.

9.1 Wertbindungen und Professionsmoral

Obwohl die Berufsethik eine zentrale Orientierungsfunktion in allen Professionen hat, gibt es bemerkenswert wenige Arbeiten, die Wertbindungen im Lehrerberuf in ihrer Bedeutung für professionelles Handeln untersuchen. Oser (vgl. 1998) entwickelt eine Theorie der Berufsmoral von Lehrkräften, in deren Zentrum die Verpflichtung auf Fürsorge, Gerechtigkeit und Wahrhaftigkeit steht. Die Verpflichtungsaspekte der Fürsorge und Gerechtigkeit sind selbst wiederum mehrdimensional. Das Konzept der Fürsorge kann sowohl Nachsicht (Fördern) als auch Voraussicht (Fordern) bedeuten und gerechtes Handeln hat unterschiedliche Gesichtspunkte der Verteilungsgerechtigkeit – Gleichheit, Billigkeit, Reziprozität und Leistung – gleichermaßen zu berücksichtigen. Nach Oser (vgl. 1998) und Reichenbach (vgl. 1994) müssen diese unterschiedlichen Verpflichtungsaspekte im professionellen Handeln ausbalanciert und diskursiv begründet werden. Es ist bis heute unklar, welche Auswirkungen spezifische Wertpräferenzen für das professionelle Handeln von Lehrkräften tatsächlich haben und inwieweit diese Präferenzen im Zusammenhang mit den institutionellen Selektionsregeln des Systems stehen. Es ist anzunehmen, dass die Ausprägungen der Berufsmoral sowohl für den Umgang mit Heterogenität als auch für die Unterstützungsqualität von Lernumgebungen oder die bevorzugten Referenznormen bei der Leistungsbewertung bedeutsam sind.

9.2 Epistemologische Überzeugungen

Unter den Begriffen „epistemologische Überzeugungen" (epistemological beliefs) oder „Weltbilder" (world views) werden jene Vorstellungen und subjektive Theorien subsumiert, die Personen über das Wissen und den Wissenserwerb generell oder in spezifischen Domänen entwickeln. In ihren gründlichen Reviews über epistemologische Überzeugungen bestimmen Hofer/Pintrich (vgl. 1997) und Duell/Schommer-Aikins (vgl. 2001) subjektive Überzeugungen über die Struktur, Verlässlichkeit, Genese, Validierung und Rechtfertigung von Wissensbeständen als den Kern des Konstrukts, da diese Kognitionen den epistemologischen Status von Wissen betreffen.

Ausgangspunkt aller pädagogischen Arbeiten zu epistemologischen Überzeugungen ist die Annahme, dass diese intuitiven Theorien die Art der Begegnung mit der erkennbaren Welt vorstrukturieren. Sie beeinflussen Denken und Schlussfolgern, Informationsverarbeitung, Lernen und Motivation (vgl. Köller/Baumert/Neubrand 2000). Wilkinson/Schwartz (vgl. 1987) sprechen von epistemologischen Orientierungen als mentalen Prozessen höherer Ordnung, die die kognitiven Vorgänge steuern.

Epistemologische Überzeugungen wurden bislang vorwiegend in den Fachdidaktiken (Mathematik und Naturwissenschaften) behandelt, und zwar primär auf der Ebene von Schülerinnen und Schülern. In der Mathematik hat sich insbesondere Schoenfeld (vgl. 1992) mit der Analyse epistemologischer Überzeugungen und ihrem Zusammenhang mit der Tiefenstruktur von Unterrichtsprozessen beschäftigt. Schoenfeld betrachtet das mathematische Weltbild von Schülern als Ergebnis der Interaktion der sachlichen und sozialen Struktur des Mathematikunterrichts. In Deutschland haben Törner und Grigutsch die Arbeiten Schoenfelds aufgegriffen und ein Analyseinstrument entwickelt, das es erlaubt, die epistemologischen Überzeugungen von Schülern mehrdimensional zu erfassen (vgl. Törner/Grigutsch 1994; Grigutsch 1996). Köller/Baumert/Neubrand (vgl. 2000) konnten mit einem modifizierten Instrument sowohl für Mathematik als auch für Physik zeigen, dass die epistemologischen Überzeugungen von Schülerinnen und Schülern mit der Verarbeitungstiefe von Informationen und mit Leistungsergebnissen kovariieren. Törner und Grigutsch haben ihre Untersuchungen von Schülerinnen und Schülern auf Mathematiklehrkräfte an Schulen und Hochschulen übertragen und mit einem entsprechend überarbeiteten Instrument die Faktorenstruktur im Wesentlichen replizieren können (vgl. Grigutsch/Raatz/Törner 1998; Grigutsch/Törner 1998).

Schoenfeld (vgl. 1998) geht davon aus, dass sich Unterrichtsprozesse im Wechselspiel zwischen epistemologischen Überzeugungen von Lehrkräften, ihren subjektiven Theorien über Lehren und Lernen, ihren Zielen und ihrem spezifischen Wissen konkretisieren und entwickeln (vgl. auch Schoenfeld 2000). Schoenfeld und seine Gruppe *(Teacher Model Group at Berkeley)* haben versucht, dies anhand einzelner Fallstudien systematisch zu belegen. Aguirre/Speer (vgl. 2000) beschreiben an zwei Fällen, wie die epistemologische Überzeugung von Lehrpersonen über die Struktur mathematischen Wissens mit ihren subjektiven Theorien über Lehren und Lernen und konkreten Zielsetzungen im Mathematikunterricht interagieren. Stipek u. a. (vgl. 2001) konnten an einer kleinen Stichprobe von Grundschullehrerinnen aus Los Angeles County zeigen, dass die epistemologische Vorstellung von Mathematik als einer operativen Toolbox – Törner und Grigutsch sprechen von Schemaorientierung – substanziell mit der Unterrichtsführung (Ergebnisorientierung, Geschwindigkeit, Bedrohlichkeit, Autonomie, Verständnisorientierung) zusammenhängt. Mit zunehmender Schemaorientierung und stärkerer Ablehnung einer Konzeption von Mathematik als einem dynamischen Prozess verstärken sich Ergebnisorientierung, Durchnahmegeschwindigkeit und Bedrohlichkeit im Unterricht und verringern sich die Spielräume für Selbstständigkeit und mathematisches Denken.

In Deutschland und der Schweiz haben Diedrich/Thußbas/Klieme (vgl. 2002) ein modifiziertes Instrument von Grigutsch/Raatz/Törner (vgl. 1998) an zwei Zufallsstichproben von Mathematiklehrkräften eingesetzt. Sie können die Faktorenstruktur replizieren und berichten Zusammenhänge zwischen einer dynamischen Konzeption von Mathematik als Prozess und den subjektiven Theorien, die Lehrpersonen über das Lehren und Lernen von Mathematik kultivieren, jedoch keine Zusammenhänge mit selbst berichteten Merkmalen der Unterrichtspraxis.

Vergleicht man die in der Fachliteratur verbreitete Überzeugung, dass die epistemologischen Überzeugungen erhebliche Bedeutung für die professionelle Wahrnehmung von Unterrichtsprozessen und das berufliche Handelns von Lehrkräften haben (vgl. Thompson 1992; Richardson 1996; Calderhead 1996; Schoenfeld 1998; Leder/Forgasz 2002) mit den tatsächlich verfügbaren empirischen Belegen, ist die immer noch unbefriedigende Forschungslage unübersehbar.

9.3   Subjektive Theorien über das Lehren und Lernen und Unterrichtsziele

Es gilt weitgehend als selbstverständlich, dass die subjektiven Theorien, die Lehrpersonen über das Lehren und Lernen haben, ihre allgemeinen Zielvorstellungen, die sie im Unterricht verfolgen, die Wahrnehmung und Deutung von Unterrichtssituationen, die an Schüler gerichteten Erwartungen und letztlich auch das professionelle Handeln beeinflussen. Diese Annahme findet man sowohl in theoretischen Arbeiten zu Lehrerüberzeugungen (vgl. Schoenfeld 1998, 2000; Groeben/Scheele 1988; Wahl 1991) als auch in Interventionsstudien, die Lehrerkognitionen verändern wollen (vgl. Franke u. a. 2001; Fennema u. a. 1996; Carpenter u. a. 1989; vgl. auch Borko/Putnam 1996; Calderhead 1996; Richardson 1996; Torff/Warburton 2005).

Es gibt eine Reihe von qualitativen Studien, die in der Tat auf das Zusammenspiel von impliziten Lerntheorien, Zielvorstellungen und Unterrichtsführung hinweisen (vgl. Borko u. a. 1992; Carpenter/Fennema 1992; Wilson/Wineburg 1988; Aguirre/Speer 2000). Belastbare quantitative Studien sind jedoch weitaus seltener, als man vermuten sollte. Peterson u. a. (1989) administrierten einen Fragebogen in einer Querschnittsuntersuchung mit 39 Grundschullehrerinnen und ihren Klassen, der mit vier Subskalen die konstruktivistische Lerntheorie von Mathematiklehrkräften erfassen sollte. Sie konnten zeigen, dass der Gesamtscore systematisch mit dem fachdidaktischen Wissen der Lehrerinnen und der mathematischen Schülerleistung bei eingekleideten Aufgaben, nicht aber bei technischen Rechenaufgaben zusammenhängt. Die Korrelation zwischen konstruktivistischer Orientierung der Lehrkraft und Mathematikleistung bei *word problems* lag bei $r = .32$. Stipek u. a. (vgl. 2001) erfassten mit zwei Skalen Aspekte der subjektiven Lerntheorien von Grundschullehrerinnen (Korrektheit vs. Verstehen; Lehrerkontrolle vs. Schülerinitiative) und mit einer weiteren Skala die subjektive Theorie zur Plastizität von Intelligenz *(malleability of intelligence)*. Sie ließen ferner Videoaufzeichnungen des Unterrichts dieser Lehrkräfte unter den Gesichtspunkten von Engführung, Selbstständigkeit und Verständnisorientierung beurteilen. Sie konnten zeigen, dass die subjektiven Lerntheorien, insbesondere aber die Vorstellung von der Veränderbarkeit der Intelligenz die Unterrichtspraxis vorhersagten.

Staub/Stern (vgl. 2002) versuchten die Untersuchung von Peterson u. a. (vgl. 1989) an einer Stichprobe von 54 Klassen des so genannten Scholastiklängsschnitts (vgl. Weinert/Helmke 1997; Weinert/Schneider 1999) zu wiederholen. Die Faktorenstruktur des Fragebogens zu konstruktivistischen Überzeugungen konnte nicht repliziert werden; deshalb verwendeten die Autoren einen Gesamtscore für die Ausprägung konstruktivistischer Orientierung. Die Ergebnisse der Replikation zeigen, dass Mathematiklehrkräfte mit einem konstruktivistischen Überzeugungsmuster häufiger Aufgaben im Unterricht verwenden, die strukturorientiert sind und mathematische Verständnisleistungen erfordern. Die Schülerinnen und Schüler dieser Lehrkräfte erreichten nach Ablauf eines Schuljahres höhere Leistungen beim Lösen von Textaufgaben, nicht aber bei technischen Aufgaben, die keine Modellierung verlangen.

Diedrich/Thußbas/Klieme (vgl. 2002) setzten den von Staub und Stern adaptierten Konstruktivismus-Fragebogen in einem deutsch-schweizerischen Vergleichsprojekt zum Unterricht der Satzgruppe des Pythagoras in der 9. Jahrgangsstufe ein. Sie konnten die von Peterson u. a. postulierte Faktorenstruktur ebenfalls nicht replizieren. Sie wählten eine Zwei-Faktoren-Lösung, bei der die beiden Faktoren einem konstruktivistischen bzw. einem rezeptiven Lernverständnis entsprachen. Die Ergebnisse der Untersuchung belegen erwartungsgemäß substanzielle Korrelationen mit entgegengesetztem Vorzeichen für die beiden lerntheoretischen Orientierungen und der Wahl anspruchsvoller Ziele im Mathematikunterricht. Dagegen fallen die Korrelationen zwischen den Aspekten der subjektiven Lerntheorie und selbst berichteten Merkmalen der Unterrichtspraxis schwach aus oder werden gar nicht signifikant.

Im Rahmen derselben Studie untersuchten Leuchter u. a. (2006) den Zusammenhang zwischen konstruktivistischen und rezeptiven Lehr-Lerntheorien von Lehrkräften und deren unterrichtsbezogenen handlungsleitenden Kognitionen, die durch Kommentierung von Videoaufzeichnungen des eigenen Unterrichts erfasst wurden. Handlungsleitende Kognitionen wurden in den Dimensionen problembasierter Unterricht, Routineaufbau, Unterstützung des Verstehens, direkte Instruktion, adaptive Lernbegleitung und Unterstützung der Selbstregulation erhoben. In beiden Stichproben, sowohl der schweizerischen als auch der deutschen, lassen sich *keine* Zusammenhänge zwischen subjektiven Lerntheorien und handlungsleitenden Kognitionen nachweisen (erst bei Kontrolle der Selbstwertüberzeugungen werden unsystematische Zusammenhänge erkennbar, die nicht einfach zu interpretieren sind).

Auch im Rahmen von COACTIV ließ sich in einer Stichprobe von Sekundarstufen-Lehrkräften die Einfaktorenstruktur des Instruments von Peterson u. a. (vgl. 1989) nicht zeigen. Unter Nutzung ausgewählter Items wurde ein neues Instrument entwickelt, das präskriptive Vorstellungen zum Mathematiklernen in fünf Dimensionen erfasst: Selbstständiges und diskursives Lernen, Vertrauen auf mathematische Selbstständigkeit, Lernen durch Beispiele und Vormachen, Lernen durch Einschleifen und Lernen durch Reduktion auf Eindeutigkeit (vgl. Baumert u. a. 2004). Dubberke/Kunter (vgl. 2006) kombinieren diese Skalen mit den epistemologischen Überzeugungen und allgemeinen Unterrichtszielen von Lehrkräften zu zwei negativ korrelierten Überzeugungssyndromen, die sie *„construction view"* und *„transmission view"* nennen. Sie können zeigen, dass die beiden Überzeugungssyndrome gegenläufig mit Präferenzen für erweiterte Sozialformen im Unterricht (gruppenteiliges Lernen, Partnerarbeit und individuelle Arbeitspläne) zusammenhängen und darüber hinaus aber auch die Unterrichtsführung in basalen Qualitätsmerkmalen vorherzusagen erlauben. Die Prüfung eines Mediationsmodells für die Leistungsentwicklung von Schülerinnen und Schülern steht noch aus.

Die Befunde von Dubberke/Kunter stützen die Annahme, dass *Ziele* Teil von Überzeugungssyndromen sind. Schoenfeld (vgl. 1998) entwickelt ein theoretisches Modell, nach dem Ziele, subjektive Lehr-Lerntheorien, epistemologische Überzeugungen und Handlungspläne im Unterrichtsverlauf interagieren. Dabei haben Ziele auch im Prozessgeschehen eine regulative Funktion. Zimmerlin/Nelson (vgl. 2000), Aguirre/Speer (vgl. 2000) und Schoenfeld/Minstrell/Van Zee (vgl. 2000) illustrieren unterschiedliche Facetten in Fallstudien. Törner u. a. (vgl. 2006) sowie Törner/Rolka/Wüllner (vgl. 2006) können mit zwei Fallstudien belegen, wie in kritischen Unterrichtsmomenten, an denen Zeitdruck oder Verständnisschwierigkeiten auftreten, Unterrichtsskripte gewechselt werden, um das Unterrichtsziel, das konstant gehalten wird, doch noch zu erreichen.

Zielpräferenzen scheinen auch auf überindividueller Ebene in der Kultur von Fächern und Lehrerbildungstraditionen institutionalisiert zu sein. Baumert u. a. (vgl. 2004) haben typische Zielpräferenzen im Mathematikunterricht der unterschiedlichen Schulformen in Deutschland herausgearbeitet. Die erste an TIMSS gekoppelte Videostudie konnte verblüffende Diskrepanzen in den Hauptzielen des Mathematikunterrichts zwischen japanischen, US-amerikanischen und deutschen Lehrkräften offen legen. Die unterschiedliche Betonung von verständnis- und fertigkeitsorientierten Zielen weist auf separate mathematikdidaktische Theoriekulturen hin (vgl. Baumert u. a. 1997, S. 227; Stigler u. a. 1999; Pauli/Reusser 2003).

10   Motivationale Orientierungen und Selbstregulation – Psychologische Funktionsfähigkeit

Motivationale Orientierungen und Selbstregulation sind für die psychische Dynamik des Handelns, die Aufrechterhaltung der Intention und die Überwachung und Regulation des beruflichen Handelns über einen langen Zeitraum verantwortlich. Beide Aspekte sind somit zentrale Merkmale der psychologischen Funktionsfähigkeit von handelnden Personen. Soweit Forschungsarbeiten zum professionellen Lehrerhandeln motivationale

Abbildung 5   Motivationale Orientierungen und Selbstregulation

1. Kontrollüberzeugungen und Selbstwirksamkeitserwartungen
2. Intrinsische motivationale Orientierung: Lehrerenthusiasmus
3. Selbstregulation: Engagement und Distanzierungsfähigkeit

Orientierungen und professionelle Selbstregulation thematisieren, sind zwei eng aufein-ander bezogene Schwerpunkte zu erkennen. Zu einem Schwerpunkt lassen sich Arbei-ten zusammenfassen, die sich mit selbstbezogenen Kognitionen von Lehrkräften – ins-besondere Kontrollüberzeugungen und Selbstwirksamkeitserwartungen – sowie mit intrinsischer Motivation befassen; daneben lässt sich eine zweite Gruppe von Arbeiten identifizieren, die unter der Perspektive von Selbstregulation Belastungserleben und Re-silienzfaktoren im Lehrerberuf behandeln.

10.1 Kontrollüberzeugungen und Selbstwirksamkeitserwartungen

Die ersten Arbeiten zur Selbstwirksamkeit von Lehrkräften gingen von Rotters (vgl. 1966) Konzept der Kontrollüberzeugungen aus und spezifizierten dieses für den Bereich der Unterrichtstätigkeit (vgl. Armor u. a. 1976). In den Nachfolgeuntersuchungen setzte sich relativ schnell Banduras (vgl. 1977, 1993) Konzeption der *Selbstwirksamkeit* durch, die im Hintergrund praktisch aller einschlägigen Untersuchungen der letzten 20 Jahre steht. Bandura (vgl. 1997) versteht unter Selbstwirksamkeit die Überzeugung einer Per-son, über die Fähigkeiten und Mittel zu verfügen, um diejenigen Handlungen durch-führen zu können, die notwendig sind, um ein definiertes Ziel zu erreichen – und zwar auch dann, wenn Barrieren zu überwinden sind. Selbstwirksamkeitserwartungen re-gulieren die Zielsetzungen des Handelns und ihr Anspruchsniveau, Anstrengung und Persistenz sowie Abschirmung gegen konkurrierende Intentionen und die Verarbeitung von Erfolg und Misserfolg. Im Handlungsprozess werden die Selbstwirksamkeitserwar-tungen durch eine Feedback-Schlaufe von Kompetenzerfahrungen reguliert. Selbstwirk-samkeitsüberzeugungen sind also handlungsbezogen und domänenspezifisch, wobei die Definition der Bereichsspezifität von der Fragestellung und der Struktur des Handlungs-feldes abhängt (vgl. Pajares 1996). Bandura selbst (vgl. 1997) hat ein mehrdimensionales Instrument zur Erfassung von Selbstwirksamkeitsüberzeugungen von Lehrkräften ent-wickelt, das sieben Dimensionen der Lehrertätigkeit spezifiziert.

In ähnlicher Weise gehen auch Schwarzer/Schmitz (vgl. 1999) bei ihrer Entwicklung eines deutschsprachigen Instruments zur Erfassung von Lehrerselbstwirksamkeit von der Analyse spezifischer Handlungsfelder im Lehrberuf und deren Kompetenzanfor-derungen aus. Schwarzer/Schmitz unterscheiden folgende Bereiche: *berufliche Leistung, berufliche Weiterentwicklung* und *soziale Interaktion* mit Schülern, Eltern und Kollegen sowie den *Umgang mit Berufsstress*. Sie konnten eine Gesamtskala der Lehrerselbstwirk-samkeit entwickeln, die trotz relativ heterogener Items eine gute interne Konsistenz auf-weist (vgl. Schmitz 2000; vgl. auch das von Tschannen-Moran/Woolfolk Hoy 2001 ent-wickelte Instrument).

Tschannen-Moran/Woolfolk Hoy/Hoy (vgl. 1998) legten einen Review-Artikel zu Selbstwirksamkeitsüberzeugungen von Lehrkräften vor, der einen guten Überblick über den Forschungsstand vermittelt. Ihre Übersicht zeigt zunächst, dass Selbstwirksamkeit Teil eines Systems motivationaler Orientierungen ist. Lehrkräfte mit ausgeprägterer Selbstwirksamkeit zeigen größeren Enthusiasmus für den Unterricht (vgl. Allinder 1994), eine stärkere normative Bindung an ihre Unterrichtstätigkeit (vgl. Coladarci 1992) und eine höhere Verbleibswahrscheinlichkeit im Beruf (vgl. Burley u. a. 1991). Selbstwirksamkeitsüberzeugungen scheinen aber auch direkten Einfluss auf die Unterrichtsvorbereitung und Unterrichtsführung – insbesondere auf das konstruktive Unterstützungsverhalten – zu haben (vgl. Ashton/Webb 1986; Gibson/Dembo 1984; Podell/ Soodak 1993). Die Arbeiten von Schwarzer/Schmitz zeigen, dass ausgeprägte Selbstwirksamkeitsüberzeugungen ein Resilienzfaktor bei der Bewältigung von Berufsstress und dem langfristigen Umgang mit Berufsbelastungen sein können. Höhere Selbstwertüberzeugungen gehen mit ausgeprägterem beruflichen Engagement und größerer Berufszufriedenheit einher (vgl. Schmitz 2000; Schmitz/Schwarzer 2000; Schwarzer/Schmitz 1999; Schmitz 2001).

Über die Entwicklung von Selbstwirksamkeitsüberzeugungen während der Lehrerausbildung und der Berufstätigkeit ist weniger bekannt. Tschannen-Moran/Woolfolk Hoy/Hoy (vgl. 1998) berichten, dass in Praxisphasen, in denen während der universitären Ausbildung Lehrerfahrungen gemacht werden können, Selbstwirksamkeitsüberzeugungen zurückgehen. Ähnliches berichten auch Malmberg/Wanner/Little (vgl. 2006) für Kontrollüberzeugungen; empirische Basis ist hier eine Stichprobe finnischer Lehrerstudenten. Hoy/Spero (vgl. 2005) beschreiben ein vergleichbares Phänomen bei Berufsanfängern (vgl. Dann/Mueller-Fohrbrodt/Cloetta 1981).

In jüngerer Zeit haben kollektive Selbstwirksamkeitserwartungen von Lehrkörpern oder Fachgruppen innerhalb von Schulen starke Aufmerksamkeit erhalten. Goddard/ Goddard (vgl.2001) und Goddard (vgl. 2003) können zeigen, dass die kollektiven Selbstwirksamkeitsüberzeugungen einen positiven Einfluss auf individuelle Selbstwirksamkeitsüberzeugungen von Lehrkräften einer Schule haben (vgl. Goddard 2001; Schwarzer/ Schmitz 1999). Hoy/Sweetland/Smith (vgl. 2002) belegen auch auf institutioneller Ebene Zusammenhänge zwischen kollektiven Wirksamkeitsüberzeugungen und dem Leistungsstand von Schülerinnen und Schülern im Fach Mathematik.

Fasst man die vorliegenden Befunde zusammen, wird man zu folgender Schlussfolgerung kommen: Selbstwirksamkeitsüberzeugungen scheinen eine wichtige Komponente der psychischen Regulationsfähigkeit im professionellen Handlungskontext von Lehrkräften zu sein (vgl. Tschannen-Moran/Hoy 2001). Insbesondere die jüngeren, theoretisch und methodisch sorgfältig angelegten Arbeiten stützen diesen Schluss (vgl. Schmitz/Schwarzer 2000). Die Entwicklung der Selbstwirksamkeit von Lehrkräften scheint auch von der jeweiligen berufsbiographischen Phase und dem sozialen Kontext einer Schule und des Kollegiums abhängig zu sein (vgl. Goddard/Hoy/Hoy 2004). Dagegen beruhen die von Tschannen-Moran/Hoy (vgl. 2001) und Tschannen-Moran/ Woolfolk Hoy/Hoy (vgl. 1998) zusammengestellten Befunde zum Zusammenhang von Selbstwirksamkeitsüberzeugungen von Lehrkräften und ihrem Unterrichtsverhalten überwiegend auf älteren Untersuchungen, die auf der Grundlage kleiner Konvenienzstichproben durchgeführt wurden und oftmals methodischen Einwänden offen stehen. Die Forschungslage ist in dieser Hinsicht keineswegs befriedigend.

10.2 *Intrinsische motivationale Orientierung: Enthusiasmus von Lehrpersonen*

Selbstwirksamkeitsüberzeugungen von Lehrkräften korrelieren auch mit ihrem *Enthusiasmus* im Unterricht und der *Wertschätzung des Unterrichtens* als Kern der beruflichen Tätigkeit (vgl. Allinder 1994; Coladarci 1992). Seit dem grundlegenden Forschungsbericht von Brophy/Good (vgl. 1986) gelten Enthusiasmus oder Engagement im Unterricht als wichtige Merkmale der Handlungskompetenz von Lehrkräften. Üblicherweise wird dabei Enthusiasmus als mehr oder weniger instrumentell-strategisches Verhalten im Klassenzimmer verstanden, das der Sicherung der Schülermotivation dient (vgl. Shuell 1996; Gage/Berliner 1996; Helmke 2003). Man nimmt an, dass ein sichtbares Lehrerengagement Modellwirkung für das Verhalten der Schülerinnen und Schüler habe. Für diese Annahme gibt es begrenzte empirische Evidenz (vgl. Patrick u. a. 2003; Patrick/Hisley/Kempler 2000; Brigham/Scruggs/Mastropieri 1992).

Im Unterschied zu dieser instrumentellen Konzeption von Lehrerenthusiasmus als Engagement im Unterricht konzeptualisieren Kunter u. a. (in Vorbereitung) Lehrerenthusiasmus theoretisch als Personenmerkmal. Im Rückgriff auf die erweiterte Erwartungs-Werttheorie von Wigfield/Eccles (vgl. 2000), der Theorie des individuellen Interesses (vgl. Krapp 2000) und der Selbstbestimmungstheorie von Deci/Ryan (vgl. 2000) bestimmen sie Lehrerenthusiasmus als die Komponente einer intrinsischen motivationalen Orientierung, die in den drei genannten Theorien als emotionaler Faktor der Motivation beschrieben wird. Lehrerenthusiasmus bezeichnet dann den Grad des positiven emotionalen Erlebens während der Ausübung der Lehrtätigkeit. Kunter u. a. unterscheiden darüber hinaus in Anlehnung an Schiefele (vgl. 1998) eine gegenstands- und tätigkeitsbezogene Facette des Lehrerenthusiasmus, die sich entweder auf die Beschäftigung mit dem Gegenstand des Unterrichts, in der Regel das Fach, oder auf die fachbezogene Unterrichtstätigkeit selbst bezieht. Sie können anhand einer Zufallsstichprobe von Mathematiklehrkräften zeigen, dass der Enthusiasmus einer Lehrkraft für das Unterrichten selbst in einem positiven Zusammenhang mit der Qualität der Klassenführung, der von den Schülerinnen und Schülern erlebten konstruktiven Unterstützung und der kognitiven Herausforderung im Unterricht steht, während die Begeisterung für die bloße Beschäftigung mit dem Fach unabhängig von Unterrichtsmerkmalen ist.

10.3 *Professionelle Selbstregulation: Engagement und Distanzierungsfähigkeit*

Die *Selbstregulationsfähigkeit,* insbesondere der verantwortungsvolle Umgang mit den eigenen persönlichen Ressourcen ist eine wichtige Komponente der allgemeinen professionellen Handlungskompetenz von Lehrkräften. Forschungen zum Belastungserleben und zum effektiven Umgang mit den Herausforderungen professioneller Arbeitssituationen sind unmittelbar einschlägig (vgl. Maslach/Schaufeli/Leiter 2001). Die subjektiv erlebte Belastung scheint ein wichtiger Prädiktor für die Verweildauer im Beruf zu sein (vgl. Rudow 1999), aber auch Auswirkungen auf die Qualität der Berufsausübung und des Unterrichts zu haben (vgl. Maslach/Leiter 1999). Nach Hallsten (vgl. 1993) ist ein adaptiver Selbstregulationsstil durch *„balanced commitment"* gekennzeichnet, bei dem hohes Berufsengagement und Distanzierungsfähigkeit miteinander verbunden sind. Schaarschmidt/Fischer (vgl. 1997) haben ein Instrument zur Erfassung von Beanspruchungsmustern im Lehrerberuf entwickelt, das theoretisch drei Primärfaktoren psychischer Regulation postuliert: Arbeitsengagement *(commitment),* Widerstandsfähigkeit *(resilience)* und berufsbegleitende Emotionen *(experience of success and social support).* Schaarschmidt/Kieschke/Fischer (vgl. 1999) identifizieren anhand der Analyse von Profilmustern vier Regulationstypen, die sich im Umgang mit Engagement und Distanzierung systematisch unterscheiden (vgl. Schaarschmidt 2002). Klusmann u. a. (vgl. 2006 und submitted) können die Regulationstypen replizieren und darüber hinaus zeigen, dass die Kombination von hohem Engagement mit guter Distanzierungsfähigkeit eine persönliche Ressource darstellt, die mit hoher Berufszufriedenheit, geringer emotionaler Erschöpfung, persönlichem Wohlbefinden und vor allem einer Unterrichtsführung einhergeht, bei der Schülerinnen und Schüler in ihrer kognitiven Selbstständigkeit gestärkt werden und sich gleichzeitig auf konstruktive Unterstützung beim Lernen verlassen können.

11   Ausblick: Die Entwicklung professioneller Handlungskompetenz

Das vorgestellte heuristische Rahmenmodell der Handlungskompetenz bietet eine Möglichkeit, die individuellen Voraussetzungen für professionelles Lehrerhandeln in einen metatheoretischen Rahmen einzubetten, der für psychologische Handlungsmodelle anschlussfähig ist. Wie gezeigt wurde, erlaubt eine solche Perspektive, sich den theoretisch postulierten Voraussetzungen auch empirisch zu nähern und ihre Bedeutung für erfolgreiches professionelles Lehrerhandeln zu analysieren. Trotz der an sich hohen Anzahl bereits vorliegender Arbeiten zu einzelnen Aspekten der Handlungskompetenz zeigte die kritische Sichtung der Befunde, dass belastbare Evidenzen, welche persönlichen Attribute von Lehrkräften maßgeblich dazu beitragen, die Hauptaufgaben des Lehrerberufs erfolgreich zu bewältigen, noch fehlen. Forschungsbedarf besteht insbesondere im Bereich des professionellen Wissens – und zwar sowohl im Hinblick auf das allgemeine pädagogische als auch auf das fachbezogene Wissen. Hier dürften die jüngsten Ansätze, die auf einer empirisch soliden Basis die Erfassung theoretisch begründeter Wissenskomponenten direkt angehen, wegweisend sein (vgl. Ball/Hill/Bass 2005; Hill/Schilling/Ball 2004; Brunner u. a. 2006b; Krauss u. a., submitted.).

Die Konzeptualisierung von Wissen, Überzeugungen und Merkmalen der psychologischen Funktionsfähigkeit im Rahmen eines Modell der professionellen Handlungskompetenz ermöglicht es weiterhin, über allgemeine Beschreibungen der Anforderungen im Lehrerberuf hinauszugehen und den Schwerpunkt stärker auf Fragen nach interindividuellen und intraindividuellen Kompetenzunterschieden zu legen. Will man Professionalität im Lehrerberuf fördern, ist es unumgänglich, zu untersuchen, wie sich Lehrkräfte im Hinblick auf die verschiedenen Kompetenzbereiche unterscheiden und in welchen Phasen der beruflichen Biographie diese Differenzierungen entstehen. Auch hier ist die Befundlage noch spärlich und es besteht sowohl theoretischer als auch empirischer Klärungsbedarf.

Für die theoretische Konzeptualisierung der Kompetenzentwicklung hat sich vor allem im Bereich des Wissens und Könnens die Orientierung an den Ergebnissen der Expertiseforschung bewährt. Befunde liegen sowohl zu gut strukturierten Domänen wie z. B. dem Schachspiel als auch zu schlecht strukturierten professionellen Domänen wie der Medizin vor. Behält man die für das Lehrerhandeln besonders relevante Unterscheidung zwischen formalem und praktischem Wissen im Auge und berücksichtigt, dass in Expertise als praktischem Können beide Wissensformen aufgehoben sind, lassen sich die Befunde zur Genese von Expertise in anderen professionellen Bereichen auch für das Verständnis der Entstehung von Handlungskompetenz von Lehrkräften nutzbar machen. Die wichtigsten Befunde der Expertiseforschung lassen sich folgendermaßen resümieren (vgl. Ericcson/Smith 1991; Gruber/Mandl 1996; Bromme 2001; Gruber 2001):

- Expertise in Professionen ruht auf dem Fundament theoretisch-formalen Wissens, das i. d. R. in akademischen Kontexten erworben wird. Im Lehrerberuf ist das konzeptuelle Verständnis des Vermittlungsgegenstandes ein zentrales Moment pädagogischer Könnerschaft. Von praktischer Expertise als wirklichem Können spricht man aber erst dann, wenn das erfahrungsbasierte Wissen und das Fachwissen in neuer Form integriert sind.
- Die Entwicklung von Expertise ist von systematischer und reflektierter Praxis über einen langen Zeitraum hinweg abhängig.
- Während ihrer Entwicklung ist sie auf Vorbilder, Coaching und diskursive Rückmeldung angewiesen.
- Mit wachsender Kompetenz gewinnen Selbstregulationsprozesse an Bedeutung.
- Expertise hängt schließlich von einem Streben nach Selbstvervollkommnung ab, das für die motivationale Dynamik über lange Zeiträume hinweg sorgen kann.

Empirische Belege zur Anwendbarkeit des Expertise-Ansatzes für den Lehrerberuf finden sich vor allem in den Arbeiten von Berliner (vgl. 2001), der u. a. zeigen konnte, dass Wissen von erfahrenen Lehrkräften („Experten") im Vergleich zu dem von Berufsanfängern („Novizen") stärker in Formen von generellen Skripts organisiert ist, was zu

Vorteilen in der Wahrnehmung und Interpretation von kritischen didaktischen Situationen führt.

Die Entstehung von *Expertise* wird oftmals als Abfolge von Entwicklungsstufen konzipiert, die qualitativ unterscheidbare Grade der Kompetenz repräsentieren. Besonders prominent ist das von Dreyfus/Dreyfus (vgl. 1986) vorgeschlagene fünfstufige Modell, das die Kompetenzgrade „novice, advanced beginner, competent performer, proficiency, expertise" unterscheidet und das auch von Berliner (vgl. 2001) angewandt wurde. Gruber (vgl. 2001) fragt allerdings zu Recht, ob Stufenmodelle, deren analytischer Auflösungsgrad auf „molarer" Ebene bleibe, zum Zwecke der Lehrerausbildung nicht zumindest einer höheren analytischen Ausdifferenzierung von Teilprozessen bedürften. Für die Entwicklung der Handlungskompetenz von Lehrkräften gibt es bislang keine belastbaren Ergebnisse, die für qualitative Stufenfolgen sprechen, auch wenn die strukturelle Unterschiedlichkeit der ersten und zweiten Phase der Lehrerausbildung dies nahe legt.

Die Bedeutung *institutioneller Einflüsse* wird auch für die Entstehung und Veränderung von Überzeugungssystemen diskutiert (vgl. Pajares 1992; Richardson 1996; Handal 2003). Angesichts der *Stabilität von epistemologischen Überzeugungen und subjektiven Theorien,* die sich oftmals auch bei Interventionen veränderungsresistent erweisen, wurde thematisiert, inwieweit wissens- und lernbezogene Überzeugungen von Lehrkräften bereits im Rahmen der eigenen Schulerfahrungen ausgebildet werden. Allein aufgrund der Länge der eigenen Schulerfahrung – so eine Vermutung – könnten sich diese Überzeugungssysteme derartig verfestigen, dass die theoretische Beschäftigung und einführende Praxis während der Lehrerausbildung wirkungslos bleiben müssten (vgl. Pajares 1992). Das Phänomen der oft zitierten „Konstanzer Wanne" (vgl. Müller-Fohrbrodt/Cloetta/Dann 1978) kann diese Vermutung nur bedingt entkräften: So ließ sich zwar in den Forschungen zur beruflichen Entwicklung von Lehramtsanwärtern zeigen, dass diese zu Beginn ihres Studiums eher über traditionelle Erziehungsvorstellungen verfügten, die im Laufe des Studiums zugunsten flexibler Vorstellungen zurücktraten. Nach dem ersten Kontakt mit der Berufpraxis wurden diese jedoch erneut – wie vermutet wurde, aufgrund der Anforderungen des schulischen Alltags – durch traditionelle Haltungen ersetzt, die es erschwerten, risikoreichere Lernformen einzusetzen (vgl. a. a. O.). Analysen länger dauernder Interventionsprogramme zeigen allerdings auch die erfolgreiche Modifizierung epistemologischer Vorstellungen und subjektiver Theorien über das Lehren und Lernen (vgl. Fennema u. a. 1996).

Die Anforderungen des schulischen Alltags werden auch zur Erklärung der Veränderung motivationaler Orientierungen von Lehrkräften angeführt. Vor allem die Beschäftigung mit Lehrermerkmalen im Bereich der Burnout-Forschung legt die Annahme nahe, dass ungünstige motivationale Entwicklungen, die sich zum Beispiel in emotionaler Erschöpfung oder zunehmender innerlicher Distanzierung vom Berufsleben äußern können, als eine Reaktion auf langfristigen Stress, der immanent im Wesen des Lehrerberufs liege, entstünden und vor allem nach längerer Berufsausübung zum

Problem würden (vgl. Schmitz/Leidl 1999). Tatsächlich ist die Befundlage hierzu inkonsistent und es lassen sich zum Teil hohe Ausprägungen von Burnout-Symptomen bereits bei Berufsanfängern nachweisen (vgl. Maslach/Schaufeli/Leiter 2001; Schaufeli/Enzmann 1998).

Die bisher vorliegenden Befunde verdeutlichen, dass die Handlungskompetenz von Lehrkräften grundsätzlich Veränderungs- und Entwicklungsprozessen unterliegt und in allen Phasen der beruflichen Laufbahn professioneller Entwicklung und Vervollkommnung offen steht. Zukünftige Forschung wird vermutlich ihren Schwerpunkt besonders auf die institutionellen Gelenkstellen der Berufsausbildung, also die Abschlüsse der ersten und zweiten Phase legen, sollte aber die lange Zeit der Berufsausübung als vielleicht einflussreichste Lerngelegenheit dabei nicht ignorieren.

Literatur

Aebli, H. (1983): Zwölf Grundformen des Lehrens. Eine allgemeine Didaktik auf psychologischer Grundlage. – Stuttgart.

Aguirre, J./Speer, N. (2000): Examining the relationship between beliefs and goals in teacher practice. In: Journal of Mathematical Behavior, Vol. 18, pp. 327–356.

Allen, R. M./Casbergue, R. M. (1997): Evolution of novice through expert teachers' recall: Implications for effective reflection on practice. In: Teaching and Teacher Education, Vol. 13, pp. 741–755.

Allinder, R. M. (1994): The relationship between efficacy and the instructional practices of special education teachers and consultants. In: Teacher Education and Special education, Vol. 17, pp. 86–95.

Anderson u. a. 2000 = Anderson, J. R./Greeno, J. G./Reder, L. M./Simon, H. A. (2000): Perspectives on learning, thinking, and activity. In: Educational Researcher, Vol. 29, pp. 11–13.

Armor u. a. 1976 = Armor, D./Conroy-Oseguera, P./Cox, M./King, N./Mcdonnell, L./Pascal, A./Pauly, E./Zellman, G. (1976): Analysis of the school preferred reading programs in selected Los Angeles minority schools (ERIC document reproduction service No. ED 130243). – Santa Monica.

Ashton, P. T./Webb, R. B. (1986): Making a Difference: Teachers' sense of efficacy and student achievement. – New York.

Ball, D. L. (1990): The mathematical understandings that prospective teachers bring to teacher education. In: Elementary School Journal, Vol. 90, pp. 449–466.

Ball, D. L. (1991): Research on teaching mathematics: Making subject matter part of the equation. In: Brophy, J. (Ed.): Advances in Research on Teaching. Vol. 2. – Greenwich, pp. 1–48.

Ball, D. L. (2003): Mathematical proficiency for all students. Toward a strategic research and development Program in mathematics education. – Santa Monica.

Ball, D. L./Bass, H. (2000): Interweaving content and pedagogy in teaching and learning to teach: Knowing and using mathematics. In: Boaler, J. (Ed.): Multiple Perspectives on the Teaching and Learning of Mathematics. – Westport, pp. 83–104.

Ball, D. L./Bass, H. (2003): Toward a practice-based theory of mathematical knowledge for teaching. In: Davis, B./Simmt, E. (Eds.): Proceedings of the 2002 Annual Meeting of the Canadian Mathematics Education Study Group. – Edmonton, pp. 3–14.

Ball, D. L./Hill, H. C./Bass, H. (2005): Knowing mathematics for teaching. In: American Educator, Fall 2005, pp. 14–46.

Ballou, D./Podgursky, M. (2000). Reforming Teacher Preparation and Licensing: What is the evidence? In: Teachers College Record, Vol. 102, pp. 5–27.

Baltes, P. B./Baltes, M. M. (1990): Psychological perspectives on successful aging. The model of selective optimization with compensation. In: Baltes, P. B./Baltes, M. M. (Eds.): Successful aging. Perspectives from the behavioral sciences. – Cambridge, pp. 1–34.

Bandura, A. (1977): Self-efficacy: Toward a unifying theory of behavioral change. In: Psychological Review, Vol. 84, pp. 191–215.

Bandura, A. (1993): Perceived self-efficacy in cognitive development and functioning. In: Educational Psychologist, Vol. 28, pp. 117–148.

Bandura, A. (1997): Self-efficacy. The exercise of control. – New York.

Baumert, J. (2002). Deutschland im internationalen Bildungsvergleich. In: Kilius, N./Kluge, J./Reisch, L. (Hrsg.): Die Zukunft der Bildung. – Frankfurt a. M., S. 100–150.

Baumert, J. (2006): Was wissen wir über die Entwicklung von Schulleistungen? In: Pädagogik, 58. Jg., H. 4, S. 40–46.

Baumert, J./Köller O. (2000): Unterrichtsgestaltung, verständnisvolles Lernen, multiple Zielerreichung im Mathematik- und Physikunterricht der gymnasialen Oberstufe. In: Baumert, J./Bos, W./Lehmann, R. (Hrsg.): TIMSS/III. Dritte internationale Mathematik- und Naturwissenschaftsstudie. Mathematische und naturwissenschaftliche Bildung am Ende der Schullaufbahn, Bd. 2: Mathematische und physikalische Kompetenzen am Ende der gymnasialen Oberstufe. – Opladen, S. 271–316.

Baumert u. a. 1997 = Baumert, J./Lehmann, R./Lehrke, M./Schmitz, B./Clausen, M./Hosenfeld, I./Köller, O./Neubrand, J. (1997): TIMSS – Mathematisch-naturwissenschaftlicher Unterricht im internationalen Vergleich. Deskriptive Befunde. – Opladen.

Baumert u. a. 2004 = Baumert, J./Kunter, M./Brunner, M./Krauss, S./Blum, W./Neubrand, M. (2004): Mathematikunterricht aus Sicht der PISA-Schülerinnen und -Schüler und ihrer Lehrkräfte. In: Prenzel, M./Baumert, J./Blum, W./Lehmann, R./Leutner, D./Neubrand, M./Pekrun, R./Rolff, H./Rost, J./Schiefele, U. (Hrsg.): PISA 2003. Der Bildungsstand der Jugendlichen in Deutschland – Ergebnisse des zweiten internationalen Vergleichs. – Münster, S. 314–354.

Baumert u. a. 2006a = Baumert, J./Daniels, Z./Cortina, K. S./Köller, O./Lüdtke, O./Trautwein, U./Watermann, R. (2006): Interesse an der Sache – eine Sache von Vergleichen? Vortrag. – Landau.

Baumert u. a. 2006b = Baumert, J./Blum, W./Brunner, M./Jordan, A./Klusmann, U./Krauss, S./Kunter, M./Neubrand, M./Tsai, Y. M. (2006): Teacher knowledge and student progress. What do we mean by „Teachers' Professional Competence?" – Cubberley Lecture. – Stanford.

Baumert u. a. 2006c = Baumert, J./Kunter, M./Brunner, M./Krauss, S./Blum, W./Neubrand, M. (2006): Mathematikunterricht aus Sicht der PISA-Schülerinnen und -Schüler und ihrer Lehrkräfte. In Prenzel, M./Baumert, J./Blum, W./Lehmann, R./Leutner, D./Neubrand, M./Pekrun, R./Rolff, H./Rost, J./Schiefele, U. (Hrsg.): PISA 2003. Der Bildungsstand der Jugendlichen in Deutschland – Ergebnisse des zweiten internationalen Vergleichs. – Münster, S. 314–354.

Beck, C./Stelmaszyk, B. (2004): Fallarbeit in der Lehrerbildung. In: Koch-Priewe, B./Kolbe, F.-U./Wildt, J. (Hrsg.): Grundlagenforschung und mikrodidaktische Reformansätze zur Lehrerbildung. – Bad Heilbrunn, S. 212–234.

Berliner, D. C. (1994): Expertise: The wonder of exemplary performances. In: Mangieri, J. N./ Block, C. C. (Eds.): Creating Powerful Thinking in Teachers and Students. – Fort Worth, pp. 161–186.

Berliner, D. C. (2001): Learning about and learning from expert teachers. In: International Journal of Educational Researcher, Vol. 35, pp. 463–482.

Berliner, D. C./Carter, K. (1989): Differences in processing classroom information by expert and novice teachers. In: Lowych, J. (Ed.): Teacher Thinking and Professional Action. Proceedings of the Third ISATT Conference. University of Leuven, pp. 637–639.

Bildungskommission der Länder Berlin und Brandenburg unter Vorsitz von Jürgen Baumert (Hrsg.) (2003): Bildung und Schule in Berlin und Brandenburg. Herausforderungen und gemeinsame Entwicklungsperspektiven. – Berlin.

Blömeke, S. (2003): Lehrerausbildung – Lehrerhandeln – Schülerleistungen. Perspektiven nationaler und internationaler empirischer Bildungsforschung. – Antrittsvorlesung, Humboldt-Universität zu Berlin.

Borko, H./Putnam, R. T. (1996): Learning to teach. In: Berliner, D. C./Calfee, R. C. (Eds.): Handbook of Educational Psychology. – London, pp. 673–708.

Borko u. a. 1992 = Borko, H./Eisenhart, M./Brown, C./Underhill, R./Jones, D./Agard, P. (1992): Learning to teach hard mathematics: Do novice teachers and their instructors give up too easily? In: Journal for Research in Mathematics Education, Vol. 23, pp. 194–222.

Boshuizen, H. P. A./Schmidt, H. G. (1992): On the role of biomedical knowledge in clinical reasoning by experts, intermediates, and novices. In: Cognitive Science, Vol. 16, pp. 153–184.

Bransford, J./Darling-Hammond, L./Le Page, P. (2005): Introduction. In: Darling-Hammond, L./ Bransford, J. (Eds.): Preparing Teachers for a Changing World. – San Francisco, pp. 1–39.

Brigham, F. J./Scruggs, T. E./Mastropieri, M. A. (1992): Teacher enthusiasm in learning disabilities classrooms: Effects on learning and behaviour. In: Learning Disabilities Research and Practice, Vol. 7, pp. 68–73.

Bromme, R. (1992): Der Lehrer als Experte. – Bern.

Bromme, R. (1995): Was ist ‚pedagogical content knowledge‘? Kritische Anmerkungen zu einem fruchtbaren Forschungsprogramm. In: Hopmann, S./Riquarts, K. (Hrsg.): Didaktik und/ oder Curriculum. Zeitschrift für Pädagogik, Beiheft 33.– Weinheim, S. 105–115.

Bromme, R. (1997): Kompetenzen, Funktionen und unterrichtliches Handeln des Lehrers. In: Weinert, F. E. (Hrsg.): Encyklopädie der Psychologie. Pädagogische Psychologie. Bd. 3: Psychologie des Unterrichts und der Schule. – Göttingen, S. 177–212.

Bromme, R. (2001): Teacher Expertise. In: Smelser, J. J./Baltes, P. B. (Eds.): International Encyclopedia of the Social & Behavioral Sciences. – Amsterdam, pp. 15459–15465.

Bromme, R. (2004): Das implizite Wissen des Experten. In: Koch-Priewe, B./Kolbe, F.-U./ Wildt, J. (Hrsg.): Grundlagenforschung und mikrodidaktische Reformansätze zur Lehrerbildung. – Bad Heilbrunn, S. 22–48.

Bromme, R./Rambow, R. (2001): Experten-Laien-Kommunikation als Gegenstand der Expertiseforschung: Für eine Erweiterung des psychologischen Bildes vom Experten. In: Silbereisen, R. K./Reitzle, M. (Hrsg.): Psychologie 2000. – Bericht über den 42. Kongress der Deutschen Gesellschaft für Psychologie in Jena. – Lengerich, S. 541–550.

Brophy, J./Good, T. (1986): Teacher Behavior and Student Achievement. In: Wittrock, M. C. (Ed.): Handbook of Research on Teaching. – New York, pp. 328–375.

Brunner u. a. 2006a = Brunner, M./Kunter, M./Krauss, S./Klusmann, U./Baumert, J./Blum, W./ Neubrand, M./Dubberke, T./Jordan, A./Löwen, K./Tsai, Y-M. (2006): Die professionelle Kompetenz von Mathematiklehrkräften: Konzeptualisierung, Erfassung und Bedeutung für den Unterricht. Eine Zwischenbilanz des COACTIV-Projekts. In: Prenzel, M./

Allolio-Näcke, L. (Hrsg.): Untersuchungen zur Bildungsqualität von Schule. – Münster, S. 54–82.

Brunner u. a. 2006b = Brunner, M./Kunter, M./Krauss, S./Baumert, J./Blum, W./Dubberke, T./ Jordan, A./Klusmann, U./Tsai, Y-M./Neubrand, M. (2006): Welche Zusammenhänge bestehen zwischen dem fachspezifischen Professionswissen von Mathematiklehrkräften und ihrer Ausbildung sowie beruflichen Fortbildung? In: Zeitschrift für Erziehungswissenschaft, 9. Jg., S. 521–544.

Burley u. a. 1991 = Burley, W. W./Hall, B. W./Villeme, M. G./Brockmeier, L. L. (1991): A path analysis of the mediating role of efficacy in first-year teachers' experiences, reactions, and plans. Paper presented at the annual meeting of the American Educational Research Association. – Chicago.

Calderhead, J. (1996): Teachers: Beliefs and knowledge. In: Berliner, D. C./Calfee, R. C. (Eds.): Handbook of Educational Psychology. – New York, pp. 709–725.

Carpenter, T./Fennema, E. (1992): Cognitively guided instruction: Building on the knowledge of students and teachers. In: International Journal of Educational Research, Vol. 17, pp. 457–470.

Carpenter u. a. 1988 = Carpenter, T. P./Fennema, E./Petersen, P. L./Carey, D. (1988): Teachers' pedagogical content knowledge of students' problem solving. In: Journal of Research in Mathematics Education, Vol. 19, pp. 385–401.

Carpenter u. a. 1989 = Carpenter, T. P./Fennema, E./Peterson, P. L./Chiang, C. P./Loef, M. (1989): Using knowledge of children's mathematics thinking in classroom teaching: An experimental study. In: American Educational Research Journal, Vol. 26, pp. 499–532.

Clandinin, D. J./Connelly, F. M. (1987): Narrative, experience and the study of curriculum. (ERIC Document Reproduction Service No. ED 306 208) – Washington.

Clandinin, D. J./Connelly, F. M. (1995): Teachers' professional knowledge landscapes. – New York.

Cochran-Smith, M./Fries, M. K. (2005): Sticks, stones, and ideology: The discourse of reform in teacher education. In: Educational Researcher, Vol. 30, pp. 3–15.

Cochran-Smith, m./Lytle, S. (1993): Inside/outside: Teacher research and knowledge. – New York.

Cochran-Smith, M./Zeichner, K. (Eds.) (2005): Studying Teacher Education: The report of the AERA Panel on Research and Teacher Education. – Mahwah.

Coladarci, T. (1992): Teachers' sense of efficacy and commitment to teaching. In: Journal of Experimental Education, Vol. 60, pp. 323–337.

Cornford, I. R. (2002): Reflective teaching: Empirical research findings and some implications for teacher education. In: Journal of Vocational Education and Training, Vol. 54, pp. 219–235.

Daniels, Z. (2005): Differenzierung schulischer Interessen im Jugendalter. – Dissertation. – Universität Potsdam.

Dann, H.-D./Müller-Fohrbrodt, G./Cloetta, B. (1981): Sozialisation junger Lehrer im Beruf: „Praxisschock" drei Jahre später. In: Zeitschrift für Entwicklungspsychologie und pädagogische Psychologie, 13. Jg., S. 251–262.

Darling-Hammond, L (2000): Teacher quality and student achievement: A review of state policy evidence. In: Education Policy Analysis Archives, Vol. 8, pp. 1–46.

Darling-Hammond, L./Bransford, J. (Eds.) (2005): Preparing Teachers for a Changing World. What Teachers should learn and be able to do. – San Francisco.

Darling-Hammond, L./Youngs, P. (2002): Defining „highly qualified teachers": What does „scientifically-based research" actually tell us? In: Educational Researcher, Vol. 31, No. 9, pp. 13–25.

Darling-Hammond, L./Berry, B./Thoreson, A. (2001): Does teacher certification matter? Evaluating the evidence. In: Educational Evaluation and Policy Analysis, Vol. 23, pp. 57–77.

Deci, E. L./Ryan, R. M. (2000): The „what" and „why" of goal pursuits: Human needs and the selfdetermination of behavior. In: Psychological Inquiry, Vol. 11, pp. 227–268.

Diedrich, M./Thußbas, C./Klieme, E. (2002): Professionelles Lehrerwissen und selbstberichtete Unterrichtspraxis im Fach Mathematik. In: Zeitschrift für Pädagogik, 45. Beiheft. – Weinheim, S. 107–123.

Doyle, W. (1986): Classroom organization and management. In: Wittrock, M. C. (Ed.): Handbook of Research on Teaching. – New York, pp. 392–431.

Dreeben, R. (1980): Was wir in der Schule lernen. – Frankfurt a. M.

Dreyfus, H. L./Dreyfus, S. E. (1986): Mind over machine: The power of human intuition and expertise in the era of the computer. – Oxford.

Druva, C. A./Anderson, R. D. (1983): Science teacher characteristics by teacher behavior and by student outcome: A meta-analysis of research. In: Journal of Research in Science Teaching, Vol. 20, pp. 467–479.

Dubberke, T./Kunter, M. (2006): Lerntheoretische Überzeugungen von Mathematiklehrkräften als Aspekt der Lehrerkompetenz. – Vortrag auf dem 45. Kongress der Gesellschaft für Psychologie – Nürnberg.

Duell, O. K./Schommer-Aikins, M. (2001): Measures of people's beliefs about knowledge and learning. In: Educational Psychology Review, Vol. 13, pp. 419–449.

Eisenhart u. a. 1993 = Eisenhart, M./Borko, H./Underhill, R./Brown, C./Jones, D./Agard, P. (1993): Conceptual knowledge fall through the cracks: Complexities of learning to teach mathematics for understanding. In: Journal for Research in Mathematics Education, Vol. 24, pp. 8–40.

Emmer, E. T./Stough, L. M. (2001): Classroom management: A critical part of educational psychology, with implications for teacher education. In: Educational Psychologist, Vol. 36, pp. 103–112.

Emmer, E. T./Evertson, C. M./Worsham, M. E. (2006): Classroom management for middle and high school teachers – 7th ed. – Boston.

Ericcson, K. A./Smith, J. (Eds.) (1991): Toward a General Theory of Expertise. Prospects and limits. – Cambridge.

ETS 2005 = Educational Testing Service (ETS) (2005): The Praxis Series. Principles of Learning and Teaching: Grades 5–9 (0523). Princeton, NJ: ETS.

Even, R. (1993): Subject-matter knowledge and pedagogical content knowledge: Prospective secondary teachers and the function concept. In: Journal for Research in Mathematics Education, Vol. 24, pp. 94–116.

Evertson, C. M./Emmer, E. T./Worsham, M. E. (2006): Classroom management for elementary teachers – 7th ed. – Boston.

Feltovich, P. J./Ford, K. M./Hoffman, R. R. (1997): Expertise in context: Human and machine. – Cambridge.

Fend, H. (1981): Theorie der Schule – 2. Aufl. – München.

Fennema u. a. 1996 = Fennema, E./Carpenter, T. P./Franke, M. L./Levi, L./Jacobs, V. R./Empson, S. B. (1996): A longitudinal study of learning to use children's thinking in mathematics instruction. In: Journal for Research in Mathematics Education, Vol. 27, pp. 403–434.

Fenstermacher, G. (1994): The knower and the known. The nature of knowledge in research on teaching. In: Darling-Hammond, L. (Ed.): Review of Research in Education, Vol. 20. – Washington, pp. 3–56.

Flitner, W. (1961): Die gymnasiale Oberstufe. – Heidelberg.

Floden, R. E./Meniketti, M. (2005): Research on the effects of coursework in the arts and sciences and in the foundations of education. In: Cochran-Smith, M./Zeichner, K. M. (Ed.): Studying Teacher Education. – Mahwah, pp. 261–308.

Franke u. a. 2001 = Franke, M. L./Carpenter, T. P./Levi, L./Fennema, E. (2001): Capturing teachers' generative change: A follow-up study of professional development in mathematics. In: American Educational Research Journal, Vol. 38, pp. 635–689.

Freund, A./Baltes, P. B. (2000): The orchestration of selection, optimization and compensation: An action-theoretical conceptualization of a theory of developmental regulation. In: Perrig, W. J./Grob, A. (Eds.): Control of Human Behavior, Mental Processes, and Consciousness: Essays in honor of the 60th birthday of August Flammer. – Mahwah, pp. 35–58.

Frey, A. (2004): Die Kompetenzstruktur von Studierenden des Lehrerberufs. In: Zeitschrift für Pädagogik, 50. Jg., S. 903–925.

Frey, A. (2006): Methoden und Instrumente zur Diagnose beruflicher Kompetenzen von Lehrkräften – eine erste Standortbestimmung zu bereits publizierten Instrumenten. In: 51. Beiheft der Zeitschrift für Pädagogik: Kompetenzen und Kompetenzentwicklung von Lehrerinnen und Lehrern: Ausbildung und Beruf. – Weinheim, S. 30–46.

Fried, L. (2002): Pädagogisches Professionswissen und Schulentwicklung. – Weinheim.

Gage, N. L./Berliner, D. C. (1996): Pädagogische Psychologie. – 5. Aufl. – Weinheim.

Gibson, S./Dembo, M. H. (1984): Teacher efficacy: A construct validation. In: Journal of Educational Psychology, Vol. 76, pp. 569–582.

Girmes, R. (2006): Lehrerprofessionalität in einer demokratischen Gesellschaft. Über Kompetenzen und Standards in einer erziehungswissenschaftlich fundierten Lehrerbildung. In: 51. Beiheft der Zeitschrift für Pädagogik: Kompetenzen und Kompetenzentwicklung von Lehrerinnen und Lehrern: Ausbildung und Beruf. – Weinheim, S. 14–29.

Goddard, R. D. (2001): Collective efficacy: A neglected construct in the study of schools and student achievement. In: Journal of Educational Psychology, Vol. 93, pp. 467–476.

Goddard, R. D. (2003): The impact of schools on teacher beliefs, influence, and student achievement: The role of collective efficacy. In: McAninch, J. R. A. (Ed.): Advances in Teacher Education. – Westport, pp. 183–204.

Goddard, R. D./Goddard, Y. L. (2001): A multilevel analysis of the relationship between teacher and collective efficacy in urban schools. In: Teaching and Teacher Education, Vol. 17, pp. 807–818.

Goddard, R. D./Hoy, W. K./Hoy, A. W. (2004): Collective efficacy beliefs: Theoretical developments, empirical evidence, and future directions. In: Educational Researcher, Vol. 33, pp. 3–13.

Goldhaber, D./Anthony, E. (in press): Can teacher quality be effectively assessed? National BoardCertification as a Signal of Effective Teaching. In: Review of Economics and Statistics.

Goldhaber, D./Brewer, D. J. (1997): Evaluating the effect of teacher degree level on educational performance.In: Fowler, J. W. (Ed.): Developments in School Finance 1996. – Washington, pp. 197–210.

Goldhaber, D. D./Brewer, D. J. (2000): Does teacher certification matter? High school teacher certification status and student achievement. In: Educational Evaluation and Policy Analysis, Vol. 22, pp. 129–145.

Goodson, I. F./Hopmann, S./Riquarts, K. (Hrsg.) (1999): Das Schulfach als Handlungsrahmen. Vergleichende Untersuchung zur Geschichte und Funktion der Schulfächer. – Köln.

Gräsel, C./Fussangel, K./Parchmann, I. (2006): Lerngemeinschaften in der Lehrerfortbildung. Kooperationserfahrungen und -überzeugungen von Lehrkräften. In: Zeitschrift für Erziehungswissenschaft, 9. Jg., S. 545–561.

Greeno, J. G. (1997): On claims that answer the wrong questions. In: Educational Researcher, Vol. 25, pp. 5–17.

Greeno, J. G. (1998): The situativity of knowing, learning, and research. In: American Psychologist, Vol. 53, pp. 5–26.

Greeno, J. G./Smith, D. R./Moore, J. C. (1993): Transfer of situated learning. In: Detterman, D. K./Sternberg, R. J. (Eds.): Transfer on Trial: Intelligence, cognition, and instruction. – Norwood, pp. 83–167.

Grigutsch, S. (1996): Mathematische Weltbilder von Schülern: Struktur, Entwicklung, Einflussfaktoren. – bisher unveröffentlichte Dissertation. – Duisburg.

Grigutsch, S./Törner, G. (1998): Mathematische Weltbilder von Hochschul-Lehrenden im Fach Mathematik. – Duisburg.

Grigutsch, S./Raatz, U./Törner, G. (1998): Einstellungen gegenüber Mathematik bei Mathematiklehrern. In: Journal für Mathematik-Didaktik, Jg. 19, S. 3–45.

Groeben, N./Scheele, B. (Hrsg.) (1988): Dialog-Konsens-Methoden zur Rekonstruktion subjektiver Theorien. – Tübingen.

Grossman, P./Schoenfeld, A. (2005): Teaching subject matter. In: Darling-Hammond, L./Bransford, J. (Eds.): Preparing Teachers for a Changing World. – San Francisco, pp. 201–231.

Grossman, P./Wineburg, S./Woolworth, S. (2001): Toward a theory of teacher community. In: Teachers College Record, Vol. 103, pp. 942–1012.

Grossman, P. L. (1990): The making of a teacher. – New York.

Grossman, P. L. (1995): Teachers' knowledge. In: Anderson, L. W. (Ed.): The International Encyclopedia of Teaching and Teacher Education – 2nd ed. – Oxford, pp. 20–24.

Grossman, P. L./Stodolsky, S. S. (1995): Content as content: The role of school subjects in secondary school teaching. In: Educational Researcher, Vol. 24, pp. 5–11, 23.

Grossman, P. L./Wilson, S. M./Shulman, L. (1989): Teachers of substance: Subject matter knowledge for teaching. In: Reynolds, M. C. (Ed.): Knowledge Base for the Beginning Teacher. – Oxford, pp. 23–36.

Gruber, H. (2001): Acquisition of expertise. In: Smelser, J. J./Baltes, P. B. (Eds.): International Encyclopedia of the Social & Behavioral Sciences. – Amsterdam, pp. 5145–5150.

Gruber, H./Mandl, H. (1996): Expertise und Erfahrung. In: Gruber, H./Ziegler, A. (Hrsg.): Expertiseforschung. – Opladen, S. 18–34.

Gruber, H./Ziegler, A. (Hrsg.) (1996): Expertiseforschung. Theoretische und methodische Grundlagen. – Opladen.

Gudmundsdottir, S. (1991): Pedagogical models of subject matter. In: Brophy, J. (Ed.): Advances in Research on teaching: Vol. 2: Teachers' Knowledge of Subject Matter as It Relates to their Teaching Practice. – Greenwich, pp. 265–304.

Hackl, B. (2004): Explizites und implizites Wissen. Menschliches Handeln im Spannungsfeld von Intentionalität, Rationalität und praktischem Können. In: Hackl, B./Neuweg, G. H. (Hrsg.): Zur Professionalisierung pädagogischen Handelns. – Münster, S. 69–112.

Hallsten, L. (1993): Burning out: A framework. In: Schaufeli, W./Maslach, C./Marek, T. (Eds.): Professional Burnout: Recent developments in theory and research. – Philadelphia, pp. 95–113.

Hammerness, K./Darling-Hammond, L./Bransford, J. (2005): How teachers learn and develop. In: Darling-Hammond, L./Bransford, J. (Eds.): Preparing Teachers for a Changing World. – San Francisco, S. 358–389.

Handal, B. (2003): Teachers' mathematical beliefs: A review. In: The Mathematics Educator, Vol. 13, No. 2, pp. 47–57.

Hanushek, E. A./Rivkin, S. G./Taylor, L. L. (1995): Aggregation bias and the estimated effects of school resources. – Rochester.

Hatano, G./Inagaki, K. (1986): Two courses of expertise. In: Stevenson, H./Azuma, H./Hakuta, K. (Eds.): Child Development and Education in Japan. – New York, pp. 262–272.

Hawkins, E. F./Stancavage, F./Dossey, J. A. (1998): School policies affecting instruction in mathematics (NCES 98-495). Washington, DC: National Center for Education Statistics.

Helmke, A. (1992): Selbstvertrauen und schulische Leistungen. – Göttingen.

Helmke, A. (2003): Unterrichtsqualität erfassen, bewerten, verbessern. – Seelze.

Helmke, A./Weinert, F. E. (1997): Bedingungsfaktoren schulischer Leistungen. In: Weinert, F. E. (Hrsg.): Enzyklopädie der Psychologie. Serie Pädagogische Psychologie, Bd. 3: Psychologie des Unterrichts und der Schule. – Göttingen, S. 71–176.

Helsper, W. (1996): Antinomien des Lehrerhandelns in modernisierten pädagogischen Kulturen. Paradoxe Verwendungsweisen von Autonomie und Selbstverantwortlichkeit. In: Combe, A./Helsper, W. (Hrsg.): Pädagogische Professionalität. – Frankfurt a. M., S. 521–569.

Helsper, W. (2002): Wissen, Können, Nicht-Wissen-Können. Wissensformen des Lehrens und Konsequenzen für die Lehrerbildung. In: Zentrum für Schulforschung und Fragen der Lehrerbildung (Hrsg.): Die Lehrerbildung der Zukunft. Eine Streitschrift. – Opladen, S. 67–86.

Helsper, W. (2004): Antinomien, Widersprüche, Paradoxien: Lehrerarbeit – ein unmögliches Geschäft? Eine strukturtheoretisch-rekonstruktive Perspektive auf das Lehrerhandeln. In: Koch-Priewe, B./Kolbe, F.-U./Wildt, J. (Hrsg.): Grundlagenforschung und mikrodidaktische Reformansätze zur Lehrerbildung. – Bad Heilbrunn, S. 49–98.

Herbart, J. F. (1802/1991): Die erste Vorlesung über Pädagogik. In: G. Müßener (Hrsg.): Johann Friedrich Herbart. Didaktische Texte zu Unterricht und Erziehung in Wissenschaft und Schule. – Wuppertal, S. 137–144.

Herbart, J. F. (1806): Allgemeine Pädagogik, aus dem Zweck der Erziehung abgeleitet. – Göttingen.

Herzog, W. (2005): Müssen wir Standards wollen? Skepsis gegenüber einem theoretisch (zu) schwachen Konzept. In: Zeitschrift für Pädagogik, 51. Jg. S. 252–258.

Hidi, S./Harackiewicz, J. M. (2000): Motivating the academically unmotivated: A critical issue for the 21st century. In: Review of Educational Research, Vol. 70, pp. 151–179.

Hidi, S./Renninger, K. A. (2006): The four-phase model of interest development. In: Educational Psychologist, Vol. 41, pp. 111–127.

Hiebert, J./Gallimore, R./Stigler, J. W. (2002): A knowledge base for the teaching profession: What would it look like and how can we get one? In: Educational Researcher, Vol. 31, No. 5, pp. 3–15.

Hiebert u. a. 2003 = Hiebert, J./Gallimore, R./Garnier, H./Givvin, K. B./Hollingsworth, H./Jacobs, J./Miu-Ying Chui, A./Wearne, D./Smith, M./Kersting, N./Manaster, A./Tseng, E./Etterbeek, W./Manaster, C./Gonzales, P./Stigler, J. (2003): Teaching mathematics in seven countries. Results from the TIMSS 1999 Video Study. – Washington.

Hill, H. C./Rowan, B./Ball, D. L. (2005): Effects of teachers' mathematical knowledge for teaching on student achievement. In: American Educational Research Journal, Vol. 42, pp. 371–406.

Hill, H. C./Schilling, S. G./Ball, D. L. (2004): Developing measures of teachers' mathematics knowledge for teaching. In: Elementary School Journal, Vol. 105, pp. 11–30.

Hofer, B. K./Pintrich, P. (1997): The development of epistemological theories: Beliefs about knowledge and knowing and their relation to learning. In: Review of Educational Research, Vol. 67, pp. 88–140.

Hoy, A. W./Spero, R. B. (2005): Changes in teacher efficacy during the early years of teaching: A comparison of four measures. In: Teaching and Teacher Education, Vol. 21, pp. 343–356.

Hoy, W. K./Sweetland, S. R./Smith, P. A. (2002): Toward an organizational model of achievement in high schools: The significance of collective efficacy. In: Educational Administration Quarterly, Vol. 38, pp. 77–93.

Humboldt, W. von (1809): Der Königsberger und der litauische Schulplan. In: Flitner, A./Giel, K. (Hrsg.): Wilhelm von Humboldt: Schriften zur Politik und zum Bildungswesen [1960]. – Darmstadt, S. 169–195.

Jackson, P. W. (1968): Life in Classrooms. – New York.

Jones, V. (1996): Classroom management. In: Sikula, J. (Ed.): Handbook of Research on Teacher Education – 2nd ed. – New York, pp. 503–521.

Kazemi, E./Franke, M. L. (2004): Teacher learning in mathematics: Using student work to promote collective inquiry. In: Journal of Mathematics Teacher Education, Vol. 7, pp. 203–235.

Klieme, E./Schümer, G./Knoll, S. (2001): Mathematikunterricht in der Sekundarstufe I: „Aufgabenkultur" und Unterrichtsgestaltung. In: Bundesministerium für Bildung und Forschung (Hrsg.): TIMSS – Impulse für Schule und Unterricht. Forschungsbefunde, Reforminitiativen, Praxisberichte und Video-Dokument. – Bonn, S. 43–57.

Klusmann u. a. 2006 = Klusmann, U./Kunter, M./Trautwein, U./Baumert, J. (2006): Lehrerbelastung und Unterrichtsqualität aus der Perspektive von Lehrenden und Lernenden. In: Zeitschrift für Pädagogische Psychologie, 20. Jg., S. 161–173.

Klusmann u. a., submitted = Klusmann, U./Kunter, M./Trautwein, U./Lüdtke, O./Baumert, J. (2006): Teachers' Well-Being and the Quality of Instruction: The Important Role of Self-Regulatory Patterns.

KMK 2004 = Sekretariat der Ständigen Konferenz der Kultusminister der Länder in der Bundesrepublik Deutschland (2004): Standards für die Lehrerbildung: Bildungswissenschaften. Beschluss der KMK vom 16. 12. 2004. – Bonn.

Knoll, S. (2003): Verwendung von Aufgaben in Einführungsphasen des Mathematikunterrichts. – Marburg.

Kolbe, F.-U. (2004): Verhältnis von Wissen und Handeln. In: Blömeke, S./Reinhold, P./Tulodziecki, G./Wildt, J. (Hrsg.): Handbuch Lehrerbildung. – Bad Heilbrunn, S. 206–232.

Köller, O./Baumert, J. (2002): Entwicklung schulischer Leistungen. In: Oerter, R./Montada, L. (Hrsg.): Entwicklungspsychologie. – 5., vollst. überarb. Aufl. – Weinheim, S. 756–786.

Köller, O./Baumert, J./Neubrand, J. (2000): Epistemologische Überzeugungen und Fachverständnis im Mathematik- und Physikunterricht. In: Baumert, J./Bos, W./Lehmann, R. (Hrsg.): Dritte Internationale Mathematik- und Naturwissenschaftsstudie – Mathematische und naturwissenschaftliche Bildung am Ende der Schullaufbahn. Kapitel VI in Band II: TIMSS – Mathematische und physikalische Kompetenzen am Ende der gymnasialen Oberstufe. – Opladen, S. 229–269.

Koring, B. (1989): Eine Theorie pädagogischen Handelns. – Weinheim.

Kounin, J. S. (1970): Discipline and Group Management in Classrooms. – New York.

Krapp, A. (2000): Interest and human development during adolescence: An educational-psychological approach. In: Heckhausen, J. (Ed.): Motivational Psychology of Human development. – London, pp. 109–128.

Krauss u. a., submitted = Krauss, S./Brunner, M./Kunter, M./Baumert, J./Blum, W./Neubrand, M./Jordan, A. (submitted): Are pedagogical content knowledge and content knowledge two empirically separable categories of knowledge in mathematics teachers? Different answers for different degrees of teacher expertise. – Manuscript submitted in: Journal of Educational Psychology.

Kunter, M. (2004): Multiple Ziele im Mathematikunterricht. – Münster.

Kunter u. a. 2006 = Kunter, M./Dubberke, T./Baumert, J./Blum, W./Brunner, M./Jordan, A./Klusmann, U./Krauss, S./Löwen, K./Neubrand, M./Tsai, Y.-M. (2006): Mathematikunterricht in den PISA-Klassen 2004: Rahmenbedingungen, Formen und Lehr-Lernprozesse. In: Prenzel, M./Baumert, J./Blum, W./Lehmann, R./Leutner, D./Neubrand, M./Pekrun, R./Rost, J./Schiefele, U. (Hrsg.): PISA 2003. Untersuchungen zur Kompetenzentwicklung im Verlauf eines Schuljahrs. – Münster, S. 161–194.

Künzli, R./Hopmann, S. (Hrsg.) (1998): Lehrpläne: Wie sie entwickelt werden und was von ihnen erwartet wird. Forschungsstand, Zugänge und Ergebnisse aus der Schweiz und der Bundesrepublik Deutschland. – Chur.

Lampert, M. (1986): Knowing, doing, and teaching multiplication. In: Cognition and Instruction, Vol. 3, pp. 305–342.

Le Page u. a. 2005 = Le Page, P./Darling-Hammond, L./Akar, H. (2005): Classroom management. In: Darling-Hammond, L./Bransford, J. (Eds.): Preparing Teachers for a Changing World. – San Francisco, pp. 327–357.

Leder, G. C./Forgasz, H. J. (2002): Measuring mathematical beliefs and their impact on the learning of mathematics: A new approach. In: Leder, G./Pehkonen, E./Törner, G. (Eds.): Beliefs – a hidden variable in mathematics education? – Dordrecht, pp. 73–94.

Leinhardt, G. (2002): Instructional explanations: A commonplace for teaching and location for contrast. In: Richardson, V. (Ed.): Handbook of Research on Teaching. – Washington, pp. 333–357.

Leinhardt, G./Greeno, J. (1986): The cognitive skill of teaching. In: Journal of Educational Psychology, Vol. 78, pp. 75–95.

Leinhardt, G./Smith, D. A. (1985): Expertise in mathematics instruction: Subject matter knowledge. In: Journal of Educational Psychology, Vol. 77, pp. 247–271.

Leinhardt u. a. 1991 = Leinhardt, G./Putnam, R. T./Stein, M. K./Baxter, J. (1991): Where subject knowledge matters. In: Brophy, J. (Ed.): Advances in Research on Teaching. – Greenwich, pp. 87–113.

Leuchter u. a. 2006 = Leuchter, M./Pauli, C./Reusser, K./Lipowsky, F. (2006): Unterrichtsbezogene Überzeugungen und handlungsleitende Kognitionen von Lehrpersonen. In: Zeitschrift für Erziehungswissenschaft, 9. Jg., S. 562–579.

Lipowsky, F. (2006): Auf den Lehrer kommt es an. Empirische Evidenzen für Zusammenhänge zwischen Lehrerkompetenzen, Lehrerhandeln und dem Lernen der Schüler. In: 51. Beiheft der Zeitschrift für Pädagogik: Kompetenzen und Kompetenzentwicklung von Lehrerinnen und Lehrern: Ausbildung und Beruf. – Weinheim, S. 47–70.

Luhmann, N./Schorr, K. E. (1979): Reflexionsprobleme im Erziehungssystem. – Stuttgart.

Luhmann, N./Schorr, K. E. (1982): Zwischen Technologie und Selbstreferenz. – Frankfurt a. M.

Ma, L. (1999): Knowing and Teaching Elementary Mathematics. Teachers' understanding of fundamental mathematics in China and the United States. – Mahwah, N. J.

Malmberg, L.-E./Wanner, B./Little, T. (2006): Changes in student teachers' action-control beliefs across teacher education. (unpublished manuscript).

Mandl, H./Gerstenmaier, J. (Hrsg.) (2000): Die Kluft zwischen Wissen und Handeln. Empirische und theoretische Lösungsansätze. – Göttingen.

Marsh, H. W. (1987): The big-fish-little-pond effect on academic self-concept. In: Journal of Educational Psychology, Vol. 79, pp. 280–295.

Marsh u. a. 2005 = Marsh, H. W./Trautwein, U./Lüdtke, O./Köller, O./Baumert, J. (2005): Academic self-concept, interest, grades, and standardized test scores: Reciprocal effects models of causal ordering. In: Child Development, Vol. 76, pp. 97–416.

Maslach, C./Leiter, M. P. (1999): Teacher burnout: A research agenda. In: Vandenberghe, R./Huberman, M. A. (Eds.): Understanding and Preventing Teacher Burnout: A sourcebook of international research and practice. – Cambridge, UK, pp. 295–303.

Maslach, C./Schaufeli, W. B./Leiter, M. P. (2001): Job burnout. In: Annual Review of Psychology, Vol. 52, pp. 387–422.

McColskey u. a. 2005 = McColskey, W./Stronge, J. H./Ward, T. J./Tucher, P. D./Howard, B./Lewis, K./Hindman, J. L. (2005): A comparison of National Board certified teachers and non-National Board certified teachers: Is there a difference in teacher effectiveness and student achievement? – Prepared for the NBPTS.

McGrath u. a. 2003 = McGrath, D. J./Lanahan, L./Scotchmer, M./Hoffman, K./Blaney, S./Salganik, L. (2003): Student content engagement: Teacher knowledge of the content of first grade reading – An NCES-ESSI instructional processes research and development team background paper. – Washington.

Meyer, H. (1987): Unterrichtsmethoden, Band 2: Praxisband. – Frankfurt a. M.

Meyer, H. (2004): Was ist guter Unterricht? – Berlin.

Minnameier, G. (2005): Wissen und Können im Kontext inferentiellen Denkens. In: Heid, H./Harteis, C. (Hrsg.): Verwertbarkeit. Ein Qualitätskriterium (erziehungs-)wissenschaftlichen Wissens? – Wiesbaden, S. 183–203.

Mitchell, M. (1993): Situational interest: Its multifaceted structure in the secondary school mathematics classroom. In: Journal of Educational Psychology, Vol. 85, pp. 424–436.

Monk, D. (1994): Subject area preparation of secondary mathematics and science teachers and student achievement. In: Economics of Education Review, Vol. 13, pp. 125–145.

Monk, D. H./King, J. A. (1994): Multilevel teacher resource effects in pupil performance in secondary mathematics and science: The case of teacher subject matter preparation. In: Ehrenberg, R. G. (Ed.): Choices and Consequences: Contemporary policy issues in education. – Ithaca, pp. 29–58.

Müller-Fohrbrodt, G., Cloetta, B. & Dann, H.-D. (1978): Der Praxisschock bei jungen Lehrern. – Stuttgart.

Munby, H./Russell, T./Martin, A. K. (2001): Teachers' knowledge and how it develops. In: Richardson, V. (Ed.): Handbook of Research on Teaching. – Washington, pp. 877–904.

Muth, J. (1962): Pädagogischer Takt. Monographie einer aktuellen Form erzieherischen und didaktischen Handelns. – Heidelberg.

Nagasaki, E./Becker, J. P. (1993): Classroom assessment in Japanese mathematics education. In: Webb, N. (Ed.): Assessment in the Mathematics Classroom. – Reston, pp. 40–53.

National Board for Professional Teaching Standards (2002): What Teachers Should Know and Be Able to Do. – Arlington.

Neubrand, J. (2002): Eine Klassifikation mathematischer Aufgaben zur Analyse von Unterrichtssituationen: Selbsttätiges Arbeiten in Schülerarbeitsphasen in den Stunden der TIMS-Video-Studie. – Hildesheim.

Neubrand, J. (2006): The TIMSS 1995 and 1999 video studies. In: Leung, F. K. S./Graf, K.-D./ Lopezreal, F. J. (Eds.): Mathematics Education in Different Cultural Traditions. A comparative study of East Asia and the West. – New York, pp. 291–318.

Neuweg, G. H. (2001): Könnerschaft und implizites Wissen. Zur lehr-lerntheoretischen Bedeutung der Erkenntnis- und Wissenstheorie Michael Polanyis. – Münster.

Neuweg, G. H. (2005): Emergenzbedingungen pädagogischer Könnerschaft. In: Heid, H./ Harteis, C. (Hrsg.): Verwertbarkeit. Ein Qualitätskriterium (erziehungs-)wissenschaftlichen Wissens? – Wiesbaden, S. 205–228.

Oevermann, U. (1996): Theoretische Skizze einer revidierten Theorie professionalisierten Handelns. In: Combe, A./Helsper, W. (Hrsg.): Pädagogische Professionalität – Frankfurt a. M., S. 70–82.

Op't Eynde, P./De Corte, E./Verschaffel, L. (2002): Framing students' mathematics-related beliefs: A quest for conceptual clarity and a comprehensive categorization. In: Leder, G./ Pehkonen, E./Törner, G. (Eds.): Beliefs – a hidden variable in mathematics education? – Dordrecht, pp. 13–38.

Oser, F. (1998): Ethos – Die Vermenschlichung des Erfolgs. Zur Psychologie der Berufsmoral von Lehrpersonen. – Opladen.

Oser, F. (2001): Modelle der Wirksamkeit in der Lehrer- und Lehrerinnenausbildung. In: Oser, F./Oelkers, J. (Hrsg.): Die Wirksamkeit der Lehrerbildungssysteme. – Chur, S. 67–96.

Oser, F. (2005): Schrilles Theoriegezerre, oder warum Standards gewollt sein sollten. Eine Replik auf Walter Herzog. In: Zeitschrift für Pädagogik, 51. Jg., S. 266–274.

Oser, F./Oelkers, J. (Hrsg.) (2001): Die Wirksamkeit der Lehrerbildungssysteme. – Chur.

Oser, F./Renold, U. (2005): Kompetenzen von Lehrpersonen – über das Auffinden von Standards und ihre Messung. In: Zeitschrift für Erziehungswissenschaft, 4. Beiheft, 8. Jg., S. 119–140.

Pajares, M. F. (1992): Teachers' beliefs and educational research: Cleaning up a messy construct. In: Review of Educational Research, Vol. 62, pp. 307–332.

Pajares, M. F. (1996): Assessing self-efficacy beliefs and academic outcomes: The case for specificity and correspondence. In: Annual Meeting of the American Educational Research Association. – New York, pp. 2–22.

Palmer u. a. 2005 = Palmer, D. J./Stough, L. M./Burdenski, T. K./Gonzales, M. (2005): Identifying teacher expertise: An examination of researchers' decision making. In: Educational Psychologist, Vol. 40, pp. 13–25.

Patrick, B. C./Hisley, J./Kempler, T. (2000): „What's everybody so excited about?" The effects of teacher enthusiasm on student intrinsic motivation and vitality. In: Journal of Experimental Education, Vol. 68, pp. 217–236.

Patrick u. a. 2003 = Patrick, H./Turner, J. C./Meyer, D. K./Midgley, C. (2003): How teachers establish psychological environments during the first days of school: Associations with avoidance in mathematics. In: Teachers College Record, Vol. 105, pp. 1521–1558.

Pauli, C./Reusser, K. (2003): Unterrichtsskripts im schweizerischen und deutschen Mathematikunterricht. In: Unterrichtswissenschaft, Jg. 31, S. 238–272.

Peterson u. a. 1989 = Peterson, P. L./Fennema, E./Carpenter, T. P./Loef, M. F. (1989): Teachers' pedagogical content beliefs in mathematics. In: Cognition and Instruction. Vol. 6, pp. 1–40.

Phelps, G./Schilling, S. (2004): Developing measures of content knowledge for teaching reading. In: Elementary School Journal, Vol. 105, pp. 31–48.

Podell, D./Soodak, L. (1993): Teacher efficacy and bias in special education referrals. In: Journal of Educational Research, Vol. 86, pp. 247–253.

Prange, K. (2000): Was für Lehrer braucht die Schule? Zum Verhältnis von Profession, Didaktik und Lehrerethos. In: Cloer, E./Klika, D./Kunert, H. (Hrsg.): Welche Lehrer braucht das Land? Notwendige und mögliche Reformen der Lehrerbildung. – Weinheim, S. 93–103.

Prenzel u. a. 2002 = Prenzel, M./Seidel, T./Lehrke, M./Rimmele, R./Duit, R./Euler, M./Geiser, H./Hoffmann, L./Müller, C./Widodo, A. (2002): Lehr-Lernprozesse im Physikunterricht – eine Videostudie. In: Zeitschrift für Pädagogik, 45. Beiheft. – Weinheim, S. 139–156.

Putnam, R. T. (1987): Structuring and adjusting content for students: A study of live and simulated tutoring of addition. In: American Educational Research Journal, Vol. 24, pp. 13–48.

Putnam, R. T./Borko, H. (2000):What do new views of knowledge and thinking have to say about research on teacher learning? In: Educational Researcher, Vol. 29, pp. 4–15.

Radtke, F.-O. (2004): Der Eigensinn pädagogischer Professionalität jenseits von Innovationshoffnungen und Effizienzerwartungen. Übergangene Einsichten aus der Wissensverwendungsforschung für die Organisation der universitären Lehrerbildung. In: Koch-Priewe, B./Kolbe, F.-U./Wildt, J. (Hrsg.): Grundlagenforschung und mikrodidaktische Reformansätze zur Lehrerbildung. – Bad Heilbrunn, S. 99–149.

Rambow, R./Bromme, R. (2000): Was Schoens „reflective practitioner" durch die Kommunikation mit Laien lernen könnte. In: Neuweg, G. H. (Hrsg.): Wissen – Können – Reflexion: Ausgewählte Verhältnisbestimmungen. – Innsbruck, S. 245–263.

Reetz, L. (1999): Schlüsselqualifikationen aus bildungstheoretischer Sicht in der berufs- und wirtschaftspädagogischen Diskussion. In: Arnold, R./Müller, H. J. (Hrsg.): Kompetenzentwicklung durch Schlüsselqualifikationsförderung. – Hohengehren, S. 39–54.

Reichenbach, R. (1994): Moral, Diskurs und Einigung. Zur Bedeutung von Diskurs und Konsens für das Ethos des Lehrberufs. – Bern.

Reynolds, A./Tannenbaum, R. J./Rosenfeld, M. (1992): Beginning teacher knowledge of general principles of teaching and learning: A national survey (ERIC Document). – Washington.

Rich, Y. (1993): Stability and change in teacher expertise. In: Teacher & Teacher Education, Vol. 9, pp. 137–146.

Richardson, V. (1996): The role of attitudes and beliefs in learning to teach. In: Sikula, J./Buttery, T. J./Guyton, E. (Eds.): Handbook of Research on Teacher Education. – New York, pp. 102–119.

Rosenfeld, M./Tannenbaum, R. J. (1991): Identification of a core of important enabling skills for the NTE Successor Stage I examination (ERIC Document). – Princeton.

Rotter, J. B. (1966): Generalized expectancies for internal and external control of reinforcement. In: Psychological Monographs, Vol. 80, No. 609.

Rowan, B./Chiang, F./Miller, R. J. (1997): Using research on employees' performance to study the effects of teachers on students' achievement. In: Sociology of Education, Vol. 70, pp. 256–283.

Rowan, B./Correnti, R./Miller, R. J. (2002): What large-scale survey research tells us about teacher effects on student achievement: Insights from the prospects study of elementary schools. In: Teachers College Record, Vol. 104, pp. 1525–1567.

Rudow, B. (1999): Stress and burnout in the teaching profession: European studies, issues, and research perspectives. In: Vandenberghe, R./Huberman, M. A. (Eds.): Understanding and Preventing Teacher Burnout: A sourcebook of international research and practice. – Cambridge, UK, pp. 38–58.

Ryle, G. (1969): Der Begriff des Geistes. – Stuttgart.

Sanders, W. J./Ashton, J. J./Wright, S. P. (2005): Comparison of the Effects of NBPTS-Certified Teachers with Other Teachers on the Rate of Student Academic Progress. – Cary: SAS Institute.

Schaarschmidt, U. (2002): Die Belastungssituation von Lehrerinnen und Lehrern. Ergebnisse und Schlussfolgerungen aus der Potsdamer Lehrerstudie. In: Pädagogik, 54. Jg., H. 7/8, S. 8–13.

Schaarschmidt, U./Fischer, A. (1997): AVEM – ein diagnostisches Instrument zur Differenzierung von Typen gesundheitsrelevanten Verhaltens und Erlebens gegenüber der Arbeit. In: Zeitschrift für Differentielle und Diagnostische Psychologie, 18. Jg., H. 3, S. 151–163.

Schaarschmidt, U./Kieschke, U./Fischer, A. W. (1999): Beanspruchungsmuster im Lehrerberuf. In: Psychologie in Erziehung und Unterricht, H. 4, S. 244–268.

Schaufeli, W./Enzmann, D. (1998): The Burnout Companion to Study and Practice: A critical analysis. – London.

Schiefele, U. (1998): Individual interest and learning: What we know and what we don't know. In: Hoffmann, L./Krapp, A./Renninger, K. A./Baumert, J. (Eds.): Interest and Learning. – Kiel, pp. 91–104.

Schmidt, H. G./Boshuizen, H. P. A. (1992): Encapsulation of biomedical knowledge. In: Evans, D. A./Patel, V. L. (Eds.): Advanced Models of Cognition or Medical Training and Practice. – New York, pp. 265–282.

Schmitz, E./Leidl, J. (1999): Brennt wirklich aus, wer entflammt war? Studie 2: Eine LISREL-Analyse zum Burnout-Prozess bei Lehrpersonen. In: Psychologie in Erziehung und Unterricht, 46. Jg., S. 302–310.

Schmitz, G. S. (2000): Zur Struktur und Dynamik der Selbstwirksamkeitserwartung von Lehrern. Ein protektiver Faktor gegen Belastung und Burnout? – Dissertation. – Berlin.

Schmitz, G. S. (2001): Kann Selbstwirksamkeitserwartung vor Burnout schützen? Eine Längsschnittstudie in zehn Bundesländern. In: Psychologie in Erziehung und Unterricht, 48. Jg., S. 49–67.

Schmitz, G. S./Schwarzer, R. (2000): Selbstwirksamkeitserwartung von Lehrern: Längsschnittbefunde mit einem neuen Instrument. In: Pädagogische Psychologie, 14. Jg., H. 14, S. 12–25.

Schoen, D. A. (1987): Educating the Reflective Practitioner. – San Francisco.

Schoenfeld, A. H. (1992): Learning to think mathematically: Problem solving, metacognition, and sense making in mathematics. In: Grouws, D. A. (Ed.): Handbook of Research on Mathematics, Teaching and Learning (NCTM). – New York, pp. 334–370.

Schoenfeld, A. H. (1998): Toward a theory of teaching-in-context. In: Issues in Education, Vol. 4, 1, pp. 1–94.

Schoenfeld, A. H. (2000): Models of the teaching process. In: Journal of Mathematical Behavior, Vol. 18, pp. 243–261.

Schoenfeld, A. H./Minstrell, J./Van Zee, E. (2000): The detailed analysis of an established teacher's non-traditional lesson. In: Journal of Mathematical Behavior, Vol. 18, pp. 281–325.

Schrader, F.-W. (1989): Diagnostische Kompetenzen von Lehrern und ihre Bedeutung für die Gestaltung und Effektivität des Unterrichts. – Frankfurt a. M.

Schrader, F.-W. (1997): Lern- und Leistungsdiagnostik im Unterricht. In: Weinert, F. E. (Hrsg.): Psychologie des Unterrichts und der Schule. Enzyklopädie der Psychologie, Serie Pädagogische Psychologie, Bd. 3. – Göttingen, S. 659–699.

Schrader, F.-W./Helmke, A. (1987): Diagnostische Kompetenz von Lehrern: Komponenten und Wirkungen. In: Empirische Pädagogik, 1. Jg., S. 27–52.

Schwarzer, R./Schmitz, G. S. (1999): Kollektive Selbstwirksamkeitserwartung von Lehrern: Eine Längsschnittstudie in zehn Bundesländern. In: Zeitschrift für Sozialpsychologie, Vol. 30, pp. 262–274.

Seidel, T. (2003): Lehr-Lernskripts im Unterricht. – Münster.

Seidel, T./Prenzel, M. (2003): Videoanalysen als Methode der Lehr-Lern-Forschung. In: Journal für Lehrerinnen- und Lehrerbildung, 3. Jg. S. 54–61.

Seidel, T./Rimmele, R./Prenzel; M. (2003): Gelegenheitsstrukturen beim Klassengespräch und ihre Bedeutung für die Lernmotivation. In: Unterrichtswissenschaft, 31. Jg., S. 142–165.

Seidel u. a. 2004 = Seidel, T./Prenzel, M./Rimmele, R./Meyer, L./Dalehefte, I. M. (2004): Lernprogramm LUV – Lernen aus Unterrichtsvideos für Physiklehrkräfte. – Kiel.

Sfard, A. (2003): Balancing the unbalanceable: The NCTM Standards in the light of theories of learning mathematics. In: Kilpatrick, J./Martin, G./Schifter, D. (Eds.): A Research Companion for NCTM Standards. – Reston, pp. 353–392.

Shepard u. a. 2005 = Shepard, L./Hammerness, K./Darling-Hammond, L./Rust, F. (2005): Assessment. In: Darling-Hammond, L./Bransford, J. (Eds.): Preparing Teachers for a Changing World. – San Francisco, pp. 275–326.

Sherin, M. G. (1996): The nature and dynamics of teachers' content knowledge. – Dissertation. – University of California at Berkeley.

Sherin, M. G./Sherin, B. L./Madanes, R. (2000): Exploring diverse accounts of teacher knowledge. In: Journal of Mathematical Behavior, Vol. 18, pp. 357–375.

Shuell, T. (1996): Teaching and learning in the classroom context. In: Berliner, C. D./Calfee, R. C. (Eds.): Handbook of Educational Psychology. – New York, pp. 726–764.

Shulman, L. S. (1986): Those who understand: Knowledge growth in teaching. In: Educational Researcher, Vol. 15, No. 2, pp. 4–14.

Shulman, L. S. (1987): Knowledge and teaching: Foundations of the new reform. In: Harvard Educational Review, Vol. 57, No. 1, pp. 1–22.

Shulman, L. S. (1998): Theory, practice, and the education of professionals. In: The Elementary School Journal, Vol. 98, No. 5, Special issue: John Dewey: The Chicago Years, pp. 511–526.

Shulman, L. S. (2006): The Wisdom of Practice. Essays on teaching, learning, and learning to teach. – San Francisco.

Shulman, L. S./Sherin, M. G. (2004): Fostering communities of teachers as learners: Disciplinary perspectives. In: Journal of Curriculum Studies, Vol. 36, pp. 135–140.

Shulman, L. S./Shulman, J. H. (2004): How and what teachers learn: A shifting perspective. In: Journal of Curriculum Studies, Vol. 36, pp. 257–271.

Spinath, B. (2005): Akkuratheit der Einschätzung von Schülermerkmalen durch Lehrer und das Konstrukt der diagnostischen Kompetenz. In: Zeitschrift für Pädagogische Psychologie, 19. Jg., S. 85–95.

Städeli, C. (2003): Die Festlegung von Standards für die Ausbildung von allgemein bildenden Lehrpersonen an Berufsschulen. Eine Expertenbefragung. – Zollikofen.

Staub, F. C./Stern, E. (2002): The nature of teachers' pedagogical content beliefs matters for students' achievement gains: Quasi-experimental evidence. In: Journal of Educational Psychology, Vol. 94, pp. 344–355.

Stigler u. a. 1999 = Stigler, J. W./Gonzales, P./Kawanaka, T./Knoll, S./Serrano, A. (1999): The TIMSS videotape classroom study. Methods and findings from an exploratory research project on eighth-grade mathematics instruction in Germany, Japan, and the United States. – Washington.

Stipek u. a. 2001 = Stipek, D./Givvin, K./Salmon, J./Macgyvers, V. (2001): Teachers' beliefs and practices related to mathematics instruction. In: Teaching and Teacher Education, Vol. 17, pp. 213–226.

Stodolsky, S. S. (1988): The subject matters: Classroom activity in math and social studies. – Chicago.

Stodolsky, S./Grossman, P. (1995): The impact of subject matter on curricular activity: An analysis of five academic subjects. In: American Educational Research Journal, Vol. 32, pp. 227–249.

Stough, L. M./Palmer, D. J. (2003): Special thinking in special settings: A qualitative study of expert special educators. In: The Journal of Special Education, Vol. 36, pp. 206–222.

Tenorth, H.-E. (1994): „Alle alles zu lehren": Möglichkeiten und Perspektiven allgemeiner Bildung. – Darmstadt.

Tenorth, H.-E. (2004): Bildungsminimum und Lehrfunktion. Eine Apologie der Schulpflicht und eine Kritik der „therapie"-orientierten pädagogischen Professionstheorie. In: Gruehn, S./Kluchert, G./Koinzer, T. (Hrsg.): Was Schule macht. Achim Leschinsky zum 60. Geburtstag. – Weinheim, S. 15–29.

Tenorth, H.-E. (2006): Professionalität im Lehrerberuf. Ratlosigkeit der Theorie, gelingende Praxis. In: Zeitschrift für Erziehungswissenschaft, 9. Jg., S. 580–597.

Terhart, E. (Hrsg.) (2000): Perspektiven der Lehrerbildung in Deutschland. Abschlussbericht der von der Kultusministerkonferenz eingesetzten Kommission. – Weinheim.

Terhart, E. (2002): Standards für die Lehrerbildung. Eine Expertise für die Kultusministerkonferenz. – Münster.

Terhart, E. (2006): Was wissen wir über gute Lehrer? In: Pädagogik, 58. Jg., H. 5, S. 42–47.

Thompson, A. G. (1992): Teachers' beliefs and conceptions: A synthesis of the research. In: Grouws, D. A. (Ed.): Handbook of Research on Mathematics Teaching and Learning: A project of the National Council of teachers of mathematics. – New York, pp. 127–146.

Thompson, P. W./Thompson, A. G. (1994): Talking about rates conceptually, Part I: A teacher's struggle. In: Journal for Research in Mathematics Education, Vol. 25, pp. 279–303.

Todt, E. (1978): Das Interesse. Empirische Untersuchungen zu einem Motivationskonzept. – Bern.

Torff, B./Warburton, E. C. (2005): Assessment of teachers' beliefs about classroom use of critical thinking activities. In: Educational and Psychological Measurement, Vol. 65, pp. 155–179.

Törner, G./Grigutsch, S. (1994): „Mathematische Weltbilder" bei Studienanfängern. Eine Erhebung. In: Journal für Mathematik-Didaktik, Jg. 15, S. 211–251.

Törner, G./Rolka, K./Wüllner, S. (2005): Die fachmathematische Struktur als „Auffangnetz" – Analyse einer Unterrichtsituation im Lichte von Schoenfelds Theorie „Teaching-In-Context". In: Kaune, C./Schwank, I./Sjuts, J. (Hrsg.) (2005): Mathematikdidaktik im Wissenschaftsgefüge: Zum Verstehen und Unterrichten mathematischen Denkens. Bd. 2. – Osnabrück (ohne Pagina).

Törner u. a. 2006 = Törner, G./Rolka, K./Rösken, B./Schoenfeld, A. (2006): Teacher monologue as a safety net: Examining a German mathematics classroom situation through the lens of Schoenfeld's theory of teaching in context. Paper presented at the annual meeting of the American Educational Research Association. – San Francisco.

Tschannen-Moran, M./Woolfolk Hoy, A. W. (2001): Teacher efficacy: Capturing an elusive construct. In: Teaching and Teacher Education, Vol. 17, pp. 783–805.

Tschannen-Moran, M./Woolfolk Hoy, A. W./Hoy, W. K. (1998): Teacher efficacy: Its meaning and measure. In: Review of Educational Research, Vol. 68, pp. 202–248.

Van Manen, M. (1995): On the epistemology of reflective practice. In: Teachers and Teaching: Theory and Practice, Vol. 1, No. 1, pp. 33–50.

Vandevoort, L. G./Amrein-Beardsley, A./Berliner, D. C. (2004): National board certified teachers and their students' achievement. In: Education Policy Analysis Archives, Vol. 12, No. 46.

Wagner, R. W. (1998): „Unstimmigkeiten" in der Lehrer(innen)ausbildung. In: Gundermann, H. (Hrsg.): Die Ausdruckswelt der Stimme. – Heidelberg, S. 257–260.

Wahl, D. (1991): Handeln unter Druck. Der weite Weg vom Wissen zum Handeln bei Lehrern, Hochschullehrern und Erwachsenenbildnern. – Weinheim.

Walberg, H. J./Paik, S. J. (2000): Effective Educational Practices. International Academy of Education (IAE). – Brüssel.

Wang, M. C./Haertel, G. D./Walberg, H. J. (1993): Toward a knowledge base for school learning. In: Review of Educational Research, Vol. 63, pp. 249–294.

Wayne, A. J./Youngs, P. (2003): Teacher characteristics and student achievement gains: A review. In: Review of Educational Research, Vol. 73, pp. 89–122.

Weinert, F. E. (2001a) Concept of competence: A conceptual clarification. In: Rychen, D. S./Saganik., L. H. (Eds.): Defining and Selecting Key Competencies. – Seattle. pp. 45–65.

Weinert, F. E. (Hrsg.) (2001b): Leistungsmessungen in Schulen. – Weinheim.

Weinert, F. E./Helmke, A. (Hrsg.) (1997): Entwicklung im Grundschulalter. – Weinheim.

Weinert, F. E./Schneider, W. (1999): Individual Development from 3–12: Findings from the Munich Longitudinal Study. – Cambridge.

Weinert, F. E./Schrader, F.-W./Helmke, A. (1989): Quality of instruction and achievement outcomes. In: International Journal of Educational Research, Vol. 13, pp. 895–914.

Wenglinsky, H. (2000): Teaching the Teachers: – Princeton: Educational Testing Service.

Wenglinsky, H. (2002): How schools matter: The link between teacher classroom practices and student academic performance. In: Education Policy Analysis Archives, Vol. 10, No. 12.

White, R./Gunstone, R. (1992): Probing Understanding. – London.

Wigfield, A./Eccles, J. S. (2000): Expectancy-value theory of achievement motivation. In: Contemporary Educational Psychology, Vol. 25, pp. 68–81.

Wilcox, S. K./Lanier, P. E. (2000): Using Assessment to Reshape Mathematics Teaching. A casebook for teachers and teacher educators, curriculum and staff development specialists. – Mahwah.

Wilhelm, T. (1967): Theorie der Schule. – Stuttgart.

Wilkinson, W. K./Schwartz, N. H. (1987): The epistemological orientation of gifted adolescents: An empirical test of Perry's model. In: Psychological Reports, Vol. 61, pp. 976–978.

Wilson, S. M./Floden, R. E. (2003): Creating Effective Teachers: Concise answers for hard questions. An addendum to the report „Teacher preparation research: Current knowledge, gaps, and recommendations". – Washington.

Wilson, S. M./Wineburg, S. S. (1988): Peering at history through different lenses: The role of disciplinary perspectives in teaching history. In: Teachers College Record, Vol. 89, pp. 525–539.

Wilson, S. M./Youngs, P. (2005): Research on accountability processes in teacher education. In: Cochran-Smith, M./Zeichner, K. M. (Eds.): Studying Teacher Education. – Washington, pp. 591–643.

Wilson, S. M./Floden, R. E./Ferrini-Mundy, J. (2001): Teacher Preparation Research: Current knowledge, gaps and recommendations. – Seattle.

Wimmer, M. (1996): Zerfall des Allgemeinen – Wiederkehr des Singulären. Pädagogische Professionalität und der Wert des Wissens. In: Combe, A./Helsper, W. (Hrsg.): Pädagogische Professionalität. – Frankfurt a. M., S. 404–447.

Zimmerlin, D./Nelson, M. (2000): The detailed analysis of a beginning teacher carrying out a traditional lesson. In: Journal of Mathematical Behavior, Vol. 18, pp. 263–279.

Mehrsprachigkeit

Ingrid Gogolin

1 Migration und ihre Folgen für die sprachliche Lage in Migrationsgesellschaften – zur Einführung in den Beitrag

Über Mehrsprachigkeit ist vieles bekannt. So weiß man zum Beispiel recht genau, wie viele Sprachen indigener Bevölkerungsgruppen im Amazonasbecken existieren – die Rede ist von ca. 600 (Lewis 2009). Die Zahl der Sprecherinnen und Sprecher jeder dieser Sprachen wird sorgsam beobachtet; die Regionen und Institutionen, in denen sie auftreten, wurden genau kartographiert. – Was aber wissen wir über die Anzahl der Sprachen und ihrer Sprecher, die in einem Hochhaus in einer deutschen Großstadt existieren? Wie viele und welche Sprachen – neben dem Deutschen – werden von Schülerinnen und Schülern in Deutschlands Schulen und Hochschulen gesprochen? Auf wie viele und welche Sprachen müssen eine Sozialbehörde oder eine Klinik gefasst sein, wenn sie sichergehen wollen, dass die Kommunikation mit ihrer Klientel so störungsfrei wie möglich vonstattengeht?

Solche Fragen kann für den deutschen oder einen anderen europäischen Kontext augenblicklich niemand mit Sicherheit beantworten. Mehrsprachigkeit als Phänomen und seine Folgen für die individuelle, soziale und kulturelle Entwicklung sind in der europäischwestlich geprägten wissenschaftlichen Tradition zwar mit Blick auf weit entfernte, ‚exotische‘ Weltgegenden eingehend erforscht worden. Die ‚eigenen‘ sprachlich-kulturellen Gegebenheiten aber sind als in der Regel monolingual begriffen worden. Formen des Sprachkontakts – im individuellen oder sozialen Fall – sind vorwiegend als Ausnahme von dieser Regel untersucht worden, und zwar mit dem Fokus auf Bilingualität, also die Koexistenz von zwei Sprachen.

Im Kontext von Forschung über Migration wird diese Perspektive seit etwa den 1980er-Jahren hinterfragt. In solcher Forschung ist auch der hier vorgestellte Beitrag verortet. Er ist in einen Diskurs unter der Überschrift ‚Super-Diversity‘ (Vertovec 2006) eingebettet, der seit Mitte der 2000er-Jahre in der wissenschaftlichen Beschäftigung mit Migration und ihren Folgen für den Einzelnen und die Gesellschaften geführt wird. Im Hintergrund dieses Theorieangebots steht die kulturwissenschaftlich inspirierte Betrachtung von Phänomenen, die sich als direkte oder indirekte Konsequenzen der gegenwärtigen *Gestalt* von Wanderungsbewegungen zeigen. Die Beobachtung dieser Phänomene, vor allem die Analyse ihrer Verflechtungen geben Anlass, danach zu fragen, wie weit traditionelle wissenschaftliche Konzeptualisierungen die kulturelle und sprachliche Textur von heutigen Gesellschaften noch einzufangen vermögen. Ziel des folgenden Beitrags ist es, bisherige Forschung über sprachliche Entwicklung, sprachliche Praxis und sprachliche Bildung in relevanten Ausschnitten vorzustellen und im Lichte der Fragen, die sich durch das Konzept der Super-Diversity ergeben, zu diskutieren. Das Beispiel der sprachlichen Lage, die sich in – insbesondere großstätischen – Regionen nicht nur in Deutschland entwickelt hat, ermöglicht eine Illustration dieser Fragen und der sie motivierenden Phänomene. Eine solche Illustration beendet daher den zweiten Abschnitt des Beitrags.

Vor diesem Hintergrund wird im dritten Abschnitt ein historischer Rückblick angeboten. Er führt in das 19. Jahrhundert, in dem – im Konnex mit dem Entstehen des Nationalstaats europäischer Prägung – die Begriffe und Konzepte grundgelegt wurden, die bis heute Betrachtungsweisen von Sprache und Sprachlichkeit vielfach noch leiten. Der historische Rekurs erscheint vor dem Hintergrund wichtig, dass diese Tradition auch der Forschung über Mehrsprachigkeit eingeschrieben ist; sie hinterlässt ihre Spuren sowohl auf der Ebene der Beschreibung und des Verstehens der mit kultureller Komplexität und mit Mehrsprachigkeit verbundenen Phänomene als auch auf der Ebene ihrer gesellschaftlichen und davon nicht unabhängigen wissenschaftlichen Bewertung. Es geht bei der historischen Verortung also nicht um die Frage, wie weit die geschilderte Geschichte die sprachliche Praxis oder sprachliche Selbstkonzepte weltweit getreu abbildet. Es geht vielmehr um den Einfluss auf Begriffs- und Urteilsbildung nach dieser Tradition, der weit über den europäischen, also ihren Entstehenskontext hinausreicht (Dietz 2007).

Die beiden anschließenden Abschnitte beschäftigen sich vor diesem Hintergrund mit Forschungsergebnissen, die über Spracherwerb und -entwicklung einerseits und über beste Wege der sprachlichen Bildung im Mehrsprachigkeitskontext andererseits vorliegen. Der Fokus liegt auch hier auf dem Aspekt der migrationsbedingten ‚lebensweltlichen‘ Mehrsprachigkeit.[1] Forschung, die sich aus primär fremdsprachendidaktischer Perspektive bzw. der Sicht der Sprachlehrforschung mit Mehrsprachigkeit im Sinne der Vermittlung mehrerer Fremdsprachen befasst, bildet zwar eine Facette des Gesamtzusammenhangs, kann aber dennoch im Rahmen dieses Beitrags nur gestreift werden (Jessner 2008; Hufeisen und Jessner 2009). – In den beiden beispielhaft vorgestellten Forschungsbereichen – Erwerb und Entwicklung einerseits; Vermittlung und Lehren andererseits – scheinen auch die Spuren der historischen Tradition auf, von der im dritten Abschnitt die Rede ist. Im einen Fall zeigen sie sich in forschungsleitenden Annahmen; im anderen eher auf der normativen Ebene des Diskurses über ‚legitimes‘ Erkenntnisinteresse der Forschung.

Für die abschließende Bilanz des Beitrags ist festzuhalten, dass einerseits auf einen relativ gesättigten Forschungsstand zu Facetten des Themas Mehrsprachigkeit verwiesen werden kann. Andererseits aber stellen sich neue Forschungsfragen, wenn das Thema im Lichte des Super-Diversity-Konzepts verhandelt wird. In einem Ausblick werden solche Forschungsfragen und mögliche Wege ihrer Bearbeitung vorgestellt.

2   ‚Super-Diversity' und sprachliche ‚Super-Diversität'

Den Anstoß zu einem Diskurs über die Frage, ob geläufige Kategorien die kulturelle und soziale Lage sowie die Möglichkeiten der Teilhabe an der öffentlichen Sphäre in gegenwärtigen (europäischen) Gesellschaften noch abbilden, gab Steven Vertovec[2] in einer Studie, die sich mit den Mustern der Migration in das Vereinigte Königreich, insbesondere nach London beschäftigte (Vertovec 2006, 2007). Auf der Grundlage seiner Analysen der Unterschiede, die sich über ca. 40 Jahre der Migration in der Zusammensetzung der Migrantenbevölkerung nach Herkunftsregionen, Herkunftssprachen, sozialen Lagen und Rechtsstatus zeigen, prägt er den Begriff der ‚Super-Diversity': „Super-Diversity [is] a notion intended to underline a level and kind of complexity surpassing anything the country has previously experienced. Such a condition is distinguished by a dynamic of interplay of variables among an increased number of new, small and scattered, multipleorigin, transnationally connected, socio-economically differentiated and legally stratified immigrants (…)" (Vertovec 2006, S. 5). Anregungen zu dieser Begriffsschöpfung liefert ihm unter anderem die Beobachtung der Veränderungen, die sich mit Blick auf die Herkunftsregionen von Migranten anstellen lassen. Die beiden folgenden Graphiken (Abb. 1[3] und Abb. 2), die ich mit freundlicher Genehmigung von Steven Vertovec zitiere, zeigen dieses Phänomen für die Jahre zwischen 1960 und 2000 für die Bundesrepublik Deutschland an.

Wenngleich die beeindruckende Vielfalt der Herkünfte nur zu erahnen ist, so vermag die graphische Darstellung doch die Veränderung zu illustrieren, die sich im Muster von Migrationen im Abstand der beiden Momentaufnahmen zeigt. Für das Jahr 1960 konnte Migration (nicht nur nach Deutschland, sondern auch in die anderen seinerzeitigen europäischen Zuwanderungsregionen) so beschrieben werden, dass relativ große Gruppen von Menschen aus noch vergleichsweise wenigen Regionen der Welt in relativ wenige Aufnahmeregionen migrierten. Im Jahr 2000 hat sich das Bild gewandelt – auch hier: nicht nur in Bezug auf Deutschland. Es kann nun so charakterisiert werden, dass aus einer zunehmenden Zahl von Weltregionen kleiner werdende Gruppen von Menschen in eine zunehmende Zahl von Weltregionen migrieren. Es vervielfältigt sich also die Heterogenität der Herkunfts- und Ankunftskontexte; hingegen verringern sich die mit einem Herkunftskontext jeweils verbundenen Gruppengrößen (Vertovec 2009). Verbunden mit dieser Entwicklung ist eine Zunahme an Verschiedenheitsmerkmalen, die in ihrem Zusammenwirken die Lebenslage der Menschen beeinflussen.

Ein Versuch empirischer Erfassung einer durch Super-Diversity geprägten Lage wurde im Auftrag des Magistrats der Stadt Frankfurt erstellt (Römhild et al. 2009). Hier wurde unter anderem der Frage nachgegangen, welche Wechselbeziehungen sich zwischen der Fülle unterschiedlicher Rechtsstatus, in denen Migranten leben, und ihrer sozialen oder ökonomischen Lage sowie den Möglichkeiten zur gesellschaftlichen Partizipation ergeben. Entsprechende Untersuchungen mit Bezug auf Migration in bzw. nach Europa werden im Kontext des Forschungsverbunds „International Migra-

Abbildung 1 Herkunftsstaaten von Zuwanderern nach Deutschland (50 größte Gruppen) 1960 (Abdruck der Graphik mit freundlicher Genehmigung von Steven Vertovec)

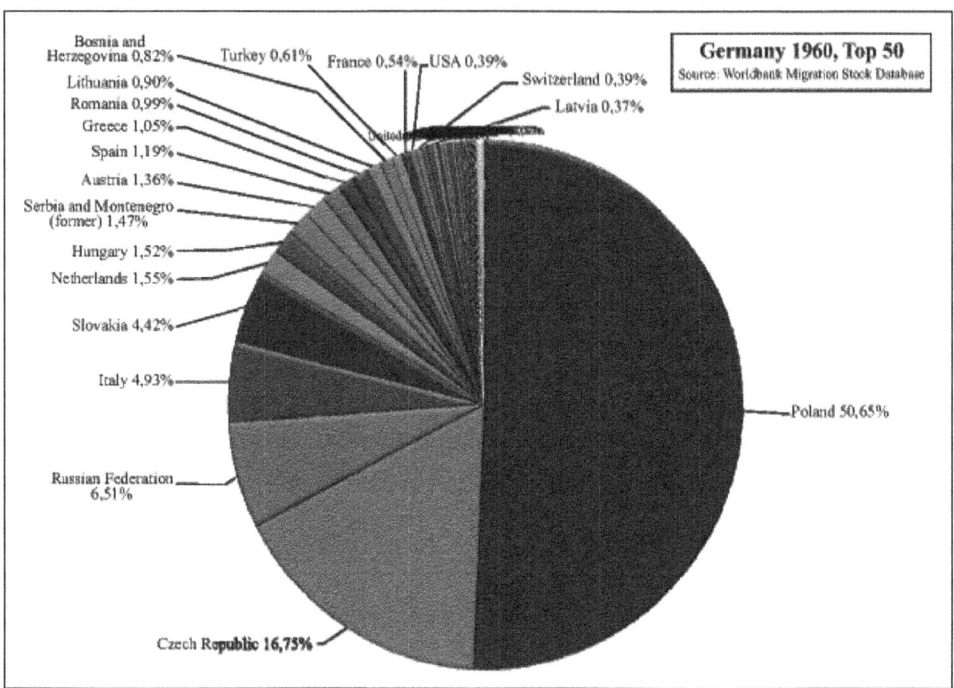

tion und Social Cohesion" (www.imiscoe.eu) angestellt, der im 6. Rahmenprogramm der Europäischen Union gefördert wird (Martiniello und Rath 2010). Diesen bisherigen Untersuchungen ist gemeinsam, dass die Frage der *sprachlichen* Textur von Migrationsgesellschaften erst in ersten Anfängen untersucht wird (Blommaert 2010); ein Beispiel für solche Untersuchungen bietet der Beitrag von Creese und Blackledge (2010). Eine Begründung für die bisher recht geringe Beachtung der zunehmenden Komplexität sprachlicher Lagen durch die Existenz einer wachsenden Anzahl von Sprachen auf engem Raum wird darin gesehen, dass (auch) die Forschung in der europäisch geprägten historischen Tradition sprachlichen Selbstverständnisses steht, deren Kern die Grundannahme des individuellen und gesellschaftlichen Normalfalls der sprachlichen Homogenität ist (Cenoz und Gorter 2011).

Mehrsprachigkeit im Sinne des Nebeneinanderexistierens von einer oder mehrerer Hauptverständigungssprache(n) und vieler *weiterer* Verständigungssprachen kleinerer Gemeinschaften in *einer* Gesellschaft blieb in der Vergangenheit weitgehend unbeachtet. Es ist aber genau diese Konstellation, die das sprachliche Gefüge in den meisten Teilen der Welt faktisch ausmacht – in Deutschland gilt dies zumindest für städtische

Abbildung 2   Herkunftsstaaten von Zuwanderern nach Deutschland (50 größte Gruppen) 2000
(Abdruck der Graphik mit freundlicher Genehmigung von Steven Vertovec)

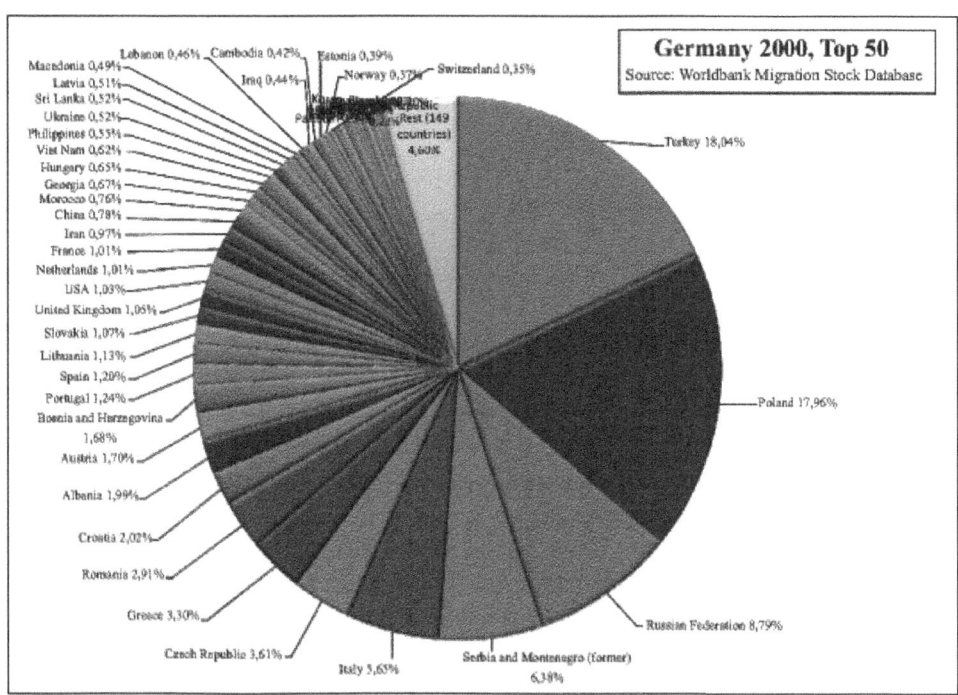

Tabelle 4   Staatsangehörigkeit und mögliche Sprachzugehörigkeit am Beispiel Hamburgs

Herkunftsstaaten (Beispiele)	Türkei	Polen	Ghana	Philip-pinen	China	Indien	Süd-afrika	Malay-sia	Leso-tho
Anzahl Personen aus dem Her-kunftsstaat (nach Staatsangehörig-keit)	55 000	20 000	5 000	4 500	3 500	2 500	400	300	1
Anzahl der Spra-chen, die im Herkunftsstaat ge-sprochen werden	34	14	79	171	292	438	24	137	5

Quellen: Bevölkerung Hamburgs 2009 nach staatlicher Herkunft; eigene Zusammenstellung nach Bevölkerungs-statistik (www.statistik-nord.de, Zugriff April 2010) und Lewis 2009

Regionen. Dies kann ein Blick auf die Migrationskonstellation illustrieren, die in der Freien und Hansestadt Hamburg zu finden ist (vgl. Tab. 1); vergleichbare Illustrationen, die sich nur auf der Ebene der Phänomene (also beispielsweise der Verteilung der Herkunftsregionen) unterscheiden, könnten von jeder deutschen Großstadt gezeichnet werden, und zwar unabhängig davon, ob sie sich im Osten oder im Westen des Landes befinden.

3   Monolinguales Selbstverständnis

Im folgenden Abschnitt wird das Entstehen des Nationalstaats europäischer Prägung und des damit verbundenen sprachlichen Selbstkonzepts vorgestellt, das seine Spuren auch im Zugriff der Forschung auf Mehrsprachigkeit hinterlassen hat. Das Empfinden von Misstrauen gegenüber fremden Sprachen und Fremdsprachigen durchzieht die abendländische Geschichte; ein bekanntes, heutigen Sprachgebrauch noch prägendes Beispiel dafür ist es, dass im antiken Griechenland die Anderssprachigen Barbaren genannt wurden: Stammler, Sprecher unschöner Sprachen, auch Gott- und Kulturlose. Mit dem Entstehen des sog. klassischen Nationalstaats im 18. und 19. Jahrhundert jedoch, also der Nation europäischer Prägung, bekommen Sprachen und das Verhältnis der Menschen zu ihnen neue Bedeutungen und neue Funktionen. Die Nationalsprachen werden geschaffen; sie entstehen aus regionalen Varietäten, denen das Privileg zuerkannt wird, als verbindende gemeinsame Sprache der Nation zu fungieren (Kremnitz 1997). Das Entstehen und die Verbreitung der Nationalsprachen sind historisch funktional. Sie sind die notwendige Konsequenz aus technischen, ökonomischen und wissenschaftlichen Entwicklungen jener Epoche einerseits und wichtiges Bindemittel der Nation als neuer gesellschaftlicher Ordnungsform andererseits (Hobsbawm 1990). Der Umbruch in die Industriegesellschaft und die damit einhergehende Veränderung der Struktur von Arbeit, das Entstehen neuer und größerer Märkte innerhalb und zwischen Gesellschaften erfordern es, dass stärker standardisierte, großräumig verwendbare Mittel der Verständigung zur Verfügung stehen. Technische Entwicklungen – in allererster Linie: der Buchdruck – ermöglichen die weite Verbreitung dieser Verständigungsmittel und tragen zugleich zu ihrer Standardisierung bei.

Parallel zu diesen Entwicklungen ist die Herausbildung der *Mythen* der Nation zu beobachten: der Schöpfung von historischen und kulturellen ‚Gemeinsamkeiten‘, die die Menschen in der Nation miteinander verbinden, ihr Zugehörigkeitsempfinden zu der neuen gesellschaftlichen Ordnungsform begründen und stärken sollen. Zugehörigkeit und die Stellung in der Gesellschaft qua Geburt sind im Nationalstaat aufgehoben. Für ihren Ersatz werden andere Bindeglieder geschaffen, die den Mitgliedern die Identifikation erlauben (Anderson 1991). Zum Kern dieser Schaffungen zählen die Erfindung einer gemeinsamen Geschichte und kulturellen Tradition sowie der einheitlichen Sprache.

Die Entwicklung und Durchsetzung einer sprachlichen Varietät als Nationalsprache, und damit als Standardvariante, gelang im Wesentlichen durch die Etablierung öffentlicher allgemeinbildender Schulsysteme in den Nationalstaaten. Mit diesen wurde einerseits auf die funktionalen Anforderungen an Kenntnisse und Kompetenzen reagiert, die sich aufgrund des Übergangs in die Industriegesellschaft ergaben; diese bedurfte einer breiten Schicht von wenigstens grundqualifizierten Arbeitskräften und einer genügenden Zahl von Menschen, die in leitenden Funktionen einsetzbar waren. Zugleich waren die Bildungssysteme grundlegend für die neu entstehende bürgerliche Öffentlichkeit. Zu den Kernaufgaben der Systeme gehörte es, den Lernenden durch sprachliche Bildung die Teilhabe an der öffentlichen Sphäre zu ermöglichen (Lohmann 1993). Der Zugang zur und das Verfügen über die Nationalsprache in Wort und Schrift waren Voraussetzung für öffentliche Mitsprache und die Übernahme gesellschaftlicher Verantwortung. Zeitgenössische Begründungen für die Etablierung der allgemeinbildenden Schule stellen den Zusammenhang zwischen gesellschaftlicher Teilhabe „für einen jeden" und sprachlicher Bildung, die den Zugang zur Nationalsprache eröffnet, immer wieder her. Zugleich wird der Stellenwert betont, den das Lernen fremder Sprachen für Bildung generell, und speziell für die Ausbildung der ‚eigenen Sprache' besitze (Humboldt 1907). In dieser Epoche – für Deutschland: im Vormärz – sind das Verfügen über die Nationalsprache und über weitere, ‚fremde' Sprachen zwei Seiten derselben Medaille: Sie gehören zum Bildungsprozess für die entstehende, noch grundsätzlich kosmopolitisch gestimmte Nation (Coulmas 1990).

Im Verlaufe des 19. Jahrhunderts verändern sich die Funktion und der Stellenwert der Nationalsprachen in Europa. In das Nationkonzept wird die Vorstellung von über- und untergeordneten Völkern aufgenommen (Wehler 1995). Im Übergang zum Nationalismus wird die Nationalsprache vom Medium der Teilhabe an der bürgerlichen Öffentlichkeit zum Nachweismittel für die Loyalität zur Nation und zu den sie Leitenden. Bildung wird zur Nationalbildung (Herrmann 1996). Ein bildender Wert wird den Fremdsprachen nicht mehr zuerkannt; das Lehren und Lernen von Fremdsprachen legitimiert sich nun utilitaristisch: als Notwendigkeit für die Verständigung in Grenznähe, für Handel und militärische Zwecke. In dieser Epoche vollzieht sich das Entstehen eines ‚monolingualen Habitus' der Nationalgesellschaft europäischer Prägung: die Entwicklung des Selbstverständnisses, dass Monolingualität einer Nation und der in ihr lebenden Menschen der ‚natürliche Normalfall' seien (Gogolin 1994).[4] Zwei- oder Mehrsprachigkeit wird als gefährdend betrachtet: als Störung für das Funktionieren des Staatswesens und der Gemeinschaft ebenso wie als Gefährdung der ‚normalen' sprachlichen Entwicklung des einzelnen Menschen. Aufgegriffen und ins Zentrum gestellt wird das bereits von Johann Gottlieb Fichte vorgestellte Konzept, dass es eine ‚natürliche Bindung' zwischen einer Nation, ihrer Sprache und ihren Menschen gebe: „Was dieselbe Sprache redet, das ist schon vor aller menschlichen Kunst vorher durch die bloße Natur mit einer Menge von unsichtbaren Banden aneinander geknüpft, [...] es gehört zusammen und ist natürlich eins und ein unzertrennlich Ganzes" (Fichte 1896,

S. 259). Schulische Bildung hat auch hier beträchtlichen Anteil daran, dass sich das verändertes sprachliche Selbstverständnis durchsetzt (Krüger-Potratz 1994). – Diese historische Tradition bestimmt das sprachliche Selbstverständnis in den Nationalstaaten europäischer Prägung bis heute. Sie behält ihre Wirksamkeit wahrscheinlich nicht zuletzt, weil die Geschichte des Entstehens dieses Selbstverständnisses ins Vergessen geraten ist – abgesunken in die habituelle Praxis der Menschen und in die in ihrem Sinne geschaffenen Strukturen.

Auch in die Forschung über Sprachen und sprachliche Bildung gehen seither Konzepte ein, die auf der Normalvorstellung Einsprachigkeit aufruhen. Insbesondere die pädagogische Betrachtung von sprachlichen Ausnahmekonstellationen, als die Zwei- oder Mehrsprachigkeit nun gesehen werden, geschieht eine Zeit lang mit der Sorge pathologischer Folgen. Ein Beispiel dafür, in dem zahlreiche Argumente aufscheinen, die bis heute durchaus auch in wissenschaftlichen Diskursen über Vor- und Nachteile von Zwei- oder Mehrsprachigkeit verwendet werden, ist Eduard Blochers Warnung:

> Also erster Nachteil: ein ungemein großer Aufwand an Zeit und geistiger Kraft muß auf die Erhaltung und Verwirklichung der Zweisprachigkeit verwendet werden. […] Ein weiterer Nachteil ist die *Abstumpfung und Schwächung des Sprachgefühls*. Natürlich gibt es hier nach Begabung, Erziehung, Umgebung sehr große Unterschiede. Aber die Schwächung ist immer da. […] Die höchsten sprachlichen Leistungen sind nur dem Einsprachigen möglich. Sind alle Schädigungen sprachlicher Art überwunden, so zeigt immer noch das *Denken* gewisse Spuren der Zweisprachigkeit. […] Zusammenfassung der Nachteile, die aber nicht alle bei demselben Menschen vorzukommen brauchen: großer Aufwand von Zeit und Kraft auf Kosten andrer Arbeit, Schwächung des Sprachgefühls durch gegenseitige Beeinflussung der beiden Sprachen, Unsicherheit des Ausdruckes, Sprachmengerei, Armut des lebendigen Wortschatzes, Lockerung der geistigen Gemeinschaft mit den Einsprachigen, d. h. mit der großen Mehrzahl der Volksgenossen (Blocher 1910, S. 667–669).

Es ist gewiss nicht diese – ihrer Zeit gemäß – durch und durch ideologisierte Sicht auf sprachliche Normalität, die sich in späterer Forschung zur Mehrsprachigkeit wiederfinden lässt. Aber es sind grundlegende Konzeptualisierungen, die beispielsweise Untersuchungsdesigns bestimmen. Ein herausragendes Beispiel dafür ist es, dass die Forschung über Aneignung bzw. Entwicklung oder Bildung von oder in mehr als einer Sprache sich lange Zeit ausschließlich unter dem Begriff der Zweisprachigkeit versammelte. Diese wiederum war bis in die 1960er-Jahre dominiert von und ist zuweilen nach wie vor orientiert an Bloomfields Grundgedanken der „native control of two languages" (Bloomfield 1933). Ein Konzept, das implizit oder explizit in dieser Sichtweise verankert ist, ist das des sequentiellen Spracherwerbs, eingefangen in der Begrifflichkeit Erst- und Zweit, Drittsprache. Die Sprachaneignungskonstellation, dass gleichzeitig mehrere Sprachen in der Lebenswelt eines Kindes seine Spracherwerbsquellen sind, ist als Ausnahmefall untersucht, und zwar hauptsächlich mit Bezug auf den Erwerbskontext, der sich durch bilinguale Elternschaft ergibt (Meisel 1994, 2004; Tracy 2007). Auch Untersuchungen über Spracherwerb von Kindern aus Migrantenfamilien haben bislang überwiegend die Konstellation der Bilingualität im Blick, verstanden als Zusammentreffen einer Familienoder Herkunftssprache und der umgebenden Majoritätssprache. Einige Forschung liegt zur Frage vor, welche Effekte diese Version der Bilingualität auf die weitere schulische Sprachaneignung, also den Erwerb einer Fremdsprache hat (Jessner 2008). Mit Bezug auf Sprachbildung in Deutschland liegen erste Ergebnisse zur Frage des Einflusses vor, den die Beherrschung der Familiensprache Türkisch auf den Erwerb der Fremdsprache Englisch besitzt (Rauch et al. 2010). Nicht untersucht ist bislang, welchen Einfluss eine ‚super-diverse' Sprachumgebung auf Entwicklungs- und Lernprozesse sowie auf ihre Ergebnisse hat.

4   Spracherwerb und Sprachentwicklung im Kindesalter: konsensuelle Forschungsergebnisse

Über den Forschungsstand zu Spracherwerb und Sprachentwicklung kann also vor allem berichtet werden, was über die Konstellation der Zweisprachigkeit bekannt ist. Aus linguistischer Perspektive wird angemerkt, dass sich diese bislang vor allem um das frühe Kindesalter oder erwachsene Lernende drehe. Die aus erziehungswissenschaftlicher Perspektive besonders relevante Erwerbs- und Lernphase im Schulkind- und Jugendalter ist hingegen wenig untersucht (de Bot und Schrauf 2009).

Mit Blick auf die Entwicklung von Zweisprachigkeit in der frühen Kindheit liegt ein hoch differenzierter Forschungsstand vor, der hier nicht im Detail berichtet werden kann. Festgehalten werden können einige *konsensuelle* Ergebnisse, die für institutionelle Erziehungs- und Bildungsangebote bedeutsam sind. Demnach verläuft eine zweisprachige Entwicklung, die bis zum Alter von ca. drei bis vier Jahren stattfindet, mit Blick auf die Aneignung der strukturellen Grundgerüste, also der syntaktischen Grundstruktur beider Sprachen sehr ähnlich wie eine einsprachige Entwicklung. In der einschlägigen Forschung besteht darüber Konsens, dass dieser Ausschnitt des bilingualen Spracherwerbs relativ unabhängig von sozio-ökonomischen Merkmalen und kulturellem Kapital der Herkunftsfamilie geschieht (Tracy 2007). Nur im Falle physiologischer Störungen sind Abweichungen vom strukturbezogenen Verlauf der Sprachentwicklung Zweisprachiger zu erwarten; diese treten dann in beiden Sprachen auf (Chilla et al. 2010). Bei später einsetzendem Kontakt mit der zweiten Sprache ergeben sich Unterschiede der Aneignung, die auf der Oberflächenebene bemerkbar werden können durch anhaltende Abweichung von zielsprachlichen grammatischen Formen. Auch bei späterem Sprachkontakt ist die Geschwindigkeit der Aneignung zielsprachlicher Strukturen bedeutend herabgesetzt (Meisel 2004).

Anders als in Bezug auf das grammatische Grundgerüst verhält es sich bei bilingualem Spracherwerb mit dem Wortschatz. Auch bei frühem Sprachkontakt erwerben bilinguale Kinder in der Regel in jeder ihrer Sprachen einen Wortschatz von geringerem Umfang als einsprachige. Dies erklärt sich dadurch, dass die Wortschatzaneignung stärker als der Erwerb grammatischer Grundstrukturen vom konkreten Input abhängt, den ein Kind erfährt. Es wirkt sich aus, dass die sprachlichen Welten, in denen das Kind lebt, nicht deckungsgleich sind: So unterscheiden sich die Domänen, die im familialen Sprachgebrauch eine Rolle spielen, in weiten Bereichen von jenen, die in Bildungseinrichtungen relevant sind (Desmet und Duyck 2007). Funktional betrachtet, ist dieser Aspekt zweisprachiger Entwicklung kein Nachteil. Obzwar in jeder der beiden Sprachen geringer, steht Zweisprachigen doch insgesamt gesehen ein größeres Repertoire an lexikalischen Mitteln zur Verfügung als Einsprachigen. Als Nachteil kann sich dieses Phänomen zweisprachiger Entwicklung jedoch in der Schulkarriere auswirken, insbesondere, wenn es sich um ein einsprachiges Bildungsangebot handelt und versäumt wird, gezielt am Ausbau des bildungsrelevanten Lexikons zu arbeiten.

Während also mit Blick auf den Wortschatz von Nachteilen bilingualer Entwicklung gesprochen werden kann – jedenfalls, wenn Bildung in nur einer der beiden Sprachen gegeben ist –, sprechen viele Ergebnisse der einschlägigen Forschung für Vorteile mit Blick die kognitive Entwicklung im Kindesalter, ebenso wie für den Erhalt kognitiver Fähigkeiten im hohen Alter. Besonders untersucht wurde die Fähigkeit zu kognitiver Kontrolle, also beispielsweise dazu, sich von der Vorstellung freizumachen, dass Wort und Ding, Zeichen und Bezeichnetes in eins fallen. Mit Blick darauf besitzen Zweisprachige gegenüber Monolingualen Vorteile. Sie erkennen z. B. eher und leichter als Monolinguale, dass die grammatische Form einer Äußerung korrekt sein kann, auch wenn sie es inhaltlich nicht ist. Ellen Bialystok fasst die Ergebnisse der entsprechenden Forschung folgendermaßen zusammen: „In contrast to the negative effects on vocabulary size and lexical retrieval, studies comparing monolinguals and bilinguals on aspects of executive processing consistently report advantages for bilinguals" (Bialystok 2009, S. 56).

Bilanzierend betrachtet ergeben sich aus der Forschung über Zweisprachigkeit in der frühen Kindheit eher Hinweise auf Vorteile als auf Nachteile für den Sprachbesitz. Es erscheint demnach auch sinnvoll, Kinder mit Migrationshintergrund so früh wie möglich in intensiven Sprachkontakt mit der umgebenden Mehrheitssprache zu bringen, damit die Vorteile, die für die Aneignung des grammatischen Grundgerüsts einer Sprache bestehen, möglichst weitgehend genutzt werden.

Zu der Frage allerdings, welchen Einfluss die multilinguale Zusammensetzung der Gruppen auf die potenziellen Ergebnisse einer frühen Sprachkontaktsituation in Einrichtungen der Elementarbildung besitzt, liegen bisher keine Forschungsergebnisse vor und die Forschung über Effekte von sprachförderlichen Interventionsmaßnahmen im Elementarbereich führte bis jetzt zu keinem konsensuellen Ergebnis (Baden-Württemberg Stiftung 2011).

5   Kontroverse über die Förderung von Zwei- und Mehrsprachigkeit: schulische Bildung

Bei der Sichtung der Forschung zu Zwei- und Mehrsprachigkeit, sei sie im deutschsprachigen Raum verankert oder in anderen Regionen, fällt auf, dass umso mehr Kontroversen ausgetragen werden, je enger das Forschungsfeld an Handlungsbereiche heranreicht,
die der politischen, sozialen oder pädagogischen Intervention unterliegen. Die hier geführten Auseinandersetzungen drehen sich einerseits um die wissenschaftliche Qualität
der Forschung, die den jeweils vertretenen Standpunkt untermauern soll. Die Kontroverse ist aber andererseits keineswegs frei von normativen Grundentscheidungen, die
der quasi-neutralen, evidenzbasierten Argumentation zugrundeliegen. Als Beispiel soll
hier die ‚Bilingualismus-Kontroverse' vorgestellt werden, die mit großer Heftigkeit in
den USA geführt wird, aber ihre Ausläufer auch in die deutschsprachige Forschung aus-
sendet. Sie wird in der Öffentlichkeit ebenso wie bildungspolitisch mit großer Aufmerksamkeit wahrgenommen.

Der Streitfall bezieht sich speziell auf den möglichen Nutzen oder Schaden der Zweisprachigkeit im Falle der Bilingualität von Kindern aus Migrantenfamilien.[5] Die argumentative Grundstruktur der Kontroverse wird exemplarisch anhand zweier Studien
vorgestellt, die sich im Widerstreit über Nutzen oder Schaden von Modellen der bilingualen Erziehung in den USA befinden. Es handelt sich um Metaanalysen US-amerikanischer und kanadischer Forschung, die von Slavin und Cheung (2005) sowie von Rossell
und Kuder (2005) vorgelegt wurden.

Slavin und Cheung (2005) stützen ihre Analyse auf Forschung über die Effekte von
bilingualen Modellen auf die Lesefähigkeit von Schülerinnen und Schülern in den USA,
die aus spanischsprachiger Zuwanderung stammen. Sie verwenden in ihrer Analyse
die Methode der ‚best evidence synthesis' (Slavin 1986). Diese Methode berücksichtigt konsistente, von verzerrenden Faktoren unbeeinflusste Ergebnisse experimenteller Untersuchungen von monolingual englischen und bilingualen Leseförderprogram-
men. Die Strategie der Meta-Analyse umfasst in diesem Falle nicht allein die Reanalyse
quantitativer Effekte und Effektstärken. Vielmehr werden darüber hinaus Kontextin-
formationen über die untersuchten Modelle mit einbezogen, die in der Form narrativer
Daten vorliegen. Eingeschlossen in die Analyse wurden 17 Untersuchungen, die methodische Minimalstandards erfüllen und über Effektstärken bei der Lesekompetenz
berichten.

Slavin und Cheung (2005) geben einen Überblick über die Merkmale jedes einbe-
zogenen Programms und diskutieren die methodischen Limitierungen des eigenen Ansatzes. Unter Berücksichtigung dieser Einschränkung kommen die Autoren zu dem
Schluss, dass sich in zwölf der 17 untersuchten Programme klare Vorzüge für die bilingualen Modelle zeigen. Zugleich habe keine der Studien Vorteile für Englisch-monolinguale Modelle ergeben. Die Autoren schränken allerdings ein, dass bilinguale Modelle
nur dann von Vorteil sind, wenn das Ziel eines Spracherhalts gesetzt ist (sog. language

maintenance-Programme). In solchen Modellen werden beide Sprachen kontinuierlich, langfristig und aufeinander abgestimmt gefördert *und* als Unterrichtsmedium eingesetzt. Für Modelle hingegen, die eine Transition zur Zweitsprache zum Ziel haben, gilt der Vorteil nicht. Die Autoren heben hervor, dass sich mit ihren Methoden keine sichere Aussage darüber treffen lässt, ob die Effekte sich kausal auf den Faktor „Sprache des Unterrichts" zurückführen lassen oder ob sich – allgemeiner – die Folgen guten Unterrichts auswirken. Sie plädieren dafür, die Forschung über ebendiese Frage voranzutreiben und ideologische Debatten dahinter zurücktreten zu lassen (a. a. O., S. 34).

Das zweite Beispiel ist die Meta-Analyse von Rossell und Kuder (2005). Diese Autoren kommen aufgrund ihrer Analysen zu dem Schluss, dass Vorteile bilingualer Modelle nicht identifiziert werden können. Ihre kritische Auseinandersetzung mit anderen Meta-Analysen habe zu dem Resultat geführt, dass sie vielfach politisch-ideologischen statt wissenschaftlichen Ansprüchen genügten. Entsprechende Studien, die in diesem Sinne „on other grounds than methodological evidence" argumentierten, schließen sie aus ihrer Reanalyse aus (a. a. O., S. 45). Ebenso seien Ergebnisse auszuschließen, die die Entwicklung beider Sprachen bilingualer Lernender betreffen: „It is indisputable and uncontroversial that a Spanish speaking child taught to read and write in Spanish will do better in Spanish than will a Spanish speaking child taught to read and write in English. What is controversial is the notion that a Spanish speaking child taught to read and write in Spanish will do better in English […] and so that is the only outcome we examine or have ever examined" (a. a. O., S. 46). Studien also, in denen der Gewinn für das Englische nicht im Vordergrund stehe, seien der Sache nach irrelevant.

Die beiden Autoren kommen zu dem Ergebnis, dass Englisch-monolinguale Programme am erfolgreichsten seien. Als beste Methode erweise sich „structured English immersion", also eine monolinguale Vorgehensweise mit zusätzlicher Förderung des Englischen. Je mehr Unterricht in der Herkunftssprache erteilt werde, desto schlechter seien die Ergebnisse im Englischen. Zwar sei zu vermuten, dass „a little bit of native tongue instruction does not hurt and might help if the first language is Spanish" (a. a. O., S. 69). Es sei möglich, dass bilinguale Modelle unschädlich seien, wenn die Familiensprache in einer begrenzten Zeit unterrichtet werde.

In dieser hier exemplarisch vorgestellten Auseinandersetzung und unterschiedlichen Interpretation von – teilweise identischen – Datensätzen zeigen sich Grundmuster, wie sie in vielen Diskursen zur Mehrsprachigkeit wiederkehren.

Zu diesen Grundmustern gehört der geäußerte und zurückgewiesene Ideologieverdacht für den jeweils anderen Standpunkt. Vielleicht zeigt sich hier am deutlichsten, dass Spuren der tradierten sprachlichen Grundüberzeugungen auch der wissenschaftlichen Auseinandersetzung mit Mehrsprachigkeit nicht fremd sind.

Ferner gehört zu diesen Grundmustern, dass eine explizite oder implizite normative Perspektive für die Anlage von Untersuchungen und die Interpretation von Ergebnissen mitentscheidend ist. Sie betrifft die mit der Sprachbildung der zwei- oder mehrsprachig lebenden Kinder und Jugendlichen verbundenen wünschenswerten Ziele.

Im Beispiel von Rossell und Kuder (2005) ist die Perspektive repräsentiert, dass Sprachbildungsziele ausschließlich in der Förderung der mehrheitssprachlichen Kompetenzen liegen können. Folgerichtig sind auf diese auch die Gewinnerwartungen gerichtet, die sich an die Sprachbildung knüpfen. Die Förderung der Zweisprachigkeit kann aus dieser Sicht nur als Ressource und Gewinn erkannt werden, wenn sie für die Beherrschung der *Zweit*sprache Vorteile erkennen lässt. Diese Betrachtungsweise ist in einem rational choice-Ansatz theoretisch verankert (Esser 2009; Dollmann und Kristen 2010).

In kulturtheoretisch eingebetteter Forschung wird demgegenüber das Konzept der Ressource bzw. des Gewinns anders mit Inhalt gefüllt. Wie im Beispiel von Slavin und Cheung (2005) sichtbar wird, gilt hier zwar auch, dass die Sprachbildung zweisprachig lebender Kinder und Jugendlicher sich in Erfolgen für die *Zweit*sprache niederschlagen muss.[6] Es wird aber darin, dass gute Erfolge in dieser Sprache erzielt werden und dabei gleichzeitig die Kompetenz der Lernenden in *beiden* Sprachen gefördert wird, ein erstrebenswertes Ziel und ein Gewinn gesehen (Cummins 2008; Gogolin 2009).

Nicht nur vor dem Hintergrund solcher Kontroversen ist der Forschungsstand, der über die Frage der Wirksamkeit und Effektivität der Einbeziehung von Zwei- oder Mehrsprachigkeit in die Sprachbildung bis dato vorliegt, keineswegs befriedigend. Nur wenige vorliegende Befunde sind eindeutig oder hinreichend abgesichert. Dies sei am Beispiel der Annahme illustriert, dass sich die Einbeziehung der Herkunfts- oder Familiensprache in das Sprachbildungsprogramm insoweit positiv auf das Lernen auswirken könne, als sich dadurch lernförderliche Transfereffekte ergäben – etwa die Übertragung von metasprachlichem Wissen oder Können von einer auf die andere Sprache. Diese Annahme geht vor allem auf die sog. Interdependenzhypothese zurück, die Jim Cummins (1991) entwickelt hat. Sie lautet: „To the extent that instruction in Lx is effective in promoting proficiency in Lx, transfer of this proficiency to Ly will occur provided there is adequate exposure to Ly (either in school or environment) and adequate motivation to learn Ly" (Cummins 1991, S. 77).

In einigen Untersuchungen zeigen sich Hinweise auf die Stichhaltigkeit der Interdependenzhypothese. Freilich ist nicht notwendigerweise von Transfereffekten der ‚Erstsprache' (oder Familiensprache) auf die Zweitsprache auszugehen, sondern es ist auch die umgekehrte Richtung möglich (Tarone et al. 2009; Klein und Dimroth 2005). Anzunehmen ist, dass Transfer in beide Richtungen geht – und zwar jeweils von einer stärker ausgebauten sprachlichen Teilkompetenz auf die schwächere. In diese Richtung deuten auch Ergebnisse, die in Bezug auf die schulische Förderung von Fremdsprachen vorliegen. So kommt eine Studie (Rauch et al. 2010) zur Frage, ob sich die Fähigkeiten, die Jugendliche türkischer Herkunft im Türkischen aufweisen, positiv auf die Deutsch- oder Englischkenntnisse der Untersuchten auswirken, zu dem Ergebnis, dass sich kein globaler Effekt ausmachen lässt. In Bezug auf die Teilfähigkeit der Lesekompetenz jedoch gibt es den Hinweis, dass Lesefähigkeit im Türkischen zwar nicht auf die Lesefähigkeit im Deutschen, aber positiv auf die Englisch-Lesekompetenz auswirkt. Die Autoren vermuten die Gründe für dieses Ergebnis darin, dass „das Englische in formalem

Fremdsprachenunterricht gelehrt wird, während der Deutschunterricht die Kenntnis der Sprache selbst weitgehend voraussetzt und darauf aufbauende Kenntnisse vermittelt" (a. a. O., S. 97). In dieselbe Richtung weisen Resultate einer Längsschnittstudie über die Aneignung von Englischkenntnissen durch bilinguale Migrantenkinder in der Schweiz (Haenni Hoti 2009, 2010).

Die vorliegenden Befunde deuten in die Richtung, dass sich Transferunterstützung nur mit Bezug auf sprachliche Teilbereiche ergeben, in denen gut ausgebaute Kompetenzen vorhanden sind. In der Studie von Rauch et al. (2010) zeigt sich jedoch auch das vermutlich verallgemeinerbare Ergebnis, dass mit fundierten schriftsprachlichen Kenntnissen mindestens unter Jugendlichen mit Türkisch als Herkunftssprache in Deutschland nicht zu rechnen ist: Nur etwa ein Viertel der Stichprobe erreichte ein Lesekompetenzniveau, das es erlaubt, einen etwas längeren türkischen Text zu verstehen (Niveau B2 nach dem Gemeinsamen Europäischen Referenzrahmen für Sprachen; vgl. Rauch et al. 2010, S. 94). Die potenziellen kognitiven und lernstrategischen Vorteile, die in der Zwei- oder Mehrsprachigkeit angelegt sind, können sich wahrscheinlich nur dann entfalten, wenn sie systematisch im Unterricht aufgegriffen und weiterentwickelt werden.

6   Perspektiven

Eine Zielstellung der weiteren Forschung über Mehrsprachigkeit ist es, die Komplexität und Dynamik der Entwicklung sprachlicher Verhältnisse in Migrationskontexten besser zu verstehen. Dies erfordert neben Untersuchungen, die Daten auf sehr hoher Aggregatebene einbeziehen, auch das Eindringen in die tieferen Schichten sprachlicher Entwicklung und Praxis, was mit methodenkombinierenden, interdisziplinären Forschungsstrategien möglich ist. Steven Vertovec hat die ‚konzeptionelle Triade Konfigurationen, Repräsentationen, Begegnungen' als Rahmen für entsprechende Forschung vorgeschlagen. Mit ‚Konfiguration' ist die Erfassung der Diversität mit Blick auf strukturelle und demographische Gegebenheiten gemeint. ‚Repräsentation' richtet sich auf die Modi, in denen Diversität imaginiert und veranschaulicht wird. Und unter dem Stichwort ‚Begegnung' soll untersucht werden, auf welche Art und Weise Diversität in Interaktion und Praxis erfahren wird (Vertovec 2009). Der Autor weist darauf hin, dass die drei Bestandteile der Triade interagieren. „To call this a conceptual triad is to insist that [...] each part of the triad must be understood in the light of the other two" (Vertovec 2010, S. 1).

Im Sinne eines solchen Forschungsprogramms zu Multilingualität sind zunächst traditionelle und geläufige Konzepte auf den Prüfstand zu stellen. So stellt sich beispielsweise die Frage, welcher Begriff von Kompetenz im Falle von Zwei- oder Mehrsprachigkeit angemessen ist. Aus der Forschung über Sprachpraxis in multilingualen Konstellationen heraus wird darauf hingewiesen, dass die Auffassung verfehlt ist, es handele sich beim „kompetent Bilingualen" um einen Sprecher, „der sich je nach Situation in beiden Sprachen wie ein Monolingualer ausdrücken kann" (Auer 2009, S. 90). Die Beobachtung sprachlicher Realität zeige, dass „kompetente Mehrsprachigkeit eine eigenständige, primäre sprachliche und interaktionale Kompetenz" darstellt (ebd.). Die sprachliche Praxis Mehrsprachiger sei kein Derivat von mehreren Einsprachigkeiten; sie folge nicht der Idealvorstellung strikter Trennung der in Mehrsprachigkeit aufgehenden Einzelsprachen. Vielmehr sei die Fähigkeit, in mehreren Sprachen zu handeln, auch mit der Kompetenz verbunden, die Sprachen gleichzeitig einzusetzen – je nach Anlass und Notwendigkeit. Die Fähigkeit zum ,Codemixing' oder ,Codeswitching', also zum Wechsel zwischen den beteiligten Sprachen und zum Mischen von Redemitteln, deute darauf, dass eine Sprecherin oder ein Sprecher die zur Verfügung stehenden Redemittel geschickt und kontextgemäß einsetzen könne – verrate also „(meta)grammatische und (meta)diskursive Kompetenzen", die ein „Ausdruck ,kompetenter Bilingualität'" sind (ebd.). Auer weist darauf hin, dass die entsprechenden sprachlichen Praktiken bei Höchstgebildeten durchaus als Kompetenz wertgeschätzt, bei Angehörigen der „sprachlichen Unterschicht" aber als Ausweis für sprachliche Defizite angesehen werden (a. a. O., S. 95).

Der vorliegende Stand der Forschung ist besonders lückenhaft im Hinblick auf gesicherte Grundlagen für den Anwendungszusammenhang der sprachlichen Bildung. Die Kontroversen über bilinguale Erziehung beispielsweise richten sich auf Schulmodelle, die in bilingual strukturierten Regionen funktional sein können. Dies ist beispielsweise im Süden der USA, wo hispanische Zuwanderung überwiegt, vielfach der Fall, ebenso wie in umgrenzten Regionen, in denen autochthone sprachliche Minderheiten leben (wie etwa die sorbischen Sprachgebiete in Brandenburg und Sachsen oder die dänische Sprachregion in Schleswig-Holstein). In den durch Zuwanderung geprägten Staaten Europas aber und insbesondere ihren städtischen Regionen ist eine bilinguale Struktur kaum je anzutreffen, sondern es finden sich viele verschiedene Sprachen auf engem Raum. In der bisherigen Forschung wird Zweisprachigkeit gleichsam als der Prototyp von Mehrsprachigkeit aufgefasst. Die Frage aber, ob und in welchen Aspekten sich tatsächlich Erkenntnisse über Zweisprachigkeit auf die Sprachentwicklungs- und Sprachbildungskonstellation der sprachlichen Super-Diversität übertragen lassen, ist offen (Hult 2010). Über Unterricht in vielsprachigen Konstellationen liegen einige wenige Beobachtungsstudien von begrenzter Reichweite vor (Gogolin und Neumann 1997). Untersuchungen, die die Beobachtungen in Beziehung zu Forschungsergebnissen über Schul- und Unterrichtsqualität in Deutschland stellen, fehlen (Fürstenau und Gomolla 2009); es gibt jedoch Hinweise auf Qualitätsmerkmale für den Unterricht in multilingualen Konstellationen aus Untersuchungen in England (Bourne 2013).

Ebenfalls gering ist das forschungsbasierte Wissen über die Phase des Spracherwerbs, die nach dem Schuleintritt und unter dem Einfluss der Bildungsinstitution stattfindet. Spracherwerbstheoretische Grundlagenforschung konzentriert sich bislang auf die Phase der Kindheit bis etwa zum Schuleintrittsalter (vgl. Hopp et al. 2010). Die Weiterentwicklung lebensweltlicher Zwei- bzw. Mehrsprachigkeit im Schulalter ist wenig erforscht; die Beobachtung mehrsprachlicher Lernprozesse in der Schule richtet sich in der Regel auf die Aneignung mehrerer schulischer Fremdsprachen (Aronin und Hufeisen 2009). Wenige Studien wenden sich dem Vergleich der Prozesse zu, die kindliche und erwachsene Lernende bei der Aneignung einer neuen Sprache durchlaufen (Dimroth 2008).

Defizitanalysen der Forschung haben zu verschiedenen Initiativen geführt, von denen erhofft werden kann, dass einige der angedeuteten Forschungsdesiderata überwunden werden. Im Rahmen der Förderinitiative Bildungsforschung des Bundesministeriums für Bildung und Forschung wird der Forschungsverbund „Forschungsinitiative Sprachdiagnostik und Sprachförderung FiSS" gefördert, in dem sich mehrere Projekte auch Fragen der Sprachentwicklung und des Lernens unter Mehrsprachigkeitsbedingungen zuwenden (vgl. www.fiss-bmbf.uni-hamburg.de/). Im Landesexzellenzcluster „Linguistic Diversity Management in Urban Areas LiMA" der Universität Hamburg werden Spracherwerb, Sprachentwicklung und Sprachkontakt in Konstellationen untersucht, in denen mehr als zwei Sprachen interagieren (www.lima.uni-hamburg.de).

Am LOEWE-Zentrum IDeA (Center for Research on Individual Development and Adaptive Education of Children at Risk) des Deutschen Instituts für Internationale Pädagogische Forschung und der Goethe-Universität Frankfurt am Main wird die Frage untersucht, wie sich Mehrsprachigkeit im Falle sprachlicher Störungen oder Behinderungen auswirkt (www.dipf.de/de/projekte/idea). Das von der EU im Siebten Rahmenprogramm geförderte Projekt Dylan (Language Dynamics and Management of Diversity, http://www. dylan-project.org/Dylan_en/home/home.php) stellt für verschiedene europäische Migrationsregionen die Frage, welche Bedingungen gegeben sein müssen, damit Mehrsprachigkeit einen Nutzen für die gesellschaftliche und ökonomische Entwicklung darstellt (Lüdi und Py 2009). – Es gibt also vielfältige Ansatzpunkte für die Gewinnung besseren Wissens über Mehrsprachigkeit und ihre Folgen für Bildung und Erziehung – dies zeigen auch die einzelnen Beiträge zum Schwerpunktthema dieses Heftes.

Danksagung: Den Gutachtern im peer review-Verfahren danke ich für sorgsame Lektüre und konstruktive Hinweise zur Überarbeitung des Textes.

Anmerkungen

1   Mit ‚lebensweltliche Mehrsprachigkeit' ist eine durch alltäglichen Umgang mit mehr als einer Sprache gekennzeichnete Lebenslage bezeichnet. Diese unterscheidet sich zumindest graduell von ‚fremdsprachlicher Mehrsprachigkeit', sowohl im Hinblick auf Sprachaneignung als auch im Hinblick auf den Sprachgebrauch.

2   Vertovec ist inzwischen Direktor des Max-Planck-Instituts zur Erforschung multireligiöser und multiethnischer Gesellschaften in Göttingen.

3   Super-diversity – verdeckendes Schlagwort oder aufklärender Begriff? Vortrag von Steven Vertovec im Rahmen der Ringvorlesung „Interkulturelle Bildung", gehalten am 26. Oktober 2010 an der Universität Hamburg, bisher unveröffentlicht.

4 Dieses Selbstverständnis ist auch in den sog. mehrsprachigen Nationen Europas (wie in Belgien, der Schweiz) zu finden; jedoch bezieht es sich dort auf die definierten Sprachterritorien innerhalb der Nation.
5 Im Falle der Zugehörigkeit von Menschen zu einer gehobenen sozialen Schicht werden die Vorteile von Zwei- oder Mehrsprachigkeit nicht in Frage gestellt. Hier scheint der in diesem Stichwortartikel nicht behandelte Zusammenhang von Sprache und Macht auf, wie ihn z. B. Pierre Bourdieu (1990) in seinen historischen Analysen aufgezeigt hat.
6 Diese Zielvorstellung wird seit den 1980er-Jahren in der erziehungswissenschaftlichen Migrationsforschung stark gemacht, aber nicht als Gegensatz zur Entwicklung von Zweisprachigkeit gesehen; vgl. als ein Beispiel Gogolin 1988.

Literatur

Anderson, B. (1991). *Imagined communities: Reflections on the origin and spread of nationalism.* London: Verso.

Aronin, L., & Hufeisen, B. (Hrsg.). (2009). *The exploration of multilingualism: Development of research on L3, multilingualism and multiple language acquisition.* Amsterdam: John Benjamins.

Auer, P. (2009). Competence in performance: Code-switching und andere Formen bilingualen Sprechens. In I. Gogolin & U. Neumann (Hrsg.), *Streitfall Zweisprachigkeit – The Bilingualism Controversy* (S. 90–110). Wiesbaden: VS Verlag für Sozialwissenschaften.

Baden-Württemberg Stiftung. (Hrsg.). (2011). *Sag' mal was – Sprachförderung für Vorschulkinder. Zur Evaluation des Programms der Baden-Württemberg Stiftung.* Tübingen: Francke (im Druck).

Bialystok, E. (2009). Effects of bilingualism on cognitive and linguistic performance. In I. Gogolin & U. Neumann (Hrsg.), *Streitfall Zweisprachigkeit – The Bilingualism Controversy* (S. 53–67). Wiesbaden: VS Verlag für Sozialwissenschaften.

Blocher, E. (1910). Zweisprachigkeit. Vorteile und Nachteile. In W. Rein (Hrsg.), *Enzyklopädisches Handbuch der Pädagogik* (2. Aufl., Bd. 10, S. 665–670). Langensalza: Hermann Beyer & Söhne.

Blommaert, J. M. E. (2010). *The sociolinguistics of globalization.* Cambridge: Cambridge University Press.

Bloomfield, L. (1933). *Language.* New York: Holt.

Bourdieu, P. (1990). *Was heißt sprechen? Die Ökonomie des sprachlichen Tausches.* Wien: Braumüller.

Bourne, J. (2013). Making the difference: Teaching and learning strategies in multi-ethnic schools. In I. Gogolin, I. Lange, U. Michel, & H. H. Reich (Hrsg.), *Durchgängige Sprachbildung – Förderung bildungssprachlicher Fähigkeiten im Modellprogramm FörMig.* Münster: Waxmann (in press).

Cenoz, J., & Gorter, D. (2011). Multilingualism. In J. Simpson (Hrsg.), *Routledge handbook of applied linguistics* (S. 401–412). New York: Routledge, Taylor and Francis.

Chilla, S., Rothweiler, M., & Babur, E. (2010). *Kindliche Mehrsprachigkeit. Grundlagen, Störungen, Diagnostik.* München: Ernst Reinhardt.

Coulmas, P. (1990). *Weltbürger. Geschichte einer Menschheitssehnsucht.* Reinbek: Rowohlt.

Creese, A., & Blackledge, A. (2010). Towards a sociolinguistics of superdiversity. *Zeitschrift für Erziehungswissenschaft, 13*(4), 549–572.

Cummins, J. (1991). Conversational and academic language proficiency in bilingual contexts. In J. H. Hulstijn & J. F. Matter (Hrsg.), *Reading in two languages. AILA-Review, 8,* 75–89.

Cummins, J. (2008). Total immersion or bilingual education? Findings of International research promoting immigrant children's achievement in the primary school. In J. Ramseger & M. Wagener (Hrsg.), *Chancenungleichheit in der Grundschule. Ursachen und Wege aus der Krise* (S. 45–55). Wiesbaden: VS Verlag für Sozialwissenschaften.

de Bot, K., & Schrauf, R. W. (Hrsg.). (2009). *Language development over the lifespan.* London: Routledge (Taylor & Francis).

Desmet, T., & Duyck, W. (2007). Bilingual language processing. *Language and linguistics compass, 1*(3), 168–194.

Dietz, G. (2007). Keyword: Cultural diversity. A guide through the debate. *Zeitschrift für Erziehungswissenschaft, 10,* 7–30.

Dimroth, C. (2008). Age effects on the process of L2 acquisition? Evidence from the acquisition of negation and finiteness in L2 German. *Language learning, 58*(1), 117–150.

Dollmann, J., & Kristen, C. (2010). Herkunftssprache als Ressource für den Schulerfolg? Das Beispiel türkischer Grundschulkinder. *Zeitschrift für Pädagogik* (55. Beiheft), 123–146.

Esser, H. (2009). Der Streit um die Zweisprachigkeit: Was bringt die Bilingulität? In I. Gogolin & U. Neumann (Hrsg.), *Streitfall Zweisprachigkeit - The Bilingualism Controversy* (S. 68–88). Wiesbaden: VS Verlag für Sozialwissenschaften.

Fichte, J. G. (1896). *Reden an die deutsche Nation (1807/1808). Mit Fichtes Biographie sowie mit erläuternden Anmerkungen versehen von T. Vogt.* Langensalza: Hermann Beyer & Söhne.

Fürstenau, S., & Gomolla, M. (Hrsg.). (2009). *Migration und schulischer Wandel: Unterricht.* Wiesbaden: VS Verlag für Sozialwissenschaften.

Gogolin, I. (1988). *Erziehungsziel Zweisprachigkeit. Konturen eines sprachpädagogischen Konzepts für die multikulturelle Schule.* Hamburg: Bergmann + Helbig.

Gogolin, I. (1994). *Der monolinguale Habitus der multilingualen Schule.* Münster: Waxmann.

Gogolin, I. (2009). Streitfall Zweisprachigkeit - Les Préludes. In I. Gogolin & U. Neumann (Hrsg.), *Streitfall Zweisprachigkeit - The Bilingualism Controversy* (S. 15–22). Wiesbaden: VS Verlag für Sozialwissenschaften.

Gogolin, I., & Neumann, U. (Hrsg.). (1997). *Großstadt-Grundschule. Eine Fallstudie über sprachliche und kulturelle Pluralität als Bedingung der Grundschularbeit.* Münster: Waxmann.

Haenni Hoti, A. (2009). Forschungsergebnisse zu Einflussfaktoren auf die Englischfertigkeiten von PrimarschülerInnen unter besonderer Berücksichtigung des Migrationshintergrunds. *Bulletin Suisse de Linguistique Appliquée, 89,* 5–14.

Haenni Hoti, A. (2010). *Introducing a second foreign language in Swiss primary schools. The effects of L2-listening and reading skills on L3 acquisition.* Luzern: Pädagogische Hochschule Nordwestschweiz.

Herrmann, U. (Hrsg.). (1996). *Volk - Nation - Vaterland. Studien zum 18. Jahrhundert.* Hamburg: Meiner.

Hobsbawm, E. J. (1990). *Nations and nationalism since 1780: Programme, myth, reality.* Cambridge: Cambridge University Press.

Hopp, H., Thoma, D., & Tracy, R. (2010). Sprachförderkompetenz pädagogischer Fachkräfte. Ein sprachwissenschaftliches Modell. *Zeitschrift für Erziehungswissenschaft, 13*(4), 609–629.

Hufeisen, B., & Jessner, U. (2009). Learning and teaching multiple languages. In K. Knapp & B. Seidlhofer (Hrsg.), *Handbook of foreign language communication and learning* (S. 109–137). Berlin: Mouton De Gruyter.

Hult, F. (2010). The complexity turn in educational linguistics. *Language, Culture and Curriculum, 23*(3), 173–177.

Humboldt, W. v. (1907). Ueber die Verschiedenheit des menschlichen Sprachbaues. In A. Leitzmann (Hrsg.), *Gesammelte Schriften Wilhelm von Humboldt* (6. Bd.). Berlin: Behr.

Jessner, U. (2008). Teaching third languages: Findings, trends and challenges. *Language Teaching, 41*(1), 15–56.

Klein, W., & Dimroth, C. (Hrsg.). (2005). *Spracherwerb*. Stuttgart: Metzler.

Kremnitz, G. (1997). *Die Durchsetzung der Nationalsprachen in Europa*. Münster: Waxmann.

Krüger-Potratz, M. (1994). Dem Volke eine andere Muttersprache geben – Zur pädagogischen Diskussion über Zwei- und Mehrsprachigkeit in der Geschichte der Volksschule. *Zeitschrift für Pädagogik, 40*, 81–96.

Lewis, M. P. (Hrsg.). (2009). *Ethnologue: Languages of the world*. Dallas: SIL International.

Lohmann, I. (1993). *Bildung, bürgerliche Öffentlichkeit und Beredsamkeit. Zur pädagogischen Transformation der Rhetorik zwischen 1750 und 1850*. Münster: Waxmann.

Lüdi, G., & Py, B. (2009). To be or not to be… a plurilingual speaker. *International Journal of Multilingualism, 6*(2), 154–167.

Martiniello, M., & Rath, J. (Hrsg.). (2010). *Selected studies in international migration and immigrant incorporation* (IMISCOE-AUP Textbooks Series 1). Amsterdam: Amsterdam University Press.

Meisel, J. (Hrsg.). (1994). *Bilingual first language acquisition: French and German grammatical development*. Amsterdam: John Benjamins.

Meisel, J. (2004). The bilingual child. In T. K. Bhatia & W. C. Ritchie (Hrsg.), *The handbook of bilingualism* (S. 91–113). Oxford: Blackwell Publishers.

Rauch, D. P, Jurecka, A., & Hesse, H.-G. (2010). Für den Drittspracherwerb zählt auch die Lesekompetenz in der Herkunftssprache. Untersuchung der Türkisch-, Deutsch- und Englisch-Lesekompetenz bei Deutsch-Türkisch bilingualen Schüler. *Zeitschrift für Pädagogik* (55. Beiheft), 78–100.

Römhild, R., Vertovec, S., unt. Mitarb. v. Borberg K., Goldberg K., Rech S., & Petermann S. (2009). Diversity and Integration in Frankfurt. Entwurf eines Integrations- und Diversitätskonzepts für die Stadt Frankfurt am Main. Frankfurt am Main: Magistrat der Stadt. http://www.frankfurt. de/sixcms/media.php/738/Integrationskonzept.pdf. Zugegriffen: 17. Nov. 2010.

Rossell, C. H., & Kuder, J. (2005). Meta-murky: A rebuttal to recent meta-analyses of bilingual education. In WZB, Arbeitsstelle Interkulturelle Konflikte und gesellschaftliche Integration (Hrsg.), *The effectiveness of bilingual school programmes for immigrant children* (WZB discussion papers, S. 43–76). Berlin: WZB.

Slavin, R. E. (1986). *Educational psychology. Theory and practice*. Boston: Pearson.

Slavin, R. E., & Cheung, A. (2005). A synthesis of research on language of reading instruction for English language learners. In WZB, Arbeitsstelle Interkulturelle Konflikte und gesellschaftliche Integration (Hrsg.), *The effectiveness of bilingual school programmes for immigrant children* (WZB discussion papers, S. 5–42). Berlin: WZB.

Tarone, E., Bigelow, M., & Hansen, K. (2009). *Literacy and second language oracy*. Oxford: Oxford University Press.

Tracy, R. (2007). *Wie Kinder Sprachen lernen. Und wie man sie dabei unterstützen kann*. Tübingen: Francke.

Vertovec, S. (2006). *The emergence of super-diversity in Britain* (COMPAS working papers, No. 06-25). Oxford: University, Centre of Migration, Policy and Society.

Vertovec, S. (2007). Super-diversity and its implications. *Ethnic and Racial Studies, 30*(6), 1024–1054.

Vertovec, S. (2009). *Conceiving and researching diversity* (Working Papers, No. 09-01). Göttingen: Max-Planck-Institute for Religious and Ethnic Diversity.

Vertovec, S. (2010). Introduction: Depicting diversity. *Diversities, 12*(1), 1–3.

Wehler, U. (1995). *Von der ‚Deutschen Doppelrevolution' bis zum Beginn des Ersten Weltkrieges. 1845/49–1914.* München: C. H. Beck.

Anhang

Quellenverzeichnis

Rost, Friedrich; Stichwort: Zeitschrift für Erziehungswissenschaft (ZfE). Es handelt sich um einen Originalbeitrag für dieses Buch.

Lenzen, Dieter; Gerechtigkeit und Erziehung. Zuerst erschienen unter dem Titel: „Stichwort: Gerechtigkeit und Erziehung". In: ZfE, 3-99, 323–339.

Krüger, Heinz-Hermann; Qualitative Forschung in der Erziehungswissenschaft. Zuerst erschienen unter dem Titel: „Stichwort: Qualitative Forschung in der Erziehungswissenschaft". In: ZfE, 3-00, 323–342.

Ehrenspeck, Yvonne; Ästhetik und Bildung. Zuerst erschienen unter dem Titel: „Stichwort: Ästhetik und Bildung". In: ZfE, 1-01, 5–21.

Vogel, Peter; Allgemeine Pädagogik. Zuerst erschienen unter dem Titel: „Stichwort: Allgemeine Pädagogik". In: ZfE, 2-98, 157–180.

Rustemeyer, Dirk; Konstruktivismus in der Erziehungswissenschaft. Zuerst erschienen unter dem Titel: „Stichwort: Konstruktivismus in der Erziehungswissenschaft". In: ZfE, 4-99, 467–484.

Scheunpflug, Annette; Globalisierung und Erziehungswissenschaft. Zuerst erschienen unter dem Titel: „Stichwort: Globalisierung und Erziehungswissenschaft". In: ZfE, 2-03, 159–172.

Kobarg, Mareike & Prenzel, Manfred; Der Mythos der nordischen Bildungssysteme. Zuerst erschienen unter dem Titel: „Stichwort: Der Mythos der nordischen Bildungssysteme". In: ZfE, 4-09, 597–615.

Tippelt, Rudolf; Wandel pädagogischer Institutionen. Zuerst erschienen unter dem Titel: „Stichwort: Wandel pädagogischer Institutionen". In: ZfE, 1-00, 7–20.

Kuper, Harm; Qualität im Bildungssystem. Zuerst erschienen unter dem Titel: „Stichwort: Qualität im Bildungssystem". In: ZfE, 4-02, 533–551.

Meyer, Meinert A.; Alte oder neue Lernkultur? Zuerst erschienen unter dem Titel: „Stichwort: Alte oder neue Lernkultur?". In: ZfE, 1-05, 5–27.

Möller, Renate & Sander, Uwe; Integration. Zuerst erschienen unter dem Titel: „Stichwort: Integration". In: ZfE, 2-01, 151–172.

Baumert, Jürgen & Kunter, Mareike; Professionelle Kompetenz von Lehrkräften. Zuerst erschienen unter dem Titel: „Stichwort: Professionelle Kompetenz von Lehrkräften". In: ZfE, 4-06, 469–520.

Gogolin, Ingrid; Mehrsprachigkeit. Zuerst erschienen unter dem Titel: „Stichwort: Mehrsprachigkeit". 4-10, 529–547.

Autorenverzeichnis

Baumert, Jürgen, Prof. Dr. Dres. h. c., Direktor emeritus Max-Planck-Institut für Bildungsforschung, Lentzeallee 94, 14195 Berlin; E-Mail: sekbaumert@mpib-berlin.mpg.de

Ehrenspeck, Yvonne, Prof. Dr., Carl-von-Ossietzky-Universität Oldenburg, Institut für Pädagogik, Ammerländer Heerstr. 114–118, 26129 Oldenburg; E-Mail: y.ehrenspeck@ uni-oldenburg.de

Gogolin, Ingrid, Prof. Dr., Universität Hamburg, Institut für International und Interkulturell Vergleichende Erziehungswissenschaft, Von-Melle-Park 8, 20146 Hamburg; E-Mail: gogolin@uni-hamburg.de

Kobarg, Mareike, Dr., Hochschuldidaktische Weiterbildung (Projekt MeQS), Fachhochschule Kiel, Heikendorfer Weg 31, 24149 Kiel; E-Mail: mareike.kobarg@fh-kiel.de

Krüger, Heinz-Hermann, Prof. Dr., Martin-Luther-Universität, Institut für Pädagogik, Franckeplatz 1, Haus 3, 06099 Halle (Saale); E-Mail: krueger@paedagogik.uni-halle.de

Kunter, Mareike, Prof. Dr., Goethe-Universität Frankfurt am Main, Institut für Psychologie, Senckenberganlage 15, 60325 Frankfurt am Main; E-Mail: kunter@paed.psych.uni-frankfurt.de

Kuper, Harm, Prof. Dr., Freie Universität Berlin, Arbeitsbereich Weiterbildung und Bildungsmanagement, Arnimallee 12, 14195 Berlin; E-Mail: harm.kuper@fu-berlin.de

Lenzen, Dieter, Prof. Dr., Präsident Universität Hamburg, Edmund-Siemers-Allee 1, 20146 Hamburg; E-Mail: praesident@uni-hamburg.de

Meyer, Meinert A., Prof. Dr., Universität Hamburg, Sektion Schulpädagogik, Sozialpädagogik und Behindertenpädagogik, Von-Melle-Park 8, 20146 Hamburg; E-Mail: meinert. meyer@onlinehome.de

Möller, Renate, Dr., Universität Bielefeld, Fakultät für Pädagogik, Postfach 10 01 31, 33501 Bielefeld; E-Mail: renate.moeller@uni-bielefeld.de

Prenzel, Manfred, Prof. Dr., Technische Universität München, School of Education, Schellingstr. 33, 80799 München; E-Mail: manfred.prenzel@tum.de

Rost, Friedrich, Dr., Freie Universität Berlin, Arbeitsbereich Weiterbildung und Bildungsmanagement, Arnimallee 12, 14195 Berlin; E-Mail: friedrich.rost@fu-berlin.de

Rustemeyer, Dirk, Prof. Dr., Universität Trier, Allgemeine Pädagogik, Universitätsring 15, 54286 Trier; E-Mail: rustemey@uni-trier.de

Sander, Uwe, Prof. Dr., Universität Bielefeld, Fakultät für Pädagogik, Postfach 10 01 31, 33501 Bielefeld; E-Mail: uwe.sander@uni-bielefeld.de

Scheunpflug, Annette, Prof. Dr., Universität Erlangen-Nürnberg, Department für Pädagogik, Lehrstuhl für Allgemeine Pädagogik (Nürnberg), Regensburger Str. 160, 90478 Nürnberg; E-Mail: Annette.Scheunpflug@ewf.uni-erlangen.de

Tippelt, Rudolf, Prof. Dr., Ludwig-Maximilian-Universität München, Lehrstuhl für Allgemeine Pädagogik & Bildungsforschung, Leopoldstr. 13, 80802 München; E-Mail: tippelt@edu.uni-muenchen.de

Vogel, Peter, Prof. Dr., Technische Universität Dortmund, Fakultät 12 Erziehungswissenschaft und Soziologie, Emil-Figge-Straße 50, 44227 Dortmund; E-Mail: PVogel@fb12.uni-dortmund.de

The manufacturer's authorised representative in the EU is Springer
Nature Customer Service Centre GmbH, Europaplatz 3, 69115 Heidelberg,
Germany. If you have any concerns regarding our products, please
contact ProductSafety@springernature.com

Printed and bound by CPI Group (UK) Ltd, Croydon, CR0 4YY
23/04/2026
02095638-0009